修訂六版

Law of Administrative Procedure

行政訴訟法

林騰鷂 著

三民書局

國家圖書館出版品預行編目資料

行政訴訟法 / 林騰鷂著.－－修訂六版一刷.－－臺北
市：三民，2014
　　　面；　　公分
　ISBN 978－957－14－5952－3　（平裝）
　1.行政訴訟法

588.16   103015117

ⓒ　行政訴訟法

著 作 人	林騰鷂
發 行 人	劉振強
著作財產權人	三民書局股份有限公司
發 行 所	三民書局股份有限公司
	地址　臺北市復興北路386號
	電話　(02)25006600
	郵撥帳號　0009998－5
門 市 部	(復北店)臺北市復興北路386號
	(重南店)臺北市重慶南路一段61號
出版日期	初版一刷　2004年6月
	增訂四版一刷　2011年10月
	修訂五版一刷　2013年6月
	修訂六版一刷　2014年9月
編　　號	S 585180

行政院新聞局登記證局版臺業字第○二○○號

有著作權，不准侵害

ISBN　978－957－14－5952－3　（平裝）

http://www.sanmin.com.tw　三民網路書店

謹以此書
紀念
敬愛的母親

林騰鷂

修訂六版序

　　行政訴訟法是人民保障自己權益，防止行政危害，要求行政機關提供良好行政的主要程序法。然而，不良之行政機關與不良之行政人員違反憲法與法律的恣意行政，不僅會侵害本國人民之人權，也會侵害外國人民、大陸或香港、澳門地區居民之人權。民國一〇二年二月及七月的司法院大法官釋字第七〇八號及第七一〇號解釋，即分別指出入出國及移民署之暫予收容處分，未賦予受收容人即時之司法救濟，有違憲法第八條第一項保障人民身體自由之意旨，應自各該號解釋公布之日起，至遲於屆滿二年時，失其效力。

　　為此，司法院乃提出行政訴訟法之修正與增訂案。特別是在行政訴訟法的第二編中增訂了第四章的收容聲請事件程序，使行政訴訟法保障人權之功能，又向前跨了一大步。本書第六版，乃針對立法院於民國一〇三年五月三十日三讀通過之行政訴訟法修正條文，增列專章加以詳述。

　　又涉及智慧財產權之行政訴訟二級二審之特殊混合訴訟體制，是由智慧財產法院擔任涉及智慧財產權行政訴訟之第一審法院與由最高行政法院擔任涉及智慧財產權行政訴訟之第二審法院，與我國過去之訴訟體制不同，故在本版中也以專章加以論述。

　　另外，重要法學期刊如《台灣法學雜誌》、《月旦法學雜誌》、《月旦法學教室》、《月旦裁判時報》、《月旦財經法學雜誌》、《法令月刊》、《中央研究院法學期刊》等有關行政訴訟論文及司法實務裁判，也分別酌加參引。

　　六版增訂時，承蒙東海大學法律學博士張哲瑋及東海大學法律助教陳美蘭女士蔡燿州先生等協助蒐集、整理相關論文、資料，在此一併致謝。

林騰鷂　謹誌

二〇一四年九月

修訂五版序

　　行政訴訟法於民國二十一年十一月十七日由國民政府制定，並自民國二十二年六月二十三日起施行，至今已近八十年。其間，「行政訴訟一級一審制」施行至民國八十九年六月三十日，而自民國八十九年七月一日起，則開始實施「行政訴訟二級二審制」。本書之初版至增訂四版，即在研析「行政訴訟二級二審制」之規範。

　　「行政訴訟二級二審制」施行十二年後，對於人民之行政訴訟權益，雖較以往有更好之審級保障，但仍有相當缺失，而為學界與社會所批判者。因此，在民國一〇〇年十一月二十三日，又公布修正了行政訴訟法，將「行政訴訟二級二審制」改制為「行政訴訟三級二審制」，並自民國一〇一年九月六日起施行。本書增訂五版即就所修正及增訂之行政訴訟法條文，在相關篇章中，進行相對應之增修。其中，對於行政訴訟法第二篇第二章之地方法院行政訴訟庭簡易訴訟程序，以及第二章之交通裁決事件訴訟程序，特別以專章論述之。此外，對於本書增訂四版印行後，出版之行政訴訟論文與實務文獻，也在相關篇章中加以增補。

　　五版增訂時，承蒙東海大學法律學博士張哲瑋及東海大學法律助教陳美蘭女士協助蒐集、整理相關論文、資料，在此一併致謝。

林騰鷂　謹誌

二〇一三年六月

增訂四版序

行政很可怕，也很可愛！

行政之可怕在於不良之行政機關與不良之行政人員違反憲法與法律的胡亂行政，經由用人不依編制，花錢不按預算，辦事不依法律，犯錯還要硬拗，有過而不負責等種種之行政惡行，侵害了人民之生命、自由、財產、人格與名譽權利。

而行政之可愛則在於良好的行政機關與良好的行政人員遵守憲法與法律的良好行政，經由公正、公平與適時的生活秩序管理，提供人民充分美好的食、衣、住、行、育、樂等種種生活給付以及保障人民周全完善的生、老、病、死、殘障、意外等種種生命歷程中的照護。

要使行政可愛而不可怕，行政訴訟法之落實施行就非常重要。除了各級行政法院要在實務中，公正、妥當、適時的貫徹行政訴訟法條文之意旨以外，人民也應用心的認知、瞭解並適當使用行政訴訟之程序。法學研究工作者則要適時的提供行政訴訟法制之最新立法資訊與理論，以及實務動態。

本書第四版即是基於這個理念，增訂民國九十八年十二月二十二日立法院三讀通過修正，由總統於民國九十九年一月十三日公布，並於民國九十九年五月一日起施行之行政訴訟法相關法條內容。

除此之外，對於行政訴訟新制實施十年以來司法實務動態，也參酌司法院行政訴訟及懲戒廳編印之《行政訴訟新制施行後，行政訴訟法暨行政訴訟施行法實務見解》、《行政訴訟法實務見解彙編（續編）》，在相關之條文中加以引註說明。

再者，重要法學期刊如《台灣法學雜誌》，《月旦法學雜誌》之相關論文以及最高行政法院在民國九十九年六月舉辦「新制行政訴訟實施10週年國際學術研討會」之德、法、美、日比較行政訴訟法制論文，也酌予參引。

　　四版增訂承蒙東海大學法學博士張哲瑋、東海大學法律系助教陳美蘭小姐、蔡燿州先生、曾禾里先生、林芳瑜小姐以及東海大學法律研究所碩士班研究生廖于禛、李曉蕾等協助蒐集、整理相關論文、資料，在此一併致謝。

林騰鷂　謹誌

二〇一一年九月

增訂三版序

行政法管生也管死，而且是從生管到死，與民眾的生存與生活權益有密切關係。行政機關本應依法公平、妥適的執行行政法，也就是說，要依法「管制」、「維護」社會秩序，要依法「經理」、「分配」社會資源，以確保社會公益與人民權益。不過，因為行政人員之法律學養不夠、實務訓練不足或因其個人私慾或黨派利益，每有違法濫權情事發生而導致國家、社會公益或人民權益之損害。

為了防制這些損害之發生或擴大，確保國家、社會與人民之權益，行政訴訟新制自民國八十七年修正實施以來已漸發揮其效果。不過，仍為社會輿論所批判，特別是民國九十六年六月五日立法院三讀通過修正行政訴訟法，授權司法院定期將行政訴訟改為收費制，更被認為無法表達「司法為民」的理念❶。

在修訂三版中，本書除將民國九十六年修正行政訴訟法之重要制度如行政訴訟收費制度；行政訴訟律師代理強制原則；人民如向無審判權法院起訴，行政法院應依職權移送至有受理訴訟權限之法院；以及修正再審期間之起算規定的各個條文分別在相關的各篇章節中加以分析。

另外，較新的司法實務見解，如刊載於司法院印行之最高行政法院裁判要旨彙編第二十五輯(民國九十四年一月至十二月之最高行政法院裁判)以及《台灣本土法學雜誌》、《月旦法學雜誌》、《月旦法學教室》等有關最高行政法院、臺北、臺中、高雄等三個高等行政法院之裁判加以摘引，並在相關法條中註釋，使學者對枯燥、生澀、抽象之法律規定，得以取得生活實例的對照。

再者，最高行政法官之庭長法官聯席會議決議文以及上述重要法學雜誌有關行政訴訟法制之論文或討論，也都在相關的條文中加以插註，以供瞭解與研究。

---

❶　《中國時報》社論，〈行政訴訟不應收費〉，民國 96 年 6 月 9 日，A2 版。

　　三版增訂承蒙東海大學法律系助教陳美蘭小姐，蔡燿州先生以及東海大學法律研究所碩士班研究生詹家杰等協助蒐集、影印相關論文、資料，在此一併致謝。

林騰鷂　謹誌

二○○七年十二月二十七日

修訂二版序

　　行政訴訟新制實施後，受理訴訟件數從司法院網址（www.judicial.gov.tw）上之統計資料，可以看到，由民國八十四年至八十六年間之六千餘件，增加至民國八十七年之 9,854 件，再增加至民國八十八年之 12,721 件及民國八十九年之 10,904 件。近年來，件數雖有稍減，但每年平均仍達 8,500 件上下。至於新制實施以後，行政法規撤銷行政機關所為處分之比率也有提高趨勢，受理事件對撤銷比率年平均為 15% 以上，比修正前五年平均數之 10% 要高出一半以上，可見行政訴訟新制日漸成為人民權利保障之重要司法救濟途徑。社會上對於行政訴訟法學理與實務之著作需求乃日益殷切。因此，本書自西元二○○四年六月初版發行以來至二○○五年四月上旬幾已銷售殆盡，三民書局編輯先生乃來電要約增訂再版。

　　本書再版增訂特別著重引用我國司法實務判決對行政訴訟法相關條文之詮釋與適用，特別是選用司法院印行之最高行政法規裁判要旨彙編第十九輯至第二十四輯（即民國八十八年至民國九十四年六月）中有關行政訴訟法之相關判決及最高行政法院之庭長法官聯席會議決議文，使一般生澀僵硬之教科書，得以獲得相關生活實際案例之潤飾、活絡，不致過於枯燥無味，而經過對本土司法案例之參引、佐證也使源於國外行政訴訟法制理論，更加有生命活力。

　　此外，再版增訂亦就重要法學期刊如《法學講座》、《月旦法學雜誌》、《台灣本土法學雜誌》、《法官協會雜誌》等近年來刊登之行政訴訟論文與司法實務判決，加以註引，以供學習與比較研究之參考。

　　再版增訂承蒙東海大學法律系助教陳美蘭小姐、蔡燿州先生、林芳瑜小姐、曾禾里先生及法律研究所碩士班研究生潘怡珍小姐等協助蒐集、影印相關論文、資料，在此一併致謝！

林騰鷂　謹誌

二○○五年九月七日

初版序

　　臺灣地區人民現時雖已遠離無法無天的「行政恐怖」年代，但在憲政破毀、立法無方、司法無能、監察無力控管的情形下，臺灣地區人民除了經常要受到行政之野蠻突襲外，還要遭受「行政麻木」、「行政缺德」、「行政虛浮」、「行政鄉愿」與「行政懈怠」等種種行政病症的禍害。剛施行不久的行政程序法第四條，雖也規定「行政行為應受法律及一般法律原則之拘束」。但行政機關卻總是不「依法行政」，而是經常「依黨行政」、「依意行政」、「依利行政」、「依力行政」、「依慾行政」，或甚至只許州官自己肆行「放火行政」、「硬拗行政」與「無恥行政」，令人民深痛欲絕。

　　所幸，民國八十七年十月二十八日大幅修正，並於民國八十九年七月一日施行的行政訴訟法，扭轉了幾十年來行政訴訟在戒嚴、威權體制之花瓶角色。人民除了可以提起撤銷訴訟，對抗上述的種種行政危害以外，尚可提起課予義務訴訟，請求法院判令行政機關給予人民所申請的法律權益或作出其所應為而怠於作為的行政行為。另外，人民亦可提起給付訴訟，請求行政法院判令行政機關為財產上給付或請求作成行政處分以外之其他非財產上之給付。再者，人民為了確認行政處分無效及確認公法上法律關係成立或不成立，亦可提起確認訴訟，以保障自己的權益，這些都是過去戒嚴與一黨專政時代所無法想像的。

　　又人民為了維護公益，就無關自己權利及法律上利益事項，對於行政機關之違法行為，依修正後之新行政訴訟法，亦得提起行政訴訟。這種維護公益的訴訟，更可以使人民的新世紀人權，即「享受良好行政的權利」(Right to good administration)，獲得落實。所謂「享受良好行政的權利」規定於西元二千年的「歐洲聯盟基本權利憲章」第四十一條中。該條主要內容是，人民享有其事務受到行政機關公正、公平與適時處理之權利。此一權利包括人民在受到任何不利之個別措施前，收到通知之權利；在不妨害國家機密、尊重合法職業及商業祕秘密利益之情形下，取得自己所屬個人

檔案之權利；要求行政機關對其行政決定應附理由之權利，以及請求行政機關或其所屬公務員對其所致損害進行補償或賠償之權利。這些範圍廣泛之「享受良好行政的權利」要能確實為人民所享受，則有賴於行政訴訟法之深入瞭解與有效運用。

　　行政訴訟法是人民保障自己權益，防止行政危害，要求行政機關依法行政，防止行政機關「行政胡亂」，提供良好行政的主要程序法。因此，行政訴訟法學之學習、研究、宏揚與開展為國家文明之象徵、人權保障之基礎。本書之撰寫即在彙整、評述行政訴訟法學界諸前輩之學理高見，參酌外國立法例、學理與相關司法實務、案例，希望以平白的語句、易懂的理論架構，來補充過去數十年來行政訴訟法學之虛空。盼望能有助於行政訴訟法學者與實務工作者之研究、應用，並使人民得以透過對行政訴訟法學之深入認知，而獲得正確、完整、經濟、迅速、踏實的行政救濟。

　　本書之資料蒐集、打字、校對承陳美蘭、蔡燿州兩位助教及洪瑞霙、陳郁勝、王國泰三位律師幫忙，併此致謝！

林騰鷂　謹誌

二○○四年五月

行政訴訟法

目　次

第一篇　緒　論

第四篇　行政訴訟主體論

第五篇　行政訴訟文書、時期與費用論

第六篇　行政訴訟第一審程序論

第七篇　行政訴訟救濟程序論

第八篇　行政訴訟上權利暫時保護程序論

第九篇　行政訴訟上強制執行程序論

第一篇
緒　論

第一章　為什麼要研習行政訴訟法

　　行政危害是一種社會風險，與水災、旱災、颱風、地震等自然風險不同的是，它是一種人為的風險，而在現代社會生活中，是一種無日不有、無處不在、必然會發生的風險。對此風險之防範與控制是彰顯文明社會之重要表徵，也是保障人生福祉之基本條件，而這就是研習行政訴訟法之要義所在。

　　相較於古時君主獨裁專制體系之下，行政危害之種類與行政危害之控制均與往日不同。行政危害因行政任務之多元化與「行政國家」之出現，而有日益增多、擴大之現象。不過，人類對行政危害之控制，卻也有較往日更加周全、細膩的制度設計。

　　首先，在行政危害之增多、擴大現象方面，可以從行政任務多元化與行政國家之出現來看，隨著時代社會、經濟情勢之變遷，國家之行政任務日益擴大、增加。在十八、九世紀時，國家之行政任務著重在社會之安全、衛生秩序與善良風俗之維護。行政之態樣著重在干涉行政。到了二十世紀，國家之行政任務除了干涉行政以外，尚包括有提供人民生活給養與生存照顧之種種財、物、勞務或其他生活利益之給付行政。二十世紀七〇年代以後，人口之暴增、環境之破壞與資源之匱乏，使國家之行政任務更加擴張及於未來世代生存基礎之保障與保護。國家除了干涉行政、給付行政之任務以外，尚有計劃行政、資源行政及預測行政等任務之承擔。及至二十一世紀，由於核能科技、醫療科技、資訊科技與生物科技之突變發展與廣泛、大量使用，帶來了社會繁多、鉅大的風險。因此，國家的行政任務中，除了上述之干涉行政、給付行政、計劃行政與資源行政之外，又添加了許多科技行政與風險管理行政。

　　如上所述，在新世紀的社會生活中，由於行政之無所不在，無孔不入，其對人民生活利益之提供與保障，固然非常可觀，但其對人民生活權益之損害，也非常多見。其中，有由於違法失職、怠惰行為產生之損害者，亦

有由於合法執行公權力行為所造成之損害者❶。

對於這些種類繁多的行政危害，在古代，人類只有無奈忍受，但自近代以來，人類已逐漸建構了各種細膩周全的對抗與控制法制途徑。德國學者依各種分類標準，將其歸納區分為❷：

1.就控制時間來看，有行政行為施行中的控制 (mitlaufende Kontrolle)、行政行為施行後的控制 (nachträgliche Kontrolle)。

2.就控制機關來看，有國會的控制 (parlamentarische Kontrolle)、法院的控制 (gerichtliche Kontrolle)、政治的控制 (politische Kontrolle)、公開輿論式的控制 (öffentlichkeits-Kontrolle)。

3.就控制場合來看，有行政體系內部的控制 (interne Kontrolle)、行政體系外部的控制 (externe Kontrolle)。

4.就控制發動者來看，有公民控制 (Bürgerkontrolle)、反對黨之控制 (Kontrolle durch die Opposition)。

5.就控制方法來看，有法規控制 (Rechtskontrolle)、財務控制 (Finanzkontrolle)、合目的性之控制 (Zweckmäßigkeitskontrolle) 等。

6.就控制種類來看，有正式性的控制 (förmliche Kontrolle)、非正式性的控制 (nichtförmliche Kontrolle)。

7.就控制手段來看，有行政處置之指摘拒斥 (Beanstandung)、行政處分之撤廢 (Aufhebung)、行政處分之轉換 (Umgestaltung) 或對人民權益之賠償決定 (Ersatzentscheidung)。

從上述種種控制行政危害之法制設計，可以看出行政訴訟是行政控制的一種重要制度。它是正式的、事後的、外界發動的，且具有高度制裁潛

---

❶ Edgar Bosch/Jörg Schmidt, *Praktische Einführung in das verwaltungsgerichtliche Verfahren*, 6., gründlich überarbeitete Auflage, Verlag W. Kohlhammer, Stuttgart, Berlin, Köln, 1996, S. 1；另林騰鷂，〈國家補償責任之研究〉，《東海大學法學研究》，第 15 期，民國 89 年 12 月 30 日。

❷ Friedhelm Hufen, *Verwaltungsprozeßrecht*, 4. Auflage, C. H. Beck, München, 2000, §1, Rn. 43.

能的法律性控制 (förmliche, nachträgliche, außeninitiierte und auch mit hohem Sanktionspotential versehene Rechtskontrolle) ❸。身為一個公民，就必須瞭解這一個憲政國家裏重要的社會控制手段，以確保自己、他人權益或社會公益能免於受行政公權力之危害。這就是研究行政訴訟法之根本意旨與主要目的所在。至於行政訴訟法之為司法官、律師、法制人員考試必考科目，則僅是研習行政訴訟法之次要考慮目的而已。

---

❸　A.a.O., §1, Rn. 44; Edgar Bosch/Jörg Schmidt, a.a.O., S. 1–3.

第二章　行政訴訟法之意義

　　瞭解研習行政訴訟法之必要性後，接著要探討的是行政訴訟法是什麼？依字面來看，行政訴訟法包括兩個概念，一為行政 (Verwaltung)，一為訴訟法 (prozeβrecht)❶。行政訴訟法中行政概念之意涵，本應為行政法學上所謂之行政意涵，乃指一種行政機關以公益取向、著重未來、主動積極的以具體措施，處理社會共同生活個案事件之機能❷。不過因為行政訴訟法第二條之規定：「公法上之爭議，除法律別有規定外，得依本法提起行政訴訟」，故行政訴訟法上之行政概念意涵，不只含括傳統的行政處分所引起的爭議事件，也包括行政契約、行政計劃、行政程序、事實行為等一切公法上行政作用所導致之爭議事件意涵。

　　至於行政訴訟法中訴訟法概念之意涵，則是指行政法院審判之程序法 (das Verfahrensrecht der Verwaltungsgerichte)，它與行政之程序法 (das Verfahrensrecht der Verwaltung) 不同❸。行政之程序法，有稱之為行政手續法者❹，我國在民國八十八年二月三日，仿照德、日法制訂有行政程序法，用以使行政機關之行為能遵循公正、公開與民主之程序，確保依法行政之原則，以保障人民權益，提高行政效能，增進人民對行政之信賴。至於行政法院審判之程序法則為行政訴訟法，亦是本書之研究對象。

　　行政程序法與行政訴訟法共同規範了從行政機關處理人民申請案至行政法院為確定判決之整個公法上決定程序 (der öffentlich-rechtliche Entscheidungsprozeβ vom Antrag der Bürgers bis zum bestandskräftigen

---

❶　Friedhelm Hufen, a.a.O., §1, Rn. 1.

❷　Hartmut Maurer, *Allgemeines Verwaltungsrecht*, 12. Auflage, C. H. Beck, München, 1999, §1, Rn. 9–12.

❸　Friedhelm Hufen, a.a.O., §1, Rn. 2.

❹　翁岳生，〈行政法與現代法治國家〉，《國立臺灣大學法學叢書㈡》，1979 年 10 月，第三版，頁 183–372。

Urteil)❺。不過，在整個公法上決定程序中，行政訴訟法只著重於有爭議部分之處理。換言之，只審議公法上爭議之前提要件、過程、行政機關對人民不服行政處分決定所提訴願之裁定，以及對有爭議之公法上法律關係，作出確認或裁決，而行政程序法則僅為規範行政機關決定過程之法，人民如對行政決定過程，如對行政處分、行政計劃之過程，有所不服，則可依訴願法提起訴願。依我國現制，有些種類行政訴訟之提起，如撤銷訴訟、課予義務訴訟，尚須先踐行行政訴訟先行程序之訴願程序❻。

又行政訴訟法並非是純粹之程序法，它也同時規範了行政訴訟當事人及行政訴訟之管轄權與審判權之實體規定。它既非只是純粹之行政法，也非只是訴訟程序法。它尚且是裁決公法上爭議之法院程序法，也同時是將憲法與行政法規範轉換為具體裁決處置之程序模式 (der Modus zur Umsetzung von Verfassungs-und Verwaltungsrecht in konkrete Entscheidungen)❼。

行政訴訟法因有重大修正且於民國八十九年七月一日正式施行，故行政訴訟之定義可分析說明於下：

一、行政訴訟為對公法上爭議的訴訟行為

行政訴訟係以公法上爭議事件為標的之訴訟行為，但公法上爭議事件並非均是行政訴訟審議之標的，此因行政訴訟法第二條規定：「公法上之爭議，除法律別有規定外，得依本法提起行政訴訟。」依現行法律規定，非屬行政訴訟審議之公法上爭議事件，有憲法爭議事件；選舉罷免爭議事件❽；

---

❺　同❸。

❻　林騰鷂，《行政法總論》，三民書局，民國 88 年 11 月，初版，頁 631–633。

❼　Friedhelm Hufen, a.a.O., §1, Rn. 3. 另參閱，劉宗德，《行政訴訟制度》，〈制度設計型行政法學〉，元照出版公司，民國 98 年 5 月，頁 475–683。

❽　由於行政訴訟法第 10 條規定，選舉罷免事件，除法律別有規定外，得依本法提起訴訟。故自民國 89 年 7 月 1 日行政訴訟法修正條文實施後，除選舉罷免無效、當選無效及罷免案通過或否決無效等爭議仍依公職人員選舉罷免法，由普通法院管轄外，其他如不服違反競選活動限制所受罰鍰事件，則可依行政訴

智慧財產案件；交通違規事件；違反社會秩序維護法事件；律師或其他專門職業人員之懲戒事件；公務員懲戒事件；冤獄賠償事件；國家賠償事件；少年保護事件；檢肅流氓事件；政黨違憲之解散事件等。

二、行政訴訟係由行政法院管轄的訴訟行為

我國仿採歐陸法系司法二元制或司法多元制的國家，設有行政法院、普通法院與憲法法庭。而行政訴訟則為由特設的行政法院管轄審判，與民事訴訟、刑事訴訟及上述若干屬於公法上爭議事件歸由普通法院或憲法法庭管轄審議者不同。

三、行政訴訟為對抗違法、不當行政作用之訴訟行為

舊行政訴訟法規定，行政訴訟須人民因中央或地方機關之違法行政處分，始得提起。新行政訴訟法則不以此為限。舉凡違法行政處分、不當行政處分，或因行政計劃、行政契約、行政程序、事實行為等行政作用所生爭議，人民均可分別依新行政訴訟法第四條、第五條、第六條、第八條等之相關規定，提起撤銷訴訟、課予義務訴訟、確認訴訟或給付訴訟。

四、行政訴訟為不限於不服訴願決定之訴訟行為

舊行政訴訟法規定，行政訴訟因人民不服再訴願決定，始可提起。新行政訴訟法則不以此為限。且因新修正之訴願法廢除了再訴願制度，故行政訴訟之提起，除了撤銷訴訟、課予義務訴訟或確認行政處分無效訴訟等依行政訴訟法第四條、第五條之規定，須經訴願程序且不服訴願決定時，或須已向原處分機關請求確認其無效未被允許，或經請求後於三十日內不為確答者始可提起外，其他行政訴訟如確認公法上法律關係成立或不成立之訴訟、給付訴訟等則不須為不服訴願決定，即可提起之行政訴訟。故行政訴訟已為不限於因不服訴願決定，始得提起之訴訟行為。

訟法向行政法院提起行政訴訟。

五、行政訴訟為不限於由權利受侵害人民所提起的訴訟

舊行政訴訟法規定，行政訴訟的提起須由權利受有損害之人民始得提起。新行政訴訟法則不以此為限。人民為了維護公益，就無關自己權利及法律上利益之事項，對於行政機關之違法行為，依新行政訴訟法第九條規定，亦得提起行政訴訟。不過，此一為公益所得提起之行政訴訟須以法律有特別規定者❾，且須為行政機關之違法行為始可提起。若法律無特別規定，且只是行政機關之不當行為，則仍不可提起此一維護公益之行政訴訟。

另外，以公益為目的之社團法人或非法人之團體，於其章程所定目的範圍內，由多數有共同利益之社員，就一定之法律關係，授與訴訟實施權者，依行政訴訟法第三十五條第一項、第二項之規定，得為公共利益提起訴訟。由此可知，行政訴訟已是不限於由權利受侵害人民所提起的訴訟❿。

---

❾　如空氣污染防制法第 81 條第 1 項、水污染防治法第 72 條、海洋污染防治法第 59 條、廢棄物清理法第 72 條及環境基本法第 34 條等規定是。

❿　例如勞工保險、健康保險補助款究竟應由中央健保局或由臺北市政府負擔所引發的爭議，臺北市政府即曾對中央健保局向高等行政法院提起六件行政訴訟案。參閱，《聯合報》，民國 96 年 6 月 8 日，A13 版。

第三章　行政訴訟法制之緣起

第一節　法　國

　　行政訴訟法制之歷史並非長久，它是與人類的民主、憲政奮鬥歷史有著密切連動。尋求控制、監督行政活動機制之奮鬥行為，乃源於法儒孟德斯鳩反對專制獨裁之三權分立學說，並在美國憲法第一條至第三條以及法國 1789 年人權宣言第十六條中獲得規範性保障❶。

　　行政訴訟作為控制、監督行政活動機制的一個重要環節，在有些國家是由普通法院來負責，在有些國家則是由行政法院來負責。為什麼同源於三權分立學說理論背景需求的行政活動監控機制，會分由不同的法院來負責呢？其主要原因是法國大革命時代之法國人混淆了行政和行政訴訟之觀念，認為行政訴訟就是行政本身，故禁止普通法院干涉行政，禁止普通法院受理行政訴訟。以符合行政、司法分立之學說理論。由於法國人此種對權力分立學說之理解，乃建構了一套有別於普通法院系統以外之行政訴訟法制。但美國人對權力分立學說之理解與法國人不同，他們認為一切訴訟，包括行政訴訟在內，都屬於司法權的範疇，應由普通法院管轄，沒有獨立建立行政訴訟體系之必要。在二十世紀時，美國為了實際需要雖成立了一些專門管轄行政事項的行政司法裁決機關，但這些裁決機關，仍必須接受普通法院的審查，或對這些行政機關的裁決可以上訴到普通法院，故在美國並沒有如法國一樣的行政法院體系❷。

---

❶ 王名揚，《法國行政法》，中國政法大學出版社，1997 年 5 月，第二次印刷，頁 550。

❷ 翁岳生，〈行政訴訟制度現代化之研究〉，氏著，《行政法與現代法治國家》，頁 381–382；王名揚，《美國行政法》，中國法制出版社，1997 年 8 月，第二次印刷，頁 565 以下；另請參閱，張家洋，《行政法》，三民書局，民國 76 年 11 月，頁 757–758；涂懷瑩，《行政法原理》，五南圖書出版公司，民國 75 年 3 月，

　　除了上述因對三權分立學說之理解不同以外，法國人會採取特別行政訴訟法院體系，尚有三個歷史背景因素❸，即：

　　1.法國 1789 年大革命前的行政和普通法院對立情緒。

　　2.法國 1789 年大革命時，遭受奧、俄、英、普等舊王朝封建勢力反撲的國際環境，使當時的革命政府，不得不禁止普通法院受理審查行政機關案件，以強化革命政府的行政權力。

　　3.法國在 1789 年之舊制，在普通法院以外，已存在有審計法庭❹、森林法庭、河川法庭、租稅法庭等專門性行政法庭，以受理行政爭議事件。

　　由上所述，可知法國之所以建構特殊的行政訴訟制度，由行政法院來審理是有其歷史背景與思想基礎的。然而時至今日，法國大革命當時普通法院對於行政機關之對立情緒以及國際政治環境因素，均已不存在，法國為何仍維持特殊行政法院裁判制度呢？依學者的分析，認有下列理由❺，即：

　　1.法國仍存有公法和私法兩種不同的法律體系。兩種法律體系追求的目的不同，所欲調整的社會關係不同，不可能適用相同的法律原則。例如在公法關係中，行政機關有時具有比私人更大的特權，有時則受到比私人更大的限制。此外，適用公法的法官是與適用私法的普通法院法官不同，他們多是公法專家。

　　2.法國行政法院之法官，除為具備公法知識之公法專家以外，通常多經歷有行政官的經驗，而行政法院在組織上也有一些措施，使法官同時兼任行政組織和訴訟組織之職務，並使所有行政法院法官必須外調到實際行政部門，工作一段時間再調回法院。至於普通法院之法官在錄用與培訓上，則沒有上述之情形。

　　修訂三版，頁 684–692。

❸　王名揚，上揭書，頁 551–553。

❹　蔡志方，〈歐陸各國行政訴訟制度發展之沿革與現狀〉，氏著，《行政救濟與行政法學㈠》，三民書局，民國 82 年 3 月，初版，頁 7–8。

❺　王名揚，上揭書，頁 556–557。

3.法國行政法院的訴訟程序❻和其普通法院的訴訟程序不一樣。行政法院法官指揮訴訟進行的主動權力較大，以使行政訴訟迅速、及時的進行。

4.法國行政法院對於法國行政法的貢獻，使它成為法國法律制度中不可缺少的部分。法國行政法上的重要原則，幾乎都由行政法院之判例產生，行政法院因此取得受人尊敬的地位，其他仿效法國行政訴訟制度的國家❼，很難設想法國要取消一種由它自己創設而行之有效的制度。

總而言之，法國之所以建構特殊的行政法院來審理行政訴訟之制度，有其國情、歷史與政治因素。而法國之行政審判制度發展過程是從最初的行政官員受理行政訴訟，逐步發展為由與行政官員不同的、地位獨立的行政法官來受理行政訴訟。同樣的，行政訴訟審判機關原本依附於行政機關的地位，也逐步發展到行政訴訟審判機關，具有獨立地位的行政法院組織❽。

法國成為歐洲聯盟會員國，其行政訴訟法制日益受到歐洲人權公約與歐盟法之影響。其中，當行政訴訟之要件被認為該當歐洲人權公約第六條之適用範圍時，則必須遵守武器平等原則、獨立原則、公開原則、合理時限原則❾。

此外，歐盟法適用所謂國家程序自主原則，固然限縮了歐盟法對於行政訴訟之影響，但仍有些歐盟法規範與判例對法國之行政審判產生影響，即❿：

---

❻ 法國行政法院訴訟程序之特色有：(1)採糾問主義(2)採書面主義(3)採決定前置主義及先行程序任意主義(4)採不公開原則(5)準備及調查程序特別周詳(6)政府委員之陳述。詳見，蔡志方，上揭書文，頁19-29。

❼ 仿效法國行政訴訟制度的國家很多，如德國、奧國、義大利、第二次世界大戰前之日本及我國等是。詳閱，蔡志方，上揭書文，頁30、63、78。

❽ 王名揚，上揭書，頁553-556；另參閱，蔡志方，上揭書文，頁5-12。

❾ Jean-Bernard Auby, Introduction to French Law of Administrative Litigation（〈介紹法國行政訴訟法〉），最高行政法院編印，《新制行政訴訟實施10週年國際學術研討會會議實錄》，民國99年10月，頁313-315。

　　1.歐盟法透過與歐盟訴訟先決移轉的相關規範對行政審判程序直接產生作用。透過此機制，當行政審判遭遇對歐盟法進行詮釋或衍生法律效力之判斷難題，得（或必須，當為終審法院時）移轉該問題於歐盟法院。行政法官受先決移轉裁定之拘束。

　　2.執行歐盟行為之內國措施，若其合法性有疑義，歐盟法官承認國家法官得逕予撤銷。但此種可能性受有限制，即法官必須對歐盟法規之合法性有重大懷疑，必須具備「緊急」與「嚴重與不可恢復損害之風險」；最後法官必須考慮「歐盟利益」，且不能導致「財政風險」。

　　3.受到一個非常重要的歐盟判例影響，經過長期拖延後，法國最高行政法院終於接受，違反法國所簽訂之歐洲或國際協議者，成立國家責任。

　　4.法國最高行政法院亦可自由地援引歐盟法規定，如其援引歐盟法院之作法，則可例外地調整撤銷判決的生效時間。此在西元 2004 年之後，特別明顯。換言之，西元 2004 年之前，法國認為撤銷訴訟判決在時間上之效力，基本上是回溯到行政處分做成的時點，而在西元 2004 年之後，因為受到歐洲人權法院的影響，法國法官有裁量權可以對判決效力的時點作調整而不全然回溯到行政處分做成的時點。

第二節　德　國

　　德國與法國大革命以前行政訴訟法制相同的是，行政與司法並不分立。行政官員仍受理行政訴訟而有行政司法 (die Administrativjustiz) 之制度[11]。直至十九世紀中葉，要求司法、行政分立，以獨立法院來控制行政之呼聲愈來愈多，也愈來愈大。德意志邦聯國會 1849 年在法蘭克福市保羅教堂制定之保羅教堂憲法 (Paulskirchenverfassung) 第一八二條中規定：「終止行政司法；由法院審判一切權利侵犯行為」(Die Verwaltungsrechtspflege hört auf;

---

❿　同上註，頁 315–316；頁 468。

⓫　Friedhelm Hufen, a.a.O., §2, Rn. 4；蔡志方，上揭書文，頁 33–46；翁岳生，〈西德行政法院之組織及其裁判權之研究〉，氏著，《行政法與現代法治國家》，1979年 10 月，第三版，頁 415–416。

über alle Rechtsverletzungen entscheiden die Gerichte.)。此一規定之前段語句屬於消極面要求 (die Negativforderung)，即要求終止早期之行政司法制度。此一制度，除少數學者如 Friedrich Julius Stabl (1802–1861) 認為獨立之行政司法制度會造成國家與其行政之解體以外，獲得絕大多數學者之贊同。而此一規定之後段語句則屬於積極面要求 (die Positivforderung)，即要求行政應受法院之審查。至於是應受普通法院體系或受行政法院體系之審查，學者之意見不一，而有司法國家 (Justizstaat) 與行政國家 (Verwaltungsstaat) 之論戰。Otto Bähr (1817–1895) 在其 1864 年之著作「法治國家」(*Der Rechtsstaat*) 中，認為國家為社會互助團體組織之最高機關，國家與人民間之關係，不是單方之權力統治關係，而應為權利關係，雙方互負權利義務關係，而關於個人權利義務之保護，主張應由普通法院為之 (einen Schutz der individuellen Rechtssphäre durch die ordentliche Gerichtsbarkeit)。此主張乃被歸類為主張「司法國家」理論者 **⑫**。另一學者 Rudolf von Gneist (1816–1895) 則主張「行政國家」(Der Verwaltungsstaat) 理論，嚴格區分國家與社會，認為作為市民法院 (bürgerliche Gerichte)，並不適合於用來控制行政，實現共同福祉及適用公法。Gneist 教授認為行政訴訟著重在以公法標準來實現客觀的法律控制 (objektive Rechtskontrolle)，而不著重於私人權益之保護 **⑬**。他在 1872 年所著《法治國家與德國之行政法院》(*Der Rechtsstaat und die Verwaltungsgerichte in Deutschland*) 一書中表示，行政審判之主要目的，在於確保行政合法性，行政審判係針對官權而發。公法內無私權之可言，行政裁判及於裁量及便宜性，當事人權利之保護屬於次要。又基於三權分立原理，普通法院不能審查行政裁量，但如由行政設置之行政法院審理行政事件，則行政法院亦能審查裁量行為，不發生司法干涉行

---

⑫ 主張司法國家論者尚有 B. W. Pfeiffer、W. H. Puchta、Mittermaier 等人。參閱，蔡志方，上揭書文，頁 36 之註 146；另 Friedhelm Hufen, a.a.O., §2, Rn. 8；翁岳生，〈西德行政法院之組織及其裁判權之研究〉，氏著，《行政法與現代法治國家》，頁 416–418。

⑬ Friedhelm Hufen, a.a.O., §2, Rn. 8.

政危險。此外，審理行政事件，應具有行政上之技術性與專門性知識與經驗，且須對公法事件有正確之瞭解與觀念，此似非普通法院之法官所能勝任。Gneist 教授之見解獲得 Wilhelm Joseph Behr 教授、Nikolaus Thaddäus von Gönner 教授、Karl von Pfizer 法官及 Robert von Mohl 教授之認同，且獲當政者之喜愛，而得到論戰上之勝利。德國各地紛紛依 Gneist 教授之主張，成立行政法院。而德國採用此與法國相似之特別行政法院審判制度，更進一步的影響了二次世界大戰前日本與我國舊行政訴訟審判制度之建立[14]。

　　第二次世界大戰後，德國之司法制度丕變，不只延續法國所建立之司法二元制，甚且擴展為司法多元制，除了普通法院裁判系統外，更有行政法院裁判系統、財務法院裁判系統、勞工法院裁判系統、社會法院裁判系統、懲戒法院裁判系統及憲法法院等，構建了學者所謂之司法國 (Rechtsprechungsstaat)[15]。而在行政訴訟法制方面，也由第二次世界大戰前之行政司法時代，演進至二次世界大戰後之司法的行政裁判時代。行政訴訟制度成為二次世界大戰後變革最多、最大的部門，其主要者為[16]：

　　1.行政訴訟裁判之機關，由行政官署之地位，變成完全獨立之法院。

　　2.行政訴訟之審判，由行政官之參加，變成全由具有德國法官法上有法官之資格者為之。

　　3.行政法院之審級，由參差不齊，而統一為三級三審制。

　　4.行政訴訟之裁判權，由列舉規定，改採概括條款規定，使任何人民之權利受有公權力侵害時，皆可獲得法院之保護。

　　德國成為歐洲聯盟會員國，其行政訴訟日益受到歐洲法院及歐盟立法者之影響而產生了行政訴訟之雙軌特性，即涉及單純內國法事件與涉及歐

---

[14]　翁岳生，上揭書，頁 418–419 以及頁 419 之註 19。日本行政訴訟制度之變革，另請參閱，鹽野宏作，劉宗德譯，〈日本行政訴訟改革動向〉，《司法周刊》，第 1115 期，民國 92 年 1 月 1 日，第三版。

[15]　翁岳生，〈論西德司法制度〉，氏著，《行政法與現代法治國家》，頁 481 以下。

[16]　翁岳生，〈西德行政法院之組織及其裁判權之研究〉，上揭書，頁 473–474。

盟法事件❶。一般而言，在程序法、建築法、交通道路規劃、地方自治、公務員法、警察法等領域之行政訴訟，仍然適用內國法，但在環境保護、公平競爭法、政府採購法、國家補貼法、或網路連線基礎建設等領域方面，則受到歐盟法的影響甚大而在與之相關的行政訴訟事件中，受到歐洲法院之管轄與審理❶。

值得注意的是，根據歐洲法院之裁判，涉及歐盟法與會員國訴訟法制時，有歐盟法優位原則 (der Grundsatz des Vorrang des Unionsrechts)。此一原則乃是會員國法與歐盟法在適用同一事實發生衝突時，則歐盟法應優先適用。不過，與歐盟法相衝突之會員國法並非無效，只是在具體個案中受到歐盟法規範的排擠而已。會員國法不適用之宣告，則以透過符合歐盟法規範之解釋方法加以避免。此解釋方法，乃是在方法論上所容許之界限範圍內，應朝遵守歐盟法規定之方向來解釋會員國之法律。此一原則適用在與德國行政訴訟法所發生之關係上❶。

又在歐盟法與會員國訴訟法之關係上值得注意的是，在司法程序之形塑上為會員國法秩序之權責，但歐盟法之相當性原則 (Äquivalenzgrundsatz)與效率原則 (Effektivitätsgrundsatz) 則限縮了會員國之司法程序形塑權限。所謂相當性原則乃是要求在程序形塑上，涉及歐盟法之案件比僅涉及單單會員國法之案件，不得受到較為不利之對待。而所謂效率原則，目的在防止適用會員國之程序法後，反而造成歐盟法所賦予權限之事實上不能行使或造成行使的過度困難❷。

上述相當性原則與效率原則對德國行政訴訟法制之影響主要有三方

---

❶ Jan Ziekow, The Practice of German Administrative Litigation and Its Adaption under the Influence of the European Union Law，〈德國行政訴訟實務及其在歐盟法影響下之因應〉，最高行政法院編印，《新制行政訴訟實施 10 週年國際學術研討會會議實錄》，民國 99 年 10 月，頁 84。

❶ 同上註，頁 93。

❶ 同上註，頁 76。

❷ 同上註，頁 76–77。

面，亦即第一對原告主觀公權利之認定與審查上有較寬之範圍；第二，在行政程序瑕疵之權利救濟上也較德國為寬廣；第三在暫時權利保護上，德國行政訴訟法制，則受到歐盟法之修正與反轉。亦即在人民對負擔行政處分採取法律救濟途徑而提起撤銷訴訟時，依德國行政法院法第八十條規定，原則上將發生延宕效力，亦即造成該負擔處分的停止執行之效力，而僅在例外情形下，行政機關可下令立即執行，亦即在人民提起撤銷訴訟後，該負擔處分被例外的允許執行。德國此一在提起撤銷訴訟後，負擔行政處分原則上不執行，被例外命令執行之關係，在涉及歐盟法之情形時，則被倒置。這主要是基於效率原則，此一原則乃是基於撤銷訴訟之原告不應透過撤銷訴訟之提起，而可能，即使是短暫地，危及到行政處分所賴以為基礎之歐盟法的實現。因此，在行政機關依歐盟法規定作成一行政處分，相對人因不服該行政處分，提起撤銷訴訟時，歐盟法將課予德國行政機關作成立即執行之義務。這也就是德國行政訴訟中之暫時權利保護原則，受到歐盟法之修正❷。

第三節　我　國

第一項　平政院時期

我國之有行政訴訟之思想，始於民國之肇建，民國元年三月十一日公布之中華民國臨時約法第十條規定：「人民對於官吏違法損害權利之行為，有陳訴於平政院之權。」臨時約法第四十九條又規定：「法院依法律審判民事訴訟及刑事訴訟，但關於行政訴訟及其他特別訴訟，別以法律定之。」由此可見，是採取德、法兩國司法二元制之特別行政訴訟審判制度。民國三年間所分別制定之平政院編制令、行政訴訟條例與行政訴訟法，建構了平政院時期行政訴訟之型態，其主要特色，依學者之分析為❷：

---

❷　同上註，頁 81-82。

❷　翁岳生，〈行政訴訟制度現代化之研究〉，氏著，《行政法與現代法治國家》，頁 387-389；另參閱，蔡志方，〈我國第一個行政訴訟審判機關——平政院〉，氏

　　1.平政院之法律地位有如法國之中央行政法院，隸屬於大總統，而非屬於司法權之一部分，有強烈性之行政司法色彩。

　　2.行政訴訟之範圍，採取概括規定，即人民對中央或地方行政官署之違法處分致損害其權利，經依訴願法之規定提起訴願至最高級行政官署仍不服其決定者，或對中央或地方最高級行政官署之違法處分致損害其權利者，皆得提起訴訟。

　　3.設有肅政史，得在人民未於訴願期間內提起訴願或於起訴期間內提起行政訴訟者，肅政史在上述期間經過後六十日內，提起行政訴訟，請求撤銷違法之處分，以符合依法行政之原則。又肅政史對官吏之違憲、違法行賄、受賄、營私舞弊與瀆職殃民事件，有依職權呈大總統糾彈之權限，此項糾彈事件經大總統認為應交平政院審理者，平政院即有審理或呈明大總統分別交由其他主管官署審理之義務。

　　4.行政訴訟採言詞辯論主義，即被告提出答辯狀後，平政院應指定期日傳喚原告、被告與參加人對審，但如有原告或被告之請求或認為便利時，亦得就書狀裁決之。

　　5.平政院不受理請求損害賠償之訴訟，因其時行政訴訟之目的，在於行政自行監督與行政之合法化，並不以保護人民權益為主要目的。

　　6.平政院為終審法院，對其裁決不能上訴、抗告與再審。

　　7.提起行政訴訟後，因基於行政訴訟之公益性，非經平政院之許可不得撤回之。

　　8.行政訴訟之提起並不影響原行政處分之效力，但平政院或行政官署認為必要時或依原告之請求，得停止原行政處分之執行。

　　9.平政院裁決之執行，由平政院院長呈請大總統批令主管官署行之。

　　10.平政院得就地審判，為了審理之便利或必要，除地方最高行政官署之行政訴訟外，得由平政院院長囑託被告官署所在地之最高級司法官署司法官，並派遣平政院評事組織五人之合議庭審理之。

　　11.平政院之審判庭由司法官與行政官組成。

　　著，《行政救濟與行政法學㈠》，頁 241–297。

12.平政院評事之法律地位受有保障，平政院肅政史不得干涉平政院評事之審判，評事非受刑之宣告或懲戒處分，不得強令退職、轉職及減俸。

平政院與民初之北京政府相始終，十餘年間受理行政訴訟一百二十四件，每年不過十件，故有學者謔稱平政院為「貧症院」，認其有「殊少令人滿意之成績與表現」❷❸。不過，近日學者分析平政院在受理之一百二十四件行政訴訟中，維持行政機關原決定者僅五十七件，亦即對人民所提行政訴訟之駁回率僅占全部案件之 45.97%。但撤銷行政機關原決定或變更行政機關原處分者分別有三十七件與三十件，亦即對人民所提行政訴訟之勝訴率占全部案件之 54.03%❷❹，認為平政院在當時政治背景下能有此難能表現，遠較下述被戲稱為「駁回法院」❷❺之行政法院，表現尤佳。

第二項　行政法院時期

民國十七年北伐成功，全國統一，國民政府採五院制，設有司法院。依國民政府組織法第三十三條規定：「司法院為國民政府最高司法機關，掌理司法審判、司法行政、官吏懲戒及行政審判之職權……。」同年十月二十日公布司法院組織法於第一條規定，司法院由司法行政署、司法審判署、行政審判署及官吏懲戒委員會組成。同法第六條規定了行政審判署依法律審理行政訴訟審判之權限。民國十七年十一月十七日修正公布之司法院組織法對於上述組織架構做了名稱上之變動。修正之司法院組織法第一條將上述各署改稱為司法行政部、最高法院及行政法院。修正之司法院組織法第六條規定了行政法院依法律掌理行政訴訟審判之權限。民國二十一年十一月十七日公布了行政訴訟法與行政法院組織法，但一直到了民國二十二

---

❷❸ 陳顧遠，《雙晴室餘文存稿選錄》，頁 170–171，引自吳庚，《行政法院裁判權之比較研究》，嘉新文化基金會，民國 56 年 5 月，頁 18 註 46；另參閱，阮毅成，《法語（下冊）》，商務印書館，民國 69 年 11 月，初版，頁 374。

❷❹ 蔡志方，〈我國第一個行政訴訟審判機關——平政院〉，上揭書，頁 280，297。

❷❺ 據統計自民國 62 年以來，以判決駁回者，約占九成，以裁定駁回者，約占三成三。詳見上註，頁 280 之註 159。

年九月一日行政法院正式成立後，才開始審理案件，使民國十七年至民國二十二年間中斷了的行政訴訟審判，重新恢復。由此亦可見，當時司法受到國家政治情勢影響之深重❷。

國民政府所設行政法院與民國初年北洋政府之平政院在組織職權上頗有差異，學者將之分別比較分析為❷：

1.平政院直隸於大總統，獨立於司法機關之外，屬於廣義的行政機關；行政法院則不屬於大總統，而屬於司法院，為司法機關。

2.平政院的職權包括糾彈官吏、審理行政訴訟及裁決官吏懲戒事件；行政法院則專司行政訴訟審判事務。

3.平政院由肅政廳、行政訴訟法庭及懲戒委員會三種單位組成；行政法院則僅分設兩庭。

4.平政院對邊遠地區案件有就地審理制度；行政法院則無。

5.平政院審理行政訴訟案件，以採言詞辯論為原則，書面審理為例外；行政法院則相反。

6.平政院不受理請求損害賠償案件；行政法院則受理。

第三項　行政訴訟新紀元

自民國二十二年九月一日行政法院正式成立並受理行政訴訟審判業務，至民國八十九年七月一日實施民國八十七年十月二十八日修正公布之新行政訴訟法❷，為學者所謂行政訴訟舊制實施期間。此一舊制自民國二十二年至三十六年間，以大陸地區之大，行政法院平均每年受理案件僅四

---

❷　翁岳生，〈行政訴訟制度現代化之研究〉，上揭書，頁 389–390；蔡志方，〈國民政府時代之行政訴訟制度〉，上揭書，頁 305–306；張家洋，《行政法》，三民書局，民國 76 年，再版，頁 764。

❷　張家洋，上揭書，頁 764–765；林紀東，《行政法》，三民書局，民國 77 年 3 月，頁 531。

❷　二級二審行政訴訟新制自民國 89 年 7 月 1 日起施行，參閱《司法周刊》，第 987 期，民國 89 年 7 月 5 日，第一版。

十餘件❷，但行憲及國民政府遷臺以後，行政訴訟案件隨著政治之日趨民主化，至民國八十八年已逾七，二五三件❸，其間數量差距甚為鉅大，而行政訴訟舊制之不能順應現時經濟、社會現況也日益明顯。行政訴訟舊制之特徵，可歸納如次：

一、行政訴訟之先行程序層級過多

依舊制，欲提起行政訴訟，須先提起訴願，而對訴願之決定不服，始可提起行政訴訟。而訴願制度另分訴願與再訴願兩個層級，而在訴願之前，尚有復查、復核、異議或申訴等先行程序，故形成學者所謂「蔚為奇觀」之「四級四審」或「四級五審」❹之行政爭訟制度，延宕、阻止人民行政爭訟之權益。

二、行政訴訟概括主義

行政法院裁判權一向有列舉主義 (Emenurationsprinzip) 與概括主義 (Grundsatz der Generalklausel) 之分，行政訴訟法自民初公布以來，即採除法律另有規定外，一切不服行政處分之事件，均可提起行政訴訟之原則，而非以法律所列舉之事項為限，自屬概括主義❺。而所謂法律另有規定外，是指選舉事件、交通事件、少年事件、社會秩序維護事件等實質行政事件，因公職人員選舉罷免法、道路交通管理處罰條例、少年事件處理法、社會秩序維護法等之特別規定，改由普通法院審理。學者稱之為「形式上的民事訴訟」❻。

---

❷　蔡志方，《行政救濟法論》，月旦出版公司，民國 84 年，頁 170。

❸　較民國 87 年之 8,599 件，減少 15.7%。參閱《司法周刊》，第 918 期，民國 88 年 3 月 3 日，第一版；第 967 期，民國 89 年 2 月 16 日，第一版。

❹　吳庚，《行政法之理論與實用》，民國 94 年 8 月，增訂九版，頁 620。

❺　吳庚，上揭書，頁 617；另參閱史尚寬氏之說明，史尚寬，《行政法論》，頁 252；另參閱，陳計男，〈我國行政訴訟制度改革之動向與運用狀況㈠〉，《司法周刊》，第 1111 期，民國 91 年 12 月 4 日，第二版。

三、行政訴訟範圍過小，僅有撤銷訴訟一種

行政爭訟舊制僅有撤銷違法行政處分及訴願決定之撤銷訴訟，即由人民對「行政機關處分」請求為「再審查之訴爭」，學者稱之為「基於權利損害之抗告訴訟」(Rechtsbeschwerde wegen Rechtsverletzung) [34]。至於公法契約、公法上無因管理、不當得利等爭訟以及確認公法上法律關係之存在與否，人民均投訴無門 [35]。

四、單一審級之行政訴訟

行政爭訟舊制僅在司法院內設一行政法院，且採一審終結，為國內學者普遍所垢病，認人民相互間之民事、刑事訴訟尚有三級三審之審級利益，何以人民與行政機關之行政訴訟僅有單一審級且不得上訴，實無法適應人民法律意識高漲之時代需要 [36]。

有鑑於上述行政訴訟舊制之不符時代社會需要，行政訴訟法乃自民國七十年七月間起，由司法院延攬學者專家組成「司法院行政訴訟制度研究修正委員會」，共同參與行政訴訟法之研修工作。經過政府機構、學者專家參酌第二次世界大戰後德國行政訴訟新制，提出之行政訴訟法修正草案，終於在民國八十七年十月二日在立法院三讀通過，開啟了我國行政訴訟制度之新紀元 [37]。

行政訴訟新制與上述行政訴訟舊制之不同，依學者之意見 [38]，可歸納

---

[33] 涂懷瑩，《行政法原理》，頁 630–635。

[34] 史尚寬，上揭書，頁 274。

[35] 翁岳生，〈行政訴訟制度現代化之研究〉，《行政法與現代法治國家》，頁 393。

[36] 林紀東，〈行政訴訟制度之研究〉，《行政法論文集》，頁 246；翁岳生，上揭書，頁 396。

[37] 相關修法過程，請參閱，陳清秀，《行政訴訟法》，植根法律事務所叢書㈢，民國 88 年 6 月，初版，頁 1；蔡志方，〈行政訴訟制度〉，翁岳生編，《行政法》，1999 年，頁 1085。

如次：

一、減少行政訴訟前置程序層級

舊制之行政爭訟層級由申訴、再申訴、聲明異議、訴願、再訴願以至於行政訴訟，共有四或五個層級，現僅撤銷訴訟及課予義務訴訟尚適用訴願前置主義，至給付訴訟、確認訴訟則無訴願前置程序存在，又將再訴願程序廢止，減少在行政體系內部之救濟層級，以迅速保障人民權益免於行政機關之延宕侵害。

二、增加行政訴訟種類，擴大行政爭訟權利救濟範圍

行政訴訟除原有之撤銷訴訟更增加確認訴訟，課以義務訴訟、一般給付訴訟等種類。除此之外，尚增加保全程序、暫時權利救濟途徑等，擴大了行政爭訟權利救濟之範圍。

三、行政訴訟從二級二審制到三級二審制

民國八十九年七月一日至民國一〇一年九月六日之行政訴訟制度原為最高行政法院及高等行政法院二級二審制 [39]。其中，最高行政法院為行政訴訟之法律審，高等行政法院為行政訴訟之事實審，並仿普通法院之例，最高行政法院由法官五名組成合議庭為審理，高等行政法院由三名法官組成合議庭審理，而簡易事件由法官一人獨任審理。

為解決訴訟不便之問題及使公法事件陸續回歸行政訴訟審判，行政訴

---

[38] 吳庚，《行政爭訟法論》，頁 13；另參閱，陳計男，〈我國行政訴訟制度改革之動向與運用狀況㈡〉，《司法周刊》，第 1112 期，民國 91 年 12 月 11 日，第二版；陳計男，〈我國行政訴訟制度改革之動向與運用狀況㈢〉，《司法周刊》，第 1113 期，民國 91 年 12 月 18 日，第二版。

[39] 吳庚氏質疑立法院將行政訴訟法修正草案原擬名稱中央行政法院、地區行政法院，分別改為最高行政法院與高等行政法院之不當，甚是！參閱，吳庚，《行政法之理論與實用》，頁 619。

訟法於民國一〇〇年十一月二十三日修正公布並於民國一〇一年九月六日正式施行後，行政訴訟已由二級二審制改為三級二審制。除了最高行政法院及高等行政法院等二級以外，另在各地方法院內設置行政訴訟庭，作為行政訴訟的第一級，將行政訴訟簡易訴訟程序事件之第一審及相關保全證據事件、保全程序事件及強制執行事件，改由地方法院行政訴訟庭受理，並將現行由普通法院審理之違反道路交通管理處罰條例裁決救濟事件，改依行政訴訟程序審理。

四、行政訴訟程序嚴格複雜化及民事訴訟化

行政訴訟程序趨於嚴格化與複雜化。而新行政訴訟法對程序事項則盡量採用民事訴訟法之相關規定，形成學者所謂之明顯之民事訴訟化(Zivilprozessualisierung) 現象。行政訴訟法之條文由三十四條大幅擴增至三百零八條，幾增加十倍，致使行政訴訟事件之處理比素以法律繁瑣見稱之德國還要複雜，是否有必要而為學者所質疑[40]。

又為了避免新舊行政訴訟法遞嬗時，發生重大罅隙，司法院乃提出行政訴訟法施行法，並於民國八十九年五月二十三日由立法院三讀通過[41]，而新修正之行政訴訟法也於民國八十九年七月一日開始施行[42]，啟動了行政訴訟之新紀元。自此以後，行政訴訟案件數日漸增加。在民國九十五年時，最高行政法院新收件數為五，七六二件，終結件數為五，二三七件；各高等行政法院新收件數為九，三一六件，終結件數為九，八二四件（含歷年未結件數）。可見行政訴訟制度已漸成為人民維護權益之重要制度[43]。

---

[40] 吳庚，上揭書，頁 622。

[41] 《司法周刊》，第 982 期，民國 89 年 5 月 31 日，第一版。

[42] 司法院為因應新法施行前所為各項準備，請參閱，陳計男，〈我國行政訴訟制度改革之動向與運用狀況(三)〉，《司法周刊》，第 1113 期，民國 91 年 12 月 18 日，第二版。

[43] 網址：www.judicial.gov.tw；造訪日期：民國 96 年 6 月 10 日。

第四項　民國九十六年行政訴訟法之修正

行政訴訟新制自民國八十九年七月一日開始實施，將近七年後，立法院於民國九十六年六月五日三讀通過行政訴訟法部分條文修正案，計新增條文十條，修正條文八條，其修法重點有❹：

1. 向無審判權法院起訴，改採職權移送制：為保障當事人免於承受訴訟審判權歸屬認定及移轉的不利益，增訂行政法院對其認無受理權限之訴訟，應依職權移送至有受理訴訟權限之法院，免除人民承受審判權錯誤之不利益，以保障訴訟權。

2. 少量定額徵收裁判費，節制濫訴：基於司法資源屬全民所有及使用者付費原則，並防止濫行訴訟，改採按件定額酌徵裁判費。訴訟費用包含裁判費及其他進行訴訟之必要費用，原則上由敗訴之一造負擔。裁判費採定額徵收，起訴，按件徵收裁判費新臺幣四千元，適用簡易訴訟程序之事件，徵收新臺幣二千元，特定之聲請事件、抗告等，徵收新臺幣一千元。

3. 修正訴訟代理之規定：行政訴訟當事人若欲委任代理人，除可委任律師為訴訟代理人外，在稅務、專利行政事件，會計師、專利師或依法得為專利代理人者，經審判長許可，亦得為訴訟代理人；如當事人為公法人、中央或地方機關、公法上之非法人團體時，其所屬專任人員辦理法制、法務、訴願業務或與訴訟事件相關業務者，亦得為訴訟代理人。

4. 修正再審期間之起算規定：為免對於確定判決反覆爭執，本次增訂對於再審之訴之再審確定判決不服，復提起再審之訴時，其五年再審期間自原判決確定時起算。但再審之訴有理由者，自該再審判決確定時起算。

---

❹　參引，《司法周刊》，第 1342 期，民國 96 年 6 月 14 日，第一版。另參閱，張文郁，〈2007 年新修正之行政訴訟法簡介〉，《台灣本土法學雜誌》，第 106 期，民國 97 年 5 月，頁 311–324。

本次修正對行政訴訟影響較大者為,使行政訴訟由無償制改為有償制,也就是提起行政訴訟由不必繳交訴訟費用改為必須繳交定額訴訟費用,以致最高行政法院新收案件下降為四七九○件,三所高等行政法院新收案件下降為七四五○件,均為近兩成之明顯下降❹。民國九十八年七月,智慧財產法院成立,有關智慧財產之案件移由智慧財產法院辦理,以致三所高等行政法院新收案件降為六七七九件。最高行政法院則降為四四五九件。民國九十九年五月施行修正之行政訴訟法第二二九條,將簡易程序之金額或價額增至四十萬元以下,致三所高等行政法院之新收案件減為六五八一件,最高行政法院新收案件則增為五○四九件,上訴案件反有增加之趨勢❹。

第五項　民國九十八年行政訴訟法之修正

立法院於民國九十八年十二月二十二日三讀通過行政訴訟法修正案,共計修正六十六條條文。總統於民國九十九年一月十三日以華總一義字第○九九○○○○六二八一號令公布。此次修法之目標有三,即「便利人民訴訟」、「保障人民權益」、及「提升司法效能」,其重要之內容為❹:

一、便利人民訴訟方面

㈠在不動產訴訟,修正為除了徵收、徵用或撥用訴訟,專屬於不動產所在地之行政法院管轄外,其他和公法上權利或法律關係有關之不動產訴

---

❹ 彭鳳至,〈台灣行政訴訟之功能與角色〉,最高行政法院編印,《新制行政訴訟實施 10 週年國際學術研討會會議實錄》,民國 99 年 10 月,頁 444。

❹ 參閱 99 年司法院所屬各機關業務提要分析,司法統計網址:www.judicial.gov.tw,造訪日期:民國 100 年 2 月 9 日。

❹ 參閱,《司法周刊》,第 1472 期,民國 98 年 12 月 25 日,第四版;本次修正之內容與評釋,另請參閱,程明修,〈2009 年行政訴訟法修正內容簡介〉,《台灣法學雜誌》,第 144 期,民國 99 年 1 月 15 日,頁 1–13;劉建宏,〈2009 年行政訴訟法修法評釋〉,《月旦法學雜誌》,第 179 期,民國 99 年 4 月,頁 202–213。

訟，可由不動產所在地之行政法院管轄，也可由被告公務所或住居所地之行政法院管轄（第十五條）。

㈡在公務員任用、俸給、退休等職務關係訴訟上，增訂可由公務員職務所在地之行政法院管轄（第十五條之一）。

㈢在公法上保險事件訴訟（例如：公教人員保險、勞工保險、農民健康保險、全民健康保險等），增訂可由被保險人、受益人之住居所地或被保險人工作地之行政法院管轄；如投保單位為原告時，得由其主事務所或主營業所所在地之行政法院管轄（第十五條之二）。

㈣增訂人民可以利用電信傳真或其他科技設備傳送訴訟文書，以因應現代通信科技之發展趨勢（第五十九條、第八十三條）。

二、保障人民權益方面

㈠增訂訴訟費用如有溢收情事，行政法院應依聲請或依職權裁定返還；民事法院移送行政法院之事件，當事人原來繳納之民事訴訟費用，視為行政訴訟費用之一部分，如有溢收情形，行政法院應主動退還（第十二條之五、第一○四條）。

㈡明定對於無訴訟能力人為送達時，應向全體法定代理人送達，例如向未成年人送達應同時向其父、母送達。如有應送達處所不明時，才可向其餘之法定代理人送達，以確保無訴訟能力人之權益（第六十四條）。

㈢增訂寄存送達自寄存之日起經十日發生送達效力，以避免當事人外出期間受有寄存送達，未及獲知寄存文件之內容，而影響其訴訟權益（第七十三條）。

㈣明定當事人就應證事實及證言信用的事項，向審判長陳明後，可自行對證人發問，以保障當事人對於證人之發問權（第一五四條）。

㈤在損害賠償訴訟，原告已經證明受有損害，而在客觀上不能證明損害之數額或證明顯然有重大困難時，明定法院應審酌一切情況，依所得心證確定其數額，以符合訴訟經濟原則，並避免強人所難，失之嚴苛（第一八九條）。

㈥在撤銷訴訟進行中，原行政處分已經執行而無回復可能或已經消滅時，因無法撤銷，為使原告有救濟的機會，增訂行政院對此情形可以依當事人之聲請，確認行政處分違法行為（第一九六條）。

三、提升司法效能方面

㈠針對第三人聲請閱覽訴訟卷宗，原規定由行政法院院長許可，修正為由實際負責審理之行政法院（即合議庭或獨任法官）裁定許可（第九十六條）。

㈡針對命當事人繳納裁判費等費用，原規定由行政法院裁定，修正為由審判長為之即可（第一○○條）。

㈢提高適用簡易程序之訴訟標的金額或價額為新臺幣四十萬元以下者（第二二九條、第二三○條）。

㈣增訂不得以同一事由更行提起再審之訴（第二七四條之一）。

㈤檢討準用民事訴訟法的方式及條文（第十八條、第八十三條、第三○七條之一等）。

本次修正為行政訴訟新法自民國八十九年七月一日施行以來，變動幅度最大的一次❹，與上次在民國九十六年僅有小幅度之修正有很大之不同，將於本書相關章節中再詳述。

第六項　民國一○○年行政訴訟法之修正

立法院於民國一○○年五月六日增訂行政訴訟法第二四一條之一條文，並修正第七十三條及第二二九條條文等關於送達，適用簡易程序案件及對於高等行政法院判決上訴，原則應委任律師為訴訟代理人之規定。此

---

❹ 本次修正條文係針對行政訴訟法實施近十年的司法實務問題，加以釐清並修正甚多條文，並於 2010 年 4 月 23 日，以司法院院臺廳行一字第 0990009844 號函定自 2010 年 5 月 1 日起施行。相關論述可參閱，李建良，〈行政訴訟實務十年掠影（2000 年 –2010 年）〉，《月旦法學雜誌》，第 182 期，2010 年 7 月，頁 19–62。

為行政訴訟法在民國一〇〇年之第一次修正。此一修正於民國一〇〇年五月二十五日由總統公布施行。

　　另民國一〇〇年十一月一日立法院三讀修正通過之行政訴訟法已於民國一〇〇年十一月二十三日由總統令公布施行，其修正要點如下❹：

一、行政訴訟改採三級二審❺

　　明定辦理行政訴訟之地方法院行政訴訟庭，亦為行政訴訟法所稱之行政法院。行政訴訟簡易訴訟程序事件之第一審、行政訴訟強制執行事件，及交通裁決事件之第一審，均改由地方法院行政訴訟庭審理。

　　㈠因應改制為三級二審，明定辦理行政訴訟之地方法院行政訴訟庭，亦為本法所稱之行政法院（修正條文第三條之一）。

　　㈡將原條文「高等行政法院」酌為文字修正或刪除（修正條文第四條、第五條、第六條、第八條、第四十二條、第二編編名、第一九九條、第二六九條、第二九四條、第三〇〇條）。

二、修正簡易訴訟程序相關規定

　　簡易訴訟程序事件以地方法院行政訴訟庭為第一審法院；高等行政法院為第二審法院，並定位為法律審，其上訴或抗告須以原裁判違背法令始

---

❹　參閱，立法院第 7 屆第 7 會期第 8 次會議關係文書，院總第 829 號政府委員提案，民國 100 年 4 月 7 日印發，頁討 66-70。另參閱，王俊雄，〈行政訴訟之新變革〉，《全國律師月刊》，2012 年 9 月，頁 29-43；劉建宏，〈2011 年行政訴訟修法評釋〉，《月旦法學教室》，第 145 期，2012 年 5 月，頁 89-98。

❺　相關論文請參閱，張哲瑋，〈行政訴訟三級二審新制實施對稅務訴訟影響〉，《當代財政》，第 52 期，2013 年 1 月，頁 41-58；蔡朝安、鍾典晏、陳伯翰，〈行政訴訟三級二審之修正對人民行政救濟之影響〉，《全國律師》，第 16 卷 9 期，2012 年 9 月，頁 44-49；陳清秀，〈行政訴訟法修正簡介〉，《月旦法學雜誌》，第 201 期，2012 年 2 月，頁 156-174；廖義男，〈夏蟲語冰錄（五十八）——三級二審之新行政訴訟法〉，《法令月刊》，第 63 卷第 11 期，2012 年 11 月，頁 130-133。

得為之。簡易訴訟程序事件以經言詞辯論為原則，另為避免以高等行政法院為終審時，衍生裁判見解不一之問題，如高等行政法院認有確保裁判見解統一之必要者，應以裁定移送最高行政法院裁判。

㈠簡易訴訟程序事件以地方法院行政訴訟庭為第一審管轄法院（修正第二編第二章章名、條文第二二九條）。

㈡增加因訴之變更、追加或提起反訴，致訴訟標的金額或價額逾新臺幣40萬元者，其辯論及裁判改依通常訴訟程序之規定，地方法院行政訴訟庭並應裁定移送管轄之高等行政法院（修正條文第二三〇條）。

㈢刪除簡易訴訟程序之裁判，得不經言詞辯論之規定（修正條文第二三三條）。

㈣簡易訴訟程序事件第一審由地方法院行政訴訟庭裁判，不服裁判者，得上訴或抗告於管轄之高等行政法院，並將上訴或抗告要件，放寬為以原裁判違背法令為理由即可。簡易訴訟程序事件採二審終結，對於第二審裁判不得上訴或抗告（修正條文第二三五條）。

㈤為避免簡易訴訟程序事件因以高等行政法院為終審，而衍生裁判見解不統一之問題，爰規定高等行政法院認有確保裁判見解統一之必要者，應以裁定移送最高行政法院裁判之，並規定前述移送裁定，當事人不得聲明不服。設若最高行政法院認移送之訴訟事件並未涉及裁判見解統一之必要者，應以裁定發回。受發回之高等行政法院不得再將訴訟事件裁定移送最高行政法院，以免案件來回擺盪，影響當事人訴訟權益（修正條文第二三五條之一）。

㈥對於簡易訴訟程序裁判之上訴或抗告，理由狀內應記載之事項（修正條文第二三六條之一）。

㈦應適用通常訴訟程序之事件，第一審誤用簡易訴訟程序審理並為判決，其上訴審應適用何種程序裁判之規定。簡易訴訟程序上訴、抗告、再審、重新審理，分別準用第三編至第六編規定（修正條文第二三六條之二）。

㈧因簡易訴訟程序上訴要件改為以判決違背法令為理由，故刪除簡易訴訟程序上訴應表明訴訟事件所涉及之原則性法律見解及未表明上開理由

者，如何處理之規定（修正條文第二四四條及第二四六條）。

㈨刪除簡易訴訟程序事件，得以言詞抗告之規定（修正條文第二六九條）。

三、增訂第二編第三章交通裁決事件訴訟程序

交通裁決事件採二審終結，改由地方法院行政訴訟庭為第一審法院，高等行政法院為第二審法院❺，得不經言詞辯論。此外，本次修法設立「重新審查」制度，被告機關於收受起訴狀繕本後，應重新審查，如審查結果認原裁決違法或不當，即應自行撤銷或變更原裁決並陳報法院。如不依原告請求處置者，須附具重新審查紀錄及原處分卷，提出答辯狀於法院。被告機關已完全依原告請求處置者，視為原告撤回起訴，法院應依職權退還裁判費。

㈠交通裁決事件之範圍及合併提起非交通裁決事件之處置（修正條文第二三七條之一）。

㈡交通裁決事件，得由原告住所地、居所地、所在地或違規行為地之地方法院行政訴訟庭管轄（修正條文第二三七條之二）。

㈢交通裁決事件起訴，係以原處分機關為被告，逕向管轄之地方法院行政訴訟庭為之及撤銷訴訟起訴期間之限制（修正條文第二三七條之三）。

㈣交通裁決事件，被告收受起訴狀繕本後應重新審查並為一定之處置（修正條文第二三七條之四）。

㈤交通裁決事件各項裁判費之徵收標準及依第二三七條之四第三項視為撤回起訴者，法院應依職權退還裁判費（修正條文第二三七條之五）。

㈥因訴之變更、追加，致訴之全部或一部不屬於交通裁決事件範圍者，法院應改依簡易訴訟程序審理；其應改依通常訴訟程序審理者，並應裁定

---

❺　相關論文請參閱，李建良，〈行政訴訟審級與交通裁決事件審判權之改制——2011 年行政訴訟法新制評介〉，《台灣法學雜誌》，第 192 期，2012 年 1 月，頁 1–22；蔣文正，〈民國 101 年交通裁決事件之救濟程序將回歸行政訴訟程序〉，《台一專利商標雜誌》，第 182 期，2012 年 3 月，頁 4–8。

移送管轄之高等行政法院（修正條文第二三七條之六）。

㈦交通裁決事件之裁判，得不經言詞辯論為之（修正條文第二三七條之七）。

㈧行政法院為訴訟費用之裁判時，應確定其費用額（修正條文第二三七條之八）。

㈨交通裁決事件，除第二編第三章別有規定外，準用簡易訴訟程序之規定。其上訴，準用第二三五條、第二三五條之一、第二三六條之一、第二三六條之二第一項、第二項、第二三七條之八及第三編規定。抗告、再審及重新審理，分別準用第四編至第六編規定（修正條文第二三七條之九）。

四、配合地方法院行政訴訟庭之設置，將部分與審判相關事務劃由地方法院行政訴訟庭處理

㈠行政法院得向送達地之地方法院為送達之囑託（修正條文第六十三條）。

㈡保全證據之聲請，在起訴前，係向受訊問人住居地或證物所在地之地方法院行政訴訟庭為之；遇有急迫情形，於起訴後亦得向受訊問人住居地或證物所在地之地方法院行政訴訟庭為之（修正條文第一七五條）。

㈢假扣押聲請，由管轄本案之行政法院或假扣押標的所在地之地方法院行政訴訟庭管轄。且明定前述管轄本案之行政法院，係指訴訟已繫屬或應繫屬之第一審法院（修正條文第二九四條）。

㈣假處分聲請，遇急迫情形，得由請求標的所在地之地方法院行政訴訟庭管轄（修正條文第三〇〇條）。

㈤行政訴訟強制執行事件由地方法院行政訴訟庭為之（修正條文第三〇五條及第三〇六條）。

㈥債務人異議之訴，依其執行名義係適用簡易訴訟程序或通常訴訟程序，分別由地方法院行政訴訟庭或高等行政法院受理（修正條文第三〇七條）。

五、其他修正

㈠修正指定管轄由直接上級行政法院為之（修正條文第十六條）。

㈡為促進審判程序進行，關於輔佐人之許可、許可之撤銷及命到場改由審判長為之，並增設輔佐人人數不得逾二人之限制（修正條文第五十五條）。

㈢配合九十九年一月十三日公布修正刪除第六十七條第三項規定，刪除第七十六條第二項規定（修正條文第七十六條）。

㈣交通裁決事件裁判費，第二編第三章別有規定者，從其規定（修正條文第九十八條之七）。

㈤適用通常訴訟程序之事件，以高等行政法院為第一審管轄法院（修正第二編第一章章名、條文第一〇四條之一）。

㈥因增設除外規定而修正者（修正條文第一〇六條、第二二九條及第二三八條）。

㈦增列課予義務訴訟誤列被告機關，亦屬得命補正事項（修正條文第一〇七條）。

㈧行政法院認為訴之撤回有礙公益之維護者，應以裁定不予准許，以期明確（修正條文第一一四條）。

㈨適用通常訴訟程序之事件，因訴之變更或一部撤回，致其訴之全部屬於簡易訴訟程序或交通裁決事件訴訟程序之範圍者，高等行政法院應以裁定移送管轄之地方法院行政訴訟庭（修正條文第一一四條之一）。

㈩修改準備書狀規定（修正條文第一二〇條）。

⑪配合行政法院組織法修正，高等行政法院置具有財經、稅務或會計專業之司法事務官，明定司法事務官所得參與之訴訟程序及其迴避之規定（修正條文第二十一條、第一二五條之一及第一七五條之一）。

⑫提高對證人及第三人之罰鍰金額（修正條文第一四三條、第一四八條及第一六九條）。

⑬行政法院就其受理事件，對於適用法律確信有牴觸憲法之疑義時，

得聲請司法院大法官解釋，並應以裁定停止訴訟程序（修正條文第一七八條之一及刪除第二五二條）。

㈤當事人合意停止或視為合意停止訴訟程序，於公益之維護有礙者，法院應於兩造陳明後，於一個月內裁定續行訴訟，以免延滯（修正條文第一八三條及第一八五條）。

㈥行政法院所為撤銷或變更原處分或決定之判決，如係指摘機關適用法律之見解有違誤時，該機關即應受判決之拘束，不得為相左或歧異之決定或處分（修正條文第二一六條第三項）。

㈦關於裁定原本交付期間，增加準用民事訴訟法第二二八條規定（修正條文第二一七條）。

㈦增訂應適用簡易訴訟程序或交通裁決訴訟程序之事件，因高等行政法院誤用較為嚴格之通常訴訟程序所為之判決，最高行政法院不得以此為由廢棄原判決，而應適用簡易訴訟或交通裁決事件上訴審程序之規定，以免增加當事人及法院不必要之勞費（修正條文第二五六條之一）。

㈥因本次修法後行政訴訟改為三級二審制，爰修正抗告，係由直接上級行政法院裁定。且對於抗告法院之裁定，不得再為抗告（修正條文第二六七條）。

㈦修正對於審級不同之行政法院就同一事件所為之判決提起再審之訴者，由專屬上級行政法院合併管轄（修正條文第二七五條）。

㈢將現行法條文用語不當及有疑義者修正釐清（修正條文第七十五條、第一一三條、第一八四條、第一九四條、第二一九條、第二三六條、第二四八條及第二九九條）。

第七項　民國一○一年行政訴訟法之修正

立法院於民國一○一年十二月二十一日增訂行政訴訟法第一三○條之一條文，並修正行政訴訟法第一三一條。此次修正已於民國一○二年一月九日由總統公布施行，其修正要點如下：

一、行政訴訟之當事人、代理人所在處所或所在地法院與行政法院間

有聲音及影像相互傳送之科技設備者，行政法院得以遠距視訊方式進行審理。

二、配合第一百三十條之一之增訂，明定該條關於法院權限之規定，於受命法官行準備程序時準用之。

第八項　民國一〇三年行政訴訟法之修正

立法院於民國一〇三年五月三十日修正行政訴訟法第四十九條、第七十三條、第二〇四條、第二二九條，並增訂行政訴訟法第二編第四章收容聲請事件程序，即增訂行政訴訟法第二三七條之十至第二三七條之十七。此次修正於民國一〇三年六月十八日由總統以華總一義字第一〇三〇〇〇九三二八一號令公布施行。其修正理由及要點如下❷：

一、修正理由

本次修正行政訴訟法，主要係因應釋字第七〇八號及第七一〇號解釋，要求應賦予受收容之外國人及大陸地區人民，對於入出國及移民署（下稱移民署）作成之暫予收容處分，有立即聲請法院迅速審查決定救濟機會，以及逾越暫予收容期間之收容，應由法院審查決定之意旨而增訂。並同時就現行法其他部分酌予修正。

二、修正要點有八，即：

(一)便利人民訴訟，交通裁決事件原告之訴訟代理人，不以律師為限

交通裁決事件之性質較為簡單輕微，裁罰金額亦較低。為避免增加人民訴訟成本，造成訴訟救濟之過度負擔，本次修法明定交通裁決事件原告委任之訴訟代理人，不以律師為限。原告為自然人時，其一定關係之親屬；原告為法人或非法人團體時，其所屬人員辦理與訴訟事件相關業務者，亦得為訴訟代理人。

(二)收容期間區分為「暫予收容」、「續予收容」及「延長收容」三階段

---

❷　參閱，司法院行政訴訟及懲戒廳，司法院新聞稿，民國 103 年 5 月 30 日。

本次行政訴訟法修法，主要係配合入出國及移民法（下稱移民法）、臺灣地區與大陸地區人民關係條例、香港澳門關係條例等修正草案規定。依新修正之行政訴訟法及目前立法院審議中之移民法修正草案等規定，未來收容期間可區分為移民署作成「暫予收容處分」（最長不得逾十五日），以及法院裁定「續予收容」（最長不得逾四十五日）及「延長收容」（最長不得逾六十日）三段期間。

㈢配合前述三階段收容期間，增訂「收容聲請事件程序」專章

在收容聲請事件類型上，可區分為「收容異議」、「續予收容」、「延長收容」及「停止收容」四種。收容異議係受收容人或其一定關係親屬，對於暫予收容處分不服而於暫予收容期間提出。續予及延長收容則係移民署認有繼續收容必要，逾收容期間屆滿前向法院聲請。停止收容則為受收容人或其一定關係親屬，於法院裁定續予或延長收容後，認有收容原因消滅、無收容必要或有得不予收容之情形，向法院聲請。

㈣收容聲請事件以地方法院行政訴訟庭為第一審管轄法院；考量案件量、提解受收容人之勞費、時間及法院收容空間等因素，法院得以遠距方式進行審理。

㈤法院准續予及延長收容之裁定，逾期宣示或送達者，視為撤銷

法院准續予收容及延長收容，均屬剝奪人身自由之裁定，應於收容期間屆滿前當庭宣示或以正本送達受收容人；逾期宣示或送達者，裁定視為撤銷。

㈥收容聲請事件，不徵收裁判費；法院審理收容聲請事件，除「收容聲請事件程序」章別有規定外，準用簡易訴訟程序之規定。

㈦增訂適用簡易訴訟程序之事件種類

不服移民署之行政收容事件（例如具保處分）或合併請求賠償事件涉訟，與收容聲請事件密切相關，基於調查證據便利，本次修法明定適用簡易訴訟程序。此外，行政機關所為講習及輔導教育處分，因屬輕微處分，本次修法亦明定適用簡易訴訟程序審理。

㈧酌修行政訴訟法第七十三條之用語，將「郵政機關」修正為「郵務

機構」；明定宣示判決期日之指定，自辯論終結時起，不得逾二星期，俾與民、刑事案件一致。另於行政訴訟法施行法增訂本次修法前，已繫屬法院事件之管轄法院及新舊法律適用。

第四章　行政訴訟法制之特性

第一節　概　述

　　排除行政危害之救濟方法很多。有行政體系內與行政體系外之救濟，有法制化與非法制化之行政救濟❶。行政訴訟法制只是其中一種，其與我國已法制化之行政救濟制度，如陳情法制、請願法制、聲明異議法制、申訴法制、復審法制、訴願法制、國家賠償法制、國家補償法制以及尚未法制化之行政救濟制度❷，究竟有何不同？換言之，行政訴訟法制之特性為何？又其與民事訴訟法制、刑事訴訟法制有何不同，亦為行政訴訟法學探討之範圍。本章將僅就行政救濟法制中與行政訴訟法制較能區分比較差異之訴願法制、民事訴訟法制與刑事訴訟法制之不同，分節說明於次。至於其他行政救濟法制如請願法制❸、陳情法制、聲明異議法制、申訴法制、復審法制、國家賠償法制、國家補償法制等，則可參考憲法及一般行政法學論著❹，在此不予論述。

---

❶　蔡志方，《行政救濟法新論》，元照出版公司，2000 年 1 月，初版第一刷，頁 6–8；Edgar Bosch/Jörg Schmidt, *Praktische Einführung in das verwaltungsgerichtliche Verfahren*, S. 2–4.

❷　例如類似徵收之侵害、準徵收之侵害、特別犧牲、信賴保護所生之消失、計劃擔保所生之損失、公法上之不當得利與無因管理所生之補償、結果除去與復原請求等。詳閱，蔡志方，上揭書，頁 7。

❸　請願之法律性質與特色，請參閱，蔡志方，上揭書，頁 14–18。

❹　林騰鷂，《行政法總論》，三民書局，民國 101 年 3 月，修訂三版，頁 535–536、624–676；李惠宗，《行政法要義》，五南圖書出版股份有限公司，2002 年 10 月，增訂二版一刷，頁 567–609。

第二節　行政訴訟與訴願

訴願與請願不同，也與行政訴訟有異。其中請願與訴願以及行政訴訟有排斥關係❺，但訴願與行政訴訟則非完全是排斥關係，有時尚具有前置與接續的關係。因此，為瞭解行政法制之特色，首先要區別行政訴訟與訴願之不同。

行政訴訟與訴願有相同者，有不相同者。行政訴訟法與訴願法於民國八十七年十月二十八日未修正前，兩者之關係密切，一般認為訴願只係行政訴訟之先行程序。歷次修正憲法增修條文時，並未更動憲法第十六條所規定之訴願及訴訟制度。民國八十七年十月大幅度修正訴願法及行政訴訟法時也仍維持訴願與行政訴訟制度。故訴願與行政訴訟之關係，大致仍與以前類似。比較重大的變動是：

1.訴願制度，不再採行訴願、再訴願之兩級訴願制度，而是採取訴願之單一層級訴願制度，故提起行政訴訟者，可省約一級再訴願之爭訟程序。

2.提起行政訴訟前，須先提起訴願之「訴願前置制度」，並未全部廢除。對於行政處分提起撤銷訴訟或對於行政機關怠為處分提起課予義務訴訟，尚有訴願前置制度之適用，須先提起訴願，至於提起給付訴訟或確認訴訟之行政訴訟則無訴願前置制度之適用，不須經訴願之先行程序，又如依空氣污染防制法第八十一條第一項規定，人民亦可提起「直接訴訟」而不必先提起訴願。

3.提起訴願仍係針對行政機關不法、不當之積極或消極之行政處分，但提起行政訴訟已不再如以前，限於對不法之行政處分，而是對一切公法上之爭議❻，均可提起行政訴訟。

4.訴願之審理仍以書面審理為原則，只在必要時或有當事人之申請時，

----

❺　如請願法第 4 條即規定：「人民對於依法應提起訴訟或訴願之事項，不得請願。」另訴願與請願之關係，請參閱，蔡志方，上揭書，頁 23。

❻　行政訴訟法第 3 條規定，公法上之爭議，除法律別有規定外，得依本法提起行政訴訟。另參閱，林騰鷂，《行政法總論》，頁 629–630。

才行言詞辯論❼；行政訴訟之審理，第一審原則上均應經言詞辯論❽，第二審則在原則上採書面審理主義❾。

第三節　行政訴訟與民事訴訟

行政訴訟與民事訴訟雖均為人民依憲法第十六條規定所得享受的司法受益權，兩者之間，仍有若干差異。民國八十七年行政訴訟法大幅度修正以前，學者比較分析其異同點有如下列❿：

1. 目的不同

行政訴訟係因人民權利受行政機關違法處分損害時，請求國家予以行政救濟的爭訟程序；其目的在維護人民權利，包括公法與私法兩方面的權利在內。民事訴訟是國家確定人民私權的審判程序，其目的雖亦在保障人民權利，惟係以私法上的權利為其標的。

2. 程序不同

行政訴訟的進行係採職權進行主義、職權審理主義及書面審理主義的原則，其訴訟程序乃由行政法院本於職權依法推動，並依職權調查審理，不受當事人陳述及證據所拘束，且以書面審理為主，僅得於必要時命作言詞辯論。而民事訴訟的程序則大不相同，係採當事人進行主義、當事人陳述主義及言詞辯論主義。其訴訟程序在原則上應依當事人的意思進行或停

---

❼　參照訴願法第 63 至 65 條。

❽　例外是指行政訴訟法第 107 條第 3 項之規定，即：「原告之訴，依其所訴之事實，在法律上顯無理由者，行政法院得不經言詞辯論，逕以判決駁回之。」

❾　行政訴訟法第 253 條規定：「最高行政法院之判決不經言詞辯論為之。但有左列情形之一者，得依職權或依聲請行言詞辯論。」

❿　王潔卿，《行政救濟實用》，正中書局，民國 64 年，頁 194–195；王昌華，《中國行政法新論》，中華大典編印會，民國 57 年，頁 323；張家洋，《行政法》，頁 748–749；林紀東，《行政法》，三民書局，民國 77 年 3 月，頁 532。

止，法院不作積極干預；法院在當事人陳述範圍外，僅於必要時始主動積極調查審理，所作裁判均以當事人及證人口頭陳述與所提證據為主要依據，對於言詞辯論極為重視。

3.適用法規不同

行政訴訟因係判斷行政處分是否違法，故須以行政法規為依據，僅在必要時始適用有關私法的規定。民事訴訟因係民事案件的審判，均為私權關係的爭議，故應以私法為審判的主要依據。

4.管轄法院不同

民事訴訟審判由普通法院管轄。行政訴訟審判則專設行政法院審理。

5.性質不同

民事訴訟就各種觀點而言，均屬純司法性質。而行政訴訟雖由司法機關管轄，適用司法程序，其所以如此，主要係在求審判的慎重與客觀超然；就其案件的本質而言，則屬行政處分的爭訟，又須適用行政法規裁判，故行政訴訟應視為行政上的訴訟，僅在法制上歸司法機關管轄而已。

6.判決不同

民事訴訟判決，其結果常係對當事人課予履行債務的義務、損害賠償責任或確定私法上的權利等。而行政訴訟判決，其結果則常為維持、撤銷、變更原處分或決定。行政訴訟新制實施後，雖也有給付訴訟與確認訴訟，但均為公法上爭議之處理。

7.當事人不同

民事訴訟上法律關係之當事人，同時亦即訴訟手續之當事人，但行政訴訟之當事人僅為訴訟手續之當事人，未必為法律上具有利害關係之當事人。行政訴訟新制實施後，公益團體為了公益，亦可為行政訴訟之當事人。

　　民國八十七年行政訴訟法大幅度修正後，在程序事項盡量採用民事訴訟法之相關規定，而有學者所謂之行政訴訟民事訴訟化 (Zivilprozessualisierung) 現象❶。新的行政訴訟法放棄舊法第三十三條抽象準用民事訴訟法之立法技術，而採取在各個章節條文中❷，明定準用民事訴訟法之條款，以致條文增加為舊法之十倍，學者指出「即使以法律繁瑣見稱之德國，亦望塵莫及，是否有此必要，亦不無商榷餘地」❸。

　　行政訴訟除上述與民事訴訟因程序上類似之法律準用關係以外，尚有下列之先決關係，即行政訴訟法第十二條第一項所規定的民事……之裁判，以行政處分是否無效或違法為據者，應依行政爭訟程序確定之。而為避免行政訴訟裁判與民事訴訟裁判之歧異，行政訴訟法第十二條第二項又規定，前項行政爭訟程序已經開始者，於其程序確定前，民事法院……應停止其審判程序。

　　民國九十八年十二月二十二日立法院三讀通過，由總統於民國九十九年一月十三日公布，於民國九十九年五月一日施行之行政訴訟法檢討了準用民事訴訟法之方式及條文，主要者為❹：

　　一、將列舉準用民事訴訟法之方式，改為例示準用。除保留於各章節之列舉準用民事訴訟法之規定外，增訂概括性準用規定，即民事訴訟法之規定，除本法已規定準用者外，與行政訴訟性質不相牴觸者，亦準用之。（修正條文第三○七條之一）

---

❶　吳庚，《行政法之理論與實用》，自刊本，民國 94 年 8 月，增訂九版，頁 622。

❷　相關之條文有如行政訴訟法第 18、20、28、36、48、56、59、60、83、99、104、115、131、132、136、161、166II、176、186、218、221II、237、272、297、303 等二十多條。另參閱，蔡志方，〈論行政訴訟與民事訴訟共通之制度與法理〉，《月旦法學雜誌》，第 47 期，1999 年 4 月，頁 46-48。

❸　吳庚，上揭書，頁 622；另參閱，吳庚，《行政爭訟法論》，自刊本，民國 94 年 5 月，第三版，頁 6。

❹　參閱，司法院編印，〈行政訴訟法部分條文修正總說明暨條文對照表〉，民國 99 年 1 月，頁 3-4。

二、檢討民事訴訟法於八十八年二月三日、八十九年二月九日、九十二年二月七日、九十二年六月二十五日、九十六年三月二十一日、九十六年十二月二十六日、九十八年一月二十一日修正公布之條文，修正增列本法部分章節所準用之民事訴訟法條文。（修正條文第十八條、第二十條、第五十九條、第八十三條、第一〇四條、第一三一條、第一三二條）

三、參考民事訴訟法之修正，修正法官迴避事由。（修正條文第十九條）

四、參考民事訴訟法之修正，關於定期命當事人繳納裁判費與進行訴訟之必要費用，修正由審判長為之。（修正條文第一〇〇條）

五、參考民事訴訟法修正刪除審判長命庭員朗讀調查證據筆錄之規定。（修正條文第一四一條）

六、參考民事訴訟法之修正，明定損害賠償訴訟，原告已證明受有損害，而不能證明其數額或證明顯有重大困難時，法院應審酌一切情況，依所得心證定其數額。（修正條文第一八九條）

七、參考民事訴訟法之修正，將指定宣示判決期日，自辯論終結時起不得逾七日修正為不得逾十日。（修正條文第二〇四條）

第四節　行政訴訟與刑事訴訟

行政訴訟與刑事訴訟同為人民依憲法第十六條規定所得享受的司法受益權。但兩者之間，仍有差異。其主要者為制度功能上之差異❶。行政訴訟主要係藉由行政法院審查行政機關行使公權力行為，如為行政處分、行政計劃、行政處罰、行政強制執行、締結行政契約等是否適法，以保護人民之權益。至於刑事訴訟則是由普通法院來審理決定，國家應否對人民行使刑罰權。

為了貫徹有權利，必有救濟之法理及避免上述交通違規處罰法制所生應適用行政訴訟程序或刑事訴訟程序之學理與實務爭議，行政訴訟法第十二條乃有規定：「……刑事訴訟之裁判，以行政處分是否無效或違法為據者，

---

❶　參閱，劉宗德／彭鳳至，〈行政訴訟制度〉，翁岳生編，《行政法》，2000 年，第二版，頁 1134-1135。

應依行政爭訟程序確定之。前項行政爭訟程序已經開始者，於其程序確定前，……刑事法院應停止其審判程序。」

綜上所述，可知行政訴訟法制與訴願、民事訴訟、刑事訴訟及其他已法制化之陳情、請願、聲明異議等均有不同，其特性，學者曾將之歸納如次❶，可資參考。

1. 被動性

行政訴訟審判程序之發動，務必由原告之提起行政訴訟，因此，行政法院基於權力分立原則，縱其因其它原因，而發現行政有違法之情事，亦不得主動進行審判。

2. 他律性

乃指在行政訴訟程序上，行政行為之合法性，受到隸屬於司法系統，而非行政系統機關之控制，且行政法院亦係依立法機關所制定之法規來衡量被訴行政法律關係，因此，行政訴訟對行政機關而言，存在他律性，與訴願制度顯有不同。

3. 消極性

對於行政法院而言，行政訴訟之審判，其僅能消極地除去行政之違法，而不能積極地代行政機關為作為，此與分權原理之設計有關。雖有謂司法機關藉其審判過程及結果，得以發生「政策之形成效果」，而發揮司法之積極性，在行政訴訟之領域，的確亦存在此種效果（行政機關因行政法院之重要判決，在訴願決定及處分上，即常有此波及效果），但其畢竟仍屬附帶之副作用而已。

4. 嗣後性

行政訴訟之提起，通常係在行政機關已先為違法之行為或以其已先有

---

❶　蔡志方，上揭書，頁 106–108。

違法狀態或人民有違反被訴之原因之存在為前提，而行政訴訟只係嗣後地除去其違法狀態而已，甚少有所謂之「預防性之行政訴訟」**⑰**，即或在所謂之預防性行政訴訟，行政機關亦以存在若干情狀，而足以使人認其非先行提起訴訟不可。

5.訴願前置性

在行政訴訟制度上，對於撤銷訴訟與課予義務訴訟等抗告訴訟，行政訴訟法常要求原告於提起行政訴訟之前，必須先經過訴願之程序，而仍未獲救濟，始得提起。

6.訴訟種類概括性

行政訴訟之種類，一方面決定原告得以如何之方式主張其權利救濟；他方面，亦決定行政法院就個案所得行使之裁判內容。在傳統之大陸法系行政訴訟制度上，行政訴訟種類常採取列舉主義，原告所得主張之救濟方法，僅限於法定列舉者，而不允許其他未見諸法律明文之類型。唯從權利救濟之完整性觀之，自以採取訴訟種類概括主義兼特別要件例示主義為妥。

7.初審言詞審理與法律審書面審理性

我國之行政訴訟，民初平政院原採言詞辯論，但因彼時交通不便，未見有行言詞辯論者，後來即因而改採書面審理為原則之體制，以迄於行政訴訟法最近一次之修正施行（第一審以言詞辯論為原則，二審仍採書面審理之制度），此與民事訴訟及刑事訴訟均有不同。

8.事實職權探知性

行政訴訟所涉之事件，恆攸關公益及行政是否依法行政。因此，在事實之掌握方面，務求其符合「實質之真實」，而非以當事人不爭執即可。因

---

⑰　朱健文，〈論行政訴訟中之預防性權利保護〉，輔仁大學法律學研究所碩士論文，民國84年6月。

此，在爭訟事實之瞭解上，向採職權探知主義。

9.程序進行職權性

行政訴訟為求其經濟性與營運之順遂，除起訴操諸原告外，其他程序之進行，原則上由行政法院指揮與支配，謂之程序進行職權性。

10.審判系統分裂性

我國現行行政訴訟之大部分，固然由（形式意義之）行政法院掌理，但仍有若干實質上應屬於行政訴訟之事件，如公務員之懲戒、國家賠償事件、違警事件、選舉爭訟、交通裁罰、專門職業之懲戒等，歸於其他組織審理，因此，行政訴訟之審判系統仍存在分裂狀態。

除此之外，我國修正後之行政訴訟法制深受德國行政訴訟法制之影響，參考德國行政法院法規定，仿照德國行政訴訟種類、提起行政給付訴訟要件及判決方式之立法例頗多[18]，而在準備施行新制之行政訴訟法時，亦特別派員考察德國行政訴訟實務[19]。因此，我國新行政訴訟法制度有「仿德式」之特色，在研習與適用時，值得在學者與實務應用者之注意。

第五節　行政訴訟與智慧財產權訴訟

行政訴訟與智慧財產權訴訟在民國九十六年三月二十八日總統公布「智慧財產法院組織法」及「智慧財產案件審理法」二大法律並於民國九十七年七月一日施行以前，原係分別由普通法院及行政法院審理，這種採行公、私法二元體制之訴訟審理方式經常導致訴訟程序缺乏效率，訴訟時程延宕之問題。此外，在過去審理智慧財產權訴訟之程序中缺乏營業祕密保護措施，常使被害人害怕智財祕密流失而畏於提出訴訟，或成為智慧財產權侵權人拒絕提出重要事證之藉口。

---

[18] 彭鳳至，〈德國行政訴訟制度及訴訟實務之研究〉，《行政法院八十七年度研究發展項目研究報告》，行政法院，民國 87 年 6 月，頁 2-6。

[19] 同上註，頁 6-8。

　　民國九十七年七月一日正式啟用智慧財產法院並正式實施「智慧財產法院組織法」及「智慧財產案件審理法」後，智慧財產權民事訴訟、刑事訴訟及行政訴訟等三種審判權，整合由智慧財產法院掌理[20]，並重新建構智慧財產權案件之訴訟審級管轄，排除民事訴訟、刑事訴訟與行政訴訟因公、私法二元訴訟體制所生之程序延宕問題。基於這次訴訟體制之變動，使行政訴訟與智慧財產權訴訟有著相當的差異。其中，最重要的為：

1.訴訟標的之管轄不同

　　行政法院所受理之行政訴訟標的，包括所有行政處分之撤銷訴訟、請求應為行政處分訴訟、確認訴訟及與其他行政事件有關之給付訴訟、公益訴訟等。但智慧財產法院所受理之智慧財產權訴訟標的，則不限於行政事件。依智慧財產法院組織法第三條及智慧財產案件審理法第三十一條第一項之規定，智慧財產法院所受理管轄之訴訟標的，包括民事事件、刑事事件、行政事件及其他依法律規定或經司法院指定由智慧財產法院管轄之事件，亦即：

　　一、依專利法、商標法、著作權法、光碟管理條例、營業秘密法、積體電路電路布局保護法、植物品種及種苗法或公平交易法所保護之智慧財產權益所生之第一審及第二審民事訴訟事件。

　　二、因刑法第二五三條至第二五五條、第三一七條、第三一八條之罪或違反商標法、著作權法、公平交易法第三十五條第一項關於第二十條第一項及第三十六條關於第十九條第五款案件，不服地方法院依通常、簡式審判或協商程序所為之第一審裁判而上訴或抗告之刑事案件。但少年刑事案件，不在此限。

　　三、因專利法、商標法、著作權法、光碟管理條例、積體電路電路布局保護法、植物品種及種苗法或公平交易法涉及智慧財產權所生之第一審

---

[20]　詳請參閱，高愈杰，〈智慧財產案件審理法之研究〉，司法研究年報，第26輯第12篇，司法院印行，民國98年11月；李維心（司法院調辦事法官），〈談智慧財產訴訟新制度〉，《智慧財產季刊》，第66期，頁27–40。

行政訴訟事件及強制執行事件。

四、其他依法律規定或經司法院指定由智慧財產法院管轄之案件。

另外，依智慧財產案件審理法第三十一條第二項規定，其他行政訴訟與智慧財產案件審理法第三十一條第一項各款由智慧財產法院管轄之行政訴訟事件合併起訴或為訴之追加時，應向智慧財產法院為之。這都是和一般行政法院管轄不同的地方。

2.最高行政法院為智慧財產權訴訟之終審法院

智慧財產案件審理法第三十二條規定，對於智慧財產法院之裁判，除法律別有規定外，得上訴或抗告於終審行政法院，亦即最高行政法院。

3.辦理智慧財產民事訴訟或刑事訴訟之法官，得參與就該訴訟事件相牽涉之智慧財產行政訴訟之審判

智慧財產案件審理法第三十四條第二項規定，辦理智慧財產民事訴訟或刑事訴訟之法官，得參與就該訴訟事件相牽涉之智慧財產行政訴訟之審判，不適用行政訴訟法第十九條第三款之規定。亦即，曾參與與行政訴訟事件相牽涉之民刑事裁判之法官，不必迴避與民事訴訟或刑事訴訟事件相牽涉智慧財產行政訴訟之審判。

4.智慧財產權訴訟與行政訴訟之間，並非新舊法優先與否關係，而係法律平行競合關係

智慧財產權訴訟乃係為有效、迅速解決智慧財產案件爭議，將智慧財產民事訴訟、刑事訴訟及行政訴訟集中於智慧財產法院審理。依智慧財產案件審理法第一條之規定，智慧財產案件之審理依本法之規定；本法未規定者，分別依民事、刑事或行政訴訟程序應適用之法律。是以，智慧財產權訴訟與行政訴訟之間，並非新舊法優先與否之關係，而係法律平行競合關係。

5.一般行政訴訟採三級二審制，涉及智慧財產權行政訴訟則採二級二審制

　　依民國一百年十一月二十三日公布施行之行政訴訟法，一般行政訴訟採三級二審制，亦即分成地方法院行政訴訟庭、高等行政法院、最高行政法院等三級，但地方法院行政訴訟庭及高等行政法院分別為簡易訴訟程序事件、行政強制執行事件、交通裁決事件、收容聲請事件及普通行政訴訟事件之第一審法院，而最高行政法院則為第二審法院。至於涉及智慧財產權行政訴訟事件則採二級二審制，即分成智慧財產法院與最高行政法院之二級二審制。

第五章　行政訴訟法之研究體系

　　新行政訴訟法條文繁多，如何有體系的著手研究，頗令初習法學者深感困惑。坊間行政訴訟法教科書之研究體系不一。有在緒論之後，分就行政訴訟事件、行政訴訟之主體、行政訴訟第一審程序、裁判、和解、簡易訴訟程序、審級救濟——上訴審程序、抗告程序，非常法律救濟——再審程序、重新審理、暫時權利保護及強制執行等進行研究者❶；有在研析基礎理論之後，分就行政訴訟之前置程序、行政法院、行政訴訟程序、裁判、法律救濟方法、暫時權利保護、強制執行等進行研究者❷；亦有在分析行政爭訟之概念後，分就行政法院之組織、行政法院之審判權與管轄權、行政訴訟之當事人、訴訟程序之重要原則、訴訟程序之開始、行政訴訟之實體判決要件、訴訟程序之進行、證據、裁判、和解、簡易訴訟程序、上訴程序、抗告、再審及重新審理、保全程序、強制執行等從事研究分析❸；另有在論述行政訴訟制度之規範基礎與特質後，分別就行政訴訟之功能、行政訴訟審判權、行政法院之管轄權、行政訴訟之主體與訴權、行政訴訟之原因與標的、行政訴訟之種類、先行程序與行政訴訟、行政訴訟程序之基本原則、起訴期限、起訴方式、效力、行政訴訟之審理、訴訟程序之停止、訴訟程序之終結、保全程序、簡易訴訟程序、對裁判之救濟、執行等加以研析❹；尚有別出心裁，劃分緒論與本論，而在本論中另分訴訟主體論、訴訟客體論、訴訟程序、訴訟過程論、上訴審程序、抗告程序、再審

❶ 劉宗德／彭鳳至，〈行政訴訟制度〉，翁岳生編，《行政法》，2000 年，第二版，頁 1119。

❷ 陳清秀，《行政訴訟法》，植根法律事務所叢書㈢，民國 88 年 6 月，初版，頁 8–30。

❸ 吳庚，《行政爭訟法論》，民國 94 年 5 月，第三版，頁 1–10。

❹ 蔡志方，《行政救濟法新論》，國立成功大學法律學研究所法學叢書㈦，元照出版公司，2000 年，頁 103–339。

程序、重新審理、暫時性權利保護制度、強制執行等加以研究者❺。

　　這些依學者個人思維所建構之研究體系，錯綜複雜，並未與行政訴訟法條文相互對應，不易為初學者所理解。本書為免此項困擾，主要將採取對應行政訴訟法條文方式之研究體系，以利初學者之入門。以下將分行政訴訟宗旨論、行政訴訟客體論、行政訴訟主體論、行政訴訟方式論、行政訴訟程序論、行政訴訟之救濟論、行政訴訟暫時性權利保護論、行政訴訟之強制執行論等各別論述之。

---

❺　陳計男，《行政訴訟法釋論》，自刊本，民國 89 年 1 月，頁 1–772。

第二篇
行政訴訟宗旨論

第一章 導 論

現代國家建構行政訴訟制度之宗旨為何？我國早期行政法學者，依舊訴願法與行政訴訟法之規定，認為主要有下列二者❶，即：

一、糾正行政機關之違法行為，貫徹依法行政原則。

二、保障人民權利或利益，使其免受行政機關違法處分之侵害。

近時學者對於行政訴訟之功能、目的或宗旨也時有爭論，各種說法不一，有法規維持說、權利保護說、訴願補充說、行政控制說或行政監督說等各種說法❷。

新修正之行政訴訟法公布後，重要的行政訴訟法著作❸，引用行政訴訟法第一條之規定，認為行政訴訟之宗旨有三❹，即：

1.保障人民權益

凡人民因行政權之作用，遭遇不法侵害致權利或利益受損時，可以依法提起行政訴訟請求救濟，以保障其權益。

2.確保國家行政權之合法行使

確保國家行政權之合法行使有雙重意義，一為國家行政權之行使，若有違法情事，行政法院得將之判決撤銷，使其回歸合法；一為國家行政權之行使如為合法，行政法院應予支持，駁回人民所提行政訴訟。

---

❶ 林紀東，《行政法》，三民書局，民國 77 年 3 月，修訂三版，頁 522–524。

❷ 蔡志方，《行政救濟法新論》，元照出版公司，2000 年 1 月，第一刷，頁 109；另參見王甲乙，〈行政訴訟保護之權利〉，《憲政時代》，第 11 卷，第 3 期，頁 53–54；陳秀美，《改進現行行政訴訟制度之研究》，頁 3 以下。

❸ 陳計男，《行政訴訟法釋論》，自刊本，民國 89 年 1 月，頁 4；陳清秀，《行政訴訟法》，植根法律事務所出版，民國 88 年 6 月，頁 49。

❹ 引自陳計男，上揭書，頁 4。

3.增進司法功能

依憲法第七十七條規定，司法院為國家最高司法機關，掌理民事、刑事、行政訴訟之審判及公務員之懲戒。行政訴訟之審判，為憲法所保障司法權之一。行政訴訟雖涉及行政權之行使，但其為司法救濟範圍，不得藉行政權之獨立自主性，於行政體系下，設置審判機關，而不受司法之最終審查。

上述三個宗旨中，學者多只傾向於前二者之討論，即學理上所謂「權利保護說」與「適法性控制說」之討論。主張權利保護說者，認為行政訴訟之宗旨目的，最終在於保護人民之權利，係為主要目的，而法規之維持或行政行為合法性之確保，只係附帶作用或當然結果而已。主張適法性控制說或法規維持說者，認為行政訴訟之宗旨目的，首在於確保行政活動之合法，使法規得以被正當適用或遵守，而其尊嚴得以維繫，至於人民個人權利因而獲致保障，則僅係附帶目的或附隨作用而已❺。

我國學者基於新行政訴訟法第一條之規定，多認為行政訴訟之宗旨是「權利保護說」與「適法性控制說」兩者併存的平行概念❻。但蔡志方教授認為，行政訴訟制度同時採取兩說之目的，則其使用之相關體制，如訴權主體、法院之體制、裁判權之範圍與歸屬、訴訟之種類、當事人之處分權能及程序進行之支配原則等，將大異其趣。而若採併存說，是否將使目的與手段混淆，或致本末不分，值得討論省思❼。以下再分章個別探討之。

---

❺ 蔡志方，上揭書，頁 109。

❻ 劉宗德／彭鳳至，〈行政訴訟制度〉，翁岳生編，《行政法》，頁 1127-1129；蔡志方，上揭書，頁 109。

❼ 蔡志方，上揭書，頁 109。

第二章　法規維持說

　　法規維持說起源於法國。在行政訴訟制度建立之初，其主要功能與目的乃在避免行政機關之越權 (ultra vires)❶。此一建構在法儒孟德斯鳩所發展出之權力分立理念，並由拿破崙在 1800 年在法國導入之行政的司法 (contentieux administratif) 亦對德國的行政訴訟法制產生影響❷。在第二次世界大戰以前，法規維持說幾為法、德行政訴訟宗旨目的之主要學說。

　　依蔡志方教授之看法，行政訴訟之宗旨目的，若係以法規之維持說為導向，則在行政法院之組織、行政法院之權限、行政訴訟之原則與行政訴訟之種類，將有下列制度特色，即❸：

　　1.在行政法院之組織方面，行政法院非必須獨立於行政之外，例如法國、戰前之德國、日本、義大利及我國之平政院，即有此種制度傾向。

　　2.在行政法院之權限方面，由於法規維持說認為行政訴訟之目的，乃行政體系內部對其本身或下屬機關所為行政行為之客觀合法性之審查，在本質上是屬於自我審查或控制。由於在法律體系之下尚有其他行政內部之自我審查或控制制度，如聲明異議、訴願或請願制度等是，故不必使行政法院去處理一切之行政異議或不服之救濟事件。行政法院之權限乃採列舉主義或限縮主義。

　　3.在行政訴訟之原則方面，由於法規維持說認為行政訴訟之目的在於確保國家公共秩序，故民事訴訟上之原則如辯論主義、當事人進行主義不得適用，而應依行政訴訟之本質，採行職權進行主義及職權調查主義。

---

❶　參閱，Jean-Bernard Auby 撰，劉定基譯，〈論行政訴訟之功能〉，最高行政法院編印，《新制行政訴訟實施 10 週年國際學術研討會會議實錄》，民國 99 年 10 月，頁 373。

❷　Eckart Hien 撰，詹鎮榮譯，〈行政法院審判權在法治國家中之角色及功能〉，上揭書，頁 46。

❸　蔡志方，《行政救濟法新論》，頁 110。

4.在行政訴訟之種類方面，由於法規維持說認為行政訴訟之目的在於行政適法性之控制與法規維持，故在訴訟種類方面，採行撤銷違法行政行為之撤銷訴訟為已足。

上述法規維持說之各項論點，學者認係一面之詞，而難免偏袒行政權。渠認為，若欲真正維持法規尊嚴，則行政法院雖可不採普通司法法院組織，但宜在行政權體系之外設置，使行政權「不得就己案」為裁判工作。又為使行政完全遵守法規，則就行政合法性而言，一切行政法規範所及之範圍，悉應受行政法院之審查。故行政法院之權限應採概括條款而非列舉、限縮條款，而行政法院之裁判不及於行政裁量之妥當性問題，又在訴訟種類方面，應廣泛允許起訴，一方面允許機關訴訟，另一方面也採行民眾訴訟，且不必限制起訴期限，如此始才能算要達成行政適法性控制與法規維持之目的，才能符合權力分立思想與國民主權之觀點❹。

❹　同上註，頁 110–111。

第三章　權利保護說

　　權利保護說源於德國基本法第十九條第四項之規定，以行政訴訟為保護人民主觀公權利的體系，並將行政訴訟審判權建構為保護主觀公權利的工具❶。法國行政訴訟建制之初，原採法規維持說為行政訴訟之宗旨，其後隨著時代演進而在嗣後增加權利保護說為行政訴訟之宗旨❷。

　　行政訴訟之宗旨目的，若係以人民權利之保護說為導向，則在行政組織、行政法院之權限、行政訴訟之原則與行政訴訟之種類，將有下列制度特色❸，即：

　　1.在行政法院之組織方面，行政法院之組織，不但必須屬行「行政與裁判之分離」，且務必貫徹行政與司法間之權力分立，亦即行政法院必須隸屬於司法權，因其裁判事項之專門性與技術性，非普通法院法官所可勝任，故在司法權下，另設特別之獨立的行政法院。

　　2.在行政法院之權限方面，主張權利保護說者，認為行政訴訟之目的，既在保護人民之權利，則應給予人民法律上充分之保護，故行政訴訟之審理權限範圍，應採概括權限規定。行政法院之裁判訴訟行為，既非行政內部之自我審查（控制），則行政法院僅能審查行政行為之合法性，而不及於其合目的性，故行政官署之自由裁量行為，不得加以審查。

　　3.在行政訴訟之原則方面，主張權利保護說者，認為行政訴訟與民事訴訟之目的相同，則二者有共同之基本原則存在，故行政訴訟法規定不完備時，得準用民事訴訟法之規定。

　　4.在行政訴訟之種類方面，主張權利保護說者，認為基於權利保護之

---

❶　Jan Ziekow 撰，陳仲嶙譯，〈德國行政訴訟之功能與角色〉，最高行政法院編印，《新制行政訴訟實施 10 週年國際學術研討會會議實錄》，民國 99 年 10 月，頁 391。

❷　Jean-Bernard Auby 撰，劉定基譯，〈論行政訴訟之功能〉，上揭書，頁 373。

❸　蔡志方，《行政救濟法新論》，頁 112。

完善性，訴訟種類亦增多而不限於撤銷訴訟，只要涉及人民權利之事項，在法律方面均可提起訴訟要求審查，即裁量事項亦非必須排除在訴訟之外，蓋裁量只涉及行政與司法之權限分際，而非權利之界限。又將裁量行為分成純粹之自由裁量及羈束（法規）裁量並非十分妥適，蓋因裁量濫用、逾越權限等裁量之瑕疵，仍屬違法，所有裁量必須受法院審查。在程序方面，除給予權利被害者訴訟權能以外，隨著社會環境之改變，權利之實質範圍應予以擴大，而裁判之實現，務必確保之。又權利保護之迅速性，在裁判之正確性下，必須兼顧。此外，訴訟種類必須增加，以符權利實現之要求；裁判亦應力求司法化，尤其是兩造之言詞辯論及審級救濟制度之採取。

第四章　增進司法功能說

　　行政訴訟之宗旨，我國學者多侷限於在上述行政之適法性控制說或人民權利保護說討論。間有少數學者綜合各說，認為行政訴訟之宗旨功能，應著重於保障人民權益、增進行政效能、維護行政權之合法行使、確定公法爭訟範圍、兼顧公益及私益、實現公道政治之目標❶。不過，因為行政訴訟法於民國八十七年修正公布後，在第一條明文規定：「行政訴訟以保障人民權益，確保國家行政權之合法行使，增進司法功能為宗旨。」因此，行政訴訟之宗旨除了採酌人民權益保護說與行政適法性控制說外，似更應加入一增進司法功能之宗旨。不過，司法院所提行政訴訟法修正草案中，對此並未說明立法理由，致有學者❷認為行政訴訟法第一條之規定，「容易引人誤會我司法功能長期不彰」之疑義。

　　筆者以為，行政訴訟法對行政訴訟宗旨之規定，與民事訴訟法、刑事訴訟法均未對民事訴訟、刑事訴訟之宗旨有所規定，有很大不同。學者曾經問疑，謂行政訴訟之「功能究應予以條文化？抑僅為討論修訂其他問題之指導原則？則有待探討。」可惜，在行政訴訟法之修正研討中並未發現有深入之探討，而在行政訴訟法修正草案中，對行政訴訟法第一條所定行政訴訟宗旨中，亦未附立法理由。這種奇特突出的立法例，甚難理解。筆者以為，行政訴訟法第一條所定行政訴訟之宗旨，應理解為行政訴訟「法」之宗旨才是。因為行政訴訟之宗旨實不超乎人民權益之保護與行政適法性控制兩者，至於增進司法功能實非行政訴訟之宗旨，而是行政訴訟法之宗旨。因為行政訴訟法之宗旨範圍，較之行政訴訟宗旨之範圍要大。它不只要使人民之權利獲得保障，使行政適法性受到監控，而更重要的是透過行政訴訟法之規定，使行使行政訴訟審判權之行政法院法官亦受到法律控制。而非積案延拖或亂判，以掃除行政法院自建制以來被稱為「駁回法院」❸，

---

❶　陳秀美，《改進現行行政訴訟制度之研究》，頁 5–6。

❷　劉宗德／彭鳳至，〈行政訴訟制度〉，翁岳生編，《行政法》，頁 1127 之註 27。

以及因大量積案及結案期拖延❹之種種司法功能缺失問題。由於學者多年來之呼籲❺，修正之行政訴訟法第一條才會有增進司法功能之規定。

司法功能之缺失，不只表現在我國行政訴訟法制上。第二次世界大戰後，由於法治國家依法行政之要求；行政活動之瑕疵；國家任務及行政活動之擴大；行政裁判權之擴大；人民權利保護範圍之擴大；國民權利意識之加強；法律氾濫、法律不明確、複雜及不足；法院之友善及利用之簡便；訴訟先行程序及前審法院程序之瑕疵以及國民之好訟 (Klagefreudigkeit der Bürger)，造成各國行政法院訴訟過量與負擔過重之現象❻。為了改善此一現象，各國乃致力於行政訴訟法制之現代化。如在德國行政法院法第九十三條之 a 與第六十七條之 a 中，採行了所謂模式程序 (Musterprozeβ)，並於 1978 年 3 月 31 日頒行減輕行政法院及財政法院負擔法 (Das Gesetz zur Entlastung der Gerichte in der Verwaltungsund Finanzgerichtsbarkeit) 及於 1985 年頒行加速行政法院及財政法院程序之法律 (Das Gesetz zur Beschleunigung verwaltungsgerichtlicher und finanzgerichtlicher Verfahren)。此外亦頒布了一些特別行政領域之權利保護限制法 (bereichsspezifische Rechtsschutzbegrenzungsgesetze)，如 1993 年 7 月 27 日修正頒行之庇護程序法 (Das Asylverfahrensgesetz)；1991 年 12 月 16 日頒行之道路計劃加速法 (Das Verkehrswegeplanungsbeschleunigungsgesetz) 以及 1997 年 8 月 27 日修正頒行之建築法 (das Baugesetzbuch) 等限制行政訴訟權利之法律。這些法律大致規定了⑴簡化裁判之方法，⑵限制上訴，⑶裁判理由之簡化或

---

❸ 蔡志方，〈我國第一個行政訴訟審判機關——平政院〉，氏著，《行政救濟與行政法學㈠》，頁 280 註 159。

❹ 行政訴訟大量積案及結案期過長之缺失，為世界普遍現象。參閱，蔡志方，〈論行政訴訟過量與行政法院負擔過重之原因及解決之道〉，氏著，《行政救濟與行政法學㈡》，三民書局，民國 82 年 3 月，頁 387–411。

❺ 蔡志方，〈從權利保護功能之強化論我國行政訴訟制度應有之取向〉，臺大法研所博士論文，民國 77 年 6 月。

❻ 同❹，頁 397–403。

省略，⑷排除本案終結後對費用決議之抗告，⑸限縮審級，列舉高等行政法院為初審之權限，使重大案件及大量程序之訴訟，不再由地方行政法院審理❼。

　　我國多年來也有類似德國行政法院訴訟過量與負擔過重之情事，但數十年來，缺少因應措施而為學者所垢病❽，直至民國八十七年修正行政訴訟法頒行以及民國八十八年二月三日行政法院組織法修正頒行後，才有了提升行政訴訟司法功能之法制基礎。不過，行政訴訟法於民國八十九年七月一日正式施行後，行政訴訟司法功能尚未大幅提升，以致在其實施近七年時，行政法院仍被譴稱為「駁回法院」❾，實有待吾人之省思與改造。

---

❼　同上註，頁 392-393；另參閱 Friedhelm Hufen, *Verwaltungsprozeßrecht*, 3. Auflage, München, C. H. Beck, 1998, §3, Rn. 1–12.

❽　相關文獻，請參閱蔡志方，同❹，頁 391；陳秀美，《改進現行行政訴訟制度之研究》，民國 71 年 4 月；翁岳生，〈行政訴訟制度現代化之研究〉，氏著，《行政法與現代法治國家》，1979 年 10 月，第三版，頁 381–412。

❾　參閱《中國時報》社論，〈行政訴訟不應收費〉，民國 96 年 6 月 9 日，A2 版。

第五章　結　論

　　行政訴訟之宗旨目的，不僅與何人可來行政訴訟之訴權理論建構有關，也與如何架構理想的行政訴訟制度以及如何正確解釋、運用行政訴訟制度等有關，因此，值得研習行政訴訟法學者之注意。不過，行政訴訟之宗旨目的，與憲政思潮與各國憲法規範架構取向❶有密切關係，故學者認為行政訴訟之兩大宗旨，即法規之維持與人民權利之保護如要併存於同一之行政訴訟制度中，必須要有主從之別，並使行政訴訟制度產生不同之結構及要求，特別是行政法院之權限、原告之適格及當事人之處分權能方面❷。學者認為，「隨著社會環境及國家政治體制之變遷，現代法治國家之任務不同於昔日之自由的市民法治國家或夜警國家，講求主動、積極、服務及計劃，其任務之領域亦較諸昔日為廣表。昔日以保障人民自由權及財產權消極地不被行政違法侵害之行政訴訟，其訴之原因、對象及種類，自不同於給付國家或社會（形成）國家之積極擴大其措施於生存照料、社會福利、助長及指導、行政計劃等，所引起之行政訴訟。因行政法發展趨勢之改變，行政訴訟之重點亦隨之改易。戰後憲法發展之主要趨勢，乃人權保障之加強，而行政訴訟制度之改善，亦正所以實現人權之保障者。以往所謂之法規維持說，以行政合法性為行政訴訟之主要目的，處今日之世，難免有混淆目的與方法之嫌。即使採法規維持說與權利保護兩說併存，亦易形成行政訴訟制度之糾結龐雜，不易發揮應有之功能於極致。從目的與手段之分野及現代法治國家之基本精神，人民權利之保護，始為行政訴訟制度之真正或最終目的。」❸

---

❶　蔡志方，〈我國憲法上行政訴訟制度之規範取向〉，氏著，《行政救濟與行政法學㈠》，頁 319 以下。德國法制方面，請另參閱 Eberhard Schmidt-Assmann 作，陳英鈴譯，〈從行政法發展的背景看行政訴訟的任務與功能變遷〉，《政大法學評論》，第 72 期，頁 333–370。

❷　蔡志方，《行政救濟法新論》，頁 113。

　　又在現代社會中，除了國家，地方自治團體以外，公共行政任務也經常委由私人或私法人團體處理，導致行政訴訟宗旨之擴增。法國學者 Jean-Bernard Auby 即曾撰寫《論行政訴訟之功能》來論述行政訴訟之宗旨。他將之分為行政訴訟之憲法功能與行政訴訟之規制功能。其中，行政訴訟之憲法功能又分為 1.避免越權之功能——行政訴訟與權力分立 2.權利保護功能——防止行政機關侵害人民權利；行政訴訟之規制功能則分為 1.對於行政機關行為之規制 2.對於參與完成行政任務私法組織之規制❹。

　　由上所述，可知行政訴訟之宗旨主要有二，即為行政適法性控制與人民權益之保護，而在此二宗旨中，人民權益之保護為主要宗旨，而行政適法性控制則為次要附帶宗旨，至於行政訴訟法第一條所規定之增進司法功能宗旨則非行政訴訟之宗旨❺，而係行政訴訟法之宗旨。曾任最高行政法院院長之彭鳳至女士，即曾為文表明：「在行政訴訟中凸顯司法功能，似乎不是各法治國家行政訴訟的通例。」

---

❸　同上註，頁 113–114。

❹　參閱，Jean-Bernard Auby 撰，劉定基譯，〈論行政訴訟之功能〉，最高行政法院編印，《新制行政訴訟實施 10 週年國際學術研討會會議實錄》，民國 99 年 10 月，頁 373–381。

❺　參閱，彭鳳至，〈台灣行政訴訟之功能與角色〉，最高行政法院編印，《新制行政訴訟實施 10 週年國際學術研討會會議實錄》，民國 99 年 10 月，頁 453。

第三篇
行政訴訟客體論

第一章　行政訴訟事件之意義

　　我國行政訴訟法教科書甚少依行政訴訟法條文順序，介述行政訴訟法學。最近，大法官陳計男先生，在其《行政訴訟法釋論》一書❶中，使用了訴訟主體論、訴訟客體論、訴訟過程論等連結行政訴訟法與行政訴訟法學，頗有助於行政訴訟法學之研習。本書乃參照其體系架構而為編著，但為使初學者容易對照起見，則依行政訴訟法條文順序，先行論述行政訴訟客體論，再次探討行政訴訟主體論、行政訴訟方式論、行政訴訟過程論、行政訴訟救濟論、行政訴訟執行論及行政訴訟權利保全論。

　　行政訴訟之客體為何？行政訴訟之客體其實就是行政訴訟法第二條所規定之行政訴訟事件。該條規定：「公法上之爭議，除法律別有規定外，得依本法提起行政訴訟。」換言之，行政訴訟之客體就是可以依照行政訴訟法提起行政訴訟之事件。至於何者為依行政訴訟法可以提起行政訴訟之事件，依我國現行司法體制，係指由行政法院依行政訴訟法規定程序所要解決的公法上爭議事件，有別於民事訴訟、刑事訴訟事件之由普通法院依民事訴訟法、刑事訴訟法所要解決的私權爭議事件或涉嫌犯罪案件。司法院大法官釋字第四四八號解釋理由書謂：「……我國關於行政訴訟與民事訴訟之審判，依現行法律之規定，係採二元訴訟制度，行政訴訟與民事訴訟分由不同性質之行政法院及普通法院審理。關於因公法關係所生之爭議，由行政法院審判，因私法關係所生之爭執，則由普通法院審判，各有所司，不容混淆。❷」司法院大法官釋字第五四〇號解釋又重申此意旨。另地方政府，如臺北市政府與中央政府間關於具體行政處分之爭議，如認有侵害其公法人之自治權能或其他公法上之利益者，司法院大法官釋字第五五三號解釋，亦明示應依訴願及行政訴訟途徑。

---

❶　陳計男，《行政訴訟法釋論》，自刊本，民國 89 年 1 月。

❷　混淆仍然時有發生！相關論文請參閱，陳啟垂，〈誤向民事法院提起行政訴訟〉，《月旦法學教室》，第 81 期，民國 98 年 7 月，頁 14–15。

　　由上所述，可知為行政訴訟客體之行政訴訟事件乃是由行政法院管轄與審理之公法關係所生爭議事件。如就人民之觀點來看，則是指人民對於那些事件可以提起並請求行政法院審理之事件，換言之，即人民可以向行政法院提起的訴訟，即行政訴訟法第四條至第十條所規定之訴訟客體(Gegenstand der Klage)❸，如撤銷訴訟、課予義務訴訟、確認訴訟、給付訴訟等。另外，民國一〇〇年十一月二十三日公布修正之行政訴訟法第二三七條之二所規定之交通裁決事件，自民國一〇一年九月六日實施行政訴訟三級二審制後，亦得為行政訴訟客體。

---

❸ 同 ❶，頁 156；另參閱 Ferdinand　O.　Kopp/Wolf-Rüdiger　Schenke, *Verwaltungsgerichtsordnung*, 11. Auflage, München, C. H. Beck, 1998, §79, 1ff.

第二章　行政訴訟事件之範圍

　　至於何者為公法關係所生爭議事件，而得由行政法院管理與審理之事件，涉及行政訴訟客體範圍之界定問題。依學理及我國現行司法體制與司法實務，認為下列事件屬於行政訴訟客體，而為行政法院所得審理之公法上爭議事件❶，即：

　　1.公地放領事件。

　　2.耕地收回自耕之核定與調處事件。

　　3.公法上給付之返還請求權事件。

　　4.公法上債權讓與、概括承受事件。

　　5.公法上債權債務之繼承事件。

　　6.公法上債權債務抵銷之爭議事件。

　　7.欠稅之執行事件。

　　8.公法上假扣押、假處分事件。

　　9.公立學校與公費學生之契約事件。

　　10.特許民間機構興建營運交通建設之特許合約事件❷。

　　11.地方政府與民間簽訂之大眾捷運系統土地聯合開發契約事件❸或行

---

❶　陳清秀，《行政訴訟法》，頁 60–70；陳計男，上揭書，頁 151–152。

❷　相關論文請參閱，羅明通，〈自公法與私法區別之起源論促參行為之定性及救濟〉，收於《21 世紀公法學的新課題──城仲模教授古稀祝壽論文集 II》，新學林出版公司，民國 97 年 10 月，頁 183–216；林明鏘，〈促進民間參與公共建設法事件法律性質之分析〉，《台灣本土法學雜誌》，第 82 期，2006 年 5 月，頁 218–225；李惠宗，〈行政法院對 BOT 最優申請人決定程序的審查〉，《台灣本土法學雜誌》，第 82 期，2006 年 5 月，頁 177–190。

❸　最高行政法院 94 年度裁字第 1512 號裁定即指出：「系爭聯合開發契約係相對人依行為時『大眾捷運法』及『大眾捷運系統土地聯合開發辦法』之授權與抗告人訂定，作為履行公共任務之手段，其契約之內容均受上開『大眾捷運法』及『大眾捷運系統土地聯合開發辦法』所規範，行政機關之契約形成自由已受

政機關委託開發工業區事件❹。

12.大學對學生所為行政處分或其他公權力措施，侵害權利之爭議事件❺。

13.政府採購法中廠商與機關間關於招標、審標、決標之爭議事件❻。

到限縮，契約當事人之公法上權利義務，係經由契約予以形成。依訂約整體目的及約定之給付內容與效力綜合判斷，系爭『聯合開發契約書』應屬公法契約（行政契約）。原裁定認屬私法契約，即有違誤。」因此，有關此開發契約應提起行政訴訟。參閱《台灣本土法學雜誌》，第 79 期，2006 年 2 月，頁 239。

❹ 參閱，林明鏘，〈委託開發工業區契約之定性與仲裁容許性——兼評最高行政法院九十四年度裁字第○○四七○號裁定〉，《月旦法學教室》，第 33 期，2005 年 7 月，頁 110–112。

❺ 大法官釋字第 684 號解釋謂：「大學為實現研究學術及培育人才之教育目的或維持學校秩序，對學生所為行政處分或其他公權力措施，如侵害學生受教育權或其他基本權利，即使非屬退學或類此之處分，本於憲法第十六條有權利即有救濟之意旨，仍應許權利受侵害之學生提起行政爭訟，無特別限制之必要。」

❻ 最高行政法院 97 年 5 月份第 1 次庭長法官聯席會議之決議文指出：「政府採購法第 74 條規定：『廠商與機關間關於招標、審標、決標之爭議，得依本章規定提出異議及申訴。』採購申訴審議委員會對申訴所作之審議判斷，依同法第 83 條規定，視同訴願決定。準此，立法者已就政府採購法中廠商與機關間關於招標、審標、決標之爭議，規定屬於公法上爭議，其訴訟事件自應由行政法院審判。機關依政府採購法第 50 條第 1 項第 5 款取消廠商之次低標決標保留權，同時依據投標須知，以不同投標廠商間之投標文件內容有重大異常關聯情形，認廠商有同法第 31 條第 2 項第 8 款所定有影響採購公正之違反法令行為情形，不予發還其押標金。廠商對不予發還押標金行為如有爭議，即為關於決標之爭議，屬公法上爭議。廠商雖僅對機關不予發還押標金行為不服，而未對取消其次低標之決標保留權行為不服，惟此乃廠商對機關所作數不利於己之行為一部不服，並不影響該不予發還押標金行為之爭議，為關於決標之爭議之判斷。因此，廠商不服機關不予發還押標金行為，經異議及申訴程序後，提起行政訴訟，行政法院自有審判權。至本院 93 年 2 月份庭長法官聯席會議決議之法律問題，係關於採購契約履約問題而不予發還押標金所生之爭議，屬私權爭執，

14.中央健康保險局與各醫事服務機構締結全民健康保險特約醫事服務機構合約事件❼。

15.市立醫院委託經營契約事件❽。

16.補助老人養護中心契約❾。

17.交通違規處罰事件❿。

由上所述可知，公法上爭訟事件主要除了行政處分爭議事件外，尚包括因行政契約、公地放領、交通設施興建營運移轉契約（即 Build, Operation and Transfer 之契約，簡稱 BOT 契約）等之爭訟事件⓫。又大法官釋字第

非公法上爭議,行政法院自無審判權,與本件係廠商與機關間關於決標之爭議,屬公法上爭議有間。

❼　大法官釋字第 533 號解釋指出：「保險醫事服務機構與中央健康保險局締結前述合約,如因而發生履約爭議,經該醫事服務機構依全民健康保險法第五條第一項所定程序提請審議,對審議結果仍有不服,自得依法提起行政爭訟。」

❽　高雄高等行政法院 96 年度訴字第 359 號裁定雖將臺南市立醫院委由秀傳醫院經營管理之契約,解為私法上契約關係,但依學者見解,仍應解為公法契約。參閱吳庚,大法官釋字第 533 號解釋協同意見書; 王毓正,〈論市立醫院委託經營契約於公、私法屬性判斷上之爭議〉,《月旦法學雜誌》, 第 155 期, 民國 97 年 4 月, 頁 229–238。

❾　參閱最高行政法院 96 年度裁字第 1531 號。

❿　民國 101 年 9 月 6 日行政訴訟三級二審制正式施行後,交通違規處罰事件才歸屬為行政訴訟事件。

⓫　司法實務如臺北高等行政法院 95 年度訴字第 2710 號判決有非常詳細的論述謂:「依促參法成立之 BOT 案件,不論在招商、興建、營運、以迄營運期間屆滿由民間將建設移轉予政府前,政府均有高度參與與監督,係有公權力介入,促參法第五章特別明定政府對民間參與興建及營運交通建設之監督管理,其中促參法第 52 條及第 53 條更規定:民間機構於興建營運期間如有施工進度嚴重落後、工程品質重大違失、經營不善或其他重大情事發生時,主辦機關得命定期改善,中止其興建營運之全部或一部,情況緊急時,中央目的事業主管機關亦得令民間機構停止興建或營運之一部或全部,並採取適當措施維持該公共建設之營運,必要時並得強制接管興建或營運中之公共建設等等,上開制度與行

四六六號解釋就考試院為公務人員保險給付之爭訟，究應循行政爭訟或民事訴訟途徑解決之聲請統一解釋案，明確指出：「按公務人員保險為社會保險之一種，具公法性質，關於公務人員保險給付之爭議，自得為行政訴訟之客體。」另大法官釋字第五三三號解釋亦指出，「中央健康保險局與各醫事服務機構締結全民健康保險特約醫事服務機構合約……，具有行政契約之性質，締約雙方如對契約內容發生爭議，屬於公法上爭訟事件，……，應循行政訴訟途徑尋求救濟。」又大法官釋字第五五三號解釋指出：「行政院撤銷臺北市政府延期辦理里長選舉之決定，涉及中央法規適用在地方自治事項時具體個案之事實認定、法律解釋，屬於有法效性之意思表示，係行政處分，臺北市政府有所不服，乃屬與中央監督機關間公法上之爭議，惟既屬行政處分是否違法之審理問題，為確保地方自治團體之自治功能，該爭議之解決，自應循行政爭訟程序處理。」

政契約之契約調整之機制（行政程序法第 146、147 條）相當，若促參 BOT 案件屬私法契約，殊難想像此一單方變更契約內容之機制。……促參法民國 89 年 2 月 9 日公布施行當時行政程序法尚未施行（90 年 1 月 1 日施行），行政契約係由解釋、實務及學理形成，並未有明文，無從準用（促參法誤規定為適用），是以促參法規定：……，適用民事法相關規定，係當時法制下不得不然之結果。況且投資契約準用民事法相關規定之法條規定，並不當然即應判斷為私法契約，此從行政程序法第 149 條規定：行政契約，本法未規定者，準用民法相關規定之明文可得反證。至於立法理由，僅係解釋法律方法之一，但依促參法成立之投資契約具有強烈公權力與特許之內容與本質，立法理由率斷為民事契約，顯非妥適，自應排除此一法律解釋方法，被告主張之理由，自非可採。此外，學者亦主張投資契約內容龐大，不宜就契約整體而斷，應就個別契約條款之標的及目的加以判斷（林明鏘著〈論 BOT 之法律關係〉註 15），故至少投資契約在政府管理監督及調整契約內容機制上，具公權力行使之性質，此一見解，應不能退讓，否則攸關全民利益之公共建設，只要依促參法決標後，其後之建置營運階段，即依民事法『契約自由』原則，其得標之營運建置猶如脫韁不受政府管控，殊非全民之福，亦有損政府施政威望，自非法解釋所應為。」參閱《台灣本土法學雜誌》，第 95 期，2007 年 6 月，頁 187–188。

然而，公法上爭議事件並非均得為行政訴訟之客體範圍。因為公法上爭議事件種類繁多，在德國法制上有為憲法上爭議事件 (Rechtsstreitigkeiten verfassungsrechtlicher Art) 者，有為非憲法上爭議事件 (Rechtsstreitigkeiten nichtverfassungsrechtlicher Art) 者。前者，即德國基本法第九十三條規定，歸由聯邦憲法法院審判之事件❷，即：

1.聯邦最高機關，或其他依本基本法或聯邦最高機關之處務規則具有固有權利之關係人，關於其權利義務之範圍發生爭執，而須解釋本基本法時。

2.關於聯邦法律或各邦法律在形式上及實質上是否適合本基本法，或各邦法律與其他聯邦法律有無牴觸，發生歧見或疑義，經聯邦政府、邦政府或聯邦議會議員三分之一請求時。

3.關於聯邦與各邦之權利義務，尤其關於各邦執行聯邦法律及聯邦行使對於各邦之監督，發生歧見時。

4.聯邦與各邦間、邦與邦間、或一邦內之其他公法上爭議，而無其他訴訟方法時。

5.任何人聲稱其基本權利或其依基本法第二十條四項、第三十三條、第三十八條、第一○一條、第一○三條及第一○四條所享之權利遭公權力損害所引起之違憲訴願。

6.鄉鎮及鄉鎮聯合區由於依基本法第二十八條之自治權遭法律損害而提起違憲之訴願，該法律如係邦法，則須係無從在邦憲法法院提起者。

7.本基本法規定之其他案件。

在我國，由於新行政訴訟法第二條規定：「公法上之爭議，除法律別有規定外，得依本法提起行政訴訟。」因此，德國法制上關於公法上爭議事件之學理與實務探討❸，值得我國施行行政訴訟法之借鏡。我國學者與司法

❷　德國聯邦基本法第 93 條之規定。國民大會憲政研討委員會編印，《世界憲法大全》，第七冊，民國 72 年 12 月，頁 333；另請參閱 Wolfgang Kuhla/Jost Hüttenbrink/Jan Endler, *Der Verwaltungsprozeß*, C. H. Beck, 3. Auflage, 2002, S. 52–60.

❸　Erich Eyermann/Jörg Schmidt, *Verwaltungsgerichtsordnung*, C. H. Beck,

實務對於公法上爭議事件亦曾加以探討界定。大法官陳計男先生即認下列事件非屬於公法上爭議事件而非得由司法機關加以審判者❶：

　　1.單純的經濟或政治事件，例如是否應降低利率，促進工商業或某島嶼是否為我國領土等事件。

　　2.又具有高度政治性之國家行為，例如總統對於罪犯之特赦事件。

　　3.技術上或學術上之紛爭，例如學術論文之審查、國家考試之評分，在日本有認其不得作為行政訴訟之對象者❺，惟司法院釋字第四六二號解釋關於學術著作評量之涉訟，第三一九號解釋關於考試評分事件，第三八二號解釋關於學生退學處分事件，均認得提起行政訴訟，但其審查應受一定限制❻。

　　4.經國會通過，依適法程序公布之法律，其效力之判斷，法院應尊重國會之自主性，不屬司法院審查之範圍。此在日本司法實務❼及我國大法官釋字第三四二號解釋上曾採此見解。

　　5.關於特別權力關係所生公法上之爭議，實務上原持保守態度，認不得提起行政訴訟❽，惟大法官對此已採較寬之態度，針對公務員與國家之間，學生與學校之間，軍人與軍隊之間，教師與學校之間，所生法律爭議，分別容許提出行政爭訟❾，行政法院亦放寬其得提起行政訴訟之範圍❿。

München, 1998, §40, Rn. 17–98.

❶　陳計男，《行政訴訟法釋論》，頁 151。

❺　參照日本昭和 37 年 3 月 8 日東京地裁（行集 13-3-362）判例、昭和 41 年 2 月 8 日最高裁判所（民集 20-2-196）判例、昭和 49 年 9 月 26 日東京地裁（判時 269-38）判例。引自陳計男，上揭書，頁 151 註 10。

❻　參照《陳計男大法官不同意見書》。另大法官釋字第 462 號解釋研討會，許宗力、葉俊榮、林明鏘、蔡茂寅，《台灣本土法學雜誌》，第 3 期，民國 88 年 7 月。

❼　參照日本昭和 37 年 3 月 7 日最高裁判所（民集 16-3-455）判例。引自陳計男，上揭書，頁 151 註 12。

❽　如行政法院 50 年判字第 98 號判例；司法院院字第 339 號、第 1285 號解釋。

❾　如釋字第 187 號、第 201 號、第 243 號、第 266 號、第 298 號、第 323 號、第 338 號、第 382 號、第 430 號、第 462 號、第 483 號、第 684 號解釋。

但仍然有些爭議❷，不受司法審判，即不在行政訴訟之範圍。

在司法實務上，臺北高等行政法院九○年度訴字第一九六一號判決，認公營事業與其人員間之年資結算爭議，非屬行政法院管轄審判權限，亦不在行政訴訟之範圍❷。又政府採購行為，係政府機關立於私法主體地位從事私經濟行政中之行政補助行為，應受私法之支配，非屬行政訴訟之範疇❷。又臺北高等行政法院九十一年度訴字第九○○號判決，謂：「社團本身對於社員而言並非公權力機關，社團內部事項均與公權力行使無涉，而屬於私法事件。如果社員認為其參與社團之權利因為社團組織之不當運作或其他社員之不當行為而受到侵犯時，……應循民事爭訟途徑解決。其損害賠償之請求亦然，均無依循行政訴訟制度來進行救濟之必要❷。」再者，行政機關依法得逕予沒入者，亦無須經行政法院之裁定，行政法院對於行政機關之聲請沒入，亦無審判權❷。

另就憲法、憲法增修條文、地方制度法、行政程序法或請願法等之相關規定，下列爭議事件亦非行政訴訟審判所得審理之公法上爭議事件，而是應依憲法或其他法律所規定之機制去解決，即：

1.對總統宣布戒嚴之爭議，立法院依憲法第三十九條規定，可不予通過或追認，而在認為必要時，得以決議移請總統解嚴。

---

❷　如行政法院 73 年判字第 1353 號判例。

❷　如大法官釋字第 243 號解釋所示之公務人員考績法之記大過處分事件。或如大法官釋字第 382 號解釋所示之非足以改變學生身分並損及其受教育機會之學生品行考核、學業評量等爭議事件。不過，大法官釋字第 684 號解釋已變更了釋字第 382 號之解釋，認為非屬改變學生身分之退學或類此之處分，仍應容許學生提起行政爭訟。

❷　《台灣本土法學雜誌》，第 34 期，2002 年 5 月，頁 161–162。

❷　高雄高等行政法院 90 年度簡字第 3967 號裁定，《台灣本土法學雜誌》，第 35 期，2002 年 6 月，頁 201–202。

❷　《台灣本土法學雜誌》，第 36 期，2002 年 7 月，頁 234–235。

❷　臺北高等行政法院 91 年度聲字第 17 號判決，《台灣本土法學雜誌》，第 48 期，2003 年 7 月，頁 166。

　　2.中央與地方對於權限分配有爭議時，依憲法第一一一條規定，由立法院解決之，而非以行政訴訟解決之。

　　3.省自治法施行中如其中條文發生障礙時，依憲法第一一五條係由行政院院長、立法院院長、司法院院長、考試院院長與監察院院長組織委員會，以司法院院長為主席，提出方案解決之。

　　4.對總統發布緊急命令之爭議，依憲法增修條文第二條第三項規定，立法院可不予追認而使該緊急命令立即失效。

　　5.對政黨是否有違憲而須解散之爭議，依憲法增修條文第五條第四項規定，係由司法院大法官組成憲法法庭審理，而非由行政法院審理。

　　6.依地方制度法第三十條第五項規定，自治法規與憲法、法律、基於法律授權之法規、上級自治團體、自治條例或該自治團體自治條例有無牴觸發生疑義爭議時，由司法院解釋之，而非由立法機關或行政法院審理之。

　　7.依行政程序法或請願法之陳情或請願事件，亦非行政訴訟審判所得審理之事件。臺北高等行政法院九十三年度訴字第二五六六號裁定即指出：「原告之訴，係主張公務人員特種考試警察人員考試規則第四條第二項違反考試利益，與法治原則不符，應予公告修正云云；惟按行政程序法第一百六十八條規定：『人民對於行政興革之建議、行政法令之查詢、行政違失之舉發或行政上權益之維護，得向主管機關陳情。』及請願法第二條規定：『人民對國家政策、公共利害或其權益之維護，得向職權所屬之民意機關或主管行政機關請願。』是原告上開請求，依行政程序法或請願法上開規定，自應提出陳情或請願以濟之；從而，原告提起本件行政訴訟，揆諸上開法條規定，本院並無審理權限，應予以駁回。」[26]

　　至於何者為公法上爭議而非得由行政法院審理[27]，依現行法律規定，約有下列事件：

---

[26]　參閱《台灣本土法學雜誌》，第 72 期，2005 年 7 月，頁 192。

[27]　參閱，劉建宏，〈行政訴訟審判權〉，《台灣本土法學雜誌》，第 95 期，2007 年 6 月，頁 145–153。

一、選舉（罷免）訴訟事件

　　行政訴訟法第十條規定：選舉罷免之爭議，除法律別有規定外，得依該法提起行政訴訟。目前有關公職人員選舉罷免，依公職人員選舉罷免法之規定，關於選舉（或罷免）無效、當選無效、罷免等通過無效及罷免案否決無效之訴訟，應向該管民事法院起訴（該法第一○一條、第一○三條、第一○三條之一、第一○六條、第一○八條）。故上述四類公職人員選舉（罷免）訴訟事件，亦非行政訴訟事件。另外，總統、副總統選舉罷免法，亦即行政訴訟法第十條中「除法律別有規定外」所指之法律，故關於該法對總統、副總統之選舉別有規定時，亦非得提起行政訴訟之公法上爭議事件。不過，筆者認選舉（罷免）訴訟本質上為公益訴訟，應適用行政訴訟法之程序[28]，特別是應由法院依職權行調查證據，而非依民事訴訟法課賦人民舉證義務。司法實務工作者也以相當篇幅之研究，就此選舉罷免事件，應改依行政訴訟制度審理[29]。

　　至於何種選舉罷免之爭議，得依行政訴訟法第十條規定提起行政訴訟？吳庚大法官認為應符合下列條件[30]：

　　1.須有法律上之依據，即依法辦理之選舉罷免始有其適用。

　　2.須非屬傳統上屬民事法院管轄之選罷事件，例如不具公法人資格之公益社團（俗稱人民團體），其選舉爭訟事件便屬此類。

　　3.須無行政處分之介入，若選舉罷免之爭議因主管機關依法介入，而作成行政處分時，利害關係人自得提起撤銷訴訟，亦無第十條適用之餘地，例如主管機關不承認人民團體理監事之當選資格，受影響之當事人對否定

---

[28]　請參閱，林騰鷂，〈訴訟應公私分明〉，《聯合晚報》聯合論壇，民國93年4月4日，第2版；林騰鷂，〈總統當選案　缺乏正義靈魂的判決〉，《聯合報》民意論壇，民國93年6月18日，A15版。

[29]　請參閱，沈應南，〈我國選舉罷免事件改依行政訴訟制度審理可行性之研究〉，司法研究年報，第30輯（行政類）第2篇，民國102年12月。

[30]　引自，吳庚，《行政爭訟法論》，頁144。

其當選之行政處分並非不得聲明不服，遇有此種情形，尚應注意可能發生兩種法院之權限衝突。

　　4.非屬於議會自律之事項，若為議會自律事項亦不應訴由行政法院裁判，例如立法院或國民大會之內部選舉爭議，宜循其內部程序解決，司法權若動輒介入此類爭議，則有違權力分立原則。

二、違反社會秩序維護法處罰事件

　　對於違反社會秩序維護法之處罰事件，依該法規定，分別由警察機關或地方法院簡易庭裁罰。對於其救濟程序，係由普通法院審理，故亦不屬行政訴訟事件❸。

三、刑事補償事件

　　民國一○○年七月六日冤獄賠償法全文修正並將名稱改為刑事補償法。刑事補償法於民國一○○年九月一日施行後，已無冤獄賠償之國家賠償事件，而是要依照刑事補償法第九條之規定，向相關機關、地方法院或地方軍事法院請求刑事補償❸。因此，刑事補償事件，並非屬得向行政法院提起之行政訴訟事件。

四、戒嚴時期人民受損權利回復事件

　　依民國八十四年一月二十八日制定之戒嚴時期人民受損權利回復條例

---

❸　社會秩序維護法第 55 條以下。

❸　刑事補償法第九條規定：「刑事補償，由原處分或撤回起訴機關，或為駁回起訴、無罪、免訴、不受理、不付審理、不付保護處分、撤銷保安處分或駁回保安處分之聲請、諭知第一條第五款、第六款裁判之機關管轄。但依第一條第七款規定請求補償者，由為羈押、鑑定留置、收容或執行之機關所在地或受害人之住所地、居所地或最後住所地之地方法院管轄；軍法案件，由地方軍事法院管轄。前項原處分或裁判之軍事審判機關，經裁撤或改組者，由承受其業務之軍事法院或檢察署為管轄機關。」

第六條規定，人民於戒嚴時期因犯內亂、外患罪，於受無罪之判決確定前曾受羈押或刑之執行者,得依戒嚴時期人民受損權利回復條例第六條規定，聲請所屬地方法院準用冤獄賠償法相關規定，請求國家賠償。是以有關此戒嚴時期人民受損權利回復事件,亦非得向行政法院提起之行政訴訟事件。

值得注意的是，戒嚴時期人民受損權利回復條例第六條規定，並未因刑事補償法取代了冤獄賠償法而跟著修正。這種立法上的遲延缺漏，導致人民不知究竟是要向國家請求賠償或請求補償。不過，依現時法制，戒嚴時期人民受損權利回復事件，仍非是得向行政法院提起之行政訴訟事件。

五、國家賠償事件

國家賠償事件，性質上屬公法上損害賠償事件。現行法律規定，國家賠償事件採雙軌制。依國家賠償法第十一條、第十二條規定，人民可循民事訴訟程序，向普通法院對國家提起損害賠償之訴❸❸。而依行政訴訟法第七條規定，人民在提起行政訴訟之同一程序中，合併請求損害賠償或其他財產上給付。

行政訴訟法於民國八十七年修正後，最高行政法院對國家賠償法和行政訴訟法關係之見解，認國家賠償事件雖屬公法上爭議，但行政法院無審判權。不過，學者認為不應禁止被害人至行政法院提起訴訟，因國家賠償訴訟雖應適用民事訴訟法，但並未如公職人員選舉罷免法第一二六條明文規定由普通法院之地方法院管轄❸❹。

六、律師懲戒事件

律師懲戒事件，依律師法之規定，由律師懲戒委員會及覆審委員會審理。律師懲戒委員會，依律師法第四十一條規定，由高等法院法官三人，高

---

❸❸　司法實務如最高行政法院 90 年度裁字第 705 號裁定，《台灣本土法學雜誌》，第 30 期，2002 年 1 月，頁 126。

❸❹　參閱，張文郁，〈國家賠償訴訟〉，《月旦法學教室》，第 38 期，2005 年 12 月，頁 8–9。

等法院檢察署檢察官一人及律師五人組成，而依律師法第四十三條規定，覆
審委員會由最高法院法官四人，最高檢察署檢察官二人，律師五人及學者二
人組成，具職業法院 (Berufsgericht) 性質，司法院釋字第三七八號解釋，認
律師覆審委員會之決定，相當於終審判決，不得再對之提起行政訴訟。

七、公務員懲戒事件

公務員之懲戒事件，為典型之公法上爭議事件，與行政訴訟有密切關
係。我國之公務員懲戒制度及其救濟程序與各國並不相同❸。在我國，關
於公務員之懲戒，除公務員懲戒法之懲戒規定外，尚有依公務人員考績法
之懲處。其中公務員之懲戒係由司法院所屬公務員懲戒委員會審議，其所
作成議決與再審議決定，與終審法院之判決相同，為最終之決定，不得對
之另提起行政訴訟，故不屬於行政訴訟事件。但公務員之懲處處分如免職
處分，除依公務人員保障法第四條、第二十五條至七十六條之規定提起復審
程序外，如有不服，尚得依法提起行政訴訟，故屬於行政訴訟事件。不過大
法官釋字第二九八號解釋認為：「關於足以改變公務員身分或對於公務員有
重大影響之懲戒處分，受處分人得向掌理懲戒事項之司法機關聲明不服，由
該司法機關就原處分是否違法或不當加以審查，以資救濟。有關法律，應依
上述意旨修正之。本院釋字第二四三號解釋應予補充。至該號解釋，許受免
職處分之公務員提起行政訴訟，係指受處分人於有關公務員懲戒及考績之
法律修正前，得請求司法救濟而言。」因此，公務員懲戒法及公務人員考績
法如何配合此一解釋意旨修正，對於行政訴訟事件之界定，有重大影響。

另大法官吳庚認為免除公務員職務之處分，有不屬於懲戒（或懲處）
性質者，例如已達限齡強制退休、依規定資遣或因喪失國籍而免職，此類
事件如有爭議，仍應由行政法院受理❸。

---

❸　林月娥，《公務員懲戒制度之研究》，司法院，民國 85 年 6 月，頁 39–99；王
　　延懋，《我國公務員懲戒問題之研究》，公務員懲戒委員會，民國 86 年 6 月，
　　頁 199–273；吳庚，《行政爭訟法論》，頁 42。

❸　吳庚，《行政爭訟法論》，頁 42。

八、兒童及少年保護事件、兒童及少年福利事件

　　少年有觸犯刑罰法律之行為或行為有觸犯刑罰法律之虞者，原依少年事件處理法第三條之規定由少年法院處理之。少年事件之調查、兒童及少年之保護與兒童及少年福利事件同係屬重要的社會輔導行政事件，但在我國因少年事件處理法第五條之規定，係由直轄市之少年法院或地方法院內之少年法庭處理，若有爭議，亦不歸行政法院審理❸❼。不過，因為少年及家事法院組織法及家事事件法之公布施行，現已改由少年及家事法院審理。

　　民國九十九年十二月八日總統公布之少年及家事法院組織法又使我國司法體制從上述之「司法三元制」變為「司法四元制」，亦即除了民事、刑事之普通法院、行政法院、智慧財產法院以外，新增了少年及家事法院這第四元。

　　依少年及家事法院組織法第三條規定，少年及家事法院之設置地區，由司法院定之，並得視地理環境及案件多寡，增設少年及家事法院分院。又第二條規定，少年及家事法院，除法律別有規定外，管轄下列第一審事件：

　　一、少年事件處理法之案件。

　　二、家事事件法之事件。

　　三、其他法律規定由少年及家事法院、少年法院、地方法院少年法庭或家事法庭處理之事件。

　　民國一〇一年一月十一日由總統公布之家事事件法更依家事事件之不同型態，分別規定了調解程序、訴訟程序、非訟程序等，以及少年及家事法院審理家事事件之準據。

---

❸❼　臺北高等行政法院 95 年度訴字第 376 號裁定即表示：「立法機關考量事件之性質、既有訴訟制度之功能及公益，就兒童及少年福利法有關前揭緊急保護、安置兒童及少年之措施紛爭解決程序，歸屬由普通法院審理，故行政法院並無審判權，是原告提起本件訴訟於法不合，揆諸首揭規定，應以裁定駁回之。」參閱《台灣本土法學雜誌》，第 88 期，2006 年 11 月，頁 195。

　　另依少年及家事法院組織法第四條規定,「少年及家事法院審判案件,以法官一人獨任或三人合議行之。」

九、智慧財產事件

　　商標、專利、著作權、營業祕密之註冊、審查等由經濟部智慧財產局管理事件,為公法事件,如有爭議,本應提起異議、訴願及行政訴訟。不過,在民國九十六年三月二十八日智慧財產法院組織法、智慧財產案件審理法公布施行後,智慧財產案件,如依專利法、商標法、著作權法、光碟管理條例、營業祕密法、積體電路電路布局法、植物品種及種苗法或公平交易法所保護之智慧財產所生之第一審行政訴訟事件及強制執行事件將由智慧財產法院管轄❸。智慧財產法院組織法之公布施行,使我國之司法體制從「司法二元制」變為「司法三元制」,意指除了民事、刑事之普通法院以及管轄公法上爭議之行政法院等二元之外,尚有智慧財產法院這第三元。因此,智慧財產事件究應如何審理,民國一〇〇年十一月二十三日乃增訂了智慧財產案件審理法第三十條之一,規定:「行政訴訟法第二編第二章簡易程序規定,於智慧財產之行政訴訟不適用之。」

　　除了上述事件以外,公法上之金錢給付事件如勞工保險、公務人員保險上之金錢給付事件,如有爭議,在過去,多有由地方法院予以審理者,學者認係以往行政訴訟制度不完備,而不得不以民事訴訟為解決手段❹,且為大法官釋字第四六六號解釋所肯定,但學者認為新的行政訴訟法公布

---

❸　相關論文請參閱,謝杞森,〈智慧財產法院審理公平交易法涉及智財權所生行政訴訟事件之界限〉,《公平交易季刊》,第 17 卷第 2 期,民國 98 年 4 月,頁 45–88。

❹　「如違反菸酒專賣暫行條例規定而經查獲之菸酒所為處分沒入之性質,應屬因違反行政法上義務所為之行政秩序罰,其在行政機關作成裁罰(行政處分)前,因未具爭訟性,自非本院所應受理,……是則菸酒專賣暫行條例第四十一條第一項所指之『法院』,應非指行政法院甚明。」詳見高雄高等行政法院 91 年度聲字第 5 號裁定,《台灣本土法學雜誌》,第 38 期,2002 年 9 月,頁 149–150。

施行後，因各種訴訟種類已齊備，此一公法上爭議事件，理應回歸常態，由行政法院審理❹。不過，司法實務上則認為應由立法者為適當裁量，不能僅因增設高等行政法院，即逕經解釋改由行政法院管轄處理❹。

十、假釋之撤銷事件

假釋之撤銷屬刑事裁判執行之一種，為廣義之司法行政處分，不服主管機關撤銷假釋之受假釋人，雖不得提起行政爭訟❹，但於入監執行殘餘刑期間，對主管機關撤銷假釋之司法行政處分，應依刑事訴訟法第四八四條之規定聲明異議，請求救濟❹。

十一、檢察官相驗屍體之偵查事件

最高行政法院民國九十七年度裁字第四七四六號指出，檢察官身為偵查機關，對於「非病死或可疑為非病死者」，應加以相驗，如發現有犯罪嫌疑時，應繼續為必要之勘驗及調查，藉以發現犯人與蒐集犯罪證據，足見檢察官相驗屍體與偵查程序有不可分離之關係，依大法官釋字第三九二號解釋意旨，應屬刑事司法行為，當事人或利害關係人如有不服，其救濟程序，應依刑事實體或程序法之相關規定辦理，而不屬於一般「公法事件」，不許該人民提起行政訴訟而由行政法院審判。

另大法官陳計男認為戒嚴時期不當叛亂暨匪諜審判案件補償條例事件之救濟程序，亦比照冤獄賠償事件❹，由地方法院審理，恐為錯誤，因依

---

❹　吳庚，《行政爭訟法論》，頁 41；陳計男，《行政訴訟法釋論》，頁 154。

❹　臺北高等行政法院 91 年度聲字第 18 號判決，《台灣本土法學雜誌》，第 48 期，2003 年 7 月，頁 166–167。

❹　參閱最高行政法院中華民國 93 年 2 月份庭長法官聯席會議決議。

❹　參照司法院大法官釋字第 681 號解釋。相關論文請參閱，林順昌，〈論假釋處分之撤銷與救濟——評最高行政法院 93 年 2 月庭長法官聯席會決議〉，《中央警察大學法學論叢》，第 13 期，民國 96 年 10 月，頁 69–110。

❹　陳計男，上揭書，頁 153。

該條例第三條第三項明文規定，申請人對於補償事件如不服財團法人戒嚴時期不當叛亂暨匪諜審判案件補償基金會之決定時，得依法提起訴願及行政訴訟。又二二八事件處理及賠償條例雖無類似明文規定，但申請人如不服財團法人二二八事件紀念基金會之賠償決定時，依理應容許其提起訴願及行政訴訟。

第三章　行政訴訟事件之成立要件

行政訴訟事件之成立要件，德國學者將之區分為十三項❶，即：

1.德國法院管轄權 (Bestehen der deutschen Gerichtsbarkeit)，亦即行政訴訟事件是屬於德國法院可管轄的，而非歐洲或其他國家法院可管轄的。

2.行政訴訟途徑之容許性 (Zulässigkeit des Verwaltungsrechtswegs)，亦即爭議事件是要依行政訴訟途徑，而非依民事訴訟途徑或刑事訴訟途徑來加以處理的。

3.受理之行政法院有事務管轄權 (sachliche Zuständigkeit des angerufenen Verwaltungsgerichts)，亦即德國各級行政法院依德國行政法院法第四十五條至第五十條有關行政法院、高等行政法院及聯邦行政法院等事務管轄權規定對於訴訟事件，有事務管轄權者。其中，除了第四十五條之一般事務管轄權規定外，較值得注意的是在第四十八條有一事務管轄權之具體規定，而為我國行政訴訟法所無者。該條規定❷：

(1)下列綜合性之訴訟事件，高等行政法院有第一審管轄權：

a.依原子能法第七條、與第九條之一第三項意旨所定，關於核子設施之設置、經營、其他內部設備、改造、停止運作、安全設施、以及核子設施之拆除事項。

b.關於加工、處理、及核子燃料物質之其他運用事項，除原子能法第七條所揭示核子設施之種類（原子能法第九條），或依原子能法第九條第一項、第二項規定意旨所稱之重大差異或重要改變之外者，以及除國家保護之外，有關核子燃料物質之防護事項（原子能法第六條）者。

c.電力工廠，包括火力設施在內，其設置、經營、變更，以及固體、液體、與氣體之燃料，逾三億千瓦之加溫引導設施者。

---

❶　Kuhla/Hüttenbrink, a.a.O., S. 78；另參閱，吳綺雲，《德國行政給付訴訟之研究》，頁 37–41。

❷　引自，司法院編印，《中譯德奧法日行政法院法》，民國 85 年 6 月，頁 14–15。

d.以逾十萬伏特之電力以及其線路之改變，而設置之自由導向系統。

e.廢棄物之處理，由定點式成為燃燒式，或以熱力融解廢棄物，其每年作業量（有效成果）逾越十萬噸，以及定點式之設施，俾容納或囤積廢棄物法第二條第二項所指全部或一部之廢棄物者，其相關之設置、經營、與重大變更之程序。

f.機場及限制建築保護範圍內之交通停車場所，其相關之建造、擴張、或變更，及經營。

g.新區段之電車道、或電聯車道與公共火車道，以及停車場與貨櫃車場之建築及變更之計劃確定程序。

h.聯邦公路之建築或變更之計劃確定程序。

i.聯邦河道新建或擴建之計劃確定程序。

第一句，適用於綜合性之企劃，需要同意或准許之訴訟事件。其涉及有關附帶設施之空間與經營者，亦適用之。各邦得以法律規定，於第一句所定，有涉及指示占有而訴訟之情形者，高等行政法院有第一審管轄權。

(2)對於邦之最高行政機關，依社團法第三條第二項第一款所宣示之禁止結社，及依社團法第八條第二項第一句所為處分，高等行政法院，另有第一審之審判權。

(3)柏林高等行政法院，對於柏林合議庭，依社團法第五條第二項所為確認事項，擁有第一審之審判權。

4.受理之行政法院有土地管轄權 (örtliche Zuständigkeit des angerufenen Verwaltungsgerichts)，亦即德國各級行政法院依德國行政法院法第五十二至五十三條等對於訴訟事件有土地管轄權者❸。

5.當事人能力 (Beteiligtenfähigkeit)，亦即當事人依德國行政法院法第六十一條規定有當事人能力者。

6.訴訟能力 (Prozeβfähigkeit)，亦即當事人依德國行政法院法第六十二條規定有訴訟能力者。

7.訴訟代理人之合法性 (Legitimation des Vertreters)，亦即訴訟代理人

---

❸ 同上註，頁 17–20。

依德國行政法院法第六十七條第三項規定,獲有合法之訴訟代理權之授與。

8.起訴之形式合法性 (förmliche Ordnungsmäßigkeit der Klageerhebung),亦即當事人所為之起訴應合乎德國行政法院法第八十一條,應以書狀或由行政法院事務處書記官製作筆錄之合法方式提起之。

9.所訴生活事件之判決,尚無形式確定力者 (Fehlen einer rechtskräftigen Entscheidung, die den gleichen Lebenssachverhalt betrifft),亦即所訴生活事件,尚未經確定裁判者❹。

10.所訴生活事件尚未繫屬於其他法院者 (Fehlen einer anderweitigen Rechtshängigkeit)❺。

11.訴訟進行權 (Prozeßführungsbefugnis),亦即訴權 (Klagebefugnis),乃當事人得主張,其主觀的權利受侵害而有進行行政訴訟之權❻。

12.一般權利保護必要 (allgemeines Rechtsschutzbedürfnis),德國行政法院法雖未明文規定「法律保護必要」或「法律保護利益」為訴訟的一般實體裁判要件,但是德國行政訴訟法學說與實務上幾乎一致認為,所有程序行為(包括訴訟行為與聲請行為),都必須當事人具備權利保護必要為要件,換言之,只有在當事人真正必須法院來保護其權利時,才可以向法院請求,而不可以濫用法院的法律保護,否則其訴訟或聲請將以不合法而駁回❼。關於是否有一般權利保護必要之欠缺,學者曾將之類型化❽,即:

---

❹　彭鳳至,〈德國行政訴訟制度及訴訟實務之研究〉,《行政法院八十七年度研究發展項目研究報告》,民國 87 年 6 月,頁 4。

❺　同上註,頁 5。

❻　Kohla/Hüttenbrink, a.a.O., S. 82;彭鳳至,上揭報告,頁 16。

❼　彭鳳至,上揭報告,頁 14;我國大法官釋字第 546 號解釋亦採此見解。相關論文,請參閱,林三欽,〈試論「行政爭訟實益之欠缺」(上)——兼評大法官釋字第五四六號解釋〉,《台灣本土法學雜誌》,第 42 期,頁 37–53;林三欽,〈試論「行政爭訟實益之欠缺」(下)——兼評大法官釋字第五四六號解釋〉,《台灣本土法學雜誌》,第 43 期,頁 13–22。

❽　改自彭鳳至,上揭報告,頁 16–17。

(1)無效率的權利保護 (Ineffektivitiaet des Rechtsschutzes)

(2)無用的權利保護 (Nutzlosigkeit des Rechtsschutzes)

(3)惡意為權利保護之禁止 (Schikaneverbot)

(4)不適時的權利保護 (Unzeitiger Rechtsschutz)

(5)過遲向法院主張權利而違反誠實信用原則之程序失權 (Prozessuale Verwirkung)

(6)權利保護之拋棄 (Rechtsschutzverzicht)

13.各別行政訴訟之特別訴訟要件 (besondere Zulässigkeitsvoraussetzungen einzelner Klagearten)，亦即提起撤銷訴訟、提起請求應為處分訴訟、提起確認訴訟、提起一般公法上給付訴訟以及合併提起損害賠償或財產上給付訴訟等各別行政訴訟所應具有之特別訴訟要件 ❾。

上述德國行政訴訟成立要件之分析，甚為詳實完整，鑑於我國行政訴訟法制多仿自德國，故在判斷何種事件可以成為行政訴訟之客體，頗值借鏡。另大法官釋字第五四○號解釋，對於生活事件之爭議，何者屬於行政法院審理，何者屬於普通法院審理，除採性質區別外，亦尊重立法機關之裁量設計。該號解釋謂：「國家為達成行政上之任務，得選擇以公法上行為或私法上行為作為實施之手段。其因各該行為所生爭執之審理，屬於公法性質者歸行政法院，私法性質者歸普通法院。惟立法機關亦得依職權衡酌事件之性質，既有訴訟制度之功能及公益之考量，就審判權歸屬或解決紛爭程序另為適當之設計。此種情形一經定為法律，即有拘束全國機關及人民之效力，各級審判機關自亦有遵循之義務。」是以，本號解釋亦可以提供判斷何種事件為行政訴訟客體之標準。

依上所述，行政訴訟事件之成立要件可表解如下：

---

❾　陳計男，上揭書，頁 158、174、183、196、204 等。

行
政
訴
訟
事
件
成
立
要
件

- 1. 我國行政法院有管轄權
- 2. 行政訴訟途徑之容許性
- 3. 受理之行政法院有事務管轄權
- 4. 受理之行政法院有土地管轄權
- 5. 有當事人能力
- 6. 有訴訟能力
- 7. 訴訟代理人之合法性
- 8. 起訴之形式合法性
- 9. 所訴事件之判決，尚無形式確定力者
- 10. 所訴事件尚未繫屬於其他法院者
- 11. 有訴權之存在
- 12. 一般權利保護之必要性
- 13. 符合各別行政訴訟之特別訴訟要件

第四章　行政訴訟事件之種類

第一節　概　說

如上所述，行政訴訟客體即為行政訴訟事件。乃透過行政訴訟加以解決之公法上爭議事件。由於社會日趨複雜、多樣，行政訴訟事件之態樣內容也日益多端，而有類型化之必要，以便在實務上可以篩檢不合規定之訴訟以及可以大量、迅速、有效的審理行政訴訟事件。就此，學者分類標準不一，大法官陳計男將之歸納為[1]：

一、主觀的行政訴訟與客觀的行政訴訟

依行政訴訟保護的對象[2]為分類標準可分為：

1.主觀的行政訴訟

乃以直接保護國民之權利或法律上利益為目的之行政訴訟。例如，行政訴訟法第四條之撤銷訴訟，第五條之課以義務之訴，第六條之確認訴訟，第七條、第八條之給付之訴等均為直接保護國民權利或法律上利益為目的之行政訴訟。

---

[1]　陳計男，《行政訴訟法釋論》，頁155-156。

[2]　例如德國在經濟與環保領域方面之行政訴訟，即以訴訟保護對象而劃分為競爭者訴訟 (Konkurrentenklage)、鄰人訴訟 (Nachbarklage)、其他第三人訴訟（如消費者訴訟、旅客訴訟、從業者訴訟及其他第三人訴訟）、團體訴訟 (Verbandsklage)、公法團體訴訟 (Körperschaftsklage)、成員訴訟 (Mitgliederklagen) 與公會或工會組織章程訴訟(Kammerverfassungsstreit)，vgl. Huber/Stober/Lahme, im: R. Stober (Hrsg.), Rechtsschutz im Wirtschaftsvewaltungs-und Umweltrecht, W. Kohlhammer. Verlag S. 52ff.

2. 客觀的行政訴訟

乃以維護行政上客觀法秩序為目的之行政訴訟，而非只是直接保護國民私人權利或法律上利益為目的之行政訴訟。例如，依行政訴訟法第九條規定所提起之維護公益訴訟。

二、撤銷訴訟、確認訴訟、給付訴訟

依行政訴訟之目的，行政訴訟之內容及請求之性質為分類標準，可分為：

1. 撤銷訴訟

乃指行政訴訟之目的、內容係原告請求行政法院為撤銷或變更行政機關所為違法行政處分判決之行政訴訟。

2. 確認訴訟

乃行政訴訟之目的、內容係原告請求行政法院為確認行政處分無效、為確認公法上法律關係成立或不成立之判決的行政訴訟。

3. 給付訴訟

乃指行政訴訟之目的、內容係指原告請求行政法院判決命被告為一定給付，即為一定行為或不行為之行政訴訟。

在德國，行政訴訟客體之種類，分類不一，依德國行政法院法之法條體系以觀，可以分為撤銷訴訟、課予義務訴訟、確認訴訟、其他形成訴訟、一般給付訴訟、繼續確認訴訟以及其他法理上不排除的新訴訟種類 (Klageart sui generis)。所謂「其他形成訴訟」是指由德國行政法院法第四十三條第二項第一句用語所導出，乃指變更訴訟、再審訴訟、撤銷仲裁決定訴訟、以及執行異議之訴等依德國行政法院法準用或併用民事訴訟法的訴訟種類❸。

---

❸　彭鳳至，〈德國行政訴訟制度及訴訟實務之研究〉，頁 38。

　　我國新行政訴訟法實施後，乃以行政訴訟之對象 (Gegenstand der Klage) 為區分標準，而以第四條至第十條，將行政訴訟之客體對象明示分為撤銷訴訟、命應為行政處分或應為特定內容之行政處分之訴訟、確認行政處分無效、公法上法律關係成立或不成立之訴訟、給付訴訟、維護公益訴訟、選舉罷免訴訟❹。茲就此分類分節說明於次。

第二節　撤銷訴訟

第一項　撤銷訴訟之意義

　　撤銷訴訟為最古典的行政訴訟。在以行政處分為核心的行政法學上，以撤銷行政處分的撤銷訴訟，乃成為救濟人民權益的最重要方法。我國之舊行政訴訟法亦以撤銷訴訟為人民保護自己權益，免於受公權力侵犯之唯一救濟方法❺。

　　撤銷訴訟 (Anfechtungsklage) 乃原告起訴請求行政法院判決撤銷或變更原告主觀所認為違法而侵害其權益之行政處分，或侵害其權益之訴願決定之行政訴訟。新行政訴訟法第四條第一項即規定，人民因中央或地方機關之違法行政處分，認為損害其權利或利益，經依訴願法提起訴願而不服其決定，或提起訴願逾三個月不為決定，或延長訴願決定期間逾二個月不為決定，得向高等行政法院提起撤銷訴訟。

　　行政訴訟法第四條第三項另又規定，訴願人以外之利害關係人，認為行政訴訟法第四條第一項之訴願決定，損害其權利或法律上利益者，亦得

---

❹　相關種類，另請參閱，林石猛，《行政訴訟類型之理論與實務》，學林文化事業有限公司，2004 年 3 月，二版。

❺　以撤銷訴訟為人民權益免於受公權力侵犯之唯一救濟方法，常為學者所詬病而成為行政訴訟法制再造之基因。詳見翁岳生，〈行政訴訟制度現代化之研究〉，《臺大法學論叢》，第 4 卷，第 1 期，民國 63 年 10 月，收於翁岳生，《行政法與現代法治國家》，頁 381-412；另參閱，陳秀美，〈改進現行行政訴訟制度之研究〉，司法院印行，民國 71 年 4 月。

向行政法院提起撤銷訴訟。例如甲公司承攬建造中國石油公司之液化天然氣地下儲槽。該儲槽完竣後經中國石油公司代行檢查合格，但行政院勞工委員會事後發現該儲槽有洩漏異狀，乃撤銷中國石油公司代行檢查之合格判定。中國石油公司未提起行政救濟而卻是向甲公司追究瑕疵擔保責任。甲公司認為行政院勞工委員會之撤銷處分使其承造之儲槽處於禁止使用之狀態，導致其承攬人法律地位受到影響，則可以利害關係人，提起撤銷訴訟❻。

　　由此可知，撤銷訴訟乃以違法並侵害人民權益之行政處分或訴願決定為抗爭對象。是故，若原告以原始不存在或事後已不存在之行政處分，或是以非行政處分為對象所提起之撤銷訴訟，即非合法而不能獲得權利之救濟。至於是否得以無效的行政處分的撤銷訴訟之抗爭對象，學說與實務則傾向於肯定說❼。

　　另外，在具有雙重效力之行政處分 (Verwaltungsakt mit Doppelwirkung) 之情形下❽，例如行政機關在對甲為受益的行政處分，而對第三人乙課以義務處分之情形，則遭課以義務之第三人乙，亦得提起撤銷訴訟。

---

❻　參引，林昱梅，〈利害關係人之訴訟權能〉，《月旦法學教室》，第 32 期，2005 年 6 月，頁 30–31。

❼　陳清秀先生指出，原告固然不可能因無效的行政處分而致其權利遭受侵害，因此類無效行政處分根本不發生法律上效力。然而一個無效的行政處分仍引起有效性的外觀，而且行政處分的瑕疵，是否導致其無效或僅得撤銷，也經常發生疑義。基於此類實際上的觀點，應允許對於無效的行政處分提起撤銷訴訟，而依行政訴訟法第 6 條規定，原告也可提起確認行政處分無效的訴訟。在司法實務上，我國行政法院 23 年判字第 61 號判例即指出：「行政處分若欠缺法律上之要件而無效時，其外形上之事實，既經成立，則應受有效之推測，須由當事人依法提起訴願或行政訴訟，經訴願官署或行政訴訟撤銷，其效力方不能繼續存在」。請參閱，陳清秀，《行政訴訟法》，頁 109–110；彭鳳至，上揭報告，頁 59。

❽　林騰鷂，《行政法總論》，三民書局，民國 88 年 11 月，頁 390–392。

第二項　撤銷訴訟之性質

　　撤銷訴訟乃是人民請求行政法院直接排除行政機關所為有拘束力與執行力行政處分的法律救濟途徑。其性質，我國學者認係屬於形成訴訟(Gestaltungsklage) ❾。換言之，就是一種具有形成效力的訴訟 ❿。德國學者大多數也認為撤銷訴訟之目的，在於撤銷一行政處分，故其性質屬於形成之訴，因針對人民所提撤銷訴訟而為之判決，乃是形成判決，一經確定後，立刻形成排除行政處分效果之效力 ⓫。不過另一德國學者 Martens 則認為撤銷訴訟屬於確認之訴的性質 ⓬。

　　日本學者對撤銷訴訟之性質，頗有爭議，有認為是形成訴訟性質者，有認為是確認訴訟性質者，亦有認為係屬於救濟訴訟性質者。主張撤銷訴訟為形成訴訟性質者，認為行政處分縱有瑕疵，除屬當然無效之情形外，需以訴訟判決加以撤銷後，始能否定其效力為論據，並認為撤銷訴訟之訴訟標的為原告之形成權或形成要件之存否，亦即行政處分違法與否之問題；主張撤銷訴訟具有確認訴訟性質者，認為撤銷訴訟乃求為確認行政處分之違法性之訴；至若主張撤銷訴訟具有救濟訴訟之性質者，則以撤銷訴訟具有確定違法性之確認訴訟之性質以及具有排除行政處分公定力之形成訴訟性質等二種性質為其立論依據，將撤銷訴訟認為係屬於一種異議請求之訴，而獨立於向來給付訴訟、確認訴訟及形成訴訟等分類法之外。日本學說對撤銷訴訟雖有上述多項不同見解，但通說則是採形成訴訟之說 ⓭。

　　又撤銷訴訟之特性在於排除已存在的負擔行政處分，此與同屬於「行政處分訴訟」(Verwaltungsaktsklage) ⓮之課予義務訴訟不同。課予義務訴訟

---

❾　陳計男，上揭書，頁 158。

❿　彭鳳至，上揭報告，頁 40。

⓫　葉百修、吳綺雲，〈行政撤銷訴訟之研究〉，《司法院七十九年度研究發展項目研究報告》，民國 79 年 7 月，頁 1 及頁 2 之註 2 所引德文著作。

⓬　Martens, DöV 1970, 476; 請參閱上引註，頁 2 之註 2。

⓭　葉百修、吳綺雲，上揭報告，頁 129、130 及頁 143、144 上之註 4 至註 9。

乃是用在請求核發對原告有利的行政處分。

　　另撤銷訴訟之判決無庸執行，課予義務訴訟之判決無法強制執行而與一般給付訴訟之判決之可宣告假執行者不同❶，亦為撤銷訴訟之特性所在。此外，撤銷訴訟亦與確認訴訟有所不同。

第三項　撤銷訴訟之適用範圍

　　行政訴訟上之撤銷訴訟主要適用於干涉行政 (Eingriffsverwaltung) 之領域，尤其是適用於警察行政、安全行政、衛生行政、環境保護行政、秩序維護行政及稅務行政等領域❶。換言之，人民利用撤銷訴訟以排除公權力、公行政之干涉，對行政機關所加干涉其生活權益之種種不利行政處分以撤銷訴訟加以排除。

　　值得注意的是，行政強制執行雖亦為公行政之干涉，但在我國現行司法實務見解認為對行政強制執行措施，經依行政執行法第九條聲明異議後，而對聲明異議之決定再有不服，亦不得再行提起撤銷訴訟或其他行政爭訟❶，使得行政強制執行之權利保護問題受到忽視，而被學者認為行政強制執行程序之法律救濟比德國更顯得黑暗❶。因此，我國多數學者主張對行政強制執行措施依行政執行法提出異議後，經異議決定而對異議決定仍有不服者，應仿德國法制准許人民提起撤銷訴訟、課予義務訴訟或確認訴

---

❶　彭鳳至，上揭報告，頁 50–51。

❶　同上註，頁 51。

❶　彭鳳至，上揭報告，頁 42；葉百修、吳綺雲，上揭報告，頁 3。

❶　例如，最高行政法院 93 年裁字第 760 號裁定謂行政執行處對執行義務人所實施之執行命令，其性質屬於執行處分，而非為撤銷訴訟標的之行政處分，執行義務人如有不服，應循行政執行法規定尋求救濟，不得提起行政訴訟。又如最高行政法院 94 年度判字第 1754 號判決亦同此意旨。參閱《台灣本土法學雜誌》，第 84 期，2006 年 7 月，頁 161–162。

❶　吳東都，〈微觀對行政執行措施之權利保護〉，《台灣本土法學雜誌》，第 95 期，2007 年 6 月，頁 78。

訟**⑲**。筆者認為，行政訴訟法第二條規定，公法上的爭議都可提起行政救濟。基於這一原則規定，應容許對行政強制執行措施異議後，對異議決定仍有不服者，得提起行政訴訟。

在德國行政訴訟法制上，唯有在因上下隸屬服從關係中所生之爭議，方得提起撤銷訴訟。換言之，在高權行政領域中，凡系爭法律爭議涉及只能以行政處分處理之事項，原則上人民只能提起撤銷訴訟或課以義務訴訟。亦即，在高權行政因上下隸屬、服從關係涉及以行政處分處理事項中，撤銷之訴及課以義務之訴相對於其他行政訴訟類型（尤其是確認之訴及一般給付之訴），具有優先性及排他性。故如原告主張其權利受侵害係因一行政處分或行政處分結果所致，則只能提起撤銷之訴；如原告主張被告機關對於系爭給付或確認之准許或拒絕，在法律上有以行政處分決定之可能時，則只能提起課以義務之訴**⑳**。

我國新行政訴訟法大多仿自德制。因此，撤銷訴訟之適用範圍宜以德國學理為準，而與日本法制之抗告訴訟**㉑**有所區隔。

第四項　撤銷訴訟之種類

行政訴訟上之撤銷訴訟 (Anfechtungsklage) 乃是由行政法院以判決撤銷被抗告之行政處分 (angefochtener Verwaltungsakt) 及訴願決定，而使行政處分及訴願決定在原則上溯及既往消滅，進而回復原告因該抗告之行政處分及訴願決定所被侵害之權利。我國行政訴訟法第四條分項規定了兩種撤

---

⑲ 同上註，頁 92-94；另參閱，湯東穎，〈行政強制執行救濟程序之研究〉，臺大碩士論文，2005 年 6 月，頁 78，註 214 所引文獻；陳淑芳，〈對行政執行行為不服之第一次權利保護——評最高行政法院 94 年度裁字第 1228 號裁定〉，臺大法律學公法研究中心「第五屆行政法實務與理論研討會」。

⑳ 葉百修、吳綺雲，上揭報告，頁 2。

㉑ 日本法制之抗告訴訟並不僅以撤銷訴訟為限。抗告訴訟包括撤銷處分之訴、撤銷裁決之訴、無效等確認之訴、不作為之違法確認之訴及無名之抗告訴訟。詳見葉百修、吳綺雲，上揭報告，頁 128-143。

銷訴訟❷，亦即：

1.撤銷違法之行政處分之訴

行政訴訟法第四條第一項規定，人民因中央或地方機關之違法行政處分，認為損害其權利或法律上之利益，經依訴願法提起訴願而不服其決定，或提起訴願逾三個月不為決定，或延長訴願決定期間逾二個月不為決定者，得向行政法院提起撤銷訴訟。所謂違法行政處分依同條第二項規定，包括逾越權限或濫用權力之行政處分。

2.撤銷訴願決定之訴

行政訴訟法第四條第三項規定，訴願人以外之利害關係人，認為同條第一項訴願決定，損害其權利或法律上之利益者，得向行政法院提起撤銷訴訟。提起此類型撤銷訴訟，須以有不利益之訴願決定存在，且限於訴願人以外之利害關係人。

第五項　撤銷訴訟之特別訴訟要件

提起撤銷訴訟者，應具備行政訴訟的一般要件，亦即本篇第三章所述行政訴訟事件十三項成立要件之十二項，此即：

　1.我國法院有管轄權
　2.行政訴訟途徑之容許性，亦即行政法院有審判權者❷
　3.受理之行政法院有事務管轄權
　4.受理之行政法院有土地管轄權

---

❷　陳計男，《行政訴訟法釋論》，頁 158–172。

❷　例如砂石料價格上漲之補償爭議，最高行政法院 94 年度判字第 764 號判決即明示：「係遵行交通部訂頒調整方案之規定，惟其性質仍屬系爭承攬契約成立後履行給付報酬之範疇，並無若何之權力義務服從關係，尚難逕謂上訴人就公法上具體事件所為之決定或其他公權力措施，自非行政處分，行政法院並無審判權。」參閱，《台灣本土法學雜誌》，第 77 期，2005 年 12 月，頁 253。

5.當事人有當事人能力 ❷

6.當事人有訴訟能力

7.訴訟代理人獲有合法之訴訟代理權之授與

8.起訴之形式合法性

9.所訴生活事件，尚無形式確定力者，亦即尚未經確定裁判者

10.所訴生活事件尚未繫屬於其他法院者

11.當事人有訴權，亦即當事人得主張，其主觀的權利受侵害而有進行行政訴訟之權 ❷

12.當事人具權利保護必要 ❷

---

❷ 最高行政法院 90 年度判字第 2130 號判決謂：「教育部再訴願決定謂：教師甄選介聘會核屬經授權行使公權力之團體，參酌司法院釋字第二六九號解釋文意旨，就特定事件有行政訴訟被告當事人能力等語，惟基前所述，教師甄選介聘會係依高級中等以下學校教師評審委員會設置辦法第二條第二項所成立，而該辦法係依教師法第十一條第二項授權訂定，然教師法原未授權高級中等以下學校教師評審委員會設置辦法得訂定成立教師甄選介聘會之規定，則教師甄選介聘會之成立，自不得認有法律之依據，亦即教師甄選介聘會尚非屬依『法』成立之團體，無從依司法院釋字第二六九號解釋意旨認有為行政訴訟被告之當事人能力」。可知最高行政法院推翻教育部訴願委員會決定之見解，而認教師甄選介聘會無行政訴訟之當事人能力，以其非屬依「法」設立之團體，尚可認同。參閱，司法院印行，《最高行政法院裁判要旨彙編》，第 21 輯，民國 92 年 6 月，頁 926。另最高行政法院 93 年度裁字第 1229 號裁定謂：「『自然人、法人、中央及地方機關、非法人之團體，有當事人能力。』為行政訴訟法第二十二條所明定。所稱非法人團體係指有一定之名稱、目的、事務所及獨立財產，且設有代表人或管理人代為表示自主意思，並超乎個人卻無法人人格之團體。法人之董事會為法人之內部機關，不合上述當事人能力之規定，無當事人能力。」參閱，最高行政法院編印，《最高行政法院裁判書彙編》(民國 93 年 1 月至 12 月)，民國 94 年 3 月出版，頁 846。

❷ 人民如果不是「權利」或「法律上利益」受到行政處分之侵害，則不得提起行政爭訟。參閱，司法院印行，《最高行政法院裁判要旨彙編》，第 23 輯，民國 93 年 12 月出版，頁 842。

　　除此之外，尚須具備若干特別要件 **❷**，始能獲得實體的判決。茲依兩種不同撤銷訴訟分別說明其訴訟特別要件。

一、撤銷違法行政處分訴訟之特別要件

　　此即依行政訴訟法第四條第一項所提起之撤銷訴訟。其訴訟特別要件為：

1. 須有客觀之行政處分存在

　　行政處分仍存在，原告始有提起撤銷之必要。然行政處分是否存在，取決於客觀標準而非原告之主觀認定。所謂客觀標準之行政處分，依訴願

---

❷ 最高行政法院 91 年度裁字第 906 號裁定謂：「訴願法第九十三條第二項既規定受處分人得申請受理訴願機關或原處分機關停止執行，理論上得由上開機關獲得救濟，殊無逕向行政法院聲請之必要。且行政訴訟係審查行政處分違法之最終機關，若一有行政處分，不待訴願程序即聲請行政法院停止原處分之執行，無異規避訴願程序，而請求行政法院為行政處分之審查，故必其情況緊急，非即時由行政法院予以處理，則難以救濟，否則尚難認有以行政法院之裁定予以救濟之必要，應認欠缺保護之必要，而駁回其聲請。」參閱，司法院印行，《最高行政法院裁判要旨彙編》，第 22 輯，民國 92 年 12 月，頁 781。又最高行政法院 92 年度判字第 1624 號判決謂：「按權利保護必要，乃行政訴訟法第一百零七條第一項所定之訴訟要件，苟原告之訴其權利保護要件有欠缺，應依同條第二項規定駁回其訴。而所謂權利保護必要，乃指欲得勝訴判決之當事人，有保護其權利之必要，亦即在法律上有受判決之利益而言。例如當事人得依起訴以外之其他方法達成目的，或法律設有特別之救濟方法，只能依該方法救濟者，應認為無保護必要。至於就應循何種程序尋求救濟所為之主張如有錯誤，核與權利保護必要無關，不能認係欠缺保護必要。」參閱，司法院印行，《最高行政法院裁判要旨彙編》，第 23 輯，頁 961。

❷ 相關論文，請參閱，程明修，〈撤銷訴訟的合法性㈠〉，《法學講座》，第 5 期，頁 53–57；程明修，〈撤銷訴訟的合法性㈡〉，《法學講座》，第 10 期，頁 27–34；程明修，〈撤銷訴訟的合法性——一般處分〉，《法學講座》，第 15 期，頁 55–60；程明修，〈撤銷訴訟之有無理由〉，《法學講座》，第 20 期，頁 31–36。

法第三條第一項規定係指中央或地方機關就公法上具體事件所為之決定或其他公權力措施而對外直接發生法律效果之單方行政行為。又受委託行使公權力之個人或團體，依行政程序法第二條第三項規定，於委託範圍內，視為行政機關。是以財團法人大學入學考試中心基金會對其所辦理指定科目考試違規者之扣分處分，在司法實務上，亦被認定為行政處分❷。

同條第二項又規定，前項決定或措施之相對人雖非特定，而依一般性特徵可得確定其範圍者，亦為行政處分。有關公物之設定、變更、廢止或一般使用者亦同為行政處分❷。是以，此之客觀標準之行政處分包括行政法學理上之對人處分、對人之一般處分及對物之一般處分❸。又如監獄內戒具之施用，學者認為亦屬行政處分❸。至於地方政府為辦理道路闢建，選定道路路線之公告，究為闢建道路機關之內部行為或是行政處分，成為一個爭議問題。民國九十七年度高等行政法院法律座談會針對此一臺中高等行政法院所提之法律問題，研討結果認為：「路線選定公告對於選定或規劃路線範圍內之原土地所有權人，已發生限建或禁建之規制效果，故應認其具有行政處分之性質，原土地所有權人，得逕就該路線選定或規劃公告，請求救濟。」❷

我國司法實務一再表示，行政處分之存在與否取決於客觀之標準而非當事人之主張。例如，原告為學生在校成績不佳，學校勸其趁早轉學，以

---

❷ 參閱，林明鏘，〈考生對大考中心違規扣分處分之行政救濟途徑——評台北高等行政法院一百年度訴字第七○三八號判決〉，《月旦裁判時報》，2012 年 4 月，頁 15-21。

❷ 與行政程序法第 92 條第 1 項、第 2 項對行政處分之定義相同。

❸ 行政法學上行政處分的概念，請參閱，許宗力，〈行政處分〉，翁岳生編，《行政法》，頁 543-567；吳庚，《行政法之理論與實用》，頁 305-343。

❸ 參閱，李建良，〈監獄處分與行政救濟〉，《月旦法學教室》，第 27 期，2005 年 1 月，頁 26-27。

❷ 詳參行政訴訟及懲戒廳編輯，《行政訴訟法實務見解彙編（續編）》，民國 99 年，頁 49。

免因成績不及格受退學處分。原告乃一面辦妥轉學，一面提起行政爭訟。行政法院認為，雖原告主觀上主張已有行政處分存在，但就客觀上而言，學校之勸導並非退學之行政處分，故不容許原告提起行政訴訟❸。又行政法院認為多階段行政處分之前階段行為，如欠缺「法效性」，亦不容許提起撤銷之訴❹。再者，司法實務以私立大學教授申請延長服務而被學校決定不予續聘之通知者，並非行政處分而駁回該教授所提之行政訴訟。臺北高等行政法院九十四年度訴字第六四四號裁定對此私立大學教師與學校間法律關係之定性有值得注意的註解，即：「系爭決議有關不予延長服務暨被告因之據以決定不予續聘之通知均非行政處分，私立學校教師如係因約聘期限屆滿不予續聘而滋生之爭執，參考最高行政法院九十二年度裁字第六七〇號裁定及司法院院解字第二九二八號解釋意旨，核其性質係屬私法之契約關係，乃普通法院審判權限，非屬行政法院之審判範圍，並不得對之提起行政訴訟，本件有關續聘之爭議決定既非屬行政處分，原告對之提起行政訴訟，顯非合法。

　　系爭決議有關延長服務與否之決定等，核均未涉及中央或地方機關就公法上具體事件所為之決定或其他公權力措施而對外直接發生法律效果之單方行政行為，並無行政處分之效力，與發生具體法律上效果，直接影響人民權利或利益之單方行政行為，截然不同，尚非行政處分。原告對再申訴決定提起訴願，自非法之所許，訴願決定以申評會系爭事件所為之決定非行政處分，並未改變私法契約性質而予以不受理決定，核無違誤，原告仍對之提起本件行政訴訟，請求被告給付訴訟薪資及利息，依前揭規定、

---

❸　行政法院 85 年 8 月 23 日，85 年裁字第 1157 號裁定。

❹　高雄高等行政法院 90 年度訴字第 1566 號裁定謂：「多階段行政處分之前階段行為可視為獨立之行政處分者，係因該前階段之行政行為已對外發生法律上之規制作用，而使人民公法上權利義務關係發生變動，惟如該前階段之行政行為欠缺『法效性』此一要件，縱其直接以公函送達於當事人，亦不得將之視為行政處分，而提撤銷之訴。」《台灣本土法學雜誌》，第 40 期，2002 年 11 月，頁 178–179。

判例與說明，自有未合，應予駁回。至原告另訴請本院判決准許其延長服務之決定，仍屬私法契約之爭執，非本院審判權限，原告如有爭執，仍應循民事訴訟程序向普通法院起訴請求救濟，原告此部分之訴亦難謂合法，亦應予以駁回。」❸

至於行政機關之管理措施如依民國九十六年三月二十一日修正公布前司法人員人事條例第十條第二十二項所為之「延長候補期間一年」之措施，則不被認為是行政處分，縱使此一管理措施對公務人員嗣後薪資及職等之晉升有所影響，但最高行政法院九十七年度裁字第五〇一號裁定仍認為其為行政機關之內部管理措施，抗告人縱因此主觀上認其名譽受損，亦難因此謂對其公務人員權利有重大影響，故維持對之不許提起行政訴訟之原裁定。

此外，原告於起訴時，主觀上認有行政處分存在而行政法院卻認為客觀上不存在的則有：

(1)上級機關對所屬機關所為指示處理之命令❸。

(2)行政機關所為單純事實敘述或理由說明❸。

(3)行政機關告知經辦事件進度或緩辦原因之通知❸，或對檢舉事件之函復❸。最高行政法院九十九年六月份庭長法官聯席會議在民國九

---

❸ 參閱《台灣本土法學雜誌》，第 88 期，2006 年 11 月，頁 193。

❸ 行政機關命令所屬官署審議呈核相關爭議事項，所屬官署將此項命令副本送達原告人民，但對人民之聲請既未表示准駁之意思，行政法院即認為此命令即非本於行政權而對人民所為之行政處分，對於人民之權益，亦尚不生影響，故行政處分在此情形仍屬客觀不存在。參照行政法院 50 年判字第 17 號判例；另參照行政法院 57 年判字第 178 號判例。

❸ 行政法院 61 年裁字第 41 號判例；臺北高等行政法院 90 年度訴字第 216 號裁定，《台灣本土法學雜誌》，第 35 期，2002 年 6 月，頁 197–198；臺北高等行政法院 91 年度訴字第 5077 號裁定，《台灣本土法學雜誌》，第 52 期，2003 年 11 月，頁 260。

❸ 行政法院 60 年裁字第 88 號判例。

❸ 司法實務認行政機關之函復非屬行政處分者，有一值得重視之說法，即最高行

　　十九年六月十五日之決議文中，再次確認行政院公平交易委員會所為「檢舉不成立」之函文非屬行政處分，檢舉人如對之向行政法院提起撤銷訴訟者，行政法院得以不合法，裁定駁回其訴。

(4)行政機關函地方法院裁罰之移送書 ❹。

(5)大法官不受理人民聲請解釋憲法案件之決議 ❹。

(6)行政機關之重覆處分 ❹。

　　政法院 93 年度裁字第 1537 號裁定認為：「相對人（即行政院公平交易委員會）對於檢舉人所為之答復函，在訴願法及行政訴訟法修正前，為配合僅有撤銷訴訟的唯一救濟管道，在檢舉人能主張其權益因相對人之調查處理受損之情況下，權宜的認為檢舉人可提撤銷訴訟；惟新法施行後，救濟途徑增加，非只有行政處分才能獲得救濟，且救濟途徑與行政行為之間，有法定的適用關係，舊法時期個案需要救濟為由，所為之權宜措施，即認定相對人對於檢舉人之答復係行政處分一節，已失其正當性。蓋撤銷訴訟只發生使檢舉人不獲得答復之效果，應非抗告人請求權利保護之目的；如檢舉人得請求行政機關作成行政處分，在訴訟種類的適用上，屬於課予義務訴訟之範疇，惟課予義務訴訟，僅適用於人民依法申請之事件，無論是申請對自己作成處分，或例外對他人作成處分，均須有法律明文規定，但查公平交易法並無檢舉人得提起課予義務訴訟之規定；本法施行後，對於人民依法申請作成行政處分以外之其他非財產上給付事件，如檢舉人請求相對人對事業是否有違反公平交易法規定、危害公共利益之情事，為調查處理事件，相對人如有違法，檢舉人似不妨適用一般給付訴訟請求救濟；惟其救濟範疇，亦僅止於相對人是否依法調查，以及是否於合理的期間內完成調查結果通知檢舉人等，要不包括對被檢舉人作成不利益（符合檢舉內容）的行政處分在內。」參閱《台灣本土法學雜誌》，第 75 期，2005 年 10 月，頁 181–182。

❹　行政法院 45 年判字第 37 號判例。

❹　臺北高等行政法院 90 年度訴字第 1669 號裁定，《台灣本土法學雜誌》，第 34 期，2002 年 5 月，頁 160。

❹　最高行政法院 91 年度裁字第 288 號裁定謂：「行政機關以已有行政處分存在，不得任意變更或撤銷為原因，明示或默示拒絕當事人請求，甚至在拒絕同時為先前處分添加理由者，均屬重覆處分，不生任何法律效果，自非上述所謂之行

(7)事實上之拆除處分行為❸。

(8)觀念通知❹，如國立大學在該校法律系系主任聘約屆滿前預為告知不續聘法律系系主任之書函，亦屬觀念通知❺。

(9)已經訴願決定撤銷或變更之原處分❻。

政處分。」又謂：「行政機關對重為處分之申請所為決定乃不變更原結果，不論行政機關有無於函復人民之前重作實質審查，均認定為不具行政處分性質之重覆處置。」不得為行政訴訟之標的。《台灣本土法學雜誌》，第 38 期，2002 年 9 月，頁 137。

❸ 臺北高等行政法院 91 年度訴字第 2253 號裁定，《台灣本土法學雜誌》，第 44 期，2003 年 3 月，頁 171–174。

❹ 臺北高等行政法院 91 年度訴字第 2440 號裁定謂：「行政機關對人民之請求事項，於答覆申請人時，僅重申先前所為確定處分，而未重為實質決定，故其性質僅屬觀念通知，而非行政處分。」《台灣本土法學雜誌》，第 44 期，2003 年 3 月，頁 174–175。

❺ 參閱最高行政法院 95 年判字第 141 號判決，刊於《月旦法學教室》，第 45 期，2006 年 7 月，頁 101–102。

❻ 最高行政法院 90 年度判字第 1559 號判決謂：「按撤銷訴訟原則上以經訴願決定所維持之原處分為訴訟對象，行政訴訟法第四條第一項規定甚明。訴願決定如依訴願人之聲明而撤銷或變更原處分時，除有同法第四條第三項之情形外，被撤銷或變更之原處分已不存在，訴願人即不得對於已經訴願決定撤銷或變更之原處分提起撤銷訴訟，行政法院亦無從以不存在之行政處分，作為撤銷訴訟之審理對象。」參閱，司法院印行，《最高行政法院裁判要旨彙編》，第 21 輯，民國 92 年 6 月，頁 932–933。另外，最高行政法院 94 年度判字第 514 號判決也表示：「提起撤銷訴訟，無論係認原處分違法損害其權益，經提起訴願猶不服其決定，而以原處分為對象者（行政訴訟法第 4 條第 1 項）；或係訴願人以外之利害關係人，認為前述訴願決定損害其權益，而以訴願決定為對象者（同條第 3 項），其所爭均為原處分之應否撤銷，自以有原處分之存在為前提。若原處分已經原處分機關自行撤銷而不存在，即無從以撤銷訴訟爭執其應否撤銷，此時提起撤銷訴訟，顯不備撤銷訴訟之要件，其起訴為不合法。」參閱，司法院印行，《最高行政法院裁判要旨彙編》，第 25 輯，民國 95 年 6 月，頁 841。

⑽行政機關對於法定救濟期間經過後之行政處分的重申或說明 ❹ 。

⑾地政事務所在土地登記簿標示部其他登記事項欄之註記 ❹ 。

又行政處分之客觀存在，並不以書面為必要，行政法院認為，口頭所為之行政處分，其存在事實為兩造所不爭者，即有行政處分之客觀存在，亦得為行政爭訟之標的 ❹ 。至於形式之行政處分，如行政機關在實質上為非行政處分之其他行政法上意思表示，但卻於書面中表示相對人如有不服，可於時限內提起訴願。這種形式與內容存有歧異之行政措施，學說上稱為「形式之行政處分」(die formelle Verwaltungsakte, Verwaltungsakte kraft Form)，亦得為撤銷訴訟之標的 ❺ 。

❹　最高行政法院91年度判字第1822號判決謂：「經查上開函僅係重申或敘述被上訴人發給蘇英隆之自耕能力證明書之處分並無違法或不當，不得任意撤銷或變更而已，尚不發生任何法律效果，自非被上訴人重新或另行作成之新處分。是上訴人因不服上開八十九年九月三十日永鄉建服字第一三六○六號函之內容提起訴願，並請求撤銷上開函，顯非合法。其復提起行政訴訟，請求判決撤銷上開函及訴願決定，亦無從准許。」參閱，司法院印行，《最高行政法院裁判要旨彙編》，第22輯，民國92年12月，頁742。

❹　最高行政法院99年度3月第1次庭長法官聯席會議於民國99年3月9日所作之決議文表示：「地政事務所在土地登記簿標示部其他登記事項欄註記：『本土地涉及違法地目變更，土地使用管制仍應受原「田」地目之限制』，法律並未規定發生如何之法律效果。該註記既未對外直接發生法律效果，自非行政處分。地政事務所拒絕土地所有權人註銷系爭註記之要求，係拒絕作成事實行為之要求，該拒絕行為亦非行政處分。系爭註記事實上影響其所在土地所有權之圓滿狀態，侵害土地所有權人之所有權，土地所有權人認系爭註記違法者，得向行政法院提起一般給付訴訟，請求排除侵害行為，即除去系爭登記（回復未為系爭登記之狀態）。」

❹　82年判字第1375號判決，刊於《行政法院裁判要旨彙編》，第13輯，頁919以下。

❺　參閱，程明修，〈形式之行政處分〉，《月旦法學教室》，第45期，2006年7月，頁10-11。另參閱，劉建宏，〈行政訴訟法上撤銷訴訟之訴訟標的〉，《月旦法學教室》，第118期，2012年8月，頁9-11。

　　另行政處分若因期間經過、條件成就、已執行完畢、已廢止或撤銷或因其他事由而失其存在，則亦屬於行政處分客觀不存在，學者即認為撤銷訴訟之對象不存在，應認欠缺撤銷訴訟之實體判決要件。不過，司法院釋字第二一三號解釋則另指出，「行政處分因期間之經過或其他事由而失效者，如當事人因該處分之撤銷而有可回復之法律上利益時，仍應許其提起或續行訴訟。」由於此號解釋作成時，行政訴訟只有撤銷訴訟之類型，學者主張因目前行政訴訟法第六條第一項後段設有確認已不存在的行政處分違法之訴訟，故司法院釋字第二一三號解釋之適用應受限制。原告若仍對已不存在之處分提起撤銷訴訟，則行政法院宜運用其闡明權使原告為訴之變更❺❶。

　　客觀上存在之行政處分，在學理上有屬於得撤銷之行政處分與無效之行政處分。得撤銷之行政處分，由原告提起撤銷訴訟，固為正辦❺❷，但無

---

❺❶　吳庚，《行政爭訟法論》，頁 104；陳計男，《行政訴訟法釋論》，頁 160 之註 26。

❺❷　否則即不合起訴要件。就此，最高行政法院 94 年度判字第 106 號判決即述明行政訴訟法第 4 條第 1 項與同法第 6 條第 1 項之先後排斥關係。該判決指出：「撤銷訴訟之本質即包含確認行政處分是否違法損害人民（原告）權益在內。亦即行政法院審理結果，如認行政處分確係違法並損害人民（原告）權益，即應依其請求，撤銷該違法之行政處分；反之，則應駁回其請求。次按，『確認行政處分無效及確認公法上法律關係成立或不成立之訴訟，非原告有即受確認判決之法律上利益者，不得提起之。其確認已執行完畢或因其他事由而消滅之行政處分為違法之訴訟，亦同。』為行政訴訟法第 6 條第 1 項所明定，故確認行政處分違法之訴訟，依本條項後段規定，其訴訟之對象為『已執行完畢或因其他事由而消滅之行政處分』甚明。又所謂預備之合併（或稱假定之合併），係指原告預防其提起之此一訴訟無理由，而同時提起『不能並存』他訴，以備先位之訴（先位聲明）無理由時，可就後位之訴（備位聲明）獲得有理由之判決之訴之合併而言。本件上訴人林文烈以上訴人營建署所為效力仍屬存續之系爭否准復職申請行政處分違法，損害其權益，提起撤銷該行政處分之撤銷訴訟；復於原審再開辯論後預備合併提起確認之訴（後位之訴），備位聲明求為判決上訴人營建署系爭行政處分為違法，揆諸上揭說明，上訴人提起之撤銷系爭行政處分訴訟（先位之訴）本質即包含確認該行政處分是否違法在內（備位聲明），

效之行政處分，究應提起行政訴訟法第四條第一項之撤銷訴訟或提起行政
訴訟法第六條第一項之確認訴訟？學者認為應以提起確認行政處分無效方
屬正辦，而原告人民有誤用時，行政法院應加以闡明，使其有轉換訴訟類
型之機會❸。

　　又客觀上存在之行政處分，其內容有可分者，亦有不可分者，則原告
可否對於行政處分之一部不服，提起撤銷訴訟？學者認為，行政處分之內
容不可分者自不可就其內容之一部提起撤銷訴訟，而應就該一行政處分提
起撤銷訴訟。至於行政處分之內容屬於可分者，自可對行政處分之一部提
起撤銷訴訟。但若行政處分之各部分內容間有主從關係者，則對主要部分
內容不服，對於從屬部分未聲明不服，則宜解為全部不服。例如人民對核
定補繳稅額及滯納金之處分，若人民只對此行政處分之滯納金部分，提起
撤銷訴訟，固無不可，但若人民認為此一行政處分內容中補繳稅額之核定
為違法，在理論上雖可單獨就此部分提起撤銷訴訟，然因在實際上，若稅
額改變，則以之為標準所計算之滯納金當然失所附麗；故對此行政處分中
補繳稅額核定內容部分為不服，應視為對此行政處分全部之不服❹。

　　再者，客觀上存在之行政處分，有未加附款者，亦有添加附款者，行
政訴訟之原告可否單獨就添加之附款訴請撤銷？又附款與訴訟類型之選擇
有何關係？德國學界之看法不一，約有四種不同理論❺，即：

　　是上訴人於同一訴訟程序合併提起後位之訴（備位聲明）已有未合；且上訴人
　　營建署所為系爭否准上訴人林文烈復職申請處分效力仍屬存續，非已執行完畢
　　或已消滅之行政處分，上訴人林文烈對之提起確認該行政處分違法，亦屬不備
　　起訴要件。」參閱，司法院印行，《最高行政法院裁判要旨彙編》，第 25 輯，民
　　國 95 年 6 月，頁 838–839。

❸　吳庚，上揭書，頁 105。

❹　吳庚，上揭書，頁 105–106；陳計男，上揭書，頁 160–161；另參閱行政程序
　　法第 112 條。

❺　Hartmut Maurer, *Allgemeines Verwaltungsrecht*, C. H. Beck, 10. Auflage, 1995, S.
　　321f.

(1)主張依附款之種類而定 (Unterscheidung nach der Art der Nebenbestimmung)，亦即附款如係負擔者，則可以獨立的撤銷訴訟 (isolierte Anfechtungsklage)，單獨針對負擔附款提起撤銷之訴。至於附款為期限或條件者，則應提起課以義務訴訟 (Verpflichtungsklage)。此為德國學界通說，至今仍為主要代表學說。

(2)主張就行政處分之本體規範而定 (Unterscheidung nach der Art der Hauptregelung)，亦即視行政處分之本體規範為羈束處分或裁量處分而定。換言之，添加在羈束處分之附款，應以獨立的撤銷訴訟，訴請撤銷；而添加在裁量處分之附款，則可以課以義務訴訟訴請行政機關給予沒有附款之行政處分 (Verpflichtungsklage auf Erlaß eines nebenbestimmungsfreien Verwaltungsakts)。

(3)主張對一切附款，均提起撤銷訴訟 (Anfechtungsklage bei allen Nebenbestimmungen)，亦即單獨對附款起訴或訴請撤銷與附款有關之行政處分部分 (isolierte Anfechtung der Nebenbestimmung der Teilanfechtung des Verwaltungsaktes, soweit es um die Nebenbestimmungen geht)。不過，在此一理論中又可區分為兩種不同主張，亦即：

a.行政處分之本體規範於附款消失時，屬於違法者，如對行政處分訴請無限制的廢棄時 (für unbegrenzte Aufhebung im Falle der Rechtswidrigkeit)，則應提起撤銷訴訟 (Anfechtungsklage)。

b.行政處分之本體規範於附款消失時，屬於違法者，如對行政處分訴請有限制的廢棄時 (für nur begrenzte Aufhebung im Falle der Rechtswidrigkeit)，則應提起課以義務之訴 (Verpflichtungsklage)。

(4)主張對一切附款（包括負擔附款），均提起課以義務訴訟 (Verpflichtungsklage bei allen Nebenbestimmungen)。

關於對有附款之行政處分可否單獨訴請撤銷附款？又附款與訴訟類型之選擇有何關係？吳庚大法官即將之簡化為下列三項法則**❺❻**，頗值參考：

---

❺❻ 吳庚，《行政爭訟法論》，頁 106。

(1)以附款是否有獨立性質為準

　　期間、條件及保留廢止皆非可與行政處分分離而存在，故僅能對處分連同附款一併不服，不得單獨對附款提起撤銷訴訟。反之，負擔及負擔之保留原本即得以獨立之處分存在，不妨害單獨對附款提起撤銷訴訟。至附款為修正之負擔時，申請人根本無受領處分之義務，如欲使主管機關按其最初之申請內容作成處分，則可運用課予義務訴訟，尋求救濟。

(2)視附款屬於負擔或授益效果為準

　　若附款與行政處分不可分，則不問負擔之附款抑授益之附款，一律以撤銷訴訟為救濟方法。蓋因原告得主張因附有負擔之附款而違法，或主張因附加之授益附款有瑕疵而違法，故以提起撤銷訴訟為當。若附款為可分時，對負擔之附款自得提起撤銷訴訟，對授益之附款則應提起課予義務訴訟中之不服拒絕申請之訴（Versagungsgegenklage，即行政訴訟法第五條第二項之訴訟類型），請求行政法院命被告機關為特定內容之附款(更為有利)之判決。

(3)以行政處分為羈束處分抑裁量處分為準

　　羈束處分之附款可分者，得單獨撤銷，不可分者應一併對處分及附款起訴。若屬裁量處分，縱然附款屬於獨立可分性質，以孤立的撤銷訴訟排除附款並無實益可言，因為無該項附款，行政機關顯無欲作成處分行為，而作成與否並不構成違法之故。又此種情形，理論上雖許提起不服拒絕申請之訴，但前提既屬裁量處分，原則上既不生違法問題，起訴將無實益可言。

2. 須原告主張行政處分違法，損害其權利或法律上利益

　　撤銷訴訟被歸屬於主觀的訴訟[57]。如欲提起，必須原告主觀上認為並主張行政處分有客觀上違法之處[58]，且在主觀上損害原告之權利或法律上

---

[57] 陳計男，《行政訴訟法釋論》，頁 163。

[58] 違法與否之判斷，究應以何時為準? 最高行政法院 94 年度判字第 1582 號判決表示:「行政訴訟法第四條之撤銷訴訟，旨在撤銷行政機關之違法行政處分，藉以排除其對人民之權利或法律上之利益所造成之損害,故行政法院於撤銷訴

之利益。故如無關自己之權利或法律上利益，或可依行政訴訟法第九條規定提起維護公益訴訟，但尚不可提起撤銷訴訟。此一人民提起行政訴訟，必須主張其「權利」或「法律上利益」因「違法行政處分」而受有直接的、具體的、確定的損害❺❾，乃即人民之訴權或稱訴訟權能 (Klagebefugnis)❻⓿，為提起撤銷訴訟之「實體判決要件」(Sachenurteilsvoraussetzungen)，同時具有排除「民眾訴訟」(Popularklage) 的功能❻❶。其訴訟型態屬於「被害者訴訟」(Verletzenklage)❻❷。上述所謂人民訴權有無之主張，其標準為何? 學說有三，即:

(1)單純表明說 (bloße Verbalbehauptung)❻❸

乃原告於起訴狀表明，有違法行政處分之存在，且其權利或法律上利益因該違法行政處分而受有損害，即認有合法訴權，至其權利或法律上利益，是否確受損害，則屬訴有無理由問題。

(2)可能性說 (Möglichkeitstheorie)❻❹

乃原告之起訴狀，除須表明、主張有違法之行政處分及因而受損害之權利或法律上利益外，尚須釋明其權利或法律上利益，有因違法行政處分

訟審核原處分是否適法，應以原處分作成時之法律及事實狀態為基準。本件被上訴人係於九十一年七月九日作成對上訴人停止就養之處分，上訴人循序提起撤銷訴訟，行政法院審核原處分是否適法，自應以該日之事實狀態為基準。」參閱，司法院印行，《最高行政法院裁判要旨彙編》，第 25 輯，民國 95 年 6 月，頁 855。

❺❾ 行政法院 35 年判字第 7 號、48 年判字第 42 號; 59 年判字第 617 號判例。

❻⓿ 實例題請參閱，林昱梅，〈垃圾焚化廠附近居民之訴訟權能〉，《月旦法學教室》，第 37 期，2005 年 11 月，頁 24–25。

❻❶ 侯慶辰，〈論行政訴訟中訴之利益——以撤銷訴訟為討論重點〉，《憲政時代》，第 26 卷，第 4 期，民國 90 年 4 月，頁 5。

❻❷ 蔡志方，〈論訴願與行政訴訟之訴權〉，氏著，《行政救濟與行政法學(三)》，學林文化事業有限公司，民國 87 年，頁 125。

❻❸ Wahl/Schütz in: Schoch/Schmidt-Aßmann/Pietzner, VwGO, §42, Rn. 65.

❻❹ Wahl/Schützen, a.a.O., §42, Rn. 67ff.

而受損害之可能。此一學說為德國通說，我國學者如李建良、陳清秀、黃紹文、董保城等採之❻。

(3)具說服力說 (Schlüssigkeitstheorie)❻

此說謂訴訟權能乃以原告提出有說服力之主張 (die schlüssige Behauptung)❻為前提，即主張正是原告，而非其他人，因行政機關之行政處分或行政處分之拒絕或行政處分之不為，致其權益受損，假若行政處分或行政處分之拒絕或行政處分之不為，將顯示是客觀違法的話。

上述三說以單純表明說最為寬鬆。採此說者多不妥適的將訴訟實施權能 (Prozeßführungsbefugnis) 與訴訟權能 (Klagebefugnis) 等同化❻，且將導致行政機關之公權行為在每一被訴案件中，受到實質性之審查，即使原告主張一無關於己之權益時。此外，在第三人之訴時，訴訟權能將不再有集中或篩選功能 (Konzentrations-und Selektionsfunktion)。故此說不為德國學者所採。上述三說中之具說服力說最為嚴格，恰與德國行政法院法第八十六條第一項法院職權調查義務之規定相牴觸。亦不為德國學者所採。而第二說之可能性說較折衷，因原告只要表明被訴請撤銷之行政處分的違法性，以及其對原告之損害，在各種情形下將顯示是可能的即可。故為德國學界通說，我國學者多從之。不過，吳庚大法官認為我國現行行政訴訟法，並無如德國行政法院法第四十二條第二項之規定❻，在解釋上自應採「主張

---

❻　侯慶辰，上揭文，頁 6 及頁 20 之註 15。

❻　Schlüßigkeitstheorie 一詞，國內學者翻譯不一，有譯為主張說者，如吳庚大法官；有譯為正確推論說者，如陳計男大法官；有譯為具說服力說者，如葉百修、吳綺雲者。詳見，吳庚，《行政爭訟法論》，頁 100；陳計男，上揭書，頁 163；葉百修、吳綺雲合寫，《行政撤銷訴訟之研究》，頁 78。本書依 Wahrig 德文字典解釋，採具說服力說。參閱 Gerhard Wahrig, Deutsches Wörterbuch, Bertelsmann Lexikon Verlag, Gütersloh, 1997, S. 1088.

❻　Wahl/Schützen, a.a.O., §42, Rn. 66.

❻　訴訟實施權能與訴訟權能兩者之差異，請參閱吳庚，上揭書，頁 56–58。

❻　吳庚，上揭書，頁 107–108。

說」**⑩**。

綜上所述，撤銷違法行政處分訴訟之特別要件，除了要有客觀之行政處分存在外，尚須原告有訴訟權能存在。而所謂原告之有訴訟權能存在，可舉數例說明之。

(1)駕駛人之精神狀態雖不適於開車，但仍被核發駕照。居住同一街坊之鄰人，在提訴願無效後，乃提撤銷該駕照之訴。本案因德國道路交通法 (Straßenverkehrsgesetz) 第二條第一項第二句顯然排除鄰人對此駕照有主觀權利。因此句有關駕駛人之駕駛能力規定係在保護一般人之利益，而非單純是保護鄰人之利益。因此，鄰人之訴訟權能乃被否定**⑪**。

(2)一私人疾病保險公司之被保險人，對德國聯邦保險及建築儲蓄制度監管局核准保險公司提高保險費率之處分，提起撤銷訴訟。此案，被保險人之訴訟權能將被否定，因為核准提高保險費率之處分，只涉及監管局與保險公司之法律關係。對保險公司新業務計劃之核准將不改變個別的保險契約，而是在公法上允許保險公司依被核准之業務計劃為營業。因此，核准費率之處分並不形塑保險公司與被保險人之法律關係，被保險人必須在民事法院，依民事法律關係架構，尋求法律救濟**⑫**。

(3)甲將公務員乙毆成重傷，乙因而被其職務主管命令退休。此時，甲因尚須補償乙因被命退休無薪資收入之損失，因此經濟負擔更重。雖然如此，甲如對於命乙退休之處分不服，提起撤銷之訴，其訴為不合法，因命令退休之處分僅關連至乙的權利範圍，而並不涉及甲之權利之故。此乃在

---

⑩ 吳庚將 Schlüssigkeitstheorie 譯為主張說，似非妥適。如上所述，本文對 Schlüssigkeitstheorie 採譯為具說服力說。參閱吳庚，上揭書，頁 107–108。

⑪ Hans Büchner/Karheinz Schlotterbeck, *Verwaltungsprozeßrecht*, Verlag W. Kohlhammer, 5. Auf., 1993, S. 59, Rn. 147.

⑫ Wolfgang Kuhla/Jost Hüttenbrink, *Der Verwaltungsprozeß*, 3., überarb, und erw. Aufl. C. H. Beck, München, 2002, S. 104；無獨有偶的，財政部亦於民國 90 年 6 月 22 日發布保單貸款利率全面自由化之措施，可能影響到被保險人。詳見《聯合報》，民國 90 年 6 月 23 日，第三版。

實務上最常發生依原告之主張，起訴不合法之可能情形，亦即原告不能解釋其所欲撤銷之行政處分，正好涉及至其權利範圍❼。亦即甲對所欲撤銷之行政處分並無訴訟權能。

(4)一縣民對允許興建一高樓之建築許可不服，對之提起撤銷之訴。其起訴之主張為，因該欲興建之高樓係一難看之建築物，且興建後將與市容不相襯，故其權利因而受到侵害。此時，因根本缺乏一原告所得主張之權利（註：人民並無要求僅可興建「漂亮」建築物之權利），因此其提起之訴不合法❼。

(5)北市 A 作家為撰寫一小說，乃向中部聞名的休閒遊樂區東勢林場訂小木屋居住半年，期間為九十年七月一日至十二月三十一日。嗣後，因東勢林場場內一百多間小木屋為違建而遭臺中縣政府命令拆除。本案，A 雖因行政處分而受影響，但無訴訟權能，不得訴請撤銷臺中縣政府之拆除處分❼。

至於何謂行政處分違法？行政訴訟法第四條第二項明文規定：「逾越權限或濫用權力之行政處分，以違法論。」對此，最高行政法院九十二年度判字第一五一一號判決又加以引申，謂：「『逾越權限或濫用權力之行政處分，以違法論』為行政訴訟法第四條第二項所明定。而依裁量權所為之行政處分，有逾越權限或濫用權力情事者，依同法第二百零一條規定，行政法院得予撤銷。此之所謂『裁量逾越』或『裁量權濫用』之違法，應包括依法應加裁量而怠於裁量之情形在內。」❼

學者及司法實務認為下列情形均為違法❼：

(1)行政處分或訴願決定之作成不適用法規或適用不當。而所謂不適用

---

❼　摘自葉百修、吳綺雲，上揭書，頁 79。

❼　同上註。

❼　《中國時報》，民國 90 年 6 月 8 日，第十七版。

❼　參閱，司法院印行，《最高行政法院裁判要旨彙編》，第 23 輯，民國 93 年 12 月，頁 875。

❼　吳庚，《行政爭訟法論》，頁 108–109。

法規，係指行政機關不適用應該適用之一切有效的法律規範，包括實體法、程序法、中央法規、地方法規、有拘束力之解釋、判例及一般行政法原則等。至於所謂適用不當，司法實務即有不錯之見解。最高行政法院九十三年度判字第一五八八號判決認為：「主管機關判斷受處分人違法事實所憑之證據，有取樣不當或所引數據有運算上之顯然疏失，而為主管機關據為判斷之基礎者，其所為之處分即有適用法規不當之違法，此與不確定法律概念應否尊重主管機關相當程度之判斷餘地無涉。」❼❽

(2)認定事實正確但適用法規則錯誤，即所謂涵攝錯誤 (Subsumtionsfehler)，為違法。

(3)認定事實關係違背經驗法則與論理法則，亦為違法。

(4)裁量處分有逾越裁量或有濫用裁量❼❾、怠於裁量、裁量錯誤、裁量不足❽⓪等裁量瑕疵 (Ermessensfehler)，為違法❽❶。

(5)不確定法律概念屬於行政機關判斷餘地之事項，司法機關固應尊重，但如出現判斷瑕疵 (Beurteilungsfehler) 時，亦為違法。

(6)行政機關為權力之濫用，亦屬違法❽❷。

---

❼❽　參閱《台灣本土法學雜誌》，第 75 期，2005 年 10 月，頁 177。

❼❾　最高行政法院民國 96 年度判字第 2098 號判決明白指出：「行政機關裁量權之行使，如未依現存確定之事實，反以未來不確定之事實為衡量，難謂無濫用裁量之違法。」

❽⓪　最高行政法院 90 年度判字第 1783 號判決謂：「所謂裁量錯誤，乃指行政機關雖已行使其裁量權，然而方式錯誤，譬如與裁量決定相關的重要觀點，在行政機關形成決定的過程中，未予斟酌，……其裁量權之行使，難謂無裁量不足之違法。」參閱，司法院印行，《最高行政法院裁判要旨彙編》，第 21 輯，民國 92 年 6 月，頁 930–931。

❽❶　司法實務，請參閱臺北高等行政法院 90 年度訴字第 4789 號判決，《台灣本土法學雜誌》，第 41 期，2002 年 12 月，頁 140–141；臺北高等行政法院 91 年度訴字第 978 號判決，《台灣本土法學雜誌》，第 48 期，2003 年 7 月，頁 173–174；最高行政法院 92 年度判字第 1426 號判決，《台灣本土法學雜誌》，第 56 期，2004 年 3 月，頁 179–183。

又提起撤銷訴訟，在司法實務上，必原告有權利或法律上之利益受有損害者才可❽。所謂權利，依學者之看法❽，乃泛指個人在國家法律秩序中之法的地位，不問來自憲法或法律之規定，亦不問屬於實體法或程序法、公法或私法範疇，一切值得保護之個人利益 (Schutzwürdig anerkannte Individualinteresse) 均包括在內。大致有三，即：

1. 請求權 (Anspruch)

如社會救助或失業保險、健康保險等之給付請求權等是。

2. 形成權 (Gestaltungsrecht)

如人民對與行政機關所訂之行政契約，行使解除權、撤銷權或終止權等是❽。

---

❽ 最高行政法院 89 年度判字第 3415 號判決謂：「主管機關於行為人未完成改善前，怠於盡其督促行為人改善之權責，迨行為人已申報完成改善後，主管機關始行使其職權，開單就限令改善期滿後，申報完成改善前之期間內，按日連續處罰，顯已失其督促將來改善之意義，不能不謂為權力之濫用，依行政訴訟法第四條第二項規定，自屬違法。」參閱，司法院印行，《最高行政法院裁判要旨彙編》，第 20 輯，民國 91 年 6 月，頁 1341。

❽ 最高行政法院 92 年度判字第 340 號判決謂：「按行政法上所謂『權益』應包含『權利』與『利益』，權利係指人民之主觀公權利而言。利益在我國現行的法制上包括『法律上利益』與『事實上利益』，而訴願法第一條規定：『人民對於中央或地方機關之行政處分，認為違法或不當，致損害其權利或利益者，得依本法提起訴願』中之『權利或利益』，行政訴訟法第四條第一項規定：『人民因中央或地方機關之違法行政處分，認為損害其權利或法律上利益，經依訴願程序後，得向高等行政法院提起撤銷訴訟』中，即明文規定『權利或法律上利益』。換言之，如果不是『權利』或『法律上利益』受到行政處分之侵害，即不得提起行政爭訟。」參閱，司法院印行，《最高法院裁判要旨彙編》，第 23 輯，民國 93 年 12 月，頁 842。

❽ 吳庚，上揭書，頁 109、頁 110 註 72、頁 111 及頁 112。

3. 支配權 (Beherrschungsrecht)

乃憲法上基本權或相當於基本權之權利。所謂基本權，如憲法第七條至第十八條，憲法第二十一條等有關人民權利之規定是，而所謂相當於基本權者乃憲法第二十二條所規定之「其他權利」是 **❽**。此種支配權又稱為絕對權 (absolutes Recht)，並非法律所賦予，甚至先於國家而存在，其所到之處，國家機關權限之行使，應受限制。

至於所謂法律上之利益乃有別於政治上、宗教上、文化上或感情上之利益。行政訴訟法第四條明文規定，限法律上之利益受有損害者，才可提起行政訴訟。不過，早期之司法院解釋及行政法院判決，對精神上利益 **❽** 或經濟上利益 **❽** 受有損害者，認為亦得提起行政爭訟。但行政法院之判例已將利益或利害關係僅限於法律上者，不包括經濟上或感情上之利益或利害關係 **❽**。不過，最高行政法院認為，國防戰力之維持，則為較一般法律上利益有過之而無不及之利益，相關機關，自得為利害關係人而得提起行政訴訟 **❽**。

㊄ 行政程序法第 146 條第 4 項及第 149 條。

㊅ 吳庚，上揭書，頁 112 註 76。

㊆ 如司法院 20 年院字第 642 號解釋謂：官署對於人民設立私立學校之呈請批令不准，人民如認該處分為違法或不當，致損害其舉辦公益事業之精神上利益，自得提起訴願。

㊇ 如行政法院 67 年判字第 119 號判決，認為汽車公司關於經營路線之經濟利益，亦得爭訟。

㊈ 行政法院 75 年判字第 362 號判例；另參閱高雄高等行政法院 90 年度訴字第 1635 號判決，《台灣本土法學雜誌》，第 30 期，2002 年 1 月，頁 154-155；最高行政法院 92 年度判字第 1478 號判決，《台灣本土法學雜誌》，第 57 期，2004 年 4 月，頁 153-156。

㊉ 最高行政法院 92 年度判字第 1478 號判決謂：「國防戰力之維持，乃國家之安全及全國上下全民一體生命身家安全之所繫，其利益較諸原判決所稱一般法律上利益有過之而無不及，乃原判決認為僅係上訴人身為軍事機關所肩負之任

　　又人民之權利或法律上利益，必須是法規所明定保護者或法規雖係為公共利益或一般國民福祉而設，但就法律之整體結構、適用對象、所欲產生之規範效果及社會發展因素等綜合判斷，可得知該法規亦有保障特定人之意旨時才可。因此，法規制定之目的，如僅是在保護一般大眾之利益，而個別人民只因是大眾一分子所獲得之反射利益，並不認為是有權利或有法律上利益而得據以提起行政訴訟❾❶。此種人民「權利」、「法律上利益」與人民「反射利益」之區分標準，我國大法官釋字第四六九號解釋已採取德國之新保護規範說 (Schutznormlehre) 理論❾❷，推翻了最高法院七十二年臺上字第七○四號判例所墨守之權利與反射利益二分法。故人民之權利或法律上利益是否受有損害，應採德國行政法學理上之新保護規範說，一方面修改反射利益之狹隘立場，擴大對人民權利之保障，另一方面又不致因此而造成撤銷訴訟性質之改變，使之淪為民眾訴訟❾❸。

　　在司法實務上，亦同此看法。最高行政法院九十二年度判字第一四七

務，其性質充其量僅能視為上訴人之管轄權限，而為公共利益而存在，則原判決忽視國防戰力對維護全國國民之生存權之基本人權之法律上利益之保護，似乎已視而不見，難謂無商榷之餘地。次查：法律已明文規定利害關係人得提起撤銷訴訟，原判決亦認為現行法規對國防戰力之危害，立法機關尚未作出決定由相關部會協商解決，惟國防戰力所保障者為全體國民之生命、生存權保障之基本人權之法律上利益，則原判決認為上訴人非原處分之利害關係人，不無率斷之嫌。」參閱，司法院印行，《最高行政法院裁判要旨彙編》，第 23 輯，民國 93 年 12 月，頁 866。

❾❶　葉百修、吳綺雲，上揭書，頁 37–39；Vgl. Kuhla/Hütterbrink, a.a.O., D., Rn. 63.
❾❷　保護規範說又可分為舊保護規範說與新保護規範說。舊說在判斷某一法規是否具有保護個別人民法益之目的功能時，僅單純依該法規之用字、意義以及立法者制定該法規之用意、目的為準。新說則提升至憲法層次，且著重於客觀的規範目的之探求，並就規範結構、規範範圍、適用對象之得特定性及其他社會因素，如公害防止、環境權之保障、建築計劃或其他計劃實施所造成之影響等加以斟酌。參閱，吳庚，上揭書，頁 112；葉百修、吳綺雲，上揭書，頁 37–40。
❾❸　吳庚，上揭書，頁 113。

八號判決謂：「茲所謂『法律上利害關係』之判斷，參酌實務暨學理之見解，係以『新保護規範理論』為界定第三人範圍之基準，即須先認定系爭處分所依據之法規範對該第三人而言係為『保護規範』，故若法律已明文規定利害關係人得提起行政爭訟，固無疑義（例如商標法第四十六條、專利法第四十一條第一項規定），如法律雖係為公共利益或一般國民福祉而設之規定，但就法律之整體結構、適用對象、所欲產生之規範效果及社會發展因素等綜合判斷，可得知亦有保障特定人之意旨時，該非處分相對人亦得提起行政訴訟（參見司法院大法官釋字第四六九號解釋理由書）。是以，新保護規範理論係致力於客觀規範目的之斟酌，以認定行政處分是否損害個人之權利或法律上利益，此與舊保護規範理論乃偏重於從立法者主觀意旨探求是否具備保護個人之目的，不盡相同，然該二說非不可互為補充，以保障人民之訴訟權。準此，非處分相對人起訴主張其所受侵害者，若可藉由保護規範理論判斷為其法律上利益受損害，固可認為具有訴訟權能，而得透過行政訴訟請求救濟，但若非法律上利益，而僅係單純政治、經濟、感情上等事實上利益或反射利益受損害，則不許當事人濫行起訴。蓋上開利益雖均有利於當事人，但因皆非值得透過有限司法資源保護之利益，第三人執此起訴，即非法之所許，此際法院應以當事人不具訴訟權能，依前揭行政訴訟法第一百零七條第三項規定，不經言詞辯論，逕以判決駁回其訴。」❾❹

對於所謂利害關係人，最高行政法院民國九十六年度判字第二○九八號判決亦以「新保護規範理論」為界定範圍之基準，認為：「由新保護規範理論觀之，環評法第八條之規定，應有保障開發行為所在地當地居民生命權、身體權、財產權益不因開發行為而遭受顯著不利影響之規範意旨所在，而非純粹以保護抽象之環境利益（公共利益）為目的，應屬『保護規範』。」

3. 須經訴願程序而未獲救濟

提起撤銷行政處分之行政訴訟，原則上須先經訴願程序而未獲救濟，

---

❾❹　參閱，司法院印行，《最高行政法院裁判要旨彙編》，第 23 輯，民國 93 年 12 月，頁 867–868。

始可為之。而所謂「經訴願程序而未獲救濟」，係指行政訴訟法第四條第一項所稱「經依訴願法提起訴願而不服其決定」。由於法律上每有規定，訴願提起前，須先踐行申請復查❾❺、聲明（提出）異議❾❻等先行程序者，故要提起行政訴訟，即有下列等情況，即：

　　A.經訴願程序→提撤銷訴訟

　　B.申請復查→經訴願程序→提撤銷訴訟

　　C.聲明（提出）異議→經訴願程序→提撤銷訴訟

　　D.提出異議→申訴→提撤銷訴訟（參照政府採購法第七十四、七十六及八十三條規定）

　　E.復審→提撤銷訴訟（參照公務人員保障法第二十五、六十條規定）

　　F.申訴→再申訴→提撤銷訴訟（參照教師法第三十一及三十三條規定）

　　又學者認為提起訴願不合法而有訴願法第七十七條各款規定情形而遭不受理之決定處分者，即無「經訴願程序」可言，而不得提起撤銷訴訟❾❼。此一見解並不為司法實務所認同。最高行政法院九十六年度判字第三六八號判決表示：「提起撤銷訴訟僅須經過訴願程序之審議即已足，至訴願決定不論係因程序上之審查而為不受理之決定，或經實體上審議以無理由而為訴願駁回之決定，均不生損及訴願審級利益之問題。是以，基於行政救濟程序經濟之考量，行政法院對於當事人提起撤銷訴訟，如經斟酌全辯論意旨及調查證據之結果，認為訴願決定有違法情事而不影響其結果者，自無

---

❾❺　如稅務案件，依稅捐稽徵法第 35 條規定，應先申請復查，如有不服始得依同法第 38 條提起訴願及行政訴訟。

❾❻　如海關緝私事件，依海關緝私條例第 47 條規定，對於海關之緝私處分，得於收到處分書後 10 日內聲明異議，而認聲明異議無理由所為維持原緝私之處分，才得於收到維持原處分通知書後，10 日內依同法第 48 條向海關總稅務司署，提起訴願。另參閱關稅法第 23 條至第 25 條規定；另參閱，林石猛，〈關務行政訴訟之研究〉，司法院印行，《司法研究年報》，第 23 輯，第 13 篇，民國 92 年 11 月，頁 105-106。

❾❼　陳計男，《行政訴訟法釋論》，頁 168。

撤銷訴願決定發交訴願決定機關重新審議之必要，本件原判決於理由欄既已說明上訴人於收受被上訴人撤銷學位之行政處分後，於九十二年十二月十七日向教育部提起訴願救濟程序，尚未逾一年內得聲明不服之期間。訴願決定以上訴人就該部分之訴願已逾法定期間而為不予受理之決定，於法尚有未洽。訴願決定未就上訴人不服被上訴人撤銷碩士學位之行政處分進行實體審理而遽為程序駁回，固有未洽，但此部分係影響上訴人之行政爭訟審級利益。而上訴人於原審審理中業已陳明如訴願決定認定逾期不受理之決定有誤，希望能由原審遽行實體判決，審級利益不再主張。因此，本件該部分仍由原審實體上加以審究。自無上訴人所主張『侵害上訴人憲法第十六條所保障訴願權』之情事。」❾❽

　　如上所述，提起撤銷行政處分之行政訴訟，原則上須先經訴願程序，但例外情況為何呢？即不須經訴願程序而得遽行提起行政訴訟之情況有那些呢？依學者見解❾❾，有下列四種情況：

　　⑴提起訴願逾三個月不為決定，或延長訴願決定期間逾二個月不為決定

　　當事人提起訴願後，受理訴願機關應於三個月內為決定，必要時得通知當事人延長二個月。若三個月或延長二個月後仍未作成訴願決定，則受理訴願機關已違反其裁決義務 (Entscheidungspflicht)，理應許可當事人逕向行政法院訴請撤銷原處分（本法第四條第一項），行政法院應就原處分是否違法損害原告之權利為實體上之判決。如原告起訴後未經行政法院裁判前，受理訴願機關卻又作成訴願決定，究應如何處理？依行政法院五十一年裁字第八號判例之見解，原告先前以訴願官署逾期不為決定，所提起之行政訴訟之前提已不存在，應予起訴不合法而駁回之。上開逾期始作成之訴願決定，原告如仍有不服，自得另行起訴。此一判例過分拘泥於訴願前置，對原告並不公允，合理之解決途徑乃是：除非受理訴願機關為訴願人（即原告）勝訴之決定，否則行政法院不得駁回原告之訴，而應作實體審理。

---

❾❽　參閱《台灣本土法學雜誌》，第 95 期，2007 年 6 月，頁 180。

❾❾　吳庚，《行政爭訟法論》，頁 114–116。

⑵訴願人以外之利害關係人，認為訴願決定損害其權利或法律上利益者

　　該有利害關係之第三人得逕向行政法院起訴，請求撤銷訴願決定。蓋訴願決定性質上亦為行政處分之一種，影響所及不限於處分之相對人，其情形在第三人效力處分尤為明顯。故本法第四條第三項就此所作規定，雖屬新增，在實務上則屬一向如此，行政法院六十九年判字第二三四號著有判例，迄未改變（參照八十六年四月十六日該院庭長評事聯席會議決議）。

　　在司法實務上曾發生配偶是否為有利害關係之第三人的問題。對此，最高行政法院民國九十六年度判字第八三八號判決加以釐清，謂：「夫妻各自為自然人，各自為權利義務之主體。配偶之一方因行政機關作成違法或不當之行政處分，致其權利或法律上之利益受有損害；他方配偶並非當然為上開規定（訴願法第十八條）之利害關係人。」

⑶已用盡其他相當於訴願之程序而不服其決定者

　　此種情形始於釋字第二四三號解釋，該號解釋明示，受免職處分之公務員「已依法向該管機關申請復審及向銓敘機關申請再復審或以類此之程序謀求救濟者，相當於業經訴願、再訴願程序，如仍有不服，應許其提起行政訴訟」。其後釋字第二九五號解釋則將財政部會計師懲戒委員會對會計師所為之懲戒處分視為原處分，該部會計懲戒覆審委員會之覆審決議，則認定「實質上相當於最終之訴願決定，不得再對之提起訴願、再訴願。被懲戒人如因該項決議違法，認為損害其權利者，應許其逕行提起行政訴訟，以符憲法保障人民訴訟權之意旨。」目前上述公務人員考績法上之復審及再復審程序，已為公務人員保障法之復審制度所取代，仍應視為係相當於訴願之等級。其他法律對專門職業之執業人員如建築師、醫師及藥師等所規定懲戒處分，亦應類推適用釋字第二九五號解釋，於用盡各該法律所設之救濟途徑之後，逕向行政法院提起撤銷訴訟。

⑷經聽證程序作成之行政處分

　　行政程序法第一〇九條規定，不服經由聽證程序作成之行政處分，免除訴願及其先行程序，得逕行提起撤銷訴訟。例如不服依環境影響評估法第十二條召開聽證會後所為開發行為之許可，得不經訴願程序而逕行提起

撤銷訴訟。又如對依都市更新條例第十九條第二項擬定或變更都市更新事業計劃所舉行公聽會後之行政處分，或如對依新市鎮開發條例第五條第二項關於新市鎮開發可行性規劃報告所舉辦公聽會後之行政處分，均得不經訴願程序而逕行提起撤銷訴訟。

4.須於法定期間內提起

行政訴訟法第一〇六條規定，提起撤銷訴訟，應於訴願決定書送達後二個月之不變期間內為之。所謂「二個月之不變期間」並非完全確定的是二個月，行政訴訟法及訴願法對此有一些特別的規定，即：

(1)依行政訴訟法第九十條第一項規定，「期間，如有重大理由得伸長或縮短之。但不變期間不在此限。」換言之，提起撤銷訴訟所應遵守二個月之不變期間，不得伸長或縮短之。

(2)依行政訴訟法第八十九條第一項規定，當事人不在行政法院所在地住居者，此二個月不變期間之計算，應扣除其在途之期間，但有訴訟代理人住居行政法院所在地，得為期間內應為之訴訟行為者，不在此限。換言之，即不再扣除所謂的在途期間。此一應扣除之在途期間，由司法院定之。

原告提起撤銷訴訟是否遵守二個月之不變期間，如何判定，行政訴訟法有下列規定，即：

(1)原告如以訴狀起訴者，應以起訴狀到達行政法院所在地為準。如因郵局之遞送遲誤致未於二個月不變期間內到達政法院，則仍算是未於法定期間內起訴。不過，原告尚得依行政訴訟法第九十一條及第九十二條第一項後段規定聲請回復原狀並依第九十二條第二項規定同時補行起訴行為。但依第九十一條第二項規定，遲誤此一個月不變期間已逾一年者，不得聲請回復原狀。換言之，如起訴狀因郵局之遞送遲誤已逾一年者，原告仍不得聲請回復原狀，補行起訴行為。

(2)原告如以言詞起訴者，依行政訴訟法第二三一條規定，應以行政法院書記官製作筆錄時為準。

(3)原告若在二個月內向非管轄機關提起行政訴訟，是否算是遵守二個

月之不變期間，學者則依訴願法第九十一條規定，認有下列情形時❿，才視為自始向有管轄權之行政法院提起行政訴訟，即：

　　a.須原告因訴願決定書附記錯誤，致向非管轄機關提起行政訴訟。若訴願決定書附記無錯誤，而係原告自己之錯誤，則算是未遵守二個月不變期間之起訴行為，不受保障❶。

　　b.所謂非管轄機關係指行政法院以外之其他行政機關或普通法院，例如受理訴願機關之上級行政機關，或普通法院。若向立法院等民意機關、司法院或監察院提起，亦無訴願法第九十一條❷之適用。

　　c.原告如向無管轄權之行政法院提起訴訟者，則因行政訴訟法第十八條規定，該行政法院準用民事訴訟法第二十八條規定，應以裁定移送於有管轄權之行政法院。而因準用民事訴訟法第三十一條第一項規定，視為該提起訴訟自始即繫屬於受移送之行政法院。此時亦無訴願法第九十一條規定之適用。

　　(4)又依訴願法第九十二條第一項規定，訴願決定機關附記提起行政訴訟期間錯誤時，應由訴願決定機關以通知更正之，並自更正通知送達之日起，計算二十日之法定不變期間。同條第二項又規定，訴願決定機關未依訴願法第九十條規定為附記，或附記錯誤而未依前項規定通知更正，致原提起行政訴訟之人遲誤上述二十日之行政訴訟期間者，如自訴願決定書送達之日起一年內提起行政訴訟，視為於法定期間內提起。

---

❿　陳計男，上揭書，頁 169–170。

❶　此因行政訴訟法修正前第 11 條規定於民國 87 年重新修正時，已被刪除。該條規定：「人民提起行政訴訟，雖已逾期，但在再訴願決定書送達之次日起二個月內，曾向其他機關有不服再訴願決定之表示，並於該機關通知到達之次日起一個月內，向行政法院起訴者，視同已在法定期間內提起。」

❷　該條規定：「對於得提起行政訴訟之訴願決定，因訴願機關附記錯誤，向非管轄機關提起行政訴訟，該機關應於十日內將行政訴訟書狀連同有關資料移送管轄行政法院，並即通知原提起行政訴訟之人。有前項規定之情形，行政訴訟書狀提出於非管轄機關者，視為自始向有管轄權之行政法院提起行政訴訟。」

(5)如因天災或其他不應歸責於己之事由,致遲誤二十日之不變期間者,依行政訴訟法第九十一條規定於其原因消滅後二十日內聲請回復原狀,但為維持法律秩序安定,行政訴訟法第九十一條第三項又規定,遲誤起訴期間已逾三年者,不得聲請回復原狀。行政訴訟法第一〇六條乃明確規定,撤銷訴訟,自訴願決定書送達後,已逾三年者,不得提起。

二、撤銷訴願決定訴訟之特別要件

撤銷訴願決定之訴訟,除了可由原受行政處分之人,依上述請求撤銷行政處分之訴,請求將原處分併同不利之訴願決定加以撤銷以外,新行政訴訟法第四條第二項又明文規定,訴願人以外之利害關係人,認為受行政處分之人依訴願法所提訴願之決定,損害其權利或法律上之利益者,得向行政法院提起撤銷訴訟 ⑩。此一訴訟之特別要件為:

1. 須有不利益之訴願決定存在

利害關係人雖非原訴願人,但對原訴願人所為之訴願決定,每有對非訴願人之第三人產生損害,故此受損害之第三人,即利害關係人 ⑩,即得依行政訴訟法第四條第二項,以自己名義,提起撤銷訴願決定之訴訟,而不必以對原訴願人之訴願決定,作為「違法行政處分」,多此一舉的,另提起訴願,再提行政訴訟。但利害關係人要提此撤銷訴願決定之訴訟,必須有對其不利益之訴願決定存在 ⑩。

---

⑩ 司法實務,請參閱最高行政法院 91 年度裁字第 1431 號裁定,《台灣本土法學雜誌》,第 46 期,2003 年 5 月,頁 208-209;最高行政法院 92 年度判字第 294 號判決,《台灣本土法學雜誌》,第 49 期,2003 年 8 月,頁 203-204。

⑩ 司法實務,請參閱最高行政法院 91 年度裁字第 1037 號裁定,《台灣本土法學雜誌》,第 43 期,2003 年 2 月,頁 192-193。

⑩ 參閱最高行政法院 90 年度判字第 1559 號判決,刊於司法院印行,《最高行政法院判決要旨彙編》,第 21 輯,民國 92 年 6 月,頁 922-923。

2. 須主張該訴願決定損害其權利或法律上利益

　　提起撤銷訴願決定之訴，必須利害關係人主張該訴願決定有損害其權利或法律上利益❶⓰。所謂權利或法律上利益，已如前述。至於損害，則必須實際產生，例如張三為認定李四已註冊之甲商標與其本身所註冊之乙商標專用權之範圍，依商標法第五十四條，請求經濟部智慧財產局加以評定。經智慧財產局評定甲商標註冊無效，李四不服，乃提起訴願。訴願決定則以李四之訴願為有理由，撤銷甲商標註冊無效之評定。此時，張三即可主張此訴願決定有損害其權利或法律上利益。學者認為，訴願決定若僅有損害之虞，則尚不得提起預防性之行政訴訟。如上例，訴願決定認李四之訴願為有理由，撤銷甲商標註冊無效之評定並責由智慧財產局另為適法之處分時，則智慧財產局尚未為適法處分時，甲、乙均不得預為提起行政訴訟❶⓱。

3. 須於法定期間內提起

　　行政訴訟法第一〇六條第一項規定，撤銷訴訟之提起，應於訴願決定書送達後二個月之不變期間內為之。但訴願人以外之利害關係人知悉在後者，自知悉時起算。是以，利害關係人，須於法定期間內提起撤銷訴訟之意涵，可析述如次❶⓲：

　　(1)利害關係人，如已依訴願法第八十九條第二項規定收受訴願決定書之送達者，例如利害關係人為訴願之輔助參加人時，自送達日起算二個月內，提起撤銷訴訟。

---

❶⓰　最高行政法院 91 年度判字第 660 號判決謂：「訴願人以外之利害關係人提起撤銷訴訟，須主張訴願決定損害其權利或法律上利益始可。若經法院調查結果，認原告之權利或法律上利益並不因訴願決定而受損害，則其請求撤銷訴願決定之請求權即不存在，其訴即無理由。」詳見《台灣本土法學雜誌》，第 39 期，2002 年 10 月，頁 177–178。

❶⓱　陳計男，上揭書，頁 171；參照行政法院 67 年判字第 407 號判決（彙編 1–826）。

❶⓲　陳計男，上揭書，頁 172。

(2)利害關係人未曾收受訴願決定書之送達者，自知悉訴願決定書之內容時起算二個月，並應於起訴狀載明及舉證證明[109]。

(3)提起撤銷訴訟之最長期間，自訴願決定書送達後起算為三年，所謂「自訴願決定書送達後」，當係指訴願決定書依訴願法第八條第二項規定送達於訴願人，參加人及原行政處分機關而言。如受送達之日非同一日時，應以最後收受送達者收受送達之日為準保護當事人。

(4)原告自收受訴願決定書之送達，或自知悉時起算提起撤訟之二個月不變期間雖未屆滿，但自訴願決定書送達後，已逾三年仍不得提起。

第三節　請求應為行政處分之訴訟

第一項　請求應為行政處分訴訟之意義

在現代社會中，人民為滿足其物質生活與精神生活上權益，常需請求行政機關給予許可或請求行政機關為一定之行為。但行政機關每有怠惰延擱或刁難情事，致人民生活權益受損者。因此，如何對抗此種行政怠惰或行政拒卻、刁難情事，各國行政訴訟法制乃設有賦予人民請求法院判令行政機關應為一定處分或行為之訴訟。德國學者將此訴訟類型稱為課以義務訴訟 (Verpflichtungsklage)[110]。我國學者多沿用之[111]。但行政訴訟法修正草案審議時，立法院之關係文書在附加之標題，則稱之為「請求應為行政處

---

[109] 知悉訴願決定書之內容，究應釋明或證明？學者意見不一。吳庚認為釋明即可，陳計男則認為應證明。參見吳庚，上揭書，頁 109；陳計男，上揭書，頁 172。

[110] Kuhla/Hüttenbrink, a.a.O., D., Rn. 174–205; Büchner/Schlotterbeck, a.a.O., Rn. 151–162a; Ferdinand O. Kopp/Wolf-Rüdiger Schenke, Verwaltungsgerichtsordnung, C. H. Beck, München, 1998, §42, Rn. 6ff.

[111] 如吳綺雲、陳清秀、彭鳳至、吳庚等是。相關論文請參閱，蔡志方，〈論課予義務之訴〉，司法院祕書處發行，《行政訴訟論文彙編》，第 2 輯，民國 88 年 6 月，頁 165–189；徐瑞晃，〈課予義務訴訟之難題〉，《萬國法律》，第 190 期，2013 年 6 月，頁 63–69。

分之訴訟」。大法官陳計男使用之❶❷。本書認為應避免使用德語直譯的「課以義務之訴」❶❸，而應使用我國行政訴訟法法條上之用語，且直接能夠為民眾所理解者為佳。故採用「請求應為行政處分之訴訟」來稱謂依行政訴訟法第五條第一項、第二項所提之訴訟。

　　行政訴訟法第五條第一項規定:「人民因中央或地方機關對其依法申請之案件，於法令所定期間內應作為而不作為，認為其權利或法律上利益受損害者，經依訴願程序後，得向行政法院提起請求該機關應為行政處分或應為特定內容之行政處分之訴訟。」此即為「反制怠為行政處分之訴」，德文稱之為不作為之訴 (Untätigkeitsklage)。吳庚大法官認為此一用語❶❹易與一般給付訴訟中之同稱為不作為之訴 (Unterlassungsklage) 相混淆，故採用吳綺雲所使用之「對怠為處分之訴」❶❺。本文則稱之為「反制怠為行政處分之訴」，藉以明白表示，人民可以使用此一行政訴訟類型來對抗行政機關之怠為行政處分。

　　行政訴訟法第五條第二項規定:「人民因中央或地方機關對其依法申請之案件，予以駁回，認為其權利或法律上利益受違法損害者，經依訴願程序後，得向行政法院提起請求該機關應為行政處分或應為特定內容之行政

---

❶❷　陳計男，上揭書，頁 173; 司法院，〈行政訴訟法修正草案總說明暨條文對照表〉，民國 82 年 5 月，頁 54。

❶❸　司法實務上仍沿用之。詳請參閱，林清祥（最高行政法院法官），〈行政訴訟課予義務訴訟審務上諸問題之探討（上）〉，《司法周刊》，第 1231 期，民國 94 年 4 月 14 日，第二版、第三版; 林清祥，〈行政訴訟課予義務訴訟審務上諸問題之探討（下）〉，《司法周刊》，第 1232 期，民國 94 年 4 月 21 日，第二版、第三版。林清祥，〈續談行政訴訟之課與義務訴訟（上）〉，《司法周刊》，第 1337 期，民國 97 年 2 月 21 日，第二版、第三版; 林清祥，〈續談行政訴訟之課與義務訴訟（下）〉，《司法周刊》，第 1378 期，民國 97 年 2 月 29 日，第三版; 林燦都，〈略論行政訴訟之課予義務訴訟〉，《育達科大學報》，第 21 期，民國 98 年 12 月，頁 151–176。

❶❹　吳庚，上揭書，頁 117 註 80。

❶❺　吳綺雲，上揭書，頁 26。

處分之訴訟。」此即為「反制拒為行政處分之訴」。德文稱之為 Versagungsgegenklage。我國學者有將之譯為「對駁回處分之訴」**⑯**；有將之譯為「拒絕申請之訴」**⑰**；有譯之為「對拒絕處分之訴」**⑱**；有將之譯為「排除否准訴訟」**⑲**。

由上所述，可知行政訴訟法第五條所規定之請求應為行政處分之訴訟，意涵「反制怠為行政處分之訴」及「反制拒為行政處分之訴」兩種使人民可以反制行政機關之怠為行政處分或拒為行政處分之行政訴訟**⑳**，以保障人民權益。

第二項　請求應為行政處分訴訟之性質

如上所述，請求應為行政處分之訴訟，乃是人民針對行政機關之怠為處分或拒為處分，認有傷害其權益所提起之行政訴訟，其目的即在請求行政法院判命行政機關為一怠為之行政處分或拒為之行政處分，故其在性質上係屬給付訴訟，而且是一種請求行政機關作成行政處分之特別形式的給付訴訟**㉑**。而與行政訴訟法第七條之合併請求損害賠償或其他財產上給付，同為特殊之給付訴訟，但與行政訴訟法第八條之一般公法上給付訴訟有別**㉒**。因此，如依行政訴訟法第五條、第七條等規定提起請求應為行政處

---

⑯　陳計男，上揭書，頁 173。

⑰　吳庚，上揭書，頁 121。

⑱　吳綺雲，上揭書，頁 23。

⑲　彭鳳至，上揭書，頁 43。

⑳　最高行政法院 90 年度訴字第 1593 號判決謂：「提起行政訴訟法第五條課予義務訴訟，必須為因行政機關怠為處分或為拒絕處分而權利或法律上利益受損害者，否則其提起課予義務訴訟之訴訟實施權能即有欠缺，亦即當事人提起訴訟，應於訴訟中有得獲救濟之權利或法律上保障之利益存在，否則其提起訴訟即欠缺保護之要件」。詳見《台灣本土法學雜誌》，第 33 期，2002 年 4 月，頁 197–199。

㉑　吳綺雲，上揭書，頁 17。

㉒　司法實務，請參閱最高行政法院 91 年度裁字第 106 號裁定，《台灣本土法學雜誌》，第 35 期，2002 年 6 月，頁 190–193；最高行政法院 91 年度裁字第 289 號

分訴訟或提起請求損害賠償或其他財產上給付訴訟後，不得再依行政訴訟法第八條規定提起一般公法上給付訴訟❷。

同樣的，如可依行政訴訟法第八條第一項規定提起一般給付訴訟者，則無庸提起所謂課予義務訴訟之請求應為行政處分訴訟。就此，最高行政法院九十八年度判字第一四七號判決有相當明白的區分，謂：「人民請求國家為一定之行為時，國家應為之行為，可能是法律行為，也可能是事實行為。如屬法律行為，可能為行政處分，亦可能為行政處分以外之其他法律行為。如屬行政處分者，人民固應依行政訴訟法第五條之規定，提起課予義務訴訟。如屬行政處分以外之法律行為或事實行為，則得依行政訴訟法第八條規定提起給付訴訟。至於事實行為中之金錢給付，須因公法上原因發生財產上之給付，而其請求金額已獲准許或已確定應支付或返還者，即得直接提起一般給付訴訟。各級公立學校教職員之退休案須先經主管機關加以審定，而退休案經審定後，退休教職員之退休金給付請求權即已確定，審定機關應通知支給機關核轉退休教職員之原服務學校，依法定日期發給退休金。是退休教職員於審定退休後，如因退休金發給、執行等爭議涉訟，而本於退休金給付請求權對相關主管機關有所請求時，因其請求權業經審定確定，即得逕依行政訴訟法第八條第一項規定提起一般給付訴訟，無庸提起課予義務訴訟，請求相關主管機關作成核定之行政處分。」

請求應為行政處分之訴訟，係以人民依法申請之案件，行政機關不於法定期間內為處分或拒絕處分為前提，且須踐行訴願程序，故學者認為此種類型之訴訟，仍與撤銷訴訟相同，須以訴願為前置程序❷，先排除已存在之拒絕處分，故德國司法實務及多數學者認為此請求應為行政處分之訴訟兼有給付訴訟與形成訴訟之雙重性質❷。我國司法實務與目前通說則採

裁定，《台灣本土法學雜誌》，第 38 期，2002 年 9 月，頁 138；最高行政法院 91 年度裁字第 609 號裁定，《台灣本土法學雜誌》，第 41 期，2002 年 12 月，頁 121–123。

❷ 陳計男，上揭書，頁 173。

❷ 吳庚，上揭書，頁 120。

給付訴訟說 [125]。

第三項　請求應為行政處分訴訟之適用範圍

　　人民提起請求應為行政處分之訴訟，其目的不在於撤銷某一行政處分，以除去行政處分之侵害。人民提起請求應為行政處分訴訟，不管是反制怠為處分之訴訟或反制拒為處分之訴訟，其目的是為了擴張人民之法律地位。換言之，透過此種行政訴訟之提起，由法院判令行政機關對人民為授益處分，或對人民解除禁令，給予許可或對人民之法律地位、財產關係為有利的形塑。因此，在德國法制上，請求應為行政處分訴訟之適用範圍，主要有以下三個領域 [127]：

一、在給付行政領域方面

　　即限於對人民所申請之給付，行政機關應以行政處分為決定之情形。例如依德國聯邦社會救助法 (Bundessozialhilfegesetz) 對於受扶助者之給付；依聯邦助學金法 (Bundesausbilungsförderungsgesetz) 對受支助學生之給付等是。在我國如依社會救助法第十條第二項規定，由縣市社會局對低收入戶之生活扶助、醫療補助給付等是。又如依老年農民福利津貼暫行條例第四條規定發給老年農民之福利津貼也是。

二、在秩序行政領域方面

　　即在個人為特定行為或從事特定構想計劃，需要申請行政機關之允准、許可或同意 (eine behördliche Genehmigung, Erlaubnis oder Bewilligung) 之

---

[125]　吳綺雲，上揭書，頁 24。

[126]　參閱，林清祥，〈行政訴訟課予義務訴訟審務上諸問題之探討（上）〉，《司法周刊》，第 1231 期，民國 94 年 4 月 14 日，第二版。

[127]　Edgar Bosch/Jörg Schmidt, *Praktische Einführung in das verwaltungsgerichtliche Verfahren*, Verlag W. Kohlhammer, Stuttgart Berlin Köln, 6., gründlich überarbeitete Auflage, 1996, S. 108–109；另參閱吳綺雲，上揭書，頁 20–21。

情形下，如行政機關怠為或拒為允准、許可或同意時，人民即可提起此一請求應為行政處分之訴訟。舉例而言：

1.如建築房屋、經營餐廳、駕駛車輛、本國人回臺居留或外國人在臺居留等一般上為法律所禁止，以預防公益之受害，但為保障憲法上所規定之人民之自由權、工作權與財產權，法律每規定人民可以向行政機關申請許可，以突破此一般性之禁止，即此行政法學理上所謂之「附許可保留之禁止」**❿**(Verbot mit Erlaubnisvorbehalt)。在此情形，如行政機關怠為或拒為建築、經營餐廳、駕駛執照、居留等許可處分時**❿**，人民即可提起請求應為上述許可處分之訴訟。

---

❿　Maurer, Allg. VwR, §9, Rn. 51；陳敏，《行政法總論》，頁 296。依字面，此亦可譯為「禁止，但附許可保留」。

❿　最高行政法院 94 年度判字第 588 號判決指出：「人民請求行政機關核發對其有利之行政處分，遭到否准，而認為其權益受到違法損害，依法提起行政訴訟時，原則上應提起請求行政機關作成其所申請行政處分（行政訴訟法第 5 條第 2 項）之課予義務訴訟，而非僅提起請求撤銷行政機關否准其申請處分（行政訴訟法第 4 條第 1 項）之訴訟，否則即使勝訴，因撤銷行政機關否准其申請之行政處分，並不相當於命行政機關作成其所申請之行政處分，原告請求法院保護其權利之目的，亦無法在一次訴訟中實現。故遇此情形，應由審判長行使行政訴訟法第 125 條第 3 項規定之闡明權，使原告為完足之聲明，始為適法。本件上訴人為大陸地區人民，以其父陳吉成係中國國民黨於民國 45 年間派赴大陸地區執行任務之人員，於民國 47 年間失事殉職，對國家有特殊貢獻，乃委由上訴人之舅父黃世鑫向被上訴人申請來臺居留，經被上訴人為不予許可之處分，上訴人不服，提起訴願，遭決定駁回，遂提起行政訴訟，其於起訴狀主旨欄已聲明請『撤銷原決定與處分，賜判原告一家七人返臺居留』，嗣後之補證狀亦記載『訴之聲明：撤銷原處分，賜准原告等申請返臺定居』，其真意是否除提起撤銷訴訟外，尚請求判決命被上訴人作成准許上訴人申請居留之處分？原審本有加以闡明之必要，詎原審未予闡明，並僅就上訴人所提起之撤銷原處分及訴願決定之訴為判決，自難謂適法。」參閱，司法院印行，《最高行政法院裁判要旨彙編》，第 25 輯，民國 95 年 6 月，頁 845。

2.如室內集會原為人民自由權限，依集會遊行法第八條第二項規定，無須申請許可，但在若干情形下，室內集會又等同於室外集會，如集會遊行法第八條第二項但書規定，室內集會如使用擴音器或其他視聽器材足以形成室外集會者，以室外集會論，而室外集會為法律所禁止，除非依集會遊行法第八條第一項向主管機關申請，而獲得許可才行。集會遊行法之此種規定即為學理上所謂「附禁止保留之許可」(Erlaubnis mit Verbotsvorbehalt) ⑬ 而與上述「附許可保留之禁止」(Verbot mit Erlaubnisvorbehalt) 並不相同。因此，在附禁止保留之許可情形下，如人民使用擴音器或其他視聽器材形成室外集會之情形時，須向主管機關申請許可，如主管機關怠為或拒為許可處分時，人民即可提起此請求應為行政處分之訴訟。學者指出，德國法上課以義務之訴訟，亦即本文所稱請求應為行政處分之訴訟，在過去被稱為是適用於給付行政之典型訴訟種類，但今日在傳統之秩序行政領域至少亦應具有同等重要性而可適用⑬。

三、其他方面

經由行政處分創設、變更、撤銷或廢止法律關係，或行政機關應對人之地位或物之性質在法律上具有重要意義事項，作一有羈束力決定之領域。例如對公務員之任命、基於公務員關係所生請求權之規定或對一住宅為可享受租稅優惠之決定等是。因此，行政機關如怠為或拒為此類處分或決定時，人民即可提起此一請求應為行政處分之訴訟。

---

⑬ 附禁止保留之許可意指，無須許可之行為，在特定前提下，將可能被禁止。(die Erlaubnis mit Verbotsvorbehalt besagt, daß erlaubnisfreie Betätigungen unter gewissen Voraussetzungen verboten werden können)。參閱 Hartmut Maurer, *Allgemeines Verwaltungsrecht*, 12. Auf., C. H. Beck, München, 1999, §9, Rn. 54. 依字面，此亦可譯為「許可，但附禁止保留」。

⑬ Friedhelm Hufen, *Verwaltungsprozeßrecht*, 2000, §15, Rn. 2.

第四項　請求應為行政處分訴訟之類型

行政訴訟法第五條第一項、第二項分別規定了兩種請求應為行政處分訴訟之類型。其中第一項規定的是反制（行政機關）怠為行政處分之訴，而第二項則規定了反制（行政機關）拒為行政處分之訴。茲分述之。

一、反制怠為行政處分之訴

所謂反制怠為行政處分之訴，乃是指中央或地方機關對人民依法申請之案件，於法令所定期間內應作為而不作為，人民如認為其權利或法律上利益因此而受損害者，在經訴願程序後，得向行政法院提起請求判令該中央或地方機關對其申請案件應為之行政處分或應為特定內容之行政處分的訴訟。

又反制怠為行政處分之訴，依德國法制又可分為兩種❶，即依德國行政法院法第七十五條❶之規定為：

1.當行政機關對於人民請求作成一行政處分之申請，於相當期間內未為決定時。

2.當受理異議機關（在我國乃為訴願機關）對於人民因不服行政機關之拒絕（駁回）處分所提起之異議（在我國乃是訴願），於相當期間內未為決定時。

但我國新的行政訴訟法並未有如上述德國行政法院法第七十五條之明示規定，未慮及受理訴願機關亦有怠為決定之可能。因此，吳庚大法官乃主張，應比照行政訴訟法第四條第一項規定之精神，即提起訴願三個月不為決定或延長訴願決定期間逾二個月不為決定，訴願人或訴願人以外之利害關係人即可提起行政訴訟法第五條第一項規定之反制怠為處分之訴❶。

---

❶　吳綺雲，上揭書，頁28。

❶　該條規定：「對於異議（即我國之訴願），或對於請求行政機關作成行政處分，無正當理由未於相當期間內，為實體之決定者，得……起訴之。」參閱，司法院，《中譯德奧法日行政法院法》，民國85年6月，頁28。

❶　有學者稱之為「拒為處分之課以義務訴願」，《月旦法學教室》，第93期，民國

吳庚大法官認為若不如此解決，則原接受申請之行政機關怠為處分於先，人民對之提起訴願後，受理訴願機關（不問故意或過失）又遲遲不作決定，人民若不能提起怠為處分之訴以對抗訴願機關之怠為決定，則行政訴訟法第五條第一項之立法意旨，便告落空❶。

二、反制拒為行政處分之訴

所謂反制拒為行政處分之訴，乃是指中央或地方機關對人民依法申請之案件予以駁回，人民如認為其權利或法律上利益因此而受違法損害者，在依訴願程序後，得向行政法院提起請求該中央或地方機關對其申請案件應為行政處分或應為特定內容之行政處分的訴訟。此種訴訟之目的乃在使人民得以對抗行政機關對其申請案件之駁回，且進一步請求高等行政法院命令行政機關作成一個符合其申請目的之行政處分或特定內容之行政處分。舉例而言，人民請求基隆市政府認定 A 地前之巷道為既成巷道，並認定其寬度，但遭基隆市政府拒絕，則在訴願又遭駁回時，則可向臺北高等行政法院提起請求判命市政府認定 A 地前之巷道為既成巷道並認定其寬度之行政處分❷。

人民提起反制拒為行政處分之訴，乃針對中央或地方機關拒絕其申請案件之意思表示而提起，此與上述依行政訴訟法第五條第一項規定所提起之對抗怠為行政處分之訴，並不相同。因在反制怠為行政處分之訴中，根本沒有任何之意思表示存在。又所謂拒為行政處分或「駁回」申請之意思表示，吳庚大法官認為不必拘泥行政機關所使用之文字，而應探求其真意，以免行政機關以官樣文章之技巧，規避司法審查。行政法院七十七年判字

---

99 年 7 月，頁 10–11；另參閱，傅玲靜，〈怠惰的行政機關與訴願機關——怠為處分之課予義務訴訟之相關問題〉，《月旦法學教室》，第 26 期，民國 96 年 11 月，頁 24–25。

❶ 吳庚，上揭書，頁 120。

❷ 參閱，林昱梅，〈既成巷道寬度之認定與行政處分〉，《月旦法學教室》，第 41 期，2006 年 3 月，頁 24–25。

第二○五四號判決亦認為：「行政機關對於人民請求之事項，雖未為具體准駁之表示，但由其敘述之事及理由之說明內容，如已足認其有准駁之表示，而對人民發生法律上效果者，自難謂非行政處分，即得為行政爭訟之標的。」又行政機關以「俟法院判決確定」之類的用語為藉口，拒絕人民之聲請者，行政法院在八十年判字第一六八一號判決，亦認為係「依法應作為而不作為，應視同行政處分」，屬於實質上之駁回❿，人民應可提起此處所謂之反制拒為處分之訴。

又在提起反制拒為處分之訴時，德國行政訴訟法學上❿，認為必已有一行政機關作成之拒絕處分和內容係維持該拒絕處分之訴願決定存在。因此，原告於提起「對抗拒絕處分之訴」，請求判命行政機關作成經拒絕之處分時，即生是否亦應同時聲明請求撤銷該些先前已存在之拒絕決定之問題。此可分為以下兩種情形：

1.在一般情形，大部分德國學者皆贊成德國法院實務見解，認為針對行政機關拒絕處分所提起之訴訟，在本質上兼具有給付訴訟和形成訴訟雙重性質。就其針對請求判命行政機關應作成所申請之行政處分之點而言，係屬給付訴訟；而就為達到該目的，「邏輯上先決條件」即是先要排除已存在拒絕處分之點而言，又具有形成訴訟性質❿。因此，在已有拒絕處分存在之情形，原告只須提起對抗拒絕處分之訴，而毋庸另行提起撤銷訴訟，請求撤銷已存在之拒絕處分。德國法院判決見解又認為，原告為判命行政機關作成已遭拒絕處分所提起訴訟之給付請求內，已包含了欲對先前行政機關之拒絕（駁回）為撤銷。基於此理由，原告於提起請求應為行政處分之訴時，即無必要針對已存在之拒絕處分和訴願決定另作特別之撤銷聲明；法院於判決中，自亦無必要為撤銷之宣示。蓋基於法院所課以行政機關有

❿　吳庚，上揭書，頁121；另吳庚，《行政法之理論與實用》，民國94年8月，增訂九版，頁335–336。

❿　吳綺雲，上揭書，頁23–26。

❿　參閱，張文郁，〈行政訴訟之形成訴訟〉，《月旦法學教室》，第75期，民國98年1月，頁18–19。

作成原告所申請處分之義務中，已包含應撤銷與該義務相抵觸之拒絕處分（決定）在內。於多數原告訴訟聲明不甚清楚之案例中，法院判決亦常將原告之聲明解釋為默示含有撤銷請求在內❹。雖然如此，德國通說仍認為，為求法的明確性起見，於訴訟聲明中，附帶明白聲明請求撤銷拒絕處分較為適當。而於實際訴訟實務上，原告亦普遍多有作該類聲明。只是於請求應為行政處分之訴訟中，上述——非獨立的——撤銷聲明，在請求法院課予行政機關義務聲明之外，並不具有自身獨立訴訟程序上之意義；它原則上是與課予行政機關義務聲明同其法律上命運的。此尤其是在當該撤銷僅是具有將在形式上與課予行政機關義務相衝突之行政處分（無溯及效力）予以排除之意義的情形是如此。但如原告對已存在拒絕處分和訴願決定(具溯及效力）之撤銷，具有特別之權利保護利益（如請求損害賠償）時，則該撤銷聲明即具有其獨立之意義。

我國司法實務運作大致與德國學說與實務相同，甚至要求法院應對當事人為闡明。如最高法院九十一年度判字第一六六五號判決謂：「上訴人循序提起本件行政訴訟時，原審應闡明，上訴人向被上訴人請求退還溢繳登記規費及罰鍰被否准後所提起之行政訴訟，性質上為行政訴訟法第五條第二項（課予義務）訴訟，上訴人原則上應聲明請求作成准予退還溢繳登記規費及罰鍰之行政處分，而不得單獨請求撤銷否准之處分。本件原審就上訴人起訴請求撤銷否准之處分部分，既未闡明其聲明不完足之旨，反依上訴人不當之聲明，作成單獨撤銷否准處分之裁判，造成否准退還溢繳規費及罰鍰之行政處分為違法而被撤銷，原核定之規費及罰鍰又不得請求退還之困惑，其審理程序及裁判結果，均有未當。」❹又如最高法院九十一年度判字第一八八二號判決亦謂：「原審就上訴人單獨請求撤銷否准之處分部

---

❹ 司法實務，請參閱最高行政法院 91 年度判字第 1601 號判決，《台灣本土法學雜誌》，第 43 期，2003 年 2 月，頁 194；最高行政法院 91 年度判字第 1882 號判決，《台灣本土法學雜誌》，第 44 期，2003 年 3 月，頁 164–165。

❹ 參閱，司法院印行，《最高行政法院裁判要旨彙編》，第 22 輯，民國 92 年 12 月，頁 755。

分，既未闡明其聲明不完足之旨，反依上訴人不當之聲明，作成撤銷訴訟不合法之裁定（上訴人對該裁定之抗告，由本院另為審理），其審理程序難謂無重大瑕疵，而原判決以無理由所駁回本件上訴人於原審提起之給付訴訟，究係以行政訴訟法第五條第二項合併第七條，或係以同法第四條第一項合併第七條或第八條第二項為法律依據，亦未敘明，上訴人指摘，此部分未見原判決有何理由之說明或法規適用之結果，故有判決理由不備及不適用法規之違法云云，尚非全無可採，爰將原判決廢棄。」❶❷這種闡明要求對不熟悉行政訴訟實務之人民，助益甚大。

　　另外，行政訴訟當事人之聲明如非妥適，但仍合乎程序者，我國最高行政法院亦常探求當事人助益而給予救濟，例如最高行政法院九十二年度判字第四一一號判決謂:「上訴人循序起訴請求命被上訴人就系爭土地如原判決附圖所示權利範圍之面積辦理地上權登記，即請求應為特定內容之行政處分之課以義務訴訟。其聲明雖先請求撤銷該通知將重新公告之函及遞予維持之原再訴願決定，然因該函僅是通知將如何辦理之程序，屬事實之通知及理由之說明，非行政處分，上訴人請求撤銷，真意在於請求應為特定內容之行政處分，應僅依課以義務訴訟處理。」❶❸

　　2.如行政機關於拒絕決定中，除拒絕原告所申請之行政處分外，更對原告為其他負擔之處分時，則撤銷之訴必須與請求應為行政處分之訴一併提起。例如原告搭建違章建築，事後方提出之建築許可申請為行政機關駁回。行政機關同時並命其應拆除該違章建築物。於此種情形，原告起訴目的，不僅在請求核發所申請之建築許可，而是同時請求除去拆除之處分。由於其乃屬兩個雖互有關聯，但卻是各自獨立之訴訟請求，因此，原告除針對請求核發所申請之建築許可，提起請求應為行政處分之訴外，亦應另外提起獨立之撤銷訴訟，以達到撤銷拆除處分之目的。

❶❷　參閱，司法院印行，《最高行政法院裁判要旨彙編》，第 22 輯，民國 92 年 12 月，頁 748。

❶❸　參閱，司法院印行，《最高行政法院裁判要旨彙編》，第 23 輯，民國 93 年 12 月，頁 883。

第五項　請求應為行政處分訴訟之特別訴訟要件

人民提起請求應為行政處分訴訟，除應具備本書第三章所述行政訴訟事件之成立要件以外，尚須具備一些特別要件，亦即學者所稱之「特別實體判決要件」**❿**，始能獲得實體判決。茲依兩種不同類別之請求應為行政處分訴訟，即反制怠為處分訴訟及反制拒為處分訴訟，分別說明其訴訟特別要件。

一、反制怠為處分訴訟之特別要件

根據行政訴訟法第五條第一項之規定，提起反制怠為處分訴訟之特別要件有如下列：

1.原告起訴請求者，須為依法可申請之行政處分❿或特定內容之行政處分

反制怠為處分訴訟之本旨乃在請求法院判命行政機關為其應為而卻懈怠不為之人民所申請的行政處分或特定內容之行政處分。因此，人民起訴請求者，須為已依法申請中央或地方機關應為行政處分的案件。所謂依法

---

❿ 吳綺雲，上揭書，頁 42–55；吳庚，上揭書，頁 116–123；陳清秀，《行政訴訟法》，頁 121–125。另參閱，林清祥，〈行政訴訟課予義務訴訟審務上諸問題之探討（上）〉，《司法周刊》，第 1231 期，民國 94 年 4 月 14 日，第二版、第三版。

❿ 最高行政法院 90 年度判字第 1637 號判決謂：「所謂『依法申請』，係指人民依據法律有向行政機關申請對其作成一定行政處分之權利而言。法律未規定人民有申請權，或法律並非規定人民得申請行政機關對其作成一定之行政處分者，均非上開法條（即行政訴訟法第五條第一項）之依法申請案件。」詳閱《台灣本土法學雜誌》，第 30 期，2002 年 1 月，頁 133–134；另高雄高等行政法院 90 年訴字第 1814 號判決亦同此意旨。詳閱《台灣本土法學雜誌》，第 33 期，2002 年 4 月，頁 201–202；臺北高等行政法院 91 年度訴字第 3128 號裁定，《台灣本土法學雜誌》，第 54 期，2004 年 1 月，頁 189–190；高雄高等行政法院 91 年度訴字第 673 號判決，《台灣本土法學雜誌》，第 57 期，2004 年 4 月，頁 161–166。

者，學者認不限於法律，尚包括各種法規命令、自治規章等在內❶。而依法申請者，須為與申請人權利有關之行政處分或特定內容之行政處分，至若申請人之陳情、建議等與申請人權利無關事項，則不包括在內❶。同樣的，「依法可檢舉而獲獎金」，亦與申請人之權利不一定有關。最高行政法院九十七年度裁字第一九九一號裁定，即有相當明白的說明，認檢舉非屬依法申請之案件，主管機關檢舉事項不成立之函覆，僅屬事實通知，並非行政處分，檢舉人不得提起課予義務訴訟。該號裁定進一步分析認為：「按行政訴訟法第五條第一項所謂『依法申請』，係指人民依據法令，得向中央或地方機關請求就具體事件，為一定之決定，且中央或地方機關對於該申請負有法定作為義務者而言。人民向主管機關檢舉他人有違法行為，應加以處罰，主管機關函覆被檢舉人並無違法行為，是否為行政處分，檢舉人得否提起課予義務訴訟，請求行政法院判令主管機關對被檢舉人作成處罰，應視被檢舉違反之法令，是否賦與檢舉人向國家請求處罰被檢舉人之權利，或該法令所保護之法益是否及於檢舉人之私益即檢舉人因該法令規定有法律上利益而定。如檢舉人檢舉他人違反之法令，並未賦與檢舉人向國家請求處罰被檢舉人之權利，且該法令賦與主管機關處罰被檢舉人之職權，係在維護公益，檢舉人之私益不在其保護範圍，檢舉人之檢舉僅是促使主管機關發動職權，主管機關之函覆，係將檢舉調查結果函知檢舉人，未對檢舉人之權利或法律上利益產生影響，不生法律效果，該項檢舉非屬依法申請之案件。主管機關檢舉事項不成立之函覆，僅屬事實通知，並非行政處分，檢舉人不得提起課予義務訴訟。主管機關為獎勵人民檢舉他人違規行為，訂有發給檢舉獎金辦法，檢舉人能否依該檢舉獎金辦法獲得獎金，並非在檢舉違反之法令之保護範圍，檢舉人對主管機關檢舉事項不成立之函

---

❶ 吳庚，上揭書，頁 116–117。另德國學者認係包括憲法、法律、命令、行政處分、行政承諾、契約。詳見, Pietzcker, in: Friedrich Schoch/Eberthard Schmidt–Aβmann/ Rainer Pietzner, *Verwaltungsgerichtsordnung* (VwGO), C.H.Beck, München, Januar 2002, §42 Abs.1, Rn. 91.

❶ 同上註，頁 116。

覆，不得執該辦法提起課予義務訴訟。」

　　所謂與申請人權利有關之行政處分或特定內容之行政處分❶，係指申請人依法有權請求行政機關作成授予其權益的行政處分或特定內容之行政處分而言。其內容包括各種行政處分如形成處分、確認處分或（與第三人行為有關之）命令處分。又行政處分不限於應為申請之處分❶，即行政機關在程序上依職權應為之處分，亦包括在內❶。我國學者多認為反制怠為行政處分之訴請事項，必須為行政處分或特定內容之行政處分。若所訴請作為者並非行政處分，則應依一般給付訴訟之規定起訴❶。但在德國司法實務上，認為人民申請者，若為行政機關之事實行為 (Realakte)，如申請行政機關給予資訊、卷宗閱覽、交付文件或銷燬文件、檔案等❶，因聯邦行政法院之判決❶以行政機關是否採取此些事實行為，是屬於行政處分。故人民所申請者若為行政機關之事實行為者，亦得以提起反制怠為行政處分之訴訟❶。我國司法實務對於人民申請行政機關給予資訊發生爭訟，究應

---

❶　例如請求縣政府核發開發土地許可證明書之處分等是。參閱，江嘉琪，〈請求作成履約行政處分之爭訟途徑〉，《月旦法學教室》，第 42 期，2006 年 4 月，頁 28–29。

❶　應為申請之處分，如當事人未為申請，司法實務認為不得提起所謂之課予義務訴願及課予義務訴訟。例如最高行政法院 93 年度判字第 903 號判決謂：「上訴人於原審所為訴之聲明第二項請求被上訴人應將上訴人轉調至政府機關或其他所屬事業機構任職云云，係請求被上訴人為特定內容之行政處分，自屬課予義務訴訟之範疇，上訴人並未提出申請而遭被上訴人拒絕，自不得提起課予義務之訴願及課予義務之訴訟，尤不得直接提起一般給付訴訟。」詳參閱，司法院印行，《最高行政法院裁判要旨彙編》，第 24 輯，民國 94 年 6 月，頁 717。

❶　Erich Eyermann und Ludwig Fröhler, *Verwaltungsgerichtsordnung*, C. H. Beck, München, 1998, §42, Rn. 26.

❶　吳庚，上揭書，頁 117；陳計男，上揭書，頁 175。

❶　如請求識別用檔案之銷燬，參閱 Bay VGH Bay VBI 1984, 272；請求衛生局檔案之銷燬，參閱 VGH Kassel NJW 1993, 3011 等是。

❶　BVerwGE 31, 301.

提課予義務訴訟或一般給付訴訟，有未明確表示者，如臺北高等行政法院九十五年度訴字第二八六四號判決表示：「本件原告除請求被告應交付『法官評鑑委員會審查小組』辦理黃○嬌等六位法官是否應送法官評鑑之審查會議記錄外，尚請求交付其程序應遵守之有關行政資訊文件。然查，原告請求交付程序應遵守之有關行政資訊文件部分，並未經向被告申請，亦未有被告於法令所定期間內應作為而不作為，或予以駁回之情形，此觀卷附之『臺灣高等法院提供行政資訊申請書』即可知，雖原告主張曾補充申請，但均未提出任何證據證明，自難採信，故參酌前開說明，原告自不得提起此部分之課予義務訴訟或一般給付訴訟。」❺不過，如果事證明確，則人民可以提起反制怠為行政處分之訴。例如最高行政法院九十七年度裁字第四三三五號裁定則表示：「人民依政府資訊公開法向政府機關請求公開其持有資訊，政府機關未於申請起十五日內或延長之期間內，為准駁之決定時，該政府機關即處於行政訴訟法第五條第一項所稱，對於人民依法申請之案件，於法令所定期間內應作為而不作為之狀態，人民得隨時提起行政訴訟。」

　　又行政訴訟法第五條第一項規定之反制怠為行政處分訴訟之標的在司法院所提行政訴訟法修正草案中，原只規定為「請求該機關應為行政處分」，而非如現行條文之「請求該機關應為行政處分或應為特定內容之行政處分」。後段文字「請求應為特定內容之行政處分」之所以加入，乃是在立法院審議時，立法委員參考德國立法例而提案加以修改的。兩者之差別何在？吳庚大法官乃舉實例加以解說：「假設原告所有土地一筆經編列為公共設施保留地，原告申請主管機關辦理徵收，該機關因經費無著遲遲未作處理，原告提起不服怠為處分之訴，其訴之聲明有兩種可能：一為請求判命被告機關辦理徵收，一為請求判命被告機關對原告所有整筆土地徵收並按公告現值加若干成發給補償費。第一種情形稱請求為行政處分，第二種情形屬於為特定內容之行政處分。依第一種訴之聲明原告獲得勝訴判決，被告機關固應作成徵收處分，但徵收之範圍、補償金額之計算，主管機關仍有斟

酌之餘地，其結果原告如有不服，可能仍須再次起訴；若按第二種訴之聲明獲勝訴判決，自無前述缺點，較能發揮救濟功能。鑑於行政法院歷來之『司法消極主義』傳統，數十年不見一件自為裁判之判決主文，充其量撤銷發回聽任行政機關自行審理，立法院所作之修改，具有糾正司法消極主義之重大意義。對原告言，取得第二種命為特定內容之行政處分的判決，當然較第一種為有利，但應考慮事件是否已達由行政法院自為判決之程度，例如涉及裁量或依法應由行政機關自由判斷之事項，訴請行政法院為第一種聲明，即不限定內容之行政處分，原告反而容易勝訴。須附帶一述者，若原告對法律有所誤解為第二種聲明，行政法院得行使闡明權，命原告依本法第一一一條為訴之變更，否則應為原告一部（為行政處分部分）勝訴，其餘特定內容部分，為駁回之判決。」**⑯**

2.須中央或地方機關於法定期間內應作為而不作為

提起反制怠為處分之訴係以中央或地方機關違背作為義務為前提，故必須該些機關於法定期間內應作為而不作為**⑰**，法條所稱法定期間應採廣義解釋，凡法令所定期間均屬之。但目前明定此類期間之法規見於關稅法第二十四條、遺產及贈與稅法第二十九條、商業登記法第二十二條、建築法第三十三條、外銷品沖退原料稅捐辦法第二十條第一項等。由於國家法令眾多，不可能每一法令皆有作為期間之規定，故在外國立法例上，或明定其期間，例如奧國為六個月**⑱**，或就具體個案判斷，例如德國定為相當期間 (angemesse Frist)**⑲**。我國行政程序法第五十一條第一項則規定：「行政機關對於人民依法規之申請，除法規另有規定外，應按各事項類別，訂定處理期間公告之。」同條第二項又明定：「未依前項規定訂定處理期間者，

---

⑯ 引自吳庚，上揭書，頁 117–118。

⑰ 相關論文請參閱，林昱梅，〈課予義務訴訟之「應作為而不作為」之要件〉，《法學講座》，第 28 期，2004 年 7 月，頁 117–128。

⑱ 規定於奧國一般行政程序法第 73 條。詳閱，吳庚，上揭書，頁 111 註 81。

⑲ 規定於德國行政法院法第 75 條。詳閱，吳庚，上揭書，頁 119 註 82。

其處理期間為二個月。」又訴願法第二條第二項也定為：凡法令未規定者，自機關受理申請之日起為二個月，係採固定期間之方式。該管機關如於期間內有所作為，自不合起訴要件，惟並非謂在期間內只要該管機關有任何意思表示，即應視為已有作為，必須限於對原告最初提出之申請，作實體上發生准駁效果之處分行為，始足相當，設如該管機關一再致函原告，要求提供資料或查詢相關事實，卻逾期未為准駁者，仍屬違反作成處分之義務❿。

　　提起反制怠為行政處分之訴，乃是人民對中央或地方機關對其依法申請案件遲遲不為行政處分或為特定內容行政處分之反制以保障權益之訴訟途徑。今若中央或地方機關於原告提起反制怠為行政處分之訴後，隨即補作出行政處分或訴願決定時，則反制怠為行政處分之訴應如何繼續進行，亦即行政法院應如何處理之問題，學者認為❿可依下列情形加以處理：

　　⑴補作出之行政處分或訴願決定均屬駁回申請者，將使原告所提反制怠為處分之訴成為反制拒為處分之訴，原告訴之聲明既不受任何影響，行政法院自可繼續審理。又原告已經合法起訴之後，始出現駁回申請之行政處分，自無要求原告須重新提起訴願之理❿。

　　⑵補作之原處分或訴願決定如已滿足原告之申請者，亦即該管機關依申請作成原告所請求之處分，或受理訴願機關自為決定作成原告所請求之處分時，因原告已欠缺權利保護必要之要件而變得沒有必要，如不撤回起

---

❿　同上註。

❿　吳庚，上揭書，頁 120；吳綺雲，上揭書，頁 53–54；陳計男，上揭書，頁 177–178。

❿　吳庚大法官謂，原告起訴後，該管機關或受理訴願機關始作成處分或決定，除非滿足原告之請求，否則不影響訴訟之續行，亦不必要求原告再回頭就遲來之處分進行訴願程序，此為德國聯邦行政法院之見解，參照 BverwG v. 23. 3. 1973, BVerwGE 42, 108; vgl. auch Eyermann/Fröhler, a.a.O., S. 548. 我國行政法院 76 年判字第 1848 號判決認為：「遲為之訴願決定，對原告已合法逕行提起之再訴願，應無影響，並無令原告必對該遲為之訴願決定，負有另行提起再訴願之責任」。《行政法院裁判要旨彙編》，第 7 輯，頁 1653 以下。就訴願與行政訴訟之關係，亦有其適用。顯較前引行政法院 51 年裁字第 8 號判例為合理。參閱，吳庚，上揭書，頁 120 註 83。

訴，應受駁回之判決。最高行政法院九十八年度判字第一七三號判決即採此方式處理，謂：「倘人民提起訴訟，而行政機關於行政法院裁判前，已依人民之申請作成行政處分，人民之申請既已滿足，即無再由法院判命行政機關作成處分之必要。如人民未撤回其訴，即應受敗訴之判決。」此時剩下的問題為訴訟費用由何人負擔之問題。德國行政法院法第一六一條第三項特別規定，如原告於起訴前得期待被告機關之決定者，訴訟費用由被告機關負擔❶❻❸。

⑶補作之訴願決定如僅命該管機關作成行政處分者，即受理訴願機關不自為決定，而只命原處分機關依訴願決定之意旨作成處分時❶❻❹，原告之申請目的仍未滿足，且由於受理訴願機關已違反決定義務在先，則原告起訴既屬合法，訴訟自應繼續進行不受其影響。

3.須先經訴願程序

反制怠為行政處分之訴訟，依行政訴訟法第五條第一項規定，須「經依訴願程序後」，始得向行政法院提起之❶❻❺。亦即此類訴訟仍與撤銷訴訟相同，須以訴願為前置❶❻❻。在此值得探討的是，「反制怠為行政處分之訴訟」之訴訟要件，與「反制拒為行政處分之訴訟」之訴訟要件，在我國，依行政訴訟法第五條第一項、第二項之規定，均要經過訴願程序，即採訴願前

---

❶❻❸ 吳綺雲，上揭書，頁 53。

❶❻❹ 此為我國訴願決定機關例常採取之作法，美其名曰：尊重主管機關之權限。吳庚大法官並不以之為然，認為訴願之提起已生權限移轉 (Devolution) 之效果，屬於司法機關之行政法院尚且可以不顧權力分立之基本原則而自為判決，則上級機關對下級機關之行政處分，不可藉口尊重權限或審級利益，不自為訴願決定。參閱，吳庚，上揭書，頁 120 註 84。

❶❻❺ 司法實務，請參閱最高行政法院 91 年度裁字第 545 號裁定，《台灣本土法學雜誌》，第 40 期，2002 年 11 月，頁 172–173；高雄高等行政法院 89 年度訴字第 1272 號判決，《台灣本土法學雜誌》，第 40 期，2002 年 11 月，頁 177。

❶❻❻ 參閱，林清祥，〈行政訴訟課予義務訴訟審務上諸問題之探討（上）〉，《司法周刊》，第 1231 期，第二版。

置強制主義❶，這與日本法制在原則上採訴願任意前置主義，而在法律有
特別規定時，才例外採取訴願前置強制主義者不同❶，此也與德國法制不
同。德國法制僅規定提起「反制拒為處分之訴訟」，應先經訴願程序，而提
起「反制怠為行政處分之訴訟」者，則不必經訴願程序，可逕向行政法院
起訴❶。相較之下，德、日法制之規定，較能保護人民的權益，特別是法
國、德國在十九世紀所建立的訴願制度，在今日已趨式微減縮的情形下❶，
而我國又將德、奧之訴願制度，變相的扭曲運作❶，特別是受理訴願機關

---

❶　司法實務相當堅持此一訴願前置強制主義。如最高行政法院 94 年度判字第
　　729 號判決即表示：「依訴願法第 2 條第 1 項及行政訴訟法第 5 條之規定，行
　　政機關對人民依法申請之案件，有作成行政處分之義務，如其應作為而不作為，
　　致人民之權利或法律上利益受損害者，人民須先循訴願程序後，始得提起課予
　　義務訴訟，不得直接提起一般給付訴訟，否則因起訴不備其他要件，自為法所
　　不許。」參閱，司法院印行，《最高行政法院裁判要旨彙編》，第 25 輯，民國 95
　　年 6 月，頁 860。

❶　蔡秀卿發言，訴願實務問題研討會（社政、民政、警政、消防篇），刊於《訴
　　願專論選輯——訴願新制專論系列之五》，臺北市政府訴願審議委員會編印，
　　民國 93 年 12 月，頁 23-24。

❶　吳庚，上揭書，頁 120。

❶　黃錦堂，〈訴願實務問題報告〉，刊於《訴願專論選輯——訴願新制專論系列之
　　五》，臺北市政府訴願審議委員會編印，民國 93 年 12 月，頁 5-6。

❶　前大法官吳庚教授即指出：「奧國之訴願決定 (Berufsentscheidung) 依一般行政
　　程序法第六十六條第四項之規定，以自為決定為原則，發回原處分機關重為裁
　　判為例外，通常限於原處分機關之程序有重大瑕疵或原處分之內容僅係就程序
　　事項為裁決，尚未涉及實體事項等情形；德國受理異議之機關，得自為決定或
　　撤銷發回原處分機關，受理異議機關對原處分機關拒絕作成行政處分之事件，
　　若無該事件之專業管轄權限，則不得逕行取代原處分機關地位而自為判決，除
　　此之外，異議決定有充分之判斷餘地，甚至可不受異議聲明之拘束，給予超越
　　請求之救濟，若異議決定機關即原處分機關，亦可不受『禁止不利益變更』原
　　則之限制。」我國訴願法歷次修正後雖已與德、奧相似，但受理訴願機關自為
　　決定者，仍不多見，且積非成是，受吳庚教授屢次痛陳不當。參閱，吳庚，上

常不自為決定,「訴願有理由充其量不過撤銷發回,已成為我國之例規」❷,以致人民法定之權益久懸不決,受到延宕之傷害。

吳庚大法官認為,所謂「經依訴願程序後」,係指在行政訴訟法第一〇六條第一項規定之期限內,對訴願決定仍有不服之意,若對訴願決定已折服,則當無此後續之反制怠為行政處分之訴訟。又所謂「經依訴願程序後」,吳庚大法官更認為❸,應作擴張解釋,方屬合理。亦即不僅是包括提起訴願而不服訴願決定之情形,屬於「經依訴願程序後」之意涵,即使是提起訴願後,因受理訴願機關之怠忽而未作成訴願決定者,認為亦應屬於此「經依訴願程序後」之意涵。蓋因行政訴訟法未作全盤修正前之第一條第一項規定,以不服再訴願決定或「提起再訴願逾三個月不為決定,或延長再訴願決定期間逾二個月不為決定」作為行政訴訟起訴之要件,但修正後之行政訴訟新法第五條第一項因未計及受理訴願機關亦可能有怠為決定之情形,致未有上述舊法第一條第一項之文字,即明白規定於訴願決定機關怠為決定時,人民亦可提起行政訴訟。吳庚大法官因此建議,應比照新行政訴訟法第四條第一項規定,提起訴願三個月不為決定或延長訴願決定期間逾二個月不為決定,訴願人即可提起新行政訴訟法第五條第一項之反制怠為行政處分之訴訟❹。

又此須先經訴願程序之要件,並非絕對❺。如法律有特別規定時,亦可免除。例如空氣污染防制法第八十一條第一項規定:「公私場所違反本法或依本法授權訂定之相關命令而主管機關疏於執行時,受害人民或公益團體得敘明疏於執行之具體內容,以書面告知主管機關。主管機關於書面告

揭書,頁 348、350。

❷ 吳庚,上揭書,頁 120 註 84。

❸ 吳庚,上揭書,頁 121。

❹ 吳庚,上揭書,頁 121;另陳計男大法官亦同此建議。參閱,陳計男,上揭書,頁 179。

❺ 參閱,林家祺,〈淺談行政訴訟違反申訴前置主義於訴訟法上之效果〉,《國會月刊》,第 36 卷第 6 期,民國 97 年 6 月,頁 85-98。

知送達之日起六十日內仍未依法執行者，受害人民或公益團體得以該主管機關為被告，對其怠於執行職務之行為，直接向行政法院提起訴訟，請求判令其執行。」

4.須主張因怠為處分，致損害其權利或法律上利益

依行政訴訟法第五條第一項規定，人民如欲提起反制行政機關怠為處分之訴訟，尚須主張因行政機關之怠為處分，亦即對其依申請之案件，於法令所定期間內應作為而不作為，以致其權利或法律上利益受損害者。所謂「其權利或法律上之利益」所損害之意義，已在第二節第五項之有關提起撤銷訴訟之特別要件，加以說明。不過，與撤銷訴訟所不同者，乃是行政機關之應作為而不作為因已含有違法性因素，故人民提起反制怠為行政處分之訴訟，不必如提起撤銷訴訟一般，再主張行政處分違法❶，此點又與下述人民提起反制行政機關拒為處分訴訟亦有不同，因依行政訴訟法第五條第二項規定，人民如欲提起反制拒為處分訴訟，則仍須主張其權利或法律上利益受「違法」損害。又若人民主張的損害，而與權利無關，而與下列事項有關，德國實務上亦認為因原告無法主張何項受法律保護的權利受損而屬於合乎提起反制怠為處分訴訟之實體判決要件❷，亦即：

(1)維持一種愉快的感覺或排除一種不愉快，譬如為維持開闊的自然美景而起訴；為住家附近不容許設醫院、殘障中心、難民營等而起訴。

(2)維持一種營業機會、經濟或政治的利益，譬如市區內的自營雜貨商為撤銷附近超級市場建築執照、旅館經營者請求認定其所在地區為溫泉區、律師請求撤銷（客觀）違法核發給第三人之法律顧問證書而起訴。

(3)維持地理位置上的優勢,譬如為保留營業所於古蹟保護區中心而起訴。

(4)維持一種「精神上的利益」，譬如為個人的評價、城市的魅力、社團的名聲而起訴。

---

❶ 吳庚，上揭書，頁 121。

❷ 彭鳳至，〈德國行政訴訟制度及訴訟實務之研究〉，《行政法院八十七年度研究發展項目研究報告》，民國 87 年 6 月，頁 83。

5.須於法定期間內提起

人民依行政訴訟法第五條第一項提起反制怠為處分訴訟，是否如提起撤銷訴訟一般，有法定期間之限制⑰？由於行政訴訟法第五條第一項並無明文規定。學者有認為宜援引訴願法第九十條規定，應於收受訴願決定書後二個月期間內提起反制怠為處分訴訟。但另一學者認為訴願法第九十條關於訴願決定書應附記之規定，並非關於提起請求應為行政處分兩類訴訟法定期間之規定，自難直接引之作為起訴期間之依據，故認應類推適用撤銷訴訟規定，分別援引訴願法第十四條第一項及行政訴訟法第一〇六條第一項所定期間，提起反制怠為處分、反制拒為處分等訴訟⑲。

二、反制拒為處分訴訟之特別要件

根據行政訴訟法第五條第二項之規定，提起反制拒為處分訴訟之特別要件與前述提起怠為處分訴訟之特別要件，差異甚少⑳，故有關反制拒為處分訴訟之特別要件，可簡述於次：

1.原告起訴請求者，須為依法可申請之行政處分或特定內容之行政處分㉑

此點與上述提起怠為行政處分訴訟之特別要件相同。例如請求作成提

---

⑰ 參閱，張文郁，〈論行政訴訟之起訴期間——兼評最高行政法院 94 年裁上字第462 號裁定〉，《台灣本土法學雜誌》，第 99 期，民國 96 年 10 月，頁 17-30。

⑲ 陳清秀，上揭書，頁 123；吳庚，上揭書，頁 123；陳計男，上揭書，頁 181-182。

⑳ 吳庚，上揭書，頁 122。

㉑ 司法實務，請參閱最高行政法院 91 年度裁字第 1437 號裁定，《台灣本土法學雜誌》，第 46 期，2003 年 5 月，頁 211-212；最高行政法院 92 年度判字第 242號判決，《台灣本土法學雜誌》，第 49 期，2003 年 8 月，頁 198-200。相關論文請參閱，林昱梅，〈請求延展藥品安全監視期間與課予義務訴訟——最高行政法院一〇〇年度判字第二〇〇七號判決〉，《月旦裁判時報》，2012 年 10 月，頁 81-86。

供全部行政指導文書之行政處分是❶⓼❷。

2.須中央或地方機關對其依法申請之案件，予以駁回

提起反制拒為處分訴訟係針對行政機關拒絕、駁回人民申請之意思表示而為，此與上述提起怠為行政處分之訴中，行政機關根本沒有任何意思表示之情形不同。行政機關所為拒絕之意思表示，花樣甚多，大法官吳庚認為應探求行政機關之真意，不可拘泥行政機關所使用文字，以免其以官樣文章之技巧，規避司法審查❶⓼❸。

行政機關對於人民申請案件，拒絕、駁回之處分，在行政訴訟法未作修正成為今日新制前，人民係以提起撤銷訴訟，謀求救濟，但在舊制，因違反訴訟經濟原則，縱然經行政法院一再撤銷行政機關之拒絕、駁回處分，並命行政機關重為處分，但因行政機關硬是為不符原告人民申請目的之處分，致權益時常無法獲得救濟，而為人所詬病。故學者主張，新行政訴訟法頒行之後，行政法院如認為原告人民之訴有理由，則不得如新法未頒行前所常作的，只是單純撤銷行政機關拒絕原告人民申請所為之原處分，而必須同時依人民之訴訟聲明，命為原處分之行政機關為行政處分或為一定內容之行政處分的判決，始能符合新法規定反制拒為處分訴訟之意旨❶⓼❹。該學者，即吳庚大法官，更舉例加以說明，謂❶⓼❺：「假設原告請求徵收土地，分別經原處分機關拒絕，訴願亦經駁回，行政法院如認為原告之訴有理由，其判決主文宜寫成：『一、原處分及原決定均撤銷，二、被告機關應就原告所有坐落某地號土地一筆，作成徵收及補償之處分。』如原告訴之聲明請求為內容更具體之處分，且亦達可供判決之程度者，行政法院亦不妨在主文

---

❶⓼❷　參閱，吳志光，〈否准請求提供行政資訊之法律救濟途徑〉，《月旦法學教室》，第 26 期，2004 年 12 月，頁 26-27。

❶⓼❸　吳庚，上揭書，頁 122。

❶⓼❹　相關論文請參閱，程明修，〈撤銷訴訟與課予義務訴訟之選擇〉，《法學講座》，第 30 期，2004 年 11 月，頁 99-108。

❶⓼❺　吳庚，上揭書，頁 123 及其上之註 87。

中確定其補償應按如何標準，例如按某年度公告現值加四成計算之補償費的字樣，作為主文。若原告訴之聲明漏未就撤銷原處分及原決定部分記載，宜解釋為行政法院縱依職權作成撤銷判決，亦不能視為訴外裁判，因為若不予撤銷，無從作成命被告機關為徵收及補償處分之判決也。」

　　德國學者亦舉例說明，德國行政法院所採主文記載方式如下：「被告應撤銷經一九九三年六月三十日異議決定所維持之同年三月十五日所為之拒絕申請處分，並依本院法律見解重為符合原告一九九二年十二月一日申請之處分。」❿

3. 須先經訴願程序

　　行政訴訟法第五條第二項所規定反制拒為處分訴訟之提起與依同條第一項規定所規定反制怠為處分訴訟之提起，均須先經訴願程序❿，此與德國之制有異。依德國之制，須先經訴願程序，始得提起反制拒為處分之訴，至於反制怠為處分之訴，則因以行政機關怠於行政處分為訴訟對象，在無明確行政處分之存在，德國行政法院法第七十五條乃規定，不經由訴願程序，得逕向行政法院提起訴訟。我國行政訴訟法既未如德國法制有如此區分，則人民提起反制拒為處分之訴訟，則須先經訴願程序。最高行政法院法官認為，此為訴願法疏漏規定，宜下次修法時補正之，以配合行政訴訟法之規定❿。

4. 須主張因拒為處分，致其權利或法律上利益受違法侵害

　　行政訴訟法第五條第二項明確規定，人民因行政機關對其申請之拒絕、駁回處分，認為其權利或法律上利益受「違法」損害者，始得提起反制拒

---

❿　Kuhla/Hüttenbrink, *Der Verwaltungsrechtsprozess*, a.a.O., D., Rn. 181.

❿　司法實務，請參閱最高行政法院 92 年度裁字第 37 號裁定，《台灣本土法學雜誌》，第 47 期，頁 198–199。

❿　林清祥，〈行政訴訟課予義務訴訟審務上諸問題之探討（上）〉，《司法周刊》，第 1231 期，第二版。

為處分之訴訟，此與依同條第一項規定提起之反制怠為處分訴訟者不同，已如上述，可參閱本章第三節第五項之說明。

5.須於法定期間內提起

行政訴訟法第五條第二項並未規定提起反制拒為處分訴訟之起訴期間，學者認為應類推適用撤銷訴訟之規定，分別援用訴願法第十四條第一項及行政訴訟法第一〇六條第一項所規定之期間❸。司法實務如最高行政法院九十四年度裁上字第四六二號裁定亦同此見解。不過，有另一學者認為在法無明文規定之情形下，類推適用撤銷訴訟之規定，造成人民訴訟權之喪失，似乎不符法律保留及基本權優先保護之原則，故主張對於拒為處分之課予義務訴訟，不應以類推適用方式為起訴期間之限制❹。

第四節　確認訴訟

第一項　確認訴訟之意義

行政訴訟法第三條規定的行政訴訟名稱，有一為確認訴訟，但其意涵為何，並未明示。行政訴訟法乃於第六條規定了確認訴訟之種類及訴訟特別要件。確認訴訟是一種與撤銷訴訟、給付訴訟不同之訴訟種類，它是一種訴訟法上的制度設計，其目的不是在實現原告實體法上權利，而是在對於原告一已經存在的請求權，提供一種特別形式的權利保護，亦即訴請法院作成判決為宣示性，有確定力的法律認定與證實❶。例如，要求對行政處分無效之確認，要求對公法上法律關係成立或不成立之確認或要求對已執行而無回復原狀可能之行政處分或已消滅之行政處分為違法之確認等

---

❸　吳庚，上揭書，頁 123。

❹　參閱，張文郁，〈拒為處分之課以義務訴訟之起訴期間〉，《月旦法學教室》，第 53 期，2007 年 3 月，頁 28–29。

❶　葉百修、吳綺雲，〈德日行政確認訴訟之研究〉，《司法院八十年度研究發展項目研究報告》，司法院印行，民國 80 年 10 月，頁 1；彭鳳至，上揭書，頁 47。

是。由於在現代社會中，人民不只需要利用撤銷訴訟去排除行政機關所為
行政處分的侵害；不只需要透過給付訴訟請求行政法院判令行政機關為一
定的作為、不作為或為金錢、財產上之給付，並且還需要以確認訴訟去確
認行政處分之無效，以免其權益受到拘束；或以確認訴訟去確認公法上法
律關係，如國籍、難民、受政治迫害者資格、公務員關係、公法團體社員
身分（如農田水利會、農會成員……）之存在等以保障權益。又公法上法
律關係並不限於人與人（或法人、國家）之間的法律關係，而應含括人對
物之法律關係。因此，人民對於其是否擁有公用地役關係或其他公物之利
用關係，亦可提起確認訴訟請求行政法院為確認之判決❶❷。確認訴訟為行
政訴訟法於民國八十七年修正時，仿行德國、日本法例所為之規定。

第二項　確認訴訟之性質

確認訴訟之性質為何，依學者之分析有四，亦即確認性、補充性、預
防性、先決性❶❸。

一、確認性

行政訴訟法上確認訴訟，不過僅就原即屬無效之行政處分，或原即屬
違法但非無效之行政處分，或原即屬成立或不成立之公法上法律關係之客

---

❶❷ 公法上法律關係是否包括人對物之關係抑只限於人與人之間的關係？素有爭
論，德國學者 W. Jellinek 否定人與物間之法律關係。其他學者如 C. H. Ule
(A.a.O., S. 157) 等從之，但現時德國學者通說及實務見解，均認為兩者皆成立
法律關係，例如 Eyermann/Fröhler，認為在行政法主張人對物之關係亦可成立
法律關係尤具實益，例如公用地役關係或其他公物之利用關係，為行政法規範
之主要領域。參閱 W. Jellinek, *Verwaltungsrecht*, 3. Aufl., S. 190; C. H. Ule,
Verwaltungsprozessrecht, 9. Aufl., 1987, S. 157; Eyermann/Fröhler, a.a.O., S. 157;
參引，吳庚，上揭書，頁 129 註 92。

❶❸ 曾華松，〈行政訴訟法修正草案確認訴訟之研究（下）〉，《法令月刊》，第 48 卷，
第 6 期，頁 48–306；蔡志方，〈論行政訴訟上確認之訴〉，頁 43–44。

觀事實，予以確認而已，初無以行政機關或法院之威權，使此等客觀事實發生得喪變更之效力。是確認訴訟，核其性質只有宣示、確認之作用，而非給付判決，亦非形成判決。

二、補充性

行政訴訟法上確認公法上法律關係成立或不成立之訴訟，於原告得提起撤銷訴訟者，不得提起，是該訴於此意義上，僅具有補充機能而已❿。換言之，唯有其他訴訟種類無法提供有效之救濟時，才可被運用❾。

❿ 參閱，張文郁，〈確認訴訟之補充性〉，《月旦法學教室》，第 80 期，民國 98 年 6 月，頁 12–13；陳淑芳，〈確認訴訟之補充性〉，《月旦法學教室》，第 74 期，民國 97 年 12 月，頁 22–23。

❾ 司法實務對此有詳細之註解。如最高行政法院 94 年度判字第 1396 號判決即指出：「行政訴訟法立法時顧及確認行政處分無效與撤銷違法行政處分之區分困難，乃訂定行政訴訟法第 6 條第 5 項規定應提起撤銷訴訟，誤為提起確認行政處分無效之訴訟，其未經訴願程序者，高等行政法院應以裁定將該事件移送於訴願管轄機關，並以行政法院收受訴狀之時，視為提起訴願。另行政訴訟法第 6 條第 3 項規定確認公法上法律關係成立或不成立（包括存在或不存在）之訴訟，於原告得提起撤銷訴訟者，不得提起之，此乃確認訴訟之補充性，但並未規定確認行政處分無效之訴訟，亦適用之；當解釋為確認訴訟之補充性，於確認行政處分無效之訴訟，不適用之；則撤銷訴訟與確認行政處分無效之訴訟得以預備合併之方式為訴之聲明，既符合行政訴訟法第 6 條第 5 項立法意旨，避免當事人因判斷行政處分究係違法或無效而陷入困境，無法記載正確的訴之聲明，致權益無法獲得合法保障；另亦可避免行政法院審判長行使闡明權發生錯誤之風險；既可保障人民權益，又能增進司法功能。若原告起訴時訴之聲明：『訴願決定及原處分均撤銷』及『確認原處分無效』，應屬訴之預備合併，行政法院審理結果若認先位聲明為有理由時，應為原告先位聲明勝訴之判決，無庸再對備位聲明為判決；若認先位聲明為無理由時，應為原告先位聲明敗訴之判決，並就備位聲明審理，視審理結果有無理由，分為原告備位聲明勝訴或敗訴之判決。」參閱，司法院印行，《最高行政法院裁判要旨彙編》，第 25 輯，民國 95 年 6 月，頁 848–849。

三、預防性

行政訴訟法上確認之訴，其原意不在於強制執行之實施，而重在就當事人間之法律關係，藉公權力予以確定，以求解決紛爭。申言之，確認判決，係以既判力來作為解決紛爭之唯一方法，而與有執行力之給付訴訟，以及有形成力之形成訴訟不同。確認訴訟，具有預防訴訟之預防作用性。

四、先決性

行政訴訟法上確認已執行而無回復原狀可能之行政處分或已消滅之行政處分為違法之訴，對於一民事訴訟具有重要性之行政法上的先決問題，如能由有管轄權之行政法院先行決定，則更能保證其判斷之正確性。是該訴在此意義上，具有先決性。

第三項　確認訴訟之種類

依行政訴訟法第六條第一項規定，確認訴訟可分為下列四種類型❶，亦即：

一、確認行政處分無效之訴

確認行政處分無效之訴，係指原告主觀上認為一客觀存在之行政處分為無效，但相關之機關或其他人士卻認為有效，以致發生爭議影響權益，而有請求行政法院判決確認該行政處分為無效之訴訟。因此，客觀上對不屬於行政處分或是否屬於行政處分仍有疑義之行政行為，不得提起確認行政處分無效之訴。至於何者為客觀上不屬於行政處分？司法實務即有一例可資說明。臺中高等行政法院九十五年度訴字第三四六號裁定即表示：「未

---

❶　司法實務，請參閱臺北高等行政法院 90 年度訴字第 5164 號判決，《台灣本土法學雜誌》，第 47 期，2003 年 6 月，頁 209–211。學理分析請參閱，陳淑芳，〈確認訴訟之提起與類型〉，《月旦法學教室》，第 78 期，民國 98 年 4 月，頁 18–19。

依限履行公法上之給付義務，須經主管機關之移送，行政執行署始得進行行政強制執行程序，而此主管機關之移送，僅係該機關對行政執行署所為之內部處理程序，核其性質僅為機關間之觀念通知，乃事實行為，尚未對外發生任何法律上效果，非屬對給付義務人所為之行政處分。經查，本件因原告等有上開違章事由，經被告各裁罰六萬元，原告等均未繳納，被告乃以系爭移送書函送法務部行政執行署臺中行政執行處執行，系爭移送書依上開說明，自非行政處分，自不得以之有無效情形，對之提起確認行政處分無效訴訟，又原告不服系爭移送書，而提起訴願，經訴願決定以該移送書並非屬行政處分，依訴願法第七十七條第八款之規定予以不受理，自無不合，從而，本件原告提起行政訴訟，請求撤銷訴願決定及確認系爭移送書無效，顯非合法，應予駁回。」❿

又此處確認行政處分無效之訴訟所指之行政處分❿，須屬仍然存在而仍具有效力者，雖已失效❿或不存在者❿，則不得提起確認行政處分無效之訴訟❿。前大法官陳計男謂，行政處分無效係指自始無效者❿，可以提

---

❿　參閱《台灣本土法學雜誌》，第 93 期，2007 年 4 月，頁 316。

❿　實務評析請參閱，陳英鈴，〈確認撤銷決標處分違法訴訟與損害賠償──評最高行政法院 98 年度判字第 519 號判決〉，《台灣法學雜誌》，第 139 期，民國 98 年 11 月 1 日，頁 238–244。

❿　最高行政法院 92 年度判字第 972 號判決謂：「行政訴訟法第 6 條僅規定行政處分無效，公法上法律關係成立或不成立及行政處分違法，得為確認訴訟之標的，而不及於確認行政處分失其效力之情形。該條所稱無效，係指自始無效，並不包括原屬有效成立之行政處分嗣因一定事實發生致向後失其效力之情形在內。徵收土地之地價、補償費未於公告期滿十五日發給者，依司法院院字第 2704 號解釋，認應從此失其效力，即自失效原因事實發生時起，失其效力，與上述自始無效之情形不同。」參閱，司法院印行，《最高行政法院裁判要旨彙編》，第 23 輯，民國 93 年 12 月，頁 913。

❿　參閱，程明修，〈行政處分、行政處分不存在與確認訴訟──以台北高等行政法院 90 年訴字第 6442 號判決與最高行政法院 94 年判字第 1127 號判決為中心〉，《東吳公法論叢》，第 1 卷，民國 96 年 11 月，頁 219–232。

起確認行政處分無效之訴，請求行政法院以判決加以確認❷❸。

二、確認公法上法律關係成立或不成立之訴

確認公法上法律關係成立或不成立之訴❷❹，係指原告對於公法上法律關係成立或不成立與被告機關有爭議，因恐此一公法上法律關係不明確成立或不成立，影響其權益，而請求行政法院以判決加以確認所提起之行政訴訟。此種訴訟中，確認法律關係成立之訴，稱為積極的確認之訴；確認法律關係不成立之訴，稱為消極的確認之訴❷❺。公法上之法律關係，乃指具有直接對原告產生效力之行政法上法律關係而涉及原告之權利始可，若憲法上法律關係，其雖亦為公法上法律關係，但依現制，不得請求行政法院為判決，僅可依「憲法法庭審理規則」相關規定，請求憲法法庭處理。

又公法上法律關係原則上以現時存在之法律關係，始得為確認訴訟之對象。過去之法律關係，於其消滅後仍有持續之效力時❷❻，亦得確認之。

---

❷❶ 蔡志方，〈論行政訴訟上確認之訴〉，《全國律師》，第 3 卷，第 1 期，1999 年 1 月，頁 45。

❷❷ 最高行政法院 92 年度判字第 1325 號判決即謂：「所謂違法行政處分，係指於作成行政處分時，即構成違法者為限」。參閱，司法院印行，《最高行政法院裁判要旨彙編》，第 23 輯，民國 93 年 12 月，頁 918。

❷❸ 陳計男，上揭書，頁 183。

❷❹ 參閱，林三欽，〈行政法律關係確認訴訟之研究〉，《台灣法學雜誌》，第 102 期，民國 97 年 1 月，頁 130–157；彭鳳至等，〈「行政法律關係確認訴訟之研究」議題討論〉，《台灣本土法學雜誌》，第 107 期，民國 97 年 6 月，頁 150–184。

❷❺ 同❷❸，頁 187；另彭鳳至，上揭報告，頁 91；Konrad Redeker/Hans-Joachim von Oertzen/Martin Redeker, *Verwaltungsgerichtsordnung*, Verlag W. Kohlhammer, 1997, §43, Rn. 2.

❷❻ 過去之法律關係仍具有持續效力之情形，學者以德國實務為例，認為通常是所請求確認之「過去之法律關係」係一現在所主張之請求權的基礎時。例如行政法院依原告請求確認過去某一天禁止某一集會是無法律依據，亦即確定行政機關對原告所採禁止措施是不合法的，如此原告即得以此為基礎，請求賠償承租

至於未來之法律關係，德國通說，不認得為確認訴訟對象，但如係根據現在已經存在之法律關係，亦得就該未來之法律關係訴請確認❷。

三、確認已消滅之行政處分為違法之訴

行政訴訟法第六條第一項後段原規定，「其確認已執行完畢或因其他事由而消滅之行政處分為違法之訴訟，亦同。」但在民國九十九年一月十三日，總統公布之行政訴訟法中已被修正為：「其確認已執行而無回復原狀可能之行政處分或已消滅之行政處分為違法之訴訟，亦同。」❷依此規定，確認訴訟仍保留「確認已消滅之行政處分為違法之訴」，但增加較明確的「確認已執行而無回復原狀可能之行政處分為違法之訴」（詳見下述第四目）。此一訴訟❷，學者認為「不過是一種『變更過』之撤銷訴訟」❷，在德國學說上稱為「追加確認訴訟」或「續行的確認訴訟」(Die nachträgliche Feststellungsklage oder die Fortsetzungsfeststellungsklage)❷，與上述「確認行

集會場所之租金。參見，葉百修、吳綺雲，上揭書，頁 18。

❷ 葉百修、吳綺雲，〈德日行政確認訴訟之研究〉，頁 17–18；曾華松，〈行政訴訟法修正草案確認訴訟之研究（上）〉，《法令月刊》，第 48 卷，第 5 期，頁 48–242。

❷ 司法院所提行政訴訟法第 6 條第 1 項後段條文修正之理由為：「行政處分已執行與行政處分消滅不同，依第一百九十六條規定之意旨，已執行之行政處分，如有回復原狀之可能，仍可提起撤銷訴訟，原第一項後段規定『確認已執行完畢或因其他事由而消滅之行政處分為違法之訴訟』，易滋行政處分已執行亦屬消滅之事由，且均得提起確認訴訟之誤會，爰予修正，期臻明確。」

❷ 相關論文，請參閱，李旭銘，〈確認行政處分違法之訴（上）〉，《台灣本土法學雜誌》，第 46 期，頁 175–185；李旭銘，〈確認行政處分違法之訴（下）〉，《台灣本土法學雜誌》，第 47 期，頁 159–177；蕭文生，〈執行完畢與已消滅行政處分之救濟〉，司法院印行，《行政訴訟論文彙編》，1999 年 6 月，頁 194 以下。

❷ 曾華松，上揭文，頁 48–243。

❷ Hans Büchner/Karlheinz Schlotterbeck, *Verwaltungsprozeßrecht*, W. Kohlhammer, Stuttgart Berlin Köln, 5. Aufl. 1993, Rn. 29, 34ff.

政處分無效之訴」和「確認公法上法律關係成立或不成立之訴」等為一般確認訴訟 (Die allgemeine Feststellungsklage)❷不同。此種訴訟乃因受違法行政處分致權利或法律上利益受損害之人，經訴願程序後提起撤銷訴訟，而在訴訟中，因訴訟對象之行政處分已消滅，致欠缺撤銷訴訟之訴訟要件，本應予以駁回，致在行政訴訟法修正前，人民權益縱或受損，亦無法依行政訴訟程序獲得救濟。新行政訴訟法第六條第一項後段乃仿德國行政法院法第一一三條第一項後段規定❸，採行將撤銷訴訟變更為確認訴訟之制度，亦即撤銷訴訟，在起訴時或訴訟進行中行政法院為判決前，被訴請撤銷之行政處分已消滅，則准許將原提起之撤銷訴訟，變更為確認已執行消滅之行政處分為違法之訴❹。由此可知，此種「續行的確認訴訟」❺，乃是撤銷訴訟因行政處分消滅而無意義後的一種替代訴訟。又德國學說及實務上又將此「續行的確認訴訟」類推適用於①行政處分於起訴前已終結以及②課予義務訴訟 (即本書所謂請求應為行政處分訴訟) 之情形，另稱之為「擴張之續行的確認訴訟」(Erweitere nachträgliche Feststellungsklage)❻。

四、確認已執行而無回復原狀可能之行政處分為違法之訴

已上所述，民國九十九年一月十三日公布之行政訴訟法第六條第一項後段條文已與以前不同。司法院在修正理由中指出：「行政處分已執行與行政處分消滅不同，依第一百九十六條規定之意旨，已執行之行政處分如有

---

❷ A.a.O., Rn. 32.

❸ 該規定為：「……行政處分已撤回，或因其他事由已終結，而原告對於確定行政處分之違法，具有合法之利益者，法院應依其聲請，以判決宣示行政處分為違法。」參閱，司法院印行，《中譯德奧法日行政法院法》，民國 85 年 6 月，頁 42。

❹ 陳計男，上揭書，頁 191–192。

❺ 有學者將之譯為「繼續確認訴訟」，不甚妥適，本書不採之。參閱，彭鳳至，上揭書，頁 48。另吳庚大法官將之譯為「後續的確認訴訟」，參閱氏著，上揭書，頁 126。

❻ 同上註。

回復原狀之可能，仍可提起撤銷訴訟。」是以對已執行之處分而有回復原狀可能者，應提起撤銷訴訟。至於已執行而無回復原狀可能之行政處分，則只提撤銷訴訟，仍無回復原狀可能。不過，因已執行而無回復原狀可能之行政處分，有可能違法並持續危害人民權益❷❶❼。是以明文規定，人民可提起確認訴訟。此一續行確認無回復原狀可能行政處分為違法之訴訟，乃全面採行德國法制❷❶❽。

又日本行政事件訴訟法有所謂之「不作為違法確認之訴」，我國新行政訴訟法是否亦允許此種訴訟類型？學者認為，若從新行政訴訟法第二條之規範意旨觀之，似不排除。然若觀諸同法第三條之規定及衡以實際之需要，則似乎尚無承認獨立之「不作為違法確認之訴」之必要。因為一般確認不作為違法之目的，或係在求命被告機關為一定之作為，或係在請求因其不作為所生之損害賠償。前者，在課予義務之訴中當然即須以「先決問題」，一併予以認定，而後者在國家賠償訴訟（一般給付訴訟之一種）中，亦同樣須以「先決問題」加以處理，從確認訴訟之後備性或補充性言之，對此等事項初無獨立另提確認訴訟之必要❷❶❾。

此外，在德國學說與實務上，認為為預防行政機關制定法規，甚至進而發布一定之行政處分，將來可能導致人民權利受損，乃參考英美國家「禁制令」(Injunction)（日本法上稱差止訴訟）之精神，允許採取「預防性之確認訴訟」(vorbeugende Feststellungsklage)，通常即為「預防性不作為之確認訴訟」(vorbeugende Unterlassungsfeststellungsklage)。不過，在我國向來之實務見解，則認僅恐將來有損害其權益之行政處分發生，則除合於確認

---

❷❶❼　如拆房處分已執行，但其有可能違法並持續危害人民權益。相關論文請參閱，岳琨，〈論預防性行政訴訟——以被拆遷人救濟管道缺乏為視角〉，《台灣法學雜誌》，第 209 期，2012 年 1 月，頁 18–27。

❷❶❽　相關實務論文請參閱，林昱梅，〈食品安全、風險管理與確認訴訟之合法性——德國禁止狂牛症風險飼料進口案判決評析〉，《月旦法學雜誌》，第 224 期，2014 年 1 月，頁 190–212。

❷❶❾　蔡志方，〈論行政訴訟上確認之訴〉，頁 51。

公法上法律關係成立或不成立之訴訟，得提起行政訴訟確認外，否則不得
預行請求行政救濟❷❷。

第四項　確認訴訟之特別訴訟要件

人民提起確認訴訟，如欲獲得行政法院作成實體判決時，除須具備所
有行政訴訟種類裁判之一般要件外❷❷，尚須該具備其他特別要件始可。茲
就各類確認訴訟之特別要件，分目說明於次。

第一目　確認行政處分無效之訴的特別要件

人民提起確認行政處分無效之訴（Nichtigkeitsfeststellungsklage）之原
因，乃在於一自始無效之行政處分仍具有行政處分之外觀或假象，但其是
否具有瑕疵且達重大明白程度，在行政機關與人民間發生爭議，致有讓行
政法院加以確認之必要。故此確認行政處分無效之訴之目的，乃在除去因
該無效行政處分所造成法律關係仍存在之法律現象及對行政處分關係人所
造成不利或負擔❷❷。而行政法院欲就人民所提確認行政處分無效之訴為實
體裁判時，必須審查人民所提之訴是否符合下列要件。

一、訴訟對象，須為一無效之行政處分

確認行政處分為無效訴訟的對象，不可以是行政規則❷❷，而必須是無

---

❷❷ 同上註，頁 51–52；另參閱，吳庚，上揭書，頁 129；Kuhla/Hütternbrink, a.a.O.,
D., Rn. 242.

❷❷ 此一般要件包括：1.我國法院具有審判權 2.訴訟事件屬於行政訴訟裁判權之範
圍 3.受訴行政法院具有事務及土地管轄權 4.當事人具有行政訴訟之當事人能
力及訴訟行為能力 5.起訴合乎程式 6.同一事件未經確定裁判 7.同一事件未繫
屬於其他法院 8.具備一般權利保護要件 9.爭議事件非屬於憲法性質公法上爭
議。參閱，彭鳳至，上揭書，頁 4–5；葉百修、吳綺雲，上揭報告，頁 5；蔡
志方，〈論行政訴訟上確認之訴〉，頁 46。

❷❷ 葉百修、吳綺雲，上揭報告，頁 46。

效的行政處分❷❷。原告只要提出主張即可，至於系爭行政處分是否真正無效，乃訴訟有無理由問題，非提起訴訟之要件。又何者為無效之行政處分，行政程序法第一一一條有明示規定，即：

1. 不能由書面處分得知處分機關者。

2. 應以證書方式作成而未給與證書者。

3. 內容對任何人均屬不能實現者。

---

❷❷ 高雄高等行政法院 93 年度訴字第 468 號判決即明白表示：「本件原告起訴請求確認者，乃被告依據 86 年刑法修正前之（即起分進分標準）審查該監受刑人是否得辦理假釋為無效之行政行為，並不涉及被告對原告個人得否辦理假釋之決定，有原告 93 年 6 月 29 日起訴補正狀可憑；惟被告所適用之受刑人（教化、操行）行狀考核評分標準（即起分進分標準），既屬被告為執行行刑累進處遇成績之核給，自訂之評分標準，究其性質，應屬行政規則，並非行政處分或公法上之法律關係；又被告以該項標準作為審查該監受刑人是否得辦理假釋之依據，並不當然即對原告生有行政處分存在或與原告產生行政法上法律關係；揆諸首開規定，本不得作為確認訴訟之標的；原告對非行政處分或公法上之法律關係提起確認訴訟，依其所訴之事實，在法律上為顯無理由，爰不經言詞辯論，逕以判決駁回之。」參閱《台灣本土法學雜誌》，第 72 期，2005 年 7 月，頁 195。

❷❷ 如對非行政處分，則不得提起確認行政處分無效之訴。就此，最高行政法院 91 年度判字第 2346 號判決指出：「備查係以下級機關或公私機構，個體對上級機關或主管事務之機關，有所陳報或通知，使該上級機關或主管事務之機關，對於其指揮、監督或主管之事項，知悉其事實之謂。備查之目的，在於知悉已經過之事實如何，主管機關不必另有其他作為，備查之性質，亦與所報事項之效力無關（參見臺灣省政府民政廳 84 年 8 月 10 日 (84) 民五字第 28918 號函說明），則前述備查函既僅就『福德正神』選任管理人為知悉之表示，與所陳報事項之實質效力無關，當事人對所陳報事項有所爭執，自應訴請法院裁判。況上訴人曾向普通法院訴請『公業福德正神』應塗銷管理人變更登記，業經最高法院駁回確定，有最高法院 85 年度臺上字第 1246 號民事判決附卷可憑，是被上訴人前述備查函顯非行政處分，上訴人自不得對該二備查函提起確認行政處分無效之訴。」參閱，司法院印行，《最高行政法院裁判要旨彙編》，第 22 輯，民國 92 年 12 月，頁 759。

4.所要求或許可之行為構成犯罪者。

5.內容違背公共秩序、善良風俗者。

6.未經授權而違背法規有關專屬管轄之規定或缺乏事務權限者。

7.其他有重大明顯之瑕疵者。

如上所述,確認行政處分為無效訴訟的對象,必須是無效的行政處分,是以單純提起確認行政處分有效之訴訟,乃法所不許,蓋因一有效之行政處分已形成一公法上法律關係,如欲確認其有效,學者認為較直接而經濟之方式,乃是提起上述之確認公法上法律關係存在之訴,始為正辦❷。

又行政處分的合法性,能否作為確認行政處分無效訴訟的對象? 德國通說認為,行政處分是否違法,僅得經由撤銷訴訟、課予義務訴訟間接認定,不得作為確認行政處分無效訴訟的對象❷。但「其區辨非人民所易知,如人民應提起撤銷訴訟誤為提起確認行政處分無效之訴訟,之後欲重行救濟,其未經訴願程序者,恐已遲誤提起訴願期間而不可得。」❷ 為維護人民權益,行政訴訟法第六條第五項乃規定:「應提起撤銷訴訟誤為提起確認行政處分無效之訴訟,其未經訴願程序者,行政法院應以裁定將該事件移送於訴願管轄機關,並以行政法院收受訴狀之時,視為提起訴願。」最高行政法院據此亦常要求相關高等行政法院為闡明及移送❷。

---

❷ 蔡志方,上揭文,頁 46;吳庚,上揭書,頁 124 及其上註 88 所介述德國學說;葉百修、吳綺雲,上揭報告,頁 48–49。

❷ 彭鳳至,上揭報告,頁 94;葉百修、吳綺雲,上揭報告,頁 48。

❷ 最高行政法院 92 年度判字第 1343 號判決,《台灣本土法學雜誌》,第 56 期,2004 年 3 月,頁 178。

❷ 例如最高行政法院 92 年度判字第 621 號判決謂:「上訴人起訴理由中亦論及原處分係違法之處分,故上訴人如認該處分有瑕疵而受損害,應提起撤銷訴訟請求救濟,其遽對之提起確認行政處分無效之訴,是否誤認所致,揆諸行政訴訟法第六條第五項規定,原審自應就此行使闡明權加以究明,並依該條項規定移送訴願管轄機關,以資保障上訴人之訴訟權益。原判決未注意及此,遽以實體上理由駁回上訴人之訴,尚嫌疏漏。」參閱,司法院印行,《最高行政法院裁判要旨彙編》,第 23 輯,民國 93 年 12 月,頁 889。另如最高行政法院 92 年度

　　另外，行政處分的內容，能否作為確認行政處分無效訴訟的對象，德國學者 (Ule, Glaeser) 主張，自確認行政處分無效的立法目的推論，認為以否定為宜，因為行政處分內容的爭議，不如行政處分無效嚴重，且多數可以經由確認法律關係存在不存在訴訟，達到解決爭議目的。但其他學者如 Eyermann/Fröhler，則有爭論而採肯定說❷❷❾。

二、須已踐行請求確認程序而被拒絕或無效果

　　所謂須已踐行請求確認程序而被拒絕或無效果乃指原告已依行政訴訟法第六條第二項規定❷❸⓪，已向原處分機關請求確認其無效而未被允許，或經請求後於三十日內未獲原處分機關之確答者，始可提起確認行政處分為無效之訴訟。此一先行程序規定之目的，學者認為並非在使行政機關先自我反省，而是在避免人民濫訴，蓋因能以便捷之途徑達成救濟之目的者，須先用盡該途徑，否則即構成欠缺權利保護之必要要件，而申請行政機關自行確認其行政處分無效之先行程序，即屬此種途徑❷❸①。

　　判字第 1343 號亦同此意旨，參閱，司法院印行，《最高行政法院裁判要旨彙編》，第 23 輯，頁 924。

❷❷❾　葉百修、吳綺雲，同上註；另吳庚，上揭書，頁 124 註 88。

❷❸⓪　此一規定，最高行政法院 94 年度判字第 199 號判決在確認重劃計劃處分無效之訟爭時表示：「其目的在於先由原處分機關自行審查及自行確認其行政處分是否無效。是以此種行政程序之踐行，並無嚴格遵守請求確認、未被允許或不為確答等流程之必要，而以行政處分經原處分機關為實質審查確認並非無效為已足。例如經訴願程序為實體審理後，提起確認訴訟，或提起撤銷訴訟後變更為確認訴訟，即不能認為欠缺行政程序。又起訴而欠缺行政程序，並非原告一己所能補正，法院無庸定期命補正，得認起訴不備法定要件，為不合法而逕行裁定駁回之。然在裁定駁回前，如行政處分已經原處分機關為實質審查確認並非無效，應認為行政程序之欠缺因而補正。」參閱《最高行政法院裁判要旨彙編》，第 25 輯，民國 95 年 6 月，頁 864–865。

❷❸①　蔡志方，上揭文，頁 47；吳庚，上揭書，頁 126 及其上註 89。

三、須有即受確認判決之法律上利益

行政訴訟法第六條第一項前段規定，確認行政處分無效之訴訟，非原告有即受確認判決之法律上利益者，不得提起之。是以，提起確認行政處分無效訴訟之特別要件，尚包括此一「有即受確認判決之法律上利益」。此一受確認之利益❷，須為「法律上之利益」，學者認為與民事訴訟法第二四七條所定提起確認之訴之要件相同，而與德國行政法院法第四十三條第一項規定之「正當利益」(berechtigtes Interesse) 不同。「正當利益」依德國實務見解，係指經由合理之考慮，按照事物狀況受到法規或基於法理值得保護之利益，包括法律上、經濟上、名譽上，甚至想像上之利益而言，其範圍超過法律上利益。大法官吳庚認為，行政訴訟法不採德國法制上「正當利益」之措辭，而用與民事訴訟法相同之詞句，在解釋時應尊重立法之原意❷。

法律上之利益乃有別於政治上、宗教上、文化上或感情上利益，本書已於第四章第二節第五項中說明，在此不贅述。至於何謂「即受」判決之法律利益 (ein rechtliches Interesse an der baldigen Feststellung)，意指原告目前所處之不確定法律狀況，如不能獲得判決確認，將「立即受到」不利益之法律效果。因此，此一不確定法律狀況必須現已存在或立即到來，而過去的或未來之受害或有受害之虞者，則不符合有「即受」判決之法律利益。德國學者認為，當法律關係無實現希望 (wenn das Rechtsverhältnis ohne Aussicht auf Realisierung)，即是當事人無即受判決之法律利益❷。

四、不適用一般確認訴訟補充性要件

行政訴訟法第六條第三項原規定：「確認公法上法律關係成立或不成立

---

❷ 司法實務，請參閱臺中高等行政法院 89 年度訴字第 1286 號判決，《台灣本土法學雜誌》，第 37 期，2002 年 8 月，頁 197–202；臺北高等行政法院 90 年度訴字第 5164 號判決，《台灣本土法學雜誌》，第 47 期，2003 年 6 月，頁 210。

❷ 吳庚，上揭書，頁 127；陳計男，上揭書，頁 187。

❷ Eyermann/Fröhler, a.a.O., §43, Rn. 39；另參閱，吳庚，上揭書，頁 127。

之訴訟，於原告得提起撤銷訴訟者，不得提起之。」此即學理上所謂一般確認訴訟之補充性 (Subsidiarität der Feststellungsklage)❷❸❺要件。值得注意的是，民國九十九年一月十三日總統公布修正之行政訴訟法第六條第三項已修正為：「確認訴訟，於原告得提起或可得提起撤銷訴訟、課予義務訴訟或一般給付訴訟者，不得提起之。但確認行政處分無效之訴訟，不在此限。」其修正理由為：「本條第三項原規定確認訴訟之補充性，限於『確認公法上法律關係成立或不成立之訴訟』，並不及於第一項後段之確認行政處分違法之訴訟。而認定行政處分是否違法，已有撤銷訴訟作為權利保護方式，如其得提起撤銷訴訟，卻逕行提起確認訴訟，或原得提起撤銷訴訟而怠於為之，至撤銷訴訟已無法提起時，始提起確認訴訟，不僅混淆行政訴訟權利保護之機制，且將使『確認已執行而無回復原狀可能之行政處分或已消滅之行政處分為違法之訴訟』既無期間之限制，亦不受補充性之限制，恐將有失法律秩序之安定性，爰將原第三項『確認公法上法律關係成立或不成立之訴訟』，修正為『確認訴訟』，並設但書排除確認行政處分無效之訴訟，以符法理。又確認訴訟之補充性，理論上不僅係對於撤銷訴訟而言，基於訴訟經濟及最大法律保護原則之要求，如得提起課予義務訴訟或一般給付訴訟者，亦不得提起確認訴訟。原第三項僅規定確認訴訟對於撤銷訴訟之補充性，未顧及課予義務訴訟及一般給付訴訟，亦欠周全，爰併予修正增列。」

　　提起一般確認訴訟，法律之所以要規定此補充性要件，乃因法律關係依行政處分而發生者，當事人如有爭執，本應以撤銷訴訟訴請撤銷原行政處分，使該行政處分所生法律關係自然失其附麗而變更或消滅。若原告怠於對此行政處分提起訴願及撤銷訴訟而任其確定，然後再以無起訴時間限制之確認訴訟，主張因行政處分而生之法律關係存在或不存在，則行政處分之效力永遠處於不確定狀態，訴願及撤銷訴訟也成為多餘之制度，有害於法律秩序之安定❷❸❻。

　　一般確認訴訟補充性要件，依德國學界通說並不適用於確認行政處分

---

❷❸❺　Kuhla/Hüttenbrink, a.a.O., D., Rn. 235.

❷❸❻　吳庚，上揭書，頁130。

無效之訴。換言之，對於確認行政處分無效，原告得選擇提起確認訴訟，也可選擇提起撤銷訴訟。此因一個行政處分之瑕疵，究屬得撤銷或無效，原告人民殊難確定❷，行政訴訟法第六條第三項原只規定提起確認公法上法律關係成立或不成立之訴訟（學理上所謂一般確認訴訟）限於原告不得提起撤銷訴訟時才可，現因民國九十九年一月十三日修正之行政訴訟法第三條已加以刪除並明確規定確認行政處分無效之訴訟不適用一般確認訴訟補充性原件。

五、須於適當期間內提起

新行政訴訟法對於提起確認訴訟，並無起訴期間之限制，但學者認為，法雖無起訴期之明文，但確認行政處分無效仍須於適當期間內提起。理由乃在於有程序失權 (Prozessuale Verwirkung) 情事時❷，如仍許提起確認行政處分無效之訴，難以維持法律秩序安定，特別是在事過境遷始重提舊事，顯有濫用訴訟權之情形❷。

第二目　確認公法上法律關係成立或不成立之訴的特別要件

人民提起確認公法上法律關係成立或不成立之訴 (Feststellungsklage des Bestehens oder Nichtbestehens eines öffentlichen Rechtsverhältnisses) 之原因，乃在於人民對於公法上法律關係成立或不成立與主管機關有爭議，而因公法上法律關係之不明確致有影響其法律上權益，故有必要向行政法院提起此一類型訴訟而以行政法院之確認判決將公法上法律關係是否成立或不成立，加以明確認定。依據行政訴訟法第六條第一項規定，確認公法上法律關係成立或不成立訴訟的特別要件，可分述如次。

---

❷　Kuhla/Hüttenbrink, a.a.O., D., Rn. 236.

❷　彭鳳至，上揭書，頁 27–29。

❷　蔡志方，上揭文，頁 47；彭鳳至，上揭報告，頁 99。

一、訴訟對象，須為公法上法律關係之成立或不成立

　　確認公法上法律關係成立或不成立之訴的訴訟對象為公法上法律關係，此與民事訴訟法第二四七條規定之確認之訴的訴訟對象不同。它限於公法上法律關係，而不及於私法關係❷。在此所謂公法上法律關係係指公法上之權利義務關係，亦即德國學者所談的，是公法上的法律規範，適用於具體事實，所產生的人與他人之間，或人與物之間的關係❷。例如外國人是否具有政治難民身分而應受到庇護，居住緬甸之華人張三是否有中華民國國籍法之適用的法律關係，或既成道路是否發生公用地役關係❷，或李四住家是否得為古蹟之法律關係等是。又公法上法律關係與憲法上法律關係有別。憲法上法律關係發生爭議，依憲法規定之解決途徑或依司法院大法官審理案件法之規定加以處理，不在行政訴訟處理範圍，此為行政訴訟法第二條所明定。

　　可為確定訴訟對象的公法上法律關係，其具體內涵和範圍為何？德國司法實務和學說有較詳細的界定❷，亦即：

---

❷　但我國司法實務卻有奇異的判決，如高雄高等行政法院92年度簡字第65號簡
　　易判決謂：「海關處分書所載之罰金及稅捐，係基於國家統治權作用而生者，
　　為公法上之請求權，屬於公法上之法律關係，自不能為確認之訴之訴訟標的。」
　　又謂：「執行名義所載之權利，固不失為法律關係，得為確認之訴之標的，但
　　以私法上之法律關係為限。如因基於國家統治權之作用而生者，乃係公法上之
　　法律關係，對之如有爭執，應循另一途徑，謀求救濟。」詳閱《台灣本土法學
　　雜誌》，第50期，2003年9月，頁222。

❷　Kopp/Schenke, *Verwaltungsgerichtsordnung*, C. H. Beck, München, 1998, §43,
　　Rn. 11。我國司法實務對法律關係則為下述之界定，即：「法律關係乃指特定生
　　活事實之存在，因法規之規範效果，在兩個以上權利主體間所產生之權利義務
　　關係，或產生人對權利實體間之利用關係而言」。又謂：「法規並非法律關係之
　　本身，自不得以其存否為確認訴訟標的。」請參閱臺北高等行政法院90年度訴
　　字第3835號裁定，《台灣本土法學雜誌》，第36期，2002年7月，頁231–232。

❷　司法院大法官釋字第400號、第440號解釋。

　　1.提起確認之訴，並非必須是對一法律關係之全部，僅是一法律關係中之「獨立部分」，亦得為確認訴訟之對象。此所謂「獨立部分」，特別是指當事人間基於一具體、全面的法律關係所產生的個別權利或義務。例如，法官得請求確認其是否穿法袍之義務。在此「穿法袍之義務」乃法官與國家全面性法律關係的個別義務關係，屬於法律關係中之「獨立部分」。而與「獨立部分」不同的是一法律關係的「個別要素」、「不獨立部分」或「先決問題」，則不得成為請求確認之訴的對象❹。又有關一個人、物或一件事實之某種「特質」，如餐館營業許可申請人之「可靠性」或一塊土地之「可建築性」或一間房子之是否具有「員工宿舍」之特質等，即使具有法律上特別意義，亦非得為確認之訴所欲確認之法律關係。但有關一個人是否具有一公法社團社員身分、資格之「身分權」(Statusrechten) 問題，因其可認為是「一捆權利和（或）義務之簡縮稱呼」，非僅是關乎一個人之「特質」，故德國通說認為是一真正的「法律關係」，得為確認訴訟之對象❹。

　　2.單純之事實 (bloβe Tatsache) 不得作為行政確認訴訟之對象❹。證書之真偽 (Echtheit oder Unechtheit einer Urkunde) 有爭議時，亦不得提起行政確認訴訟❹。

　　3.抽象之法律問題或法律情勢 (eine abstrake Rechtsfrage oder Rechtslage)，如某一法條之抽象規定應如何解釋，以及純學術性之問題 (rein

---

❹　葉百修、吳綺雲，上揭報告，頁 8-19。

❹　Redeker/von Oertzen, a.a.O., §43, Rn. 3.

❹　A.a.O., §43, Rn. 4.

❹　最高行政法院 92 年度判字第 1659 號判決謂：「原核准機關函覆上訴人等『不生徵收失效情事』，僅屬就徵收案表明是否失效之意見而已，並非行政處分，尚難提起撤銷訴訟，此為本院最近一致之見解。是以，上訴人等以未依限發給補償費完竣，主張徵收失效而提起確認之訴，似應依行政訴訟法第六條第一項規定，確認兩造間之徵收法律關係不存在，而非請求確認本案原徵收處分無效。」詳閱《台灣本土法學雜誌》，第 57 期，2004 年 4 月，頁 159。

❹　A.a.O., §43, Rn. 6.

akademische Frage)，因皆非符合確認之訴的目的在釐清具體法律關係之要件 (Die Klage muβ der Klärung eines Rechtsverhältnisses dienen)，故不得為此類確認之訴的訴訟對象❷❹❽。

　　4.針對政府或行政機關基於法律授權所定之法規命令 (Rechtsverordnung) 之有效與否 (die Frage der Gültigkeit von Rechtsnormen)，可不可以提起行政確認訴訟？德國通說認為，因關於一法規命令是否有效之爭議，僅涉及一「法律問題」，尚非一般行政確認訴訟所要確認之具體「法律關係」，因此不得提起確認之訴❷❹❾。我國司法實務亦同此見解。最高行政法院九十五年度判字第二一四七號判決即表示:「擬定都市計畫之機關依都市計畫法第二十六條規定為五年定期通盤檢討，將一定地區內之土地使用作規劃（參都市計畫法第三條、第四條），此項檢討後所作之變更，因非直接限制一定區域內人民之權益或增加其負擔，且非針對具體事件之處理，核其性質乃屬於法規命令而非行政處分，其性質是一種法規，不得直接對之爭訟。本件上訴人所爭執之臺灣省政府六十八年核定之『旗山擴大修訂都市計畫』及七十九年核定之『變更旗山擴大修訂都市計畫』等通盤檢討案，雖將系爭土地變更為河川用地及行水區，惟其係屬於行政機關對於一般人民所為之一般性措施，類於法規命令而為抽象之規定，而非具體之法律關係。至於因都市計畫經劃定為河川用地或行水區，主管機關為保護水道，禁止在行水區為建造、種植、堆置、挖取，或設置遊樂設施、豎立廣告牌、傾倒廢棄物，足以妨礙水流之行為等相關限制，則是水利法第七十八條等相關法令對行水區所為之限制，亦非具體的法律關係。單純因上開都市計畫及水利法之規定，規範人民土地之利用，揆諸前揭說明，國家與人民之間，如僅有法律規定其一般關係，而欠缺必要之具體化時，尚不足以成立法律關係。……從而系爭都市計畫之通盤檢討，因僅具對不特定人

---

❷❹❽　Kopp/Schenke, a.a.O., §43, Rn. 14; Redeker/von Oertzen, a.a.O., §43, Rn. 6–7.

❷❹❾　Kopp/Schenke, a.a.O., §43, Rn. 14；葉百修、吳綺雲，上揭報告，頁 10–11。我國司法實務亦採同此見解。詳閱臺北高等行政法院 90 年度訴字第 3835 號裁定,《台灣本土法學雜誌》，第 36 期，2002 年 7 月，頁 231–232。

為一般性之規範，尚未達可為爭訟性之救濟程度，上訴人遽為請求確認該
公法上法律關係不成立，與法自為不合。」㉚

5.針對行政機關依職權訂頒處理假釋之行政規則及依該規則所為決
定，得否作為確認訴訟之標的？我國司法實務則採否定見解。例如高雄高
等行政法院九十三年度訴字第四六八號判決認為：「原告起訴請求確認者，
乃被告依據八十六年刑法修正前之（即起分進分標準）審查該監受刑人是
否得辦理假釋為無效之行政行為，並不涉及被告對原告個人得否辦理假釋
之決定，有原告九十三年六月二十九日起訴補正狀可憑；惟被告所適用之
受刑人（教化、操行）行狀考核評分標準（即起分進分標準），既屬被告為
執行行刑累進處遇成績之核給，自訂之評分標準，究其性質，應屬行政規
則，並非行政處分或公法上之法律關係；又被告以該項標準作為審查該監
受刑人是否得辦理假釋之依據，並不當然即對原告生有行政處分存在或與
原告產生行政法上法律關係；揆諸首開規定，本不得作為確認訴訟之標的；
原告對非行政處分或公法上之法律關係提起確認訴訟，依其所訴之事實，
在法律上為顯無理由，爰不經言詞辯論，逕以判決駁回之。」㉛

6.提起一般確認訴訟請求確認之公法上法律關係，須是一已經充分具
體、特別化之「具體的法律關係」(konkrets Rechtsverhältnis)，而非僅是想
像或假想可能發生之事實，且原告與被告間存有爭議 (die Anwendung einer
Rechtsnorm auf einen bestimmten, bereits übersehbaren Sachverhalt muβ
streitig sein)。因此，一般確認訴訟對象之公法上法律關係所涉及的是一在
時間、地點和當事人等方面皆已具體化之個案，而與公法上法律規範發生
關連之法律關係。又不一定發生之「附停止條件」之法律關係 (das bedingte
Rechtsverhältnis)，如其所據之法律內容已經存在，僅是所附條件尚未成就
生效，則仍應視為一「具體」存在的法律關係，亦可提起一般確認訴訟㉜。
另外，特別要說明的是，具體的公法上法律關係，可以是以法定「正式行

㉚　參閱《台灣本土法學雜誌》，第 93 期，2007 年 4 月，頁 308。

㉛　參閱《台灣本土法學雜誌》，第 72 期，2005 年 7 月，頁 195。

㉜　Redeker/von Oertzen, a.a.O., §43, Rn. 8；葉百修、吳綺雲，上揭報告，頁 15。

政行為」如行政處分、公法契約或直接經由法規命令等方式加以形成，也可以以「非正式行政行為」之方式來加以形成。例如，德國實務上認為，在行政機關與人民間對於某特定營業行為是否應事先得核准之爭議中，如行政機關對於有意開始為該項營業行為之當事人施予明確之警告，謂其如不遵從行政機關認為應先得到核准之見解，逕行開業，則將採取立即、強制關閉其營業之法律措施。此種行政機關對該人民所為明確之警告，雖非正式的行政處分，但德國法院實務認為已不能再被視為僅是對一抽象法律狀態之單純提示而已，因其在當事人與行政機關間之浮動爭議關係，已經由明確之警告而具體化為一法律關係。對於此一法律關係之成立或不成立，即得以提起一般確認訴訟加以確認。當事人不必等到行政機關為關閉其營業之行政處分後，才得對該處分提起撤銷之訴以為救濟。因為在行政機關將自行採取法律措施之「警告威嚇」下，人民如不能以一般確認訴訟確認該「警告」之法律關係是否成立、存在，即營業行為是否為合法之法律關係前，人民將不敢為大量投資而影響其經濟生活權益。此種以提起一般確認訴訟，針對行政機關以「警告威嚇」採取法律措施，或「將向法院提起訴訟」，或將「向偵查機關或罰鍰機關告發」等非正式行政行為方式所具體化之法律關係，在我國行政實務上時常發生。因此，德國司法實務上見解，值得人民提起行政確認訴訟之參考。再者，如行政機關與人民對於某種法律關係上之權利有爭議，人民如不遵守行政機關之見解，在不久之將來，人民將因其行為，定可預期會受到該行政機關之罰鍰處罰者，亦可提起一般確認訴訟。此種以提起確認訴訟方式，針對一將來不利之行政處分，為預防性的保護，屬於例外。因此，德國法院判決在允許該例外情形之下，設有一限制，即原告人民必須要有足以說明其不能等待行政機關作成該行政處分之特別理由時，方才認其有即受確認之正當利益，得提起確認訴訟❷❺❸。

　　7.提起一般確認訴訟之訴訟對象，為每一現時存在的公法上法律關係 (jedes gegenwärtige Rechtsverhältnis)。至於一在過去存在之法律關係 (ein in der Vergangenheit ligendes Rechtsverhältnis)，是否得為一般確認訴訟之訴訟

---

❷❺❸　葉百修、吳綺雲，上揭報告，頁 15–17；Kopp/Schenke, a.a.O., §43, Rn. 19.

對象？在德國早期司法實務雖曾有過爭論，但自 1951 年後，學者及實務上之見解即趨於一致，皆認為，一「過去之法律關係」在特定條件下，亦即在當該已不存在之法律關係，於其消滅後仍有持續之效力時，亦得為確認訴訟之對象。此乃因確認一法律關係是否曾經存在或不存在，所涉及的亦是一具體的法律關係，且只要在該法律關係之法律效力延續至現在之期間內，其具體性即繼續維持著。此外，德國現行行政法院法第一一三條第一項末段之規定亦已對「過去之法律關係」得為確認訴訟之對象，提供合法性之依據❷。我國司法實務亦採此見解。高雄高等行政法院九十四年度訴字第五四五號判決針對公立大學圖書館館長已過聘期之聘函所生公法上法律關係存在與否？即容許提起此之確認訴訟。該判決認為：「國立大學教師兼任行政職務之聘任，性質上係公法上契約之效力，並非行政處分。其契約關係之成立，本質上仍屬雙方間意思表示之合致，是關於聘約內容之事項，無由一方基於意思優越之地位，以單方行為形成之可言，自不應承認校方有以行政處分形成或改易聘約內容之權限，已如前述。本件兩造間之系爭聘函，被告既於九十三年七月二十二日以聘函，聘任原告兼任被告圖書館館長在案，則該項聘約之契約關係已因雙方間意思表示合致而成立，已甚明確。至於是否因被告嗣後單方面之九十三年七月三十日函通知原告註銷之行為，而使系爭聘約發生解聘之改易效力，既已發生爭執，致系爭聘任之公法法律關係存在或不存在不明，自應循確認訴訟救濟之，從而，被告辯稱：系爭聘函係屬行政處分而非行政契約，原告兼任圖書館館長之行政職務乃屬被告校長之職權，由校長直接聘任之，故被告校長亦得單方面註銷系爭聘函，原告教授資格之本職既未變更或消滅，其教師應有權益均無影響，故原告不得提起訴訟請求救濟云云，顯有誤解，不足採取。」該判決又表示：「『確認行政處分無效及確認公法上法律關係成立或不成立之訴訟，非原告有即受確認判決之法律上利益者，不得提起之。』行政訴訟法第六條第一項前段定有明文。此所謂即受確認判決之法律上利益，須因法律關係之存否不明確，致原告在公法上之地位有受侵害之危險，而此項危

---

❷ 葉百修、吳綺雲，上揭報告，頁 17–18；Redeker/von Oertzen, a.a.O., §43, Rn. 8.

險得以對於被告之確認判決除去之者，始為存在。本件系爭聘函之聘期自
九十三年八月一日起至九十四年七月三十一日止，於言詞辯論終結時雖已
經過，然因確認系爭契約關係存在之判決，可確認原聘函之契約關係存在，
且原告並得據此行使兼任圖書館館長主管加給報酬之給付請求權，準此，
原告即具有受確認判決之法律上利益。」❷⁵⁵

　　8.一個未來的法律關係 (ein zukünftiges Rechtsverhältnis)，依德國通
說，原則上不得為確認訴訟之訴訟對象，因此未來的法律關係缺乏必要之具
體性。但如未來之給付義務係根據一現時已不可改變之確定的事況而於將
來屆至者，則可提起確認訴訟。例如，尚未完工之公路，其沿線居民特別使
用道路費繳付義務 (Anliegerbeiträge) 關係之確認❷⁵⁶。又所謂預防性之確認
訴訟 (Die vorbeugende Feststellungsklage) 在德國司法實務與學說，均加以容
許。故一公務員對妻之撫恤金 (Klage des Beamten wegen Witwenversorgung
seiner Frau) 之確認訴訟，即被德國聯邦行政法院所容許❷⁵⁷。

　　9.提起確認訴訟之訴訟對象通常是一存在於「原告與被告」間之法律
關係，而依德國現行行政訴訟制度，此二者並不限於須處於平行同等之法
律關係，即屬上下隸屬之法律關係者亦可。又依德國學者及實務上一致之
見解，得為行政確認訴訟之對象者，非定屬於「直接存在於訴訟當事人間」
之法律關係不可。對於「被告與第三人間」之法律關係之存在或不存在，
原告亦得提起確認訴訟。此點在行政確認訴訟與民事確認訴訟並無不同。
但必須是原告針對被告有確認利益時，起訴方為合法。另在德國行政訴訟
法論述中，論及確認訴訟之對象不以係存在於訴訟當事人之法律關係為必
要時，主要是設想，當一公法社團與另一公法社團間關於對第三人之債權
有爭議時之情形。例如社會救助機構甲以社會救助機構乙為被告，訴請確
認並非乙而是其本身對於第三人丙有債權存在是。此外，實務上亦有允許

---

❷⁵⁵　參閱《台灣本土法學雜誌》，第 89 期，2006 年 12 月，頁 211–212。

❷⁵⁶　A.a.O., Rn. 43, Rn. 8；公路沿線居民之概念，請參閱，陳敏，《行政法總論》，
　　頁 856。

❷⁵⁷　Vgl. BVerwGE 26, 23; 38, 346.

夫得訴請確認其妻與被告間之公務員關係不存在；外國籍之父親得起訴確認其子不具有德國籍；出租人對獲戰爭犧牲補償之人提起其生活扶助須向承租人支付之確認訴訟❷。

二、須有即受確認判決之法律上利益❷

此一要件與上述確認行政處分無效之訴的特別要件相同，可參閱本章第四節第四項第一目之相關說明。

三、須不得提起撤銷訴訟、給付訴訟或課予義務訴訟者

行政訴訟法第六條第三項原規定：「確認公法上法律關係成立或不成立之訴訟，於原告得提起撤銷訴訟者，不得提起之。」此即源於德國行政訴訟法學理上所稱之確認訴訟的補充性 (Subsidiarität der Feststellungsklage)❷。我國行政訴訟法此一僅就確認訴訟相對於撤銷訴訟的補充性加以規定，而未如德國法制擴張及於給付訴訟與課以義務訴訟，吳庚大法官認為是一項疏漏❷。不過，此一疏漏已於民國九十九年一月十三日公布修正之行政訴訟法第六條第三項規定而消失。新修正之該項條文規定：「確認訴訟，於原告得提起或可提起撤銷訴訟、課予義務訴訟或一般給付訴訟者，不得提起之。」因此，確認公法上法律關係成立或不成立之訴訟亦須符合確認訴訟補充性原則，亦即不只如修正前條文，相對於撤銷訴訟，甚且對於課予義務訴訟，對於給付訴訟，均有補充性，而如未先提撤銷訴訟、先提課予義務訴訟，先提給付訴訟，則不得提起確認公法上法律關係成立或不成立之訴訟。

---

❷ Redeker/Von Oertzen, a.a.O., §43, Rn. 10.

❷ 司法實務，請參閱臺中高等行政法院 91 年度訴字第 531 號判決，《台灣本土法學雜誌》，第 48 期，2003 年 7 月，頁 180–183。

❷ A.a.O., §43, Rn. 24–27.

❷ 德國行政法院法第 43 條第 2 項規定：「原告之權利依形成之訴（即撤銷訴訟）或給付之訴，得以實現或有實現之可能者，不得提起確認訴訟。」參閱，吳庚，上揭書，頁 123。

第三目　確認已消滅行政處分為違法之訴的特別要件

人民對所受違法行政處分欲求司法救濟，原則上須先經訴願程序後提起撤銷訴訟，但在訴訟進行中，若訴訟對象之違法行政處分已執行完畢或因其他事由而消滅時，則因訴訟對象已不存在，所提之撤銷訴訟即欠缺訴訟要件而應受駁回。此一情形，在民國八十七年行政訴訟法大幅修正前，人民權益縱使受到損害，亦無法依其他行政訴訟程序獲得救濟。民國八十七年行政訴訟法修正後，乃仿德國行政法院法第一一三條第一項後段規定❷，於第六條第一項規定，確認已執行完畢❸或因其他事由而消滅之行政處分為違法者，可以提起確認訴訟❹。民國九十九年一月十三日修正之行政訴訟法第六條第一項規定，則將之變更為：「確認已執行而無回復原狀可能之行政處分或已消滅之行政處分為違法」者，亦可提行政訴訟。又因行政訴訟法第六條第三項原規定確認訴訟之補充性，僅限於「確認公法上法律關係成立或不成立之訴訟」，但因民國九十九年一月十三日已刪除此一限制，故「確認已執行而無回復原狀可能之行政處分為違法」或「確認已消滅之行政處分為違法」之訴訟亦受確認訴訟補充性之限制，亦即在原告得提起或可提起撤銷訴訟、課予義務訴訟或一般給付訴訟者，不得提起之。

確認已消滅行政處分為違法之訴訟的特別要件❺，可析述如次。

---

❷ 該規定謂：「行政處分已撤回，或因其他事由已終結，而原告對於確定行政處分之違法，具有合法之利益者，法院應依其聲請，以判決宣示行政處分為違法。」參閱，司法院印行，《中譯德奧法日行政法院法》，民國 85 年 6 月，頁 42。

❸ 如主管機關為限期自行拆除的行政處分後，旋即強制執行拆除房屋完畢。參閱，陳淑芳，〈撤銷無實益之行政處分的救濟〉，《月旦法學教室》，第 39 期，2006 年 1 月，頁 34–35。

❹ 司法實務謂：「……並非所有已執行完畢之行政處分，均得提起行政處分違法確認訴訟，僅於行政處分規範效力已因法律上或事實上理由消滅者，原告仍有可回復之法律上利益者，才許其提起第六條第一項之行政處分違法確認訴訟。」詳閱臺北高等行政法院 90 年度訴字第 5512 號判決，《台灣本土法學雜誌》，第 42 期，2003 年 1 月，頁 182–184。

一、須已對違法行政處分提起撤銷訴訟，且具備撤銷訴訟之實體判決要件

人民對抗違法之行政處分，本應依行政訴訟法第四條規定，提起撤銷訴訟，但如上所述，若所提撤銷之訴的訴訟對象，即該違法行政處分，在撤銷訴訟進行中已執行完畢或因其他事由而消滅，則撤銷訴訟之本旨已無法達成，即行政處分已因執行完畢或因其他事由消滅，而無從撤銷❷❻❻。若

---

❷❻❺ 臺北高等行政法院 92 年度訴字第 3691 號判決將之歸納為：「按依行政訴訟法第六條第一項後段提起之『確認行政處分違法訴訟』，其前提要件為：

A. 該作為行政爭訟對象之行政處分，已因執行完畢或因其他事由而消滅，以致使受該行政處分規制、導致公法上權利受侵犯之人民（或立於人民地位之行政機關）已無法以撤銷訴訟獲得救濟。

B. 而人民之所以還有提起『確認行政處分違法』訴訟之實益，則是基於『第二次權利救濟』之考慮，讓人民除了享有直接排除處分規制效力的『第一次權利救濟』手段外，尚可對『第一次權利救濟』無從彌補之損害（多是已生損害之填補），在以國家賠償或行使公法上排除侵害請求權之手段來救濟時，先以『確認行政處分違法』之訴來確定原處分之違法性。

C. 因此『確認行政處分違法之訴』始終是『行政處分撤銷訴訟』訴訟的補充規定，有關提起撤銷訴訟之行政爭訟前置要件，在『確認行政處分違法之訴』中亦須具備。特別是法定不變期間之遵守。換言之，原處分之規制效力即使消滅，提起確認行政處分違法之訴者，亦須視其行政爭訟階段，而遵守法定不變期間。例如：

　(1)行政處分作成後未進入訴願程序以前，以原處分規制效力消失而提起確認行政處分違法之訴者，必須在提起訴願法定不變期間內。

　(2)行政處分作成後且進入訴願程序中，原處分規制效力方行消滅者，其提起確認行政處分違法之訴，必須在提起行政訴訟之法定不變期間內為之。」甚值參考。詳閱《台灣本土法學雜誌》，第 70 期，2005 年 5 月，頁 192。

❷❻❻ 最高行政法院 94 年度裁字第 1225 號裁定對此有詳細的說明，即：「對於現存之行政處分主張違法，原則上應提起撤銷訴訟以撤銷該違法之行政處分，而不得提起確認訴訟，此為確認訴訟之補充性。惟如因法律上之原因，致當事人雖於行政救濟期間內，亦不得提起撤銷訴訟，此時當事人如不能提起確認訴訟確

如學者所主張，續行撤銷訴訟，則因行政處分已執行完畢或因其他事由消滅，致已不存在，則如何由行政法院以撤銷判決撤銷已消滅而不存在之行政處分，殊有疑問❷⁶⁷。故其他學者認為行政訴訟法第六條第一項後段之規定，乃仿照德國行政法院法第一一三條第一項規定，屬於學理上所謂之追加（或續行）的確認訴訟 (Die nachträgliche Feststellungsklage oder die Fortsetzungsfeststellungsklage) ❷⁶⁸。故主張在新行政訴訟法第六條第一項後段過於簡略而未明定此類確認訴訟實體判決要件之情形下，宜參考德國立法例與學說，認為此類確認訴訟係由撤銷訴訟轉換而來。因此，原告須已對違法行政處分提起撤銷訴訟，且具備撤銷訴訟之實體判決要件，始符合此類確認訴訟受實體判決之要件❷⁶⁹。此一學者之主張，在民國九十九年一月十三日公布之行政訴訟法第六條第三項已被採納並酌加修正，已如前述。前大法官吳庚表示行政訴訟法在民國八十七年修正時並未採納，而在民國九十九年時則完全繼受❷⁷⁰。

認該行政處分違法，其權利即不能獲得保護。且因其他事由而消滅之行政處分，既得提起確認行政處分違法之訴訟，則相對於效力仍然存在，並持續侵犯人民權利之違法行政處分，而有受確認判決之法律上利益者，其情節顯較已消滅之行政處分侵害人民權益之情形為重，如不讓受害人提起確認行政處分違法之訴，即屬失衡。故依舉重以明輕之法理，對於效力仍然存在之行政處分，如當事人因非可歸責於己之事由，而已不得對該違法行政處分提起撤銷訴訟時，應認此種情形亦在行政訴訟法第 6 條第 1 項後段許其提起確認行政處分違法訴訟之列，以資救濟，始符該條立法旨趣。」參閱《台灣本土法學雜誌》，第 77 期，2005 年 12 月，頁 256。

❷⁶⁷　陳清秀，《行政訴訟法》，頁 146；陳計男，《行政訴訟法釋論》，頁 192。

❷⁶⁸　大法官陳計男則認不宜如此稱呼。參見氏著，《行政訴訟法釋論》，頁 194。不過，司法院印行之《德國行政法院法逐條釋義》則仍稱為續行確認訴訟，詳請參閱，陳敏博士等譯，《德國行政法院法逐條釋義》，司法院印行，民國 91 年 10 月，頁 1255–1282。

❷⁶⁹　蔡志方，上揭文，頁 49。

❷⁷⁰　吳庚，《行政法之理論與實用》，增訂十一版二刷，自刊本，三民書局總經銷，

二、須於提起撤銷訴訟後，法院判決前，行政處分已消滅

如上所述，確認已執行完畢或因其他原因消滅之行政處分為違法之訴訟，原本是已進行的撤銷訴訟，但因在訴訟程序進行中，訴訟對象之違法行政處分因已執行完畢或因其他原因而消滅，新行政訴訟法為保護原告之權益，乃設置此一新類型之確認訴訟。故此類確認訴訟之實體判決要件，必須是在提起撤銷訴訟後，行政法院判決前，行政處分已執行完畢[271]或因其他原因而消滅的情形下[272]。

所謂行政處分已執行完畢而消滅，例如警察之搜查 (eine polizeiliche Durchsuchung) 已完畢[273]，而所謂因其他原因而消滅，例如行政處分因撤回 (durch Zurücknahme) 而消滅[274]，或因行政處分時限之經過 (durch Zeitablauf)，或因行政處分所附解除條件附款之發生 (durch Eintitt einer auflösenden Bedingung)[275]，或將受警察逮捕之示威者加以釋放，或爭訟中之護照效期經過且不可能延長之情形，或如放棄行政處分所撤銷許可之餐飲營業，或如放棄行政處分要求清除之儲物場所[276]，或如行政處分命為拆

民國 99 年 10 月，頁 678。

[271] 如土地徵收處分應補償之地價，未依行為時土地法第 233 條規定，於公告期滿後十五日內發給者，依司法院大法官釋字第 110 號、第 516 號解釋意旨，得視為徵收之行政處分失其效力。此時提起確認訴訟，究應如何聲明? 依 94 年度各級行政法院行政訴訟法律座談會（民國 94 年 6 月 11 日舉行）之研討結果，認為應聲明「確認土地徵收法律關係不存在。」其理由即是「徵收處分已執行完畢而不存在。」參閱《台灣本土法學雜誌》，第 74 期，2005 年 9 月，頁 166。

[272] 相關論文請參閱，蕭文生，《執行完畢與已消滅行政處分之救濟》，司法院秘書處發行，《行政訴訟論文彙編》，第 2 輯，民國 88 年 6 月，頁 191–216。

[273] Kopp/Schenke, a.a.O., §113, Rn. 102. 相關論文另請參閱，吳志光，〈不服警察臨檢之行政爭訟途徑〉，《法學講座》，第 32 期，2005 年 3 月，頁 95–103。

[274] A.a.O., §113, Rn. 101.

[275] Redeker/von Oertzen, a.a.O., §113, Rn. 30; Kopp/Schenke, a.a.O., §113, Rn. 103.

[276] Kopp/Schenke, a.a.O., §113, Rn. 103.

除房子受雷擊而毀倒，或如房屋改建執照處分因房屋在地震中倒毀等是❷❷。

三、須有即受確認判決之法律上利益

依行政訴訟法第六條第一項規定，確認已執行而消滅之行政處分為違法之訴訟，亦與確認行政處分無效之訴以及確認公法上法律關係成立或不成立之訴相同，必須原告有即受確認判決之法律上利益者，才可提起。所謂有即受確認判決之法律上利益，學者即曾以德國司法實務上三種類型加以說明❷❷，謂：

1.重複危險型

原告具有確認已解決之行政處分係屬違法之正當利益，最重要且最無爭議之案例類型，在於當原告有足夠理由擔憂行政機關於相同之情況下，有重複為該負擔之行政處分之危險時 (Wiederholungsgefahr)。其次，在關係人欲知當其再為該行為時，有關機關將採取何種法律見解時，實務上亦認為具有確認之正當利益。上該重複之危險必須充分具備存在 (die Wiederholungsgefahr ist hinreichend konkret)。例如原告對其小孩受教育之利益有受行政機關相同裁決侵害危險是；又如對在禁止集會區申請例外許可，行政機關所為駁回處分，所提確認該處分為違法之訴，即認為有即受確認判決之利益，因該駁回處分是否違法，對申請人而言，有重複危險性質，影響其未來集會之申請❷❷。

2.回復名譽型

德國實務上承認原告具有確認已解決之行政處分係屬違法之正當利益

---

❷❷　Eyermann/Fröhler, a.a.O., §113, Rn. 76–82.

❷❷　參引，葉百修、吳綺雲，上揭報告，頁 60–61；彭鳳至，上揭報告，頁 103。
Vgl. auch Eyermann/Fröhler, *Verwaltungsgerichtsordnung*, §113, Rn. 85–92; Kuhla/ Hüttenbrink, a.a.O., D., Rn. 248, 257.

❷❷　Kopp/Schenke, a.a.O., §113, Rn. 141.

之第二種案例類型為，在一行政處分雖已解決，但因該行政處分對原告仍繼續存有貶損之效果 (diskriminierende Wirkung)，且於法院為判決時，對其人格權造成侵害，而有回復名譽 (Rehabilitierung) 之利益之情形。當該已解決之行政處分確實已侵害至原告之基本權利時，法院原則上即認定其具有上該確認之正當利益。例如，對公務員之考績處分，雖已終結，但對公務員人格之貶損，即有以確認違法之訴，加以排除之利益。其他如律師、會計師、建築師之專門職業形象或藝文工作者之聲譽，如受懲戒或其他行政處分，亦有以此類確認之訴，確認已消滅之懲戒處分或其他行政處分為違法，而回復其名譽之確認利益❷⓪。具體的案例，如在公務員擢升中，被評為資格不合而遭拒；受禁行職權處分之公務員請求回復受損之形象；對命為精神病檢查之處分；對警察所為公示於眾之指認處分❷①。

3. 判決先例效力型

此種案例類型為，當行政法院對於已消滅之行政處分之違法確認，對於將來向民事法院提起行使損害賠償請求權之訴訟很重要而具有拘束力；依德國聯邦行政法院之見解，則更須「該當民事之損害賠償訴訟已經繫屬，或是有足夠之把握可以期待，且該民事訴訟不得顯然毫無勝訴希望」時，承認原告有聲請確認已解決之行政處分係屬違法之正當利益。此一類型訴訟將來在行政訴訟上甚具重要性，因為其確認判決將對人民隨後可能提起之民事損害賠償訴訟、行政損害賠償訴訟、行政損失補償訴訟具有先例拘束力 (Präjudizislität für Schadersersatz oder Entschädigungsansprüche)❷②。

四、須遵守法定不變期間

行政訴訟法雖未明文規定，提起「確認行政處分違法之訴」之期間，但司法實務上，則認須遵守法定不變期間。例如臺北高等行政法院九十二

---

❷⓪ Eyermann/Fröhler, a.a.O., §113, Rn. 92.

❷① Kopp/Schenke, a.a.O., §113, Rn. 142.

❷② A.a.O., §113, Rn. 136; Eyermann/Fröhler, a.a.O., §113, Rn. 87.

年度訴字第三六九一號判決即謂：「『確認行政處分違法之訴』始終是『行政處分撤銷訴訟』訴訟的補充規定，有關提起撤銷訴訟之行政爭訟前置要件，在『確認行政處分違法之訴』中亦須具備。特別是法定不變期間之遵守。換言之，原處分之規制效力即使消滅，提起確認行政處分違法之訴者，亦須視其行政爭訟階段，而遵守法定不變期間。例如：

　　⑴行政處分作成後未進入訴願程序以前，以原處分規制效力消失而提起確認行政處分違法之訴者，必須在提起訴願法定不變期間內。

　　⑵行政處分作成後且進入訴願程序中，原處分規制效力方行消滅者，其提起確認行政處分違法之訴，必須在提起行政訴訟之法定不變期間內為之。」❽

第四目　確認已執行完畢而無回復原狀可能之行政處分為違法之訴的特別要件

　　依民國九十九年一月十三日公布修正之行政訴訟法第六條第一項後段之規定意旨，確認已執行而無回復原狀可能之行政處分為違法之訴訟，非原告有即受確認判決之法律上利益者，不得提起之。是以，確認已執行而無回復原狀可能之行政處分為違法之訴訟的特別要件，可析述如次：

一、須已對違法行政處分提起撤銷訴訟，且具備撤銷訴訟之實體判決要件

　　民國九十九年一月十三日公布修正之行政訴訟法第六條第三項規定，已將確認訴訟之補充性不限於「確認公法上法律關係成立或不成立之訴訟」，而是及於一切確認訴訟。新修正之行政訴訟法第六條第三項明白規定：「確認訴訟，於原告得提起或可得提起撤銷訴訟、課予義務訴訟或一般給付訴訟者，不得提起之。」是以，確認已執行而無回復原狀可能之行政處分為違法之訴訟，亦應遵守此一確認訴訟補充性之要件，亦即原告須已對違法行政處分提起撤銷訴訟，且具備撤銷訴訟之實體判決要件，始符合此類確認訴訟受實體判決之要件。

❽　刊於《台灣本土法學雜誌》，第 70 期，2005 年 5 月，頁 192。

二、須行政處分已執行而無回復原狀之可能

民國九十九年一月十三日修正公布以前之行政訴訟法第六條第一項原規定,「確認已執行完畢……而消滅之行政處分為違法」者,得提起確認訴訟。但此一規定在修正時,司法院之修法理由認為:「行政處分已執行與行政處分消滅不同❷❽❹,依第一百九十六條規定,已執行之行政處分,如有回復原狀之可能,仍可提起撤銷訴訟。」舊法未能區分「已執行而可回復原狀之行政處分」❷❽❺以及「已執行而無回復原狀可能之行政處分」❷❽❻之差異。修正新法乃將之區分,即對已執行而可回復原狀可能之行政處分,應提起撤銷訴訟,至於對已執行而無回復原狀之行政處分,才可續行提起確認訴訟。

所謂已執行而無回復原狀可能之行政處分,如警察釋放遭受逮捕的示威者,則警察之逮捕行政處分已執行完畢,而示威者又已被釋放,則此行政處分即為已執行而無回復原狀可能之行政處分。但此一逮捕之行政處分是否違法,對當事人之人格尊嚴及名譽是否仍有侵害以及在未來是否會因此逮捕行政處分,而難以申請集會遊行許可,即有以確認訴訟來加以確認之法律實益。又如原告被驅逐出境時被以捆綁方式帶上飛機,則此種行政處分執行方式也是執行完畢而無回復原狀可能,但此種行政處分之執行對人格尊嚴之貶損甚鉅,是否違法,亦可以確認訴訟確認之❷❽❼。

再如請求撤銷一項軍事徵召行政處分的撤銷訴訟,因徵召目的是有限期的軍事演習,在演習期限經過後,形成徵召處分已執行而無法回復原狀,若此徵召處分有違法情事,受徵召人即可依修正後之行政訴訟法第六條第一項之規定提起確認訴訟。在德國司法實例上,行政處分已執行而無法回復原狀之案例甚多,例如命為心理狀態的檢查或對身體進行搜身,以不可

---

❷❽❹ 例如納稅處分,人民已自行繳納或被強制執行完畢,但不能認行政處分已消滅,仍可透過確認訴訟以回復未繳稅之原狀。

❷❽❺ 如退學處分,撤銷後得回復學籍,即可謂為得回復原狀。

❷❽❻ 如對於拆除所謂古蹟建築之處分已執行完畢,則無可能回復原狀。

❷❽❼ 參閱,蕭文生,《執行完畢與已消滅行政處分之救濟》,前揭文,頁 213–214。

信賴為非難理由而剝奪營業許可，以貶抑性評語對已退休公務人員為職務考績，使用高壓噴水車驅散人群，或是駁回未錄取公務員之行政處分，也因該公務職位已任用他人而發生行政處分已執行而無回復原狀之可能❷。

三、須有即受確認判決之法律上利益

確認已執行完畢而無回復原狀可能之行政處分為違法之訴，亦如其他確認訴訟一樣，依行政訴訟法第六條第一項規定，「非原告有即受確認判決之法律上利益，不得提起之。」

而所謂須有即受確認判決之法律上利益前已有詳細說明，可供參閱。在此可以德國聯邦行政法院之判決總括說明，即「任何依事件的情況應予承認的，值得保護之法律、經濟或理念上的利益，均可滿足確認利益的要求。」❷而在德國行政法院裁判實務中發展出原則上可肯定為有即受確認判決之法律上利益者，即為㈠有重覆發生的危險性㈡在為普通法院的國家賠償或其他補償程序預作準備者㈢有精神上的或回復名譽的利益❷。

四、須遵守法定不變期間

行政訴訟法雖未明文規定，提起「確認已執行完畢而無回復原狀可能之行政處分為違法之訴」之期間，但依上所述司法實例，亦應與確認已消滅行政處分為違法之訴一樣，須遵守法定不變期間。

第五節　公法上一般給付訴訟

第一項　公法上一般給付訴訟之意義

行政訴訟法第八條第一項規定：「人民與中央或地方機關間，因公法上

---

❷　參閱，陳敏博士等譯，《德國行政法院法逐條釋義》，上揭書，頁 1262, 1264, 1271。

❷　同上註，頁 1265。

❷　詳請參閱上註書，頁 1266–1274。

原因發生財產上之給付或請求作成行政處分以外之其他非財產上之給付，得提起給付訴訟。因公法上契約發生之給付，亦同。」此一訴訟類型，德國學理上稱之為公法上之一般給付訴訟 (Die allgemeine Leistungsklage)，而與行政訴訟法第五條所規定之特別形式給付訴訟，即上所述以行政處分為訴訟對象之課予義務之訴不同，也與行政訴訟法第七條所規定合併請求損害賠償或其他財產上給付不同。因此，學者認為，要說明公法上一般給付訴訟的意涵，可用「減法」方式，亦即是在廣義的給付訴訟範圍內，減去課予義務訴訟的適用範圍，剩下的即是一般給付訴訟的範圍。而所謂廣義的公法上給付訴訟，乃是指基於公法上請求權，向行政法院起訴請求給付判決，判命行政機關為一定行為 (Tun)、容忍 (Dulden) 或不行為 (Unterlassen)者。其中包含課予義務訴訟❷⑨①。由此可知狹義的公法上給付訴訟，僅只是要求判命被告機關（或人民）為作為❷⑨②、忍受或不作為，並不包括課予義務之訴，不能要求判命被告機關作成原告所要求的行政處分。此外，在我國因行政訴訟法第七條之規定，公法上一般給付訴訟乃是減除了課予義務訴訟以及合併請求賠償或其他財產上給付之訴訟。

第二項　公法上一般給付訴訟之性質

公法上一般給付訴訟與課予義務訴訟同為滿足人民實現公法上給付請求權，所不同的是課予義務之訴之訴訟對象是以請求給付行政處分為限，而公法上一般給付訴訟之訴訟對象，是以請求行政機關給付非屬行政處分之作為、容忍或不作為等等之行政行為。由於公法上一般給付之訴此一針對行政機關不具有行政處分性質的高權行為 (schlicht hoheitlichen Verwaltungshandelns)、處置或其他行為所進行之訴訟，與針對行政處分所

---

❷⑨① 彭鳳至，上揭報告，頁44。

❷⑨② 如學者認為請求公務員所屬機關作成依職權命該公務員迴避之決定，因屬行政機關內部行為，即應提起此之一般給付訴訟。參閱，吳志光，〈不服行政程序中申請迴避決定之法律救濟〉，《月旦法學教室》，第 30 期，2005 年 4 月，頁 26–27。

提之撤銷訴訟或課予義務訴訟，共同形成對人民權利之完整保護。故學者認為其為一種補餘訴訟 (Auffangsklage)，具有補餘性 ❷⑨❸。我國最高行政法院九二年度判字第三七號判決即謂:「給付訴訟對撤銷訴訟具有後備或補充性。從而，於不得提起撤銷訴訟，撤銷違法行政處分之事件，自不得再准當事人提起給付訴訟，以免當事人藉疏於行使訴願前置程序，逕以給付訴訟請求」❷⑨❹。

此外，公法上一般給付訴訟相對於課予義務訴訟而言，又具有補充性。換言之，人民與行政機關之公法上爭議事件如可直接作為課予義務之訴訟對象者，不得提起公法上一般給付訴訟。又如原告可利用課予義務訴訟間接達成其訴求目的者，亦不得提起公法上一般給付訴訟 ❷⑨❺。例如，甲女士申請變更姓名，主管機關於申請表格上要求說明申請人之宗教信仰，如有非婚生子女者，亦要求說明其狀況。甲不願答覆。此際甲不得提起一般給付（不作為）之訴，請求行政機關不詢問該些問題。蓋因甲得將該等問題空白不填，待行政機關以未完整填寫表格為理由，拒絕其申請時，即可提起「對拒絕處分之訴」尋求救濟之故 ❷⑨❻。換言之，甲女士應利用課予義務訴訟達成其不願答覆是否有非婚生子女、宗教信仰狀況，而可達成其變更姓名之目的。

第三項　公法上一般給付訴訟之適用範圍

如上所述，公法上一般給付訴訟目的是在訴請行政法院判命行政機關或人民為一定之作為、容忍或不作為，藉以補充課予義務訴訟的不足，使人民對行政處分以外之公權力行政行為，亦得經由此一行政訴訟途徑，獲

---

❷⑨❸　同❷⑧⑨，頁 45；Vgl. Kuhla/Hüttenbrink, a.a.O., D., Rn. 208.

❷⑨❹　詳見《台灣本土法學雜誌》，第 47 期，2003 年 6 月，頁 199。

❷⑨❺　最高行政法院 92 年度判字第 137 號判決，《台灣本土法學雜誌》，第 48 期，2003 年，頁 160–162。

❷⑨❻　吳綺雲，《德國行政給付訴訟之研究》，司法院印行，民國 84 年 6 月，頁 120；彭鳳至，上揭報告，頁 45。

得救濟。此一訴訟建制理念為德國基本法第十九條第四項有效、廣泛權利保護原則 (Wahrung effektiven Rechtsschutzes) 以及該國行政法院法第四十條概括保障人民行政訴訟權利的根本理念，亦為我國行政訴訟法第二條概括並擴大 ❷ 保障人民行政訴訟權利之主要意旨。此一訴訟制度在德國與我國司法實務上適用範圍有持續發展之趨勢 ❷。

依德國司法實際案例，公法上一般給付訴訟的範圍除了適用於人民與行政機關間因公法上原因發生之 1.財產上給付訴訟； 2.行政處分以外之其他非財產上給付訴訟； 3.公法上契約所生之給付訴訟以外，尚及於下列範圍之訴訟，即：

一、機關訴訟 (Organstreitverfahren) ❷

機關訴訟乃指行政主體或機關彼此間之權義爭訟。機關在公法上一般給付訴訟乃是指行政主體或機關間因公法契約或其他公法上原因所生之財產上給付，隸屬於同一公法人下之兩個行政機關間之訴訟，學理上有稱之為自體訴訟 (In-Sich-Prozess)。德國學理通說採之 ❸，我國學者也認應援引行政訴訟法第二條所設概括條款，承認行政機關對行政機關亦得提起公法上一般給付訴訟 ❸。民國九十年行政院衛生署中央健保局即擬向高雄市、臺北市等地方政府提起此一公法上一般給付訴訟，請求高雄市、臺北市給付所分別積欠的七十五億元與四十九億元之健保費 ❸。此案拖延多年，直至民國九十六年六月二十八日最高行政法院之再審判決中宣告中央健保局勝訴。

---

❷ 吳庚大法官認我國新行政訴訟法繼承行政訴訟舊制概括保護主義傳統，並擴大保護人民之行政訴訟權利。參見氏著，《行政爭訟法論》，頁 39。

❷ 吳綺雲，上揭書，頁 122。

❷ Kuhla/Hüttenbrink, a.a.O., D. 262ff.

❸ 彭鳳至，上揭報告，頁 45。

❸ 吳庚，上揭書，頁 133。

❸ 《聯合報》，民國 90 年 7 月 18 日，第三版。

二、制定法規訴訟 (Normenerlaβklage) [303]

制定法規訴訟乃是人民可以提起公法上一般給付訴訟，請求行政機關制定法規。有德國學者認為，制定法規乃單純行政行為之一種，自應屬於公法上一般給付訴訟之適用範圍 [304]。但其他德國學者則認為公法上一般給付訴訟僅得適用於單純行為，而法規之制定乃行政機關之一般行為，應不屬於公法上一般給付訴訟之範圍。德國司法實務上較傾向於不可使用公法上一般給付訴訟，請求行政機關制定法規 [305]。在我國，因行政程序法第一五二條第一項明文規定人民對行政機關法規命令之訂定有提議權，且行政機關對人民制定法規之提議，應依該法第一五三條各款之規定，分別處理。因此，行政機關如不依第一五三條第一款、第四款之規定處理，似應容許人民提起公法上一般給付訴訟，以避免行政機關之怠惰及落實人民法規命令提議權之保障。

三、預防性不作為訴訟 (Die vorbeugende Unterlassungsklage) [306]

在德國，人民訴請行政法院判命行政機關不得作成某項行政處分或其他職務行為之訴，稱為「預防性不作為訴訟」(Die vorbeugende Unterlassungsklage)，此種訴訟在性質上為一給付訴訟。德國學界對此種訴訟又區分為對抗威脅性行政處分的預防性不作為訴訟 (Vorbeugende Unterlassungsklage gegen drohende Verwaltungsakte) [307] 及對抗其他與行政處分不同的職務行為之預防性不作為訴訟 (Vorbeugende Unterlassungsklage gegen sonstiges Verwaltungshandeln) 或稱對抗單純高權行為之預防性不作為訴訟 (Vorbeugende gegen schlichtes Handeln) [308]。後者，在關於對抗其他

---

[303] Kuhla/Hüttenbrink, a.a.O., D. 288.

[304] Jost Pietzcker in: Schoch/Schmidt-Aβmann/Pietzner, a.a.O., §42, Abs. I, Rn. 160.

[305] 彭鳳至，上揭報告，頁 45。

[306] Kuhla/Hüttenbrink, a.a.O., D., Rn. 215.

[307] A.a.O., D., Rn. 217.

與行政處分不同的職務行為之預防性不作為訴訟，德國通說及司法實務對其合法性並無爭議。但就前者，即關於對抗威脅性行政處分的預防性不作為訴訟，則有不同意見。一般而言，原則上不許可提起對抗威脅性行政處分的預防性不作為訴訟，因為對於行政機關以行政處分形式所為之行政行為，在行政訴訟法制方面，基本上是採事後性之權利救濟原則，亦即對於已作成之行政處分，係採取由人民提起撤銷訴訟將之加以撤銷之事後救濟方式 ❸❹❽。不過，在特殊情形及要件下，德國學界通說認為，如僅允許法院對行政處分作事後性的監督，則不能達成德國基本法第十九條第四項之有效保護權利原則 (zur Wahrung effektiven Rechtsschutzes)。因此，認為在有受特別的（適格的）權利保護必要 (ein besonderes (qualifiziertes) Rechtsschutzbedürfnis)❸❶❾ 之情形下，可以提起對抗威脅性行政處分的預防性不作為訴訟。所謂有受特別的權利保護保護之必要，係指爭訴所涉及的是具有特別不良後果之行政處分，而以事後提起撤銷訴訟方式，將不能充分排除其對原告所造成之嚴重後果❸❶❶。換言之，不能期待原告可在事後以撤銷訴訟免除其權利受害之情形下，才容許原告提起此一對抗威脅性行政處分之預防性不作為訴訟。

至於在何種情形下，不能期待原告去等候行政處分發布後，才提起撤銷訴訟方式，行使其救濟權？一般而言，是指具有下列情形之一者❸❶❷：

1. 行政機關所已實施的妨害行為，人民尚須擔心進一步繼續受損害者，例如一市郊外之動物飼料工廠，基於新的都市計劃，將受一系列取得住宅

---

❸❹❽ Kopp/Schenke, a.a.O., Vorb., §40, Rn. 33; Pietzcker in: Schoch/Schmidt-Aβmann/ Pietzner, a.a.O., §42, Abs. 1, Rn. 163.

❸❹❾ 吳綺雲，上揭書，頁 135。

❸❶❾ Kopp/Schenke, a.a.O., Vorb., §40, Rn. 33.

❸❶❶ 吳綺雲，上揭書，頁 142。

❸❶❷ Schenke, *Vorbeugende Unterlassungs-und Feststellungsklage im Verwaltungs- sprozeß*, AoR. Bd. 95, 1970, S. 250ff; Kopp/Schenke, a.a.O., Vorb., §40, Rn. 34; Kuhla/Hüttenbrink, a.a.O., D., Rn. 217.

建築許可之威脅。在此情形下，即允許以此訴對抗可能一再出現的建築許可處分之威脅。

2.將導致有無法回復的損害危險 (wenn ein nicht wiedergutzumachender Schaden entstünde)，例如對企業電訊、電話連結之阻卻處分 (Sperrung eines Fernmeldeauschlusses eines Unternehmens)。

3.導致既成事實的行政處分，如短時間內即完成之行政處分，縱使採取暫行性之權利保護行動亦無法及時獲得救濟者，如機場允許飛機之起降許可處分 (Start-und Landeerlaubnisse eines Flughafens)。

4.具有處罰制裁威脅的行政處分 (Wenn ein mit Strafe oder Buβgeld bewehrter Verwaltungsakt droht)。

另對於計劃法領域之預防性不作為訴訟 (Vorbeugende Unterlassungsklage im Planungsrecht) 以及對抗頒布威脅性法規命令之預防性不作為訴訟 (Vorbeugende Unterlassungsklagen gegen den drohenden Erlaβ von Rechtsnormen)，在德國法制上，均不被認可[313]。

至於在我國，人民是否可以提起預防性不作為之訴[314]？大法官吳庚認為應分別以論。他認為，一般給付訴訟在德國法制上係根據該國行政法院法許多相關條文而來，並無與我國行政訴訟法第八條相當之條文。因此，行政訴訟法第八條第一項既明文限制屬於財產上給付或非行政處分之其他給付，才可提起公法上一般給付訴訟，故不得援引德國法例，允許人民提起預防性不作為訴訟之公法上一般給付訴訟，使行政法院預先判命行政機關不得作成某種行政處分，「縱使在例外情形，亦非法之所許」[315]。「至於專就行政處分以外之單純高權行為或事實行為，作為預防性不作為之訴的對象，則在嚴其權利保護必要之條件下，應予准許。蓋一般給付訴訟，不

---

[313]　Kuhla/Hüttenbrink, a.a.O., D., Rn. 219, 220.

[314]　「預防性行政訴訟」尚非中國大陸地區之訴訟類型。大陸學者主張應將之類型化。參閱，岳琨，〈論預防性行政訴訟——以被拆遷人救濟管道缺乏為視角〉，《台灣法學雜誌》，第 209 期，2012 年 10 月 1 日，頁 18–27。

[315]　吳庚，上揭書，頁 135–136。

僅適於作為實現公法上之結果除去請求權之救濟途徑,亦應賦予預防損害結果發生之功能」⑯。筆者認為,吳庚大法官此一見解頗有矛盾,因既然重視且應賦予行政訴訟法制之預防損害結果發生之功能,則對於人民提起對抗威脅性行政處分之預防性不作為訴訟則不應加以否定,否則,即不能符合行政訴訟法第二條概括保障人民行政訴訟權益之精神。因此,筆者認為,應採行德國法例,例外允許人民可以提起對抗威脅性行政處分之預防性不作為訴訟。就此,最高行政法院九十六年度裁字第二一八三號裁定也表示應採概括保障人民行政訴訟權益之肯定見解,謂:「本件抗告人於原審起訴主張:相對人臺北市監理處不得再重複向其徵收汽車燃料使用費云云,核其性質,係提起預防性不作為訴訟。惟此項訴訟,是否為我國行政訴訟法所容認,我國學界見解不一,但從憲法保障人民之訴訟性,行政訴訟法第二條容認公法上爭議除法律別有規定外,均容許得提起行政訴訟,以及外國實務與學界通說,均採肯定等觀點,應採肯定見解,認為對行政機關請求法院判命不得為一定行為具有法律上利益以得依行政訴訟法第八條規定,提起預防性不作為訴訟。惟提起此種訴訟,須以因行政機關之作為有對其發生重大損害之虞時,始認具有權利保護必要,但對損害之發生,得期待以其他適當方法避免者,不在此限。」

另外,公法上結果請求權(或稱公法上回復請求權)為德國國家責任制度之一部分,係指人民於其權利遭受公權力主體高權行為之侵害致生違法狀態時,得請求該公權力主體排除該違法狀態,而回復到侵害發生前之原有事實狀態,或回復與其同值狀態之公法上請求權。在德國可提起一般給付訴訟實現之⑰。但我國司法實務則不予認可。臺北高等行政法院九十五年度訴字第一八五九號判決認為:「我國關於結果除去請求權之公法學說,主要係繼受外國學理,學者間尚未建立一套符合國情之理論,由於我國與外國國情不同,法治觀念以及法制建設均較落後,如果貿然援用上開

---

⑯ 同上註,頁 136。

⑰ 我國學者相關研究請參閱,林三欽,《公法上「結果除去請求權」研究,「行政爭訟制度」與「信賴保護原則」之課題》,新學林出版,民國 97 年 2 月,頁 49-86。

制度，以基本權法理作為請求權基礎，恐將造成行政訴訟範圍過度擴增之結果，且結果除去請求權之行使須依行政訴訟方式為之，而依我國行政訴訟新制，行政訴訟有許多訴訟種類，因均屬首創，各種行政訴訟間之關係如何尚在發展中，如果援用上開請求權，則將徒增應提起何種行政訴訟之爭議，實不宜貿然採用結果除去請求權作為一般給付訴訟之請求權基礎。」❸ 此一判決之理由相當牽強。有學者認為「完全放棄結果除去請求權在現行訴訟制度下有適用之可能，除對於人民權利之保障不夠完整外，亦喪失在訴訟上發展此種請求權之機會，殊為可惜。」❸ 另一學者則以「公法上之結果除去請求權，可透過審理國賠案件之民事訴訟程序加以實現。」❸ 也有學者認為放棄公法上結果除去請求權在行政訴訟制度之適用是國家責任體系之漏洞❸。

第四項　公法上一般給付訴訟之種類

公法上一般給付訴訟之種類，依學理及行政訴訟法第八條第一項，可分為：1.財產上給付訴訟。2.非財產上給付訴訟。3.預防性不作為訴訟。4.公法上契約之給付訴訟。茲各分述之。

一、財產上給付訴訟

依行政訴訟法第八條第一項規定，人民與中央或地方機關間，因公法上原因發生財產上之給付，得提起給付訴訟，此即為財產上給付訴訟。例如公

---

❸　參閱《台灣本土法學雜誌》，第 94 期，2007 年 5 月，頁 244。

❸　洪家殷，〈公法上結果除去請求權——簡評高等行政法院九五年訴字第一八五九號判決〉，《台灣本土法學雜誌》，第 94 期，2007 年 5 月，頁 293。

❸　程明修，〈公法上之結果除去請求權〉，《月旦法學教室》，第 54 期，2007 年 4 月，頁 27。

❸　參閱，程明修，〈國家責任體系之漏洞：結果除去請求權——最高行政法院 98 年度判字第 334 號判決〉，《台灣法學雜誌》，第 136 期，民國 98 年 9 月 15 日，頁 187–192。

務員基於公務員考績、俸給、保險、退休等法制所請求之財產上給付❷；行
政機關對所屬公務員溢發或誤發薪俸之給付❷或撫卹金❷；或人民基於法律
規定所得請求之補助金給付等均可提起此一財產上給付訴訟。又如因溢繳稅
款❷、規費❷、罰鍰所生不當得利返還請求權，或行政行為所致損害賠償請
求權及損失補償請求權❷，所得請求之財產上給付，均得提起此財產上給付

---

❷ 司法實務，請參閱最高行政法院 90 年度判字第 2023 號判決，《台灣本土法學
雜誌》，第 32 期，2002 年 3 月，頁 184–185。

❷ 實例請參閱臺北高等行政法院 93 年度簡字第 559 號判決。該判決明白表示：
「行政機關對所屬公務員溢發或誤發薪俸，自屬人民與行政機關間公法上『財
產給付』，故而，因薪資法律關係所生之爭執即屬公法事件。又關於公法上不
當得利，係準用民法有關不當得利之規定，其請求權之行使、返還之範圍等均
須依民法第 180 條至第 183 條之規定，本件原告受損，如係因被告之受利益所
致者，即得向被告請求返還其利益。惟此乃因兩造對公法上給付義務有爭執時，
因行政機關即原告並無單方裁量之決定權，足認原告行使不當得利請求權，係
基於與被告相同地位，是本件原告與被告間基於任職之公法上原因發生應給甲
種三號空勤加給，卻誤發甲種二號空勤加給之財產上給付，原告因認溢發被告
空勤加給，自得對被告提起一般給付訴訟尋求救濟」。參閱《台灣本土法學雜
誌》，第 80 期，2006 年 3 月，頁 173。

❷ 如林毅夫叛逃事件中，誤以林毅夫（本名林正誼）意外死亡核給家屬撫卹金。
國防部後令頒「核定註銷前陸軍上尉林正誼死亡撫卹金」，並向行政法院提起
給付訴訟。最高行政法院亦以之屬於公法上不當得利返還之給付訴訟。詳參最
高行政法院 93 年度判字第 1595 號判決，《台灣本土法學雜誌》，第 73 期，2005
年 8 月，頁 156–157。

❷ 司法實務，請參閱臺北高等行政法院 90 年度訴字第 98 號判決，《台灣本土法
學雜誌》，第 31 期，2002 年 2 月，頁 140–143。

❷ 司法實務，請參閱臺北高等行政法院 91 年度簡字第 680 號判決，《台灣本土法
學雜誌》，第 49 期，2003 年 8 月，頁 226。

❷ 相關論文請參閱，王服清，〈論財產權特別犧牲損失補償原則在行政救濟之實
踐問題——無法律，無補償?〉，《興大法學》，第 14 期，2013 年 11 月，頁
81–150。

訴訟。另司法實務認為侵益型之不當得利事件亦得提此財產上給付訴訟❸。

　　提起財產上給付訴訟，必須是所請求之財產給付或金錢給付已獲許可或已保證確定或返還者。如財產給付請求權，尚須先由行政機關依實體法規定加以確定者，則於提起此財產上給付訴訟前，應先提起課予義務之訴，請求行政法院判令行政機關作成該確定財產上請求權之行政處分❸。就此，最高行政法院九十八年度判字第一四七號判決即有相當明白的區分，謂：「人民請求國家為一定之行為時，國家應為之行為，可能是法律行為，也

---

❸　最高行政法院 94 年度判字第 1838 號判決指出：「公法上不當得利之返還，係指在公法範疇內，欠缺法律上原因而發生財產變動，致一方得利，他方失利，失利者得請求得利者返還其利益。此項制度之目的，係為將不合法之財產變動調整至合法狀態。於我國司法實務中，以司法院釋字第 515 號解釋為代表，實定法中則僅行政程序法第 127 條有其規定，惟不當得利之返還，於其他公法事件，亦有其必要，始能達依法行政及公平正義之要求，應認其適用範圍不以行政程序法第 127 條規定及司法院釋字第 515 號解釋規範所及者為限。而不當得利之發生原因，有出於給付者，亦有非出於給付者，二種原因所發生之財產變動欠缺法律上理由時，應均有調整不合法之財產變動之必要；是公法上不當得利返還請求權之行使，應不僅限於給付型之不當得利。又不合法之財產變動既有調整之必要，而請求權人就同一財產變動事件除不當得利返還請求權外，或有其他權利可資行使者，其欲行使何項權利以達其目的，應無須作嚴格之限制，蓋以各種不同之權利，其行使之要件、範圍、限制及權利減損消滅之原因各有不同，苟非各種權利間存有法定之行使順序，應許請求權人自由選擇，俾免產生有損失（損害）而無救濟，或得救濟之範圍不足將財產變動調整至合法狀態，或因權利行使之限制及權利減損消滅事由發生而不得行使之闕漏。是於特定場合，可能發生不當得利返還請求權與國家賠償請求權、損失補償請求權競合之情形，惟究不得因已有他種權利得以選擇行使，即謂應限縮於僅得行使其中一特定權利，而不得行使其他權利。從而，應認不當得利返還請求權，於給付以外之原因所致之不法財產變動，亦得行使之。」參閱《台灣本土法學雜誌》，第 83 期，2006 年 6 月，頁 128–129。

❸　吳綺雲，上揭書，頁 129；另參閱，吳志光，〈公法上財產給付請求權與一般給付訴訟〉，《法學講座》，第 12 期，頁 29–35。

可能是事實行為。如屬法律行為，可能為行政處分，亦可能為行政處分以外之其他法律行為。如屬行政處分者，人民固應依行政訴訟法第五條之規定，提起課予義務訴訟。如屬行政處分以外之法律行為或事實行為，則得依行政訴訟法第八條規定提起給付訴訟。至於事實行為中之金錢給付，須因公法上原因發生財產上之給付，而其請求金額已獲准許或已確定應支付或返還者，即得直接提起一般給付訴訟。各級公立學校教職員之退休案須先經主管機關加以審定，而退休案經審定後，退休教職員之退休金給付請求權即已確定，審定機關應通知支給機關核轉退休教職員之原服務學校，依法定日期發給退休金。是退休教職員於審定退休後，如因退休金發給、執行等爭議涉訟，而本於退休金給付請求權對相關主管機關有所請求時，因其請求權業經審定確定，即得逕依行政訴訟法第八條第一項規定提起一般給付訴訟，無庸提起課予義務訴訟，請求相關主管機關作成核定之行政處分。」

依行政訴訟法第八條第一項規定意旨，不僅人民對行政機關得提起財產上給付訴訟，即行政機關亦得對人民提起財產上給付訴訟，以行使其財產給付請求權。但德國通說認為，如行政機關可經由單方之規制行為，特別是以作成給付裁決處分 (Leistungsbescheid) 之方式，行使財產給付請求權時，即因欠缺權利保護必要之要件，而不得提起財產上給付訴訟 ❸❸⓪。例如，行政機關對於溢額發放徵收補償費等已發給付的返還請求權，德國判例認為應以給付裁決之行政處分為之而非提起財產上給付訴訟 ❸❸①。我國學者亦採此見解 ❸❸②。

---

❸❸⓪ 吳綺雲，上揭書，頁 129。

❸❸① 陳清秀，〈論稅法上不當得利返還請求權〉，氏著，《稅法之基本原理》，植根法律事務所叢書㈠，民國 86 年 9 月，增訂三版，頁 406；賴淑櫻，〈論公法上不當得利返還請求方式〉，《稅務旬刊》，第 2046 期，民國 97 年 7 月 31 日，頁 15–22。

❸❸② 參閱，劉建宏，〈行政主體向人民主張公法上返還請求權之法律途徑及其返還範圍──以授益處分經自行撤銷之情形為例〉，《東吳法律學報》，第 19 卷第 2 期，民國 96 年 10 月，頁 175–222。

二、非財產上給付訴訟

依行政訴訟法第八條第一項規定，人民對中央或地方機關請求作成行政處分以外之其他非財產上之給付，得提起給付訴訟，亦即提起此所謂之非財產上給付訴訟。如人民請求行政機關以行政處分為非財產上之給付者❸，則應依行政訴訟法第五條規定，提起課予義務之訴。因此，人民在公法上享有之給付請求權，如係請求行政機關應為作為、忍受或不作為之非財產上給付請求權時，應提起此之非財產上給付訴訟而非提起課予義務訴訟。換言之，只要原告原則上並非要求針對原告本人作成一項行政處分，而是要求其他行政上行為❸，即不屬於課予義務之訴的範圍。此之行政上行為也可能是對於第三人的行政處分，亦即原告起訴請求判命行政機關對於第三人作成負擔的行政處分 (Die Klage auf Erlaß eines VA gegenüber einem Dritten)（例如對於違章工廠加以取締）或者起訴請求行政機關對於第三人不得作成其所申請的行政處分（例如不發給建築許可），均屬一般給付訴訟。此種訴訟尤其是在建築法上、在營業法上以及環境保護法上扮演重要角色。此類訴訟乃以原告在法律上對於行政機關享有請求作成負擔的行政處分或不得作成負擔的行政處分或不得作成行政處分的請求權為前提❸。

---

❸ 最高行政法院 94 年度判字第 1430 號判決認為對翡翠水庫集水區墾植地處理計劃有關地上物之查估行為，即不得依行政訴訟法第 8 條第 1 項規定提起一般給付訴訟。該判決明白表示：「苟所請求者係作成行政處分之給付，即不得提起該條規定之一般給付訴訟。……現耕人對處理範圍土地地上物之查估行為不服，因查估行為必影響前開行政處分之作成與否及內容，應認其係對前開行政處分之作成與否或內容不服，且現耕人僅請求臺北水源區管理局作成行政處分，即可達其目的，是依前述行政訴訟法第 8 條第 1 項規定，不得對負責查估行為之被上訴人提起該條所定之一般給付訴訟，請求為作成查估行為之給付。」參閱《最高行政法院裁判要旨彙編》，第 25 輯，民國 95 年 6 月，頁 870–871。

❸ 司法實務，請參閱臺北高等行政法院 91 年度訴字第 3575 號判決，《台灣本土法學雜誌》，第 47 期，2003 年 6 月，頁 221。

❸ 陳清秀，〈公法上給付訴訟之研討〉，頁 4–5；Redeker/von Oertzen, a.a.O., §42,

非財產上給付訴訟，依其所請求者為行政機關之行為類型又可細分為 **㉟**：

1.請求積極作為的給付

請求行政機關為積極作為給付的 **㉝**，如請求行政機關提供資訊，或如起訴請求訂立公法上契約 **㉘**，請求告知公務員的姓名及簽名，請求閱覽卷宗或檔案 **㉙**，請求將特定的資料作廢，請求撤回妨害名譽的主張，均屬之。此類請求公法上的意思表示或觀念表示 (Ausprüche auf öffentlichrechtliche Willens- und Wissenserklärungen) 或單純的行政事實行為，均係屬一般給付之訴的客體。

2.請求消極不作為的給付訴訟

人民請求行政機關不再提供資訊之行為 (非型式化的行政行為)，也可以一般給付訴訟主張之。例如食品衛生機關透過新聞大眾傳播媒體，向民

Rn. 159.

㉟ 同上註，頁 5-6。

㉝ 如請求為囑託塗銷登記者。詳見最高行政法院 92 年度判字第 1558 號判決，《台灣本土法學雜誌》，第 57 期，2004 年 4 月，頁 157-159。

㉘ 相關論文請參閱，江嘉琪，〈行政契約請求權的貫徹與行政契約的爭訟〉，《月旦法學教室》，第 67 期，民國 97 年 5 月，頁 33-44。

㉙ 例如臺北高等行政法院 93 年度訴字第 2833 號判決即指出：「檔案法第 17 條規定：『申請閱覽、抄錄或複製檔案，應以書面敘明理由為之，各機關非有法律依據不得拒絕。』人民據此規定向機關申請閱覽、抄錄或複製檔案，為請求行政機關為公法上事實行為，雖然檔案法第 17 條規定：『各機關對於第 17 條申請案件之准駁，應自受理之日起 30 日內，以書面通知申請人。其駁回申請者，並應敘明理由。』然此僅係關於機關處理期限及行為方式規定，並無對行政救濟方式特別為規定，因而申請人根據同法第 17 條之請求如遭拒絕，其正確之救濟方式是提起行政訴訟法第 8 條之一般給付訴訟。」參閱《台灣本土法學雜誌》，第 78 期，2006 年 1 月，頁 195。

眾警告勿購買某種害人健康食品，該種食品製造商提起訴訟，請求行政機關不再為該項警告行為，即為典型適例。又如請求公立運動場所、幼稚園、小孩遊樂場地等不再製造不能忍受之噪音等❸❹，亦屬於此之請求行政機關消極不作為的給付訴訟。

3.行政內部關係或公務員法上非屬行政處分性質爭議之給付訴訟

在公務員法上爭議，例如記過、警告處分，司法實務上認為非屬行政處分，致無法提起撤銷之訴救濟之情形，即得允許以提起一般給付之訴方式尋求救濟。例如公務員請求職務主管撤回有損名譽之職務上指摘 (das Ausräumen der Ansehensbeeinträchtigung)，即屬之❸❹。我國司法實務認為：「公務員請求行政機關作成內部職務命令給付，自與行政訴訟法第八條一般給付訴訟之訴訟形式要件相合，實無法以不合一般給付訴訟要件，而以裁定駁回。但公務員對於其應執行之具體職務，並無公法上之請求權可以主張，蓋公務員有服從長官依照機關勤務需要而分派職務之義務，也不能向機關長官請求派任具體職務，是原告就關於派任上校之內務職務命令提起一般給付訴訟，自應認其公法上無權利保護必要，為顯無理由，應判決駁回之」❸❹。

又如，德國國會調查委員會 (Parlamentarische Untersuchungsausschüsse) 行使公權力之行為，如為貫徹其證據調查權，可科處罰鍰或向管轄法院請求為拘提或扣押證物，此種調查委員會之命令或公權力措施在德國司法實務上一般不認為是行政處分而僅是單純的、公法上之行政行為 (schlichte öffentlichrechtliche Verwaltungstätigkeit)，人民可以提起給付訴訟，請求國會調查委員會不得為此行為❸❹。在我國，因調查權屬於監察院行使，因此，

---

❸❹　吳綺雲，《德國行政給付訴訟之研究》，頁 133–134。

❸❹　Redeker/von Oertzen, a.a.O., §42, Rn. 158；吳綺雲，上揭書，頁 131。

❸❹　臺北高等行政法院 91 年度訴字第 2542 號判決，《台灣本土法學雜誌》，第 50 期，2003 年 9 月，頁 213–214。

❸❹　Redeker/von Oertzen, a.a.O., §42, Rn. 158a.

監察法第二十六條至二十九條有關規定調查權之行使及證件封存或擷去程序之行為，是否亦得由人民或相關行政機關提起此一非財產上給付訴訟，加以對抗，不無探討之餘地。基於行政訴訟法第二條之概括保障行政訴訟之規定，應採與德國法制相同之肯定見解。

三、預防性不作為訴訟

人民起訴請求行政法院判令行政機關不得作成某項行政處分或其他職務行為，在德國法制上乃稱為「預防性不作為訴訟」，已如前述，可參考本節第三項之說明。於此要補充說明的是，在日本學說上亦承認預防性不作為訴訟，而將之列為法定抗告訴訟（在我國稱為撤銷訴訟）類型以外的一種無名訴訟。日本學者兼子仁認為，如果行政機關在最近的將來，作成不利益行政處分的蓋然性很高，且其處分的合法或違法，可以事先加以判斷的情形，即具備適於裁判的「紛爭成熟性」，應准許人民提起預防性的不作為訴訟。至於是否必須以造成難以回復的損害，作為訴訟要件，兼子仁教授則採否定態度。因行政處分一旦作成，即對國民具有公定力或事實上支配力。雖然，違法處分雖可作為撤銷訴訟的對象，但其效力或所生結果，在實際上仍相當難以完全排除。因此，行政機關該項即將作成的行政處分違法性，如在事前已經可以在裁判上判定的情形，即不應否定不作為訴訟[344]。

總而言之，日本亦承認德國法制上之預防性不作為訴訟，但就行政訴訟體系來看，乃屬例外情形。蓋因日本行政訴訟法基本上乃以行政機關作成行政處分之後，當事人得對之提起撤銷訴訟或無效等確認之訴，加以對抗。因此，應等待公權力發動行政處分之後，依上述撤銷、確認等訴訟形式尋求救濟，而只有在例外情形下，即有不能等待事後公權力發動的特別正當事由存在時，才容許提起預防性不作為訴訟。例如，在行政行為乃是變更現狀的事實行為或即時的以及短期完結的公權力事實行為，提起撤銷訴訟，無法發揮救濟功能，即應容許提起預防性不作為訴訟。又如，在行

---

[344] 兼子仁，《行政爭訟法》，昭和 59 年，初版二刷，頁 363 以下。引自陳清秀，〈公法上給付訴訟之研討〉，頁 9 註 22。

政處分所生事實狀態持續的情形下，使用撤銷訴訟雖亦屬可行救濟方法，但如在人民被強制收容的情形下，就人權保障周全防範的觀點來看，防範行政處分之侵害於未然，而容許提起預防性不作為訴訟，顯較妥當。另外，如果可以預知行政處分與執行該行政處分之事實行為緊密相接而有立即執行之情形，則對於行政處分提起撤銷訴訟恐將無法期待排除該執行行政處分之事實行為的不良後果，此時，亦應容許人民提起預防性不作為訴訟[345]。

我國學者認為，修正行政訴訟法雖未明定預防的不作為訴訟，惟鑑於此種訴訟性質上為給付訴訟，故只要人民在實體法上享有預防的不作為請求權存在，則於其有權利保護必要的前提要件下，仍應承認得依行政訴訟法第八條規定提起預防的不作為訴訟，以有效保護人民權利免於非法侵害[346]。

四、公法上契約之給付訴訟

行政訴訟法第八條第一項規定，人民與中央或地方機關間，因公法上契約發生之給付，得提起給付訴訟，此即所謂公法上契約之給付訴訟。例如，行政機關依公共建設法令與人民所訂之徵收契約、開發契約[347]、停車場代金契約、建設計劃契約或依公務員法、教育法與公務員或人民所訂立之軍校入學契約[348]、獎助契約、教育訓練後服務契約，或依社會保險法制

---

[345] 陳清秀，〈公法上給付訴訟之研討〉，頁 9。

[346] 同上註，頁 10。

[347] 參閱，林明鏘，〈委託開發工業區契約之定性與仲裁容許性〉，《月旦法學教室》，第 33 期，2005 年 7 月，頁 110–114。

[348] 最高行政法院 94 年度判字第 1296 號判決指出：「行政機關基於其法定職權，為達成特定之行政上目的，得於不違反法律規定之前提下，與人民約定提供某種給付，並使接受給付者負合理之負擔或其他公法上對待給付之義務，而成立行政契約關係。查，國軍各軍事學校招考入學之學生可享受公費及軍官養成教育，於畢業後取得軍官任用資格，惟學生在校期間如遭退學或開除學籍者，應賠償其在校期間之費用，國防部就有關之賠償事宜訂有『國軍各軍事學校退學開除學生賠償費用辦法』，該辦法係主管機關為確保國家培養軍事人才之目的及財政支出之合理性而訂立，作為自願接受公費軍事教育學生訂立行政契約之

與醫院、藥局及其他職業團體所訂行政契約 ❸ 等相互之間之給付，如發生爭議，即可以此公法上契約之給付訴訟 ❺，加以處理。

公法契約爭議雖可提起給付訴訟，但不可作為國家賠償請求權行使之基礎。臺北高等行政法院九十五年度訴字第二七一〇號判決謂：「關於原告請求補償因被告行政行為所遭受之一切損失部分，……原告主張其本項請求之依據為國家賠償法第二條；惟按國家賠償法第二條第二項規定：『公務員於執行職務行使公權力時，因故意或過失不法侵害人民自由或權利者，國家應負損害賠償責任。公務員怠於執行職務，致人民自由或權利遭受損害者亦同。』其本質為侵權行為，核與契約債務不履行異其要件，要難引為債務不履行損害事實之賠償請求權基礎，且行政契約之債務不履行係兩造立於平等地位所衍生違反合意之法律關係，核與公權力之行使所衍生之國家侵權行為或怠於行使公權力無涉，本件既屬行政契約簽約爭議，即不生國家賠償問題。原告以被告不遵守申請須知所規定的簽約時程，援引國家賠償法之規定，請求被告賠償其備標損失二千六百三十三萬二千九百二十七元及其遲延利息云云，於法不合，不應准許，應予駁回。」 ❻

第五項　公法上一般給付訴訟之特別訴訟要件

公法上一般給付訴訟與撤銷訴訟及課予義務訴訟不同，並無須經過訴

準據，即國軍各軍事學校就此招生事宜，選擇行政契約作為行為方式，與學生及家長達成賠償費用之行政契約。國軍各軍事學校學生於入學時所交付予學校之志願書，及家長所出具入學保證書，表明學生在校期間如遭中途退學或開除學籍，願賠償其在校期間之一切費用，則上開賠償費用辦法即成為契約之內容，發生行政法上請求賠償費用之行政法上效果，參酌司法院釋字第 348 號解釋意旨，訂約當事人雙方均有履行契約之義務。」參閱《台灣本土法學雜誌》，第 80 期，2006 年 3 月，頁 166。

❸　林明鏘，〈行政契約〉，翁岳生編，《行政法（下冊）》，2000 年，第二版，頁 644–658。

❺　司法實務，請參閱高雄高等行政法院 91 年度訴字第 956 號判決，《台灣本土法學雜誌》，第 56 期，頁 184。

❻　參閱《台灣本土法學雜誌》，第 95 期，2007 年 6 月，頁 191。

願前置程序。但基於權利保護必要考慮，人民宜先向行政機關主張其公法
上給付請求權，請求其作為，忍受不作為而無結果時，再向行政法院提起
給付訴訟，似較妥當。又提起公法上一般給付訴訟並無期間限制，在公法
上請求權之時效期間內均可提起，此與行政訴訟法第一〇六條所規定，提
起撤銷訴訟，原則上有二個月期間之限制，並不相同。學者認為，提起公
法上一般給付訴訟，須具備下列特別之訴訟要件❸❺❷：

一、須為因公法上原因而生之給付 ❸❺❸

　　一般公法上之給付訴訟，其給付無論屬作為、容忍或不作為，其請求

---

❸❺❷　陳計男，《行政訴訟法釋論》，頁 196–202；吳庚，《行政爭訟法論》，頁 138–139。

❸❺❸　高雄高等行政法院 91 年度訴字第 285 號判決謂：「按人民與中央或地方機關
　　間，因公法上原因發生財產上之給付，固得依行政訴訟法第 8 條第 1 項前段之
　　規定，向高等行政法院提起一般給付之訴，請求償還，惟該項財產上之給付如
　　須先由行政機關就其給付之範圍或金額之多寡予以自行核定，而後再作成授益
　　行政處分者，基於對行政權之尊重暨避免司法資源被濫用，自應由人民先向行
　　政機關請求作成財產給付之授益處分為是。如行政機關對其請求於法令所定期
　　間內應作為而不作為，或對其請求逕予駁回，則人民應依訴願法之規定提起訴
　　願救濟：倘有不服，再循序依行政訴訟法第 5 條第 1 項、第 2 項規定，提起『怠
　　為處分之課予義務訴訟』或『排除否准之課予義務訴訟』，而非得逕行提起同
　　法第 8 條之一般給付訴訟。是原告就財產之給付，如主張其有公法上之不當得
　　利之返還請求權，而是項財產之給付，倘須由行政機關自行先為核定者，其捨
　　上開合法救濟途徑不為，卻逕行向高等行政法院提起一般給付之訴者，則原告
　　之訴自欠缺權利保護之必要，其訴訟即難認為有理由。最高行政法院 90 年度
　　判字第 2369 號判決『行政法院並未具有上級行政機關之功能，不得取代行政
　　機關而自行決定。故行政訴訟法第 8 條所規定因公法上原因發生財產上之給
　　付，而提起一般給付之訴，其請求金錢給付者，必須以該訴訟可直接行使給付
　　請求權時為限。如依實體法之規定，尚須先由行政機關核定或確定其給付請求
　　權者，則於提起一般給付之訴之前，應先提起課予義務之訴，請求作成該核定
　　之行政處分。』亦同此旨。」詳閱《台灣本土法學雜誌》，第 42 期，2003 年 1 月，
　　頁 196。

權須係因公法上之原因而發生者，若係因私法上之原因所生之請求，自應循民事訴訟解決❸❺❹。而發生公法上給付請求權之原因，可能是基於法令之規定，例如公保或勞保或全民健保之給付，亦有基於公法上之契約所生之給付，例如依和解而締結之行政契約所生和解契約之履行，或因違反行政程序法第一三七條所締結「互負義務之行政契約」而請求之給付，如因公法上租賃契約之不履行，請求交付租賃物或請求給付租金等是。此外尚有因公法上之侵權行為所生之損害賠償請求權❸❺❺、公法上徵收之補償請求權❸❺❻、公法上救濟金請求權❸❺❼、公法上之不當得利返還請求權❸❺❽、公法上

---

❸❺❹ 司法實務，請參閱臺北高等行政法院 90 年度訴字第 5682 號判決，《台灣本土法學雜誌》，第 37 期，2002 年 8 月，頁 196。

❸❺❺ 在我國，因公法上侵權行為所生之損害賠償請求權，通常係依國家賠償法、冤獄賠償法等特別規定，向普通法院提起民事訴訟，或依行政訴訟法第七條規定，合併其他行政訴訟提起，而不適用一般公法上之給付訴訟。

❸❺❻ 最高行政法院 92 年度判字第 65 號判決謂：「人民對於核定確定之徵收補償費額起訴請求給付者，係給付訴訟，其公法上之原因即為核定徵收補償費額之行政處分，除該行政處分已失其確定力者外，尚不得以人民無請求補償之權利，逕行駁回其給付之請求。」參閱，司法院印行，《最高行政法院裁判要旨彙編》，第 23 輯，民國 93 年 12 月，頁 928。

❸❺❼ 最高行政法院 92 年度判字第 469 號判決謂：「臺灣省水利局（水利處前身）簽奉臺灣省政府核准之『執行河川公有地救濟方案協商原則』，對於河川公地之『種植農作物』、『構造物』、『魚類、畜禽類、砂石採取類』，分別定有救濟標準，另備註二規定：『無權占有已登記之公有土地比照辦理』，此有該協商原則影本附於原處分卷可稽。是則據此核發救濟金，與土地徵收補償性質不同。人民如認有救濟金請求權，自非不得提起給付之訴，謀求救濟。」參閱，司法院印行，《最高行政法院裁判要旨彙編》，第 23 輯，民國 93 年 12 月，頁 933。

❸❺❽ 司法實務，請參閱臺中高等行政法院 90 年訴字第 1508 號判決，《台灣本土法學雜誌》，第 33 期，2002 年 4 月，頁 196。另參閱最高行政法院 92 年度判字第 777 號判決，刊於司法院印行，《最高行政法院裁判要旨彙編》，第 24 輯，民國 93 年 12 月，頁 935–938，以及最高行政法院 93 年度判字第 12 號判決，刊於司法院印行，《最高行政法院判決要旨彙編》，第 24 輯，民國 94 年 6 月，

無因管理之費用返還請求權，均係公法上原因而生之給付請求。又在德國實務上對於違法行政行為所造成之結果，為回復未受侵害前狀態之「結果除去請求權」(Folgenbeseitigungsanspruch)，亦認係公法上原因發生之給付請求權，而得提起一般公法上給付之訴❸❺❾。依學者的意見，該請求權必須具備下列要件❸❻⓿：

1.須為被告機關之違法行為（其行為除行政處分外，尚包括其他高權行為，例如吊扣司機之駕駛執照，未經土地所有人同意，將其土地拓寬為道路等是），或作成行為時雖為合法，嗣因法律之變更，為違法。

2.須直接侵害人民之利益。

3.須該侵害之狀態繼續存在，且有回復執行前狀態之可能。

4.須被害人對於損害之發生無重大過失。

最高行政法院九十八年度判字第三三四號判決也同此見解，謂：「上訴人主張之結果除去請求權，係對於違法行政行為所造成之結果，請求行政法院判決予以除去，以回復未受侵害前狀態之請求權，乃德國實務上准許之一訴訟類型。惟我國行政法規未有明文，得否援引，尚有爭議，然縱依學者或實務（見本院九十四年判字第一七○八號判決）主張，認結果除去請求權可作為公法上一般給付訴訟之請求權，亦須具備下列要件：⑴須被告機關之行政行為（包括行政處分或其他高權行為）違法，或行為時合法，嗣因法律變更而成為違法者。⑵直接侵害人民之權益。⑶該侵害之狀態繼續存在，且有除去回復至行政行為前狀態之可能。⑷被害人對於損害之發生無重大過失。」

頁 694–697。

❸❺❾　吳庚，上揭書，頁 138 及頁 140 註 109；彭鳳至，上揭書，頁 46，吳綺雲撰，《給付研究》，頁 130，陳清秀，上揭書，頁 131–132；陳敏譯，上揭書，頁 166。

❸❻⓿　吳庚，上揭書，頁 138。

二、須以請求財產上之給付或作成行政處分以外之其他非財產上之給付為 訴訟對象

公法上一般給付訴訟之訴訟對象，乃是財產上之給付為金錢或雖非金錢但有金錢價值之物之給付。例如公務人員之退休金、養老給付等金錢給付或全民健保醫療給付之非金錢給付等是。至於非財產上之給付，則限於非作成行政處分之給付。若須作成行政處分，則無論作成處分之內容結果是否涉及財產或非財產事項，均依行政訴訟法第五條所定提起課予義務之訴，不得提起一般給付訴訟 **❸❻❶**。所謂行政處分以外之其他非財產上給付，係指不屬於行政處分之其他公權力作為或不作為，而其目的在於請求行政法院判命被告機關為某種事實行為 (Realakt) **❸❻❷** 或單純之行政作為 (sachliche Verwaltungshandlung)，此點與怠於為行政處分之訴係在請求行政法院判命被告機關為行政處分或特定內容之行政處分不同。舉例而言，關

---

❸❻❶ 司法實務，請參閱最高行政法院 91 年度裁字第 106 號裁定，《台灣本土法學雜誌》，第 35 期，2002 年 6 月，頁 190–192；最高行政法院 91 年度裁字第 289 號裁定，《台灣本土法學雜誌》，第 38 期，2002 年 9 月，頁 138；最高行政法院 91 年度裁字第 609 號裁定，《台灣本土法學雜誌》，第 41 期，2002 年 12 月，頁 121–124；最高行政法院 91 年度判字第 1882 號判決，《台灣本土法學雜誌》，第 44 期，2003 年 3 月，頁 164–165；最高行政法院 92 年度第 1429 號判決，《台灣本土法學雜誌》，第 57 期，2004 年 4 月，頁 160–161。

❸❻❷ 司法實務認「公聽會及審查會之召開本身並不是行政處分，而是一個事實行為。」詳閱臺北高等行政法院 90 年度訴字第 2836 號判決，《台灣本土法學雜誌》，第 34 期，2002 年 5 月，頁 162；另最高行政法院 91 年度裁字第 728 號裁定：「其就人民鑑界之申請予以否准，是對於請求為事實行為為拒絕之答覆，在目前行政訴訟法已有一般給付訴訟之規定下，自應認該否准鑑界之答覆並非行政處分，即非可提起撤銷訴訟或課以義務訴訟以為救濟。……抗告人對於相對人拒絕再鑑界之表示欲行救濟，應循給付訴訟。」詳見《台灣本土法學雜誌》，第 41 期，2002 年 12 月，頁 126–128。另參閱臺北高等行政法院 91 年度訴字第 4944 號裁定，《台灣本土法學雜誌》，第 57 期，2004 年 4 月，頁 159–160。

於積極作為之非財產上給付，如上所述，請求締結公法上契約、請求有關機關提供資訊、服務紀錄之塗銷、忠誠資料之塗銷、請求拆除他人違章建築❸❸等積極作為給付等是；關於消極不作為之非財產上給付，有如食品衛生機關經由媒體向民眾警告某項產品危害健康，廠商認其消息不確實，起訴請求行政法院判決不得再為該警告之行為是。再如某機關或學校時常播放高分貝之政令宣傳或訓話播音，影響附近居民之安寧，得訴請不得播放超過法定分貝數之播音是。又如學生家長得提起公法上一般給付訴訟，請求學校不得將人數不滿二十人的班級將之裁廢，以免影響教育權益❸❸。

❸❸ 最高行政法院 94 年度裁字第 2499 號裁定即表示：「人民請求中央或地方機關作成行政處分以外之其他非財產上之給付，本得逕行起訴，無須先踐行申請及訴願程序。又原告提起行政訴訟之類型應以其起訴聲明之內容為準，非以其引用之法條為據。請求相對人（臺北市政府工務局建築管理處）將坐落上開地址之建築物防火間隔（巷）通〇〇市〇〇路之間所存在之違章障礙建物，優先予以拆除之事實行為。並未含有請求相對人為何種對外直接發生法律效果之行政處分之意。且由於建築法及其相關法令並未賦予人民申請行政機關作成拆除他人違章建築之行政處分之權利，違章建築處理辦法第 9 條規定：「人民檢舉違章建築，檢舉人姓名應予保密」，尚非申請權之法源，自難期待抗告人依法向相對人申請為任何拆除他人違章建築之行政處分。故本件起訴請求之標的並非相對人應作成拆除他人違章建築之行政處分，而係請求相對人為拆除他人違章建築之事實行為，即作成行政處分以外之其他非財產上之給付，自無要求抗告人先踐行申請及訴願程序之理。」參閱《台灣本土法學雜誌》，第 82 期，2006 年 5 月，頁 295-296。

❸❸ 葉俊榮，《行政法案例分析與研究方法》，三民書局，民國 88 年，頁 305 下，關於祥香油行事件（行政法院 81 年度裁字第 216 號）。引自陳計男，《行政訴訟法釋論》，頁 199 之註 105；參閱，李建良，〈行政組織行為與行政爭訟〉，《月旦法學雜誌》，第 76 期，2001 年 9 月，頁 22-23。

三、須原告主張之給付請求權已屆清償期或雖未屆期但有以給付判決保護之必要

學者認為❸，此項要件行政訴訟法未設規定，但在解釋上應屬如此。因未屆清償期之給付請求權，尚不得對債務人請求，自不得為訴訟上給付之請求。已屆清償期之給付請求權，債務人不為履行時，原告始有請求行政法院判令其履行之權利保護必要。至未到期債權之提起將來給付之訴，應類推適用民事訴訟法第二四六條規定，須被告有到期不履行之虞，始能提起。對於被告有將來不履行之虞之事實，原告應負舉證責任。

在司法實務上，亦認提起一般給付訴訟，請求金錢給付，必須以該訴訟可直接行使給付請求權時為限。如最高行政法院九十二年度判字第一五九二號判決即謂：「行政法院並未具有上級行政機關之功能，不得取代行政機關而自行決定。故依行政訴訟法第八條所規定因公法上原因發生財產上之給付，而提起一般給付訴訟，其請求金錢給付者，必須以該訴訟可直接行使給付請求權時為限。如依實體法之規定，尚須先由行政機關核定或確定其給付請求權者，則於提起一般給付訴訟之前，應先提起課予義務訴訟，請求作成核定之行政處分。準此，得直接提起一般給付訴訟者，應限於請求金額已獲准許可或已保證確定之金錢支付或返還。本件被上訴人請求按殘廢給付標準表第七等級四四〇日之殘廢給付計二十六萬八千四百元部分，並未經上訴人核定或確定其給付之請求權，尚須向上訴人提出申請，以確定其請求權，被上訴人逕行提起一般給付訴訟，即屬不備起訴要件，顯非適法」❸。

同樣的，最高行政法院九十三年度判字第八四號判決也明白表示：「依行政訴訟法第八條所規定因公法上原因發生財產上之給付，而提起一般給付訴訟，其請求金錢給付者，必須以該訴訟可直接行使給付請求權時為限。

---

❸　陳計男，上揭書，頁 200。

❸　參閱，司法院印行，《最高行政法院裁判要旨彙編》，第 23 輯，民國 93 年 12 月，頁 941–942。

如依實體法之規定，尚須先由行政機關核定或確定其給付請求權者，則於提起一般給付訴訟之前，應先提起課予義務訴訟，請求作成核定之行政處分。準此，得直接提起一般給付訴訟者，應限於請求金額已獲准許可或已保證確定之金錢支付或返還。本件被上訴人請求給付疏處慰勵金及其利息，並未經上訴人核定或確定其給付之請求權，尚須向上訴人提出申請，以確定其請求權，被上訴人逕行提起一般給付訴訟，即屬不備起訴要件，顯非適法」❸❻❼。

四、須不屬於應在撤銷訴訟中併為請求之給付

依行政訴訟法第八條第二項規定，公法上一般給付訴訟之裁判，以行政處分應否撤銷為據者，應於依第四條第一項或第三項規定提起撤銷訴訟時❸❻❽，併為請求，原告未為請求者，審判長應告以得為請求。依此規定，凡人民對於公法上給付請求權之成立與否，以行政處分為據者，須先由行政法院就其合法性加以判斷。例如身心障礙者請領核發身心障礙手冊，遭主管機關拒絕時，可對該拒絕之行政處分訴願，提起撤銷訴訟，並合併請求給付身心障礙手冊。在此情形，法律規定應於提起撤銷訴訟時併為請求，乃欲達成訴訟經濟目的，並避免裁判兩歧現象。又為保護法律知識不足之人民權益，行政訴訟法第八條第二項規定，又課以審判長應告知提起撤銷原處分訴訟之人民，為訴之追加、合併以請求公法上一般給付訴訟所欲請求之給付❸❻❾。但人民如未合併請求給付，經審判長告知後仍不合併請求給付，或審判長怠於告知，致人民不知合併請求給付時，人民之給付請求權

---

❸❻❼　參閱，司法院印行，《最高行政法院裁判要旨彙編》，第 24 輯，民國 94 年 6 月，頁 702。

❸❻❽　最高行政法院 90 年度裁字第 670 號裁定謂：「依此規定，於撤銷訴訟程序合併提起給付訴訟者，應以其提起之撤銷訴訟合法為前提。」詳見《台灣本土法學雜誌》，第 30 期，2002 年 1 月，頁 125。

❸❻❾　司法實務，請參閱臺北最高行政法院 91 年度訴字第 19 號判決，《台灣本土法學雜誌》，第 48 期，2003 年 7 月，頁 167–171。

是否因而消滅或失權。學者認為 **⑩**，行政訴訟法第八條第二項對於未合併請求既無關於失權效果之規定，若實體法亦無相關失權之規定，自不宜以其未起訴，即認其實體法上之請求權已消滅。人民仍得行使其給付請求權，惟在其獨立提起給付之訴前，須先該請求權基礎之行政處分，業經行政訴訟判決確定始可，以防止人民規避先前之撤銷訴訟，減損行政救濟制度之功能。司法實務上亦同此看法。例如最高行政法院九十二年度判字第一七八〇號判決即謂：「職權予以匡正，而有關補償費之金額究應多少，理應由被上訴人先行審查及核定而作成准否之行政處分，上訴人如有不服，自可循序依訴願程序提起行政訴訟，乃上訴人逕行依行政訴訟法第八條提起本件給付訴訟，原判決以其欠缺權利保護要件，予以判決駁回，難謂有適用平均地權條例第十一條第三項及行政訴訟法第八條不當之違背法令。」 **⑪**

至行政機關對人民提起給付之訴，不生以行政處分應否撤銷為據之情形，應解為無行政訴訟法第八條第二項規定之適用。司法實務就此有一判決加以區分。最高行政法院九十四年度判字第一七五四號判決指出，內政部警政署入出境管理局在登記簿上註記不准上訴人出境之執行行為與財政部函請內政部警政署入出境管理局限制人民出境，並由該局作成限制人民出境之行政處分並不相同。該判決表示：「限制出境之處分發生限制上訴人出境之法律效力，影響上訴人居住遷徙之自由，自屬行政處分，應無疑義，此與內政部警政署入出境管理局在登記簿上註記不准上訴人出境之執行行為，係不同階段之行為，上訴意旨謂被上訴人函請內政部警政署入出境管理局管制上訴人出境為行政執行之事實行為，顯屬誤解。故縱認上訴人不受行政執行法第九條第一項規定之限制，仍得提起行政訴訟，亦因本件限制上訴人出境既屬行政處分，上訴人應提起撤銷訴訟，並得依行政訴訟法第八條第二項規定請求排除行政執行之事實行為，但於原處分被撤銷或宣告無效前，上訴人自無從直接提起一般給付訴訟主張公法上結果除去請求權。末查行政訴訟法第八條第二項末段所稱『原告未為請求者，審判長應

---

⑩ 陳計男，上揭書，頁 201。

⑪ 參閱，司法院印行，《最高行政法院裁判要旨彙編》，民國 93 年 12 月，頁 949。

告以得為請求。』係指當事人提起撤銷訴訟時，得並為請求給付時，如當事人未請求，審判長始有告以得為請求之義務，而本件上訴人係直接提起一般給付訴訟，與同法第八條第二項後段之情形無涉。」❸❼❷

第六節　合併請求財產上給付訴訟

第一項　合併請求財產上給付訴訟之意義

行政訴訟法第七條規定：「提起行政訴訟，得於同一程序中，合併請求損害賠償或其他財產上給付。」此類訴訟即為合併請求財產上給付訴訟❸❼❸。此訴訟係於已提起之行政訴訟中合併請求，雖係合併請求之訴，但屬於獨立之訴訟，與修正前行政訴訟法第二條第一項所定附帶提起之損害賠償訴訟不同，不因原提行政訴訟之撤回或他訴訟已終結而受影響。

合併請求財產上給付訴訟之提起，是否僅限於在撤銷訴訟之程序中，亦或及於其他類型之訴訟程序中？在司法院草擬行政訴訟法修正草案時，曾多所討論，但因行政訴訟法第七條明文規定「提起行政訴訟」，而未有限制。因此，合併請求財產上給付訴訟，得於撤銷、確認及課予義務等各種訴訟程序中為之。吳庚大法官即曾舉例說明各類行政訴訟程序中得合併請求財產上給付訴訟類型❸❼❹：

1.有關撤銷訴訟之合併請求,例如遭免職之公務員訴請撤銷免職處分,且合併請求給付自免職生效起至行政法院為勝訴判決而復職止，應得之薪俸及其他給與；

2.確認訴訟包括確認行政處分無效或確認法律關係存否，亦得合併請求，例如命為拆除違章建築之處分已執行完畢，原告訴請確認該處分無效

---

❸❼❷　參閱《台灣本土法學雜誌》，第 84 期，2006 年 7 月，頁 162–163。

❸❼❸　司法實務，請參閱高雄高等行政法院 90 年度簡字第 3962 號判決，《台灣本土法學雜誌》，第 36 期，2002 年 7 月，頁 236；最高行政法院 91 年度裁字第 609 號裁定，《台灣本土法學雜誌》，第 41 期，2002 年 12 月，頁 121–124。

❸❼❹　吳庚，《行政爭訟法論》，頁 133。

得合併請求給付一定數額之金錢，以賠償其因拆屋所受之損害；

　　3.課予義務訴訟亦可能發生損害賠償之問題，於提起不服怠為處分之訴或拒絕申請之訴的同時，自得合併請求❸；

　　4.以一般給付訴訟請求履行公法契約，同時以備位聲明請求不履行之損害賠償，亦屬本條所謂之合併請求給付。

第二項　合併請求財產上給付訴訟之性質

　　行政訴訟法修正案起草時，鑑於行政訴訟與民事訴訟在本質上仍有差異，對於行政訴訟之客觀合併❸乃於修正之行政訴訟法第一一五條規定，準用民事訴訟法第二四八條規定，亦即：「對於同一被告之數宗訴訟，除定有專屬管轄者外，得向就其中一訴訟有管轄權之法院合併提起之。但不得行同種訴訟程序者，不在此限。」是以，行政訴訟之客觀合併如合於民事訴訟法此一規定者，即可合併提起不必專設條文加以規定，但修正之行政訴訟法為何又在第七條規定：「提起行政訴訟，得於同一程序中，合併請求損害賠償或其他財產上給付」? 學者認為❸，此第七條之規定僅有釐清修正前行政訴訟法第二條第一項，及民事訴訟與行政訴訟上性質之若干差異而已。換言之，舊行政訴訟法只設有撤銷訴訟，損害賠償屬於給付訴訟，只能附帶請求。新行政訴訟法將給付訴訟規定為主要訴訟類型，已非舊制之附帶性質，故在行政訴訟法第七條將請求損害賠償或其他財產上給付之給付訴訟規定為可於撤銷訴訟、確認訴訟及課以義務訴訟之同一程序中合併請求，而非附帶請求。

　　又行政訴訟法第七條之規定，並非在限制客觀合併之訴之提起之種類

---

❸　最高行政法院 91 年度判字第 1882 號判決，《台灣本土法學雜誌》，第 44 期，2003 年 3 月，頁 164–165。

❸　訴訟合併有主觀的合併與客觀的合併之分，共同訴訟或多數當事人之訴訟屬於主觀合併；若同一原告在一個訴訟中合併提出數項聲明者，則為客觀的合併。參閱，吳庚，《行政爭訟法論》，頁 141。

❸　陳計男，上揭書，頁 203；吳庚，上揭書，頁 141–142。

以損害賠償及其他財產上給付為限。客觀合併之訴，例如於提起撤銷訴訟而原告不能確定為訴訟對象之行政處分為違法或無效時，可合併提起確認行政處分無效之訴，且更得以預備的客觀合併 (Eventualklagenhäufung) 之方式為之。故學者認為，行政訴訟法第七條之規定，不能認係行政訴訟之一種類型 (Gegenstand der Klage)，而係對於一般公法上給付訴訟中，關於損害賠償或其他財產上給付訴訟提起之特別規定❸。

第三項　合併請求財產上給付訴訟之特別訴訟要件

　　如上所述，合併請求財產上給付訴訟，嚴格上而言，並非行政訴訟之一種類型，而為給付訴訟之特殊分枝，故合於公法上一般給付訴訟之特別訴訟要件，即應依法處理。惟為明確起見，學者乃將合併請求財產上給付訴訟之特別要件，析分為二❸，亦即：

一、須於提起行政訴訟之同一程序中合併請求

　　須於原告提起行政訴訟之同一程序中合併請求損害賠償或其他公法上給付訴訟。換言之，須原告有欲提起一行政訴訟，此一行政訴訟包括撤銷訴訟或確認訴訟，甚至提起給付訴訟中亦得合併請求，例如提起給付某特定物訴訟中，預慮可能給付不能而合併提起損害賠償之預備合併之訴是。其所以須於提起行政訴訟之同一程序中為之，蓋其請求之損害賠償或財產上之給付訴訟，與其所合併提起之行政訴訟間，有一定之前提關係或因果關係，行政法院就合併之訴訟為裁判時，基於訴訟資料之共通，可以省費，並避免二訴訟裁判之衝突也。至合併請求之時期，得於起訴時合併提起或於他行政訴訟繫屬中追加提起。原告基此為追加之訴時，因係法律規定得合併請求，故被告依行政訴訟法第一一一條第三項第五款規定，不得為異議之表示。

---

❸　陳計男，上揭書，頁 204。

❸　同上註，頁 204–205。

二、得合併之請求，以因合併提起之行政訴訟所生損害賠償或其他財產上之給付為限

若無此要件，即無於提起行政訴訟之同一程序中合併請求之必要，而盡可能如上所述依第一一五條準用民事訴訟法第二四八條之規定為之。

值得注意的是，人民受國家非法侵害而有國家賠償情事，經依行政訴訟法第七條規定，提起合併請求財產上給付訴訟時，應否經國家賠償法第十條所規定之書面請求與協議程序？就此，最高行政法院有一重要之判決，即九十三年度判字第四九四號判決，可供參考。其判決要旨為：「人民因國家之行政處分而受有損害，請求損害賠償時，現行法制，得依國家賠償法規定向民事法院訴請外，亦得依行政訴訟法第七條規定，於提起其他行政訴訟時合併請求。二者為不同之救濟途徑，各有其程序規定。人民若選擇依國家賠償法請求損害賠償時，應依國家賠償法規定程序為之。若選擇依行政訴訟法第七條規定請求損害賠償時，自僅依行政訴訟法規定程序辦理即可。行政訴訟法既未規定依該法第七條規定合併請求損害賠償時，應準用國家賠償法規定，自無須踐行國家賠償法第十條規定以書面向賠償義務機關請求賠償及協議之程序。況國家賠償法第十條規定須先以書面請求及協議，係予行政機關對其所為是否違法有自省機會，減少不必要之訴訟。如人民對行政機關之違法處分，已提起行政救濟（異議、復查、訴願等），行政機關認其處分並無違法而駁回其訴願等，受處分人不服該決定而提起行政訴訟，且合併請求損害賠償，若要求其亦應踐行國家賠償法之先議程序，行政機關既認其處分無違誤，協議結果，必拒絕賠償，起訴前之先行協議顯無實益。是依行政訴訟法第七條合併提起損害賠償之訴，其請求內容縱屬國家賠償範圍，亦無準用國家賠償法，踐行該法第十條規定程序之理。」❸⓿另外，最高行政法院九十四年度判字第九七四號判決亦重申此一意

---

❸⓿ 參閱，司法院印行，《最高行政法院裁判要旨彙編》，第 24 輯，民國 94 年 6 月，頁 692–693。學者論文請參閱，張文郁，〈行政法院受理國家賠償訴訟時，原告是否應於起訴前進行協議程序〉，《月旦法學教室》，第 79 期，民國 98 年 5

旨❸。

　　又與國家賠償訴訟相關連之法律問題，即「當事人主張因行政機關之行政行為受有損害，乃循序向行政法院提起行政訴訟救濟，並依行政訴訟法第七條規定於同一程序中，合併依國家賠償法規定請求損害賠償（以下稱國家賠償訴訟）。行政法院審理結果，如認為行政訴訟部分有行政訴訟法第一○七條第一項第二款至第十款情形應予裁定駁回時，則關於國家賠償訴訟部分，應如何裁判？」就此，最高行政法院於民國九十八年六月十六日之九十八年六月份第一次庭長法官聯席會議中，作出下列一併裁定駁回之決議文，即：「行政訴訟法第七條規定『提起行政訴訟，得於同一程序中，「合併請求」損害賠償或其他財產上給付。』並未明定『合併提起訴訟』，故其文義上並不僅限於客觀訴之合併之情形，又斟酌該條之立法過程，乃在使當事人於提起行政訴訟時得『附帶』提起不同審判系統之訴訟，以連結行政訴訟與國家賠償訴訟審判權，而達訴訟經濟目的之意旨，並參照該條立法理由第三點明文闡述：『向行政法院「附帶」提起損害賠償之訴，自應適用行政訴訟程序，而其實體上之法律關係，仍以民法有關規定為依據……。』是行政訴訟法第七條規定所謂『合併請求』損害賠償或其他財產上給付，其訴訟法上之意義，依行政訴訟法與國家賠償法之規範體系而言❸，不宜限制解釋為客觀訴之合併，而應包含當事人於提起行政訴訟時，就同一原因事實請求之國家賠償事件，得適用行政訴訟程序『附帶』提起損害賠償或其他財產上給付訴訟，行政法院並於此情形取得國家賠償訴訟審判權之意，以符合立法意旨及立法理由，復可與國家賠償法第十一條但書規定：『但已依行政訴訟法規定，「附帶」請求損害賠償者，就同一原因事實，不得更行起訴。』配合適用。是當事人主張因行政機關之違法行政行為受有

　　　月，頁 20–21；程明修，〈國家賠償訴訟回歸行政訴訟程序之分析〉，《台灣法學雜誌》，第 138 期，民國 98 年 10 月 15 日，頁 78–90。

❸　參閱《台灣本土法學雜誌》，第 77 期，2005 年 12 月，頁 257。

❸　相關論述請參閱，陳淑芳，〈行政訴訟合併請求國家賠償之訴〉，《月旦法學教室》，第 117 期，2012 年 7 月，頁 15–17。

損害，循序向行政法院提起行政訴訟，並依行政訴訟法第七條規定於同一程序中，合併依國家賠償法規定請求損害賠償者，因行政法院就國家賠償部分，自當事人依法『附帶』提起國家賠償時起取得審判權，而案件經行政法院審理後，如認行政訴訟部分因有行政訴訟法第一○七條第一項第二款至第十款情形而不合法者，此時行政訴訟既經裁定駁回，其依國家賠償法附帶提起國家賠償之訴部分，屬附帶請求之性質，非可單獨提起之行政訴訟，因而失所附麗，自得一併裁定駁回。」

第七節　維護公益訴訟

第一項　維護公益訴訟之意義

行政訴訟法第九條規定，人民為維護公益，就無關自己權利及法律上利益之事項，對於行政機關之違法行為，得提起行政訴訟。但以法律有特別規定者為限。此即為學理上源自羅馬法，所謂之民眾訴訟 (Actio Popularis; eine Popularklage)，以法律有特別規定者，始可提起❸❽❸。例如廢棄物清理法第七十二條、水污染防治法第七十二條、海洋污染防治法第五十九條、空氣污染防制法第八十一條及環境基本法第三十四條第一項❸❽❹等之規定是。是以民眾訴訟乃基於立法政策特別認許之訴訟型態，僅於立法機關特別制定法律時，人民才可以維護公益理由，提起此一維護公益訴訟。故其性質乃屬於客觀訴訟，與前此所述之各種訴訟類型，係以救濟當事人權利為目的之主觀訴訟，性質上不同❸❽❺。

---

❸❽❸ Redeker/von Oertzen, a.a.O., §42, Rn. 25, 25a, 25b；另參閱，李建良，〈戲謔與嚴肅之間：耶林的法學世界〉，《月旦法學雜誌》，第 75 期，2001 年 8 月，頁 193。

❸❽❹ 司法實務之相關論文，請參閱，李建良，〈環評審查的迴避問題：美麗灣環評案——最高行政法院 101 年度判字第 55 號判決的解析與商榷〉，《台灣法學雜誌》，第 210 期，2012 年 10 月 15 日，頁 68–86；張文郁，〈淺論行政訴訟——兼評最高行政法院 101 年度判字第 980 號判決〉，《月旦裁判時報》，第 25 期，2014 年 2 月，頁 14–37。

　　行政訴訟法第九條，係仿日本行政事件訴訟法第五條及第四十二條有關民眾訴訟之規定，為前瞻性之立法，使立法機關於適當時期制定法律，准許人民提起維護公益之訴訟[385]。依現時日本法律可提起民眾訴訟者，有地方自治法、公職選舉法、新市町村建設促進法、漁業法、最高裁判所裁判官國民審查法等[387]；而在德國，其環境資訊法 (Umweltinformationsgesetz) 第四條明定人民有環境資訊請求權 (Anspruch auf Informationen über die Welt)，又依德國聯邦自然與景觀保育法 (Gesetz über Naturschutz und Landschaftspflege) 第二十九條第一項規定，環保團體亦可起訴請求承認其團體 (Recht auf Anerkennung)，進而行使請求行政機關聽取其意見之權 (Recht auf Anhörung)[388]，如聯邦行政法院判決即曾承認——鳥類保護團體有此權利[389]。德國各邦如 Berlin, Bremen, Brandenburg, Hamburg, Hessen, Niedersachsen, Rheinland-Pfalz, Saarland, Sachsen, Sachsen-Anhalt 及 Thüringen 等邦之自然保育法也都承認環保團體在自然保育事項上有自主之訴權 (ein eigenes Klagerecht in Naturschutzangelegenheiten)[390]；在我國現行法承認維護公益訴訟者，如商標法第四十條、專利法第五十四條、第六十七條、第一〇七條、第一二八條等規定，任何人均得對發明專利、新型專利或新式樣專利，提出異議舉發與行政爭訟，請求撤銷上述各類之專利權。又如空氣污染防制法第八十一條第一項規定:「公私場所違反本法或依本法授權訂定之相關命令而主管機關疏於執行時，受害人民或公益團體得敘明疏於執行之具體內

---

[385]　林明德，〈維護公益訴訟（日本民眾訴訟）之分析〉，《全國律師》，第 3 卷，第 2 期，1999 年 2 月，頁 17。另參閱，李建良，〈論環境法上之公民訴訟〉，《法令月刊》，第 51 卷，第 1 期，頁 14–25；胡國棟，〈環境行政訴訟之研究（下冊）〉，司法院印行，《司法研究年報》，第 23 輯，第 13 篇，頁 982–1006。

[386]　陳清秀，《行政訴訟法》，頁 113。

[387]　林明德，上揭文，頁 17。

[388]　Redeker/von Oertzen, a.a.O., §42, Rn. 25.

[389]　Vgl. BVerwGE 72, 277.

[390]　Redeker/von Oertzen, a.a.O., §42, Rn. 25a, 25b.

容，以書面告知主管機關。主管機關於書面告知送達之日起六十日內仍未依法執行者，受害人民或公益團體得以該主管機關為被告，對其怠於執行職務之行為，直接向行政法院提起訴訟，請求判令其執行。」其中公益團體所提起之訴訟，學者陳清秀認為即屬維護公益之訴訟 **⑨**。但大法官陳計男及吳庚則有不同意見 **⑨**。除此之外，地方制度法第十六條第五款規定，直轄市民、縣（市）民、鄉（鎮、市）民，對於地方政府資訊，有依法請求公開之權，是以將來亦有可能發生由人民提起請求地方政府公開資訊之維護公益訴訟。但此與日本盛行之住民訴訟，乃來自於美國之納稅人訴訟，在本質上尚有甚大差異 **⑨**。

㊟ 陳清秀，《行政訴訟法》，頁 114。

㊟ 大法官陳計男認為空氣污染防制法此一規定，在形式上雖似為得提起維護公益訴訟之特別規定，實則其規定有相當疑問。(1)依該規定，起訴前應踐行書面告知。得為告知之人，為人民或公益團體，人民與公益團體並列，顯見人民不包括公益團體。但(2)於提起行政訴訟時，僅規定人民得提起，而未規定及於公益團體，則在同一條文之解釋上，應認係立法者故意排除公益團體。(3)若謂立法者係因有第 35 條故未特別規定公益團體，此一見解恐亦有問題。蓋第 35 條之規定係關於公益社團法人對於其社員共同利益事項之團體訴訟，賦予其原告之當事人適格，如欲依此規定提起行政訴訟，亦僅能提起主觀訴訟而已。故空氣污染防制法第 74 條第 1 項（現行法為第 81 條）規定，如欲符合維護公益訴訟之要件，應規定為「有利害關係之人民，或公益團體」始能達到目的。另大法官吳庚，以修正通過之空氣污染防制法第 74 條第 1 項規定，已將立法院審查會通過時之用語：「任何個人或團體為維護空氣品質」，得提起訴訟，改為「受害人民或公益團體」，則有訴訟權能之個人既限於受害者，即非民眾訴訟，至公益團體則應依章程所定目的範圍為斷（參照行政訴訟法第 35 條），亦非任何團體皆可起訴，與典型之民眾訴訟仍屬有間，故公民訴訟條款云云，似有名實不符之嫌。詳見，陳計男，《行政訴訟法釋論》，頁 207–208；吳庚，《行政爭訟法論》，頁 143。

㊟ 學者陳清秀謂：「日本住民訴訟乃是具有住民資格之人，為防止及糾正普通地方公共團體之機關的違法支出公款的訴訟，亦有稱為納稅人訴訟。此種住民訴訟係鑑於地方公共團體的財產，可謂終局的乃是由住民的稅金所構成，因此，

　　有鑑於臺灣地區因行政機關之怠忽，導致山、川、漁、林自然資源公益，未能獲得適當維護，因此，在公害、環境方面，民國九十一年公布施行之環境基本法第三十四條第一項規定，即賦予人民或公益團體得以主管機關為被告，向行政法院提起訴訟❸❹，以維護公益。將來在社會福利、以

透過終局負擔稅捐的住民監督，以維持及實現地方財政的健全性，應屬適當。在此觀點下，日本地方自治法承認每一個地方住民為監視地方公共團體的財產管理及財務會計上行為的適否，可以指摘地方公共團體的財務會計上行為違法、不當，而請求監查委員進行監查。此即所謂住民監查請求制度（地方自治法第 242 條）。然而如果住民雖請求監查，而監查委員不進行監查，或不採取適當的措施或雖經監查委員勸告糾正，而議會首長或其他關係機關，不遵從勸告時，則住民的監查請求即無法發揮功效。因此，在此情形，地方自治法乃對於提出監查請求的住民，承認得進而向法院提起訴訟，對於監查委員督促其實施監查，或對於地方公共團體的議會、首長及其他職員，糾正違法的財產管理上行為（第 242 條之 2），此亦即所謂住民訴訟。

可以住民訴訟請求裁判的情形，計有下列四種：

1. 對於執行機關或職員請求停止違法的財務會計上行為的全部或一部。
2. 請求撤銷違法行政處分或確認其無效（例如請求撤銷道路等行政財產的占用許可或補助金交付決定）。
3. 對於執行機關或其職員，請求確認其違法怠於執行職務之事實（例如請求確認怠於核課徵收稅捐或受益費之事實違法）。
4. 代位公共團體，對於職員或其相對人，進行損害賠償、不當得利返還或回復原狀等之請求（例如在職員支付特定企業鉅額價金的情形，對於該職員請求損害賠償，同時對於相對人企業，請求不當得利返還）。

上述住民訴訟，以防止地方公共團體的財務管理的腐敗，實現其財產的適當管理為目的，乃是基於直接民主主義的理念所設計的特殊訴訟型態，而可以發揮相當重要的機能，因此學者多持肯定態度。」參閱氏著《行政訴訟法》，頁 114–115；另參閱，林明德，〈維護公益訴訟（日本民眾訴訟）之分析〉，頁 18–20。

❸❹ 相關實務論文請參閱，傅玲靜，〈環境法中公民訴訟制度的再認識──由最高行政法院 101 年度裁字第 1888 號裁定及相關裁判談起〉，《月旦裁判時報》，第 19 期，2013 年 2 月，頁 72–88。

及政府財政等問題上，允宜進一步仿照日、德、美等國，透過立法機關以法律規定，使人民得以享有更大範圍的維護公益訴訟權。

第二項　維護公益訴訟之特別訴訟要件

依行政訴訟法第九條規定，提起維護公益訴訟，學者認為須具備下述特別訴訟要件❸❾❺：

一、須人民為維護公益而提起

依傳統的「訴訟利益」之理論，人民須就與自己權利或法律上利益有直接關係之事項，始得提起訴訟。在依法行政原則下，行政機關是否適切適用法律，依法行政，常不直接涉及人民個人之權益，但於公共利益則關係密切，為使一般人民（包括公益團體）❸❾❻得以監督行政機關，以確保行政法規之適正運用，維護公共利益，行政訴訟法第九條特別准許與自己權利或法律上利益無直接關係之人❸❾❼，得就行政機關之違法行為，提起行政訴訟。此即所謂客觀的行政訴訟❸❾❽。因之如行政機關之違法行為直接涉及人民之權利或法律上利益，則須提起上述所謂的主觀行政訴訟，而非提起維護公益訴訟。

---

❸❾❺ 陳計男，上揭書，頁 207-209。司法實務，請參閱最高行政法院 92 年度判字第 1194 號判決，《台灣本土法學雜誌》，第 55 期，2004 年 2 月，頁 195-198。

❸❾❻ 如環境品質文教基金會架設名為「救環境、自己來」的網站，(www.utrust.com.tw/lawsuit/index.htm)提供公民訴訟書面格式，可下載填好後以書面告知地方環保機關，如過了 60 天法定告知期仍無令人滿意作為，可向高等行政法院提起行政訴訟。

❸❾❼ 相關論文請參閱，傅玲靜，〈環境影響評估法中公民訴訟之當事人〉，《月旦法學教室》，第 70 期，民國 97 年 8 月，頁 22-23。

❸❾❽ 參閱，傅玲靜，〈公民訴訟、公益訴訟、民眾訴訟？──環境法上公民訴訟之性質〉，《月旦法學教室》，第 77 期，民國 98 年 3 月，頁 28-29。

二、須行政機關之違法行為，無關原告自己之權利及法律上利益事項

行政機關之違法行為，如涉及人民之權利或法律上利益，已有主觀的行政訴訟足以保護，不得提起維護公益訴訟。故第九條規定須人民為維護公益，就無關自己權利及法律上利益事項，對行政機關之違法行為，得提起行政訴訟❸❾❾。空氣污染防制法第八十一條第一項規定所定「受害人民」之「受害」係指因行政機關之怠忽違法行為直接受害？抑係因違法行為之反射利益受害？學者有疑義，認如屬前者，人民所提起之行政訴訟應非此之維護公益訴訟。似須係屬後者，因違法行為之反射利益受害，始有提起維護公益訴訟可言❹❿❿。

三、提起維護公益訴訟，依其訴訟之性質，準用撤銷、確認或給付訴訟有關之規定

依行政訴訟法第十一條規定，提起維護公益訴訟，依其性質，準用撤銷、確認或給付訴訟有關之規定。換言之，提起維護公益訴訟，仍須具備上述撤銷、確認或給付訴訟等之特別訴訟要件。

四、提起維護公益訴訟，須以法律有特別規定者為限

維護公益訴訟係由無關自己權利或法律上利益之人所提起，為防止人民藉此濫行提起行政訴訟，行政訴訟法第九條但書乃規定，以「法律上有特別規定者為限」❹❶。委由立法機關視社會之需要裁量而為規定。現行法上法律有特別規定者，例如商標法第四十條、專利法第五十四條、第六十

---

❸❾❾ 相關司法實務與論文請參閱，李建良，〈環境公民訴訟新典範──簡析台北高等行政法院判決 98 年度訴字第 504 號判決〉，《台灣法學雜誌》，第 152 期，民國 99 年 5 月 15 日，頁 57–69。

❹❿❿ 同❸❽❼，頁 209。

❹❶ 司法實務，請參閱臺北高等行政法院 90 年度訴字第 3835 號裁定，《台灣本土法學雜誌》，第 36 期，2002 年 7 月，頁 231–232。

七條、第一○七條、第一二八條之規定；空氣污染防制法第八十一條第一項之規定❹；地方制度法第十六條之規定等是。

第八節　選舉罷免爭議訴訟

第一項　選舉罷免爭議訴訟之意義

行政訴訟法第十條規定，「選舉罷免之爭議，除法律別有規定外，得依本法提起行政訴訟。」所謂法律別有規定，例如公職人員選舉罷免法、總統副總統選舉罷免法等法律分別規定，其選舉罷免爭議係由普通法院審判，又除法律別有規定外，並非一切公法上之選舉罷免之爭議，均可依本條規定提起行政訴訟❹。

第二項　選舉罷免爭議訴訟之特別要件

得依行政訴訟法第十條規定，學者❹認為應符合下列要件：

一、須有法律上之依據，即依法辦理之選舉罷免所生爭議，始可提起此選舉罷免爭議訴訟。因此，目前各政黨依其黨章所選舉之立法委員不分區代表，如有選舉爭議，則仍不得提起選舉罷免爭議訴訟。不過，因立法委員之地位、職權、行使公權力之重要性，將來宜由政黨法加以明文規定，使不分區立法委員選舉所生爭議，有行政訴訟之可能。

二、須非屬民事法院管轄之選罷事件，例如不具公法人資格之公益社團（俗稱人民團體），其選舉爭訟事件便屬此類。

三、須無行政處分之介入，若選舉罷免之爭議因主管機關依法介入，而作成行政處分時，利害關係人自得提起撤銷訴訟，亦無第十條適用之餘地，例如主管機關不承認人民團體理監事之當選資格，受影響之當事人對

---

❹ 大法官陳計男，認空氣污染防制法第 74 條第 1 項（現行法為第 81 條第 1 項）之規定，是否為維護公益訴訟尚有爭議。參見氏著，上揭書，頁 209。

❹ 陳計男，上揭書，頁 210。

❹ 吳庚，上揭書，頁 144。

否定其當選之行政處分並非不得聲明不服，遇有此種情形，尚應注意可能發生兩種法院之權限衝突。

　　四、須非屬於議會自律之事項，若為議會自律事項亦不應訴由行政法院裁判，例如立法院或國民大會之內部選舉爭議，宜循其內部程序解決，司法權若動輒介入此類爭議，則有違權力分立原則。

　　五、須依其訴訟之性質，準用撤銷、確認或給付訴訟有關之規定，此為行政訴訟法第十一條所明定。是以，提起選舉罷免爭議訴訟，須具備上述撤銷、確認或給付訴訟等之特別訴訟要件。

第九節　其他類型之訴訟

　　除了上述法律明示之各種訴訟類型以外，因行政訴訟法第二條之規定，謂：「公法上之爭議，除法律別有規定外，得依本法提起行政訴訟。」學者認此係行政審判權採概括主義之條款，是以在行政訴訟法明定之各類訴訟之外，尚可有類型外之訴訟 (Klageart sui generis)。因此，外國法制上所謂之機關訴訟或其他無名訴訟等類型外之訴訟，亦應為我行政訴訟法所認許[405]。例如：行政主體相互間或行政機關相互間因公法上財產或行政契約而爭訟時，可類推適用行政訴訟法第八條規定提起公法上一般給付訴訟。又如縣市議會或鄉鎮民代表會所作成之決議是否有效，如無從依其議事規範解決或自治監督機關不欲介入或其介入無效時，學者認應容許反對該項決議議員或代表提起確認訴訟。同樣的，民選地方行政首長拒不執行地方議會決議，上級監督機關干預又不生效果者，亦不妨容許地方議會提起給付之訴，命地方行政首長執行地方議會所決議之行為[406]。另依地方制度法第七十六條第一項規定，直轄市、縣（市）、鄉（鎮、市）依法應作為而不作為，致嚴重危害公益或妨害地方政府正常運作，其適於代行處理者，得分別由行政院、中央各該主管機關、縣政府命其於一定期限內為之；逾期仍不作為者，得代行處理。但情況急迫時，得逕予代行處理。直轄市、縣

---

[405]　吳庚，上揭書，頁 144–145；陳計男，上揭書，頁 206。

[406]　吳庚，上揭書，頁 145。

（市）、鄉（鎮、市）對此代處理之處分，如認為違法時，可依地方制度法第七十六條第五項，提起行政救濟程序。此即為學者所謂之機關訴訟❼。

行政訴訟新制實施後，機關訴訟日漸增多。其中，最有名的為中央健康保險局與臺北市政府有關分擔全民健保補助費之行政訴訟，歷經第一審臺北高等行政法院之判決，第二審最高行政法院九十四年判字第一五四六號之判決❽，最高行政法院之再審。其中更有司法院大法官作出釋字第五五○號解釋，及最高行政法院九十六年五月二十三日「庭長法官聯席會議」決議之釐清相關爭議。民國九十六年六月二十八日最高行政法院於再審判決中，改判臺北市政府敗訴。臺北市政府應以「投保單位」計算健保補助款，給付中央健保局一○八億餘元❾。

又公民投票法公布施行後，其第五十五條第一項所規定的：「不服公民投票主管機關駁回公民投票提案申請者，可提起行政爭訟。」意何所指？訴訟類型屬於撤銷訴訟、確認訴訟、給付訴訟或其他「無名訴訟」，不無探討餘地。學者引註德國法制，加以論證，甚有參考價值❿。

---

❼ 陳計男，上揭書，頁 206。相關論文另參閱，吳明孝，〈地方自治權限侵害救濟途徑之研究——兼評司法院大法官會議相關不受理之決議（2000 年至 2012 年）〉，《月旦法學雜誌》，第 220 期，2013 年 9 月，頁 124–154。

❽ 此一判決引發不少討論，詳請參閱，由簡玉聰、陳耀祥、陳愛娥、林明鏘、張桐銳等學者提出之健保費補助款判決評釋，《台灣本土法學雜誌》，第 76 期，2005 年 11 月，頁 70–122；另由劉宗德、黃錦堂、陳清秀、張道義等學者提出之地方自治團體補助健保費保費法理分析，《台灣本土法學雜誌》，第 77 期，2005 年 12 月，頁 78–151。

❾ 參閱，王文玲，〈健保官司，北市敗訴定讞〉，《聯合報》，民國 96 年 6 月 29 日，A12 版。

❿ 參閱，吳志光，〈不服公民投票主管機關駁回公民投票提案之行政爭訟途徑〉，《法學講座》，第 27 期，2004 年 5 月，頁 105–114。

第四篇
行政訴訟主體論

行政訴訟之客體為行政訴訟事件，已如上述。行政訴訟之主體在此是指行政訴訟關係中之審判機關，即行政法院，以及行政訴訟之原告、被告、訴訟參加人等當事人。為使行政訴訟便於進行，行政訴訟法又有行政訴訟之代理人與輔佐人等相關規定。本篇即以行政訴訟法第一編總則之第二章、第三章相關規定，分別論述於次。

第一章　行政法院

第一節　行政法院之意義

如上所述，行政法院在民國初年稱為平政院，於民國二十二年時改制為行政法院，採一級一審終結制。民國八十八年二月三日修正公布行政法院組織法後，改採高等行政法院與最高行政法院二級二審制。

民國一〇〇年十一月二十三日由總統公布之行政訴訟法，將行政訴訟之審級改為三級二審制❶，三級即最高行政法院、高等行政法院及地方法院行政訴訟庭。地方法院行政訴訟庭依修正後之行政訴訟法第三條之一，亦為行政訴訟法所稱之行政法院，審理簡易行政訴訟程序事件之第一審、行政訴訟強制執行事件及交通裁決事件之第一審。行政訴訟三級二審制已於民國一〇一年九月六日正式實施。

行政法院之意義有二，廣義的行政法院係指行使行政訴訟審判權機關及其輔助機關之總稱，包括狹義的行政法院法官、書記官、通譯、執達員、錄事、法警等機關而言，即行政法院組織法上所稱之法院；狹義的行政法院則專指行使行政訴訟審判權之獨任法官或合議庭。行政訴訟法所稱之行政法院多指狹義的法院。但就行政法院管轄等為規定時所稱之行政法院，則仍指廣義的行政法院，例如行政訴訟法第十三條至第十八條，及第一八六條準用民事訴訟法第一八〇條、第一八一條第二項及第一〇五條等所稱之法院，即係指廣義的法院。

---

❶ 所謂「三級二審」，其中「三級」係指行政法院由上而下分為最高行政法院、高等行政法院及地方法院行政訴訟庭；「二審」則指所有行政訴訟事件均經二審終結，第一審為事實審，第二審為法律審。以行政法院受理的事件區分，簡易訴訟程序事件及交通裁決事件的第一審為地方法院行政訴訟庭，第二審（終審）為高等行政法院；通常訴訟程序事件的第一審為高等行政法院，第二審（終審）則為最高行政法院。

第二節　行政法院之種類

依民國八十八年二月三日修正之行政法院組織法第二條之規定，行政法院原分成二級，即高等行政法院與最高行政法院。民國一〇〇年十一月二十三日由總統公布之行政訴訟法第三條之一另規定：「辦理行政訴訟之地方法院行政訴訟庭，亦為本法所稱之行政法院。」是以行政法院已增至三級。

地方行政法院行政訴訟庭係設於地方法院，並非組織法上之行政法院，其組織之相關規定，係明定於法院組織法，而非行政法院組織法❷。不過，因地方法院行政訴訟庭，在功能上，係辦理行政訴訟，故行政訴訟法第三條之一乃特別明示，辦理行政訴訟之地方法院行政訴訟庭，亦為行政訴訟法所稱之行政法院。是以，地方法院行政訴訟庭，亦可稱為功能上之行政法院。

高等行政法院設於省、直轄市及特別區域。另依行政法院組織法第六條之規定，上述轄區如係狹小或事務較簡者，得合數省、市或特別區域設一高等行政法院，而其轄區遼闊或事務較繁者，得增設較多之高等行政法院。現時在臺灣地區共設有三個高等行政法院，即臺北高等行政法院、臺中高等行政法院、高雄高等行政法院。

最高行政法院，依行政法院組織法第十一條之規定，設於中央政府所在地。

又有學者❸將行政法院分為獨任制行政法院與合議制行政法院。獨任制行政法院由法官一人行使行政訴訟審判權。合議制行政法院，則由法官三人或五人組成合議庭共同行使行政訴訟審判權。依行政法院組織法第三條規定：高等行政法院之審判，以法官三人合議行之，屬於合議制行政法院。但簡易訴訟程序以法官一人獨任行之，屬於獨任制行政法院。最高行政法院之審判，以法官五人合議行之，又為合議制行政法院。

---

❷　參閱，司法院編印，《行政訴訟三級二審新制問答集》，民國 101 年 7 月，頁 7。

❸　陳計男，《行政訴訟法釋論》，頁 10。

第三節　行政法院之管轄權

第一項　行政法院管轄權之意義

　　社會生活事件，種類繁多，那些事件歸由民事法院審理，那些事件歸由刑事法院審理，而那些事件歸由行政法院審理，必須有所規範，以便迅速分工，有效處理。如上所述，行政訴訟法第二條規定了以行政訴訟來加以審理之社會生活事件，乃是除法律別有規定外之一切公法上之爭議事件。此一行政法院對某些生活事件可加以裁判之權，學理上稱之為行政法院之審判權 (Verwaltungsgerichtsbarkeit)。而就行政法院可得行使審判權之事件，如何分由同級或不同級之各個行政法院管轄處理，則為學理上所謂之行政法院之管轄權 (Zuständigkeit des Verwaltungsgerichts)❹。總而言之，就某一社會生活事件，規定是否由行政法院加以審理，乃屬行政法院審判權有無之規範；而在某些生活事件已屬行政法院審判權範圍之後，就該些事件再規定應由那一級或那一個行政法院審理之規定，即是此所謂行政法院管轄權之規範問題。行政訴訟法修正前，我國行政法院僅設一級一審，故有行政訴訟審判權即有行政訴訟管轄權，但在行政訴訟法修正公布，實施新的行政訴訟制度後，因行政法院已分高等行政法院及最高行政法院二級，而高等行政法院又分臺北高等行政法院、臺中高等行政法院、高雄高等行政法院等多個法院❺。而民國一○○年十一月二十三日總統公布修正之行政訴訟法第三條之一又規定，地方法院行政訴訟庭亦為行政訴訟法所稱之行政法院。因此，行政法院已與往昔不同，有許多同級或不同級之各個行政

---

❹　Kuhla/Hüttenbrink, a.a.O., A., Rn. 8ff.; C., Rn. 128ff. 另參閱，陳淑芳，〈行政法院之管轄權〉，《月旦法學教室》，第 125 期，2013 年 3 月，頁 9–11。

❺　行政法院現行管轄區之劃分，乃係司法院參照行政訴訟事件最大宗之稅務案件，按各區國稅局之設置，以及普通法院高等法院各分區之轄區而定。為了便利民眾，司法院已請高雄高等行政法院於臺南地方法院舊址籌設高雄高等行政法院臺南分院。詳見《司法周刊》，第 1048 期，民國 90 年 9 月 12 日，第四版。

法院。是以，行政訴訟審判權內行政訴訟管轄權之歸屬乃成為重要課題。行政法院組織法第一條乃先明定行政審判權，規定：「行政法院掌理行政訴訟審判事務。」而在這一行政訴訟審判權內之行政訴訟管轄權，究竟如何歸屬？行政法院組織法第七條及第十二條乃分別規定高等行政法院及最高行政法院之事務管轄權。另在行政訴訟法第六條規定了高等行政法院之土地管轄權，即高等行政法院管轄區域之劃分或變更，由司法院定之。至於地方法院行政訴訟庭之管轄權則規定於行政訴訟法第二二九條及第二三七條之二中。

第二項　行政法院管轄權之分類

如上所述，已屬行政訴訟審判權範圍之生活事件，再規定由那一級或那一個行政法院審理之規範，即為行政法院管轄權之問題。依一般訴訟法理論，行政法院管轄權按不同的分類方法❻，可分為：

一、事物管轄 (Sachliche Zuständigkeit)

乃指各行政法院間之管轄事件而言，例如，行政訴訟法第一○四條之一規定，適用通常程序之事件，以高等行政法院為第一審管轄法院，而最高行政法院依行政訴訟法第二三八條，則對不服第一審法院判決之上訴事件有管轄權。民國一○○年十一月二十三日公布修正之行政訴訟法第二二九條、第二三七條之二，則明定，地方法院行政訴訟庭之事物管轄權。其中，行政訴訟法第二二九條規定：「適用簡易訴訟程序之事件，以地方法院行政訴訟庭為第一審管轄法院。下列各款行政訴訟事件，除本法別有規定外，適用本章所定之簡易程序：一、關於稅捐課徵事件涉訟，所核課之稅額在新臺幣四十萬元以下者。二、因不服行政機關所為新臺幣四十萬元以下罰鍰處分而涉訟者。三、其他關於公法上財產關係之訴訟，其標的之金額或價額在新臺幣四十萬元以下者。四、因不服行政機關所為告誡、警告、記點、記次或其他相類之輕微處分而涉訟者。五、依法律之規定應適用簡

❻ 吳庚，《行政爭訟法論》，頁43-47。

易訴訟程序者。前項所定數額，司法院得因情勢需要，以命令減為新臺幣二十萬元或增至新臺幣六十萬元。」第二三七條之二規定：「交通裁決事件，得由原告住所地、居所地、所在地及違規行為地之地方法院行政訴訟庭管轄。」至於何者為交通裁決事件，行政訴訟法第二三七條之一第一項規定：「本法所稱交通裁決事件如下：一、不服道路交通管理處罰條例第八條及第三十七條第五項之裁決，而提起之撤銷訴訟、確認訴訟。二、合併請求返還與前款裁決相關之已繳納罰鍰或已繳送之駕駛執照、計程車駕駛人執業登記證、汽車牌照。」另外，民國一〇〇年十一月二十三日公布修正之行政法院組織法第七條規定：「高等行政法院管轄事件如下：一、不服訴願決定或法律規定視同訴願決定，提起之行政訴訟通常訴訟程序事件。但法律另有規定者從其規定。二、不服地方法院行政訴訟庭第一審判決而上訴之事件。三、不服地方法院行政訴訟庭裁定而抗告之事件。四、其他依法律規定由高等行政法院管轄之事件。」同法第十二條則規定：「最高行政法院管轄事件如下：一、不服高等行政法院裁判而上訴或抗告之事件。二、其他依法律規定由最高行政法院管轄之事件。」

二、職務管轄 (Funktionelle Zuständigkeit)

乃著重於各種法院所擔負功能而為之分類，故又稱為功能管轄。例如，高等行政法院擔任第一審法院之功能，而最高行政法院則擔任上訴審法院、抗告審法院或法律審之功能❼。又除通常程序外，行政訴訟法第二二九條又規定有地方法院行政訴訟庭簡易訴訟程序，由獨任法官審判，此亦為功能管轄之一種。

三、土地管轄 (Örtliche Zuständigkeit)

此乃具有相同事物管轄權間法院，依地域行政區劃所在，所為之權限劃分。例如，我國高等行政法院已分設臺北、臺中、高雄等數個，則屬於第一審高等行政法院通常訴訟程序管轄者，再依行政區劃，分別歸屬於臺

---

❼　行政訴訟法第 242 條、第 267 條等規定。

北、臺中、高雄等各該高等行政法院。民國一○○年十一月二十三日公布修正之行政訴訟法第二二九條及第二三七條之二亦規定了各地方法院行政訴訟庭對簡易訴訟事件、交通裁決事件之土地管轄權。土地管轄，從當事人之觀點而言，乃是審判籍 (Gerichtsstand)❽，依行政訴訟法第十三、十四、十五、十五之一、十五之二、十八及一一二條之規定，可分為：

1. 普通審判籍

(1)對於公法人之訴訟

行政訴訟法第十三條第一項規定，對於公法人之訴訟，由其公務所所在地之行政法院管轄。其以公法人之機關為被告時，由該機關所在地之行政法院管轄。所謂公法人係指公法上之法人，包括國家、地方自治團體、及為特定之行政目的所設立，而於一定範圍內行使行政權能之法人。例如地方制度法規定之臺北市、高雄市等直轄市或各縣（市）、鄉（鎮、市），以及水利法第十二條第二項所規定之農田水利會等法人是。所謂公務所係指公法人處理公務之處所。公法人之機關，如公法人之行政機關，並非法人，原無獨立之人格，然若其可以機關之名義，獨立對外行使一定之行政權能，例如各縣（市）警察局、衛生局、環境保護局等，雖屬各縣（市）法人之機關，如因其獨立行使公權力而涉訟，即可由該機關公務所所在地之行政法院管轄。

(2)對於私法人或其他得為訴訟當事人之團體之訴訟

依行政訴訟法第十三條第二項規定，由其主事務所或主營業所所在地之行政法院管轄。所謂私法人係依私法規定所成立之法人，例如依公司法成立之各種公司是。所謂其他得為訴訟當事人之團體，即行政訴訟法第二十二條所稱之非法人團體，凡非法人之團體設有代表人或管理人者，在行政訴訟上，有當事人能力。再與行政訴訟法第十三條第三項比較觀之，此之「其他得為訴訟當事人之團體」應指本國之非法人團體而言。所謂事務

---

❽ 吳庚，上揭書，頁 44；陳計男大法官則以此為學者著作用語，而非行政訴訟法條文用語。參閱氏著，《行政訴訟法釋論》，頁 14 及其上註 5。

所係指從事於非營利事業事務之處所，而營業所係從事於工商業或其他營業之處所。

(3)對於外國法人或其他得為訴訟當事人之團體之訴訟

依行政訴訟法第十三條第三項規定，由其在中華民國之主事務所或主營業所所在地之行政法院管轄。外國法人，依民法總則施行法第十二條規定，係指依外國法在外國成立之法人且經中華民國認許者而言。外國法人或非法人之團體受委託行使公權力之情形極為罕見，故在撤銷訴訟中，少見有以其為被告者，但現行行政訴訟法並不以撤銷訴訟為限，尤其在給付之訴中即有可能以外國法人或非法人團體為被告之情形。

(4)對於自然人之訴訟

依行政訴訟法第十四條第一項及第二項規定，由被告住所地之行政法院管轄，其住所地之行政法院不能行使職權者，由其居所地之行政法院管轄。被告在中華民國現無住所或住所不明者，以其在中華民國之居所，視為其住所。無居所或居所不明者，以其在中華民國最後之住所，視為其住所；無最後住所者，以中央政府所在地，視為其最後住所地。因此，自然人之普通審判籍依下述決定：

A.被告之住所地

所謂住所，依民法第二十條第一項規定：「依一定之事實，足認以久住之意思，住於一定之地域者，即為設定其住所於該地。」原告在起訴主張被告住所設於某地，可提出被告之戶籍謄本以供證明或參考。又所謂住所，尚包括民法第二十一條、第一○○二條前段、第一○六○條等所規定之法定住所。又民法第二十三條所定選定住所，不得謂為此所定之住所。法律之所以規定以被告之住所為其普通審判籍者，乃被告之住所為其生活之所在，為防止原告之濫訴，造成被告跋涉之苦，為保護被告之利益，故作此規定，此乃仿民事訴訟法「以原就被」(actor sequitur forum rei) 原則。大法官吳庚對行政訴訟法此一採取民事訴訟法「以原就被」原則，認非妥適，因行政訴訟基本上為「民告官」，故宜採用德國行政法院法將原告住所地及行政作為地，併列為撤銷訴訟及課予義務訴訟之普通審判籍，亦即可採「以

被就原」原則 ❾。

B.被告之居所

民法對於居所並無定義，一般以居所為因一時之目的，所居住之地域。依居所而定被告之普通審判籍者有二種情形：

a.被告住所地之行政法院不能行使職權：有管轄權之行政法院，因法律或事實不能行使審判權者，依行政訴訟法第十六條規定，得由最高行政法院依當事人之聲請或受訴行政法院之請求，指定管轄。但若因特殊事故致行政法院不能行使職權，而其不能行使職權之期間，又相當長久時，則原應由各該行政法院管轄之事件，勢須由當事人一一聲請指定管轄後，其管轄行政法院始獲確定，不但最高行政法院之工作負擔將因而增加，即當事人亦不免煩累。為免此弊，乃得以被告居所為其普通審判籍。

b.被告在中華民國現無住所或住所不明：依行政訴訟法第十七條規定，被告在中華民國只須起訴時，在我國無住所，不論其在國外有無住所，過去在國內有無住所，均以居所來定被告之普通審判籍。而所謂住所不明，係指已為相當之調查，猶不明之情形。被告之住所是否不明有疑義時，應由原告負舉證之責。

C.被告在中華民國最後之住所

依被告在中華民國最後之住所，定其普通審判籍，以被告在中華民國現無住所或住所不明，復無居所或居所不明者為限。所謂最後住所，係指前此曾為被告之住所，當原告起訴時，其已廢止該住所而在中華民國境內已無住所，且該住所係被告在中華民國境內歷來所有住所中，最後所設者而言。

D.中央政府所在地

自然人不能依A.，B.，C.之規定，定其管轄行政法院時，如有以其為被告而訴訟之必要時，以中央政府所在地，視為其最後住所地，而由中央政府所在地之行政法院管轄。

---

❾ 吳庚，上揭書，頁 46 註 8。

2.特別審判籍

特別審判籍者，乃被告就特種之訴，得受或應受某行政法院審判之權利義務也。特別審判籍之行政法院，僅就特種事件，得予管轄。此與普通審判籍所在地之行政法院，除專屬管轄事件外，得管轄被告之一切訴訟事件不同。茲將行政訴訟法所定特別管轄事件，分述如次：

(1)關於事實發生地之特別審判籍：依行政訴訟法第十四條第三項規定，訴訟事實發生於被告居所地者，得由其居所地之行政法院管轄。被告住所地行政法院雖有管轄權，但若行政訴訟之訴訟事實發生於被告居所地，由該居所地行政法院管轄該事件，不但便於調查事實，且於被告之應訴亦無妨害，故定之為特別審判籍。

(2)關於不動產涉訟之特別審判籍：依行政訴訟法第十五條第一項規定，「因不動產徵收、徵用或撥用之訴訟，專屬不動產所在地之行政法院管轄」。本項規定係民國九十九年一月十三日新修正。原規定為「因不動產之公法上權利或法律關係涉訟者，專屬不動產所在地之行政法院管轄。」修正理由為，此規定之文義，適用範圍過廣。因此在第一項將專屬管轄限縮於不動產之徵收、徵用或撥用之訴訟。至於徵收、徵用或撥用以外之有關不動產之公法上權利或法律關係涉訟者，於民國九十九年一月十三日修正行政訴訟法第十五條時，增列第二項規定，得由不動產所在地之行政法院管轄。

(3)關於公務員職務關係訴訟之特別審判籍：民國九十九年一月十三日修正行政訴訟法時，新增第十五條之一，規定關於公務員職務關係之訴訟，得由公務員職務所在地之行政法院管轄，其理由為：「有關公務員職務關係之訴訟，包括公務員職務關係是否發生，及因職務關係所生之訴訟，諸多國家立法例規定由原告之職務所在地之行政法院管轄，例如德國行政法院法第五十二條第四款及法國行政法院法第五十六條之規定，爰參照該等立法例，增訂本條規定。」

(4)關於公法上保險事件涉訟之特別審判籍：民國九十九年一月十三日修正行政訴訟法時，新增第十五條之二規定，即：「因公法上之保險事件涉

訟者，得由為原告之被保險人、受益人之住居所地或被保險人從事職業活動所在地之行政法院管轄。前項訴訟事件於投保單位為原告時，得由其主事務所或主營業所所在地之行政法院管轄。」其理由為：「公教人員保險、勞工保險、農民健康保險及全民健康保險等公法上之保險事件，具有社會安全功能，故因此種公法上保險事件涉訟者，為便利人民就近尋求行政法院之權利保護，於第一項規定得由其住居所地或被保險人從事職業所在地之行政法院管轄。另公法上之保險事件，大部分係涉及請領保險給付及取消被保險人資格、退保、變更投保薪資（金額）、罰鍰處分等，而可能起訴者為被保險人、受益人及投保單位。爰於第二項規定投保單位為原告時，得由其主事務所或主營業所所在地之行政法院管轄。」

(5)無住所或住所不明之人因財產權涉訟之特別審判籍：依行政訴訟法第十八條準用民事訴訟法第三條之規定，對於在中華民國現無住所或住所不明之人因財產權涉訟者，得由被告可扣押之財產或請求標的所在地之行政法院管轄；被告之財產或請求之標的如為債權，以債務人住所或該債權擔保之標的所在地，視為被告財產或請求之標的所在地。

(6)關於業務涉訟之特別審判籍：依行政訴訟法第十八條準用民事訴訟法第六條之規定，對於設有事務所或營業所之人，因關於其事務所或營業所之業務涉訟者，得由該事務所或營業所所在地之行政法院管轄。

(7)關於因侵權行為涉訟之特別審判籍：依行政訴訟法第十八條準用民事訴訟法第十五條第一項規定：「因侵權行為涉訟者，得由行為地之（行政）法院管轄。」

(8)關於因船舶碰撞或其他海上事故，請求損害賠償而涉訟之特別審判籍：依行政訴訟法第十八條準用民事訴訟法第十五條第二項規定，得由受損害之船舶最初到達地或加害船舶被扣留地或其船籍港之（行政）法院管轄。

(9)關於因航空器飛航失事或其他空中事故，請求損害賠償而涉訟之特別審判籍：依行政訴訟法第十八條準用民事訴訟法第十五條第三項規定，得由受損害航空器最初降落地或加害航空器被扣留地之（行政）法院管轄。

⑽關於因登記涉訟之特別審判籍：依行政訴訟法第十八條準用民事訴訟法第十七條之規定，因登記涉訟者，得由登記地之行政法院管轄。

⑾共同被告者住所不一之特別審判籍：依行政訴訟法第十八條準用民事訴訟法第二十條之規定，共同被告數人，而其住所不在同一行政法院管轄區域內者，各該被告住所地之行政法院均有管轄權。

⑿關於交通違規行為之特別審判籍：民國一〇〇年十一月二十三日公布修正之行政訴訟法第二三七條之二規定，交通裁決事件，除可依原告之住所地、居所地來定管轄以外，亦可依原告之所在地及違規行為地來定特別審判籍。

3.反訴之審判籍

行政訴訟法修正前，因只有撤銷訴訟種類，故無反訴存在餘地，但行政訴訟法修正後所增加之公法上一般給付訴訟或確認訴訟，亦有提起反訴之可能。故行政訴訟法第一一二條乃仿民事訴訟法之反訴制度，將反訴之審判籍規定為本訴繫屬之行政法院。

四、指定管轄

如上所述，行政訴訟法對行政法院之管轄權設有一般性規定，但行政訴訟當事人就具體事件欲行起訴時，此些一般性管轄規定，可能影響公安、難期公平或原定有管轄權之行政法院因法律或事實不能行使審判權時，則有賴最高行政法院指定比較合適之行政法院，行使行政訴訟審判權。為此，行政訴訟法第十六條乃明文規定得為指定管轄之原因及其聲請對象。

1.指定管轄之原因

行政訴訟法第十六條第一項規定，直接上級法院應依當事人之聲請或受訴行政法院之請求，得指定管轄之原因有三，即：

⑴有管轄權之行政法院因法律或事實不能行審判權者。所謂因法律不能行審判權，學者認「係指有管轄權之行政法院之全體法官有行政訴訟法

第十九條所定有應自行迴避或依同法第二十條準用民事訴訟法第三十三條規定經裁定迴避情形，或依法應行合議審判之行政法院，因部分法官應行迴避，致合議庭無法組成之情形而言。」❿ 至於因事實不能行審判權者，係指原有管轄權之行政法院因戰爭、叛亂或因天災、地變、災疫等具體情事，致不能行使審判權而言。又如行政法院房舍因暴亂或恐怖事件而毀倒或行政法院全體法官患病不能執行職務時，亦屬於因事實不能行審判權者⓫。

(2)因管轄區域境界不明，致不能辨別有管轄權之行政法院者。此一規定，學者認為⓬「係指行政法院管轄區域毗連，而不明其界線所在而言。例如因山區中之礦床、海上之漁場所生之訴訟，有時即會發生管轄境界不明之情形。倘行政法院管轄境界明晰，僅因被告行蹤飄忽，致其住居所及所在不明，並非管轄區域境界不明，自無本款之適用。又兩造就受訴行政法院管轄權之有無發生爭執，亦非管轄區域境界不明，應由受訴行政法院自行就此爭執為裁判，不得聲請指定管轄。再行政法院管轄區域境界尚非不明，惟因定管轄之原因跨連數行政法院，例如某違章建築物，其坐落跨連於兩行政法院管轄區域內，此時則為行政訴訟法第十八條準用民事訴訟法第二十一條所定管轄競合之問題，不得聲請指定管轄。至管轄區域境界明確，但因定管轄之原因發生於何處不明，例如由臺北開出之火車，到高雄終點站時，始發現有人被害之侵權行為事實，但侵權行為發生於何處不清楚之情形，亦非法院之管轄區域境界不明。」

(3)因特別情形由有管轄權之行政法院審判,恐影響公安或難期公平者。此處所謂因特別情形，恐影響公安或難期公平者，係指如因勞工爭議、核電廠、火葬場、焚化爐、水庫興建等爭議，產生強力抗爭情事，影響公安或因族群衝突、地域偏見，若由特定有管轄權之行政法院行使審判權，則有難期公平之情事者。

---

❿　陳計男，《行政訴訟法釋論》，頁 23。

⓫　同上註，頁 22-23。

⓬　同上註，頁 23。

2.指定管轄之聲請或請求

依行政訴訟法第十六條第一項規定，得為聲請或請求指定管轄者為當事人或受訴行政法院。當事人聲請程序與受訴行政法院請求之程序略有不同，茲分述之：

A.當事人聲請程序

a.聲請之當事人：當事人聲請指定管轄者得於起訴前或起訴後。在起訴前聲請者，因尚未發生訴訟繫屬，原不生有當事人，故此時之當事人，係指欲行起訴之一造❸。至於在起訴後聲請指定管轄，則不論原告或被告均得為之。

b.聲請時期：如上所述，當事人聲請指定管轄得於起訴前，亦得於起訴後。起訴後聲請指定管轄固無問題，但起訴前聲請指定管轄，如有選擇管轄情事，即對某事件，數行政法院均有管轄權，而其中一個或數個行政法院有不能行使審判權之障礙時，欲行起訴之一造可否聲請指定管轄？有謂同一事件如數行政法院對之有管轄權，雖其中一行政法院發生行使審判權之障礙，但若尚有其他行政法院得為管轄審判，則無再准其聲請指定管轄之必要。大法官陳計男認為，法律既無如此限制之規定，宜解為數有管轄權之行政法院中，有一行政法院發生行使審判權之障礙時，當事人即得聲請指定管轄❹。

c.聲請程式：當事人聲請指定管轄，得依行政訴訟法第五十七條或第六十條規定，以書狀或言詞為之。

d.聲請受理者：當事人聲請指定管轄者，依行政訴訟法第十六條第二項規定，得向受訴行政法院或直接上級行政法院為之。

e.聲請之裁定：受理指定管轄聲請之最高行政法院，應審查當事人之聲請是否合法，如不合法又無從命其補正，或雖可補正經裁定限期補正，逾期不補正，則應以裁定駁回其聲請。其聲請雖屬合法但無理由者，亦同。

---

❸　同上註，頁 24。

❹　同上註。

上述駁回聲請之裁定，聲請人如有不服，可依行政訴訟法第二六四條規定提起抗告。其聲請合法而有理由者，即可指定任一高等行政法院為管轄法院。對於此指定管轄之裁定，不論聲請人或兩造，應認為均不得聲明不服，蓋此項裁定，於兩造均無不利可言也❶。

B.受訴行政法院請求程序

a.請求之行政法院：與當事人聲請指定管轄不同者，受訴行政法院請求指定管轄中所指之行政法院限於起訴後，訴訟所繫屬之行政法院。因事件如尚未起訴，則並無受訴行政法院存在。

b.請求之程序：受訴行政法院請求指定管轄之程序，法律並未有明文規定，學者認為，自應依一般公文書方式，記載請求事項及原因事實，向最高行政法院提出❶。

c.請求之裁定：對於受訴行政法院關於指定管轄之請求，直接上級行政法院認為有理由時，應以裁定指定管轄之行政法院。此項裁定應送達兩造當事人，惟當事人對此裁定不得聲明不服。直接上級行政法院如認為指定管轄之請求為無理由時，學者認為，可以公函指示其情形，將案退回受訴法院依法審判，不必另以裁定駁回其請求❶。

3.指定管轄之效果

當事人聲請或行政法院請求指定管轄，經受訴行政法院或直接上級行政法院裁定指定管轄，原無管轄權之行政法院，因指定管轄之裁定，取得管轄權；原有管轄權之行政法院，因指定管轄之裁定，取得優先管轄權；原來就事件有無管轄權無法辨別之行政法院，因指定管轄之裁定，確定為有管轄權。又受指定之行政法院亦應受指定裁定之羈束，而取得該事件之管轄權，自不得再以對事件無管轄權為由，將之移送他行政法院❶。

❶ 此因訴訟經濟起見，且民事訴訟法第 23 條第 4 項對指定管轄之裁定亦以明文規定不得聲明不服。

❶ 陳計男，上揭書，頁 25。

❶ 同上註，頁 26。

第三項　行政法院管轄權之調查與處理

行政法院受理行政訴訟事件，首先應依職權調查其對該事件有無管轄權，而決定行政法院對於行政訴訟事件是否有管轄權，則依行政訴訟法第十七條之規定，是以起訴時為準。起訴時，如受訴行政法院對行政訴訟事件有管轄權，縱嗣後因指定管轄之情事有所變更❶，亦不使其原已具有之管轄權從而喪失，此即學理上所謂之管轄恆定原則 (Perpetuatio fori)❷。此一原則之目的在於排除法院之非理性行為 (eine unrationelle Tätigkeit der Gerichte) 以及避免訴訟程序之延滯與耗費 (die Verzögerung und Verteuerung von Verfahren)❸。

經依職權調查，受訴行政法院如認其對所受理行政訴訟事件全部或一部無管轄權時，則行政法院對該行政訴訟事件，即不得任意受理而為審判，因管轄權之有無為行政訴訟審判要件之一。此時，受理之行政法院應視下列情事而分別處理：

一、行政訴訟事件屬於專屬管轄事件者

行政訴訟事件屬於專屬管轄之事件，如行政訴訟法第十五條規定，因不動產之公法上權利或法律關係涉訟者，專屬不動產所在地之行政法院管轄。此時，受理行政法院應不待原告之聲請或被告為法院無管轄權之抗辯，依職權以裁定將該行政訴訟事件移送於有專屬管轄權之行政法院。

---

❶　陳計男，上揭書，頁 25–26。

❷　德國學者 Klaus Rennert 認此所謂情事不只包括事實上之變動 (tatsächliche Veränderungen)，亦包括法律情事之變動 (Rechtsänderungen)。參閱 Erich Eyermann/Klaus Rennert, *Verwaltungsgerichtsordnung*, §41, Rn. 9.

❸　A.a.O., §41, Rn. 8; Konrad Redeker/Hans Joachim von Oertzen, *Verwaltungsgerichtsordnung*, §83, Rn. 8；陳計男，上揭書，頁 26；陳清秀，上揭書，頁 263。

❹　A.a.O., §41, Rn. 8.

二、行政訴訟事件不屬於專屬管轄事件者

行政訴訟事件經查不屬於專屬管轄事件者，則依原告之行為而為如下之處理❷：

1.原告於被告為本案言詞辯論前，已聲請將事件移送於管轄行政法院者，受訴行政法院應依原告之聲請，將該事件（全部或一部）移送於其管轄之行政法院。

2.受訴行政法院發見其對於訴訟事件無管轄權者，如原告未為將事件移送於管轄行政法院之聲請時，審判長應行使行政訴訟法第一二五條之闡明權令其聲明或依行政訴訟法第十八條準用民事訴訟法第二十八條規定逕依職權，裁定將事件移送於管轄行政法院。

三、行政訴訟事件屬於共同訴訟❸事件者

行政訴訟事件如屬於共同訴訟之事件者，而其被告數人住所不在一行政法院管轄區域內，原告如向被告中之一人的住所地行政法院起訴，而不向共同管轄法院起訴時，受訴之行政法院對於該事件之一被告部分雖有管轄權，則因行政訴訟法第十八條準用民事訴訟法第六條、第十五條、第十七條、第二十條之規定，受訴之行政法院須將全部事件，移送於該共同管轄之行政法院❹。又共同訴訟之被告數人，其住所不在一行政法院管轄區域內，但訴訟事件依行政訴訟法第十五條規定，即：「因不動產之公法上權利或法律關係涉訟者，專屬不動產所在地之行政法院管轄。」因此，受訴行政法院須將全部事件移送於不動產所在地之行政法院管轄。

受訴行政法院經依職權調查認無管轄權，而為行政訴訟事件移送之處理,則因行政訴訟法第十八條準用民事訴訟法第二十八至三十一條之規定，而發生下列效果：

---

❷ 陳計男，上揭書，頁 27。

❸ 原告或被告的一方由複數的法律主體構成時，稱為共同訴訟。

❹ 陳計男，上揭書，頁 28。

1.移送裁定之羈束力

依照行政訴訟法第十八條準用民事訴訟法第三十條第一項之規定：「移送訴訟之裁定確定時，受移送之法院受其羈束。」換言之，受移送之行政法院因此要受到羈束，不得再為違背確定移送訴訟裁定內容之行為，亦即不得主張自己無管轄權而拒絕該行政訴訟事件之移送。

2.禁止再移送

依照行政訴訟法第十八條準用民事訴訟法第三十條第二項前段規定：「前項法院，不得以該訴訟更移送於他法院。」換言之，受移送之行政法院，不得以該移送之訴訟，更移送於其他行政法院。此因「移送制度之目的，原在於求訴訟之經濟，使原告免因管轄之問題，另須重行起訴。如果受移送之行政法院尚得審查管轄權之有無，並可將事件再裁定移送他行政法院，則不但將影響訴訟之終結，且可能發生消極的管轄衝突問題，反失設立移送制度之目的，故有再移送禁止之規定。此時，縱令受移送之法院，就受移送之事件，確無管轄權，亦因本條之特別規定，而取得管轄權。至專屬管轄事件，因專屬管轄之規定，涉及公益，如移送訴訟之裁定確定，而受移送之行政法院又非該事件之專屬管轄行政法院時，倘受移送之行政法院不能再將事件移送至專屬管轄行政法院，當事人勢必另對該移送事件之確定裁定聲請再審，不但延滯訴訟又增訟累，故依行政訴訟法第十八條準用民事訴訟法第三十條第二項後段規定：『但專屬於他法院管轄者，不在此限』，使受訴行政法院得再為移送，是為例外。」❷❺

3.移送之訴訟視為自始繫屬於受移送之法院

依照行政訴訟法第十八條準用民事訴訟法第三十一條第一項規定：「移送訴訟之裁定確定時，視為該訴訟自始即繫屬於受移送之法院。」因此，在移送前，當事人或行政法院所為之行為，如調查證據、行準備程序等，對

---

❷❺　陳計男，上揭書，頁29–30。

於受移送之行政法院均有效力。受移送之行政法院也應按移送時訴訟進行之程序續行其訴訟程序，此即學者所謂之訴訟繫屬之一體性❷。

第四項　行政法院管轄權之競合

同一行政訴訟事件因法律規定致數法院皆有管轄權者，即為行政法院管轄權之競合，如行政訴訟法第十八條規定準用民事訴訟法第二十一條之規定，即：「被告住所、不動產所在地、侵權行為地或其他據以定管轄法院之地，跨連或散在數法院管轄區域內者，各該法院俱有管轄權。」此種行政法院管轄權之競合應如何處理？即應依行政訴訟法第十八條準用民事訴訟法第二十二條規定加以處理，亦即：「同一訴訟，數法院有管轄權者，原告得任向其中一法院起訴。」吳庚大法官即曾舉一例加以說明，謂「臺北市之警察越區在高雄市執行職務，使用警械不當致人民於死亡，被害人之繼承人可選擇向涉案警察所屬警局所在地之臺北市之行政法院起訴，或侵權行為地即高雄市之行政法院起訴。」❷

第四節　行政法院官員之迴避

司法之公正是憲政民主國家之基本要求。為了貫徹此項意旨，在民事訴訟法第三十二條至第三十九條、刑事訴訟法第十七條至第二十六條，均規定了法院職員之迴避。行政訴訟法為國家行政訴訟審判權之規範，主要在處理人民與行政機關行使公權力所生爭議，自更需要客觀、公正。因此，行政訴訟法第十九條至第二十一條規定了行政法院官員之迴避制度，落實了任何人不得為自己事務法官之法理精神。

行政法院官員之迴避制度主要是基於法治國原則 (Rechtsstaatsprinzip)、禁止恣意原則 (Willkürverbot) 及保障人民獲得法定法官權 (das Recht auf den gesetzlichen Richter)。其目的一方面在於確保司法判決之效能、不偏私及聲譽 (die Funktionsfähigkeit, die Unparteilichkeit und das

---

❷　同上註，頁 30。

❷　吳庚，《行政爭訟法論》，頁 48。

Ansehen der Rechtsprechung)。另一方面在於獲取人民與公眾對法院不偏私之信賴 (das Vertrauen des Bürgers und die Öffentlichkeit in die Unparteilichkeit der Gerichte)。而更重要的是在於確保法院裁判之正義與實質正確 (die Gerechtigkeit und sachlichen Richtigkeit der Entscheidungen)❷。

　　為了突顯行政訴訟法與民事訴訟法、刑事訴訟法關於迴避制度規定體例上之不同❷，本書使用了行政法院官員之迴避來說明行政法院法官、書記官與通譯之迴避規定。

第一項　行政法院法官之迴避

　　依行政訴訟法第十九條及第二十條之規定，行政法院法官之迴避可分為自行迴避、聲請迴避、裁定迴避、及許可迴避等四種情形。

第一目　自行迴避

　　行政法院法官之自行迴避在德國行政訴訟法制是指，獲分某案之法官依法定事由，不須有法院之任何指令或裁斷，即應自行不得參與該案之裁判。(Auschließung bedeutet, daß der betroffene Richter kraft Gesetzes und ohne daß hierzu noch eine besondere Anordnung oder Entscheidung des Gerichts erforderlich wäre, von jeder Mitwirkung an einer gerichtlichen Entscheidung ausgeschlossen ist.)❸而此些法定事由依法自動生效，並在各訴訟階段由法院依職權審查與注意遵守❸。我國行政訴訟法第十九條仿照德國法制，規

---

❷　Kopp/Schenke, VwGO, 11. Auf. C. H. Beck, München, 1998, §54, Rn. 1.

❷　關於迴避制度，民事訴訟法第一編總則之第一章第二節使用「法院職員之迴避」，刑事訴訟法第一編總則之第三章也使用「法院職員之迴避」，以規範民、刑庭推事、書記官與通譯之迴避事宜，但行政訴訟法第一編總則之第二章第二節，則使用「法官之迴避」，規範了行政法院法官、書記官、通譯等之迴避，立法體例不一，不知突顯「法官之迴避」之用意何在？

❸　Kopp/Schenke, a.a.O., §54, Rn. 4.

❸　A.a.O., §54, Rn. 5.

定行政法院法官有下列情形之一者，應自行迴避，不得執行職務：

一、有民事訴訟法第三十二條第一款至第六款情形之一者

1.法官或其配偶、前配偶或未婚配偶，為該訴訟事件之當事人者

行政訴訟事件之當事人如為法官本人或法官之配偶、前配偶或未婚配偶❸者，法官應自行迴避。而所謂當事人乃指行政訴訟法第二十三條所規定之原告、被告及依行政訴訟法第四十一條與第四十二條參加訴訟之人。又學者謂，其他為判決效力所及之第三人，如行政訴訟法第二一四條、第二一五條所規定者，亦為此所謂之當事人❸。

2.法官為該訴訟事件當事人八親等內血親或五親等內之姻親或曾有此親屬關係者

所謂血親，包括直系血親、旁系血親及因收養而成立之擬制血親在內。姻親指民法第九六九條規定之血親之配偶、配偶之血親及配偶之血親之配偶。關於親等之計算，則依照民法第九六八條及第九七〇條之規定。又所謂「曾有此關係者」係指其姻親或血親關係現已消滅者而言❸。學者認為：「本款所定法官因與當事人間有親屬關係而應迴避之範圍，似係仿民法第九百八十三條第一項第二款之規定而來，但近親結婚之禁止與法官迴避，立法目的不同，無使之一致之必要。」❸此外，民法第九八三條經歷民國七十四年及民國八十七年兩次修正，對近親結婚之禁止，於旁系血親方面，已限縮至六親等以內，今行政訴訟法仍規定血親親等在八親等內者，仍要

---

❸　大法官陳計男謂，民法親屬編並無未婚配偶之名詞，此處當指與法官訂有如民法第 972 條所規定之婚約之人而言。參閱，陳計男，《民事訴訟法論》，三民書局，民國 90 年 9 月，修訂二版二刷，頁 67。

❸　陳計男，《行政訴訟法釋論》，頁 33。

❸　同上註，頁 34。

❸　同上註。

迴避，恐為立法疏誤，不符合現時工商社會現況，故學者認為：「在工商業發達、人口流動性甚大之社會，法官與當事人間有無『八親等血親或五親等姻親，或曾有此親屬關係』，往往雙方均不清楚，必強令其迴避，殊無意義。宜縮小應迴避之範圍。」❸⑥

3.法官或其配偶、前配偶或未婚配偶，就該訴訟事件與當事人有共同權利人、共同義務人或償還義務人之關係者

學者謂：「所謂『共同權利人』係指法官與當事人有共同訴訟標的物之權利，共有物之出租人、連帶債權人或不可分債權人之情形。所謂『共同義務人』指對訴訟標的之債務有共同責任之連帶債務人、保證人、無限公司或兩合公司之無限責任股東、物上保證人、共同侵權行為人。所謂『償還義務人』係指敗訴一造當事人，對法官就該債務有償還請求權之情形，例如法官為票據之背書人，或負有追奪擔保責任之出賣人之情形。」❸⑦

4.法官現為或曾為該訴訟當事人之法定代理人或家長、家屬者

法定代理人、家長、家屬之意義，均依民法之規定。又學者認為：「非法人團體之代表人或管理人，法院為當事人選任之特別代理人，亦屬準法定代理人之性質，解釋上，亦應認係茲所稱之法定代理人。」❸⑧

5.法官於該訴訟事件，現為或曾為當事人之訴訟代理人或輔佐人者

訴訟代理人係指依行政訴訟法第四十九條第一項規定，受當事人委任之人，並依行政訴訟法第五十一條第一項規定，就受委任之訴訟有為一切訴訟權能之人，而輔佐人則係指行政訴訟法第五十五條第一項以及第五十

---

❸⑥　同上註。另在德國法官因與當事人間有親屬關係之範圍，限為旁系血親三親等 (Seitenlinie bis zum dritten Grad)，姻親則為二親等 (bis zun zweiten Grad verschwägert ist)，參閱 Eyermann, VGO, §54, Rn. 6.

❸⑦　同上註，頁 34；另參閱，陳計男，《民事訴訟法論》，頁 68–69。

❸⑧　陳計男，《行政訴訟法釋論》，頁 35。

六條準用民事訴訟法第七十七條規定的，經行政法院許可，於訴訟期日偕同當事人或訴訟代理人到場，輔佐當事人或訴訟代理人之人。由於訴訟代理人或輔佐人均與訴訟事件或訴訟當事人有密切關係，故規定行政法院法官就其所受理事件，現為或曾為該訴訟事件之訴訟代理人或輔佐人者，應自行迴避。不過，大法官陳計男特別指出：「法官現為其受理事件之訴訟代理人或輔佐人實難以想像。蓋在同一事件之訴訟中，法官殊難同時擔任某造當事人之訴訟代理人或輔佐人也。」❸❾

6.法官於該訴訟事件，曾為證人或鑑定人者

法官於受理之行政訴訟事件，曾為行政訴訟法第一四二條規定所稱之證人 (Zeuge) 或是曾為行政訴訟法第一五七條規定所稱之鑑定人 (Sachverständiger) 者，因其對於該行政訴訟事件之內容，已有相當瞭解，如由其裁判，恐難免先入為主或受主觀成見 (Privates Wissen) 影響，致有使當事人對其裁判之公正性發生疑慮與動搖，故法定為法官應自行迴避之事由。不過，單純被指定為證人者 (allein die Bennennung als Zeuge)❹⓿，或鑑定人者，因其尚未證述事實或陳述鑑定意見，則與未為證人或鑑定人同，應不須自行迴避❹❶。

二、曾在中央或地方機關參與該訴訟事件行政處分或訴願決定者

行政法院法官曾參與該當行政訴訟事件之先行行政程序 (Die Mitwirkung an dem vorausgegangenen Verwaltungsverfahren)，如行政處分或訴願決定程序，則難免有主觀成見，恐對訴訟當事人不利，故德國與我國行政訴訟法制，均將其列為行政法院法官應自行迴避之事由。又所謂「先行行政程序」應採廣義見解，包括行政處分、申訴、復議、訴願決定等程序，而所謂「參與」，應指實際介入 (ein sachliches Eingreifen) 而言，如行政

---

❸❾　同上註。

❹⓿　Eyermann, a.a.O., §54, Rn. 7.

❹❶　陳計男，《行政訴訟法釋論》，頁 36。

法院法官雖曾為行政處分官署之一員,但實際並未參與該行政處分之作成,則當不必自行迴避❷。

三、曾參與該訴訟事件相牽涉之民刑事裁判者

行政法院之法官若曾參與行政訴訟事件相牽涉之民、刑事裁判者,則續受理該行政事件之行政裁判,則難免有偏頗之虞,故行政訴訟法將之列為自行迴避之事由。

四、曾參與該訴訟事件相牽涉之公務員懲戒事件議決者

行政法院之法官若曾參與行政訴訟事件相牽涉之公務員懲戒事件議決者,則同樣難免有偏頗之虞,故行政訴訟法亦將之列為自行迴避之事由。

五、曾參與該訴訟事件之前審裁判

所謂參與該訴訟事件之前審裁判,係指行政法院法官於同一事件在下級審參與裁判後,又參與其上級審之裁判而言。例如某法官於臺中高等行政法院參與事件之判決後,調升最高行政法院,而該事件上訴於最高行政法院,恰由該法官參與審判之情形。

就此,最高行政法院九十八年度裁字第二二○號裁定表示:「所謂曾參與該訴訟事件之前審裁判,原則上係指法官就同一事件曾參與下級法院裁判而言;又所謂曾參與更審前之原判決,係指下級審之裁判,經上級審廢棄發回更審時,法官曾參與該次更審前最後一次之下級審裁判而言。原審法院認原裁定由法官一人獨任行之,有違聲明異議所為之裁定,其准駁應由『執行法院』為之規定,乃自行撤銷原裁定後更為裁定,並認定抗告人所主張恐有重複給付問題乙節,核係對於本件執行名義成立後之實體上事由所生之爭執,並非對於執行法院強制執行之命令、執行之方法、執行時應遵守之程序不服,與行政訴訟法第三○六條第二項準用強制執行法第十二條第一項規定不合,非屬對執行程序聲明異議,而駁回抗告人之異議,

---

❷　Eyermann, a.a.O., §54, Rn. 8.

於法無違。又原審法院所為之前後二裁定，依上揭規定，並非屬行政訴訟法第十九條第五款規定之範疇，抗告人稱有合議法官應迴避未迴避乙節，乃屬誤解。」

「參與更審前之原裁判」，係指該行政訴訟事件於高等行政法院裁判後，曾經上訴或抗告，由最高行政法院將該事件發回更審，而法官在該事件發回更審前曾參與該判決而言。此一自行迴避事由與上述事由相同，均在避免偏頗。民國九十九年一月十三日修正行政訴訟法時，配合民事訴訟法第三十二條第七款有關法官自行迴避之事由，刪除行政訴訟法第十九條第五款後段「或更審前之原裁判者」等文字。

六、曾參與該訴訟事件再審前之裁判，但迴避以一次為限

行政訴訟事件經判決確定後，就同一事件提起再審之訴時，參與再審前確定判決之法官，於再審程序仍獲受理同一事件，則應自行迴避，以避免不公正與偏頗之質疑，但以迴避一次為限。行政訴訟法此一規定甚為特殊而與民事訴訟法、刑事訴訟法之類似規定不同，其理由為：「本法對於當事人提起再審之訴或聲請再審，並無次數之限制，如未規定迴避之次數，恐將發生全體法官均應迴避而無法行使審判權之情事，爰規定法官曾參與該訴訟事件再審前之裁判而自行迴避者，以一次為限。」❸此一理由頗屬牽強，不利人民應獲公正法官權之行使，且法院組織之不充足，不應作為妨害人民獲得公正裁判之理由。民事訴訟法、刑事訴訟法既無類似規定，則更不應在以審查公權力機關行為是否違法為職責之行政訴訟法上做如此規定。大法官釋字第二五六號解釋，雖亦指出「法官曾參與訴訟事件之前審裁判或更審前之裁判者，固應自行迴避，對於確定終局判決提起再審之訴者，其參與該確定終局判決之法官，依同一理由，於再審程序，亦應自行迴避」。但仍以法官員額有限為由，認迴避以一次為限，似有寬容法院設置不備而拒絕公平正義之嫌❹。

---

❸ 司法院印行，〈行政訴訟法修正草案總說明暨條文對照表〉，民國 82 年 5 月，頁 78。

　　法官有應自行迴避之事由而不自行迴避，仍然執行職務者，屬於重大的程序瑕疵 (Die Nichtbeachtung des Ausschlieβungsgrundes ist ein wesentlicher Verfahrensmangel)，當事人自得依行政訴訟法第二十條準用民事訴訟法第三十三條第一項第一款規定聲請迴避，在迴避前其所參與之訴訟程序係屬違法，應更新之，不發生行政訴訟法第一三二條準用民事訴訟法第一九七條第一項所定責問權喪失問題。如法官已就該事件為裁判時，其裁判當然違背法令，依行政訴訟法第二四三條第二款，當事人得對之提起上訴，如已確定，亦得分別依行政訴訟法第二七三條第一項第四款及第二百八十三條等規定，對之提起再審之訴或聲請再審[45]。

　　法官有無應自行迴避原因，法院不問訴訟在何種程序，均應依職權調查。法官若自知有自行迴避原因時，應即停止執行職務。當事人知法官有迴避原因，亦得聲請法官迴避。依行政訴訟法第二十條準用民事訴訟法第三十八條第一項、第三十五條第一、二項規定，法官有應自行迴避原因而不自行迴避者，該法官所屬之法院或院長應依職權為迴避之裁定。於裁定時由法院以合議為裁定，其因人數不足法定人數不能合議者，由院長裁定；如院長不能裁定者，由直接上級法院裁定。應自行迴避之法官，於合議為裁定時，不得參與。又對此裁定，依德國通說認為不得聲明不服 (Die Entscheidung ist nicht anfechtbar)[46]。

[44]　大法官釋字第 256 號解釋謂：「民事訴訟法第三十二條第七款關於法官應自行迴避之規定，乃在使法官不得於其曾參與之裁判之救濟程序執行職務，以維審級之利益及裁判之公平。因此，法官曾參與訴訟事件之前審裁判或更審前之裁判者，固應自行迴避，對於確定終局判決提起再審之訴者，其參與該確定終局判決之法官，依同一理由，於再審程序，亦應自行迴避，惟各法院法官員額有限，參考行政訴訟法第六條第四款規定意旨，其迴避以一次為限，最高法院二十六年上字第三六二號判例，與上述意旨不符部分，應不再援用，以確保人民受公平審判之訴訟權益。」

[45]　Eyermann, a.a.O., §54, Rn. 10；陳計男，《行政訴訟法釋論》，頁 38。

[46]　Eyermann, a.a.O., §54, Rn. 10；另參閱，陳榮宗、林慶苗合著，《民事訴訟法（上）》，三民書局，民國 90 年 9 月，修訂二版一刷，頁 152。

第二目 聲請迴避

因行政訴訟法第二十條準用民事訴訟法第三十三條第一項規定,當事人遇有下列二種情形時,得聲請行政法院之法官迴避。

一、法官有行政訴訟法第十九條所定之情形而不自行迴避者

行政訴訟法第十九條所規定法官應自行迴避之事由,如法官為訴訟程序之參與者 (Eigene Beteiligung an der Sache als Verfahrensbeteiliger);或法官與訴訟參與者有親私關係 (Nahe persönliche Beziehung zu einem Beteiligten);或法官就該一事件之訴訟程序有一定關係者 (Gewisse Beziehungen zu dem früheren Verfahren in derselben Sache);或法官曾參與行政訴訟之先行程序者 (Die Mitwirkung an dem vorausgegangenen Verwaltungsverfahren),在行政訴訟法學理上,均為當然發生迴避效果而不得行使審判職務之事由,故法官如未自行迴避,則不論其是否出於故意、過失或不知,為免其所為訴訟審判程序因違法而無實益,當事人均得隨時聲請法官迴避 (Die Richterablehnung)[47],以免浪費訴訟程序,確保審判之公正。

二、法官有行政訴訟法第十九條所定以外情形,足認其執行職務有偏頗之虞者

聲請法官迴避除了依上述行政訴訟法第十九條所定之自行迴避原因外,尚可依其他足認法官執行職務有偏頗之虞 (die Besorgnis der Befangenheit) 為理由,而由當事人聲請法官迴避。

所謂法官執行職務有偏頗之虞,因行政訴訟法第二十條準用民事訴訟法第三十三條第一項規定,故司法實務於民事訴訟程序所建立之判例,亦可供行政訴訟程序之參酌。例如最高法院判例即認為類似下列情形不構成所謂之偏頗[48]:

---

[47] Eyermann, a.a.O., §54, Rn. 5, 6, 7, 8, 11.

[48] 陳榮宗、林慶苗,《民事訴訟法》,三民書局,民國 90 年 9 月,頁 153。

1. 法官對當事人之發問少。

2. 法官與當事人之一造為同署辦公之僚友，惟無密切交誼者。

3. 法官審理訴訟事件有遲緩情形。

4. 法官就當事人聲明之證據不為調查。

5. 當事人對於法官之執行職務曾加指摘。

6. 法官曾於該當事人一造相同之別一事件參與裁判。

7. 法官調查證據命行鑑定及庭訊多次。

8. 法官於當事人兩造陳明合意休止訴訟程序後，復傳喚續行訴訟。

9. 法官參與別一訴訟之裁判，於理由項下表示關於攻擊或防禦方法及法律上之意見，對於現尚繫屬之訴訟事件當事人一造有不利。

當事人以法官有偏頗之虞為理由，聲請法官迴避者，不得僅以當事人之主觀臆測為理由，而應以法官對於訴訟標的有特別利害關係；或法官與當事人之一造有密切之交誼或嫌怨；或法官基於其他情形，在客觀上足可懷疑其為不公平之審判者為聲請迴避之原因事實。例如：當事人之一造為法官之兒女親家（血親之配偶之血親，非姻親）或同居人、法官之配偶為當事人一造之訴訟代理人（非律師，如為律師，依律師法第三十八條規定就其案件應自行迴避）、法官與當事人之法定代理人或輔佐人有近親關係等情形是 ❹。依德國學者之看法，亦即法官與當事人或當事人之法定代理人有仇怨、友誼、訂婚、遠親或姻親關係等情形是 (Verfeindung, Freundschaft, Verlöbnis, entferntere Verwandschaft oder Schwägerschaft mit einem Beteiligten oder einem ihrer gesetzlichen Vertreter) ❺。換言之，就是德國實務與學界通說所認為的 ❺，必須是基於客觀上可確認，主觀理性可能產生，法官就訴訟事件不能無偏私 (unparteiisch)、無成見 (unvoreingenommen) 或無偏頗 (unbefangen) 審判之疑慮事由。至於法官純學術之法律見解 (Die rein wissenschaftliche Vertretung einer Ansicht)，一般不認為可為聲請法官迴

---

❹　陳計男，《行政訴訟法釋論》，頁 38–39。

❺　Eyermann, a.a.O., §54, Rn. 13.

❺　Claus Meissner, in: Schoch/Schmidt-Aβmann/Pietzner, VwGO, §54, Rn. 27.

避之理由。又法官宗教上或政治上之認知 (Das religiöse oder ein politisches Bekenntnis)，如為某黨黨員或工會成員，亦不被認為是有偏頗之虞的事由，不得據為聲請法官迴避❷。

聲請法官迴避應由何人於何時為之，以何方式向誰聲請，有何限制，而法院如何裁定，又聲請迴避獲准後之法律效果為何，為上述聲請法官迴避原因以外，有關法官迴避聲請制度之重點所在，可分述於次：

1.聲請法官迴避依行政訴訟法第二十條準用民事訴訟法第三十四條第一項規定，應由當事人以言詞或書狀向法官所屬之行政法院為之。所謂當事人係指廣義之當事人，除原告、被告外，尚包括參加人、法定代理人及輔佐人。但訴訟代理人則不得以自己之名義聲請迴避❸。

2.聲請法官迴避應於何時為之？則視法官迴避原因而定❹。

(1)以法官有應自行迴避之原因而不迴避者，當事人不問訴訟程序進行至何程度，隨時得聲請法官迴避，但訴訟事件業已終結宣示裁判者，該法官已無應為之行為，已不能達迴避之目的，應解為不得聲請迴避。

(2)以法官執行職務有偏頗之虞為由聲請迴避者，依行政訴訟法第二十條準用民事訴訟法第三十三條第二項規定，須當事人於就該訴訟有所聲明或為陳述以前為之。因如當事人就該事件已有所聲明或陳述，恆可認當事人對於法官之執行職務並無懷疑，自不容其再以法官執行職務有偏頗之虞為由，聲請迴避。當事人所為之聲明或陳述，如足認其並無請求特定法官迴避之意思者，即應受此不得聲請法官迴避之規定。當事人之聲明或陳述，亦不以關於本案者為限，即非關於本案者，如對管轄、當事人能力、訴訟能力、有無審判權等有所聲明或陳述，足以表明當事人有信任該法官審判之意思者，當事人即不得聲請法官迴避。不過，聲請法官迴避之原因發生在聲明或陳述之後，或雖發生在前，而當事人於聲明或陳述時，不知悉者，則依行政訴訟法第二十條準用民事訴訟法第三十三條第二項但書之規定，

---

❷　Eyermann, a.a.O., §54, Rn. 15; Meissner, a.a.O., §54, Rn. 46.

❸　陳計男，《行政訴訟法釋論》，頁 39。

❹　同上註。

當事人仍得聲請法官迴避。若當事人於法官迴避原因發生後，或知悉該迴避原因後，不聲請法官迴避，仍續為其他之聲明或陳述者，則當然不得再行聲請法官迴避。

3.聲請法官迴避之程序，依行政訴訟法第二十條準用民事訴訟法第三十四條之規定，應舉出法官迴避原因及足認法官執行職務有偏頗之虞之事實，並應自為聲請之日起，於三日內釋明之，如聲請人主張迴避原因發生在後或知悉在後者，並應一併釋明。學者認為此三日內釋明之期間規定，並非不變期間之規定，聲請人如在法院就此聲請事件為裁定前，補為釋明者，仍發生釋明效力。而所謂「釋明」，依行政訴訟法第一七六條準用民事訴訟法第二八四條之規定，是指聲請人提出能即時調查之一切證據，使法院信其主張為真實之謂也❺❺。

4.聲請法官迴避事件，法院如何裁定？依行政訴訟法第二十條準用民事訴訟法第三十五條第一項之規定，是由該法官所屬行政法院以合議庭裁定之，其因不足法定人數不能合議者，由行政法院院長裁定之；如果不能由該法院院長裁定者，由直接上級法院裁定之。對於聲請法官迴避事件之裁定，被聲請迴避之法官，不得參與。被聲請迴避之法官，如認聲請為有理由者，毋庸裁定，應即迴避；如對聲請有意見，則依行政訴訟法第二十條準用民事訴訟法第三十四條第三項規定，得提出意見書，以供法院為裁定之參考。對聲請法官迴避事件有權裁定之行政法院或院長，就該聲請事件審理之結果，如認聲請不合法或無理由者，均應以裁定駁回之。對此駁回裁定，因行政訴訟法第二十條並不準用民事訴訟法第三十六條五日抗告期間之規定，故聲請人得於收受裁定之送達後十日之不變期間內提起抗告❺❻；對聲請法官迴避事件有權裁定之行政法院或院長，如認聲請人之聲請為合法而有理由，則應為法官應行迴避之裁定。此項裁定係對當事人有利，依行政訴訟法第二十條準用民事訴訟法第三十六條規定，聲請人不得聲明不服。

---

❺❺　陳計男，《行政訴訟法釋論》，頁 39–40。

❺❻　行政訴訟法第 20 條、第 268 條。

5.當事人聲請法官迴避而獲准者，其法律效果為何？依行政訴訟法第二十條準用民事訴訟法第三十七條之規定，主要有二：

(1)法官被聲請迴避者，在該聲請事件終結前，應停止訴訟程序。但為防止當事人違法濫用聲請法官迴避權，延滯訴訟，法律乃以但書例外規定，使法官不必停止訴訟程序，其情形有三：

a.聲請因違背行政訴訟法第二十條準用民訴法第三十三條第二項之規定而為者：當事人違背該規定而為聲請者，其聲請為不合法。行政法院應即以裁定駁回其聲請，自無停止訴訟程序之必要。

b.聲請因違背行政訴訟法第二十條準用民訴法第三十四條第一項或第二項規定而為者：聲請法官迴避，未列舉其原因向法官所屬行政法院為之，或不依法釋明聲請迴避之原因或行政訴訟法第二十條準用民事訴訟法第三十三條第二項但書之事實者，其聲請亦為不合法，行政法院應即以裁定駁回其聲請，即無停止訴訟程序之必要。

c.聲請顯係意圖延滯訴訟而為者：當事人之聲請，形式上雖合聲請法官迴避之要件，然其聲請之目的，顯係意圖延滯訴訟者，自屬聲請權之濫用，行政法院自得不停止訴訟程序。至如何情形始能認為係意圖延滯訴訟？學者認為，須就具體訴訟及聲請時之情形認定之。例如原告起訴主張之給付請求權已罹於消滅時效，被告並為時效之抗辯，原告猶以法官執行職務有偏頗之虞而聲請迴避之情形，即足以認定其顯係意圖延滯訴訟是❺❼。

(2)因聲請法官迴避而停止訴訟程序中，如有急迫情形，則依行政訴訟法第二十條準用民事訴訟法第三十七條第二項規定，法官仍應為必要處分。所謂有急迫情形，仍應為必要之處分，依我國通說❺❽，係指證據之保全、假扣押、假處分之保全程序，或停止執行之裁定等情形而言。此因法官所為保全證據之行為，重在就當事人提出之證據方法，經由調查證據程序，使其成為證據資料而已，該調查證據之法官縱因其後裁定應迴避，亦僅發生該證據資料，繼任之法官能否形成證據原因，而採為裁判之基礎而已，

---

❺❼　陳計男，《行政訴訟法釋論》，頁41。

❺❽　同上註，頁42。

殊無使該調查所得之證據資料，歸於無效之必要。至假扣押、假處分之保全程序，或停止執行之裁定，於本案之訴訟並無直接之關聯，故亦無使其歸於無效之必要。被聲請迴避法官在有急迫情形之必要處分，德國學者稱之為 Unaufschiebbare Amtshandlungen des abgelehnten Richters，如期日決定之程序主導行為 (verfahrensleitende Maβnahmen wie Terminsladungen)，或如證據保全行為 (Beweiserhebungen, wenn das Beweismittel sonst verloren gehen würde) ❺❾。

　　法官為在有急迫情形而為必要處分後，如該法官經被裁定應行迴避，則其所為必要處分之效力為何？學說上有採無效說者，認法官既經裁定應行迴避，其所為行為應溯及的使之歸於無效。有採有效說者，謂法官於有急迫情形時所為必要之處分，乃係法律上特許之行為，縱令其後迴避之聲請經裁定為正當，其行為亦不違法。有採折衷說者，主張應依聲請迴避之事由而定，即：

　　a.依行政訴訟法第二十條準用民事訴訟法第三十三條第一項第一款規定，聲請迴避者，如符該款規定，該法官原即有應自行迴避之原因，是行政法院就當事人依該規定所為迴避之聲請而裁定法官應行迴避時，該裁定在性質上為確認之性質，該法官自始即應迴避而不得執行職務，不因其所執行之職務為必要處分而肯定其行為之效力。

　　b.當事人依行政訴訟法第二十條準用民事訴訟法第三十三條第一項第二款聲請法官迴避者，必該應迴避之裁定確定，始形成法官迴避之效果，屬形成之性質，自無使其溯及地發生法官所為行為違法之效果。

　　大法官陳計男認為行政訴訟法第二十條所準用之民事訴訟法第三十七條第二項僅規定停止訴訟程序中，如有急迫情形，仍應為必要處分，並未就法官被聲請迴避之原因而為不同之規定，在解釋上，即難依其原因而賦予不同之效果 ❻⓪。學者也認為，法官「迴避制度主要目的為審判之公正無私，無論應自行迴避原因抑或執行職務偏頗為原因，制度之基本目的相同。

---

❺❾　Schoch/Schmidt-Aβmann/Pietzner, *Verwaltungsgerichtsordnung*, §54, Rn. 52.

❻⓪　陳計男，《行政訴訟法釋論》，頁 42。

倘推事係公正無私為訴訟程序之進行,遇緊急情況為必要之急迫處分行為,則推事之此項必要行為,係為公益而為,無區分當事人聲請迴避原因為何者之必要。受聲請迴避之推事,對急迫情況之處分行為,其判斷標準係必要不必要,不在公正不公正,從而區分聲請迴避原因為何者,並非重要。」[61]

第三目　職權裁定迴避

就法官迴避之聲請,有權為裁定之行政法院或行政法院之院長,如認法官有應自行迴避之原因者,依行政訴訟法第二十條準用民事訴訟法第三十八條規定,應依職權為迴避之裁定,此即為職權裁定迴避。此職權裁定迴避之效果有二,即:

1. 受迴避裁定之法官,即不得再為職務上之行為。
2. 受迴避裁定之法官之前此所為職務上之行為,屬於違法。

職權裁定迴避,須訴訟在該行政法院尚未終結,而該受裁定迴避之法官尚須參與裁判時,始可為之。至若訴訟已在該行政法院終結,則無迴避實益。不過,當事人仍得依行政訴訟法第二四三條第二項第二款之規定上訴,或依行政訴訟法第二七三條第二款之規定提起再審之訴,以求救濟。

第四目　許可迴避

除了上述自行迴避、聲請迴避與職權裁定迴避以外,法官如自認有行政訴訟法第二十條準用民事訴訟法第三十三條第一項第二款足令人認其執行職務有偏頗之虞之情形者,經行政法院院長許可,對於該行政訴訟事件迴避審判。但為防止法官任意請求迴避,乃將許可權,賦予行政法院院長,以達司法行政監督之目的。

又學者認為:「最高行政法院為全國唯一之終審機關,倘全體法官因自行迴避及聲請迴避而不能執行職務時,即當事人無以達成終審之目的,此時宜解為不得聲請法官迴避。」[62]

---

[61] 陳榮宗、林慶苗,《民事訴訟法》,頁 155。

[62] 陳計男,《行政訴訟法釋論》,頁 43-44。

第二項 行政法院司法事務官、書記官及通譯之迴避

上述關於行政法院法官自行迴避、聲請迴避、職權裁定迴避及許可迴避等之規定，依行政訴訟法第二十一條規定，於行政法院之司法事務官、書記官及通譯準用之，此即德國行政訴訟法學上所謂法庭文件官員之自行迴避與聲請迴避 (Ausschluβ und Ablehnung von Urkundsbeamten) [63]。此因書記官職掌筆錄之製作及訴訟卷宗之編訂，通譯傳譯不同之語文，均為法院之輔佐機關，其所為職務上之行為，對於訴訟之結果，關係亦相當密切，故關於法官迴避之規定，於法院書記官及通譯亦準用之。

值得注意的是，民國一〇〇年十一月二十三日公布修正之行政法院組織法，增訂了第十條之一，規定於高等行政法院設司法事務官室，置具有財經、稅務或會計專業之司法事務官，輔助法官辦案。又依新增之行政法院組織法第十條之二第一項規定，司法事務官負責辦理稅務案件之資料蒐集、分析及提供財稅會計等專業意見，並可依法參與訴訟程序。為此，行政訴訟法乃配合行政法院組織法，增訂第一二五條之一 [64]、第一七五條之一 [65]明定司法事務官如何參與訴訟程序，並修正行政訴訟法第二十一條，使司法事務官亦準用法官迴避之規定。

又學者認為：「行政法院書記官或通譯有自行迴避之原因，或經裁定應行迴避者，就該訴訟事件即不得執行職務。如其違反而執行職務時，應屬無效。但書記官或通譯並不參與裁判之評決，故不得據之為向最高行政法院上訴或再審之事由。惟如書記官或通譯之行為，足以影響判決之結果者，例如書記官製作之證人筆錄採為判決基礎時，當事人自得以該筆錄有瑕疵，作為上訴理由。」[66]

---

[63] Schoch/Schmidt-Aβmann/Pietzner, a.a.O., §54, Rn. 67.

[64] 特別是行政訴訟法第 125 條之 1 第 2 項規定：「行政法院因司法事務官提供而獲知之特殊專業知識，應予當事人辯論之機會，始得採為裁判之基礎。」

[65] 該條規定：「行政法院於保全證據時，得命司法事務官協助調查證據。」

[66] 陳計男，《行政訴訟法釋論》，頁 44。

第二章　行政訴訟當事人

第一節　概　說

　　訴訟制度為國家避免私力救濟，解決紛爭的手段。不管是國家行使司法權以解決私人間法律紛爭的民事訴訟，或是解決私人與行政機關間法律紛爭的行政訴訟，均有所謂當事人之存在。不過，行政訴訟上之當事人與民事訴訟上之當事人意義不盡相同❶。民事訴訟所稱當事人 (Partei) 係民事訴訟法律關係之主體，以自己之名義，向法院要求確定私權或其他民事審判權之一造（原告）及其對造（被告）。而行政訴訟之當事人，依行政訴訟法第二十三條規定，係指原告、被告及依行政訴訟法第四十一條與第四十二條參加訴訟之人。可知行政訴訟之當事人，除行政訴訟事件之原被兩造外，尚包括行政訴訟法第四十一條所指訴訟標的與當事人必須合一確定而參加訴訟之第三人及行政訴訟法第四十二條所指因撤銷訴訟之結果，權利或法律上利益將受損害而參加訴訟之第三人在內。

　　行政訴訟法第一編總則中之第三章對行政訴訟之當事人有五節規定，即分別就行政訴訟之 1.當事人能力及訴訟能力 2.選定當事人 3.共同訴訟 4.訴訟參加 5.訴訟代理人及輔佐人等加以規定。本章將自下節起，分節就行政訴訟之當事人能力；行政訴訟之訴訟能力；行政訴訟之選定當事人，指定當事人；行政訴訟之共同訴訟；行政訴訟之訴訟參加；行政訴訟之訴訟代理人以及行政訴訟之輔佐人等析述之。

第二節　行政訴訟之當事人能力

　　行政訴訟之當事人能力 (Beteiligungsfähigkeit im Verwaltungsprozeβ)

---

❶　我國法制均稱當事人，但德國民事訴訟之當事人稱 Partei（德國民訴法第 50 條），德國行政法院法第 63 條則稱行政訴訟之當事人為參與人 (Beteiligte)，我國學者有譯為訴訟關係人者。請參閱，陳計男，上揭書，頁 45。

是指在行政訴訟上進行有效訴訟行為 (Die wirksame Vornahme von Verwaltungsprozeβhandlungen)❷，享受或負擔行政訴訟上各種效果之一般能力與資格也❸。此種能力、資格為一般性、抽象性權能與當事人適格 (Beteiligteneigenschaft)❹不同。當事人適格是指就特定之行政訴訟標的得要求（或被要求）為本案判決之具體資格。例如行政訴訟法第四條所指之「……認為損害其權利或法律上利益者」，或如行政訴訟法第六條所指之「……有即受確認判決之法律上利益者」❺。更具體的說，行政訴訟上之當事人能力是指得為行政訴訟法關係 (Prozeβrechtsverhältnisses) 上主體，亦即為原告、被告、參加人等而在行政法院進行或參與提起訴訟，提出申請調查證據等種種訴訟程序之能力❻。我國學者又將當事人能力分為「原告當事人能力」與「被告當事人能力」，而當事人適格又分為「原告適格」與「被告適格」❼。

在行政訴訟法上，誰有當事人能力❽？行政訴訟法第二十二條明定：「自然人、法人、中央及地方機關、非法人之團體，有當事人能力。」是以

---

❷　所謂行政訴訟行為，例如提起訴訟 (Erhebung der Klage)、請求駁回訴訟 (Antrag auf Klageabweisung)、請求調查證據 (Beweisanträge) 及其他程序請求 (andere Anträge zum Verfahren)。參閱 Ferdinand O. Kopp/Wolf-Rüdiger Schene, *Verwaltungsgerichtsordnung*, C. H. Beck, München, 1998, §61, Rn. 1.

❸　陳計男，上揭書，頁 6；蔡茂寅，〈行政機關之爭訟當事人能力〉，《台灣本土法學雜誌》，第 4 期，1999 年 10 月，頁 108。

❹　Friedhelm Hufen, *Verwaltungsprozeβrecht*, 3. Auflage, C. H. Beck, München, 1998, §12, Rn. 1.

❺　蔡茂寅，上揭文，頁 108–109。

❻　Kopp/Schenke, a.a.O, §61, Rn. 4.

❼　蔡茂寅，上揭文，頁 109；陳計男，《行政訴訟法釋論》，頁 49–57。相關實務論文請參閱，林明鏘，〈BOT 案第三人行政爭訟之當事人適格〉，《月旦法學教室》，第 130 期，2013 年 8 月，頁 12–14。

❽　相關文獻請參閱，劉宗德，《行政訴訟制度》，〈制度設計型行政法學〉，元照出版公司，民國 98 年 5 月，頁 475–683。

在行政訴訟法上有當事人能力者為自然人、法人、中央及地方機關、非法人之團體等四大類❾，茲分別說明於次：

一、自然人

自然人為權利能力之主體，自有當事人能力。至於胎兒 (die Leibesfrucht; der nasciturns) 是否屬於自然人，有無當事人能力？德國實務意見不一。聯邦行政法院有認為胎兒非屬於自然人者❿，有認為胎兒依準用民法規定視為有權利能力時⓫或胎兒在公法上有本身權利者⓬，亦有當事人能力。

死人無當事人能力，因自然人之權利能力終於死亡⓭。我國行政法院四十九年裁定第三七號判例，有權利能力者有當事人能力，人之權利能力始於出生，終於死亡。自死亡之日起，即不能再為訴訟當事人，自不能再以死亡者之名義，提起訴願。所有以其名義提起之訴願、再訴願、行政訴訟，依法均不能受理。故自然人於起訴前已死亡，其繼承人以死亡人名義提起行政訴訟，自難認為合法，應依第一○七條第一項第三款裁定駁回其訴⓮。學者認為，於此情形，如訴訟標的可由其繼承人承受者，似應由當

---

❾ 司法實務，請參閱最高行政法院 91 年度裁字第 16 號裁定，《台灣本土法學雜誌》，第 34 期，2002 年 5 月，頁 153；最高行政法院 91 年度裁字第 1048 號裁定，《台灣本土法學雜誌》，第 44 期，2003 年 3 月，頁 156–157；臺北高等行政法院 91 年度訴字第 2780 號裁定，《台灣本土法學雜誌》，第 44 期，2003 年 3 月，頁 175；臺北高等行政法院 90 年度訴字第 6758 號判決，《台灣本土法學雜誌》，第 49 期，2003 年 8 月，頁 213–217。

❿ 如 BVerwG DöV, 1992, 588, 參閱 Eyermann/Jörg Schmidt, §61, Rn. 4.

⓫ Bier, in Schoch/Schmidt-Aβmann/Pietzner, VwGO, §61, Rn. 3; Kopp/Schenke, VwGO, §61, Rn. 5.

⓬ 聯邦行政法院曾在胎兒是否因核能電廠受有未來損害之爭議中，認為胎兒無本身權利而無當事人能力。參閱 BVerwG, NJW, 1992, 1524; Hufen, a.a.O., §12, Rn. 22.

⓭ Bier, a.a.O., §61, Rn. 3.

事人聲明承受訴訟或由行政法院依職權，以裁定命其繼承人承受訴訟，再由承受訴訟人於法定期間內提起行政訴訟❺。

　　另動物非自然人，自無當事人能力，在我國通常無問題，但在德國實務上，即曾因北海之海豹 (Seehunde in der Nordsee) 而生之當事人能力爭議。漢堡之行政法院則明示動物無當事人能力❻。

二、法　人

　　所有公法上或私法上之法人均有當事人能力。公法上法人係指國家法人❼、直轄市、縣（市）、鄉（鎮、市）等地方自治團體法人❽、農田水利會公法人❾及其他公法上社團⓴、公法上財團㉑等直接依據憲法、法律或基於法律與其他公法行為，直接創設之權利主體，亦即以「公法組織型態的法人」㉒。

---

❹　陳計男，上揭書，頁 48。

❺　陳計男認為行政訴訟法、訴願法於此情形漏未規定，似應類推適用行政訴訟法第 188 條準用民事訴訟法第 168 條、第 181 條之規定。參閱，陳計男，上揭書，頁 48–49。

❻　VG Hamburg NVwZ, 1988, 1058；參閱 Kopp/Schenke, §61, Rn. 5.

❼　19 世紀德國學者 Wilhelm Eduard Albrecht (1800–1876) 所提出的「國家法人格理論」(Theorie der juristischen Persönlichkeit des Staates)，迄今仍是定位國家屬性的基本出發點。請參閱 Henning Uhlenbrock, Der Staat als juristische Person, Dogmengeschichtliche Untersuchung zu einem Grundbegriff der deutschen Staatsrechtslehre, 2000, S. 39ff. 引自，李建良，〈論公法人在行政組織建制上的地位與功能〉，《月旦法學雜誌》，第 84 期，2002 年 5 月，頁 46 之註 18。

❽　地方制度法第 2 條第 1 款及第 14 條規定。

❾　農田水利會組織通則第 1 條第 2 項規定。

⓴　林騰鷂，《行政法總論》，三民書局，民國 91 年 10 月，修訂二版，頁 243–249。

㉑　同上註，頁 251–259。

㉒　李建良，上揭文，頁 45、47；李惠宗，《行政法要義》，五南圖書出版公司，2002 年 10 月，增訂二版，頁 182。

　　私法上之法人❷❸係指包括民法、公司法、銀行法、合作社法、信用合作社法、金融控股公司法等所規定之民法上社團法人、民法上財團法人、公司法上無限公司、有限公司、兩合公司、股份有限公司、經認許之外國公司❷❹以及銀行、合作社、信用合作社及金融控股公司等法人。

三、中央及地方機關

　　行政訴訟法第二十二條明文規定中央及地方機關，有行政訴訟當事人能力❷❺，而訴願法第十八條所定訴願當事人能力並不包括中央及地方機關，

---

❷❸　私法人之種類，請參閱，王澤鑑，《民法總則》，民法實例研習叢書，第二冊，自刊本，民國 72 年 11 月，初版，頁 108–119；施啟揚，《民法總則》，自刊本，民國 71 年 9 月，初版，頁 116–121。

❷❹　司法院院解字第 3630 號解釋「抗敵戰事結束，敵僑不服行政官署之處分，提起訴願，法令上既未加以限制，即非無訴願之權」。既得訴願，自得為行政訴訟之當事人。參閱，臺灣省政府訴願審議委員會編印，《認識訴願》，民國 88 年 6 月，頁 46。

❷❺　關於「各地方法院檢察署犯罪被害人補償審議委員會及各高等法院及其分院檢察署犯罪被害人補償覆審委員會有無當事人能力？」最高行政法院於民國 94 年 6 月 21 日之庭長法官聯席會議中作出決議文謂：「行政程序法第二條第二項規定：『本法所稱行政機關，係指代表國家、地方自治團體或其他行政主體表示意思，從事公共事務，具有單獨法定地位之組織。』依此規定，行政機關乃國家、地方自治團體或其他行政主體所設置，得代表各行政主體為意思表示之組織。所謂『組織』，須有單獨法定地位，固以具備獨立之人員編制及預算為原則。惟實務上為避免政府財政過度負擔，及基於充分利用現有人力之考量，亦有由相關機關支援其他機關之人員編制，或由相關機關代為編列其他機關預算之情形，尚難因該其他機關之人員編制及預算未完全獨立，而否定其為行政機關。各地方法院及其分院檢察署犯罪被害人補償審議委員會及各高等法院及其分院檢察署犯罪被害人補償覆審委員會之設置，依犯罪被害人保護法第十四條、第十五條、第二十條之規定，具有單獨法定地位，且得代表國家受理被害人補償金之申請及調查，並作成准駁之決定，是該審議委員會及補償覆審委員會自屬行政機關，應有當事人能力。」

兩法所定當事人能力範疇並不一致，主要是因行政院於提出訴願法修正草案時，原於第十八條第二項規定，「中央或地方機關立於與人民同一之地位而受行政處分者」，亦得提起訴願，但此項規定於立法過程中遭立法委員提案刪除❷❻。

　　由於行政訴訟法與訴願法規定之不同，故中央或地方機關是否應具有提起訴願或行政訴訟的當事人能力？學者之意見並不一致，有持否定說者❷❼，有持肯定說者❷❽。不過，因為行政訴訟法第二十二條已明文規定，

---

❷❻　其刪除理由為：第一，行政機關本身並非法人，並無獨立享受權利負擔義務之能力，難謂立於與人民同一之地位而受行政處分；第二，至於公法人之權利或利益如遭行政機關之侵害，本法第一條第二項已賦予其提起訴願之權利，故其權利保護已有制度保障。

❷❼　持否定說者之論據，大體同於上述刪除之訴願法修正草案第 18 條第 2 項之理由。可簡述如下：第一，行政機關不同於公法人等行政主體，其法律上地位僅為「行為主體」，而非得受權利義務歸屬效果之「權利主體」，因此理論上當無承認其有提起訴願或行政訴訟之當事人能力的可能。換言之，從當事人能力的性質來看，行政機關不具有法人格，又與非法人團體有所區別，因此其當事人能力亦應同受否認。第二，實際上行政機關對外仍得以行政主體之名義提起訴願，以保護其權益，因此並無承認其當事人能力之必要。第三，況且在同一行政主體內之不同機關之行為僅屬內部程序，若許其相互訴願或訴訟，則其權利義務既歸屬於同一行政主體，此種「自己訴願或訴訟」豈非形同以右手打左手、自掌自摑的情形；且依司法院之見解，行政機關僅有「權限」而非權利，故無權益受侵害之概念(院字第 1776 號參照)，自無許行政機關提起行政爭訟之理。就此，大法官在過去亦採否定之見解（釋字第 40 號解釋參照）。參閱，蔡茂寅，〈行政機關之爭訟當事人能力〉，頁 110。

❷❽　肯定說之論據理由約略如下所述：
第一，就新訴願法與新行訴法之整合解釋而論，行政機關若不具訴願當事人能力，則新行訴法第 22 條規定將成具文。蓋行政機關雖然由於上揭條文之規定而具有「原告當事人能力」，但是因為新行政爭訟制度仍採部分「訴願前置主義」，因此行政機關若不具訴願當事人能力，則在「撤銷訴訟」（新行訴法第 4 條參照）與「課以義務訴訟」（同法第 5 條參照）亦將因此喪失訴訟當事人能

中央及地方機關有行政當事人能力，故不宜採否定說。學者有採折衷說者，認為：「承認行政機關之爭訟當事人能力，乃是一種救濟機能考量下的產物，必須在新行政爭訟制度之下，無法由公法人爭訟，或由公法人爭訟顯不適

力，衡諸此兩種訴訟為行政訴訟制度之核心的特質，新行訴法第 22 條之規定意義，將因此受到大幅限縮。而在「確認（公法上法律關係存在或不存在之）訴訟」（同法第 6 條參照）與「一般給付訴訟」（同法第 8 條參照），行政機關與人民之間係立於平等地位，在前提上不具有上下服從之權力關係，因此作為行為主體的行政機關具有原告當事人能力，毋寧乃是制度設計上的優先考慮。據此，若否認行政機關的訴願當事人能力，則上揭第 22 條規定明白肯定行政機關得為行政訴訟之當事人，殆將成為不具實質意義的贅文。

第二，行政機關雖為不具有法人格的行為主體，因之不受權利義務之效果歸屬，然而在實務上，承認行政機關的爭訟當事人能力，其必要性仍未可全然否認。例如，在行政機關受有同一行政主體內之其他行政機關處分，如直轄市工務局受同市環保局之罰鍰處分的情形，如若不許工務局以行政爭訟方式解決此一紛爭，一方面將使工務局喪失法律上表示不服的爭訟權利，而使同一主體內的行政機關間產生優劣等差，不利於團隊合作；另一方面則將驅使兩造出之以政治協商手段，以謀求解決紛爭，如此作法顯然有違「法治國原則」。因此，在行政機關受有他機關之行政罰等事例，行政機關之訴願當事人能力的承認，其必要性往往不容否認。

第三，新行訴法第 1 條第 2 項雖然規定，「各級地方自治團體或其他公法人對上級監督機關之行政處分」亦得提起訴願，然因其涵蓋範圍過窄，因此無法完全據以否定行政機關的爭訟當事人能力。例如，在行政機關或公法人立於與人民相同之地位而受有行政處分之場合，由於與上揭受上級監督機關之行政處分的情形有別，因此嚴格說來，尚不得引上揭條文據以提起訴願，因此上揭刪除行政院訴願法修正草案第 18 條第 2 項的理由，於此即不能成立。況且行政機關受有行政處分者，其情形亦遠比以公法人地位而受有行政處分者來得普遍，就此而言，承認行政機關得單獨提起訴願乃至行政訴訟，顯然在處理上較為自然。例如國防部之車輛因污染路面，因此受該管鄉鎮公所處分時，由國防部直接向縣政府提起訴願，應該比由「中華民國」此一公法人向縣政府提起訴願來得恰當。蔡茂寅，上揭文，頁 110。

宜的情形下，方才『例外性』、『補充性』的承認行政機關的爭訟當事人能力。」❷筆者則認肯定說為當，蓋因近鄰日本之「行政事件訴訟法」即定有「機關訴訟」之類型❸，在行政訴訟之施作上，甚有助益。在司法實務上，最高行政法院九十二年度判字第五七一號判決謂：「關於行政訴訟當事人能力除採權利主體原則外，兼採機關原則，肯認行政機關有當事人能力。行政訴訟之指導原則已不再侷限於保障人民權益，亦包括確保國家行政權之合法行使，而行政機關亦有行政訴訟之當事人能力。」因此，臺南縣稅捐稽徵處以經濟部水利處南區水資源局漏報電費、給水及其他管理費收入……而補徵營業稅、科處罰鍰，經濟部水利處南區水資源局如不服，自得提訴願及行政訴訟❸。

　　又中央及地方機關之意涵為何？筆者認為，在行政訴訟制度上，中央及地方機關之意涵應以行政程序法第二條第二項、第三項所規定之廣義的、實質的行政機關為準據。換言之，凡是代表國家、地方自治團體或其他行政主體表示意見，從事公共事務，具有單獨法定地位之組織❸，均應歸屬於行政訴訟法第二十二條所規定之中央及地方機關。而受託行使公權力之個人❸或團體，於委託範圍內，亦應視為中央或地方機關。蓋因行政訴訟

---

❷　蔡茂寅，上揭文，頁 111。

❸　該法第 6 條規定：「本法所稱機關訴訟，係指關於國家或公共團體機關相互間權限之存否或其行使之紛爭之訴訟。」參閱，司法院秘書處發行，《中譯德奧法日行政法院法》，民國 85 年 6 月，頁 180。

❸　參閱，司法院印行，《最高行政法院裁判要旨彙編》，第 23 輯，民國 93 年 12 月，頁 1085-1088。

❸　大法官陳計男認為，「若機關無代表國家或自治團體獨立對外為意思表示者，僅為其內部處理事務之單位，應以其所屬之獨立機關為當事人始有當事人能力。例如各縣（市）之地政處所為之行為，應視為該縣（市）之行為，故如以該地政處為當事人，即屬當事人能力之欠缺（即無當事人能力）。」陳計男，上揭書，頁 47。

❸　程明修，〈私人履行行政任務時的法律地位〉，《台灣本土法學雜誌》，第 39 期，2002 年 10 月，頁 136。

法第二十五條規定受託機關或個人得為被告機關，亦即該條所規定的：「人民與受委託行使公權力之團體或個人，因受託事件涉訟者，以受託之團體或個人為被告。」

另由行政訴訟法第二十四條❸至第二十六條規定之被告機關定義，亦可得而確定中央及地方機關之意涵。所謂被告機關，行政訴訟法第二十四條規定：「經訴願程序之行政訴訟，其被告為下列機關：一、駁回訴願時之原處分機關。二、撤銷或變更原處分時，為撤銷或變更之機關。」值得注意的是原處分之作成，若須二個以上機關本於各自職權先後參與者，究應以何者為被告機關❸❺？就此，最高行政法院九十一年判字第二三一九號判決，可供參考決斷。即：「行政處分之作成，須二個以上機關本於各自職權先後參與者，為多階段行政處分。此際具有行政處分性質者，原則上為最後階段之行政行為，即直接對外發生法律效果部分。人民對多階段行政處分如有不服，固不妨對最後作成行政處分之機關提起訴訟，惟行政法院審查之範圍，則包含各個階段行政行為是否適法。」

不過，值得注意的是，受委託行使公權力，依行政程序法之規定，有第十五條所定之委託不相隸屬之行政機關與第十六條所定，委託民間團體

---

❸ 對此條之適用，最高行政法院 94 年度判字第 565 號判決即為一例。此判決指出：「農民健康保險條例第 4 條第 1 項規定：『本保險由中央主管機關設立之中央社會保險局為保險人。在中央社會保險局未設立前，業務暫委託勞工保險局辦理，並為保險人。』並依勞工保險局組織條例第 20 條第 1 項規定，勞工保險局設受託業務處，全權辦理農民健康保險事項。立法委託勞工保險局辦理農民健康保險業務，並授與農民健康保險之保險人之法律地位。勞工保險局以保險人地位承辦農民健康保險，則就有關農民健康保險事項所為之行政處分，自以勞工保險局為原處分機關，並以農民健康保險之中央主管機關內政部為訴願機關。本件上訴人申請殘廢給付，經勞保局函復不予給付，則本件行政訴訟自應以勞保局為被告，當事人之適格方無欠缺。」參閱《最高行政法院裁判要旨彙編》，第 25 輯，民國 95 年 6 月，頁 881。

❺ 相關論文請參閱，陳淑芳，〈適格當事人〉，《月旦法學教室》，第 83 期，民國 98 年 9 月，頁 14–15。

或個人兩種。如受委託人係民間團體或個人，自可依行政訴訟法第二十五條之規定辦理，即「人民與受委託行使公權力之團體或個人，因受託事件涉訟者，以受託之團體或個人為被告。」而該受託行使公權力之個人或團體，依行政程序法第二條第三項規定，於委託範圍內，視為行政機關。但如受委託人為不相隸屬之行政機關，則依最高行政法院九十二年度判字第一五二九號判決意旨，謂：「無隸屬關係機關辦理受託事件所為之行政處分，視為委託機關之行政處分。訴願法第七條亦定有明文……是以上訴人勞工保險局發放老年農民福利津貼……之行為，雖均係受行政院農業委員會之委託而為，然兩者既無隸屬關係，則依前揭訴願法規定，該授益行政處分及其撤銷之行政處分，應視為行政院農業委員會之行政處分。從而，……上訴人（勞工保險局）以己名義提起本件給付訴訟，顯有當事人不適格情形。」[36] 換言之，應以行政院農業委員會為當事人，而非以勞工保險局為當事人。

另外，行政訴訟法第二十六條規定，被告機關經裁撤或改組者，以承受其業務之機關為被告機關；無承受其業務之機關者，以其直接上級機關為被告機關，亦即應以承受業務之機關或直接上級機關為當事人。

四、非法人之團體

行政訴訟法第二十二條規定，「……非法人之團體，有當事人能力。」蓋以非法人之團體在事實上有對外活動而產生權利義務關係，若不許其有當事人能力而成行政訴訟之主體，則將使第三人無法對其行使權利；同樣的，非法人之團體也將無法對外主張權利、行使權利。行政訴訟法並未如民事訴訟法第四十條第三項所規定的：「非法人之團體，設有代表人或管理人者，有當事人能力」，但學者認為在解釋上應相同[37]。又依大法官釋字第四八六號解釋，「非具有權利能力之『團體』，如有一定之名稱、組織而有

---

[36] 參閱，司法院印行，《最高行政法院裁判要旨彙編》，第 23 輯，民國 93 年 12 月，頁 1090–1092。

[37] 陳計男，《行政訴訟法釋論》，頁 46。

自主意思，以其團體名稱對外為一定商業行為或從事事務有年」，亦受憲法對人格權及財產權之保障，而有當事人能力。學界因此歸納認為有當事人能力之非法人團體，必須具備要件有四❸，即：

　　1.該團體設有代表人或管理人。

　　2.該團體有一定之組織、名稱及事務所或營業所。

　　3.該團體有一定之獨立財產❸。

　　4.該團體之存在有一定目的或宗旨。

　　至於何者為非法人之團體？學者就司法實務見解認為有當事人能力者為：①分公司②未經登記之公司③已組織之同鄉會④村民組織之寺廟⑤未經認許之外國法人⑥管領國有財產之國家機關⑦政府獨資經營之銀行及其分行⑧宣告破產後之法人等❹。又我國社會上實際存在之重要團體如祭祀公業、合夥事業、銀行之各地分行、各級政府機關及分支機構、學校、軍隊、公司法人之分公司等均以自己名義與他人實際為各種交易活動，能否以非法人團體地位相待而認為有當事人能力，民事訴訟法學者之間頗有爭論❹。在行政訴訟法上，這些非法人團體是否應認為有當事人能力，仍有待行政訴訟實務之確認。不過，在學理上，學者所認為：「若符合非法人團

---

❸　此雖係學者針對民事訴訟法第 40 條第 3 項規定所為註解，但應可適用於行政訴訟法。陳榮宗、林慶苗，《民事訴訟法》，三民書局，民國 90 年 9 月，頁 197。

❸　最高行政法院 94 年度裁字第 637 號判決就此即指出：「按『自然人、法人、中央及地方機關、非法人之團體，有當事人能力。』行政訴訟法第 22 條定有明文。惟非法人團體係指由多數人所組成，有一定之組織、名稱及目的，且有一定之事務所或營業所為其活動中心，並有獨立之財產，而設有代表人或管理人對外代表團體及為法律行為者始屬之。抗告人既無獨立之財產，及得以團體名義對外為法律行為，自非屬非法人團體而有當事人能力。原裁定認其起訴為不合法，並無違誤。」參閱，《最高行政法院裁判要旨彙編》，第 25 輯，民國 95 年 6 月，頁 876。

❹　同❸，頁 197–198，另參閱，陳計男，《民事訴訟法論（上）》，三民書局，民國 90 年 9 月，頁 93–94

❹　同上註，頁 199 註 31。

體之四要件者，不生弊端，得賦與當事人能力，不合要件者，當無賦與當事人能力之必要」❷，應可認同，蓋因行政訴訟新制已與民事訴訟法制日漸趨同，對於行政契約給付爭議事項，可逕行提起訴訟，故應可採民事訴訟法學理之見解。另學者指出，「公寓大廈管理委員會在公寓大廈管理條例公布施行（八十四年六月二十八日）前，實務上認其如合於民事訴訟法第四十條第三項之情形，有當事人能力，否則即無當事人能力。惟該條例公布施行後，依同條例第三十五條第一項規定，管理委員會有當事人能力，可謂係民事訴訟法第四十條所定當事人能力外，特別法所定有當事人能力之主體。」❸鑑於公寓大廈管理委員會在實際生活上之重要性，在行政訴訟法上亦應比照民事訴訟法學理，認其有行政訴訟法上當事人能力。

　　依行政訴訟法第一〇七條第一項第三款規定，當事人能力為行政訴訟要件 (Prozessvoraussetzung) 之一，行政法院應於訴訟程序之任何階段依職權調查其是否持續存在。當事人能力是否存在，有不明之情形時，法院得就其爭執為審理，而在此情形，當事人有當事人能力，且法院裁定如認為當事人為無當事人能力時，亦得許其為抗告❹。

　　在欠缺當事人能力之情形，行政法院應視情況分別處理，即：

　　1.當事人一方，不論原告或被告，有欠缺當事人能力之情形，行政法院依行政訴訟法第一〇七條第一項第三款規定，在情形可以補正者，審判長應定期間先命補正。若經曉諭後不為補正或不能補正者，則起訴不合程式，行政法院應以其訴不合法，以裁定駁回之❺。

　　2.原告起訴後，始發生當事人能力有欠缺之情形，例如當事人死亡而喪失當事人能力之情形，並非起訴不合法。此時，行政法院應依行政訴訟法第一八六條準用民事訴訟法第一六八條規定，在當事人之繼承人、遺產管理人或其他依法令應續行訴訟之人承受其訴訟以前，停止訴訟❻。

---

❷　同上註，頁 200。

❸　陳計男，《民事訴訟法論（上）》，三民書局，民國 90 年 9 月，頁 95。

❹　陳榮宗、林慶苗，《民事訴訟法》，頁 203。

❺　陳計男，《行政訴訟法釋論》，頁 47–48。

第三節　行政訴訟之訴訟能力

一、行政訴訟能力之意義與規範目的

　　行政訴訟之訴訟能力 (Die Prozeβfähigkeit im Verwaltungsprozeβ) 在學理上是指訴訟當事人在行政訴訟上有單獨或經由自己授權他人代理有效進行訴訟之法律能力 (die rechtliche Fähigkeit)。行政訴訟之訴訟能力具有為行政訴訟實體決定之前提要件 (Sachenentscheidungsvoraussetzung) 及訴訟程序行為之前提要件 (Prozeβhandlungsvoraussetzung) 兩種功能❹。其目的在保護行政訴訟之當事人，免於受到不適當訴訟程序施為所致之不利後果。此外，亦使其他參加人及法院得於獲得有程序、合目的之進行訴訟❹。

二、自然人之行政訴訟能力

　　行政訴訟法第二十七條第一項規定：「能獨立以法律行為負義務者，有訴訟能力。」此為自然人之行政訴訟能力之規定。學者認為此項規定，宜解為「在公法上能獨立以法律行為負義務者，有訴訟能力」❹。行政訴訟之訴訟能力，基本上與民事訴訟之訴訟能力規定相當。因行政訴訟法多準用民事訴訟法，故何人能獨立以法律行為負義務而有行政訴訟之訴訟能力，應從民法上之行為能力規定判斷之。是以自然人中之成年人及未成年人已結婚者，有行為能力，亦有行政訴訟之訴訟能力。同樣的，法定代理人允許限制行為能力人獨立營業者，關於其營業有行為能力，則在行政訴訟上，亦有訴訟能力❺。

---

❹ 同上註，頁 48。

❹ Bier, in Schoch/Schmidt-Aβmann/Pietzner, VwGO, §62, Rn. 2.

❹ A.a.O., §62, Rn. 2.

❹ 蔡志方，《行政救濟法新論》，頁 194。

❺ 翁岳生主編，《行政訴訟法逐條釋義》，五南圖書出版公司，2002 年 11 月，初版一刷，頁 213；陳計男，《行政訴訟法釋論》，頁 58–59。

三、法人之行政訴訟能力

　　法人之行政訴訟能力，因行政訴訟法與民事訴訟法規定不同，於第二十七條第二項明定：「法人、……，應由其代表人……為訴訟行為」，可以避免法人之本質採擬制說與採實在說者關於法人是否有訴訟能力之法理爭議❺❶，而認法人得由其代表人為訴訟行為。又所謂法人之代表人，包括民法第二十七條第二項所規定之董事，公司法第二〇八條第三項所規定之公司董事長以及公司法第八條第二項所規定之公司之經理人、清算人，股份有限公司之發起人、監察人、檢查人、重整人或重整監督人等學理上所謂「職務範圍內負責人」，在執行職務範圍內，得代表公司為行政訴訟❺❷。

　　值得注意的是，行政訴訟法有關法人由其代表人為行政訴訟行為之規定為準則性規定，其他法律對於法人之代表如有類型化規定，則應依其他法律規定。例如，關於「私立學校為訴訟當事人時之代表人問題，本應由法人之董事或董事長為代表人起訴或應訴，但為財團法人之私立學校，因私立學校法第五十一條及第三十一條規定，如因學校行政事務與他人涉訟，由於不在同法第二十一條董事會職權範圍內，應由校長為其代表人起訴或應訴。至於董事會之職權，則限於同法第二十一條所列舉之事項。故以財

---

❺❶　學者陳春生即曾指出此爭議，謂：「當事人得於訴訟程序單獨有效為訴訟行為之能力，為訴訟能力。所謂單獨有效為訴訟行為，係指不經法定代理人之代理，得自己有效為訴訟行為之意。採法人實在說者，認為法人董事為法人代表機關，董事之行為即為法人之行為，亦即代表人之關係與法人之關係為一元關係，為一個權利主體間之關係，此與代理為代理人與本人係二元化關係，為兩個權利主體間之關係者不同。實體法上既認為法人有行為能力，訴訟法上應認為有訴訟能力，不應因民事訴訟法為專設規定而有不同之解釋，因此目前我民事法學者大抵認為，法人應有訴訟能力。由於民事訴訟法中並無『代表人』之規定，仍應準用或類推適用民事訴訟法中有關法定代理人之規定。但行政訴訟法明定代表人，因此可避免民訴之此等法理爭議。」詳閱，翁岳生主編，《行政訴訟法逐條釋義》，頁214–215；陳計男，上揭書，頁60–61。

❺❷　翁岳生主編，《行政訴訟法逐條釋義》，頁215。

團法人之私立學校為當事人時，究應由校長或董事長代表起訴或應訴，應以其訴訟標的法律關係依私立學校法關於董事會與校長之職權判斷之，如以校長或以董事長為代表人起訴或應訴，而不屬其職權範圍內事項者，適用行政訴訟法第一〇七條第一項第四款規定，先命補正，未補正者，應認其訴不合法以裁定駁回之」[53]。

又最高法院四十一臺上字第三九號判例認為法人之分公司係由法人總公司分設之獨立機構，就其業務範圍內之事項涉訟時，有當事人能力。不過，其就為訴訟標的之法律關係，是否有實施訴訟之權能，學者認為應以其訴訟事項是否為該分公司業務範圍定之，若非該分公司業務範圍內者，該分公司即無實施訴訟之權能，故於具體訴訟仍應就此而為調查，若有欠缺者，應以當事人不適格，駁回原告之訴[54]。

四、中央及地方機關之行政訴訟能力[55]

行政訴訟法第二十七條第二項規定，「……中央及地方機關……應由其代表人……為訴訟行為」。而此之代表人應依中央及地方機關相關組織職權之法律定之。例如，地方制度法第五十五條第一項規定，「直轄市政府置市長一人，對外代表該市……。」是以，直轄市若有行政訴訟時，由直轄市市長代表為訴訟行為。同樣的，直轄市市議會涉有行政訴訟時[56]，因地方制度法第四十四條第二項規定，「議長……對外代表該議會……」，故應由直轄市市議會議長代表為行政訴訟行為。

---

[53] 同上註，頁 215–216。

[54] 同上註，頁 215。

[55] 實例請參閱，張文郁，〈行政機關於訴願和行政訴訟之當事人能力〉，《月旦法學教室》，第 22 期，2004 年 8 月，頁 28–29。

[56] 吳庚大法官即曾指出，「立法機關主持會議之主席，對於不遵守旁聽規則之民眾行使警察權時，亦係屬於行政官署之地位，……一旦發生爭執，便有行政爭訟程序之適用」。參閱，吳庚，《行政法之理論與實用》，民國 94 年，增訂九版，頁 310。

　　另學者陳春生指出，過去行政訴訟實務上，行政機關為被告時，裁判書當事人欄常僅列行政機關名稱，而未列機關首長為代表人，現因行政訴訟法第二十七條第二項之明白規定，則行政裁判文書上之被告欄上，須列行政機關之代表人，始為合法。又行政機關首長往往更替頻繁，如於訴訟繫屬中或判決後且提起上訴時，被告機關代表人更換而行政法院不知情未命補正時，則生被告訴訟能力欠缺問題。陳春生教授認同黃綠星法官之見解，主張「此時應準用民事訴訟法第四八條規定，經取得能力之本人，取得法定代理權或允許權之人，法定代理人或有允許權人之承認，溯及於行為時發生效力。因此行政機關未經合法代表人為訴訟行為時，若事後經取得現代表人追認，不影響之前所為訴訟行為之效力」❺❼。

五、非法人團體之行政訴訟能力

　　行政訴訟法第二十七條第二項規定：「……非法人團體，應由其代表人或管理人為訴訟行為。」舊行政訴訟法雖未有如本項之規定，但因行政法院五十二年裁字第六三號判例曾謂，依民事訴訟法第四十條第三項規定，非法人之團體設有代表人或管理人者，有當事人能力，得為行政訴訟之原告。所謂設有代表人或管理人，指該團體為達一定之目的，經營業務而常設之代表人或管理人而言。因此，在實務上之合夥、未經認許之外國法人、祭祀公業、不具法人格之商號、工廠等非法人之團體，均可由其代表人或管理人為訴訟行為❺❽。

六、依法令得為訴訟上行為之代理人的行政訴訟能力

　　行政訴訟法第二十七條第三項規定：「前項規定於依法令得為訴訟上行

---

❺❼　翁岳生主編，《行政訴訟法逐條釋義》，頁 216；黃綠星，〈修正後行政訴訟法與既有行政訴訟實務之關係〉，中華民國行政法學會舉辦，《行政救濟法學研討會論文》，1999 年 5 月，頁 5。

❺❽　翁岳生主編，《行政訴訟法逐條釋義》，頁 216–217；非法人之團體意涵另可參閱大法官釋字第 486 號解釋。

為之代理人準用之。」此乃對非法人，亦非機關或非法人之團體在行政訴訟上訴訟能力之規定。亦即由該團體之代表人或管理人為行政訴訟上之訴訟行為。所謂「依法令得為訴訟上行為之代理人」，係指民法第五五五條規定：「經理人，就所任之事務，視為有代理商號為原告或被告或其他一切訴訟上行為之權。」以及海商法第十八條所規定的：「共有船舶經理人關於船舶之營運，在訴訟上或訴訟外代表共有人。」

七、外國人之行政訴訟能力

行政訴訟法第二十八條規定，「民事訴訟法第四十六條至第四十九條、第五十一條之規定，於本節準用之。」其中，民事訴訟法第四十六條即規定外國人之民事訴訟能力。行政訴訟法研修過程中，基於商標、專利案件常會牽涉外國人之理由，因此將民事訴訟法第四十六條規定列為準用。因此，外國人依其本國法律無訴訟能力，而依中華民國法律有訴訟能力者，視為有行政訴訟能力。

八、行政訴訟能力之調查

行政訴訟能力為行政訴訟要件之一。因此，行政訴訟能力之有無，行政法院不問訴訟進行之程度如何，當事人有無爭執，均應隨時依職權調查之。行政法院如疏於調查，其基於無訴訟能力之辯論所為之判決，雖非無效，但有重大瑕疵，當事人可依行政訴訟法第二四三條第二項第四款，以判決當然違背法令為由，提起上訴，或依行政訴訟法第二七三條第一項第五款，以有再審之事由，提起再審，請求救濟[59]。

九、行政訴訟能力之補充

自然人不能獨立以法律行為負義務者，依行政訴訟法第二十七條第一項規定之反面解釋，自無行政訴訟能力，其所為或其委任之訴訟代理人所為之行為，均為無效。相反的，對此類無行政訴訟能力之自然人所為之訴

---

[59] 陳計男，上揭書，頁61。

訟行為，也是無效。為免發生此類情事，導致公共生活無法順利進行。行政訴訟法第二十八條乃規定準用民事訴訟法第四十七條、第四十八條之訴訟能力補充與法定代理制度。

因此，上述自然人之無行政訴訟能力者，其行政訴訟之法定代理權及為行政訴訟所必要之允許，依行政訴訟法第二十八條準用民事訴訟法第四十七條規定，應依民法及其他法令之規定。又關於能力、法定代理權或為訴訟所必要之允許有欠缺之人所為之訴訟行為，並非完全無效❻，依行政訴訟法第二十八條準用第四十八條規定，如此些人或因本人取得能力、或因取得法定代理權、允許權，或因取得法定代理人或有允許權人之承認❻，則其所為行政訴訟行為，溯及於行為時，發生效力。

又對於無訴訟能力人為訴訟行為時，如其無法定代理人，或其法定代理人，恐因久延，無法進行訴訟行為而受害。為免此類情事發生，行政訴訟法第二十八條乃準用民事訴訟法第五十一條有關特別代理人之選任及其權限之規定❻，亦即：

---

❻ 學者指出，訴訟行為之無效與民法上法律行為之無效，其法律效果，未盡相同。民法上無效之法律行為為自始的、確定的、當然的、絕對的無效；而在訴訟行為之無效，可因合法之追認使其溯及於行為時發生效力。陳計男，《行政訴訟法釋論》，頁61；另參閱，汪宗仁，《行政訴訟法論》，康德文化出版社，2001年8月，頁67-68。

❻ 學者指出，關於承認之方法，法律並未設有規定，解釋上無論明示或默示，以書面或言詞為之均可，但須向行政法院表示始可。承認之時期亦不限於在行為時行政法院審理中，在上級審亦得承認下級審之訴訟行為，縱在判決確定後或於再審程序中，亦得承認原有瑕疵之訴訟行為。又承認須就其行為之全部為承認，若僅就其行為之一部為承認者，有礙於訴訟之安定性，應認不得為之。陳計男，同上註，頁62。

❻ 學者認為民事訴訟法有關特別代理人之選任及其權限之規定，準用於行政訴訟上，須為必要之調整。參閱，蔡志方，《行政救濟法新論》，元照出版公司，2001年8月，二版第一刷，頁195；另參閱，汪宗仁編著，《行政訴訟法論》，康德文化出版社，2001年8月，頁67-68。

1.對於無訴訟能力人為訴訟行為，因其無法定代理人，或其法定代理人不能行代理權，恐致久延而受損害者，得聲請受訴法院之審判長，選任特別代理人。

2.無訴訟能力人有為訴訟之必要，而無法定代理人，或法定代理人不能行代理權者，其親屬或利害關係人，得聲請受訴法院之審判長，選任特別代理人。

3.選任特別代理人之裁定，並應送達於特別代理人。

4.特別代理人於法定代理人或本人承當訴訟以前，代理當事人為一切訴訟行為。但不得為捨棄、認諾、撤回或和解。

5.選任特別代理人所需費用，及特別代理人代為訴訟所需費用，得命聲請人墊付。

值得注意的是，對法院選任特別代理人之裁定，是否可以抗告？就此問題，最高行政法院九十七年度裁字第三九八七號裁定，即表示：「行政法院依行政訴訟法第二十八條準用民事訴訟法第五十一條第一項規定選任特別代理人，除法律另有規定外，例如律師法第二十二條規定，律師非經釋明有正當理由，不得辭法院指定之職務，受選任人原得不接受法院所命擔任特別代理人之職務，其向行政法院表明拒絕受選任為特別代理人之意，即發生辭任特別代理人之效果。此際，有聲請權人自得再向行政法院聲請選任特別代理人。因而，除法律另有規定外，受選任人既得任意辭任特別代理人，其不因行政法院之選任而有權利或法律上利益受影響，自不得對行政法院之選任特別代理人裁定為抗告。」

十、行政訴訟能力之補正

行政訴訟能力如有欠缺，如逕使其訴訟行為無效，亦非妥適，故行政訴訟法第第二十八條乃準用民事訴訟法四十九條規定，如行政法院認為當事人關於行政訴訟能力、法定代理權或為行政訴訟所必要之允許有欠缺而可以補正者，則應定期間命其補正，如恐久延致當事人受損害時，得許其暫為訴訟行為。

第四節　行政訴訟之選定或指定當事人

第一項　概　說

行政訴訟通常為單一原告對單一被告主張單一訴訟上請求。但在對人之一般處分或對物之一般處分事件中❻，常對可得確定範圍內之不特定人之權益產生影響，如在辦理都市計劃、設置重大公共設施、徵收土地或訂定同業利潤標準以為課稅準據等行使公權力之行為，所涉及之同性質案件常使多數人之權利受到侵害。又因市場交易型態改變、環境公害、消費爭議事件頻傳，在現代大量密集的都市社會生活中，也常使多數人受害，如由此具共同利害之多數人全體起訴或被訴而為各別之當事人，則於法院及當事人，均有不便，有違訴訟經濟原則，且易使訴訟陷於遲滯與混雜❻。為簡化此類複數當事人訴訟型態❻之程序，行政訴訟法乃針對多數有共同利益之人之訴訟，設立「選定當事人」或「指定當事人」之制度❻，其目的乃將訴訟實施權授與他人，而其本人脫離訴訟，主要是為了訴訟經濟而既判力又能及於脫離訴訟而為選定授權他人代其實施訴訟之本人❻。

第二項　選定或指定當事人之要件

選定或指定當事人制度，在於簡化行政訴訟程序以符訴訟經濟原則。因此，學者認為只須多數當事人所主張之主要攻擊或防禦方法相同，即有簡化程序之作用，而不必拘泥其為何種類之訴訟，或排斥同種類之訴訟標的。因此，凡涉及共有關係之事項，同一侵權行為之多數被害人或多數承

---

❻　林騰鷂，《行政法總論》，三民書局，2002 年 10 月，增訂二版，頁 401–402。

❻　陳計男，《行政訴訟法》，頁 64；陳清秀，《行政訴訟法釋論》，頁 276–277。

❻　汪宗仁編著，《行政訴訟法論》，頁 68。

❻　此些制度之實益，請參閱，汪宗仁，上揭書，頁 69–70。

❻　翁岳生主編，《行政訴訟法逐條釋義》，頁 222；王甲乙，《司法院行政訴訟制度研究修正資料彙編㈢上》，頁 709。

租人基於個別之租賃關係，請求同一出租人修繕個別承租之租賃物等，均得選定當事人。至於非法律上之共同利益，而僅為經濟上之共同利益者，則不得選定當事人❻。

為免學理上爭議，行政訴訟法第二十九條第一項規定了選定當事人之要件，即：

　1.必須有多數共同利益人存在。

　2.必須該多數人之共同利益關係不屬設有代表人或管理人之非法人團體。

　3.必須就全體多數人中選定一人至五人為當事人，若在全體共同利益者之外選任人員，則可能為訴訟代理人而非選定當事人❻。

在指定當事人方面，行政訴訟法第二十九條第二項所規定之要件為：

　1.必須有多數共同利益人存在。

　2.必須該多數人之共同利益關係不屬設有代表人或管理人之非法人團體。

　3.訴訟標的對多數共同利益之人，必須合一確定。所謂必須合一確定係指行政法院對訴訟標的之裁判必須一致。

　4.必須該多數人未曾選定當事人。

　5.必須經行政法院定期命其選定，逾期猶未選定。

　6.由行政法院就全體多數人中指定之❼。

第三項　選定或指定當事人之程序

合乎上項要件，選定或指定當事人之程序為何？學者認為選定行為係基於各共同利益人個別意思表示，且只賦予被選定之當事人有為全體共同利益人起訴或被訴之資格權能，故為不須被選定當事人同意之單方行為❼。

---

❻　翁岳生主編，《行政訴訟法逐條釋義》，頁 222–223。

❻　同上註，頁 223；陳計男，《行政訴訟法釋論》，頁 65–67。

❼　翁岳生主編，《行政訴訟法逐條釋義》，頁 223；吳庚，《行政訴訟法論》，頁 61。

❼　陳計男，《行政訴訟法釋論》，頁 65。

其選定程序，可在訴訟繫屬前，也可在訴訟繫屬後。不過，在訴訟繫屬前，僅得由原告選定當事人，因起訴前，被告為何人尚不能確定，自無從預為被告當事人之選定。又選定當事人不以原告一造為限，被告亦得選定當事人**❼②**。

指定當事人為行政法院職權，在合乎上項指定當事人之要件後，在訴訟繫屬前後均得指定之。

第四項　選定或指定當事人之效力

訴訟當事人經依上項程序選定或指定後，發生何種效力？依照行政訴訟法之規定可分為：

一、其他當事人脫離訴訟之效力

依行政訴訟法第二十九條第三項規定，行政訴訟繫屬後經選定或指定當事人者，其他當事人脫離訴訟。此時，選定或指定當事人即得享有以自己之名義起訴為原告或被訴為被告之身分。

值得探討的是，因選定或指定程序而脫離訴訟之當事人是否因而發生當事人適格喪失問題？學者有不同意見**❼③**，有主張適格維持說者，認為此時不生當事人適格喪失問題，脫離訴訟之當事人就同一事件再行起訴時，則發生行政訴訟法第一〇七條第一項第七款之更行起訴，行政法院應以裁定駁回之。另有主張適格喪失說者，認為當事人喪失訴訟實施權，也喪失當事人適格。不過，就選定與指定行為，僅在求訴訟經濟便利起見，使被選定或被指定之當事人得為全體共同利益之當事人，獲得訴訟實施權而已，故難認為因選定或指定行為而使脫離訴訟之當事人亦因而喪失當事人適格，故以當事人適格維持說，較為可採**❼④**。

又依行政訴訟法第二十九條第一項為複數當事人之選定或指定時，則

---

❼② 同上註，頁 67；翁岳生編著，《行政訴訟法逐條釋義》，頁 223。

❼③ 陳計男，《行政訴訟法釋論》，頁 68–69。

❼④ 同上註。

該複數被選定人或被指定人須一同起訴或應訴，其當事人始為適格，此時應適用行政訴訟法第三十九條有關必要共同訴訟人間關係之規定。複數被選定人或被指定人當中，如有因死亡或其他事由❼❺喪失其資格者，則依行政訴訟法第三十一條規定，其他被選定或被指定之人得為全體為訴訟行為。不過，如被選定人全體因飛機、車禍事故死亡或其他事由，致均不存在時，則應停止訴訟程序，等待新的被選定人或全體共同利益人承擔訴訟時，訴訟程序始得進行。又選定人於選定程序後死亡、喪失訴訟能力或因讓與系爭權利而有喪失共同利益情事時，被選定人之資格仍不受影響。

二、被選定當事人訴訟行為效果及於全體

被選定當事人係為全體共同利益人而為訴訟行為，故其訴訟之結果，效力直接及於全體選定人及被選定人全體。換言之，行政法院對於被選定當事人所為之判決，依行政訴訟法第二百十四條第二項規定，其效力當然及於全體共同利益人。不過，為了保護選定人之重大利益，行政訴訟法第三十三條設有例外規定，亦即被選定人非得全體之同意，不得為捨棄、認諾、撤回或和解。但訴訟標的對於多數有共同利益之各人非必須合一確定，經原選定人之同意，就其訴之一部為撤回或和解者，不在此限。

第五項　被選定或指定當事人之更換增減

依法為選定或指定當事人後，如選定人對被選定人失去信賴或認為不適當，則依行政訴訟法第三十條第一項規定，得經全體當事人之同意而為更換或增減。而行政法院如認有必要，亦可依行政訴訟法第三十條第二項規定，更換或增減其前依行政訴訟法第二十九條第二項規定所指定之當事人。經更換或增減被選定或指定當事人者，依行政訴訟法第三十條第三項規定，原被選定或指定之當事人喪失其資格，不得再為全體起訴或被訴。不過，為了確保訴訟程序之明確安定，行政訴訟法第三十二條規定，訴訟

---

❼❺　學者指出，所謂其他事由喪失其資格，係指死亡以外，因禁治產、辭任或選定之更換而生之資格喪失。參閱同上註，頁 69 註 37。

當事人之選定、指定及其更換、增減應通知他造當事人。同法第三十四條又規定，訴訟當事人之選定及其更換、增減，應以文書證之。

第六項　被選定當事人資格、權限之追認或補正

被選定當事人之資格或權限有欠缺，則其所為之訴訟行為，不生該訴訟行為應有之效力。所謂被選定當事人之資格或權限有欠缺，係指被選定人非共同利益人之一，或未經全體共同利益人之選定，或不能以文書證明其為被選定，或其未得全體選定人之同意而為捨棄、認諾、撤回或和解之行為等情形而言❼⓺。此種情事，如非不可補正者，應可給予追認或補正之機會，以免將來重為同一訴訟行為之嫌煩與浪費。因此，行政訴訟法第三十六條規定，民事訴訟法第四十八條、第四十九條之規定可準用之。意即：

1.被選定當事人於能力、法定代理權或為訴訟所必要允許欠缺之追認——被選定當事人於能力、法定代理權或為訴訟行為所必要之允許有欠缺時所為之訴訟行為，經取得能力之本人、取得法定代理權或允許權之人、法定代理人或有允許權人之承認，溯及於行為時，發生效力。

2.被選定當事人於能力、法定代理權或為訴訟所必要允許欠缺之補正——行政法院對於被選定當事人能力、法定代理權或為訴訟所必要之允許，認為有欠缺而可以補正者，應定期間命其補正；如恐久延致當事人受損害時，得許其暫為訴訟行為。又被選定人之資格有欠缺，經法院定期命其補正而逾期不為補正時，學者主張應認其選定行為無效，由共同利益人回復其原為訴訟當事人之地位，繼續訴訟。不過，行政法院亦得依行政訴訟法第二十九條第二項之規定，指定當事人。❼❼

第五節　公益團體訴訟之當事人

行政訴訟法第三十五條第一項規定：「以公益為目的之社團法人，於其章程所定目的範圍內，由多數有共同利益之社員，就一定之法律關係，授

---

❼⓺　陳計男，《行政訴訟法釋論》，頁71。

❼❼　同上註，頁71–72。

與訴訟實施權者，得為公共利益提起訴訟。」此即為學者所謂之團體訴訟 (Verbandsklage)❼❽。根據司法院行政訴訟制度研究修正委員會對於本條原始草案條文之說明，本條之設計係採德國團體訴訟之精神❼❾。法案起草者認為因工業發達與科技進步產生之公害和消費者保護等事件，其受害人為數時常很多，如由受害人全體各別起訴，有違訴訟經濟原則，故採德國團體訴訟法制之精神。不過，在本條草案條文之設計上，規定公社社團「得為各該社員之利益提起訴訟」，與德國團體訴訟之提起限於以維護公益目的之制度精神，並不相符。因此，在行政訴訟法修正草案二讀時，經朝野黨團協商，參考行政法院評事彭鳳至之意見，將「得為各該社員之利益提起訴訟」，改為「得為公共利益提起訴訟」，以強調其為公共利益提起訴訟❽⓪，而非單純為各該社員之利益提起訴訟❽①。雖然如此，本條條文仍與德國團體訴訟有別，也與行政訴訟法第九條規定之維護公益訴訟有別❽②。因為公益團體依本條提起訴訟時並非基於自己之實體權利，而係由社員就一定之法律關係，授與訴訟實施權。舉例而言，主管機關核准設置水泥廠，產生嚴重污染，附近居民得就該事件，授與其所成立之環保團體，為公共利益提起行政訴訟❽③。

---

[78] 蔡志方，《行政救濟法新論》，元照出版公司，2001 年 8 月，頁 245-246；汪宗仁，《行政訴訟法論》，康德文化出版社，2001 年 8 月，頁 71-76；另參閱，邱惠美，〈我國行政訴訟法中有關團體訴訟制度之研究〉，《政大法學評論》，第 80 期，民國 93 年 8 月，頁 1-50。

[79] 《司法院行政訴訟制度研究修正案資料彙編㈥》，1993 年，頁 922-923。

[80] 傅玲靜，〈公民訴訟、公益訴訟、民眾訴訟？——環境法上公民訴訟之性質〉，《月旦法學教室》，第 77 期，民國 98 年 3 月，頁 28-29。

[81] 陳清秀，《行政訴訟法》，頁 278；翁岳生主編，《行政訴訟法逐條釋義》，頁 233；司法實務即採此見解。詳請參閱最高行政法院 92 年度判字第 1194 號判決，《台灣本土法學雜誌》，第 55 期，2004 年 2 月，頁 195-198。

[82] 相關比較請參閱，邱惠美，上揭文，頁 24、27。

[83] 陳清秀，上揭書，頁 278；傅玲靜，〈環境影響評估法中公民訴訟之當事人〉，《月旦法學教室》，第 70 期，民國 97 年 8 月，頁 22-23。

又民國九十二年春，行政院公平交易委員會與微軟公司就其是否違反公平交易法的爭議，達成行政和解❽，被中華民國消費者保護文教基金會認為不符消費者利益，而對微軟公司提出集體訴訟❽。中華民國消費者保護文教基金會並未依行政訴訟法提起訴訟。學者就公平交易法上是否有適用團體訴訟之可能性與必要性提出探討，認為公平交易法與消費者保護法皆以保護消費者為目的且事件之受害人因為複數之消費者，故可認公平交易法案件有適用消費者保護法團體訴訟規定的可能。惟因消費者是否為公平交易法之直接保護對象，尚有爭論，且關於因不實廣告之事案而受害之消費者，因直接以消費者之保護為目的之消費者保護法已可提供足夠之保護，無需輾轉使消費者取得公平交易法上之損害賠償請求權，並進而將其讓與消費者保護團體，以進行團體訴訟之必要❽。

大法官陳計男就行政訴訟法第三十五條之修正，指出其與行政訴訟法第九條所定公益訴訟，有難以配合之處。他認為行政訴訟與民事訴訟不同，有時為維護公眾利益，於法律有特別規定之情形下，使無訴訟利益之人，得為公益提起訴訟。此種維護公益之訴訟，不限於公益社團法人、自然人或其他法人或非法人團體，祗須法律規定其得提起，即得為之，不須社員之授與訴訟實施權，而行政訴訟法第三十五條規定之結果，有時反使公益社團法人無法提起維護公益訴訟，故主張正本清源之道，仍應修正回復為原草案之「為各社員之利益」提起訴訟❽。

修正後之民事訴訟法第四十四條之三規定：「以公益為目的之社團法人或財團法人，經其目的事業主管機關許可，於章程所定目的範圍內，得對侵害多數人利益之行為人，提起不作為之訴。」依此規定，公益社團法人或財團法人將有民事訴訟當事人適格。陳計男大法官認為，如欲使公益團體

---

❽　林志成報導，〈不滿降幅，消基會擬提集體訴訟〉，《中國時報》，民國 92 年 2 月 28 日，第六版。

❽　消費者保護法第 49 條、第 50 條規定。

❽　汪宗仁，上揭書，頁 71 註 108。

❽　陳計男，《行政訴訟法釋論》，頁 74。

有行政訴訟當事人適格,而進行行政訴訟法第九條所規定之維護公益訴訟,亦可以仿照此民事訴訟法第四十四條之三規定,於行政訴訟法第三十五條第二項明文為規定。否則,即應分別於各保護法律中,個別規定,而非如行政訴訟法第三十五條現時之規定形式 **❽❽**。

　　非法人之團體與社團法人有別,但如係以公益為目的,則依行政訴訟法第三十五條第二項規定,亦得準用行政訴訟法第三十五條第一項規定,提起公益訴訟。不過,由於以公益為目的之非法人團體並未如公益社團法人有一定之公示及受主管機關監督之規定,學者認為對其認定應從嚴為之,「必該非法人團體有一定名稱、組織及章程,而有自主之意思,並以其團體名稱對外為公益之活動有相當成績及知名度,為一般人所知悉或熟識,始足為之,俾免制度被濫用」 **❽❾**。此一見解雖為增加法律所無之限制,但在學理上應被認同,以為日後修法之參考。

　　為確保行政訴訟之安定,公益社團法人及以公益為目的之非法人團體提起訴訟所應具備訴訟實施權之授與,依行政訴訟法第三十五條第三項規定,應以文書證之,以杜事後之爭議。又公益社團法人及以公益社團為目的之非法人團體為行政訴訟法第三十五條之公益訴訟時,如能力、資格有欠缺時,亦可依行政訴訟法第三十六條準用民事訴訟法第四十八條、第四十九條規定,得有嗣後之追認或補正 **❾❿**。

　　另行政訴訟法第三十五條第四項規定:「第三十三條之規定,於第一項之社團法人或第二項之非法人之團體,準用之。」易言之,以社團法人或非法人團體之名義起訴,則「非得全體之同意,不得為捨棄、認諾、撤回或和解。但訴訟標的對於多數有共同利益之各人非必須合一確定,經原選定人之同意,就其訴之一部為撤回或和解者,不在此限。」

---

❽❽　同上註,頁 74 註 41。

❽❾　同上註,頁 74–75。

❾❿　陳清秀,《行政訴訟法》,頁 279。

第六節　共同訴訟之當事人

第一項　共同訴訟之意義

　　基本的行政訴訟，係由單一之當事人、單一之起訴聲明及單一之訴訟標的所構成，學理上稱之為單一之訴。但在實際訴訟中，一宗訴訟可能有多數的當事人，複數的起訴聲明或複數的訴訟標的，而成為學理上所謂之複數之訴。其中，如當事人一造或兩造當事人為多數人之情形，即為共同訴訟 (die Streitgenossenschaft) [91]。基於防止裁判分歧及訴訟經濟之理由 (aus verfahrensökonomischen Gründen)，使當事人得為共同訴訟程序或使行政法院得對多數當事人之訴 (Klagen mit mehreren Beteiligten) 為共同審理、調查證據並作成裁判 [92]。

　　共同訴訟因係複數當事人合併之訴，學理上稱之為主觀的訴之合併 (subjektive klagenhäufung) 與因複數起訴聲明及複數訴訟標的之合併之訴，並不相同。此類訴訟，學理上稱之為客觀的訴之合併 (objektive klagenhäufung) [93]。

第二項　共同訴訟之種類

　　共同訴訟一般可分為「通常共同訴訟」(einfache Streitgenossenschaft) 及「必要共同訴訟」(notwendige Streitgenossenschaft)，或可分為「積極之共同訴訟」(aktive Streitgenossensehaft) [94] 及「消極之共同訴訟」(Passive

---

[91]　Kopp/Schenke, VwGO, §64, Rn. 1.

[92]　A.a.O., 參閱，臺灣省政府訴願審議委員會編印，《行政訴訟法逐條釋義》，民國 88 年 6 月，頁 40；翁岳生主編，《行政訴訟法逐條釋義》，頁 239–240。

[93]　翁岳生主編，《行政訴訟法逐條釋義》，頁 239。

[94]　此為有複數原告之共同訴訟。參閱，蔡志方，《行政救濟法新論》，元照出版公司，2001 年 8 月，頁 196。Bier, is Schoch/Schmidt-Aβmann/Pietzner, VwGO, §64, Rn. 2.

Streitgenossensehaft)❾❺。

　　修正前之行政訴訟法對於共同訴訟並未單獨規定，而係以準用民事訴訟法第五十三條以下之規定為之。新行政訴訟法則明白在第三十七條規定普通共同訴訟及在第三十九條規定了必要共同訴訟。所謂通常共同訴訟係指數原告或數被告對於訴訟標的，法律上並不要求合一確定，原本各有單獨實施訴訟之權能，但基於數原告或數被告之請求，將之合併於一個訴訟之共同訴訟。至於必要之共同訴訟，則係指訴訟標的對於共同訴訟之各人，必須合一確定，亦即訴訟標的之法律關係，在法律上有必要同時解決，法院之裁判對該多數原告或被告亦必須一致，不得歧異之共同訴訟。

第三項　共同訴訟之要件

　　通常共同訴訟之要件，依行政訴訟法第三十七條第一項之規定有三，即：

一、為訴訟標的之行政處分係二以上機關共同為之者

　　行政處分由二以上機關共同為之者，可稱之為共同處分者，如文化資產法第三十八條規定，在古蹟所在地或古蹟保存區內採掘古物，應由教育部會同內政部為之 ❾❻，或如山坡地保育利用條例第二條第二項規定，有關山坡地之地政及營建業務，由內政部會同行政院農業委員會辦理，又數個國民中學聯合成立教師甄選委員會所作成之甄選結果，亦為數學校之共同行政處分 ❾❼。此種二以上機關所作之共同處分，應容許原告得以作成共同

---

❾❺　此為有複數被告之共同訴訟。學者謂「消極之共同訴訟較少見，若以（修正前）我國行政訴訟法第 24 條第 2 款規定之訴願先行之行政訴訟類型言之，幾乎不可能發生。」至於一般給付之訴，則發生之情形較可能。同上註，頁 196；汪宗仁，《行政訴訟法論》，頁 77。

❾❻　翁岳生主編，《行政訴訟法逐條釋義》，頁 242。

❾❼　林騰鷂，《行政法總論》，2002 年 10 月，增訂二版，頁 420；最高行政法院判決，90 年度判字第 2130 號，刊於最高行政法院編印，《最高行政法院裁判書彙編》，民國 91 年 3 月，第二冊，頁 2-0954。

處分之二以上機關為共同被告，提起行政訴訟。如在撤銷訴訟或課予義務訴訟中，為共同處分之各該機關是否有管轄權，為行政處分的方式是否有瑕疵，為行政處分的法定程序是否已履行以及行政處分之內容是否牴觸相關法律等，皆須針對該處分機關之情形加以判斷，且須使該機關有答辯之機會，故基於程序經濟之理由，自以提起共同訴訟為宜，以免人民須對為共同處分之二以上機關，各別提起訴訟。

與共同處分相似的「多階段處分」，雖亦有二以上機關之參與，但並非由二以上機關之名義共同作成。對此多階段處分，學者認為，其最後若仍係出於一機關之名義作成時，則不適用此提起共同訴訟之規定❾❽。關於多階段處分，究應對參與之二以上機關之哪一機關提起行政訴訟，學者之意見不一，司法實務之見解亦有改變。原則上，應以最後階段處分之機關為被告，最後階段之處分為訴訟標的。不過，大法官吳庚認為，如先前階段之行為符合之要件❾❾，則應許當事人直接對此先前階段之行為，提起行政爭訟。此一見解，已為行政法院所採用❿。對此，有一學者並不認同，認為行政法院之見解與實務作法，應非正確⓫。筆者認為，仍應以大法官吳庚之見解與行政法院之實務作法為當，以保障人民爭訟權益。

二、為訴訟標的之權利、義務或法律上利益，為其所共同者

多數原告或被告在訴訟標的上具有共同之權利、義務或法律上利益時，自得許其共同起訴或被訴，以符合程序經濟原則。如多數繼承人對遺產有

---

❾❽　翁岳生主編，《行政訴訟法逐條釋義》，頁242。

❾❾　即：一為作成處分之機關（即最後階段行為之機關），依法應予尊重，且不可能有所變更者，換言之，當事人權益受損害實質上係因先前階段行為所致；二為先前階段之行為具備行政處分之其他要素；三為已直接送達或以他法使當事人知悉者。參閱，吳庚，《行政法之理論與實用》，增訂九版，頁354–356。

❿　民國83年3月16日行政法院庭長評事會議已採此見解。參閱《司法周刊》，83年9月7日，第三版。

⓫　陳敏，《行政法總論》，頁306。

共同之權義關係，行政機關如對遺產課徵遺產稅❿、贈與稅❿，該多數繼承人如有不服時，即得為共同原告。又如共有土地人之分割登記請求❿，共有土地之地上權設定登記❿，典權共有人之典權登記❿，共有人對行政機關之處分，如有不服，亦得為共同訴訟。再如受難者家屬依二二八事件處理及補償條例請求補償，遭行政機關駁斥時所為之共同訴訟❿。另學者也舉行政法院之判決，說明了數人共同申請專利而不獲發給或在拆除違章建築事件中涉及土地所有權人、建物所有權人及承租人之共同訴訟❿。

---

❿ 行政法院 89 年度判字第 213 號判決、89 年度判字第 439 號、89 年度判字第 611 號、89 年度判字第 710 號、89 年度判字第 1271 號、最高行政法院 89 年度判字第 2746 號判決、最高行政法院 89 年度判字第 2809 號判決，分別刊於最高行政法院編印，《最高行政法院裁判書彙編》，民國 89 年 1 月至 12 月，頁 1–0607、1–0633、1–0675、1–0690、1–0716、1–0798、1–0806；最高行政法院 90 年度判字第 87 號判決、90 年度判字第 1389 號、90 年度判字第 1545 號，分別刊於《最高行政法院裁判書彙編》，民國 90 年 1 月至 12 月，頁 1–0239、1–0295、1–0311；最高行政法院 91 年度判字第 367 號判決、91 年度判字第 1484 號判決、91 年度判字第 1973 號判決，分別刊於《最高行政法院裁判書彙編》，民國 91 年 1 月至 12 月，頁 1–0603、1–0646、1–0695。

❿ 行政法院 89 年度判字第 481 號判決、89 年度判字第 2277 號、最高行政法院 89 年度判字第 2556 號判決，分別刊於《最高行政法院裁判書彙編》，民國 89 年 1 月至 12 月，頁 1–0650、1–0730、1–0752。

❿ 最高行政法院 91 年度判字第 2318 號判決，《最高行政法院裁判書彙編》，頁 2–0582 以下。

❿ 最高行政法院 90 年度判字第 1554 號判決，《最高行政法院裁判書彙編》，頁 2–0821 以下。

❿ 最高行政法院 90 年度判字第 1815 號判決，《最高行政法院裁判書彙編》，頁 2–0833 以下。

❿ 行政法院 89 年度判字第 115 號判決，《最高行政法院裁判書彙編》，民國 89 年 1 月至 12 月，頁 4–2875 以下。

❿ 翁岳生主編，《行政訴訟法逐條釋義》，頁 242–243。

三、為訴訟標的之權利、義務或法律上之利益，於事實上或法律上有同一或同種類之原因者

基於訴訟經濟之理由，訴訟標的之權利、義務或法律上之利益，在事實上或法律上有同一或同種類之原因時，行政訴訟法亦容許與此相關之人為共同訴訟。所謂在事實上或法律上有同一之原因者，如數人因同一事件請求國家賠償遭拒之共同訴訟 ❿。又如多數私有土地所有權人要求撤銷土地重劃之共同訴訟 ⓰；再如涉嫌漏報借款予同一私校所獲利息之多數人所提撤銷補稅之共同訴訟 ⓱。多數土地所有人就整筆土地辦理變更同區丙種建築用地遭拒之共同訴訟 ⓲。學者亦指出，多數人共同要求核發派下員證明（88 判 534），多數人共同請求核發建築執照被駁回（88 判 125），合作社理監事選舉事件中，多數社員要求重新選舉被拒絕（87 判 2025）等之共同訴訟，均為在事實上或法律上有同一原因之共同訴訟 ⓳。

至於在事實上或法律上「同種類之原因者」，在司法實務上發生訴訟者，如多數人申請核發國外出差旅費遭拒之共同訴訟 ⓴；多數人申請補發復職前薪餉遭拒之共同訴訟 ㉑，學者亦指出多數人申請核發年資結算單或核發

---

❿　最高行政法院 89 年度判字第 2625 號判決，《最高行政法院裁判書彙編》，民國 89 年，第四冊，頁 4-2979 以下。

⓰　行政法院 89 年度判字第 1407 號判決，《最高行政法院裁判書彙編》，民國 89 年，第二冊，頁 2-1681 以下。

⓱　行政法院 89 年度判字第 1631 號判決，《最高行政法院裁判書彙編》，民國 89 年，第一冊，頁 1-0099。

⓲　最高行政法院 91 年度判字第 1808 號判決，《最高行政法院裁判書彙編》，民國 91 年，第二冊，頁 2-0520。

⓳　陳春生，〈通常共同訴訟之要件〉，翁岳生主編，《行政訴訟法逐條釋義》，頁 243。

⓴　行政法院 89 年度判字第 1227 號判決，《最高行政法院判決書彙編》，民國 89 年，第三冊，頁 3-2303。

㉑　行政法院 89 年度判字第 1945 號判決，《最高行政法院判決書彙編》，民國 89 年，第四冊，頁 4-2946。

軍職年資證明，以利併計公職服務年資事件（87 判 2780）；不同之土地所有權人請求行政機關徵收其土地被拒絕（88 判 2012；87 判 2763）；區段徵收之多數土地所有權人要求調整公告現值（88 判 67）；多數公務員請求補發退休金（87 判 1196）；多數颱風受災人請求災害救助（87 判 1094）等，均屬在事實上或法律上「同種類原因」之共同訴訟❶❶⑥。

又基於同種類之事實上或法律上原因而行共同訴訟者，由於共同訴訟人間之訴訟標的關係，均較依行政訴訟法第三十七條第一項第一款、第二款所提之共同訴訟，即因二個以上行政機關所為共同處分或因共同權義、利益關係而提起之共同訴訟者為廣泛，且較為疏遠，為免於因管轄法院之不同，導致共同訴訟人疲於奔波，行政訴訟法第三十七條第二項乃規定，以被告之住居所、公務所、機關、主事務所或主營業所所在地在同一行政法院管轄區域內者為限❶❶⑦。

第四項　共同訴訟之效力

第一目　通常共同訴訟之效力

行政訴訟法第三十八條規定：「共同訴訟中，一人之行為或他造對於共同訴訟人中一人之行為及關於其一人所生之事項，除別有規定外，其利害不及於共同訴訟人。」此即規定通常共同訴訟效力，以共同訴訟人個別獨立生效為原則，例外才非獨立生效。舉例而言，共同訴訟一人所為之選任訴訟代理人、訴之變更、提起反訴、訴之撤回、訴訟標的之捨棄或認諾、和解、聲請假處分、提起上訴及捨棄上訴等行為，均屬獨立生效，並不影響其他共同訴訟人，也不受其他共同訴訟人之影響❶❶⑧。另外，共同訴訟一人所生訴訟程序之停止或遲滯，亦不影響其他共同訴訟人，而共同訴訟人中

---

❶⑥　陳春生，〈通常共同訴訟之要件〉，上揭翁岳生主編書，頁 243。

❶⑦　同上註。

❶⑧　同上註，頁 244；另參閱，劉建宏，〈行政訴訟法上之共同訴訟㈠──普通共同訴訟〉，《法學講座》，第 11 期，2002 年 11 月，頁 60-66。

之一人，亦得為其他共同訴訟人或他共同訴訟人之對造參加人❶❶❾。

如上所述，通常共同訴訟之效力，以共同訴訟人獨立為原則，但學者指出❶❷⓪，此一原則若徹底嚴格適用，則將使共同訴訟制度所欲追求之訴訟經濟、統一解決公法上紛爭之目的，難以達成。因此，行政訴訟法第三十八條後段乃設有獨立原則之除外規定，即在別有規定情形時，其利害可及於其他共同訴訟人。所謂別有規定之情形❶❷①，即指：

一、依行政訴訟法第四十條第一項規定，共同訴訟人各有續行訴訟之權。因此，共同訴訟人若不顧他人而依自己之意思續行訴訟，則對全體共同訴訟上發生阻止訴之撤回或上訴撤回擬制之效果❶❷②。

二、行政訴訟法就共同訴訟費用負擔，設有特別規定，即在第一〇四條中準用民事訴訟法第八十五條規定，原應按共同訴訟人數平均分擔訴訟費用，但共同訴訟人於訴訟之利害關係顯有差異者，行政法院得酌量其利害關係之比例，命分別負擔。共同訴訟人因連帶或不可分之債敗訴者，應連帶負擔訴訟費用。共同訴訟人中有專為自己之利益而為訴訟行為者，因此所生之費用，應由該當事人負擔❶❷③。此種共同訴訟人間之利害關係有時各別獨立，有時又相互關連，即為行政訴訟法第三十八條所謂「除別有規定外」之註解。

又學者指出❶❷④，民事訴訟法上就共同訴訟人間所適用的「主張共同原則」及「證據共通原則」在行政訴訟上應亦同有適用。所謂「主張共同原則」係指共同訴訟人中之一人為某項主張，而其他共同訴訟人未積極的為與該主張相牴觸之行為時，以有利於其他共同訴訟人者為限，其效果及於

---

❶❶❾　陳計男曾將此共同訴訟人獨立原則分成六點說明，詳參氏著，《行政訴訟法釋論》，頁 82–83。

❶❷⓪　同上註，頁 83。

❶❷①　同上註，頁 83–84。

❶❷②　陳春生，〈通常共同訴訟之效力〉，上揭翁岳生主編書，頁 245。

❶❷③　陳計男，上揭書，頁 84。

❶❷④　同上註，頁 83；陳春生，上揭書文，頁 245。

其他共同訴訟人。而所謂「證據共通原則」係指，依共同訴訟人中之一人所聲明之證據方法而獲得之證據，若其他共同訴訟人未為反對之聲明時，即得成為共同之證據資料。

第二目　必要共同訴訟之效力

行政訴訟法第三十九條規定，訴訟標的對於共同訴訟之各人，必須合一確定者，即為學理上所稱之必要共同訴訟，而必要共同訴訟又分固有必要共同訴訟 ❿ 與非固有必要共同訴訟（又稱類似必要共同訴訟）❿，已如前述。至於必要共同訴訟之效力為何，則可依行政訴訟法第三十九條規定，分下列三種情形說明：

一、共同訴訟人中一人之行為對於全體共同訴訟人的效果

對此，行政訴訟法第三十九條第一款規定了兩種效果，即共同訴訟人中一人之行為有利益於共同訴訟人者，其效力及於全體；不利益者，對於全體不生效力。第一種效果如共同訴訟人中有一人對他造主張之事實有爭執時，則視同全體共同訴訟人均有爭執，而對全體共同訴訟人發生有利之效果；第二種效果如共同訴訟人中之一人，為訴訟標的之認諾、捨棄、自認、上訴權之捨棄等行為，因均屬訴訟上之不利行為，對全體共同訴訟人不生效力。此二效果規定除了避免裁判之歧異外，亦有保護其他共同訴訟人之利益。不過，在類似必要共同訴訟中，因非必須共同起訴或被訴，故類似必要共同訴訟人中之一人為訴之撤回，並不影響類似必要共同訴訟之當事人適格問題，故其訴之撤回，應仍為有效 ❿。

---

❿ 如一行政處分係由兩個機關之名義所共同作成，則相對人提起撤銷訴訟時，即須以該兩機關為共同被告，否則當事人即不適格。陳春生，上揭書文，頁 246。

❿ 如土地所有權人、建物所有權人及承租人，對於下令拆除違章建築之處分提起撤銷訴訟。陳春生，上揭書文，頁 247。

❿ 行政訴訟法第 39 條之內容與民事訴訟法第 56 條之規定並無不同,故此款之效果規定可參酌民事訴訟法之學理說明，例如，駱永家，〈共同訴訟〉，《法學叢

二、他造對於共同訴訟人中一人之行為的效果

對此，行政訴訟法第三十九條第二款規定，他造對於共同訴訟人中一人之行為，其效力及於全體。此規定不分有利或不利行為，其效力均及於共同訴訟人全體。例如他造對於共同訴訟人中之一人提起上訴之不利行為或對共同訴訟人中之一人捨棄上訴權、訴訟標的之捨棄或認諾等有利於該人之行為，其效力均及於共同訴訟人全體。至於他造為原告對共同訴訟被告中之一人撤回起訴，效力是否及於全體共同訴訟人之問題，學者認為如對固有必要共同訴訟之共同被告中之一人撤回起訴，將生被告當事人不適格情形，行政法院應以欠缺訴訟要件為理由，以裁定駁回原告之訴；但若對類似必要共同訴訟被告中之一人或被誤認係必須合一確定之共同被告中之一人撤回起訴，因不生當事人不適格問題，行政法院仍應就未撤回部分之共同被告為審判，對全體共同訴訟人並不生撤回起訴之效果。此時，行政法院另應依行政訴訟法第四十一條規定，以裁定命該必須合一確定之人，即此之被撤回起訴之被告，參加訴訟❿。

三、共同訴訟人在訴訟中有法定事因時之效果

對此，行政訴訟法第三十九條第三款規定，共同訴訟人中之一人，生有訴訟當然停止或裁定停止之原因者，其當然停止或裁定停止之效力及於全體。所謂訴訟當然停止原因或裁定停止原因乃指行政訴訟法第一七七條至一八○條以及第一八六條規定之情形是。此款規定之目的在使訴訟資料統一及使訴訟進行一致。因此，共同訴訟人中之一人若有病故之當然停止原因或因行政訴訟之裁判須以民事法律關係是否成立為據，致有裁定停止原因之情形時❿，其效力及於全體共同訴訟人。

刊》，第 132 期，1988 年 10 月，頁 36。

❿　陳計男，上揭書，頁 88-89。

❿　同上註，頁 287-310 之說明。

第五項　共同訴訟之續行與通知

依行政訴訟法第四十條第一項規定，共同訴訟人各有續行訴訟之權以保障其本身之訴訟權益。按以行政訴訟程序開始後，法院應即依職權進行，以求行政訴訟之完結。不過，有時訴訟當事人可依行政訴訟法第一八四條或第一八五條規定，合意停止或以擬制合意停止之方式，不使訴訟繼續進行，此時訴訟程序即須依法停止，而此種合意停止或視同合意停止，依行政訴訟法第一八四、一八五條規定，必須在一定期間內續行訴訟，否則依法視為撤回其訴。因此，為了保障共同訴訟人之權益，於訴訟合意停止時，共同訴訟人中之任何一人，皆得本於己意續行訴訟。

又共同訴訟為防止裁判分歧、符合訴訟經濟，以合併辯論及裁判為原則。為求共同訴訟程序之始終合併，共同訴訟人中雖只有一人續行訴訟，而行政法院在指定期日進行續行訴訟程序時，依行政訴訟法第四十條第二項規定，應通知各共同訴訟人到場。

另學者指出，在通常共同訴訟程序中，如行政法院命為分別辯論，或就某部分共同訴訟人先為一部判決時，亦得僅通知欲為辯論或判決之共同訴訟人辯論期日，而不通知其他共同訴訟人 ⓭ 。

第七節　訴訟參加人

第一項　訴訟參加制度沿革

如同民事訴訟，行政訴訟所涉及的法律關係，並不只是原告與被告之法律關係而已，有時也會涉及第三人或其他行政機關。因此，舊行政訴訟法第八條規定：「行政法院得命有利害關係之第三人參加訴訟；並得因第三人之請求，允許其參加。」不過，因為舊行政訴訟法條文甚少，對於訴訟參加並未有詳細的規定，例如，訴訟參加之要件、參加人之地位及權限、或參加人所參加訴訟之判決、對參加人之效力等問題，均未有規定。雖然，

⓭　同上註，頁90。

舊行政訴訟法第三二三條規定，可準用民事訴訟法的相關規定，但行政訴訟與民事訴訟兩者性質是否相同，準用範圍究竟為何，難有明確答案。因此，新行政訴訟法乃自第四十一條至第四十八條中，參酌德國、日本之法例，詳細規定訴訟參加之要件、程序及效力等事項[131]，確立了行政訴訟法上參加制度與民事訴訟法之參加制度的不同[132]。

第二項　訴訟參加之意義

　　訴訟參加意指原告或被告以外之第三人或其他行政機關，基於其法律上的利益或權利，將受到本案訴訟裁判之影響而參與他人間已繫屬的行政訴訟而言[133]。行政訴訟法第四十一條、第四十二條承襲了德國行政法院法第六十五條[134]以下之規定，法條規定要件甚為近似。因此，除了第四十一條規定必要參加 (notwendige Beiladung) 外，也在第四十二條規定普通參加 (einfache Beiladung)。另又參酌日本行政事件訴訟法，在第四十四條規定了行政機關及有利害關係第三人之「輔助參加」。行政訴訟法上之訴訟參加，

---

[131] 訴訟參加之立法沿革，請參閱，陳春生，〈訴訟參加〉，翁岳生主編，《行政訴訟法逐條釋義》，頁 249–251；蔡志方，〈論行政訴訟上之訴訟參加〉，收於氏著，《行政救濟與行政法學㈢》，頁 411 以下。

[132] 行政訴訟法上之參加 (Beiladung) 與民事訴訟法上之訴訟參加 (Nebenintervention) 無論在名稱、性質、前提要件及法律效果均不相同。詳請閱，劉建宏，〈我國行政訴訟法上訴訟參加制度類型之檢討〉，《月旦法學雜誌》，第 84 期，2002 年 5 月，頁 137 以下；相關實例另參閱，劉建宏，〈民事訴訟法與行政訴訟法上訴訟參加制度之異同〉，司法院編印，《司法院行政訴訟制度修正資料彙編㈠》，頁 773；陳清秀，〈行政訴訟上之訴訟參加〉，《法令月刊》，第 63 卷第 10 期，2012 年 10 月，頁 48–79。

[133] 吳庚，《行政爭訟法論》，頁 62；蔡志方，〈論行政訴訟上之訴訟參加〉，《行政救濟與行政法學㈢》，頁 409；陳春生，上揭書文，頁 251；Friedhelm Hufen, *Verwaltungsprozeßrecht*, 3. Aufl., C. H. Beck, 1998, §12, Rn. 3.

[134] 蕭文生／陳敏等譯，《德國行政法院法逐條釋義》，司法院印行，民國 91 年 10 月，頁 643 以下。

與民事訴訟上的主參加或從參加有別，並不如民事訴訟法第五十八條第一項規定，僅限於輔助原告或被告，參加人得為自己的利益支持或對抗他人利益。是以參加人之參加訴訟程序，係為獨立防衛自己之權利，為學理上所謂的實質意義之當事人 (materiellrechtliche Partei)，與民事訴訟法之參加人係間接保護自己之法益，輔助當事人進行訴訟之從屬關係，大不相同❸。

第三項　訴訟參加之功能

訴訟參加之功能，德國學者認為有三，即參加人之權利保護 (Rechtsschutz für den Beigeladen)、訴訟程序經濟 (Prozeßökonomie) 及維護法安定性 (Rechtssicherheit)❸。我國學者有歸納為三者，如維護參加人利益，全面澄清爭訟事實及訴訟經濟與既判力擴張❸。更有歸納為六者，如參加人之權利保護 (Rechtsschutzinteresse des Beigeladenen)、訴訟經濟 (Prozessökonomie)、廣泛事實調查（釐清）(Umfassende Sachaufklärung)、維護法安定性 (Rechtssicherheit)、參加人法律聽審權 (rechtliches Gehör des Beigeladenen) 及行政法院裁判之可接受度 (Akzeptauz verwaltungsgerichtlicher Entscheidungen)❸。學者認為訴訟參加之功能，係相應於行政訴訟參加制度之各種產生背景而來，其間存有複雜之交錯關係，並非僅係單一因素使然，故藉由訴訟參加，以謀求法院負擔之減輕、程序之加速、避免裁判矛盾、加強裁判之有效性等亦屬行政訴訟參加之可能功能❸。

---

❸ 劉建宏，〈我國行政訴訟法上訴訟參加制度類型之探討〉，頁 137；陳榮宗、林慶苗，《民事訴訟法（上）》，三民書局，2001 年 9 月，修訂二版，頁 284。

❸ Hufen, a.a.O., §12, Rn. 4; Thomas Würtenberger, *Verwaltungsprozeßrecht*, C. H. Beck, München, 1998, Rn. 222–223; Jörg Schmidt, in: Eyermann, *Verwaltungsgerichtsordnung*, 11. Aufl., 2000, §65, Rn. 1.

❸ 陳春生，〈訴訟參加〉，刊於翁岳生主編，《行政訴訟法逐條釋義》，頁 251–252。

❸ 劉建宏，上揭文，頁 141 註 26。

❸ 蔡志方，上揭書，頁 414–415；另參閱 Rolf Stober, Beiladung in Verwaltungsprozeß, in: Festschrift für Ch. F. Menger zum 70. Geburtstag, Carl

第四項　訴訟參加之種類

如上所述，行政訴訟法上訴訟參加制度，主要係參酌德國與日本相關法制而建立。故有學者依日本法例，將訴訟參加分為兩大類型，即第三人之參加與行政機關之參加，而在第三人之參加，又分為必要共同訴訟之獨立參加、利害關係人之獨立參加及利害關係人之輔助參加等三種[140]。另有學者認為，我國行政訴訟法規定之訴訟參加可分三類，亦即必要參加、普通參加（獨立參加）及輔助參加，前兩者與德國行政法院法規定相同，輔助參加為德國法所無，係基於公益考量及受日本行政事件訴訟法之影響而設[141]。茲依行政訴訟法之規定，將訴訟參加區分為必要共同訴訟之獨立參加，利害關係人之獨立參加以及輔助參加，分別說明於次：

一、必要共同訴訟之獨立參加

行政訴訟法第四十一條規定，訴訟標的對於第三人及當事人一造必須合一確定者，行政法院應以裁定命該第三人參加訴訟[142]。此即為學理上所稱，必要共同訴訟之獨立參加[143]。例如起造人向建築主管機關申請核發建照獲准，其鄰人以建築主管機關之核照違法且侵害其權利，乃以之為被告，向行政法院提起撤銷訴訟，請求行政法院撤銷建築主管機關核發予起造人

Heymann, 1985, S. 405–408; Ferdinand O. Kopp/Wolf-Rüdiger Schenke, *Verwaltungsgerichtsordnung*, C. H. Beck, 1998, §65, Rn. 1.

[140] 蔡志方，上揭書，頁 423；陳計男，上揭書，頁 106。

[141] 吳庚，上揭書，頁 60–64；陳清秀，《行政訴訟法》，民國 90 年 2 月，第二版，頁 280–284；陳春生，上揭書文，頁 252–254。

[142] 司法實務，請參閱臺北高等行政法院 90 年度訴字第 3462 號裁定，《台灣本土法學雜誌》，第 35 期，2002 年 6 月，頁 198–199。

[143] 參閱，林明昕，〈論行政訴訟法第 41 條訴訟參加類型之適用範圍與功能〉，《臺灣大學法學論叢》，第 38 卷第 3 期，民國 98 年 9 月，頁 73–108；劉宗德，〈行政訴訟制度〉，《制度設計型行政法學》，元照出版公司，民國 98 年 5 月，頁 475–683。

之建照。此時之起造人，即為必要訴訟參加人❿，行政法院應以裁定命起造人參加訴訟。又如某甲於 A 行政機關作成任命某乙為系爭職位公務員行政處分之後，向行政法院提起訴訟，請求撤銷 A 機關任命某乙為系爭職位公務員之行政處分時，因訴訟標的對於第三人乙及當事人甲必須合一確定，故行政法院應以裁定命第三人之乙參加訴訟❺。

二、利害關係人之獨立參加

行政訴訟法第四十二條第一項規定，行政法院認為撤銷訴訟之結果，第三人之權利或法律上利益將受損害者，得依職權命其獨立參加訴訟❻，

❿ 劉建宏，〈必要訴訟參加之要件〉，《法學講座》，第 7 期，2002 年 7 月，頁 89 以下；Edgar Bosch/Jörg Schmidt, *Praktische Einführung in das verwaltungsgerichtliche Verfahren*, 6., gründlich überarbeitete Aufl., W. Kohlhammer, Stuttgart Berlin Köln, 1996, S. 74；張文郁，〈行政訴訟之必要參加〉，《月旦法學教室》，第 82 期，民國 98 年 8 月，頁 24–25。

❺ 劉建宏，〈公務員法上競爭訴訟與訴訟參加〉，《法學講座》，第 10 期，2002 年 10 月，頁 62–63；德國相關實例，另請參閱蕭文生譯，《德國行政法院法逐條釋義》，頁 653–655。

❻ 如臺北高等行政法院依職權裁定命遠通電收公司獨立參加高速公路電子收費 BOT 案之訴訟。最高行政法院 95 年度判字第 1239 號判決就訴訟參加之種類區分有詳細說明，可資參考。即：「行政法院認為撤銷訴訟之結果，第三人之權利或法律上利益將受損害者，得依職權命其獨立參加訴訟，並得因該第三人之聲請，裁定允許其參加；上開規定於其他訴訟準用之。行政訴訟法第 42 條第 1 項、第 3 項定有明文。又訴訟當事人謂原告、被告及依第 41 條與第 42 條參加訴訟之人。行政訴訟法第 23 條亦定有明文。足見依行政訴訟法第 42 條而參加訴訟者，因其權利或法律上利益會因訴訟之結果而直接受到影響，為判決效力所及，故係居於當事人之地位而為訴訟行為，包括不服原判決而提起上訴，與同法第 44 條所規定僅輔助一造而為訴訟行為之輔助參加人不同。本件上訴人宇通資訊公司於原審主要係起訴請求撤銷原處分有關公告遠東聯盟（遠通電收公司之前身）為本件 BOT 案最優申請人部分，及命上訴人高公局作成由宇通資訊公司遞補為本件最優申請人之處分等語，原審乃認如判決結果為宇通資

並得因該第三人之聲請，裁定允許其參加。此即為學理上所稱之利害關係人之參加 ❶⁴⁷。係承襲德國行政法院法第六十五條第一項關於普通參加 (einfache Beiladung) 之規定而來。此一訴訟參加須第三人之權利或法律上利益，因撤銷訴訟結果將受損害，而獨立參加該已繫屬之撤銷訴訟。舉例而言，申請新型專利而遭異議之原告向行政法院提起撤銷訴訟，要求撤銷被告經濟部智慧財產局所為之專利異議審定書處分。此時，專利異議審定書處分若被撤銷，則第三人——即新型專利異議人之權利或法律上利益將受損害，故行政法院得依職權命第三人之新型專利異議人獨立參加訴訟，而新型專利異議人也可聲請法院，裁定允許其參加 ❶⁴⁸。所謂利害關係人獨立參加，係在保護異議人自己獨立之權利或法律上利益免受損害，而非輔助當事人之原告或智慧財產局之被告為訴訟，故行政訴訟法第四十二條第三項明定，參加人得提出獨立之攻擊或防禦方法。

　　利害關係人之獨立參加在司法上實務甚多。例如荷蘭商法倫提諾環球公司因商標異議事件訴請行政法院撤銷經濟部所為之商標異議審定書處分，日商松田股份有限公司以有利害關係之第三人身分，參加訴訟 ❶⁴⁹。又

訊公司勝訴，遠通電收公司之權利或法律上利益將受影響，爰依行政訴訟法第42 條第 1 項規定，依職權裁定命遠通電收公司獨立參加本件訴訟。原判決既撤銷原處分有關公告遠東聯盟為本件 BOT 案最優申請人部分，即直接不利於參加人遠通電收公司之權利，遠通電收公司自得本於訴訟當事人之地位，提起上訴。宇通資訊公司上訴答辯意旨主張遠通電收公司於原審雖係以利害關係人之身份參加訴訟，但仍係輔助被告機關高公司之性質，不得獨立作為『上訴人』，對原審判決提起上訴云云，容有誤解。」參閱《台灣本土法學雜誌》，第 87 期，2006 年 10 月，頁 193–194。

❶⁴⁷ 陳春生，上揭書文，頁 253。相關論文另參閱，曾啟謀，〈論行政訴訟法第 42 條之訴訟參加與專利行政訴訟之新證據〉，《智慧財產權月刊》，第 178 期，2013 年 10 月，頁 67–90。

❶⁴⁸ 最高行政法院 90 年度判字第 144 號判決，刊於《最高行政法院裁判書彙編》，民國 90 年，第一冊，頁 1–0525 以下。

❶⁴⁹ 最高行政法院 90 年度判字第 524 號判決，同上註，頁 559 以下。

如法國全國原產地名稱協會為「寶傑萊」(Beaujolais) 商標異議事件，訴請行政法院撤銷經濟部智慧財產局所為商標異議不成立審定書之處分，龍滿有限公司以有利害關係之第三人身分，參加訴訟❺。再如美商西華筆公司因商標異議事件，訴請行政法院撤銷經濟部智慧財產局所為商標異議不成立審定書之處分，艾科米股份有限公司以有利害關係之第三人身分，參加訴訟❺ 等是。

又學者指出「我國行政訴訟法係採處分權主義 (Dispositionsmaxime)，就具體事件是否請求法律救濟以及請求之範圍如何，應取決於利害關係人之主觀意願。利害關係人就具體事件係以原告（狹義當事人）或訴訟參加人（訴訟程序參與人）之地位請求保護，亦應由其自行決定。因此，共同訴訟與訴訟參加二種制度，遂發生競合之關係。詳言之，若利害關係人同時符合共同訴訟以及訴訟參加之要件，原則上即得依其主觀意願選擇共同起訴而為原告，或者以訴訟程序參與人之地位參加訴訟。」❺ 例如，外國籍妻對於行政機關強制其出境之行政處分，提起撤銷訴訟，其夫為利害關係人可選擇共同起訴而為共同訴訟之原告，亦可依行政訴訟法第四十二條第一項規定，聲請以訴訟程序參與人之地位參加訴訟❺。

另外，行政訴訟法第四十二條第四項規定，訴願人已向行政法院提起撤銷訴訟，利害關係人就同一事件再行起訴者，視為第一項之參加。大法官陳計男將之稱為「準利害關係人之獨立參加」❺，似不易理解。或許稱之為「視同利害關係人之獨立參加」，較為妥當。

---

❺ 最高行政法院 91 年度判字第 41 號判決，刊於《最高行政法院裁判書彙編》，民國 91 年，第二冊，頁 2–0250 以下。

❺ 最高行政法院 91 年度判字第 42 號判決，同上註，頁 2–0265 以下。

❺ 劉建宏，〈共同訴訟與訴訟參加之關係〉，《法學講座》，第 19 期，2003 年 7 月，頁 26。

❺ 同上註，頁 24、33–34。

❺ 陳計男，《行政訴訟法釋論》，頁 116。

三、輔助參加

　　行政訴訟法第四十四條之規定，為受日本行政事件訴訟法影響所作的行政訴訟法上輔助參加制度之規定❺。該條第一項為行政機關輔助參加之規定；第二項則為利害關係人輔助參加之規定。

㈠行政機關之輔助參加

　　行政機關之輔助參加，是指在行政訴訟繫屬中，行政法院認其他行政機關有輔助一造之必要者，依行政訴訟法第四十四條第一項規定，得命該其他行政機關參加訴訟。該其他行政機關，依行政訴訟法第四十四條第二項規定，亦得聲請參加。此兩者即是行政機關之輔助參加❻。

　　行政機關之輔助參加制度，特別是在由二個以上機關本於各自職權共同參與之「多階段處分」(mehrstufiger Verwaltungsakt) 之行政實務上，甚有必要。學者舉例如，「某一特定營業執照之核發，雖屬直轄市建設局之職權，惟建設局准許與否係根據事先徵詢目的事業主管機關（在此為警察局）之意見，此際，人民如對駁回其營業執照之處分提起行政訴訟，自應以原處分機關即建設局為被告機關。惟建設局准許與否既係根據目的事業主管機關（警察局）之意見，行政法院基於「廣泛事實調查」(umfassende Sachaufklärung) 之目的，自應命該機關參加訴訟，輔助被告機關；該機關亦得主動聲請參加。」❼又稅捐稽徵機關依縣政府城鄉局對於某筆土地所處

---

❺　同上註，頁 106；劉建宏，〈我國行政訴訟法上訴訟參加制度類型之檢討——論行政訴訟法第 44 條第 2 項「利害關係人輔助參加」制度之妥當性〉，《月旦法學雜誌》，第 84 期，2002 年 5 月，頁 137。

❻　參閱，張文郁，〈行政機關之輔助參加〉，《月旦法學教室》，第 96 期，民國 99 年 10 月，頁 14–15；林昱梅，〈科技基本法之介入權及其行政訴訟相關問題之研究〉，《台灣法學雜誌》，第 147 期，民國 99 年 3 月 1 日，頁 58–82；彭鳳至等，〈「科技基本法之介入權及其行政訴訟相關問題之研究」議題討論〉，《台灣法學雜誌》，第 147 期，民國 97 年 3 月 1 日，頁 83–109。

區域公共設施已完竣之認定，而將田賦改為地價稅之決定，則對稅捐稽徵機關所提行政訴訟，應通知城鄉局參加訴訟 ❺ 。

因此，在多階段行政處分中，若其他行政機關未輔助參加被告機關時，最高行政法院即曾以判決將高雄高等行政法院之判決加以廢棄並發回高雄高等行政法院裁判 ❺ 。該號判決理由指出，「原審僅就無權責機關之上訴人（按為臺南縣大內鄉公所），詢問其他有權責之都市計劃主管機關（按指臺南縣政府），權責之行使是否適法，顯然不符證據法則，而有違正當程序原則，故應認其他行政機關於原審有輔助上訴人之必要，依職權命本案相關都市計劃主管機關參加訴訟」 ❻ 。

(二)利害關係人之輔助參加

利害關係人之輔助參加，是指在行政訴訟繫屬中，有利害關係之第三人，認有輔助一造之必要者，得依行政訴訟法第四十四條第二項之規定，聲請參加訴訟。利害關係人之輔助參加與上述行政機關之輔助參加，依行政訴訟法第四十八條規定，均準用民事訴訟法第五十九條至第六十一條、第六十三條至第六十七條之規定。

對於行政訴訟法上「輔助參加」制度，學者認為有下列三個問題 ❻ ，即：

1. 輔助參加人之資格不限於「有法律上利害關係者」，恐係立法疏漏所致。
2. 輔助參加人之資格較獨立參加人更為廣泛，造成輕重失衡。
3. 輔助參加人之資格太過廣泛，不利訴訟程序之進行。

上述第二個、第三個問題，係因行政訴訟法第四十八條規定輔助參加

---

❺ 劉建宏，同上揭文，頁 140。

❺ 參閱，張文郁，〈行政訴訟之輔助參加〉，《月旦法學教室》，第 27 期，2005 年 1 月，頁 22-23。

❺ 最高行政法院 91 年度判字第 2319 號判決，刊於《最高行政法院裁判書彙編》，民國 91 年，第一冊，頁 1-0579 以下。

❻ 同上註，頁 1-0586。

❻ 劉建宏，同上揭文，頁 140-142。

準用民事訴訟法之訴訟參加制度所導致之問題。蓋因民事訴訟法上之訴訟參加，毋需法院裁定允許，法院亦不得依職權調查其是否具備訴訟參加之實質要件。如此，則行政訴訟法第四十四條規定之輔助參加將較行政訴訟法第四十一條、第四十二條之獨立參加要件更為寬鬆且不需經行政法院裁定准許，則會不利訴訟程序之進行，造成訴訟延滯、侵害當事人之「有效權利保護」(effektiver Rechtsschutz) 請求權❶❷。

至於第一個問題，行政訴訟法第四十四條第二項規定，確實僅只規定「有利害關係之第三人」而疏未規定為「有法律利害關係之第三人」，學者認為如此將會包括具有事實上、文化上以及經濟上之利害關係者，亦可輔助參加❶❸。不過，因行政法院七十五年判字第三六二號判例對所謂利害關係，已有「乃指法律上之利害關係而言，不包括事實上之利害關係在內」之說明❶❹，學者所憂心之輔助參加資格範圍極為廣泛之問題，當可稍為減輕。

第五項　訴訟參加之程序

行政訴訟之訴訟參加，並非如同民事訴訟法上之訴訟參加，僅以送達參加書狀，即可生參加之效力，而係必須經過法院的命令或允許後，始可參加。此由行政訴訟法第四十一條、第四十二條之規定可知。因此，要參加行政訴訟，行政訴訟法第四十三條至第四十五條規定了相關之程序，茲分述於次。

一、聲請參加之程序

撤銷訴訟之結果，權利或法律上利益將受損害之第三人，依行政訴訟法第四十三條規定，得聲請參加訴訟，但應向本訴訟繫屬之行政法院提出參加書狀，表明下列各款事項，即：

---

❶❷ 同上註。

❶❸ 同上註，頁 140–141；另參閱，陳計男，上揭書，頁 117。

❶❹ 《最高行政法院判例要旨彙編》，中華民國 22 年至 88 年 11 月，最高行政法院判例編輯委員會編輯，最高行政法院發行，臺北市，民國 92 年 4 月，頁 825。

1.本訴訟及當事人。

2.參加人之權利或法律上利益，因撤銷訴訟之結果將受如何損害❶⑥⑤。

3.參加訴訟之陳述。

對此一利害關係人獨立參加訴訟之聲請，行政訴訟法第四十三條第二項規定，行政法院認有不合第四十二條規定者，應以裁定駁回之。對此駁回裁定，聲請人依同條第三項之規定，得為抗告，且依同條第四項規定，駁回參加之裁定未確定前，參加人得為訴訟行為。

聲請參加人，行政訴訟法第四十三條第一項、第四十四條第二項均僅規定為有利害關係之第三人。不過學者認為由原告或被告來聲請亦可，蓋因原告或被告擁有聲請權並不會無故將第三人帶入訴訟，而法院仍須審查該第三人是否符合參加之要件，「基於一次紛爭、一次解決以及保護原告或被告利益下，應無不允許其聲請之理由，因此聲請權人亦包括原告或被告在內」❶⑥⑥。

二、命令參加之程序

行政訴訟法第四十一條、第四十二條及第四十四條分別規定了行政法院應命令或得命令第三人參加訴訟之權限。學者指出，「在必要共同訴訟之獨立參加，法院在符合行政訴訟法第四一條規定下，係應命第三人參加訴訟，乃屬羈束處分，法院並無裁量權。即使該訴訟顯然不合法或無理由，只要符合行政訴訟法第四一條之規定，法院亦必須命第三人參加。在利害關係人之獨立參加與輔助參加，則由法院依裁量決定是否命第三人參加訴訟，當然此時的裁量並非自由恣意為之，法院必須合義務地考量贊成與反對訴訟參加的理由後，做出適當的決定。」❶⑥⑦

行政法院命第三人參加之裁定，依行政訴訟法第四十五條第一項規定，

---

❶⑥⑤ 相關實例，請參閱，劉建宏，〈必要訴訟參加之要件〉，《法學講座》，第 7 期，2002 年 7 月，頁 88 以下。

❶⑥⑥ 陳春生，上揭翁岳生主編書，頁 254。

❶⑥⑦ 同上註，頁 254–255。

應記載訴訟程度及命參加理由，送達於訴訟當事人。而依同條第二項規定，行政法院在命第三人參加之裁定前，應命當事人或第三人以書狀或言詞為陳述。對於行政法院命第三人參加訴訟之裁定，同條第三項又規定為不得聲明不服，此規定之理由「在於使基於該項裁定所產生的參加人訴訟法上的關係，在（法律救濟）上訴程序中不用去承受該項裁定被撤銷的風險」❶❻❽。

第六項　訴訟參加人之法律地位

訴訟參加人之法律地位，依行政訴訟法第二十三條之規定，在依同法第四十一條與第四十二條參加訴訟之人，即必要共同訴訟之獨立參加人與因利害關係獨立參加訴訟之第三人，均取得行政訴訟當事人之地位。至於依同法第四十四條為輔助參加之行政機關或第三人，尚非行政訴訟當事人，而僅取得輔助參加人之地位。

必要共同訴訟獨立參加人與因利害關係獨立參加訴訟之第三人，雖取得訴訟當事人地位，與原告或被告的地位在許多地方相似，亦能自主地進行訴訟程序，但仍非原告與被告，而是他人訴訟中的第三人。參加人之法律地位，訴訟法上關係於參加裁定送達所有當事人後發生，於參加裁定廢止、訴訟案件終結或撤回訴訟而消滅❶❻❾。

輔助參加人之法律地位，因行政訴訟法第四十八條準用民事訴訟法訴訟參加制度之相關規定，尚非行政訴訟之當事人，而僅有輔助當事人為訴訟行為之地位。

故參加訴訟時依訴訟之進行，當事人已不能為之訴訟行為，輔助參加人亦不得為之。例如當事人逾時始提出之攻擊防禦方法依行政訴訟法第一三二條準用民事訴訟法第一九六條第二項規定，輔助參加人亦不得提出之。又輔助參加人所為之訴訟行為與該訴訟當事人之行為牴觸者，依行政訴訟法第四十八條準用民事訴訟法第六十一條但書規定，乃不生效力。另輔助人對於其所輔助之當事人，不得主張本訴訟之裁判不當，此為行政訴訟法

---

❶❻❽　同上註，頁256。

❶❻❾　同上註，頁256。

第四十八條準用民事訴訟法第六十三條所生之參加效果 (Wirkung der Nebenintervention)[170]。

第七項　訴訟參加人之權限

如上所述，依行政訴訟法第四十一條與第四十二條參加訴訟之人，仍非原告或被告，也非共同訴訟人，其因行政訴訟法第二十三條規定，屬於訴訟當事人之範圍，基本上享有訴訟當事人應享有的權限，亦即參加人所提取的訴訟行為涉及其作為參加人的法律地位時，並不受到限制，其可獨立提出攻擊防禦方法，詢問當事人、選任代理人，亦得提出獨立的程序，如聲請調查證據或聲請鑑定等[171]。

不過，由於參加人仍非原告或被告，因此若參加人的行為涉及到原告或被告的法律爭議時，其訴訟權則受到限制，例如參加人不得代理遲延的原告或被告。參加人必須接受由法院及主要當事人所為訴訟行為所導致在訴訟參加時已確定存在的訴訟程度。此外，參加人必須在往後的訴訟程序中，承認主要當事人對於訴訟標的及程序之處分。因此，參加人無法阻止主要當事人之原告或被告，在違反其利益下，以撤回訴訟、撤回上訴或透過一致的終結聲明或和解來終結訴訟。又參加人並不得作出涉及訴訟標的或訴訟標的及訴訟程度的處分，如不得改變或撤回起訴、不得改變他人所提之上訴、不得訂定和解、不得聲明爭議結束。這些都是因為參加人之法律地位究與原告、被告有所不同，所生之權限限制，在德國行政法院法第六十六條及德國司法實務上有所判定[172]。我國沿襲德國訴訟參加制度，在行政訴訟法第四十二條第三項規定了參加人之權限，因此，德國法制在此方面的經驗，可供借鏡。

至於行政訴訟法第四十四條規定之輔助參加人其權限亦有相當限制。蓋因輔助參加人不得逸出輔助當事人之目的，其所為之行為不得與該當事

---

[170] 陳計男，《行政訴訟法釋論》，頁 118–119。

[171] 陳春生，〈訴訟參加〉，翁岳生主編，《行政訴訟法逐條釋義》，頁 257。

[172] 蕭文生 / 陳敏等譯，《德國行政法院法逐條釋義》，頁 659–661。

人之行為牴觸。又輔助參加人對於其所輔助之當事人，不得主張本訴訟之裁判不當。但參加人因參加時訴訟之程度或因該當事人之行為，不能用攻擊或防禦方法，或當事人因故意或重大過失不用參加人所不知之攻擊或防禦方法者，不在此限。此皆因行政訴訟法第四十八條準用民事訴訟法第六十一條、第六十三條所導致輔助參加人之權限限制與例外情形。

值得注意的是一項輔助參加人之重要權限，即行政訴訟法第四十八條準用民事訴訟法第六十四條第一項之規定，導致參加人經兩造同意時，得有代其所輔助之當事人承當訴訟之權。輔助參加人承當訴訟者，其所輔助之當事人脫離訴訟，故訴訟之承當有使輔助參加人取代原所輔助之當事人地位與權利之效果。就此，學者指出，行政訴訟在解決公法上之爭議，輔助參加人所輔助之當事人若為原告並取得本訴訟之訴訟實施權，承當訴訟後，其當事人適格亦無問題，似可贊同其承當，若其所輔助之當事人為被告機關，則由輔助參加人承當而為被告時，即生被告當事人不適格問題，應認在行政訴訟其性質上不得承當，而無準用之餘地❸。

第八項　訴訟參加之效果

訴訟參加人依行政訴訟法第二十三條規定，亦為訴訟當事人，因此本案判決對於參加人亦有效力，亦為判決既判力所拘束。此一學理上所謂既判力之擴張在行政訴訟法第四十七條及第二一四條第一項已有規定。因此，參加人只要具有主動參與訴訟之機會並保障其訴訟權利時，則將使其受到裁判拘束，而不論其實際上是否真正參與訴訟，拘束力均自判決既判力生效開始，參加人嗣後不得再爭執該判決之正當性。該項判決之拘束力包括主文、判決所依據的確信及法律上判斷、以及受裁判的法律關係，不論對參加人有利或不利皆被視為正確，且前訴訟程序任一當事人皆可對於參加人加以主張。蓋非如此，則參加人如得在事後的訴訟程序中爭執判決理由，則此項既判力將被掏空❹。

---

❸　陳計男，《行政訴訟法釋論》，頁 119–120。

❹　Jörg Schmidt, in: Eyermann, *Verwaltungsgerichtsordnung*, 11. Aufl., 2000, §66,

行政訴訟法第四十一條所規定之必要共同訴訟之參加，行政法院有義務命第三人參加訴訟，該第三人亦有法律上請求權要求參加訴訟，因在訴訟標的對於第三人及當事人一造必須合一確定之情形，行政法院判決不僅影響第三人法律上利益，更係直接決定或損害其法律地位。因此，第三人未為必要共同訴訟之獨立參加，依德國司法實務，乃係程序上的重大瑕疵，在法院判決產生既判力前，上訴審法院應依職權廢棄該判決並將該事件駁回原審法院❿。

針對上項程序瑕疵，如在上訴審並未排除時，則判決效力將有何效果？學者就德國司法實務與學理說明了下列三種不同處理方式❿：

1.判決對於原告、被告以及第三人完全有效，縱使第三人未為訴訟參加。此一處理方式貶抑了必要共同訴訟獨立參加制度，且違反了法律上使第三人得以維護其本身利益之目的，故不可採。

2.第二種處理方式，即認為該項違法判決對於所有訴訟當事人皆不生效力。但以判決種類作為決定法律效果的依據，如在形成判決應是絕對無效，若在其他判決，則僅具形式上而非實質上的既判力，亦即對於參加人以及所有當事人在實質上並無效力。此為德國通說。

3.第三種處理方式乃以在課予義務訴訟中，本案判決在原告與被告間，無論形式上及實質上皆具有既判力且是完全有效的，但對於未參與的第三人則不生既判力，也不生形成效力。如行政法院對鄰人提起的課予義務訴訟課賦建築主管機關，予土地所有權人為建築法上不利處分而未命土地所有權人參加訴訟時，則此時為第三人之土地所有權人，因未參加前訴訟，因此不受前訴訟判決之拘束，可對上述課予義務判決之執行提出撤銷訴訟。若在判決具有形成效力時，尤其是撤銷訴訟的判決情形時，則基於保護第三人利益，該判決應是絕對無效。

就此，我國行政訴訟法第二八四條第一項則規定，因撤銷或變更原處

Rn. 8；譯文請參閱，蕭文生，上揭譯書，頁 662–663。

❿ 陳春生，〈訴訟參加〉，翁岳生主編，《行政訴訟法逐條釋義》，頁 259。

❿ 同上註，頁 259–260。

分或決定之判決，而權利受損害之第三人，如非可歸責於己之事由，未參
加訴訟，致不能提出足以影響判決結果之攻擊或防禦方法者，得對於確定
終局判決聲請重新審理。採取的是認為該判決仍為有效，但賦予未參加訴
訟之人以聲請重新審理之機會，使其權利可獲得救濟❼。

第八節　訴訟代理人

第一項　訴訟代理人之意義

訴訟行為固可由當事人親自為之，但當事人常囿於專業或時間，無法
親自從事訴訟行為，故各國均有訴訟代理人制度之規定❽。我國行政訴訟
代理人制度在新修正的行政訴訟法上有較詳細的規定，且與民事訴訟代理
人規定有所不同，原則上採日本之律師獨占主義制度❾。

行政訴訟代理人係指於代理權限內，以當事人之名義，基於自己意思
之決定，為當事人為訴訟行為或代為受領對造訴訟行為，而使法律效果直
接歸屬於當事人之人。行政訴訟代理人須為自然人⓾，須以當事人之名義
為之，如以自己之名義為他人而為訴訟之當事人，則非訴訟代理人。如遺
產執行人係以自己名義為他人而為訴訟⓫，即非訴訟代理人。又參加訴訟
之參加人、被多數有共同利益人選定之當事人，均非此所謂之訴訟代理人。

行政訴訟代理人除行政訴訟法第四十九至五十四條規定之意定訴訟代
理人外，尚因行政訴訟法第二十八條準用民事訴訟法第四十七條、第五十

---

❼　蕭文生，〈訴訟代理人及輔佐人〉，翁岳生主編，《行政訴訟法逐條釋義》，頁 260；
　　陳計男，上揭書，頁 115–116。

❽　相關立法沿革，請參閱，蕭文生，〈訴訟代理人及輔佐人〉，上揭書，頁 286–288。

❾　相關檢討，請參閱，司法院印行，《司法院行政訴訟制度研究修正資料彙編──
　　90 年 3 月至 91 年 8 月》，民國 91 年 12 月，頁 9 以下。

⓾　法人無法為訴訟代理人。蕭文生，上揭書，頁 283。

⓫　行政法院 89 年度判字第 439 號判決，最高行政法院編印，《最高行政法院裁判
　　書彙編》，民國 89 年，第一冊，頁 1-0633 以下。

一條等規定之關係，而另有學者所謂行政訴訟之法定代理人、特別代理人之分❷，將於本節第三項說明之。

第二項　訴訟代理人之功能

行政訴訟行為極具專門性與複雜性，非一般人所能承當，故有訴訟代理人制度之設。其功能，依學者之歸納，主要有三❸，即：

一、使當事人有權決定自為行政訴訟行為或依行政訴訟法第四十九條第一項規定委任代理人為訴訟行為。

二、透過訴訟代理人處理有高度技術性之行政訴訟行為，避免因訴訟行為之錯失所生訴訟不利後果，導致對當事人權益之傷害。

三、經由訴訟代理人使行政訴訟制度運作順利。意即透過訴訟代理人制度可阻止不具意義的訴訟或訴訟方法之提出，避免不必要的陳述，使法院能夠集中於問題爭點，達成審判迅速、訴訟經濟之目的。

第三項　訴訟代理人之種類

行政訴訟之代理人因行政訴訟法之各別規定及準用民事訴訟法之結果，故可分為行政訴訟法定代理人、特別代理人及意定代理人 (gewillkürter Vertreter)❹，茲分述於次。

一、行政訴訟法定代理人

1.行政訴訟法定代理人之意義

行政訴訟之法定代理人係指行政訴訟代理權非基於當事人本人之意思，而係基於法律規定而有行政訴訟代理權之代理人。因行政訴訟法第二

---

❷ 陳計男，《行政訴訟法釋論》，頁 125 以下。

❸ 蕭文生，上揭書，頁 284；陳計男，《行政訴訟法釋論》，頁 133；蔡志方，《行政救濟法新論》，元照出版公司，2001 年 8 月，二版一刷，頁 209。

❹ 蔡志方，上揭書，頁 209。

十八條準用民事訴訟法第四十七條「關於訴訟之法定代理及為訴訟所必要之允許，依民法及其他法令之規定」，故如無行為能力、限制行為能力人之行政訴訟法定代理人為其父母或監護人。再如胎兒關於其遺產之行政訴訟以其母為法定代理人，法人之行政訴訟以其董事、董事長、監察人或清算人等為法定代理人，而行政機關則依法令以其主管（首長）為法定代理人。

2.行政訴訟法定代理人之權限

　　行政訴訟法定代理人之權限係基於法律之規定而來。依行政訴訟法第二十八條準用民事訴訟法第四十七條，係依民法及其他法令之規定而來。此外，行政訴訟法定代理人在獲得必要之允許之情形下，亦得為行政訴訟行為。對於法定代理人有無獲得訴訟行為所必要之允許，行政法院應依職權調查之，如認為有欠缺而可以補正者，應定期間命其補正，如恐久延致當事人受損害時，依行政訴訟法第二十八條準用民事訴訟法第四十九條規定，得許其暫為行政訴訟行為。若如屬不能補正或逾期不為補正，則其起訴要件有欠缺，行政法院應依行政訴訟法第一○七條第一項第十款規定，以裁定駁回之。

　　行政訴訟之法定代理人有數人時，各法定代理人能否單獨代理？或須共同代理？依照行政訴訟法第二十八條準用民事訴訟法第四十七條規定，應依民法及其他法令定之。法令倘未就此設有規定者，實務上解為均得單獨代理。其依法律之規定，須共同代理者，固須由全體法定代理人代理，其代理權始無欠缺,惟各法定代理人所為之訴訟行為如有矛盾不一之情形，或他造對其中一人所為訴訟行為之效力如何？行政訴訟法未設特別規定，學者認應準用行政訴訟法第三十九條第一款及第二款之規定，決定其效力❶❽❺。

　　行政訴訟之法定代理權係依民法或其他法令之規定而發生，亦因民法或其他法令之規定而消滅，例如父母對於未成年子女之法定代理權，因子女之成年、結婚或親權經法院宣告停止而消滅；又如受監護宣告人之法定

---

❶❽❺　陳計男，《行政訴訟法釋論》，頁 127。

代理人，其代理權因本人受監護宣告之撤銷、本人之死亡或法定代理人之死亡而消滅。私法上之法定代理權消滅時，訴訟上之代理權是否當然消滅？日本民事訴訟法第三十六條第一項規定，法定代理權之消滅非經本人或代理人通知他造，不生效力。我國行政訴訟法未設規定，學者有認無待通知即生效力者；有認應分別依法定代理權消滅是否發生訴訟程序當然停止之情形，在不停止訴訟程序之情形，例如未成年人子女成年之情形，為保護他造，須經通知他造始生效力；其停止訴訟程序者，他造當能知之，故毋庸通知者。就保護他造權益而言，自以後說為當 ❿。

二、行政訴訟特別代理人

1.行政訴訟特別代理人之產生

行政訴訟特別代理人之產生，因行政訴訟法第二十條準用民事訴訟法第五十一條以及行政訴訟法第一七六條準用民事訴訟法第三七四條規定，而有三種情形：

⑴對於無訴訟能力人為訴訟行為，因其無法定代理人，或其法定代理人不能行代理權，恐致久延而受損害者，得聲請受訴行政法院之審判長，選任特別代理人。

⑵無訴訟能力人有為訴訟之必要，而無法定代理人，或法定代理人不能行代理權者，其親屬或利害關係人，得聲請受訴行政法院之審判長，選任特別代理人。

⑶他造當事人不明或調查證據期日不及通知他造者，行政法院因保護該當事人關於調查證據之權利，得為選任特別代理人。

上揭行政法院選任特別代理人之裁定，依行政訴訟法第二十八條準用民事訴訟法第五十一條第三項規定，應送達於特別代理人。又選任特別代理人所需費用，及特別代理人代為訴訟所需費用，依行政訴訟法第二十八條準用民事訴訟法第五十一條規定，受訴行政法院之審判長得以裁定命選

---

❿ 同上註。

任特別代理人之聲請人墊付。

2.行政訴訟特別代理人之權限

行政訴訟特別代理人係由受訴行政法院審判長選任，其角色功能在於為無法定代理人或法定代理人不能行使代理權之無訴訟能力當事人 [187]，代理行政訴訟行為，以保護該無訴訟能力當事人之利益。就性質而言，雖與法定代理人相似，有為當事人為一切訴訟之權能，但依其制度設計目的，其仍與上述行政訴訟法定代理人有別 [188]，其權限依行政訴訟法第二十八條準用民事訴訟法第五十一條第四項前段及但書規定，僅於法定代理人或本人承當訴訟以前，代理當事人為一切訴訟行為，是為權限之時間限制。另特別代理人不得為捨棄、認諾、撤回或和解之行為，是為權限之內容限制 [189]。

三、行政訴訟意定代理人

1.行政訴訟意定代理人之意義

行政訴訟意定代理人係指由訴訟當事人委任，代理當事人為訴訟行為之人。代理人之訴訟代理權係基於當事人之意思委任授與，屬意定代理人而與上述之法定代理人有別。又其係在整個行政訴訟程序中協助當事人訴訟，故與僅可在特定期日偕同當事人或訴訟代理人出現而協助他人訴訟之

---

[187] 如變成植物人之傷患、老人痴呆症者、患有精神病或事實上處於無意識狀態中而未受監護宣告之人。同上註，頁 129-130。

[188] 最高行政法院 96 年 12 月份庭長法官聯席會議於民國 96 年 8 月 15 日對修正施行之行政訴訟法相關問題之決議第五則中作了一些區別，即：「依行政訴訟法第 28 條準用民事訴訟法第 51 條規定由審判長選任之特別代理人，及依行政訴訟法第 176 條準用民事訴訟法第 374 條規定由法院選任之特別代理人，其資格不受修正行政訴訟法第 49 條第 2 項規定之限制，得以非律師充之。」

[189] 因捨棄、認諾、撤回或和解對於當事人之權益關係重大，自不得由特別代理人任意為之。陳計男，上揭書，頁 132。

輔佐人亦不同❿。

　　行政訴訟意定代理人與訴訟當事人之關係，通常有委任契約存在。此項委任契約不以有報酬之存在為必要。依行政訴訟法第五十條規定，委任書經提出於行政法院或經行政法院書記官將言詞委任記明筆錄者，訴訟代理人所為之訴訟行為，除經到場之當事人本人即時撤銷或更正者外，即與當事人本人所為者同❶。

　　又若當事人未合法委任行政訴訟代理人，行政法院命當事人補正提出合法委任書時，則其補正期間應自何時起算？對此，最高行政法院九十六年度裁字第 2240 號裁定指出：「原審既認定黃○○未經合法委任，而命抗告人補正提出合法委任書，則該命補正之裁定自不得對未經合法委任之黃○○為送達，本件原審將命補正之裁定送達予未經合法委任之黃○○收受，尚難謂自其收受即發生合法送達之效力，應視黃○○何時將該補正裁定交付抗告人始自此時發生合法送達之效，原審未審酌此發生合法送達效力之重要事項，即遽爾以命補正之裁定送達予未經合法委任之黃○○收受之翌日起算七日之補正期間，認抗告人逾期未補正，而駁回抗告人在原審之訴，殊有未洽。應認本件抗告為有理由，爰將原裁定廢棄，發回原審法院。」

2.行政訴訟意定代理人之資格

　　舊行政訴訟法第七條第二項對於意定訴訟代理人之資格並未設有規定，當事人得任意委任第三人為之。修正後行政訴訟法採日本律師獨占主義，在第四十九條第二項規定，行政訴訟應以律師為訴訟代理人❷。非律師但具有下列情形之一者，亦得為訴訟代理人❸，在民國九十六年六月五日立法院三讀通過修正之行政訴訟法第四十九條第二項有較客觀明確標準

---

❿　蕭文生，〈訴訟代理人及輔佐人〉，翁岳生主編，《行政訴訟法逐條釋義》，頁 283。

❶　陳計男，上揭書，頁 132。

❷　相關論文請參閱，張文郁，〈行政訴訟採取律師強制代理制度之研究〉，《臺北大學法學論叢》，第 72 期，民國 98 年 12 月，頁 47–74。

❸　同❶，頁 133。

的規定，即：

(1)稅務行政事件，具備會計師資格者。

(2)專利行政事件，具備專利師資格或依法得為專利代理人者。

(3)當事人為公法人、中央或地方機關、公法上之非法人團體時，其所屬專任人員辦理法制、法務、訴願業務或與訴訟事件相關業務者。

(4)交通裁決事件，原告為自然人時，其配偶、三親等內之血親或二親等內之姻親；原告為法人或非法人團體時，其所屬人員辦理與訴訟事件相關業務❹。

行政訴訟法第四十九條第三項又規定，委任前項之非律師為訴訟代理人者，應得審判長許可❺。藉此以排除不適當之代理人。民國九十六年六月五日立法院三讀通過修正之行政訴訟法在第四十九條增訂第四項規定「第二項之非律師為訴訟代理人，審判長許其為本案訴訟行為者，視為已有前項之許可。」又增訂之第四十九條第五項補充規定：「前二項之許可，審判長得隨時以裁定撤銷之，並應送達於為訴訟委任之人。」

行政訴訟意定代理人應以自然人為限，又依民法第一〇四條規定，代理人不以有完全行為能力人為必要，故在解釋上，當事人亦得委任限制行為能力人為行政訴訟意定代理人。但若其不適於擔任者，行政法院之審判長依行政訴訟法第四十九條第三項規定不許可其代理，或依行政訴訟法第一三二條準用民事訴訟法第二〇八條規定，禁止其陳述。

---

❹ 此為民國 103 年 5 月 30 日立法院三讀通過修正行政訴訟法第 49 條第 2 項所增加之第 4 款規定。依司法院之修法理由說明，乃因交通裁決事件之性質較為簡單輕微，裁罰金額亦較低。為避免增加人民訴訟成本，造成訴訟救濟之過度負擔，乃適度放寬訴訟代理人資格條件限制。

❺ 與此相關者為最高行政法院 96 年 12 月份庭長法官聯席會議於民國 96 年 8 月 15 日在對修正施行之行政訴訟法相關問題之決議第 6 則中指出：「行政訴訟法第 131 條雖未規定同法第 49 條第 3 項關於委任非律師為訴訟代理人應得審判長許可之規定，於受命法官行準備程序時準用之，但解釋上，受命法官於行準備程序時仍得行使之。」

另為避免當事人委任過多訴訟代理人，導致妨礙行政訴訟程序之進行與完結，行政訴訟法第四十九條第一項但書乃規定，每一當事人委任之訴訟代理人不得逾三人。又訴訟代理人如委任複代理人者，民國九十六年六月五日修正之行政訴訟法增訂第四十九條第六項規定不得逾一人。又第四十九條第二項至第五項等四項規定，於複代理人適用之。

3.行政訴訟意定代理人之權限

行政訴訟意定代理人之權限，原則上就其受委任事件，有為一切訴訟行為之權。但為避免損失委任人權益，行政訴訟法第五十一條第三項乃規定，委任人得就行政訴訟之委任代理權加以限制，不過應於委任書或筆錄內表明。

關於行政訴訟意定代理人之權限，行政訴訟法第五十一條第一項規定：「訴訟代理人就其委任之事件，有為一切訴訟行為之權[196]。但捨棄、認諾、撤回、和解、提起反訴、上訴或再審之訴、及選任代理人，非受特別委任不得為之。」

另依行政訴訟法第五十一條第二項規定，行政訴訟意定代理人，就關於委任行政訴訟事件之確定判決為強制執行或領取所爭物，亦應受特別委任。否則，不得為之。

再者，行政訴訟代理人，行政訴訟法第四十九條第一項但書設有不得逾三人之限制。因此，訴訟代理人有二人以上者，其權限如何行使？行政訴訟法第五十二條第一項乃規定，代理人均得單獨代理而不必共同代理。當事人之委任如有違反此規定者，行政訴訟法第五十二條第二項則規定，訴訟代理人仍得單獨代理之。

如上所述，訴訟代理人可各自單獨為訴訟行為。若其訴訟行為一致時，

---

[196] 不過，最高行政法院 96 年 12 月份庭長法官聯席會議於民國 96 年 8 月 15 日對修正施行之行政訴訟法相關問題決議之第 7 則中明示：「修正行政訴訟法第 49 條第 2 項施行後，當事人或其代理人委任不具該項規定資格者到院閱卷，不應准許。」

固無問題，但若不一致時，效果如何？學者認應視其行為性質而定❼，即：

(1)前一訴訟代理人所為之訴訟行為如屬可撤回或可撤銷之訴訟行為，後一訴訟代理人所為行為與其矛盾時，可視為撤回或撤銷前一訴訟代理人所為之訴訟行為，例如前一訴訟代理人聲請訊問證人，後一訴訟代理人撤回該證人之聲請是。

(2)如前一訴訟代理人所為訴訟行為係不得撤回或撤銷之行為，則前一訴訟代理人所為訴訟行為已確定，而不受後一訴訟代理人訴訟行為之影響，例如前一訴訟代理人已為訴之撤回或捨棄認諾後，後一訴訟代理人即不得為撤銷其訴之撤回或捨棄認諾之訴訟行為。

(3)數訴訟代理人事實上之陳述不一致時，審判長應予闡明，使其明瞭，必要時並得命本人到場陳述，如仍不能明瞭時，則依行政訴訟法第一九八條第一項規定，斟酌全辯論之意旨及調查證據之結果，判斷其事實。

(4)數訴訟代理人中，有部分為特別委任，部分未為特別委任者，因特別委任非對訴訟代理權之限制，其委任均依其委任意旨而為有效，但若約定須由數訴訟代理人共同行使其訴訟代理權者，則為訴訟代理權之限制，於委任之當事人與受任之數訴訟代理人間固有效力，但對他造當事人依行政訴訟法第五十二條第二項規定，則不生效力。

(5)再數訴訟代理人既均得單獨代理，則法院或他造當事人之訴訟行為，可向其中之任一人或全體為之。其已向數訴訟代理人中之一人合法送達時，即發生送達之效力，例如當事人委任甲、乙二人為訴訟代理人，甲於七月一日收受判決之送達，乙於同月五日始收受判決之送達，該當事人如對該判決不服提起上訴，上訴期間，自甲收受送達之日起算是。

第四項　訴訟代理權之消滅

行政訴訟代理權之消滅，有因訴訟委任之終止者，有因委任事件之終了者，有因訴訟代理人死亡或喪失意思能力者，有因為訴訟代理人之律師喪失律師資格者，有因非律師之訴訟代理人，經法院裁定禁止其代理者，

❼　陳計男，上揭書，頁138。

或因為委任之當事人脫離訴訟者❶。其中，關於因訴訟委任之終止而生行政訴訟代理權之消滅，行政訴訟法第五十四條又分別規定為：

1.訴訟委任之終止係由當事人為之者，應以書狀提出於行政法院，由行政法院送達於他造，始生終止之效力。於未通知他造前，他造對訴訟代理人所為訴訟行為，仍對當事人發生效力。

2.訴訟委任之終止，係由訴訟代理人終止者，則訴訟代理人自向委任之當事人為終止之意思表示之日起十五日內，仍應為防衛本人權利所必要之行為，使委任之當事人有充分之時間緩衝，免受不當損害。

又依行政訴訟法第五十三條規定，訴訟代理權不因本人死亡、破產或訴訟能力喪失而消滅。法定代理權有變更或機關經裁撤、改組者，亦同。之所以如此規定者，學者認定是基於謀求訴訟程序之迅速圓滑進行，另一方面係因訴訟代理人委由律師擔任，對於訴訟有整體之了解，且具有專業智識並受職業道德之規範，委任事務目的範圍亦屬明確，對於委任人或其繼承人利益之侵害顧慮較少之緣故❶。

第九節　訴訟輔佐人

第一項　訴訟輔佐人之意義

訴訟輔佐人乃行政訴訟當事人、行政訴訟代理人以外之第三人，經審判長之許可或命令，於期日由當事人或訴訟代理人偕同到場，輔佐當事人或訴訟代理人者。

訴訟輔佐人之產生，依行政訴訟法第五十五條第一項、第二項之規定為：

1.經審判長之許可，於期日由當事人或訴訟代理人偕同到場而為訴訟行為之輔佐者。

2.審判長認為必要時，命當事人或訴訟代理人偕同到場而為訴訟行為

---

❶　陳計男，上揭書，頁 141–143。

❶　同上註，頁 141。

之輔佐者。

依此規定，訴訟輔佐人須經審判長之許可，僅在期日內始能存在，且須由當事人或訴訟代理人偕同到場才可，故其非行政訴訟當事人，也非行政訴訟代理人。

行政訴訟法之所以在建立訴訟代理制度之外，又設行政訴訟輔佐人制度，乃因行政訴訟事件所涉及的事物非常廣泛，有時涉及專門技術或知識經驗，而非當事人或一般訴訟代理人所擁有或知悉。為了彌補當事人或訴訟代理人在專門技術、知識經驗或陳述能力之不足，行政訴訟法乃建構了行政訴訟輔佐人制度，由法院斟酌許可或以命令方式，使具有專門技術、知識經驗或特殊陳述能力之人，於期日偕同出庭，以促進訴訟程序之順利進行，保護當事人之利益。

第二項　訴訟輔佐人之權限

訴訟輔佐人之功能只是為輔佐當事人或訴訟代理人，但其並非是當事人或訴訟代理人之發言機關。因此，為了輔佐當事人或訴訟代理人，得為當事人或訴訟代理人在期日內所得為之一切訴訟行為，例如應受判決事項之聲明、事實主張、證據抗辯、甚至訴訟標的之捨棄或認諾等。

訴訟輔佐人之所以有上述權限的理由，主要是因為訴訟輔佐人為訴訟行為時，必須有當事人或訴訟代理人在場始有效力，而當事人或訴訟代理人如認為輔佐人之行為不當或對當事人不利，自可即時撤銷或加以更正使其失效，故當不會有損害當事人利益之虞。如當事人或訴訟代理人不即時撤銷或更正輔佐人之行為者，依行政訴訟法第五十六條準用民事訴訟法第七十七條規定，則視為當事人或訴訟代理人所自為。又行政法院認為輔佐人不適當時，依行政訴訟法第五十五條第三項規定，得撤銷其許可或禁止輔佐人續為訴訟行為，而剝奪輔佐人之訴訟權限。

第五篇
行政訴訟文書、
時期與費用論

第一章　概　說

　　行政訴訟法第一編共分四章，其中第一章規定行政訴訟事件，屬於行政訴訟客體之規範。第二章行政法院、第三章當事人則為行政訴訟主體之規範。至於第四章之章名，行政訴訟法規定為訴訟程序，但就其各節內容規定以觀，實為行政訴訟文書、送達、行政訴訟期日、期間與行政訴訟費用之規定，名實並不相符。立法者為何使用此章名，殊難索解。茲為名實相符簡明起見，將行政訴訟法第五十七條至第一〇四條規定，分成行政訴訟之文書、行政訴訟之時期、行政訴訟卷宗與行政訴訟之費用等四章說明於次。

第二章　行政訴訟之書狀

第一節　當事人書狀之意義

當事人向行政法院為訴訟行為，不論是聲明或陳述，依行政訴訟法之規定，有應以書狀為之者❶，有應以言詞為之者❷，有任以書狀或言詞為之均可者❸。其以言詞為之者，依行政訴訟法第六十條規定，得於行政法院書記官前，以言詞為聲明或陳述，由書記官作成筆錄代書狀之提出。

為使訴訟關係明確化、可查閱化，行政訴訟法乃在第五十七條至第六十條，就當事人以書狀或言詞為聲明或陳述時，所應遵守之一般事項加以規範。而條文中所稱書狀係採廣義見解，包括代替當事人書狀而由行政法院書記官所作成之筆錄。又當事人以外之訴訟關係人，向行政法院聲明或陳述者，學者認以參照當事人書狀之規定辦理為宜❹。

行政訴訟法因書狀應記載事項之不同，有分為一般書狀及特種書狀者❺。其中，一般書狀係規定於行政訴訟法第五十七條，而特種書狀如參加訴訟書狀、起訴狀、上訴狀、再審之訴狀，聲請重新審理狀等則分別規定於行政訴訟法第四十三、一○五、二四四、二七七、二八六條等條文中。

---

❶ 如參加訴訟、告知訴訟、終止訴訟委任之通知、聲請回復原狀、聲明承受訴訟、起訴、準備言詞弁論之陳述、訴及上訴之撤回、上訴、上訴理由及答辯、抗告及抗告之撤回、提起再審之訴、聲請重新審理、聲請假扣押、假處分等均應以書狀為之。

❷ 如行政訴訟法第 122 條第 2 項、第 3 項規定，當事人應就訴訟關係為事實上及法律上之陳述，並不得引用文件以代言詞陳述。

❸ 如簡易訴訟事件之起訴及其他期日外聲明或陳述，得以書狀或言詞為之。

❹ 陳計男，《行政訴訟法釋論》，頁 245。

❺ 林清祥，〈訴訟程序〉，翁岳生主編，《行政訴訟法逐條釋義》，頁 315–316。

第二節　當事人書狀應記載事項

行政訴訟法第五十七條規定了當事人書狀應記載事項，此為各種書狀共同應記載之事項。為使其具有法定拘束力，行政訴訟法第五十八條更規定，當事人、法定代理人、代表人、管理人或訴訟代理人應於書狀內簽名或蓋章，其以指印代簽名者，應由他人代書姓名，記明其事由並簽名。之所以如此一一列舉明文規定，乃是要使行政訴訟之關係明白化，並由各訴訟關係人明示負擔書狀撰寫責任。

行政訴訟法第五十七條所規定應記載事項為九款，茲依序說明於次：

一、當事人姓名、性別、年齡、身分證明文件字號、職業及住居所；當事人為法人、機關、或其他團體者，其名稱及所在地事務所或營業所

所謂當事人姓名，指依姓名條例第二條規定之本名。年齡指依民法第一二四條規定週年法計算之年齡。身分證明文件字號，指身分證之統一編號或護照號碼。職業指現在之職業。當事人為法人、機關、住所、居所、所在地、事務所、營業所之意義均詳行政訴訟法第十三條所述。其他團體，指有當事人能力之非法人團體而言，例如行政訴訟法第二十五條規定之受託團體、第二十七條規定之非法人團體[6]。

二、有法定代理人、代表人或管理人者，其姓名、性別、年齡、身分證明文件字號、職業、住所或居所，及其與法人、機關或團體之關係

所謂法定代理人，指代理人之代理權，凡非基於當事人本人意思而生者，無論係依法律之規定，或由行政法院或其他機關或第三人之選任，均為法定代理人。代表人係指法人、機關或其他團體之自然人代表。管理人係指未設代表人之法人、機關或其他團體之管理人。姓名、年齡、身分證明文件字號、職業、住所或居所之意義，均如前述。又所謂其與法人、機關或團體之關係，此乃基於行政訴訟之特質，使行政法院知悉該法定代理

---

[6]　同上註，頁 316；陳計男，上揭書，頁 246–247。

人、代表人或管理人之身分、地位❼。

三、有訴訟代理人者，其姓名、性別、年齡、身分證明文件字號、職業、住所或居所

所謂訴訟代理人，依行政訴訟法第四十九條之規定，原則上採強制律師代理主義，非律師在法定情形，亦得為訴訟代理人，故於委任訴訟代理人時，當事人應於書狀記載訴訟代理人之姓名、性別、年齡、身分證明文件字號、職業、住所或居所。

四、應為之聲明

所謂應為之聲明，即對於行政法院請求為一定行為之意思表示。換言之，為當事人請求之目的，與行政訴訟法第一○五條第一項第二款起訴聲明同。如係聲請，則係屬於其他之請求。應為聲明非僅訴狀記載之問題，尚且涉及當事人請求裁判之範圍。因此，行政訴訟中不論形成之訴、給付之訴或確認之訴等，皆應記載應為之聲明，使行政訴訟對造或其他當事人得以爭辯，而行政法院得據以為審判。

五、事實上及法律上之陳述

所謂事實上及法律上之陳述，係指當事人為支持其聲明，即請求目的，陳述有利於己之事實及適用法律上之意見，希望行政法院依其聲明而為裁判。原告之主張或被告反訴理由所為之主張，稱之為攻擊方法；被告之答辯或原告就反訴所為之答辯，稱之為防禦方法。

六、供證明或釋明用之證據

所謂供證明或釋明之證據，即記載以何項材料供證據之用。證明者，當事人提出證據，使行政法院得極強之心證，信其確係如此之謂。釋明者，當事人提出能即時調查之證據，使行政法院得較弱之心證，信為大概如此

---

❼ 林清祥，〈訴訟程序〉，上揭書，頁316。

之謂。故行政訴訟法第一七六條準用民事訴訟法第二八四條規定，當事人應釋明其事實上之主張者，只提出可使法院信其主張大概屬實之證據為已足。至於證據之意義，則依行政訴訟法第一三三條至第一七六條規定。可供證據之材料，為證人之證言、鑑定人之意見、專業學術研究人員之徵詢意見、證書及與證書效用相同之物件、勘驗之標的物等，行政訴訟法就此等證據材料，皆稱為證據。

七、附屬文件及其件數

附屬文件及其件數，例如記載添具書狀之證書原本、繕本、影本或節本，及圖案、表冊等若干件等是。

八、行政法院

行政法院，指書狀所遞交之高等行政法院或最高行政法院。

九、年、月、日

所稱年、月、日，係指書狀作成之年月日。為計算是否合法依限提出書狀之重要記載。

第三節　當事人書狀之簽名

行政訴訟法第五十八條規定：「當事人、法定代理人、代表人、管理人或訴訟代理人應於書狀內簽名或蓋章；其以指印代簽名者，應由他人代書姓名，記明其事由並簽名。」此一規定甚為重要，也曾發生法律問題而由最高行政法院九十九年六月份庭長法官聯席會議於民國九十九年六月十五日針對下列問題加以研討並作出以下決議，即：「當事人為機關之案件，該機關於委任訴訟代理人之委任書，蓋用機關印信及機關首長職章，此一委任行為之程式是否合法？

甲說：不合法。依行政訴訟法第五十八條規定，代表人應於書狀內簽名或蓋章，行政機關之代表人仍應於書狀內簽名或蓋私章（本院九

十年十一月份聯席會決議參照）。當事人為機關之案件，該機關於委任訴訟代理人之委任書，如僅蓋用機關印信及機關首長職章，而未由機關首長簽名或蓋私章者，則此一委任行為之程式為不合法。

乙說： 合法。依行政訴訟法第五十八條規定，代表人應於書狀內簽名或蓋章，行政機關之代表人仍應於書狀內簽名或蓋私章（本院九十年十一月份聯席會決議參照），係就當事人書狀之形式所為之規定及決議。惟依司法院院字第二四七八號解釋：『民事訴訟法第六十九條（行政訴訟法第五十條參照）之委任書，為證明授與訴訟代理權之文書，……委任書為民事訴訟法所稱書證之一種，而非同法所稱之當事人書狀……』。當事人為機關之案件，該機關委任訴訟代理人之委任書，應無行政訴訟法第五十八條規定及前開本院決議之適用。該委任書如已蓋用機關印信及機關首長職章者，依公文程式條例第三條規定，已得認機關首長有代表機關為該委任行為之意思，故雖未由機關首長簽名或蓋用私章，其程式應為合法。

決議： 採乙說。」

第四節　當事人書狀之代替

當事人之聲明或陳述，固以使用書狀為原則，但例外亦允許以言詞為之。行政訴訟法第六十條第一項即規定，「於言詞辯論外，關於訴訟所為之聲明或陳述，除依本法應用書狀者外，得於行政法院書記官前以言詞為之。」此一規定乃在便利當事人，避免其勞費，使其得以筆錄代替書狀而為聲明或陳述。

但為昭公信，代替書狀之筆錄，依行政訴訟法第六十條第二項之規定，應由行政法院書記官作成筆錄，並於筆錄內簽名。

又書狀應記載之事項，代替書狀之筆錄亦應同樣記載，而書狀應添具之文書原本、繕本或影本，代替書狀之筆錄亦應同樣添具。為使代替書狀

之筆錄，不失其在訴訟上功能，行政訴訟法第六十條第三項乃規定準用行政訴訟法第五十七條及民事訴訟法第一一八條至第一二○條之規定。

第五節　當事人書狀之提出及閱覽

為減少繁瑣條文，行政訴訟法乃就性質上不與行政訴訟相牴觸之民事訴訟法條文，加以準用。因此，在行政訴訟法第五十九條中規定書狀及其繕本之提出準用民事訴訟法第一一九條之規定，即書狀及其附屬文件，除提出於法院者外，應按應送達之他造人數，提出繕本或影本。而繕本或影本與書狀有不符時，以提出於法院者為準。

值得注意的是，民國九十九年一月十三日修正之行政訴訟法第五十九條又將準用民事訴訟法之規定，增列一條，即民事訴訟法第一一六條第三項，其修正理由為：「隨著科技之進步，以電信傳真或其他科技設備傳送文書，已日漸普遍，民事訴訟法第一百十六條第三項關於當事人得以電信傳真或其他科技設備將書狀傳送於法院，效力與提出書狀同之規定，應可為行政訴訟法所準用，爰增列之。」

又書狀內若有引用當事人所執有之文書者，依行政訴訟法第五十九條準用民事訴訟法第一一八條第一項規定，應添具該文書原本或繕本或影本；其僅引用一部分者，得只具節本，摘錄該部分及其所載年、月、日並名押、印記；如文書係他造所知或浩繁難以備錄者，得只表明該文書。

若當事人於書狀內引用非其所載之文書或其他證物者，依行政訴訟法第五十七條準用民事訴訟法第一一八條第二項規定，應表明執有人姓名及住居所或保管之機關；引用證人者，應表明該證人姓名及住、居所。

另為使他造得以知悉當事人提出於法院之附屬文件原本，依行政訴訟法第五十七條準用民事訴訟法第一二○條第一項規定，他造得請求法院同意閱覽[8]。當事人所執原本未經提出者，法院因他造之聲請，應命當事人

---

[8]　相關論文請參閱，謝碩駿，〈「訴訟當事人閱覽卷宗權」與「公文書內容保密」之間的保障衝突——行政訴訟法如何回應此一兩難問題〉，《中研院法學期刊》，第 13 期，2013 年 9 月，頁 111–182。

於五日內提出，並於提出後通知他造。而他造接到法院之通知後，依行政
訴訟法第五十七條準用民事訴訟法第一二○條第二項規定，得於三日內閱
覽原本，並製作繕本或影本。

第六節　當事人書狀之補正

當事人之書狀不合程式或有其他欠缺者，如未記載行政訴訟法第五十
七條或其他法定應於書狀記載之事項，或未依行政訴訟法第五十八條於書
狀內簽名或蓋章，或未依行政訴訟法第五十九條準用民事訴訟法第一一八
條、第一一九條規定添具書證原本、繕本或影本者，或未依司法狀紙規則
使用非定式書狀等，依行政訴訟法第五十九條準用民事訴訟法第一二一條
第一項之規定，審判長應定期命當事人補正。補正之方法，依行政訴訟法
第五十九條準用民事訴訟法第一二一條第二項規定，得將書狀發還；如當
事人住居法院所在地者，得命其到場補正。

書狀之欠缺，經於審判長所定期間內補正者，依行政訴訟法第五十九
條準用民事訴訟法第一二一條第三項規定，視其補正之書狀，與最初提出
同。換言之，補正之書狀，溯及於最初提出時發生效力，與自始無欠缺一
樣有效。

又行政法院之審判長就書狀之欠缺所為命補正之裁定，屬於行政訴訟
法第二六五條之「訴訟程序進行中所為之裁定」，當事人對之不得抗告。

第七節　當事人書狀之送達

第一項　送達之意義

當事人提出書狀或其他訴訟文書後，如何送達他造或其他相關人士，
行政訴訟法乃予以明定，以免無謂爭議。所謂送達，乃指行政法院書記官
依職權，以一定之方式，將訴訟文書，如當事人書狀及其添具文書，或其
他特定事項，傳送到達於特定訴訟當事人或其他關係人之行為也。送達，
依行政訴訟法第六十一條規定，為行政法院書記官之法定職權。在性質上，

屬於公權力行使之行為，係一種有強制性的訴訟行為，受送達人有忍受送達之義務，而送達實施機關，只須依法定方式為送達，即生送達之效力。

送達之目的，在於使訴訟當事人或其他關係人有知悉訴訟文書或其他特定事項內容之機會。故行政訴訟法各別在相關條文中規定，行政法院之裁判、處分及當事人之意思表示或陳述等，均應送達於訴訟當事人或其他關係人。

送達固應依照行政訴訟法所規定之種種法定方式，但送達不僅只顧及當事人之方便，亦應顧及行政訴訟之便利進行。故違背行政訴訟法規定之方式而為送達者，只須應受送達人確實收到不為異議責問，即可視為送達瑕疵已補正，仍生送達之效力❾。

第二項　送達之機關

行政訴訟法第六十二條規定，送達由行政法院書記官交執達員或郵政機關行之，是為送達機關之規定。在此規定可以看出，執達員為送達之通常機關，有如行政法院書記官之手腳。執達員為依行政法院組織法第四十七條準用法院組織法第五十三條第一項規定所設置之法定人員，其主要職務為送達文書。不過，因行政法院執達員之員額有限，無法勝任全部送達任務，通常僅就行政法院管轄區域內之一定處所，執行送達任務，其餘多交由郵政機關為送達。

由郵政機關行送達者，依行政訴訟法第六十二條第二項前段規定，以郵務人員為送達人。其具體之郵政機關送達訴訟文書辦法，依行政訴訟法第六十二條第二項後段規定，由司法院會同有關機關，如交通部，定之。值得注意的是，民國九十一年七月十日已由總統令修正公布之郵政法，已將交通部郵政總局所屬郵政機關更名為中華郵政公司，遞送郵件者，除郵政公司外，尚可為受其委託者。是以，將來行政訴訟文書之送達機關，除行政訴訟法第六十二條所規定之郵政機關或改制後之中華郵政公司外，尚有可能為經中華郵政公司所委託之其他民營郵遞公司。不過，在行政訴

❾　林清祥，〈訴訟程序〉，翁岳生主編，《行政訴訟法逐條釋義》，頁319-320。

法未配合郵政法相應修正以前，仍應依照司法院會同有關機關所定之郵政機關送達訴訟文書辦法為之。民國九十九年一月十三日行政訴訟法修正第六十二條時已配合郵政總局之改制而以「郵務機構」代替「郵政機關」為送達機關。且在修正之第六十二條中明文規定郵務機構送達之實施辦法由司法院會同行政院定之。

又送達機關除為行政法院執達員與郵政機關外，行政法院書記官亦得自為送達機關。依行政訴訟法第八十三條準用民事訴訟法第一二六條規定，行政法院書記官，得於法院內，將文書付與應受送達人，以為送達。

第三項　送達之文書

送達之文書，依行政訴訟法第八十三條準用民事訴訟法第一三五條規定，除法律別有規定外，付與該文書之繕本或影本。繕本係指照文書原本內容抄繕之文書，影本係指使用影印機器將文書原本影印而成之文書。民事訴訟法第一三五條原僅規定繕本，民國九十二年一月十四日修正時，增列了「影本」。送達之目的，主要在於使應受送達人知悉訴訟文書之內容，故依法送達文書之繕本或影本均可，不一定要送達文書原本。

不過，法律如有特別規定者，則不可送達繕本或影本。例如行政法院之判決，依行政訴訟法第二一〇條第一項規定，應以正本送達於當事人。又依行政訴訟法第二二一條第三項規定，和解筆錄之送達，應以正本送達於當事人。

第四項　送達之對象

送達，原則上向應受送達之訴訟當事人本人為之。但為兼顧行政訴訟事務之推展，行政訴訟法亦彈性放寬其送達對象之範圍。茲依行政訴訟法之相關規定，分述於次。

一、對於無訴訟能力人為送達者，依行政訴訟法第六十四條第一項規定，應向其法定代理人為之。此一規定並不明確，因如未成年人之當事人，父母均為法定代理人，則送達究應向父母均為送達，或僅向其中一人為之，

乃生疑義。因此，在民國九十九年一月十三日修正行政訴訟法第六十四條第一項規定，即修正為：「對於無訴訟能力人為送達者，應向其全體法定代理人為之。但法定代理人有二人以上，如其中有應為送達處所不明者，送達得僅向其餘之法定代理人為之。」其理由為：「對於無訴訟能力人為送達者，應向其法定代理人全體為之，如有應為送達處所不明者，始得向其餘之法定代理人為之，原規定並不明確，爰參考民事訴訟法第一百二十七條之規定，修正第一項。」又無訴訟能力人為訴訟行為，未向行政法院陳明其法定代理人者，依行政訴訟法第六十四條第四項規定，於補正前，行政法院得向該無訴訟能力人為送達。

二、對於法人、中央及地方機關或非法人之團體為送達者，依行政訴訟法第六十四條第二項規定，應向其代表人或管理人為之。代表人或管理人有二人以上者，依同條第三項規定，得僅向其中一人為送達。

三、對於在中華民國有事務所或營業所之外國法人或團體為送達者，依行政訴訟法第六十五條第一項規定，應向其在中華民國之代表人或管理人為之。代表人或管理人有二人以上者，依同條第二項規定，得僅向其中一人為送達。

四、對於訴訟代理人為送達者，依行政訴訟法第六十六條之規定，訴訟代理人除受送達之權限受有限制外，送達應向該代理人為之。所謂訴訟代理人受送達之權限受有限制係指當事人於委任訴訟代理人時，依行政訴訟法第五十一條第三項規定，於訴訟委任書或筆錄內就代理權設有訴訟代理人受送達訴訟文書之限制者。訴訟代理人有數人時，依行政訴訟法第五十二條規定，僅向其中一人為之，即生效力。又行政訴訟案件之審判長認為必要時，依行政訴訟法第六十六條但書規定，得命送達於當事人本人，而不將訴訟文書送達於訴訟代理人。

五、對於送達代收人之送達，依行政訴訟法之規定，計有三種情形，即：

1.訴訟當事人或訴訟代理人任意指定之送達代收人

行政訴訟法第六十七條第一項規定，當事人或代理人經指定送達代收

人，向受訴行政法院陳明者，應向該代收人為送達。但審判長認為必要時，得命送達於當事人本人。送達代收人之資格，行政訴訟法並未設有特別規定，而代收送達行為亦非訴訟行為，故代收送達人不必具備訴訟能力，但須具有識別能力，以能了解代收送達之意識即可。

2.依審判長之命而指定之送達代收人

行政訴訟法第六十七條第二項規定，當事人或代理人於受訴行政法院所在地無住居所、事務所及營業所者，審判長得命其於一定期間內，指定送達代收人。若未遵審判長裁定期間指定送達代收人並向受訴行政法院陳明者，行政法院書記官依行政訴訟法第六十七條第三項規定，得報經審判長許可，將應送達之文書，註明該當事人或代理人之住居所、事務所或營業所，交付郵務機構以掛號發送，以交付文書時視為送達之時。又當事人未於裁定期間內指定送達代收人向受訴行政法院陳明者，其後仍可否指定送達代收人？學者採肯定見解，認為一經指定送達代收人並向受訴行政法院陳明後，即生指定送達代收人之效力❿。此一說法應予贊同。

3.依法應指定之送達代收人

行政訴訟法第六十九條規定，當事人或代理人於中華民國無住居所、事務所及營業所者，應指定送達代收人向受訴行政法院陳明。如未依法為送達代收人之指定者，行政法院依行政訴訟法第七十條之規定，得將應送達之文書交付郵務機構以掛號發送⓫。

另送達代收人經指定陳明後，依行政訴訟法第六十八條規定，其效力及於同地之各級行政法院。但該當事人或代理人別有陳明者，不在此限。

六、涉及商業之訴訟事件之送達，依行政訴訟法第八十三條準用民事訴

---

❿　陳計男，上揭書，頁257。

⓫　行政訴訟法第70條對此付郵送達並未如同法第67條第3項，規定以文書交付郵政機關時視為送達之時，似為立法遺漏。在解釋上，應認與同法第67條第3項之規定相同，以交付文書時視為送達之時。林清祥，上揭書，頁327。

訟法第一三一條規定，得向經理人為之。蓋因依民法第五五五條之規定，經理人就所任之事務，視為有代理商號為原告或被告或其他一切訴訟上行為之權，故商號應受送達之文書，如屬於商業之訴訟事件者，當可向經理人為之。

第五項　送達之方法

送達之方法，依行政訴訟法之相關規定，可分為自行交付送達、間接交付送達、寄存送達、留置送達、囑託送達、公示送達及前述依行政訴訟法第六十七條及第七十條所為之付郵送達。付郵送達前已述及，以下僅就尚未述及之送達方法說明之。

一、自行交付送達

自行交付送達係指送達機關將應行送達之文書，自行送交於應受送達人之謂。行政訴訟法第七十六條即規定，行政法院書記官得於法院內將文書付與應受送達人。

二、間接交付送達

送達原則上應向應受送達人本人直接為之。但有時不能會晤應受送達人本人而無法由行政法院書記官或執達員自行交付於本人。因此，行政訴訟法第七十二條第一項規定，送達於應受送達人之住居所、事務所或機關所在地而不獲會晤應受送達人者，得將文書付與有辨別事理能力之同居人[12]、受雇人或願代為收受而居住於同一住宅之主人。此即學理上所謂之間接送達，或稱補充送達[13]。

又應受送達人之住居所、事務所或機關所在地之接收郵件人員，如公寓大廈僱用之管理員，依行政訴訟法第七十二條第二項規定，視為同居人

---

[12]　最高行政法院 97 年裁字第 2140 號裁定謂：「行政訴訟法第 72 條第 1 項所謂『同居人』，係指與應受送達人居住在同一處共同為生活者而言，不以具有親屬關係或以永久共同生活為必要。」

[13]　陳計男，上揭書，頁 258–259；林清祥，上揭書，頁 328–330。

或受僱人，亦可對之間接交付送達。但如接受郵件人員與應受送達人並無同居人或受僱人之關係，自無代收行政訴訟文書之權，若對之為送達，該送達則為不合法❶。

但若同居人、受僱人、居住於同一住宅之主人或接收郵件人員為行政訴訟他造當事人者，依行政訴訟法第七十二條第三項規定，不得為間接交付送達，蓋恐他造當事人收受訴訟文書後，會有不予轉交之道德風險發生，而使應受送達人未能收到應受送達之文書。

三、寄存送達

如不能依自行交付送達或間接交付送達時，行政訴訟法第七十三條乃規定，得將文書寄存於送達地之自治或警察機關。此即為學理上所稱之寄存送達❶。

寄存送達，依行政訴訟法第七十三條第一項規定，應作送達通知書二份，一份黏貼於應受送達人住居所、事務所或營業所門首，一份交由鄰居轉交或置於應受送達人之信箱或其他適當之處所，以為送達。此項規定與民事訴訟法第一三八條第一項之規定大致相同。因此，民事訴訟司法實務上相關判例亦應可適用到行政訴訟上。例如最高法院六四年臺抗字第四八一號判例，即謂：「民事訴訟法第一百三十八條所規定之寄存送達，限於不能依同法第一百三十六條及第一百三十七條規定行送達者，始得為之，設其送達之處所，雖原為應受送達人之住居所，事務所或營業所，而實引上已變更者，該原住居所，事務所或營業所，即非應為送達之處所，自不得於該原處所為寄存送達，又依第一百三十八條之規定為寄存送達，除須將

---

❶ 如財政部將訴願決定書送達於承租原告房屋之太平洋大飯店,行政法院認原告與太平洋大飯店並無同居人或受僱人之關係,將訴願決定書交付與太平洋大飯店簽收,送達顯不合法。最高行政法院編印,《最高行政法院裁判書彙編》,民國 89 年, 第一冊, 頁 1–0118。

❶ 自治機關或警察機關,實務上係指鄉里長辦公處、鄉鎮公所或警察派出所而言。陳計男, 上揭書, 頁 259–260; 林清祥, 上揭書, 頁 330–332。

應送達之文書寄存送達地之自治或警察機關外，並須製作送達通知書，記明寄存文書之處所，黏貼於應受送達人住居所，事務所或營業所門首，俾應受送達人知悉寄存之事實，前往領取，二者缺一均不能謂為合法之送達。」又最高法院四十一年臺抗字第五九號判例亦謂：「民事訴訟法第一百三十八條規定，送達不能依前二條規定為之者，得將文書寄存送達地之自治或警察機關，並作送達通知書，黏貼於應受送達人住居所、事務所或營業所門首，以為送達。故為寄存送達者，除須具有不能依前二條為送達之情形外，並須作送達通知書，黏貼於應受送達人住居所、事務所或營業所門首，始有送達之效力。」❶ 就此，大法官釋字第六六七號解釋認定，訴願法第四十七條第三項準用行政訴訟法第七十三條，關於寄存送達於依法送達完畢時，即生送達效力部分，尚與憲法第十六條保障人民訴願及訴訟權之意旨無違。

　　寄存送達，在以郵務人員為送達人者，依行政訴訟法第七十三條第二項之規定，得將文書寄存於附近之郵務機構。

　　寄存送達之生效日期為何？民國九十九年一月十三日修正行政訴訟法時增訂第三項加以規範，即：「寄存送達，自寄存之日起，經十日發生效力。」其增訂理由為：「行政訴訟文書寄存送達之生效日期，應無與民、刑事訴訟文書為不同處理之必要。而民事訴訟法第一百三十八條之規定於修正後增訂第三項，規定寄存送達，自寄存之日起，經十日發生效力，爰參照增訂之，並列為第三項，期臻一致。」

　　寄存之文書，依行政訴訟法第七十三條第四項之規定，自寄存之日起，寄存機關應保存二個月。此一規定為民國九十九年一月十三日修正行政訴訟法時，由原規定之三個月減為二個月，其修正理由為：「原第三項規定寄存之文書，寄存機關應自寄存之日起，保存三個月。惟民事訴訟法第一百三十八條第三項之保存期間規定為二個月，而刑事訴訟法第六十二條亦明定準用民事訴訟法上開規定，為避免寄存機關之困擾，爰修正本項之保存期間為二個月，並將寄存『機關』增列『或機構』。又本項關於保存期限二個月屆滿後，為避免寄存機關或機構之困擾以及實務上運作方便，以送還

❶　汪宗仁，《行政訴訟法論》，頁 101–102。

法院保管為宜。」

四、留置送達

應受送達人拒絕收領而無法律上理由者，依行政訴訟法第七十四條第一項之規定，應將文書置於送達處所，以為送達。如有難達留置情事者，依同條第二項之規定，可準用行政訴訟法第七十三條關於寄存送達之規定。

民、刑訴訟實務上之判例，學者亦引為行政訴訟可參用者。例如最高法院四十四年臺上字第二七一號判例之意旨：「上訴人因業務上侵占案件，經原審指定民國四十三年十二月二十八日為審判期日，其傳票並非在三日前送達，而係於期前一日之同月二十七日留置送達，已難謂為業經合法傳喚，且曾據上訴人之叔以上訴人早已他往未歸，狀請展期，如果非虛，則其奉傳不到，更難謂無正當理由，原審未予調查，即不待其到庭陳述而逕行審判，自非於刑事訴訟法第三百七十一條第六款之規定無違。」又如最高法院十九年抗字第八〇二號判例意旨：「應受送達人拒不收受判決，而法院未為留置送達，而竟以公示送達為之，其所踐送達程序顯非合法，即其判決當然尚無確定力之可言。」 **⓱**

五、囑託送達

送達文書之地，若不屬受訴行政法院之管轄地區，或應受送達人之身分或特殊情況，則送達事項，亦不宜由受訴行政法院實施。此時，宜囑託其他有權機關代為送達。此種送達方法，學理上稱之為囑託送達 **⓲**。

囑託送達，依行政訴訟法之規定，有下列幾種情形，茲分述於次：

1.法院相互間之囑託送達

行政訴訟法第六十三條規定，行政法院得向送達地之地方法院為送達之囑託。

⓱ 同上註，頁 101；陳榮宗、林慶苗著，《民事訴訟法（下）》，頁 488。

⓲ 林清祥，上揭書，頁 321、334–336。

2. 於外國或境外為送達者之囑託送達

行政訴訟法第七十七條第一項規定，於外國或境外為送達者，應囑託該國管轄機關或駐在該國之中華民國使領館或其他機構、團體為之。如不能依此項規定辦理者，同條第二項乃規定，行政法院得將應送達之文書，交付郵務機構以雙掛號發送，以為送達。於此所謂外國，係指本國以外，其他主權獨立之國家。而所謂境外乃指非屬外國而屬於國境之外地區，係為解決大陸地區與國際間託管地區之送達問題**⑲**。

3. 對駐外人員為送達者之囑託送達

行政訴訟法第七十八條規定，對於駐在外國之中華民國大使、公使、領事或其他駐外人員為送達者，應囑託外交部為之。對此些人員之送達，既不能派人到海外為送達，亦不宜依行政訴訟法第七十七條規定囑託送達或付郵送達，故囑託監督駐外人員之外交部為送達，較為適當。此一規定，學者認為僅限對於大使、公使、領事或其他駐外人員有其適用，至於上述人員之家屬或隨從等，則應依行政訴訟法第七十七條之規定為囑託送達**⑳**。

4. 對服役軍人為送達者之囑託送達

行政訴訟法第七十九條規定，對於在軍隊或軍艦服役之軍人為送達者，應囑託該管軍事機關或長官為之。

5. 對在監所人為送達者之囑託送達

行政訴訟法第八十條規定，對於在監所人為送達者，應囑託該監所長官為之。所謂監所、在監所人與監所長官，依學者意見，「包括監獄、看守所、觀護所、管收所，即軍人監獄或軍法看守所，亦此所謂監所。若因違警行為，被拘留於警察局之拘留所，則非此所謂監所。又於監所服務之人

---

⑲　同上註，頁 334–335。

⑳　同上註，頁 335。

員，自不屬監所之人。所謂監所長官指典獄長或所長而言，惟通常情形，此項送達，均係由監所收發人員或主辦此項事務人員收受，此時可視該收發人員或主辦事務人員為該監所長官之機關，仍認為係該管長官親自收受。」**❶**不過，訴訟文書仍須實際送達於監所之人，始能認其有送達之效力。

又依行政訴訟法第八十三條準用民事訴訟法第一四八條規定，受囑託之機關或公務員，經通知已為送達，或不能為送達者，行政法院書記官應將通知書附卷；其不能為送達者，並應將其事由通知使為送達之當事人。

六、公示送達

1. 公示送達之意義

公示送達者乃行政訴訟法上訴訟文書之送達方法，乃應送達之訴訟文書，不能直接交付於應受送達人，也不能使用上述之補充、寄存、留置或囑託等送達方法送達時，行政訴訟法乃特別規定在一定的要件下依當事人聲請或由行政法院依職權，經依程式公告一定期間，應受送達人縱未收受訴訟文書，亦視為已有送達之效力。學說上乃稱之為擬制送達**❷**。

2. 公示送達之要件

公示送達依行政訴訟法第八十一條規定，有下列要件，即：

(1)須對於當事人之送達

公示送達須對於當事人為之，而當事人之意涵依行政訴訟法第二十三條規定，包括參加訴訟之人。對訴訟代理人是否可為公示送達？學者意見不一，有採肯定說者**❸**，有採否定說者**❹**。筆者認為依行政訴訟法第八十

---

❶ 同上註，頁 336。

❷ 同上註，頁 337。

❸ 陳計男，上揭書，頁 261。

❹ 否定說者認對法定代理人、代表人、管理人或訴訟代理人均不許為公示送達。林清祥，上揭書，頁 337–338。

一條之明文，當以否定說為當。至於其他訴訟關係人如證人、鑑定人等，學者認為，不得用公示送達方法為送達**㉕**。

(2)須有行政訴訟法第八十一條各款情形之一者

　　a.須應為送達之處所不明者：應為送達之處所不明者，乃指當事人之住居所、營業所、事務所或其他應為送達之處所不明，不能以其他送達方法為之者。所謂送達處所不明，不以聲請人或行政法院書記官主觀認為不明，即謂係不明，就送達處所不明之事實，除應由聲請公示送達之聲請人負舉證之責，由法院斟酌其聲請應否准許外，行政法院亦應責成書記官依職權向相關單位函查當事人住居所、營業所、事務所或其他為送達之處所，確認為不明時，始得為公示送達。若當事人明知他造之住居所，卻故稱不明而聲請公示送達者，則訴訟程序即有瑕疵，若經判決確定，對造當事人仍得依行政訴訟法第二七三條第一項第六款之規定，以再審之訴聲明不服。又對居住於大陸地區之當事人為送達者，因臺灣地區與大陸地區人民關係條例第八條之規定，得囑託或委託同條例第四條之機構或民間團體為之，自不得指稱送達之處所不明而聲請對之為公示送達**㉖**。

　　b.於有治外法權人住居所或事務所為送達而無效者：依行政訴訟法第八十一條第二款規定，當事人如住居於有治外法權人之住居所或事務所，非得有治外法權者之同意，即不能對之為送達，於其拒絕在住居所或事務所接受送達，並於依囑託外交部為送達亦無效時，自應許為公示送達。又學者認為，於有治外法權人之住居所或事務所為送達之應受送達人，不以有治外法權人為限，居住於大使館或大使官邸之受雇人，如涉訟時，亦應有本款公示送達之適用**㉗**。此在法條上雖未明文，但解釋上應當如此。

　　c.須於外國為送達，不能依行政訴訟法第七十七條之規定辦理或預知雖依該條規定辦理而無效者：於外國送達時，依行政訴訟法第七十七條之規定應囑託該國管轄機關或駐在該國之中華民國大使、公使、領事或其他

㉕　陳計男，上揭書，頁 261。

㉖　同上註，頁 262。

㉗　同上註。

駐外人員為之，如該外國與我國並未締結法律協助之國際條約，又無大使、公使、領事或其他駐外人員駐在該國，或與我國無外交關係者，即屬無法送達。又該外國正值戰亂，或有 SARS 災疫，處於無從通郵狀況，因而預知雖依行政訴訟法第七十七條規定辦理，亦屬無效者，應准為公示送達，以資解決。

⑶須有當事人之聲請或由行政法院依職權為之

為公示送達之聲請，依行政訴訟法第六十條規定，得以言詞或書狀向受訴行政法院為之。由於行政訴訟法第八十三條並未準用民事訴訟法第一四九條關於公示送達之規定，故行政法院如認公示送達之聲請有理由，即應為公示送達，不必另為准許之裁定❷。公示送達如不合法或無理由，行政法院自得以裁定駁回，但對此駁回，因行政訴訟法第二六五條之規定❷，不得為抗告，此與民事訴訟法第一四九條第二項明文規定得為抗告者，又有不同。

又行政法院在有行政訴訟法第八十一條之三種事由情形時，在無人聲請公示送達時，亦得不受限制的依職權為公示送達，此與民事訴訟法第一四九條所設法院須在若干限制下，才得依職權為公示送達之規定，也不相同。

3.公示送達之方式

因行政訴訟法第八十三條準用民事訴訟法第一五一條之關係，公示送達之方式乃公示送達應由法院書記官保管應送達之文書，而於法院之牌示處黏貼公告，曉示應受送達人得隨時向其領取。但應送達者，如係通知書，應將該通知書黏貼於牌示處。除前項規定外，法院應命將文書之繕本或節本，登載於公報或新聞紙，或用其他方法通知或公告之。司法實務上以上

---

❷ 民事訴訟法第 149 條第 1 款規定有：「……受訴法院得依聲請，准為公示送達……」，但行政訴訟法第 81 條則無此類示規定。

❷ 該條規定：「訴訟程序進行中所為之裁定，除別有規定外，不得抗告。」因行政訴訟法對駁回公示送達裁定，未別有規定，故不得為抗告。

述兩者必須兼備，苟缺其一，即不生公示送達之效力❸，此對於當事人權益之保護，自較周全。又依行政訴訟法第八十三條準用民事訴訟法第一五三條規定，為公示送達者，法院書記官應作記載該事由及年、月、日、時之證書附卷，以昭慎重。民國九十九年一月十三日修正行政訴訟法時對於公示送達之方式，於行政訴訟法第八十三條中增訂了準用民事訴訟法第一五三條之一的規定，其增訂理由為：「為配合現代科技發展，加速訴訟文書之傳送，以促進訴訟之進行，民事訴訟法增訂第一百五十三條之一關於訴訟文書得以電信傳真或其他科技設備傳送之規定，應可為行政訴訟法所準用，爰增列之。」

4.公示送達之生效

公示送達為擬制送達而非真實送達，故無法如通常送達一樣可自應受送達人收受時起，發生送達之效力。因此，行政訴訟法特別於第八十二條規定公示送達效力發生時期，以求訴訟順利進行與保護應受送達人之權益。依該條規定，公示送達之生效，有三種情形：

(1)經二十日發生效力者

公示送達，自將公告或通知書黏貼牌示處之日起，其登載公報或新聞紙者，自最後登載之日起，經過二十日，生送達效力。是不問應受送達人知悉送達與否，亦不問其何時知悉，經二十日後，視為已有送達。學者認為，在此期間內，縱該文書有由牌示處脫落或除去情事，並不影響送達之效力。另外，應受送達人已知悉公示送達之情事，並依公告之曉示，向行政法院書記官領取應送達之文書，其發生效力時期，究應以實際領取文書之時為據，抑或仍依上述法定時期為準，學者認為，應分別情形而論；如應受送達人於上開發生效力時期以前，向行政法院書記官領取應受送達之文書者，為免訴訟拖延，且其既已向行政法院書記官領取文書，亦無庸再賦與二十日期間利益之必要，故應以實際收受文書之時，為送達之時。若已在上述法定發生效力時期以後，始向行政法院書記官領取應受送達文書，

---

❸　75 年臺抗字第 183 號判例。

為貫徹公示送達之效力，應仍以本條法定發生效力時期為準，不問實際收受文書究在何時。當然，應受送達人雖知悉公示送達之情事，惟並未依公示送達公告之曉示，向行政法院書記官領取應送達之文書，則其效力發生之時期應依行政訴訟法第八十二條規定❸。

(2)經六十日發生效力者

依行政訴訟法第八十一條第三款為公示送達者，經六十日發生效力。應受送達人在外國，交通遙遠，其發生效力之時間自應比受送達人身在國內者較長，使其有獲悉之機會。

(3)翌日起發生效力者

對同一當事人，因以前已有公示送達，即令再經二十日或六十日之期間，其人亦鮮能知悉公示送達之事，為免訴訟延滯，毋庸再給予二十日或六十日期間，故行政訴訟法第八十二條但書明定自黏貼牌示處之翌日起，發生效力。

七、電信傳真或其他科技設備傳送之送達

民事訴訟法於民國八十九年二月修正時新增第一五三條之一，其規定云：「訴訟文書，得以電信傳真或其他科技設備傳送之；其有下列情形之一者，傳送與送達有同一之效力：一、應受送達人陳明已收領該文書者。二、訴訟關係人就特定訴訟文書聲請傳送者。前項傳送辦法，由司法院定之。」

行政訴訟法係修正於民國八十七年，故未有此類規定，但依事理，應宜準用民事訴訟法此一規定。如上所述，民國九十九年一月十三日修正行政訴訟法時乃如本書見解，於第八十三條中，增訂準用民事訴訟法第一五三條之一的規定。

第六項　送達之期間

送達之期間，行政訴訟法第七十五條規定，除由郵政機關行之者外，非經審判長或受命法官、受託法官或送達地地方法院法官之許可，不得於

---

❸　林清祥，〈訴訟程序〉，上揭書，頁 339。

星期日或其他休息日或日出前、日沒後為之。此為重視人民休閒權，保障人民休閒權之規定❸。送達如違反此一規定，應受送達人得拒絕受領。但應受送達人不拒絕受領者，依行政訴訟法第七十五條但書規定，則生送達之效力。嗣後不得再以違反送達期間之規定異議。

又審判長或受命法官、受託法官或送達地地方法院法官許可於星期例假或夜間送達者，依行政訴訟法第七十五條第二項規定，行政法院書記官應於送達之文書內記明。

第七項　送達之處所

送達之處所，依行政訴訟法第七十一條之規定有三，即：

一、送達，於應受送達人之住居所、事務所或營業所行之。但在他處會晤應受送達人時，得於會晤處所行之。

二、對於法人、機關、非法人之團體之代表人或管理人為送達者，應向其事務所、營業所或機關所在地行之。但必要時亦得於會晤之處所或其住居所行之。

三、應受送達人有就業處所者，亦得向該處所為送達。

由以上規定可知，送達處所之規定，是以實質上能送達之處所為首要，而非僅以應受送達人形式之住、居、事務、營業所為已足。

第八項　送達之證書

送達是否合法送達，如無證書，難免爭議。行政訴訟法未自設規定，而於第八十三條規定準用民事訴訟法第一四一條規定，即：

一、送達人應作送達證書，記載下列各款事項並簽名：

1.交送達之法院。

2.應受送達人。

3.應送達之文書。

4.送達處所及年、月、日、時。

---

❸　1948 年 12 月 10 日世界人權宣言第 24 條規定。

5.送達方法。

二、送達證明，應於作就後交收領人簽名、蓋章或按指印；如拒絕或不能簽名、蓋章或按指印者，送達人應記明其理由。

三、送達證書應提出於行政法院附卷。學者認為，送達證書僅為送達之證據方法，故其程式縱有不備，亦非當然無效。如能以送達證書以外之證據方法，證明其送達，亦生送達之效力。又送達證書遺失時，亦得藉證人及其他方法，如郵局之掛號回執，證明送達證書之作成。再送達證書雖為公文書，但如應受送達人能提出確實反證，亦得否定其證據力❸。

送達之證明，除依上述規定作成送達證書外，行政訴訟法第七十六條另規定自行交付送達及付郵送達之證明方式，即：

行政法院書記官於法院內將文書付與應受送達人者，應命受送達人提出收據附卷。

若不能為送達者，依行政訴訟法第八十三條準用民事訴訟法第一四二條規定，送達人應作記載該事由之報告書，提出於行政法院附卷，並繳回應送達之文書。行政法院書記官應將不能送達之事由，通知使為送達之當事人，以便其查報新址或聲請公示送達。行政法院亦得依行政訴訟法第八十一條規定職權為公示送達。

第九項　送達之效力

送達之效力，因送達文書之不同，行政訴訟法在各別條文上規定其效力❹：

一、書狀繕本之送達效力

書狀繕本依法送達，可發生書狀所述訴訟行為應生之效力，如行政訴訟法第五十四條有關訴訟委任之終止、第四十八條準用民事訴訟法第六十六條有關訴訟告知之效力、第一一〇條承當訴訟之效力、第一七六條有關

---

❸ 陳計男，上揭書，頁 266。

❹ 同上註，頁 267–268。

證據之效力、第一八六條關於訴訟程序停止等種種效力。

二、期日通知書之送達效力

　　送達之文書，如為期日之通知者，則有使受送達人於期日到場之效力。例如，當事人經合法通知而於言詞辯論期日不到場者，除有依行政訴訟法第二一八條規定準用民事訴訟法第三八六條所定之法定事由而延展言詞辯論期日外，行政法院依行政訴訟法第二一八條準用第三八五條規定，得依到場之一造辯論而為判決；兩造均不於言詞辯論期日到場者，依行政訴訟法第一八五條規定，視為合意停止訴訟程序。又如依行政訴訟法第一九四條規定，撤銷訴訟及其他有關維護公益之訴訟，當事人兩造於言詞辯論期日無正當理由均不到場者，行政法院得依職權調查事實，不經言詞辯論，逕為判決等是。另如證人或鑑定人受合法通知之送達而不到場者，除有正當事由外，行政法院依行政訴訟法第一四三條、第一五六條等相關規定，得對證人或鑑定人科以罰鍰，甚或對證人為拘提之處分。

三、裁判書之送達效力

　　裁判書依法送達，則依行政訴訟法第二○八條、二一二條等規定發生裁定與判決之羈束力、確定力，或依行政訴訟法第二四一條規定，生上訴期間起算之效力。

第三章 行政訴訟之時期

第一節 概　說

　　為使行政訴訟有秩序的進行，使當事人在適當時間聚合為訴訟行為及為方便當事人蒐集訴訟資料，準備訴訟行為，行政訴訟法乃有行政訴訟時期之規定，其中一般性的，規定於行政訴訟法第八十四條至第九十四條，其餘特別的規範則散布在各個程序條文中。

　　行政訴訟法第八十四條至第九十四條主要規定了期日與期間等為訴訟行為應遵守之期限及其如何決定、如何計算及其遲誤時之法律效力，茲分節敘述於次。

第二節 期日、期間之意義

　　期日乃是當事人或訴訟關係人聚合為訴訟行為之時期也，如準備程序期日、言詞辯論期日、勘驗期日、或宣示裁判期日等是。期間則是由一定時期繼續至一定時期之謂也。

　　期日與期間並不完全相同，期日為特定之時間點，為不可細分之一定時期，就時間為靜態的描述，有如空間之點，通常以某日、某時、某分定之；期間則為一定的時間線，就時間為動態的描述，有如空間之線，通常以多少日、多少月、多少年定之。期日為行政法院與訴訟關係人聚合為訴訟行為之時期；期間則為訴訟關係人可單獨決定是否為訴訟行為之時期。換言之，在期日，訴訟關係人應在該特定時點為訴訟行為；而在期間，則訴訟關係人可於其時期存續之間之任何時點，為訴訟行為。

第三節 期日、期間之種類

　　依行政訴訟法之規定，期日之種類如第一○九條第一項規定之言詞辯論期日、第一二三條第一項規定之調查證據期日、第一二四條第三項規定

之續行言詞辯論期日、第一三二條準用民事訴訟法第二七三條第一項之準備程序期日、第二〇四條第二項第三項規定之宣示判決期日等。

　　期間之種類，行政訴訟法之規定極多，有為法定期間者，有為由行政法院或審判長、受命法官或受託法官，酌量情形依法裁定之裁定期間，茲各分別說明於次：

一、法定期間

　　法定期間乃是法律所定之期間，亦即在法律上明文規定特定訴訟行為之期間。學理上又可分為不變期間與非不變期間❶。

　　不變期間是指行政訴訟法上特別標明「不變期間」四字之期間。所謂「不變」是指除依訴訟程序停止外，無論任何情事發生，皆不影響其進行，且法院不得裁定延長或縮短之期間。例如行政訴訟法第一〇六條第一項規定之「撤銷訴訟之提起，應於訴願決定書送達後二個月之不變期間內為之」。與此類同之不變期間如行政訴訟法第二四一條規定之上訴期間、第二六八條規定之抗告期間、第二七六條規定之再審之訴期間、第二八四條規定之聲請重新審理期間。

　　非不變期間是指除不變期間以外之法定期間❷，如行政訴訟法第一〇八條第二項之卷證送交行政法院期間、第一一四條之續行訴訟期間，第六十條第三項準用民事訴訟法第一二〇條規定之提出附屬文件原本及閱覽原本期間等是。

　　學者又有將法定期間分為行為期間與猶豫期間❸者。所謂行為期間，乃規定特定訴訟行為須於一定期間內為之者。又可分為當事人或其他訴訟關係人為訴訟行為之期間以及法院職員為訴訟法上行為之職務期間。例如，

---

❶　學者有將之稱為通常期間者，但與不變期間難以對稱，本書偏向使用非不變期間，以利認知。陳計男，上揭書，頁276；林清祥，上揭書，頁341。

❷　此一分類可依行政訴訟法第90條第1項規定導出。該項規定：「期間，如有重大理由得延長或縮短之。但不變期間不在此限。」

❸　猶豫期間之名稱並不妥適，似亦稱為緩衝時間較妥。林清祥，上揭書，頁341。

行政法院宣示判決，依行政訴訟法第二○四條第三項規定，應自辯論終結時起七日內之期間為之。又如行政法院書記官依行政訴訟法第二一○條第二項之規定，應自收領判決原本時起於十日內送達正本。至於猶豫期間乃給予當事人準備訴訟行為之期間，與上述之職務期間或行為期間不同，乃係一種針對特殊情況之緩衝時間，如行政訴訟法第八十九條之在途期間或如行政訴訟法第一○九條第二項之就審期間。

二、裁定期間

裁定期間乃是行政法院或審判長、受命法官或受託法官，得以酌情裁定之期間。例如審判長應定期間命補正能力或代理權之欠缺、或命補正書狀之欠缺、或命補正訴訟合法要件等是。

第四節　期日、期間之決定與計算、伸長或縮短

第一項　期日之決定

期日之決定，依行政訴訟法第八十四條第一項之規定，「除別有規定外，由審判長依職權定之。」所謂別有規定，例如審判長依行政訴訟法第一○九條第一項定言詞辯論期日時並非得任意為之，而是應依同條第二項之規定，使言詞弁論期日距訴狀之送達，除非有急迫情形者外，至少應有十日為就審期間。又期日，除有不得已之情形外，不得於星期日或其他休息日定之。

期日經審判長決定後，依行政訴訟法第八十五條規定，行政法院書記官應作通知書，送達於訴訟關係人。但為求便捷，經審判長面告以所定之期日命其到場，或訴訟關係人曾以書狀陳明屆期到場者，與送達有同一之效力。

行政訴訟法第八十七條另規定，期日，以朗讀案由為始。又期日應為之行為，依同法第八十六條規定，於行政法院內為之。但在行政法院內不能為或為之而不適當者，不在此限。

第二項　期間之決定與計算

期間之決定，依行政訴訟法第八十八條第一項規定，除法定者外，由行政法院或審判長酌量情形定之。

期間決定後，自何時起算？不能沒有規定。就法定期間而言，則依各該法條之規定而為起算。如當事人聲請法官迴避，依行政訴訟法第二十條準用民事訴訟法第三十四條第二項規定，應自聲請之日起算，於三日內釋明之。又如聲請回復原狀之期間，依行政訴訟法第九十一條第一項規定，應自天災或其他不應歸責於己之事因消滅後起算。至於行政法院或審判長裁定期間之計算，依行政訴訟法第八十八條第二項規定，自送達定期間之文書時起算，無庸送達者❹，則自宣示定期間之裁判時起算。

又期間之計算，無論法定期間或裁定期間，行政訴訟法第八十八條第三項規定，均依民法之規定❺。又若當事人不在行政法院所在地住居者，計算法定期間，則依行政訴訟法第八十九條第一項規定，應扣除其在途之期間。但有訴訟代理人住居行政法院所在地，得為期間內應為之訴訟行為者，不在此限。又此應扣除之在途期間，依行政訴訟法第八十九條第二項規定，由司法院定之。至於裁定期間，有無在途期間之扣除？學者認為除該裁定之期間，有明示扣除在途期間者外，無庸扣除在途期間，蓋因行政法院在裁定期間時，應已斟酌之❻。

另依行政訴訟法第九十條第一項規定，期間，如有重大事由，得伸長或縮短之。法律之所以特別如此規定，乃因期間之伸長足以導致訴訟終結之延遲，而期間之縮短，則易導致當事人無法及時為訴訟行為而受到意外之不利益，故以有重大理由為限，始許行政法院或審判長依行政訴訟法第九十條第二項之規定裁定期間之伸長或縮短。

至於不變期間，依行政訴訟法第九十條第一項但書規定，即使有重大

---

❹　如依行政訴訟法第 85 條但書規定無庸送達者是。

❺　請參閱民法第 120 條至第 123 條規定。

❻　陳計男，上揭書，頁 277。

事由，亦不得伸長或縮短之，否則即不得稱為不變期間，也不足以保持訴訟程序之安定。又若法律明文規定不得伸長或縮短之期間，依行政訴訟法第九十一條第二項之規定是，自亦不得伸長或縮短之。

第五節　期日、期間之遲誤效果與救濟

第一項　期日、期間之遲誤效果

期日、期間之決定與規定，有使訴訟程序正常、有效率地進行。當事人或訴訟關係人如有違反，不於期日或期間為其應為之訴訟行為，自應使其承受一定之法律效果。行政訴訟法對此之規定可分為：

一、一般效果

當事人或訴訟關係人遲誤期日、期間，則除法律另有規定外，自不得為在該期日或期間內應為之訴訟行為。又因遲延應為訴訟行為所生之費用，依行政訴訟法第一○四條準用民事訴訟法第八十二條規定，雖該遲延之當事人勝訴，其因延滯而生之費用，行政法院得命其負擔全部或一部。

二、特別效果

因遲誤期日或期間所生之特別效果，行政訴訟法之規定不一，有學者將之分類例示如次❼：

　1.依行政訴訟法第一八五條規定，當事人兩造遲誤言詞辯論期日者，視為發生合意停止訴訟程序之效果。

　2.依行政訴訟法第一八六條準用民事訴訟法第三八五條規定，一造遲誤言詞辯論期日者，發生得由到場之一造辯論而為判決之效果。

　3.依行政訴訟法第一八五條規定，兩造合意停止訴訟程序，而不於合意停止時起四個月內續行訴訟者，視為撤回其訴。

　4.行政訴訟法第六十七條規定，當事人或代理人經審判長命其於一定

---

❼　陳計男，上揭書，頁271。

期間內指定送達代收人，逾期而不為陳明者，行政法院書記官得報經審判長許可，將應送達之文書註明該當事人或代理人之住居所、事務所或營業所交付郵政機關以掛號發送，以交付文書時，視為送達之時。

　　5.行政訴訟法第一六五條規定，當事人無正當理由不從提出文書之命者，發生行政法院得審酌情形，認他造關於該文書之主張或依該文書應證之事實為真實之效果。

　　遲誤期日、期間之效果，通常因有遲誤事實而直接發生法律上所定效果，不待當事人之聲請。如行政訴訟法第一八五條規定，兩造連續遲誤言詞辯論期日，則直接發生撤回其訴效果。另外，行政訴訟法亦有規定，須當事人之一造聲請始生遲誤期日、期間之不利效果者，如行政訴訟法第二一八條準用民事訴訟法第三八五條第一項之規定是。再者，行政訴訟法亦有規定，以當事人有故意或重大過失者，始生遲誤之不利後果者，如行政訴訟法第一三二條準用民事訴訟法第一九六條第二項之規定是。

第二項　不變期間之遲誤與救濟

　　不變期間，依行政訴訟法第九十條第一項但書之規定，不得伸長或縮短。當事人如因天災、地變或其他不可歸責於己之事由，遲誤不變期間者，若使其受訴訟上不利益之後果，恐非事理之平。因此，行政訴訟法乃規定當事人因不可抗力或不可歸責事由，致遲誤不變期間之救濟制度，即聲請回復原狀制度，茲分述於次。

一、聲請回復原狀之要件

1.遲誤之期間，限於不變期間

　　依行政訴訟法第九十一條第一項規定，聲請回復原狀者，限於遲誤不變期間。至於其他期間，則因行政法院或審判長依行政訴訟法第九十條規定，在有重大事由時有權裁定延長，故不生聲請回復原狀問題。

2.遲誤不變期間，限於因天災或其他不應歸責於己之事由者

所謂天災乃因天然力所造成之災害，如風災、水災、震災或來自外太空之災害等。此為抽象性例示概念，應依具體事況、通常觀念認定。而所謂其他不應歸責於己之事由，乃指天災以外，不可歸責於當事人之事由者，包括人禍，如郵政送達錯誤、當事人或訴訟代理人因急病在急救中、或在交通事故中失事一時喪失行為能力，致遲誤不變期間者❽。

3.須於天災或其他不應歸責於己之事由等原因消滅後一個月內，如該不變期間少於一個月者，於相等之日數內，聲請回復原狀

所謂不變期間少於一個月者，如行政訴訟法第二四一條所規定之上訴期間為二十日或第二六八條所規定之抗告期間為十日，則聲請回復原狀之日數，相等於上訴期間之二十日或抗告期間之十日。

4.須遲誤不變期間未逾一年，如遲誤行政訴訟法第一○六條之起訴期間未逾三年者

為維持法秩序之安定，行政訴訟法第九十一條第三項乃規定，遲誤不變期間已逾一年者，不得聲請回復原狀。如遲誤第一○六條之起訴期間已逾三年者，亦不得聲請回復原狀。

5.須以書狀聲請

依行政訴訟法第九十一條第四項規定，聲請回復原狀應以書狀為之，並釋明遲誤期間之原因及其消滅時期。

---

❽　就此，最高行政法院 97 年裁字第 2499 號裁定指出：「行政訴訟法第 91 條第 1 項所謂不應歸責於己之事由，係指依客觀之標準，以通常人之注意，而不能預見或不可避免之事由，且該事由之發生與訴訟行為逾期有相當因果關係者而言。當事人因病居住他處，既非不能指定他人代收送達及委任他人代為訴訟行為，其未為指定及委任致遲誤不變期間，不能謂非應歸責於己之事由，自不得聲請回復原狀。」

6. 須向相關行政法院聲請

行政訴訟法第九十二條第一項就遲誤不變期間之不同，分別規定其應向何法院聲請回復原狀，亦即：

(1)因遲誤上訴或抗告期間而聲請回復原狀者，向為裁判之原行政法院為之。

(2)因遲誤其他期間者，向管轄該期間內應為之訴訟行為之行政法院為之。

7. 須同時補行不變期間內應為之訴訟行為

行政訴訟法第九十二條第二項規定，聲請回復原狀，應同時補行不變期間內應為之訴訟行為，如補行提起撤銷訴訟、補行聲請補充判決、補行提起再審之訴、補行聲請繼續審判或補行重新審理之聲請❾。

二、對聲請回復原狀之裁判

聲請回復原狀，同時補行期間內應為之訴訟行為時，受聲請之行政法院應為如何之裁判，行政訴訟法第九十三條第一項乃規定，受聲請之行政法院，就回復原狀之聲請與補行之訴訟行為合併裁判之。法律條文雖規定為「合併裁判」，但學者認為仍有一定先後之次序，亦即應先審查回復原狀之聲請有無理由，再進而審理該補行期間內之訴訟行為是否有理由，而為裁判❿，亦即：

1. 回復原狀之聲請無理由而不應許可時，行政法院應就其補行之訴訟行為，以已逾不變期間為理由，為駁回之裁定，並於該裁定中合併為駁回回復原狀聲請之諭示。按回復原狀之聲請，係在除去遲誤不變期間之效果，行政法院應依職權調查其聲請是否合法，如其聲請書狀之程式有欠缺，或有其他不合法之情形而可以補正者，應先定期間，命聲請人補正。聲請人就遲誤不變期間之原因及其消滅時期，未提供釋明之證據，亦應先命其提

---

❾　陳計男，上揭書，頁 283。

❿　林清祥，上揭書，頁 353-354。

出。如不遵命補正或提出證據，或雖無此等欠缺，而其聲請未遵法定期間，或經調查結果，認其非因不應歸責於己之事由而遲誤不變期間者，其回復原狀之聲請，即屬不應許可。此時，法院應就其補行之訴訟行為，以已逾不變期間為理由，為駁回之裁定，並於該裁定中合併為駁回回復原狀聲請之諭示。例如因遲誤上訴聲請回復原狀無理由，裁定主文通常分列「回復原狀之聲請駁回」與「上訴駁回」；但亦可於一裁定中表明「回復原狀之聲請及上訴均駁回」，並於理由欄先陳明聲請回復原狀無理由，而後言明上訴已逾期。

2.回復原狀之聲請應許可時，行政法院應視補行之訴訟行為種類，分別為如下之處置：

(1)補行之訴訟行為，為再審之訴、撤銷訴訟或聲請補充判決者，行政法院應依通常規定就其訴訟或聲請為裁判，並於該裁判中合併為許可回復原狀聲請之諭示。

(2)補行之訴訟行為，為上訴或抗告者，視應否將上訴或抗告事件送交上級行政法院，而異其處置辦法。如係送交上級行政法院，則將回復原狀之聲請，一併送由上級行政法院合併裁判，此時上級行政法院對於回復原狀之聲請，是否許可，尚得自為調查。如不交上級行政法院，例如對於不得提起上訴或抗告之裁判提起上訴或抗告而以裁定駁回，或認抗告有理由而更正裁定時，則於裁定內說明許可回復原狀之旨；又如聲請回復遲誤上訴期間有理由者，則須於理由欄內說明，於對造當事人對該聲請爭執，則對回復原狀之聲請先為中間判決。如無中間判決，則須合併裁判，於判決說明「本件上訴人雖逾期提起上訴，但因有回復原狀之原因，經核並無不合，故上訴並未逾期，合先敘明」處理之。

又因回復原狀而變更原裁判者，行政訴訟法第九十三條第二項準用行政訴訟法第二八二條之規定，亦即對第三人因信賴原裁判，以善意取得之權利不受影響，但顯於公益有重大妨害者，不在此限。法律之所以如此規定，乃因回復原狀而變更裁判者，有溯及既往之效力，為顧及交易安全及維護公益，有必要準用行政訴訟法第二八二條規定。

第四章　行政訴訟卷宗

第一節　訴訟卷宗之意義

行政訴訟法上訴訟卷宗有廣狹兩義。廣義之訴訟卷宗為關於訴訟文書之總稱，包括由行政法院保存及送達於當事人者；狹義之訴訟卷宗，則專指由行政法院彙集編訂而保存之訴訟文書。狹義之訴訟卷宗在行政訴訟法上有時簡稱為卷，如行政訴訟法第七十六條第一項、第九十六條第一項之規定是。

關於送達於當事人之行政訴訟書狀等已於本書第五篇第二章說明。在此要說明的是行政訴訟法第九十五條至第九十七條規定之訴訟卷宗的編訂、保存、利用、及滅失時之處理。

第二節　訴訟卷宗的編訂與保存

行政訴訟法第九十五條第一項規定，當事人書狀、筆錄、裁判書及其他關於訴訟事件之文書，行政法院應保存者，應由行政法院書記官編為卷宗。而對於卷宗之編訂方法及保存年限，更訂有行政法院保密分案實施要點及行政法院卷宗歸檔及保存期限辦法，使訴訟卷宗得以適當保存，也便於查閱、利用。

法條上所指當事人書狀、筆錄是指當事人書狀及筆錄原本應編為卷宗，裁判書則除裁定書應以原本及正本附卷外，判決書原本應另作卷集中保管，訴訟卷宗實務上僅附判決書正本。至其他關於訴訟事件之文書，如其他訴訟關係人之書狀、送達證書、各類報告、意見書、向他行政法院、普通法院或其他機關行文、囑託之稿件及其覆函，鑑定書、證書等原本、樣本、節本、勘驗之圖畫或照片等，應由行政法院保存者，均應由行政法院書記官按訴訟進行之進度，依序隨時編入卷宗，其不應保存之文書自應發還，不可訂入卷內。編訂卷宗時，其卷面及文書用紙，務須使其劃一，不得參

差，每頁騎縫處必須蓋章。卷宗內容應載明目錄❶。

第三節　訴訟卷宗之利用

　　訴訟卷宗為行政法院書記官所編之公文書，但非僅行政法院或其職員可得利用而已，為使當事人或第三人獲知行政訴訟對造之攻擊、防禦主張或行政法院職員所作之筆錄或裁判文書，行政訴訟法第九十六條第一項乃規定，當事人得向行政法院書記官聲請閱覽、抄錄、影印或攝影卷內文書，或預納費用請求付與繕本、影本或節本。此項規定所指之當事人，係指廣義之當事人，尚包括參加人及訴訟代理人。

　　另第三人亦得使用訴訟卷宗，但有法定限制。即依行政訴訟法第九十六條第二項規定，須經當事人同意，或釋明有法律上之利害關係，而為前項之聲請者，應經行政法院裁定許可，始得閱覽、抄錄、影印或攝影卷內文書，或預納費用請求付與繕本、影本或節本。法條上所稱，經當事人之同意者，學者認係指兩造當事人而言，如僅一造同意，尚難認已符得為請求之要件。向行政法院書記官聲請閱覽而未獲准許者，請求人得依行政訴訟法第二一八條準用民事訴訟法第二四〇條第二項規定，對其處分提出異議，由其所屬行政法院裁定，行政法院裁定不許可第三人閱覽者，第三人自可抗告。

　　又訴訟卷宗既為公文書，則請求閱覽、抄錄、影印或攝影，僅能於行政法院內為之。不得將訴訟卷宗攜出行政法院外，亦不得在卷宗作任何註記或符號，其委任他人為之者，則須提出委任書。此為公文書管理所必要，自應被遵守。

　　再者，訴訟文書之利用並非全無限制。為了保守秘密，關於裁判草案及其準備或評議文件，依行政訴訟法第九十七條規定，除法律別有規定外，不得交當事人或第三人閱覽、抄錄、影印或攝影，或付與繕本、影本或節

---

❶　陳計男，上揭書，頁 331–332。另在德國行政作業上，對某些文書應使用那一文書用紙，常予規範，此對卷宗之編訂、規整與保存甚為利便，頗值我國編製訴訟卷宗之參考。

本；裁判書在宣示或公告前，或未經法官簽名者，亦同❷。

第四節　訴訟卷宗滅失事件之處理

　　訴訟卷宗如發生滅失事件，對行政訴訟之進行，自有影響。故行政訴訟法第九十五條第二項乃規定，訴訟卷宗滅失事件之處理，準用民國六十二年五月二日公布施行之民刑事訴訟卷宗滅失案件處理法之規定。

---

❷　行政訴訟法第 97 條於民國 99 年 1 月 13 日時略有修正，其理由為：「法律如就裁判草案及其準備或評議文件之閱覽、抄錄、影印或攝影有特別規定者，例如法院組織法第一百零六條，自應依其規定。又裁判書不經宣示而僅公告者，在未經公告前，亦應有本條之適用，爰修正之。」

第五章 行政訴訟之費用

第一節 行政訴訟費用之意義與種類

行政訴訟費用，就廣義而言，係指行政訴訟之裁判費、裁判費以外其他進行訴訟之必要費用以及當事人實際上所支出之一切進行訴訟之費用。就狹義而言，乃指行政訴訟之裁判費及裁判費以外其他進行訴訟之必要費用。依民國九十六年六月五日立法院三讀通過修正之行政訴訟法第九十八條第一項規定，係採狹義見解。該項明白規定：「訴訟費用指裁判費及其他進行訴訟之必要費用。」

裁判費係指國家為司法裁判行為所需之費用。民國九十六年六月五日修正前之行政訴訟法第九十八條第一項規定：「行政訴訟不徵收裁判費。」是採行政訴訟無償主義。此因行政訴訟與民事訴訟在性質上有重大不同。學者指出，行政訴訟與民事訴訟性質不同，民事訴訟係人民間純粹爭取私人權益之訴訟，而行政訴訟不僅維護個人權益，且須達到維護法治尊嚴之效果，訴訟固為人民對政府機關起訴，惟實際係維護法治之手段；況基於國家利益而言，起訴指摘政府機關之行政處分或措施違法，亦足以促進政府行政之改革，應予鼓勵，若予以收取裁判費，似與行政訴訟之理想與精神相悖❶。

行政訴訟應否徵收裁判費，有採肯定說者，有採否定說者。採肯定說者如司法院即就事理、法理及實務運作結果分析，主要理由為❷：

---

❶ 林清祥，上揭書，頁 359。

❷ 《司法周刊》，第 1122 期，民國 92 年 2 月 26 日，第一版。另在司法院行政訴訟制度研究修正委員會各區座談會中採肯定說者有下列單位代表：臺灣省會計師公會、臺中縣政府、高雄縣政府環保局、高雄律師公會、高雄市會計師公會、臺北縣政府、花蓮縣政府。司法院印行，《司法院行政訴訟制度研究修正資料彙編》，頁 14、42、80、82、93、127、143 等。

1. 從防止濫訴而言

不徵收裁判費在實務上導致許多濫訴，甚至有對同一事件重複聲請再審達二百七十餘次之情事。司法資源有限，過多的濫訴造成審判資源分散，結果阻礙權利確實受到侵害，真正需要行政法院保護者案件之審理。目前，民事訴訟以徵收「裁判費」防止濫訴，刑事訴訟以「誣告罪」防止濫訴，獨行政訴訟無防止濫訴之措施，故應酌收「裁判費」，讓真正權利受到侵害之人民，可儘速受到應有之救濟。

2. 從公平原則而言

訴訟事件的公私法性質，有時很難斷定，歸民事法院審判者，就徵收裁判費，歸行政法院審判者，則不徵收裁判費。從而，法官對審判權歸屬之見解，亦影響是否徵收裁判費，實有失公平。且有些公法上訴訟事件，依現行相關法律劃歸普通法院審理者，例如國家賠償事件，應依民事訴訟法之規定繳納裁判費，兩相比較，行政訴訟不付費，並不公平。

3. 就使用者付費原則而言

行政訴訟之運作，係使用全國納稅義務人繳稅供給之國家機器即司法機關為審判，如採取無償制，則少數人要求審判所發生之成本，全數歸由全國人民分擔，顯非公平。且現今國民生活水準提高，多有能力負擔裁判費，自應由使用者付費，以落實資源有效分配。

4. 就國際趨勢而言

行政訴訟採有償制是國際立法趨勢。德國、日本、奧地利、韓國及大陸等立法例，無論民事訴訟或行政訴訟均徵收裁判費與進行訴訟之必要費用。我國行政訴訟制度，與德國及日本之法制相近，獨我國行政訴訟不徵收裁判費，有違法治潮流。尤其，我國加入 WTO 等國際組織，外國人民亦有於我國進行行政訴訟之必要，行政訴訟採取有償制，與國際法制趨勢

相符，利於我國社會之國際化。

5.就督促依法行政而言

裁判費由敗訴之人負擔。從而，人民提起行政訴訟，如行政機關敗訴，即應負擔訴訟費用之不利益，可藉此督促其慎重行政行為，並切實踐行行政程序法，以保障人民之權益。

6.就行政訴訟強制執行費用徵收之明確化而言

因現行行政訴訟法之規定並不明確，行政訴訟之強制執行是否徵收執行費，曾引起疑義，自有予以法制化之必要。

採否定說者❸則認為：

1.行政訴訟為解決公權力之爭執，若徵收費用，無異禁止。

2.行政訴訟程序，政府機關就各方面資源均優於人民，如可由國庫負擔訴訟費用，無資力之人民，將處不利地位，無從與之抗衡❹。

3.行政訴訟為特殊之救濟程序，屬於服務性之行政，不生不公平使用司法資源之情形。

4.人民不服行政處分，循行政爭訟程序救濟，若敗訴予以駁回，乃民主法治國家應有之現象，不宜以徵收訴訟費用予以阻止。

5.今日德、日等國已非行政國家，而為司法國家，故與英美等司法單元化國家同，均徵收行政訴訟費用，我國未達此境，於鼓勵人民循法律途徑糾正行政誤失之時，不宜徵收訴訟費用。

---

❸ 林清祥，上揭書，頁 358。另在司法院行政訴訟制度研究修正委員會各區座談會中採否定說者，有下列單位代表：臺灣省政府、彰化律師公會、南投縣環保局、高雄市政府、行政院公平交易委員會、財政部臺北市國稅局、臺北市政府法規會、宜蘭縣政府工務局、臺北律師公會、臺灣省會計師公會、臺北市會計師公會。請參閱《司法院行政訴訟制度研究修正資料彙編》，頁 9、13、38、79、114、117、142、143、153、156、183。

❹ 參閱《中國時報》社論：〈行政訴訟不應收費〉，民國 96 年 6 月 9 日，A2 版。

6.行政爭訟涉專門化，需專家及專門技術協助，若採有償主義，人民無法負擔。

7.行政訴訟應有「美而廉」之特點，採有償主義，失其良法美意等理由，力主行政訴訟採無償主義。

8.公法上給付訴訟金額可能極大，不應比照民事訴訟之收費標準，以免妨礙公共利益。

司法院斟酌各方意見後，認為行政訴訟徵收裁判費確有必要，並制定「行政訴訟費用法草案」，於民國九十一年八月二十八日函送立法院審議❺。此一草案並未受到認真的審議，又因立法院改選，法案換屆不延續之影響而使草案有如胎死腹中。不過，在民國九十六年六月五日立法院三讀通過修正行政訴訟法後，行政訴訟徵收裁判費制度已經確立❻。茲就行政訴訟

---

❺ 司法院印行，《司法院行政訴訟制度研究修正資料彙編》，民國 91 年 12 月，頁 1529、1663–1672。

❻ 民國 96 年 6 月 5 日修正前之行政訴訟不徵收裁判費，但其後則應收裁判費，那在過渡期間發生之種種訴訟行為，究應如何徵收裁判費，最高行政法院 96 年 12 月份庭長法官聯席會議於民國 96 年 8 月 15 日作出下列各則決議：

1. 第 8 則：修正行政訴訟法施行後，於施行前已繫屬而尚未終結之行政訴訟事件，應否徵收裁判費，以為訴訟行為（如起訴、上訴、抗告、再審）時之法律規定為準。

2. 第 9 則：修正行政訴訟法施行前已繫屬之事件，經本院發回更審，於更審程序不補徵第一審裁判費。惟對更審判決不服，於施行後復提起上訴者，應依修正後之規定徵收上訴裁判費。

3. 第 10 則：2 人以上依行政訴訟法第 37 條第 1 項第 2 款或第 3 款規定，共同提起行政訴訟，本於裁判費應按件徵收之原則，應徵收 1 件裁判費；於受敗訴判決後，其中部分原告上訴，應向該聲明上訴之人，徵收 1 件上訴裁判費。如一部勝訴，一部敗訴，兩造均上訴，應各徵收 1 件裁判費。

4. 第 11 則：修正行政訴訟法施行後，債權人向行政法院聲請強制執行，仍應徵收執行費；至行政法院人員於法院外為執行行為之食、宿、交通費，不另徵收。

法規定之費用徵收制度分述於次。

第二節　行政訴訟費用之負擔

行政訴訟裁判費及其他進行訴訟必要費用之負擔，行政訴訟法第九十八條第一項明文規定由敗訴之當事人負擔。但為行政訴訟法第一九八條之情況判決時，則由被告之行政機關負擔。又因行政訴訟法準用民事訴訟法相關規定之關係，尚有其他第三人負擔行政訴訟費用之情形，茲分述之。

一、當事人負擔訴訟費用

訴訟費用，依行政訴訟法第九十八條第一項規定由敗訴之當事人負擔❼。但訴訟有時並非全敗而有一部勝訴、一部敗訴之情形，此時訴訟費用，依行政訴訟法第一〇四條準用民事訴訟法第七十九條規定，由法院酌量情形，命兩造以比例分擔或命一造負擔，或命兩造各自負擔其支出之費用。

又雖為勝訴之當事人，但行政訴訟法規定在下列情形下，仍應負擔訴訟費用者：

1.情況判決時之訴訟費用負擔——行政訴訟法第九十八條第一項規定，行政訴訟費用由敗訴之當事人負擔。但為第一九八條之情況判決時，由被告負擔。是以在情況判決駁回原告之訴者，因是諭知原處分或決定違法，實際上係被告機關敗訴之判決，故明定由勝訴之被告負擔。

2.被告對原告主張逕行認諾，並證明無庸起訴時之訴訟費用負擔——依行政訴訟法第一〇四條準用民事訴訟法第八十條規定，被告對於原告關於訴訟標的之主張逕行認諾，並能證明其無庸起訴者，訴訟費用由勝訴之原告負擔。

3.因不當伸張或防禦所生訴訟費用負擔——依行政訴訟法第一〇四條準用民事訴訟法第八十一條規定，勝訴人之行為，非為伸張或防禦權利所

---

❼　司法實務，請參閱高雄高等行政法院 91 年度訴字第 783 號裁定，《台灣本土法學雜誌》，第 44 期，2003 年 3 月，頁 178–179。

必要者或敗訴人之行為，按當時之訴訟程度，為伸張或防衛權利所必要者，法院得酌量情形，命勝訴之當事人負擔其全部或一部訴訟費用。

　　4.因不於適當時期提出攻擊或防禦方法，或遲誤期日或期間或其他應歸責於己之事由致訴訟延滯所生訴訟費用負擔——依行政訴訟法第一〇四條準用民事訴訟法第八十二條規定，當事人不於適當時期，提出攻擊或防禦方法，或遲誤期日或期間，或因其他應歸責於己之事由而致訴訟延滯者，雖該當事人勝訴，其因延滯而生之費用，法院得命其負擔全部或一部。

　　又行政訴訟非因裁判而終結者，其訴訟費用如何負擔？依行政訴訟法第一〇四條準用民事訴訟法第八十三條之規定，計有下列數種情形，即：

　　1.原告撤回其訴者，訴訟費用由原告負擔，其於第一審言詞辯論終結前撤回者，得於撤回後三個月內聲請退還該審級所繳裁判費二分之一。

　　2.當事人撤回上訴或抗告者，訴訟費用由提起上訴或抗告之當事人負擔。至於費用之聲請退還，則準用上述規定。

　　3.當事人為和解者，其和解費用及訴訟費用，依行政訴訟法第一〇四條準用民事訴訟法第八十四條規定，由當事人各自負擔之。但別有約定者，不在此限。而和解成立者，當事人得於成立之日起三個月內聲請退還其於該審級所繳裁判費二分之一。

　　另當事人有數人時，如共同訴訟之由數人一同起訴或一同被訴，或因訴之追加、繼受訴訟致當事人有數人時，則共同訴訟人間應如何分擔其所應擔負之訴訟費用？依行政訴訟法第一〇四條準用民事訴訟法第八十五條規定，按其人數，平均分擔訴訟費用。但：

　　1.共同訴訟人於訴訟之利害關係顯有差異者，法院得酌量其利害關係之比例，命各別負擔。

　　2.共同訴訟人因連帶或不可分之債敗訴者，應連帶負擔訴訟費用。

　　3.共同訴訟人中有專為自己之利益而為訴訟行為者，因此所生之費用，應由該當事人負擔。

二、參加人負擔訴訟費用

行政訴訟法第二十三條規定，依該法第四十一條與第四十二條參加訴訟之人，亦為當事人。故依同法第九十八條第一項規定，對敗訴時之訴訟費用，亦應負擔。不過，為了公允起見，行政訴訟法第九十九條第一項乃規定，因可歸責於參加人之事由❽致生無益之費用❾者，行政法院得命該參加人負擔全部或一部之訴訟費用。

另依行政訴訟法第四十四條規定參加訴訟者，為輔助參加，專在保護自己利益，與依同法第四十一或四十二條規定所為之參加，略有不同。因此，輔助參加訴訟所生之費用，原則上應由輔助參加訴訟之人自行負擔。但為保護輔助參加人之利益，行政訴訟法第九十九條第二項但書又有例外情形規定：

1.他造當事人依行政訴訟法第九十八條第一項規定，應負擔之訴訟費用，仍由該當事人負擔。

2.他造當事人依行政訴訟法第九十九條第二項準用民事訴訟法第七十九至八十四條規定應負擔之訴訟費用，仍由該當事人負擔。

三、第三人負擔訴訟費用

行政訴訟費用通常由當事人或參加人負擔。但在例外情況下，亦有由第三人負擔者。如依行政訴訟法第一〇四條準用民事訴訟法第八十九條第一項規定，法院書記官、執達員、法定代理人或訴訟代理人，因故意或重大過失，致生無益之訴訟費用者，法院得依聲請或依職權以裁定命該官員或代理人負擔。

---

❽ 如參加人不於適當時期提出攻擊或防禦方法、遲誤期日、期間、或就其主張事項，未提出準備書狀，以致期日之延展等。林清祥，上揭書，頁361。

❾ 乃指非一般訴訟程序所應負擔之訴訟費用，如因參加人之故意、過失誤載訴訟案號，致行政法院書記官送達錯誤，或因而展延期日，致生之訴訟費用者。同上註，頁361。

又如依行政訴訟法第二十八條準用民事訴訟法第四十九條及行政訴訟法第一○四條準用民事訴訟法第七十五條第一項規定，暫為訴訟行為之人不補正其欠缺者❿，因其訴訟行為所生之費用，行政法院得依職權以裁定命暫為訴訟行為之人負擔之。

第三節　行政訴訟費用之數額

民國九十六年六月五日立法院三讀通過修正行政訴訟法第九十八條並增訂第九十八條之一、第九十八條之二、第九十八條之三、第九十八條之四、第九十八條之五及第九十八條之六的規定，具體的對相關行政訴訟費用加以明白規定，即：

一、起訴之裁判費

行政訴訟法第九十八條第二項規定：「起訴，按件徵收裁判費新臺幣四千元。適用簡易訴訟程序之事件，徵收裁判費新臺幣二千元。」但以一訴主張數項標的，或為訴之變更、追加或提起反訴者，依行政訴訟法第九十八條之一規定，不另徵收裁判費。

二、上訴之裁判費

行政訴訟法第九十八條之二規定：「上訴，依第九十八條第二項規定，加徵裁判費二分之一。發回或發交更審再行上訴，或依第二百五十七條第二項為移送，經判決後再行上訴者，免徵裁判費。」

三、再審之訴之裁判費

行政訴訟法第九十八條之三規定：「再審之訴，按起訴法院之審級，依第九十八條第二項及前條第一項規定徵收裁判費。對於確定之裁定聲請再審者，徵收裁判費新臺幣一千元。」

---

❿　陳計男，上揭書，頁316。

四、抗告之裁判費

行政訴訟法第九十八條之四規定：「抗告，徵收裁判費新臺幣一千元。」

五、聲請之裁判費

行政訴訟法第九十八條之五規定：「聲請或聲明，不徵收裁判費。但下列聲請，徵收裁判費新臺幣一千元：一、聲請參加訴訟或駁回參加。二、聲請回復原狀。三、聲請停止執行或撤銷停止執行之裁定。四、起訴前聲請證據保全。五、聲請重新審理。六、聲請假扣押、假處分或撤銷假扣押、假處分之裁定。」

六、交通裁決事件之裁判費

民國一〇〇年十一月二十三日公布修正之行政訴訟法，增訂第九十八條之七，規定：「交通裁決事件之裁判費，第二編第三章（即：交通裁決事件訴訟程序）別有規定者，從其規定。」是以交通裁決事件裁判費之收取，將因此規定，而與一般上述行政訴訟程序裁判費之收取，有所不同。

七、其他費用

行政訴訟法第九十八條之六規定：「下列費用之徵收，除法律另有規定外，其項目及標準由司法院定之：一、影印費、攝影費、抄錄費、翻譯費、運送費及登載公報新聞紙費。二、證人及通譯之日費、旅費。三、鑑定人之日費、旅費、報酬及鑑定所需費用。四、其他進行訴訟及強制執行之必要費用。郵電送達費及行政法院人員於法院外為訴訟行為之食、宿、交通費，不另徵收。」

此規定之相關法規為「行政訴訟裁判費以外必要費用徵收辦法」及「律師為行政訴訟事件特別代理人之酬金計算標準」。

第四節　行政訴訟費用之裁判

行政訴訟有經判決而終結者，亦有未經判決而終結者。因此，關於行政訴訟費用之裁判，行政訴訟法有不同之規定。茲分述如次。

一、行政訴訟經判決而終結之費用裁判

1.行政法院為終局判決時之費用裁判

依行政訴訟法第一〇四條準用民事訴訟法第八十七條第一項規定，行政法院為終局判決時，應依職權為訴訟費用之裁判❶。行政法院如疏忽未為裁判時，當事人依行政訴訟法第二一八條準用民事訴訟法第二三三條第一、二項規定，聲請行政法院以判決補充之。在依行政訴訟法第一九一條為一部終局判決時，行政法院原則上應就關於該部分之訴訟費用為裁判，亦可考量具體情形於他部判決時，一併裁判之，但應於判決理由中說明之。若為行政訴訟法第一九二條所規定之中間判決，因其並不生終局訴訟之效力，故不得為訴訟費用之裁判。

2.最高行政法院變更高等行政法院之判決或廢棄高等行政法院之判決，而就該事件為裁判或變更下級法院之判決者；受發回或發交之高等行政法院為終局判決者，均應為訴訟總費用之裁判

依行政訴訟法第一〇四條準用民事訴訟法第八十七條第二項規定，最高行政法院如認上訴無理由而以判決駁回上訴時，因其維持高等行政法院之判決包括其關於行政法院部分，故最高行政法院只須就上訴審訴訟費用之負擔為判決即可。但在認上訴為有理由之情形，則可分二種情形，為訴訟費用之裁判，即：

(1)認上訴為有理由而廢棄高等行政法院之判決，並依行政訴訟法第二

---

❶　判決主文通常為：「訴願決定、審議審定及原處分均撤銷。訴訟費用由被告負擔。」

五九條就該事件自為判決；或依行政訴訟法第二五六條為單純廢棄高等行政法院之判決或高等行政法院之判決有訴外裁判而遭廢棄，則其所為訴訟費用之裁判亦因廢棄而不存在，最高行政法院自應就下級審及上級審之訴訟總費用，併為裁判。最高行政法院若僅廢棄高等行政法院之一部判決，而僅就廢棄部分自為判決者，可就高等行政法院判決中關於訴訟費用部分全部廢棄，另為訴訟總費用之裁判，亦可僅就廢棄部分之訴訟費用予以廢棄，再就廢棄部分之下級審訴訟費用及上級審訴訟費用為裁判。

(2)最高行政法院廢棄高等行政法院判決，而依行政訴訟法第二六○條第一項將事件發回原高等行政法院或發交其他高等行政法院者，原高等行政法院所為關於訴訟費用之裁判因一併被廢棄而不存在，故依行政訴訟法第一○四條準用民事訴訟法第八十七條第二項規定，應由受發回或發交之高等行政法院為終局判決時，就訴訟總費用為裁判。

又最高行政法院以高等行政法院無專屬管轄權而廢棄高等行政法院之判決，依行政訴訟法第二五七條規定，以判決將事件移送於管轄行政法院時，受移送之高等行政法院為終局判決時，自應為訴訟總費用之裁判。

當事人就訴訟費用之裁判，依行政訴訟法第一○四條準用民事訴訟法第八十八條規定，非對於本案裁判有上訴時，不得聲明不服。因當事人對於本案判決既無不服而不上訴，則關於訴訟費用之裁判，自無許其單獨聲明不服之必要，以免妨礙訴訟之終結。

二、行政訴訟不經裁判而終結之費用裁判

行政訴訟不經裁判而終結者，如依行政訴訟法第一一三條、一八四條、一八五條為訴之撤回，或依同法第二六二條為上訴之撤回，或依同法第二七○條為抗告之撤回，及依同法第二二二條為和解者，行政法院雖不必為本案訴訟之裁判，但當事人依行政訴訟法第一○四條準用民事訴訟法第九十條第一項規定，得聲請行政法院以裁定為訴訟費用之裁判。此聲請依同條第二項規定，應於訴訟終結後二十日之不變期間內為之。

三、行政訴訟費用之負擔與裁判於法院以裁定終結

本案或與本案無涉之爭點者，依行政訴訟法第一〇四條準用民事訴訟法第九十五條規定，準用民事訴訟法第七十八條至第九十五條之一有關訴訟費用之負擔規定。

第五節　行政訴訟費用額之確定

依行政訴訟法第一〇四條準用民事訴訟法第九十一至九十四條之規定，即在規範確定行政訴訟費用額之聲請要件、程序及方法，茲分述之。

一、聲請確定訴訟費用額之要件

依行政訴訟法第一〇四條準用民事訴訟法第九十一條第一項規定，行政法院未於訴訟費用之裁判確定其費用額者，受訴高等行政法院於該裁判有執行力後，應依聲請以裁定確定之。

二、聲請確定訴訟費用額之程序

依行政訴訟法第一〇四條準用民事訴訟法第九十一條第二項規定，聲請確定訴訟費用額者，應提出費用計算書、交付他造之計算書繕本及釋明費用額之證書。

另依行政訴訟法第一〇四條準用民事訴訟法第九十二條第一項規定，當事人分擔訴訟費用者，行政法院應於裁判前命他造於一定期間內，提出費用計算書、交付聲請人之計算書繕本或影本及釋明費用額之證書。

若他造遲誤上述行政法院所定之期間者，行政法院依準用之民事訴訟法第九十二條第二項規定，得僅就聲請人一造之費用裁判之，但他造嗣後仍得聲請確定其訴訟費用額。

三、法院確定訴訟費用額之方法

依行政訴訟法第一〇四條準用民事訴訟法第九十三條之規定，當事人

分擔訴訟費用者，行政法院為確定費用額之裁判時，除準用民事訴訟法第九十二條第二項規定為裁判外，應視為各當事人應負擔之費用，已就相當之額抵銷，而確定其一造應賠償他造之差額。

又行政法院為確定訴訟費用額，依行政訴訟法第一○四條準用民事訴訟法第九十四條規定，得命書記官計算訴訟費用額。

四、其他法院將訴訟移至行政法院之訴訟費用的確定

民國九十九年一月十三日公布修正之行政訴訟法，參考民事訴訟法第三十一條之三之規定，增訂第十二條之五，規定：「其他法院將訴訟移送至行政法院者，依本法定其訴訟費用之徵收。移送前所生之訴訟費用視為行政法院訴訟費用之一部分。應行徵收之訴訟費用，其他法院未加徵收、徵收不足額或溢收者，行政法院應補行徵收或退還溢收部分。」

第六節　行政訴訟費用之擔保

民國九十六年六月五日立法院三讀通過修正之行政訴訟法第一○四條增訂準用民事訴訟法第九十六條至第一○六條之規定，即準用民事訴訟法第一編總則第三章第四節有關訴訟費用之擔保的所有規定。是以，行政訴訟費用之擔保亦可如民事訴訟費用之擔保一樣準照處理。

第七節　行政訴訟費用之救助

一、訴訟救助之意義

行政訴訟依行政訴訟法第九十八條第一項規定，徵收裁判費及其他進行訴訟之必要費用。行政訴訟法第一○○條第一項規定裁判費除法律別有規定外，當事人應預納之。其未預納者，行政法院應定期命當事人繳納，逾期未納者，行政法院應駁回其訴、上訴、抗告、再審或其他聲請。又行政訴訟法第一○○條第二項規定，進行訴訟之必要費用，行政法院得定期命當事人繳納。逾期未納者，由國庫墊付，並於判決確定後，依職權裁定，

向應負擔訴訟費用之人徵收之。此一裁定得為執行名義。不過，當事人之資力不一，有能支付訴訟費用者，亦有不能支付者，行政訴訟法乃訂有訴訟救助制度，以保人民權益。

依行政訴訟法第一〇一條規定，當事人無資力支出訴訟費用者，行政法院應依聲請，以裁定准予訴訟救助。但若顯無勝訴之望者，則依同條但書規定，不予訴訟救助。

又聲請訴訟救助者，並不限於本國人。依行政訴訟法第一〇四條準用民事訴訟法第一〇八條規定，對於外國人准予訴訟救助，以依條約、協定或其本國法令或慣例，中華民國人在其國得受訴訟救助者為限。

二、聲請訴訟救助之程序

聲請訴訟救助，依行政訴訟法第一〇二條第一項規定，應向受訴行政法院為之，亦即向訴訟繫屬之高等行政法院或最高行政法院為之。

聲請訴訟救助時，依行政訴訟法第一〇二條第二項規定，聲請人就無資力支出訴訟費用之事由，應釋明之。如不能釋明，依同條第三項規定，得由受訴行政法院管轄區域內有資力之人出具保證書代之[12]。又此一保證書內，依同條第四項規定，應載明具保證書人於聲請訴訟救助人員負擔訴訟費用時，代繳暫免之費用。

另外，民國九十六年六月五日立法院三讀通過修正之行政訴訟法第一〇四條規定增加準用民事訴訟法第一〇九條之一的規定，即：「駁回訴訟救助聲請之裁定確定前，第一審法院不得以原告未繳納裁判費為由駁回其訴。」

三、訴訟救助之效力

行政訴訟法第一〇三條規定，准予訴訟救助者，暫行免付訴訟費用。蓋以訴訟救助制度之目的，在於使無資力之經濟弱勢者，得以進行訴訟而

---

[12]　有資力之人是否必要限制在「受訴行政法院管轄區域內」，不無疑問。在國家能確保徵收行政訴訟費用之情況下，似無必要作此限制。

獲得國家司法保護，但亦不宜鼓勵濫訴、浪費司法資源。故僅許暫行免付訴訟費用。若經嚴謹司法審查而仍敗訴者，則仍應支付必要之訴訟費用。

又依行政訴訟法第一〇四條準用民事訴訟法第一一一條規定，准予訴訟救助，於假扣押、假處分、上訴及抗告，亦有效力。換言之，一經行政法院准予訴訟救助後，則進行與訴訟相關之假扣押、假處分、上訴及抗告程序之訴訟費用，亦得暫行免付。又學者認訴訟救助之效力不及於再審之訴、追加或變更之訴❸，是條文上之當然解釋。但在實際上，是否容許無資力之人針對再審之訴、追加或變更之訴另行申請訴訟救助，不無斟酌餘地。

四、訴訟救助之失效

依行政訴訟法第一〇四條準用民事訴訟法第一一二條及一一三條規定，乃在規範訴訟救助之效力，在特定情況下，歸於消滅，以符合社會公平理念，此即：

1. 因受救助人死亡之失效

訴訟救助之目的，在使無資力之當事人得以暫行免付必要訴訟費用而得以進行訴訟。若當事人死亡，則無訴訟救助之必要，故行政訴訟法第一〇四條準用民事訴訟法第一一二條明白規定，准予訴訟救助之效力，因受救助人死亡而消滅。

2. 因撤銷訴訟救助裁定之失效

依行政訴訟法第一〇四條準用民事訴訟法第一一三條第一項規定，行政法院於有下列二種情形時，應以裁定撤銷訴訟救助，並命其補交暫免之費用，即：

(1)當事人能支出訴訟費用而受訴訟救助者。

(2)當事人受訴訟救助之後，因情事變更，如中樂透彩、獲有遺贈等，而有資力支出費用者。

❸ 陳計男，上揭書，頁326。

　　撤銷訴訟救助之裁定，因民事訴訟法第一一三條第二項於民國九十二年二月七日修正時，已明定由訴訟卷宗所在之法院為之。故在行政訴訟上，亦應由訴訟卷宗所在之高等行政法院或最高行政法院為之。

五、訴訟救助裁判確定後有關訴訟費用之徵收

　　民國九十九年一月十三日修正行政訴訟法時，於行政訴訟法第一〇四條增列準用民事訴訟法第一一四條第一項及第一一五條之規定，是以，「經准予訴訟救助者，於終局判決確定或訴訟不經裁判而終結後，第一審受訴法院應依職權以裁定確定訴訟費用額，向應負擔訴訟費用之當事人徵收之；其因訴訟救助暫免而應由受救助人負擔之訴訟費用，並得向具保證書人為強制執行。」而對此有關訴訟費用之裁定，亦均得為抗告。

第八節　行政訴訟費用溢收之返還

　　民國九十九年一月十三日公布修正之行政訴訟法第一〇四條增訂準用民事訴訟法第七十七條之二十六規定，亦即行政訴訟費用如有溢收情事者，行政法院應依聲請並得依職權以裁定返還之。當事人為聲請時，至遲應於裁判確定或事件終結後三個月內為之。

第六篇
行政訴訟第一審程序論

第一章　概　說

人民權利或利益受到公權力措施之侵害或人民與行政機關對公法上法律關係發生爭議時，固可行使憲法第十六條所保障之訴訟權，以維護其權益，但究應透過怎樣之程序，自應由法律詳予規定。就此，新行政訴訟法為了體現正當程序原則之要求，乃較舊行政訴訟法增加許多詳細之程序規定，並對行政訴訟過程中重要程序原則如處分主義、職權進行主義、職權調查主義、職權探知主義、法官之闡明義務、言詞直接及公開審理、自由心證主義等❶。有較詳細之規範。

民國一○○年十一月二十三日公布修正之行政訴訟法修正第二編編名，將原名稱「高等行政法院第一審訴訟程序」，改稱為「第一審程序」，其下新設三章，即第一章為高等行政法院通常訴訟程序；第二章為地方法院行政訴訟庭簡易訴訟程序；第三章為交通裁決事件訴訟程序。

其中，第一章之高等行政法院通常訴訟程序對於行政訴訟之起訴、送達、審理、裁判、上訴、抗告、再審、重新審理、保全、強制執行等程序有非常詳細、綿密之規定。而第二章之地方法院行政訴訟庭簡易訴訟程序為民國一○○年十一月二十三日公布修正之行政訴訟法所新增，以配合行政訴訟改制為三級二審之變革。至於第三章之交通裁決事件訴訟程序亦為民國一○○年十一月二十三日公布修正之行政訴訟法所新增，與第一章之程序，有相當的不同，將於本篇研述行政訴訟程序之重要原則之後，分別論述。

---

❶　吳庚，《行政爭訟法論》，頁 73–81；陳清秀，《行政訴訟法》，頁 357–366；蔡志方，《行政訴訟制度》，頁 1042–1053；陳計男，《行政訴訟法釋論》，頁 337–345；徐瑞晃，〈職權探知主義在行政訴訟程序之運用〉，《民法與行政法交錯適用》，最高法院學術研究會叢書⑼，民國 92 年 12 月，頁 167–187。

第二章　行政訴訟程序之重要原則

第一節　概　說

　　行政訴訟程序之原則與民事訴訟、刑事訴訟之原則一樣的均源自於憲法之民主原則、法治國原則、人權與訴訟權保障之原則❶。又司法院大法官釋字第三七二號、第四○○號、第四八五號、第四九○號、第六○三號等解釋所揭示之人性尊嚴原則；釋字第三九六號、第四一八號、第五一二號、第五三三號、第五八二號等解釋所揭示之有權利必有救濟及人民有依法定程序提起訴訟及受公平審判之權利；特別是釋字第四一八號所揭示之人民權利有獲得確實有效保障原則所衍生出來的使用法院之權利❷，也是各類訴訟程序所應遵循之原則。

　　除此之外，憲法未明文規定，但因我國參與簽署生效而適用於我國之一九四八年聯合國世界人權宣言第五條規定的「人人於任何所在有被承認為法律上主體的權利」；第八條規定的「人人於其憲法或法律所賦予之基本權利被侵害時，有權享受國家管轄法庭之有效救濟」以及第十條規定的「人人有權享受獨立無私法庭之絕對平等、不偏頗且公開之聽審」，亦均為司法訴訟程序，亦即民事訴訟程序、刑事訴訟程序、智慧財產案件審理程序❸、行政訴訟程序等之共同指導理念與原則。

---

❶　翁岳生主編，《行政訴訟法逐條釋義》，五南圖書出版公司，2002 年 11 月初版一刷，頁 2-23。Friedhelm Hufen, *Verwaltungsprozeßrecht*, 4., neubearbeitete Auflage, C. H. Beck München 2000, §1, Rn. 4-30, §35, Rn. 1.

❷　司法院院長翁岳生使用「接近法院之權利」似為外文法學名詞之直譯。筆者認為應按語意解為「使用法院的權利」較妥。參閱，翁岳生，《行政訴訟法逐條釋義》，頁 9。

❸　智慧財產案件審理程序已略有別於民事、刑事及行政訴訟程序。我國於民國 96 年 3 月 28 日已公布智慧財產法院組織法、智慧財產案件審理法等以資適用。

　　至於適用於行政訴訟之程序原則，我國學者之分類不一。有將之分為：1.處分主義；2.職權調查及闡明義務；3.言詞直接及公開審理；4.正當法律程序；5.自由心證等原則並將之列表參以效果、對照法條與例外情事者❹；有將之分為：1.處分權主義與職權進行主義；2.職權探知主義與辯論主義；3.言詞審理主義與書面審理主義；4.公開審理主義與祕密審理主義；5.直接審理主義與間接審理主義；6.法定順序主義與自由順序主義；7.本人訴訟主義與律師訴訟主義；8.自由心證主義與法定證據主義者❺；有將之分為：1.處分權主義；2.職權探知主義；3.公開、言詞、直接審理主義；4.適時提出主義；5.分割併行審理與集中審理主義；6.真實義務原則；7.證據自由評價原則者❻；有將之分為：1.處分權主義；2.職權探知主義；3.言詞、直接及公開審理主義；4.自由心證主義（證據自由評價原則）等❼；亦有詳細將之分為：1.先程序，後實體原則；2.實體從舊、程序從新原則；3.訴訟不停止原處分與原決定之執行原則；4.當事人主義及職權主義；5.職權調查主義；6.處分主義；7.辯論主義之運用與法定聽審原則；8.集中審理主義；9.書面審理與言詞審理原則；10.公開主義；11.直接審理原則；12.自由心證主義、確信原則與理由說明之原則；13.訴外裁判之禁止與更不利變更裁判之禁止原則；14.訴訟經濟原則；15.訴訟程序迅速性原則；16.事實認定與鑑定原則者❽。

　　上述我國學者之分類有過於狹窄者，亦有過於寬泛者。其中，前大法官陳計男之分類將行政訴訟之程序原則與例外，以對照方式說明較容易為一般學者瞭解，本書將採酌並參照德國學者分類❾擇要分節分析於次列各節。

---

❹　吳庚，《行政爭訟法論》，自刊本，修訂第三版，民國 94 年 5 月，頁 73–81。

❺　陳計男，《行政訴訟法論》，民國 89 年 11 月初版，頁 337–345。

❻　陳清秀，《行政訴訟法》，民國 91 年 9 月二版二刷，頁 365–382。

❼　劉宗德／彭鳳至，〈行政訴訟制度〉，刊於翁岳生主編，《行政法》，翰蘆圖書出版有限公司，2000 年 3 月二版，頁 1195–1198。

❽　蔡志方，〈行政訴訟制度〉，刊於翁岳生主編，《行政法》，翰蘆圖書出版有限公司，1998 年 3 月 29 日初版，頁 1042–1052。

第二節　依法聽審原則

如果說依法行政原則是行政程序最根本原則的話，那麼，依法聽審原則 (der Grundsatz des rechtlichen Gehörs) 就是行政爭訟程序最首要的原則。我國行政訴訟法亦採之。

依法聽審原則規定於德國聯邦基本法第一〇三條第一項：「任何人有向法院請求依法聽審的權利」。此一權利已具體化為德國法律上重要的訴訟程序條款及法官法之原則。它也日漸重要的成為違反尚未成文化或違反法官法程序原則時之補接、防止權 (als n Auffangrecht für Verstöße gegen nicht kodifizierte oder richterrechtliche VerfahrensPrinzipien)❿。因此，依法聽審之內容已不侷限於德國傳統上所謂法官在法庭上要慈悲謙和傾聽 (huldvoll Gehör) 訴訟當事人之陳述而已。德國學者認為⓫，依法聽審之內涵已擴張及於行政爭訟當事人在行政機關，在訴願機關以及在行政法院法官之前均可充分使用攻擊、防禦方法。換言之，依法聽審在今日更加重視的意涵是給予當事人更及時的法律保護 (rechtzeitigen Rechtsschutz)。而由依法聽審原則依序導出的訴訟程序之階段原則，即對法院之資訊請求權 (das Recht auf Information)；對法院為意見表達權 (das Recht auf Äußerung)；請求法院斟酌之權 (das Recht auf Berücksitigung)。此三個階段原則依次相連，環環相扣，意指先有向法院請求獲得與訴訟有關之資訊。其次就該獲得資訊有表達意見之權利。最後，有請求法院對其所表達意見予以斟酌之權。德國及我國學者依其行政法院法之規定，分別加以說明如次：

一、對法院之資訊請求權 (das Recht auf Information)

為使當事人瞭解裁判所依據的事實及法律，法院必須告訴當事人裁判程序進行的充分資訊，包括法院裁判之形成所進行的程序內容、相關的階

---

❾　Friedhelm Hufen, a.a.O., §35, Rn. 1–31.

❿　Friedhelm Hufen, a.a.O., §35, Rn. 3.

⓫　A.a.O., §35, Rn. 4 ff.

段及方向等。又聽審權的核心也在於當事人不知如何有效主張其權利時，法院必須行使闡明權，以及法官與當事人間之諮商權❷。德國學者將對法院之資訊請求權更細分為❸：

1. 有權要求妥適的釋明及指導 (das Recht auf angemessene Aufklärung und Beratung)——此即德國行政法院法第八十六條第三項規定之「審判長應致力於排除訴訟方式瑕疵，請當事人敘明不瞭解的聲請、提出有益的聲請、補充不完足的事實陳述，此外並提出所有對於事實之確定及判斷具有重要性的陳述❹。

2. 有權要求合法及時的邀請 (das Recht auf ordnungsgemäße, d.h. rechtzeitige Ladung)——此即德國行政法院法第一〇二條第十二項規定之「言詞辯論期日指定後，應即邀請訴訟當事人，並預留至少二星期之就審期間，於聯邦行政法院則至少為四星期。惟情況急迫者，審判長得縮短之。」❺

3. 有權要求知悉調查證據及其結果之資訊 (das Recht auf Information über Beweise und Beweisergebnisse)——此即德國行政法院法第九十七條所規定的「證據調查期日均應通知當事人，當事人並得於調查證據時在場。訴訟當事人得就相關問題向證人或鑑定人發問。就所提問題之異議由法院裁決之。」❻

4. 有權得知其他當事人之立場 (das Recht zur Kenntnis von Stellungnahmen der übrigen Beteiligten)。

5. 有權要求閱覽卷宗 (das Recht auf Akteneinsicht)——此即德國行政法院法第一〇〇條第一項規定之「訴訟當事人得閱覽法院卷宗及呈

---

❷　翁岳生，《行政訴訟法逐條釋義》，頁 15。

❸　Friedhelm Hufen, a.a.O., Rn. 7.

❹　參閱，張文郁，〈第 86 條　職權調查原則〉，刊於陳敏博士等譯，《德國行政法院法逐條釋義》，司法院印行，民國 91 年 10 月，頁 908。

❺　參閱，梁松雄，〈第 102 條　通知、法院外之開庭〉，同上註，頁 1131。

❻　同上註，頁 1068–1069。

交法院之文書」以及同條第二項規定之「訴訟當事人得以自行負擔
費用方式請求法院書記處交付副本、節本及繕本。……經審判長衡
量後，卷宗亦得允許交由具有代理權之律師或專業人員帶回其住家
或事務所，並同意其取得以電子方式進入並取得卷宗之內容。
……」**⑰**

二、對法院為意見表達權 (das Recht auf Äußerung)

此乃保障訴訟當事人有就事實、證據調查結果及法律問題表示意見提
出論據之權。又當事人一方提出新證據資料時，應賦予對造重新表示意見
的可能性。表達意見權必須已保留充分時間足以發表重要意見為前提，而
時間的長短，則依照訴訟標的及訴訟狀態的複雜性加以判斷**⑱**。德國學者
將對法院為意見表達權更細分為**⑲**：

1. 在言詞辯論時，有權提出各種聲請與陳述理由 (das Recht auf
   Antragstellung und Begründung in der mündlichen Verhandlung)；在不
   舉行言詞辯論時，有權以書狀表明立場 (das Recht auf schriftliche
   Stellungsnahme)——此即規定於德國行政法院法第一〇三條第三項
   之「訴訟當事人應受告知，得以提出各種聲請，並陳述其聲請理
   由。」**⑳**

2. 有權為及時的意見表達 (das Recht auf rechtzeitige Äußerung) 以及有
   權及時對其他當事人所提文件及申請為對應之意見表達 (das Recht
   auf rechtzeitige Gegenäußerung)**㉑**。

3. 有權在言詞辯論時或以外時間提出自己的證據與其他申請 (das
   Recht auf eigene Beweis-und sonstige Anträge innerhalb und außerhalb

---

⑰　同上註，頁 1117。

⑱　翁岳生，《行政訴訟法逐條釋義》，頁 16。

⑲　Friedhelm Hufen, a.a.O., §35, Rn. 8.

⑳　梁松雄，前註書，頁 1143。

㉑　此為聯邦憲法法院之判決意旨。可參閱 BverfGE 83, 24, 35。

der mündlichen Verhandlung)。

4. 有要求，以當事人可對之陳述意見的事實與證據結果，才可作為裁判基礎之權 (das Recht darauf, daß nur solche Tatsachen und Beweisergebnisse in das Urteil eingehen, zu dennen sich die Beteiligten äußern konnten)——此即德國行政法院法第一〇八條第二項規定之「判決應以當事人可對之陳述意見的事實及調查證據為基礎」 ❷。德國學者認為此項規定為德國基本法第一〇三條第一項規定之依法聽審原則的具體化 ❷。

三、請求法院斟酌之權 (das Recht auf Berücksichtigung)

此一權利乃要求「法院應於判決中斟酌當事人所陳述之意見，換言之，法院必須知悉並加以考慮。法院的考慮義務不要求就陳述內容加以闡釋，且不要求只能作成與陳述內容相同之判決，但要求在判決中附理由，而理由中只須就主要考慮加以說明，無庸包含所有細節」 ❷。德國學者將此權利又細分為下列權利加以說明：

1. 有權要求就爭議事項之法律與事實層面討論之權 (das Recht auf Erörterung in rechtlicher und tatsächlicher Hinsicht)——此規定於德國行政法院法第一〇四條第一項，即「審判長就爭議事項應與訴訟當事人作事實與法律層面之討論」(Der Vorsitzende hat die Streitsache mit den Beteiligten tatsächlich und rechtlich zu erörtern) ❷。

2. 有權要求就所提訴訟資料為認知及考慮 (das Recht auf Kenntnisnahme und Erwägung des Vorbringens)。

---

❷　張文郁，上揭書，頁 1200。

❷　Heinrich Amadeus Wolff/Andreas Decker, Verwaltungsgerichtsordnung, Verwaltungsverfahrensgesetz, C. H. Beck München 2005, §108 VwGo, Rn. 10.

❷　翁岳生，《行政訴訟法逐條釋義》，頁 16。

❷　梁松雄博士譯為：「審判長對於訴訟事件，應予當事人就事實及法律而辯論」。參閱，梁松雄，上揭書，頁 1151。

3.有權要求法院在判決及其理由表示立場 (ein Recht darauf, daß die Stellungsnahme in die Entscheidung und deren Begründung eingeht)。

值得注意的是，依法聽審原則雖是行政訴訟程序之重要原則，但並非沒有限制。例如在對法院行使資訊請求權方面，即要受到對公私祕密之保護之限制；而在行使對法院表達意見權時，不可濫用，也要受到不可侵害他造人格權之限制。而在行使請求法院斟酌之權時，也不是在每種情況下可以對法院為囉哩囉唆的權利行使。又依法聽審原則相對的也課予訴訟當事人以義務。若不遵守將使其依法被聽審之權利受到限制。例如逾期提出訴訟資料之失權，遲誤期間以致判決之確定力之產生或造成訴之撤回的擬制後果等 ❷。

違反依法聽審原則屬於嚴重的訴訟程序瑕疵，構成德國行政法院法第一三八條第三項之絕對的上訴理由 ❷。

學者舉出德國此一依法聽審原則在我國有其適用之行政訴訟條文。例如，行政訴訟法第四章第二節第六十一條至第八十三條有關訴訟文書之送達規定；第九十五條有關訴訟文書之利用規定；第一二五條第二項、第三項有關法官之闡明義務；第一八九條第二項裁判應記明理由之規定等是 ❷。

第三節　處分權主義與職權進行主義

行政訴訟係人民因行政機關之公權力措施遭受損害，或公法上權利義務關係發生爭議，請求行政法院裁判除去損害或保護其權益之救濟程序。行政訴訟如同其他司法審判基於不告不理之原則，首須原告有向行政法院尋求救濟之表示。換言之，就具體事件是否請求法律救濟？以及其請求救濟之範圍如何？以何方式（訴訟種類）救濟，均應取決於當事人或利害關

---

❷　Friedhelm Hufen, a.a.O., §35, Rn. 11, 12.

❷　A.a.O., §35, Rn. 14；中文另參閱，陳啟垂博士譯，〈第 138 條　絕對之法律審上訴理由〉，刊於陳敏博士等譯，《德國行政法院法逐條釋義》，頁 1632, 1637–1640。

❷　翁岳生，《行政訴訟法逐條釋義》，頁 16。

係人之主觀意願。這種行政訴訟程序之開始、進行、終結、和解及訴訟標的之決定，尊重當事人自治，聽任當事人主張之意思就是學理上所謂的處分權主義 (Verfügungsgrundsatz od. Dispositionsmaxime)。至於職權進行主義 (Amtsbetrieb) 則是指行政法院不問當事人之意思而依職權進行訴訟之主義。我國行政訴訟法兼採處分權主義與職權進行主義。凡性質上宜由當事人自行決定之訴訟行為，採處分權主義，不宜由當事人自行決定或涉及公益之行為，則採職權進行主義。其中，採行處分權主義者，例如：

1. 訴訟程序之開始本於當事人之聲明（行政訴訟法第一○五條、第二三一條、第二三八條、第二七三條、第二八四條等）
2. 訴之種類與訴之標的之決定（行政訴訟法第四條至第八條等）
3. 反訴之提起（行政訴訟法第一一二條）
4. 訴之撤回（行政訴訟法第一一三條）
5. 訴之捨棄、認諾（行政訴訟法第二○二條）
6. 不得為訴外裁判（行政訴訟法第二一八條準用民事訴訟法第三八八條）
7. 假處分之聲請（行政訴訟法第二九八條）

採行職權進行主義者，例如：

1. 職權送達（行政訴訟法第六十一條）
2. 訴訟期日之指定（行政訴訟法第八十四條、第九十四條）
3. 言詞辯論之開始、指揮及終結（行政訴訟法第一二四條）
4. 裁定停止訴訟程序（行政訴訟法第一七七條、第一七八條）
5. 裁定命續行訴訟程序（行政訴訟法第一八六條準用民事訴訟法第一七八條）
6. 裁定撤銷停止訴訟程序（行政訴訟法第一八六條準用民事訴訟法第一八六條）

　　又如行政法院違反處分權主義時，如為訴外裁判或訴已撤回而行政法院仍續行訴訟程序者，則訴訟程序即有瑕疵，構成上訴之理由❷❾。

---

❷❾　Friedhelm Hufen, a.a.O., §35, Rn. 25.

第四節　職權調查主義與辯論主義

行政訴訟涉及公益，且行政訴訟之對造為政府機關，與人民居於不對等之權力關係，又行政行為，每涉及公務機密，人民取得資料不易，舉證困難，使人民在訴訟上處於不利地位。故各國在行政訴訟原則上採職權調查主義 (Untersuchungsgrundsatz)，如德國行政法院法第八十六條、日本行政事件訴訟法第二十四條、第三十八條、第四十一條第一項、第四十三條等是。職權調查主義，乃法院對於涉及裁判之重要事實關係，得自行確定，不受當事人聲明或主張之拘束。而當事人未提出之訴訟資料或證據，法院亦得依職權調查之。職權調查主義與依法聽審及程序平等原則 (der Grundsatz des rechtlichen Gehörs und zur Verfahrensgleichheit) 有密切關連。透過職權調查，行政法院可以平衡改善行政機關消極不作事實說明之缺點 ❸⓪。有鑒於此，我國在行政訴訟程序上，原則亦採行職權調查主義 ❸①，如行政訴訟法第一二五條第一項就明文規定：「行政法院應依職權調查事實關係，不受當事人主張之拘束。」又在同法第一三三條規定：「行政法院於撤銷訴訟，應依職權調查證據；於其他訴訟，為維護公益，亦同。」再者，在同法第一三四條規定：「前條規定，當事人主張之事實，雖經他造自認，行政法院仍應調查其他必要之證據。」

而與職權調查主義不同的是建構在當事人自治，程序武器平等之辯論主義 (Verhandlungsmaxime)。所謂辯論主義，依日本學者之說法，乃是「訴訟中對於裁判所必要之事實及證據，當事人對該訴訟資料負有提出之責任，法院原則上僅得基於當事人提出之訴訟資料為判決，⋯⋯在此原則下：①法院不得將當事人所未主張之事實，採為判決之資料，②法院對於當事人不爭之事實（自認之事實），應以之為判決之資料（即不得為確定自認事實之真實性而調查證據），③法院就當事人爭執之事實，依證據為認定時，須

---

❸⓪　A.a.O., §35, Rn. 21.

❸①　相關論文請參閱，李佳珍，〈行政訴訟職權調查原則之研究〉，國立臺北大學碩士論文，2012 年。

依當事人所聲明證據為之。」❸❷此一原則即為民事訴訟程序通行之當事人提出原則 (Beibringungsgrundsatz) ❸❸。

行政訴訟程序採職權調查主義，因行政法院在專門知識與財務上之缺乏，已無法在行政訴訟或其他民、刑訴訟上全面貫徹。因此已有修正，如德國行政法院法第八十六條第一項即有修正而有部分容納當事人提出原則與當事人協力原則 (Kooperationsprinzip) ❸❹。我國行政訴訟程序亦採之。亦即原則上採職權調查主義，例外採辯論主義，當事人提出原則與當事人協力原則。如行政訴訟法第一二二條第二項規定：「當事人應就訴訟關係為事實上及法律上之陳述。」又同法第一二一條第一項第二款規定「行政法院因使辯論易於終結，認為必要時，得於言詞辯論前……命當事人提出圖案、表冊、外國文文書之譯本或其他文書、物件」，此即為求程序經濟，當事人有協力義務 (Mitwirkung der Beteiligten) 之要求。另外，依行政訴訟法第一三三條規定之反面解釋，即行政法院於撤銷訴訟或與維護公益無關之其他訴訟如一般給付訴訟，原則上可不必依職權調查證據，而仰賴於當事人提出證據。換言之，在此情形下，即採辯論主義或當事人提出原則。

行政法院如違反職權調查主義，則被認為有程序瑕疵 (Verfahrensmangel)，構成上訴之理由。德國司法實務認為，毫無保留的接受主管機關所提事實或其他資料，如在政治難民庇護事件中，未盡調查義務的接受聯邦外交部之官方資訊是有瑕疵的❸❺。

---

❸❷ 引自陳計男，上揭書，頁 338。

❸❸ Friedhelm Hufen, a.a.O., §35, Rn. 21.

❸❹ A.a.O., §35, Rn. 22；中文請參閱，張文郁，〈第 86 條 職權調查原則〉，刊於陳敏博士等譯，《德國行政法院法逐條釋義》，司法院印行，民國 91 年 10 月，頁 908–952。

❸❺ BVerwGE NVwZ 1990, 878; BVerfGE 63, 215, 225. Zitiert nach Friedhelm Hufen, a.a.O., §35, Rn. 23.

第五節　言詞審理主義與書面審理主義

言詞審理主義乃是「當事人之辯論及提供訴訟資料，須於法官前以言詞為之，始有效力，否則不得採為判決基礎。在言詞審理下，法官能迅速知曉訴訟事件之內容，易得完全之訴訟資料，但因法官本其記憶而為裁判，難免稍有疏漏，且於上訴時，上訴審法院難以知曉下級法院得心證之全部緣由之所本，是其缺點。」❸ 至於書面審理主義乃是法官僅依當事人所提之書面資料進行審理。學者認為，書面審理主義，因訴訟資料一一載於書面，不因時間之經過而有疏漏，且易查考，是其優點。但因法官不能藉問答以明爭議真相，亦有缺點❸。

我國行政訴訟法在民國八十七年修正前，因行政法院只有一個，行政訴訟之審理也只有一個審級，故當時之行政訴訟法第十九條規定，行政訴訟原則上採書面審理主義，民國八十七年行政訴訟法全面修正後已改採言詞審理主義為原則，書面審理主義為例外之規定。

採言詞審理主義者，如行政訴訟法第一八八條第一項規定：「行政訴訟除別有規定外，應本於言詞辯論而為裁判。」同條第二項又規定：「法官非參與裁判基礎之辯論者，不得參與裁判。」這些都是在彰顯行政訴訟是以採取言詞審理主義為原則，亦即採取必要的言詞辯論 (notwendig mündliche Verhandlung) 為原則。

採書面審理主義者，如行政訴訟法第一八八條第三項規定：「裁定得不經言詞辯論為之。」是以裁定程序，無論是高等行政法院或由最高行政法院為之，均可不適用言詞審理主義。但行政法院亦可依行政訴訟法第一八八條第四項規定：「裁定前不行言詞辯論者，除別有規定外，得命關係人以書狀或言詞為陳述。」此即為學理上所謂的任意的言詞辯論 (fakultative mündliche Verhandlung)❸。行政訴訟法第一〇七條第三項即有類似規定，

---

❸　陳計男，上揭書，頁 339–340。

❸　同上註，頁 340。

❸　同上註，頁 340。

即：「原告之訴，依其所訴之事實，在法律上顯無理由者，行政法院得不經言詞辯論，逕以判決駁回之。」同樣的，在行政訴訟法第二三三條第一項亦規定：「簡易訴訟程序之裁判得不經言詞辯論為之。」

值得注意的是，我國行政訴訟法在最高行政法院之層級上仍採書面審理主義為原則，言詞辯論主義為例外之規定，如行政訴訟法第二五三條第一項規定：「最高行政法院之判決不經言詞辯論為之。但有左列情形之一者，得依職權或依聲請行言詞辯論：一、法律關係複雜或法律見解紛歧，有以言詞辯明之必要者。二、涉及專門知識或特殊經驗法則，有以言詞說明之必要者。三、涉及公益或影響當事人權利義務重大，有行言詞辯論之必要者。」

行政法院如違反必要的言詞辯論，即言詞審理主義之原則時，即有訴訟程序之瑕疵，構成行政訴訟法第二四三條第二項第五款判決當然違背法令事由，當事人得提起上訴。

第六節　公開審理主義與祕密審理主義

行政訴訟審理，如行政法院行言詞辯論及宣示裁判時，除訴訟當事人外，亦容許第三人在場旁聽者，是為採公開審理主義者。相反的，只許訴訟當事人在場而不許第三人在場者，則為採祕密審理主義或稱不公開審理主義者，行政訴訟之審理如同其他訴訟，為確保裁判之公平，使一般民眾知悉行政法院審理訴訟之情況，信賴行政法院執法之公正，提高行政法院之威信，另又可使當事人、證人及鑑定人等，對於公眾有所顧忌，不敢有不實之陳述，亦有助於事實真相之發現。故各國類皆採取公開審理主義。我國將此規定於行政法院組織法第四十七條準用法院組織法第八十六條：「訴訟之辯論及裁判之宣示，應公開法庭行之。但有妨害國家安全、公共秩序或善良風俗之虞時，行政法院得決定不予公開」。又同條準用法院組織法第八十七條「法庭不公開時，審判長應將不公開之理由宣示。前項情形，審判長仍得允許無妨礙之人旁聽」之規定，均是採取公開審理主義為原則，採取祕密審理主義為例外 ❸⑨ 。

就言詞辯論之公開與否，行政訴訟法第一二八條第五款明文規定：「行政法院書記官應作言詞辯論筆錄，記載左列各款事項：……五、辯論之公開或不公開；如不公開者，其理由。」而就裁判宣示之是否公開，行政訴訟法第二○四條第一項明白規定：「經言詞辯論之判決，應宣示之；不經言詞辯論之判決，應公告之。」換言之，如同該條立法理由所指出的：「經言詞辯論之判決，須於公開法庭宣示，始生效力。至於不經言詞辯論之判決毋庸宣示，應以公告對外發表，使發生效力。」

又，行政法院違背言詞辯論公開之規定而為判決者，依行政訴訟法第二四三條第二項第五款規定，其判決當然違背法令，得為上訴最高行政法院之理由。

第七節　直接審理主義與間接審理主義

直接審理主義是指行政法院之法官直接參與訴訟當事人之辯論及調查證據，自行認識並獲得訴訟資料而以之為裁判基礎之主義。間接審理主義則是指法官不親自參與訴訟當事人之辯論及調查證據，而是以其他法官或官署所調查、取得之訴訟資料為裁判基礎之主義。

在採直接審理主義者，法官所得之資料是從直接審理中體驗而來，對於事實之真相，有較明確之認識，有利於裁判之公正，故事實審法院應採直接審理主義。我國行政訴訟法就此乃在第一八八條第二項明文規定：「法官非參與裁判基礎之辯論者，不能參與裁判。」又依行政訴訟法第一三二條準用民事訴訟法第二一一條規定：「參與言詞辯論之法官有變更者，當事人應陳述以前辯論之要領。但審判長得令書記官朗讀以前筆錄代之。」透過此一規定雖未全部更新辯論，但仍以使未直接參與言詞辯論之法官，得以非間接的方式，較接近真實的方式取得訴訟資料與證據，作出較公正的裁判。因此，行政法院若以未參與言詞辯論之法官參與判決，其判決法院之組織即為不合法，其判決即屬於行政訴訟法第二四三條第二項第一款所規定之當然違背法令情形，而成為上訴之理由。

---

❸❾　參引，陳計男，上揭書，頁341。

　　至於採間接審理主義者，如我國最高行政法院之採法律審者屬之。行政訴訟法第二五三條第一項即規定：「最高行政法院之判決不經言詞辯論為之。」是以最高行政法院法官是以當事人之上訴書狀及各高等行政法院審理所獲得之訴訟資料、證據為審理、裁判之基礎。其採取間接審理主義者，甚為明顯。

　　另外，在訴訟準備程序，行政訴訟法第一三二條規定準用民事訴訟法第二七〇條規定之由受命法官為準備程序與調查證據者，亦為採行間接審理主義之表徵。而在調查證據程序中，行政訴訟法第一三八條、第一三九條以及第一七六條準用民事訴訟法第二九五條之規定，得由受命法官或受託法官，或囑託外國官署及駐外之我國大使、公使或領事調查證據。這也是採行間接審理主義。

第八節　法定順序主義與自由順序主義

　　當事人進行訴訟行為時，是否須依法律所定順序，學理上可分為法定順序主義與自由順序主義。前者，凡當事人之訴訟行為，應依法律所定之順序為之者，否則不生效力，謂之法定順序主義。相反的，法律不定任何順序，一任當事人自由或前後為之，以達訴訟之目的者，謂之自由順序主義 (Prinzip der Prozessfreiheit)。法定順序主義又可分為證據分離主義與同時提出主義兩種。證據分離主義 (Prinzip der Beweistrennung) 為德國普通法院所採，將為判決基礎之事實上主張與證據方法之提出，截然分為二個階段，須當事人事實上主張全部完畢後，方開始調查，一經開始調查證據，當事人即不得再為事實上之陳述。至同時提出主義，則當事人為達到同一目的所為之主張與證據方法，須同時或一定期間內提出，否則不生效力❹。

　　依行政訴訟法第一三二條準用民國八十九年二月九日修正前民事訴訟法第一九六條第一項：「攻擊或防禦方法，於言詞辯論終結前提出」之規定，是採自由順序主義。不過，在民國八十九年二月九日民事訴訟法第一九六條第一項規定修正為：「攻擊或防禦方法，除別有規定外，應依訴訟進行之

❹　參引，陳計男，上揭書，頁342。

程度,於言詞辯論終結前提出之。」是已改採學者所稱之「適當提出主義」❹。

雖然如此,為了避免當事人濫用自由順序主義或不於適當時期提出攻擊、防禦方法,導致訴訟之延滯,行政訴訟法乃又兼採法定順序主義。例如:

1. 依行政訴訟法第一三二條準用民事訴訟法第一九六條第二項規定之「當事人意圖延滯訴訟,或因重大過失,逾時始行提出攻擊或防禦方法,有礙訴訟之終結者,法院得駁回之。攻擊或防禦方法之意旨不明確,經命其敘明而不為必要之敘明者,亦同。」

2. 依行政訴訟法第一三二條準用民事訴訟法第二〇六條規定之「當事人關於同一訴訟標的,提出數種獨立之攻擊或防禦方法者,法院得命限制而辯論。」

3. 依行政訴訟法第一三二條準用民國八十九年二月九日修正之民事訴訟法第二七六條第一項規定之「未於準備程序主張之事項,除有下列情形之一者外,於準備程序後行言詞辯論時,不得主張之: 一、法院應依職權調查之事項。二、該事項不甚延滯訴訟者。三、因不可歸責於當事人之事由不能於準備程序提出者。四、依其他情形顯失公平者。」

第九節　本人訴訟主義與律師代理訴訟主義

行政訴訟得由當事人或法定代理人自為訴訟之主義,稱為本人訴訟主義。而當事人不得自為行政訴訟而必須由律師代為行政訴訟之主義,稱為律師代理訴訟主義。德國行政法院法第六十七條第一項規定:「在聯邦行政法院以及高等行政法院,提出聲請之訴訟當事人,皆須以律師或德國大學之法學教授為其代理人。對於提起法律審上訴,不許可法律審上訴之抗告、本法第九十九條第二項、法院組織法第十七條之一第四項第二句所規定之抗告,以及對於聲請事實審上訴與抗告之許可,亦同。」❹即是採律師代理

---

❹　陳計男,上揭書,頁 343。

❹　中文譯文請參閱,蕭文生博士譯,〈第 67 條　訴訟代理人及輔佐人〉,刊於陳敏博士等譯,《德國行政法院法逐條釋義》,司法院印行,民國 91 年 10 月,頁 665。

訴訟主義，此因行政訴訟具有相當高之技術性，常非一般之當事人所能勝任，而必須由具有律師或法學素養之教授代為訴訟才可。我國行政訴訟法原未全面採用德國之律師代理訴訟主義，而採當事人訴訟主義兼採律師專業代理訴訟主義。不過在民國九十六年六月五日立法院三讀通過修正之行政訴訟法仍採當事人訴訟主義，但該法第四十九條第二項至第六項規定，卻採行德國法制的律師強制代理訴訟主義。各該項明示規定：「行政訴訟應以律師為訴訟代理人。非律師具有下列情形之一者，亦得為訴訟代理人：一、稅務行政事件，具備會計師資格者。二、專利行政事件，具備專利師資格或依法得為專利代理人者。三、當事人為公法人、中央或地方機關、公法上之非法人團體時，其所屬專任人員辦理法制、法務、訴願業務或與訴訟事件相關業務者。委任前項之非律師為訴訟代理人者，應得審判長許可。第二項之非律師為訴訟代理人，審判長許其為本案訴訟行為者，視為已有前項之許可。前二項之許可，審判長得隨時以裁定撤銷之，並應送達於為訴訟委任之人。訴訟代理人委任複代理人者，不得逾一人。前四項之規定，於複代理人適用之。」

由上可知，在行政訴訟上，除非審判長許可或行政訴訟法第四十九條之例外規定情形，非律師不得為訴訟代理人。

第十節　自由心證主義與法定證據主義

自由心證主義 (Theorie der freien Beweiswürdigung) 是指各種證據之證明力，由法院自由判斷之謂；而法定證據主義 (Theorie der gesetzlichen Beweisregeln) 則是指證據方法之種類及其證據之證明力均由法律定之，而法院判斷證據之真偽，必須依其規定，不得自由判斷者。

我國行政訴訟程序以採自由心證主義為原則，以採法定證據主義為例外。如行政訴訟法第一八九條第一項：「行政法院為裁判時，應斟酌全辯論意旨及調查證據之結果，依論理及經驗法則判斷事實之真偽。但別有規定者，不在此限。」之規定即是適例。學者認為此一規定，「與民事訴訟法第二二二條所不同者，不外以『依論理及經驗法則判斷事實之真偽』，代替『依

自由心證判斷事實之真偽」，文字用語不同，意義完全一致，僅為避免一般人將自由心證誤解為恣意判斷之故。蓋所謂自由心證即係法院對證據力之判斷，雖不受一成不變之各種法則的拘束，惟仍應綜合全辯論意旨及調查證據之結果，加以斟酌，依據論理法則及經驗法則判斷事實真偽。」❹

　　至於行政訴訟法第一八九條第一項但書所謂之「別有規定者」，即為採行法定證據主義之例外情形。例如：

1. 行政訴訟法第三十四條規定：「訴訟當事人之選定及其更換、增減，應以文書證之。」

2. 行政訴訟法第一三二條準用民事訴訟法第二一九條規定之「關於言詞辯論所定程序之遵守，專以筆錄證之。」

3. 行政訴訟法第一七六條準用民事訴訟法第三五五條第一項規定之「文書，依其程式及意旨得認作公文書者，推定其為真正。」

　　學者表示，「法定證據主義係德國普通法時期及中世紀法義諸國所採取，固可避免法官之專斷，但於事實關係錯綜複雜之現代訴訟，則難以獲得真實之真相，故自拿破崙法典採用自由心證主義以來，為許多國家所仿效。」❹不過，為了防止假借自由心證主義而擅斷，行政訴訟法第一八九條第二項乃規定：「依前項判斷而得心證之理由，應記明於判決。」如未記明，則構成理由不備或理由矛盾之違法❹，得對之提起上訴。

第十一節　分割併行審理與集中審理主義

　　關於行政訴訟程序之重要原則，在德國尚有所謂的集中審理主義(Konzentrationsmaxime)❹。意即為了促進訴訟經濟，減輕訴訟勞費，有關訴訟之本案審理應儘可能使程序集中化，並以開一次言詞辯論期日即可終結為理想之謂也❹。此與傳統的訴訟進行方式採分割的、併行的審理方式

❹　吳庚，《行政爭訟法論》，頁80。

❹　陳計男，上揭書，頁344。

❹　吳庚，上揭書，頁80。

❹　Friedhelm Hufen, a.a.O., §35, Rn. 26.

不同。學者指出❹，在民事訴訟程序上，民國八十九年二月九日修正民事訴訟法已改採集中審理主義❹，而在行政訴訟程序上，雖未明文採集中審

---

❹ 陳清秀，《行政訴訟法》，自刊本，民國 91 年 9 月二版二刷，頁 377。

❹ 同上註，頁 377–378。

❹ 學者指出依民國 89 年 2 月 9 日修正民事訴訟法之規定，民事訴訟程序由以往分散式的、漸進式的審理方式，改採「集中審理主義」，並具有下述特色：

1. 當事人雙方準備書狀及答辯狀先行交換

當事人雙方均應善盡其協力迅速進行訴訟的義務，於一定期間內提出書狀及所用書證之影本，並將準備書狀（原告所提出者）及答辯狀（被告所提出者）繕本或影本直接通知他造（民事訴訟法第 265 條、第 267 條及第 268 條）。

上述交換書狀規定，依行政訴訟法第 132 條規定，似應可準用，以促進程序迅速進行。

2. 當事人雙方整理並協議簡化爭點

法院於書狀先行交換程序終結後所定準備程序開庭期日或第一次言詞辯論開庭期日，應使當事人雙方整理並協議簡化訴訟爭點，於必要時並得定期間命當事人就整理爭點的結果，提出摘要書狀（民事訴訟法第 268 條之 1 及第 270 條之 1）。

上述整理簡化爭點規定，係本次修正民事訴訟法時新增，不在行政訴訟法準用範圍，惟行政法院為發揮迅速審理效果，似可參考辦理，但仍應注意職權探知主義之適用。

3. 集中與直接調查證據

法院訊問證人及當事人本人，應集中為之（民事訴訟法第 296 條之 1），亦即集中調查證據，避免反覆開庭。

又為貫徹直接審理主義，調查證據原則上應由受訴法院直接為之，僅於例外情形始得由受命法官行之（民事訴訟法第 270 條）。

上述集中與直接調查證據，於行政訴訟程序上，在法官工作負擔容許範圍內，似可考慮予以準用。

4. 當事人於準備程序中未主張之事項，發生失權效果

為督促當事人善盡協力迅速進行訴訟的義務，對於當事人在準備程序中未主張的事項，原則上即發生失權效果，不得再於言詞辯論時主張（民事訴訟法第 276

理主義，但也應儘可能在一次言詞辯論中解決該項法律上爭議。不過，因行政訴訟法修正在先，並未完全準用新修正之民事訴訟法規定，因此雖仍可採取分割的、併行的審理方式，惟應注意促進程序進行，提高審理效率。

條）。參閱，上註，頁 378-379。

第三章　高等行政法院通常訴訟程序

民國一○○年十一月二十三日公布修正之行政訴訟法開啟了行政訴訟三級二審制之實施。行政訴訟法第二編所規範的是行政訴訟第一審程序，其第一章為高等行政法院通常訴訟程序。為求與第二章之地方法院行政訴訟庭簡易訴訟程序以及與第三章之交通裁決事件訴訟程序有所區分，新增訂之行政訴訟法第一○四條之一乃明文規定：「適用通常訴訟程序之事件，以高等行政法院為第一審管轄法院。」

第一節　行政訴訟之起訴程序

第一項　起訴之方式

行政訴訟程序以原告之起訴而開啟。起訴為要式訴訟行為，依行政訴訟法第一○五條第一項規定，應以訴狀❶表明下列各項事項，提出於行政法院為之：

一、當事人。

二、起訴之聲明。

三、訴訟標的及其原因事實。

此外，行政訴訟法第一○五條第二項又規定，訴狀內宜記載適用程序上有關事項、證據方法及其他準備言詞辯論之事項；其經訴願程序者，並附具決定書❷。

---

❶　起訴應以訴狀為之，學者稱之為「訴狀強制主義」，有助於當事人訴訟攻擊、防禦之準備與法院之妥適審理。黃錦堂，〈起訴之程式〉，翁岳生主編，《行政訴訟法逐條釋義》，頁 368。

❷　德國行政法院法第 82 條第 1 項更進一步規定，原告應附具請求撤銷之行政處分書原本或繕本。林昱梅／陳敏等譯，《德國行政法院法逐條釋義》，司法院印行，民國 91 年 10 月，頁 876。

　　如上所述，起訴方式應以訴狀為之。若不以訴狀為之，效果如何？依行政法院四十五年裁字第二五號判例，為不合法定程序，如未為補正，行政法院可以裁定駁回其訴❸。最高行政法院九十七年裁字第二五○○號裁定也指出：「起訴應以訴狀提出於行政法院為之，行政訴訟法第一○五條第一項定有明文。當事人在行政法院以外之處所所為之準備行為，不能認為已為起訴行為，故訴狀僅於起訴期間內付郵，而到達行政法院時已逾起訴期間者，不生於起訴期間內起訴之效力。」又起訴狀誤稱為訴願書者是否合乎起訴要件？依行政法院四十九年裁字第三○號判例，認「誤起訴狀為訴願書，仍應受理，但其內容仍須符合程式」❹。

　　起訴通常係由當事人親自或委託他人向法院收發單位遞交訴狀，亦可以掛號郵件寄交法院收發單位。若向原處分機關遞交訴狀，提起行政訴訟者，依德國法之見解，不發生起訴之效力❺。在我國，依行政訴訟法第一○五條第一項之應然規定，亦應採此見解。不過，因行政程序法第一七二條第二項規定原處分機關應告知遞交訴狀之人，在相當程度範圍內，或可使誤遞訴狀之人的權益獲得保護。又向非管轄之行政法院遞交訴狀者，依德國法之見解，亦不構成起訴❻。但在我國，仍生訴訟繫屬之效果，受訴狀遞交之行政法院依行政訴訟法第一○七條第一項第二款規定，應為移送訴訟之裁定❼。

　　又訴狀以電報或傳真等方式為之者，有無起訴之效力？行政訴訟法原無明文，我國學者採否定見解❽。但依德國司法實務之見解，則採肯定見解❾，認有起訴之效力。不過用電話或用 E-mail 的方式傳至法院電腦之起

---

❸　最高行政法院發行，《最高行政法院判例要旨彙編》，民國 92 年 4 月，頁 924–925。

❹　同上註，頁 925；蔡志方，《行政救濟法新論》，頁 291。

❺　Ferdinand O. Kopp/Wolf-Rüdiger Schenke, VwGO, 11. Aufl., 1998, §81, Rn. 3.

❻　同上註。

❼　黃錦堂，〈起訴之程式〉，上揭書，頁 369。

❽　同上註。

訴方式，德國司法實務與學者則認無起訴效力❿。我國司法實務對此並無實例，但就學理上應採德國司法實務之肯定見解，容許以電報或傳真或甚至 E-mail 的方式遞交訴狀而為起訴，以符合時代之需求，尤其是民國九十年十一月十四日制定公佈之電子簽章法，目的在促進電子化政府，其可容許電子商務之應用，則將來行政法院之起訴亦應容許電子文件之使用，始可稱為便民。民國九十九年一月十三日公布修正之行政訴訟法第八十三條已增列準用民事訴訟法第一五三條之一關於訴訟文書得以電信傳真或其他科技設備傳送之規定。因此，將來訴狀若以電報、傳真或其他科技設備等方式傳送者，均有起訴之效力。

第二項　起訴之內容

　　起訴之內容係指起訴狀應有依行政訴訟法第五十七條關於當事人書狀應記載事項之內容。而依同法第一○五條第一項、第二項之規定，起訴狀更應表明下列必要記載事項與宜記載事項。

一、必要記載事項

　　依行政訴訟法第一○五條第一項規定，起訴狀應表明當事人、起訴之聲明、訴訟標的及其原因事實，此即為起訴狀之必要記載事項。若無此必要記載事項，尤其無法經由訴狀整體觀察或解釋確定有此必要記載事項⓫，

---

❾　Eyermann/Geiger, VwGO, 11. überarb. Auf., §81, Rn. 5–9; Kopp/Schenke, a.a.O., §81, Rn. 9.

❿　林昱梅，〈起訴〉，上揭陳敏等譯書，頁 873。

⓫　學者認為只要當事人之訴狀內容已經達到可以辨識訴之聲明及訴訟標的與原因事實之一定程度，該起訴即為合法，蓋以我國行政訴訟法並不採律師強制主義，當事人未必延聘律師，在解釋上不宜過度嚴格，以保障人民之訴訟權益。黃錦堂，上揭書，頁 369。另司法實務認訴狀之記載內容如不足以確定訴訟類型，應認為起訴不合法。詳請參閱最高行政法院 92 年度裁字第 314 號裁定，《台灣本土法學雜誌》，第 49 期，2003 年 8 月，頁 210–212。

則該起訴屬於行政訴訟法第一○七條第一項第十款之起訴不合程式或不備
其他要件者，行政法院應以裁定駁回之。

1.當事人

當事人之表明為起訴狀必要記載事項，用以確定行政訴訟之原告與被
告。當事人為自然人者，依行政訴訟法第五十七條規定，應記載其姓名、
性別、年齡、身分證明文件字號、職業及住所或居所。如使用多名稱時，
應記載其國民身分證或護照上之姓名。又自然人為繼承人者，依最高行政
法院九十二年度判字第一七八○號判決意旨，應與繼承人全體一齊起訴請
求，始為當事人適格❷。當事人為法人、機關或其他團體者，亦應依行政
訴訟法第五十七條規定，記載其登記名稱及所在地、事務所、營業所及法
定代理人。如為獨資商號，則因其無當事人能力，在受行政處分而提行政
訴訟時，應記載獨資商號之主體，即自然人之姓名並附記商號名稱❸。如
為祭祀公業，行政訴訟實務以其為當事人，而其管理人為代表人❹。

又法人為當事人者，須以法人之名義起訴，不得以其內部單位之董事
會提起訴訟。董事會雖為法人之意思決定機關，但屬法人之內部單位，不
得為權利義務主體，如以董事會名義提出起訴狀，行政法院則以裁定將之
駁回。董事如對主管機關之行政處分不服，欲提行政訴訟時，應以董事之
自然人身分提起訴訟而不得以董事會之名義提起訴訟❺。

---

❷　參閱，司法院印行，《最高行政法院裁判要旨彙編》，第 23 輯，民國 93 年 12 月
　　出版，頁 950。

❸　陳計男，《行政訴訟法釋論》，頁 348，及行政法院 68 年 8 月 25 日庭長評事會
　　議決議。

❹　同上註之行政法院庭長評事會決議及陳計男，上揭書，頁 348–349。

❺　臺北高等行政法院 91 年度訴字第 21 號判決之理由，即明確指出：「原告親民
　　專校第四屆董事會係該校之意思決定機關，屬該校之內部單位，不得為權利義
　　務之主體，依行政訴訟法第 22 條規定，無當事人能力，原告親民專校第四屆
　　董事會起訴部份……以裁定駁回。」最高行政法院 93 年度裁字第 1229 號裁定

2.起訴之聲明

　　起訴之聲明為行政訴訟法第一〇五條第一項第二款規定之必要記載事項。起訴之聲明乃原告對於被告就訴訟標的，請求行政法院判決之內容及範圍，即包含訴訟原因之要略與訴訟標的之表示及要求行政法院為訴訟救濟之意思表示。若當事人之起訴聲明含有與本案事實非密切相關之抱怨，如對相關主管機關或其上級官署之抱怨等，依德國司法實務，該起訴尚非不法。但若起訴狀滿紙為對被告、法院或第三人之埋怨而無實質訴之聲明者 (wenn ein Schrift sich ausschließlich in Beleidigungen des Prozeßgegners, des Gerichts oder eines Dritten erschöpft, ein sachliches Begehren also nicht enthält.)，則起訴視為不合法**⓯**。

　　行政訴訟起訴狀中訴之聲明，相當於民事訴訟中應受判決事項之聲明，亦即原告請求行政法院應為如何具體判決內容之聲明，原告亦可提出備位之預備聲明或第二位聲明，請求法院於認其第一先位之聲明為無理由時，應就其備位之第二位聲明加以裁判。

　　新行政訴訟法增加了訴訟種類，故訴之聲明亦與民事訴訟一般呈現多樣性，其例如下**⓰**：

　　⑴撤銷訴訟之訴之聲明如：「請求撤銷被告機關某年某月某日所為之停業處分」、「請求撤銷被告機關某年某月某日之訴願決定」。

　　⑵課予義務訴訟之訴之聲明宜先請求撤銷原行政處分與訴願決定，再請求判命作一定作為處分，如「請求撤銷被告機關所為某年某月某日之拒

　　亦同此意旨，謂：「法人之董事會為法人之內部機關，……無當事人能力。」參閱，最高行政法院編印，《最高行政法院裁判書彙編》（民國 93 年 1 月至 12 月），民國 94 年 3 月出版，頁 846。

⓯　BFH NJW, 1993, 1352, zitiert nach Kopp/Schenke, a.a.O., §81, Rn. 14；黃錦堂，上揭書文，頁 369。

⓰　林騰鷂，《行政法總論》，頁 698-699；陳計男，《行政訴訟法釋論》，頁 349-350；蔡志方，《行政救濟法新論》，頁 291-300。

發營業執照之處分暨某年某月某日之第幾號訴願決定；並請判命被告機關發給營業執照」。

(3)一般給付訴訟依新行政訴訟法規定，不須經過訴願程序，故其訴之聲明與民事訴訟類似，即如：「請求判命被告機關給付原告新臺幣若干元及自民國某年某月某日起至清償日止按多少年利率計算之利息。」

(4)確認訴訟之訴之聲明，如「確認某年某月某日之喪失國籍之許可處分無效」、「確認原告與被告在某年某月某日之行政契約成立」、「確認原告與某公法上社團間會員關係之不存在」等。

3.訴訟標的及其原因事實

行政訴訟之訴訟標的係指行政法院之審判對象[18]，亦即原告所請行政法院為裁判其所主張或否認之權利義務關係[19]。關於行政訴訟之訴訟標的，學說理論見解不一[20]。我國學者依德國學界及實務通說[21]，將各種行政訴訟之訴訟標的按我國行政訴訟法第四、五、六及八條之規定界定為：

(1)撤銷訴訟之訴訟標的係指原告對行政處分違法並損害其權利之主張[22]。

(2)課予義務之訴之訴訟標的係指原告對行政機關不為行政處分或為拒絕行政處分之違法並損害其權利之主張。

(3)確認之訴之訴訟標的係指原告對行政處分無效或公法上法律關係存

---

[18] 陳清秀，《行政訴訟法》，頁 336；陳清秀，〈行政訴訟之訴訟標的〉，《全國律師月刊》，2001 年 9 月，頁 11–31。

[19] 吳庚，《行政爭訟法論》，頁 85。

[20] 陳清秀，上揭書，頁 336–334。

[21] 吳庚，上揭書，頁 65–66。

[22] 陳英鈐，〈撤銷訴訟的訴權——個人權利保護與法秩序維持之爭〉，台灣行政法學會主編，《行政法爭議問題研究（下）》，頁 981–1008；另侯慶辰，〈論行政訴訟中訴之利益——以撤銷訴訟為討論重點〉，《憲政時代》，第 26 卷，第 4 期，民國 90 年 4 月，頁 3–24。

在或不存在之主張。

(4)一般給付之訴之訴訟標的係指原告以特定之財產上給付或非財產上之作為或不作為已損害其權利之主張❷。

訴訟標的並非純粹是學說上之理論，其在行政訴訟運作上具有甚多實益功能，例如下列事項，均須以訴訟標的為判斷決定之要件、標準❷：

(1)原告提起行政訴訟所表示爭議內容之認定。

(2)判斷原告起訴是否屬於就同一事件更行起訴。

(3)判斷是否為共同訴訟之要件。

(4)衡量起訴後原告可否任意變更或追加他訴。

(5)訴訟繫屬中所生訴訟承當或繼受之問題❷。

(6)被告對原告可否提起反訴。

(7)行政法院確定判決其既判力所及之範圍為何。

(8)法院得否命第三人參加訴訟。

二、宜記載事項

行政訴訟法第一○五條第二項規定：「訴狀內宜記載適用程序上有關事項、證據方法及其他準備言詞辯論之事項；其經訴願程序者，並附具決定書。」這些訴狀宜記載事項與同條第一項規定之當事人、起訴之聲明、訴訟標的及其原因事實等「應」記載事項不同，學者有稱之為「任意記載事項」❷。筆者認直接使用法條所定文字，稱之為「宜記載事項」較妥，此些事項亦即：

---

❷　相關實務論文請參閱，蔡維音，〈全民健保醫療費用准否爭議之訴訟標的——最高行政法院 100 年度判字第 439 號判決〉，《月旦裁判時報》，第 21 期，2013 年 6 月，頁 5–12。

❷　吳庚，上揭書，頁 66；陳清秀，上揭書，頁 336、361。

❷　相關論文請參閱，陳啟垂，〈訴訟繫屬於外國法院〉，《月旦民商法雜誌》，第 41 期，2013 年 9 月，頁 52–75。

❷　陳計男，上揭書，頁 352–353。

1.證據方法

例如原告就其主張事實所使用之人證、書證、勘驗或鑑定等種種證據方法之表示。德國學者認為此事實之論據與證據方法表示之規定 (Angabe der zur Begründung dienenden Tatsache und Beweismittel) 為應該規範 (als Soll-Vorschrift) 而非必須規範 (als Muß-Vorschrift)，如有違反，並不構成訴訟之不合法。基於行政法院之職權調查義務 (Im Hinblick auf die Ermittlungspflicht)，原告對事實之論據與證據方法之表示只居次要地位 (nur untergeordnete Bedeutung)。行政法院於依職權調查事證過程中，得要求原告提出 **㉗**。

2.其他準備言詞辯論之事項

此即指行政訴訟法第一三二條準用民事訴訟法第二六五條所定之言詞辯論準備事項，如原告所用之攻擊或防禦方法，及對於他造之聲明並攻擊方法之陳述等事項。

3.訴願決定書之附具

原告所提行政訴訟事件，經訴願程序者，如依行政訴訟法第四條提起撤銷訴訟或依同法第五條提起課予義務訴訟前，均須經訴願程序，故原告起訴時，應附具訴願決定書。至於行政處分書應否提出，我國行政訴訟法並未規定，但德國行政法院法第八十二條第一項明文要求原告須附具行政處分書，如所涉及者為撤銷訴訟 **㉘**。另外，學者認為行政處分書或未被允許確認行政處分無效之處分者，亦宜附具該行政處分書 **㉙**。筆者認為，行政處分書之附具，非十分勞煩，但對行政法院之審查相當有助益，故宜在修法上附加。

㉗　Kopp/Schenke, a.a.O., §82, Rn. 11.

㉘　林昱梅 / 陳敏等譯，《德國行政法院法逐條釋義》，頁 876。

㉙　陳計男，上揭書，頁 352。

第三項　起訴之期間❸⓿

　　行政訴訟法第一〇六條第一項原規定，第四條及第五條訴訟之提起，應於訴願決定書送達後二個月之不變期間內為之❸①。但訴願人以外之利害關係人知悉在後者，自知悉時起算。民國一〇〇年十一月二十三日公布修正之行政訴訟法第一〇六條第一項新增「除本法別有規定外」一段文字，是以如依修正後新增之行政訴訟法第二三七條之三第二項規定，則「交通裁決事件中撤銷訴訟之提起，應於裁決書送達後三十日之不變期間內為之。」而非訴願決定書送達後之二個月。同條第二項又規定，第四條及第五條訴訟，自訴願決定書送達後，已逾三年者，不得提起。此即為撤銷訴訟起訴期間之規定。而此期間之計算，則應依行政訴訟法第八十四條至第九十四條關於期日及期間之相關規定，特別是第八十九條關於在途期間之扣除或第九十一條因天災或其他不應歸責於己之事由，致遲誤不變期間者，得聲請回復原狀之規定❸②。

　　又給付之訴與確認之訴，依學者意見並無起訴期間，尤其是終期之限制。在給付之訴，其實體請求權之有無，並不影響其訴訟權；在確認之訴，更無訴訟期間之問題❸③。不過，學者認為，起訴期間之限制，應不僅限於

---

❸⓿　相關論文及司法實務請參閱，張文郁，〈論行政訴訟之起訴期間——兼評最高行政法院 94 年裁上字第 462 號裁定〉，《台灣本土法學雜誌》，第 99 期，民國 96 年 10 月，頁 17–30。

❸①　最高行政法院 92 年度裁字第 736 號裁定謂：「行政訴訟法第一百零六條第一項規定之目的在限制訴願人向高等行政法院提起撤銷訴訟之起訴期間，兼顧行政處分之安定性，使未遵守者產生失權之效果。苟原告之起訴未逾二個月之不變期間而訴願機關亦已為決定，則在未收受訴願決定書前，已知訴願決定對其不利而提起行政訴訟，即難謂其起訴不合法。」參閱《台灣本土法學雜誌》，第 52 期，2003 年 11 月，頁 243。

❸②　〈論訴願與行政訴訟在途期間之扣除〉，《萬國法律》，NO. 113，2000 年 10 月，頁 53–60；蔡志方，〈論委任不在籍代理人之訴願與行政訴訟之在途期間〉，《萬國法律》，NO. 116，2001 年 4 月，頁 65–69。

撤銷訴訟，依行政訴訟法第五條規定，提起之課予義務之訴雖為特殊的給付訴訟，但因與撤銷訴訟相同，應先行提起訴願，故亦應如撤銷訴訟一樣，應於受訴願決定書送達後二個月之不變期間內起訴❸。此一見解，為民國九十九年一月十三日修正之行政訴訟法第一○六條所採納。

至於不經訴願程序即得提起第四條或第五條第二項之訴訟者，其起訴之期間為何？行政訴訟法原無規定。民國九十九年一月十三日公布修正之行政訴訟法第一○六條第三項乃增列規定：「不經訴願程序即得提起第四條或第五條第二項之訴訟者，應於行政處分達到或公告後二個月之不變期間內為之。」其增訂理由為：「在法律特別規定不經訴願程序即得提起撤銷訴訟或第五條之訴訟之情形，例如經聽證程序，作成負擔處分，或駁回人民之申請，依行政程序法第一百零九條之規定，免經訴願程序即得提起撤銷訴訟，及在人民依法申請之案件，行政機關在法定期間內應作成處分而不作為，法律規定不經訴願即得提起第五條第一項之訴訟，本法並未規定起訴期間，爰增訂之。」

同樣的，不經訴願程序即得提起第五條第一項之訴訟者，其起訴之期間為何？行政訴訟法原也無規定。民國九十九年一月十三日公布修正之行政訴訟法第四項乃增列規定：「不經訴願程序即得提起第五條第一項之訴訟者，於應作為期間屆滿後，始得為之。但於期間屆滿後，已逾三年者，不得提起。」其增訂理由已如上述。

起訴之期間在德國規定為一個月，較我國為短，學者認為在立法政策上值得討論採酌❸。不過，在人民訴訟知識並不十分普及之情況下，較長之起訴期間，或許對人民較有利。又起訴期間若不遵守，將會發生訴權失權的效果 (verwirkt)，但此訴權的失權與實體法上權利的失權並不相同。訴權失權使訴訟不合法，而實體法上的權利的失權，使訴訟無理由❸。

---

❸ 陳清秀，上揭書，頁 284、285。

❸ 彭鳳至，〈行政訴訟法修正草案綜合評論〉，載於《行政救濟制度改革研討會成果報告》，民國 87 年 8 月 6、7 日，頁 197。

❸ 黃錦堂／翁岳生，《行政訴訟法逐條釋義》，頁 373。

又在實體法上繼受行政處分有關權利義務地位之人，一般而言，不得主張重新起算起訴期間，而必須遵守其權利前手 (Rechtsvorgänger) 已進行的期間❸。學者認為，我國就起訴之規定係採「不變期間」，故對實體法上繼受行政處分有關權利義務地位之人不利。且權利繼受人不能依行政訴訟法第九十一條規定聲請回復原狀，是以對權利繼受人之訴權保障，稍嫌不足❸。例如受超速罰鍰處分之當事人將受有罰鍰處分之汽車轉賣他人，則該他人在未得知購買汽車受有罰鍰處分情況下，經常可能會有遲誤起訴期間之情形是❸。

第四項　起訴之效力

起訴在行政訴訟法及實體法上發生那些效力？一般而言，起訴之效力 (Wirkungen der Klageerhebung)，除發生「訴訟事件繫結連屬」(Die Rechtshängigkeit der Streitsache) 外，在訴訟程序上並發生行政法院管轄之恆定、當事人之恆定、禁止重複起訴、阻止原處分及訴願決定發生存續或確定之效力、停止原處分及訴願決定執行之效力與得申請停止執行之權利的效力以外，亦阻止公法上請求權時效消滅之進行❹，茲各分述於次。

一、訴訟繫屬效力

對於依法提起之行政訴訟，即所謂起訴，行政法院應加以受理，並應依司法院依行政法院組織法第四十六條授權訂定之行政法院辦案規則迅速處理。起訴發生訴訟事件繫屬之效力，使訴訟標的與管轄行政法院產生成案待決之關係。

訴訟繫屬因起訴而發生。因終局判決之確定，訴之撤回

---

❸　李惠宗／陳敏等譯，《德國行政法院法逐條釋義》，頁 746。

❸　同上註，頁 747；黃錦堂／翁岳生，上揭書，頁 374。

❸　黃錦堂／翁岳生，上揭書，頁 374。

❸　同上註，頁 385。

❹　Hans Büchner/Karlheinz Schlotterbeck, *Verwaltungsprozeßrecht*, Rn. 394–401.

(Klagerücknahme)，訴訟上之和解 (gerichtlichen Vergleich)，當事人一致同意
的終結聲明 (übereinstimmende Erledigt-Erklärung der Hauptbeteiligten)**❹**，
遲誤聲請補充判決期間，或因當事人死亡無人承受訴訟或依法律規定視為
當然終結等原因而消滅**❷**。

二、受訴行政法院管轄恆定

為維持訴訟程序之安定，避免行政法院管轄權因嗣後情事之變更而受
影響，免除訴訟之不經濟與相關當事人之額外負擔以及促進訴訟之迅速處
理**❸**，行政訴訟法第十七條乃規定，管轄以起訴時為準，故起訴時法院有
管轄權者，於訴訟繫屬中縱因法令變更或其他事故，均對行政法院之管轄
權不生影響。故如被告住所、事務所或行政機關辦公處所變更，行政法院
管轄區域之調整**❹**，起訴時行政法院之管轄權均不受影響。

民國九十六年六月五日立法院三讀通過之行政訴訟法增訂第十二條之
一第一項規定：「起訴時法院有受理訴訟權限者，不因訴訟繫屬後事實及法
律狀態變更而受影響。」此亦在強化行政法院管轄恆定原則。

三、當事人恆定

起訴後，為便於行政訴訟之程序上處理，行政訴訟法乃於第一一〇條
對訴訟繫屬中，當事人恆定與訴訟承擔加以規定，其規範內容為：

1.訴訟繫屬中，為訴訟標的之法律關係雖移轉於第三人**❺**，於訴訟無
影響。但第三人如經兩造同意，得代當事人承當訴訟。

2.前項情形，僅他造不同意者，移轉之當事人或第三人得聲請行政法

---

❹ A.a.O., Rn. 394.

❷ 陳計男，上揭書，頁 353。

❸ 蔡志方，上揭書，頁 302。

❹ 陳計男，上揭書，頁 353。

❺ 例如在商標爭訟事件中，因商標專用權人將其商標移轉於他人之情形是。蔡志
方，上揭書，頁 303。

院以裁定許第三人承當訴訟。

3.前項裁定得為抗告。

4.行政法院知悉訴訟標的有移轉者，應即以書面將訴訟繫屬情形通知第三人。

5.訴願決定後，為訴訟標的之法律關係移轉於第三人者，得由受移轉人提起撤銷訴訟。

四、訴訟標的之特定

原告起訴，訴狀送達後，該起訴事件請求裁判之訴訟標的，因而特定，依行政訴訟法第一一一條第一項規定，原告不得將原訴變更或追加他訴，任意變更為訴訟標的法律關係，除非經被告明示同意，無異議而為本案之言詞辯論，或行政法院認為適當者。否則，起訴後，請求裁判之訴訟標的，因而特定。

五、重複起訴之禁止

為防止濫訴、浪費社會資源，保護被告免於訴訟勞累，行政訴訟法乃於第一一五條規定準用民事訴訟法第二五三條，規定：「當事人不得就已起訴之案件，於訴訟繫屬中更行起訴。」如更行起訴，則行政法院依行政訴訟法第一〇七條第七款規定，應以裁定駁回之。

所謂更行起訴，包括向同一法院再行起訴、向其他法院或民事法院起訴，且亦包含提起反訴、參加訴訟、追加訴訟或變更訴訟等方式❹❻。民國九十六年六月五日立法院三讀通過之行政訴訟法，就此乃增訂第十二條之一第二項規定：「訴訟繫屬於行政法院後，當事人不得就同一事件向其他不同審判權之法院更行起訴。」

又是否為更行起訴，學者認為應就訴之三要素比較觀察之，亦即❹❼：

---

❹❻　同上註，頁304。

❹❼　陳計男，上揭書，頁355-356。

㈠當事人之同一性

兩訴是否同一訴訟，應就兩訴之當事人比較，如果兩訴之當事人（主體）相同，不論其在訴訟上之地位是原告或被告，均屬同一當事人。故甲事件原告為 A，被告為 B；乙事件原告為 B，被告為 A，就當事人同一性言，為同一當事人。又在行政訴訟，第四十一條必要共同訴訟之獨立參加，與第四十二條利害關係人之獨立參加，其參加人亦為當事人（第二十三條），故甲事件原告為 A，獨立參加人為 B，被告為 C，乙事件原告為 B，被告為 C，或原告為 C，被告為 B 時，亦應解為當事人同一。

㈡訴訟標的之同一性

行政訴訟事件之訴訟標的不同，自屬不同之訴。但為訴訟標的法律關係之請求權係可分，如公法上金錢請求權係可分，而原告僅就其中之一部請求起訴後，就同一訴訟標的法律關係之他部請求另為起訴者，仍屬不同之訴訟標的，訴訟標的即無同一性。

㈢聲明之同一性

所謂聲明之同一性，包括二訴所請求之內容相同、相反、可代替或相包容之情形而言。二訴之聲明相同或相反，可由訴狀所載起訴之聲明比較得知。而兩訴請求判決之內容相包容或可代替之情形，例如前訴請求被告給付退休金新臺幣一百萬元，後訴請求確認被告對原告退休金新臺幣一百萬元之請求權存在是。惟前訴聲明請求確認原告對被告新臺幣一百萬元退休金請求權存在，後訴請求被告給付原告退休金新臺幣一百萬元之情形，因前訴不能包容後訴，即非同一聲明。

六、提供反訴之機會

起訴後，訴訟繫屬中，產生被告有反訴之機會。依行政訴訟法第一一二條第一項之規定，被告於言詞辯論終結前，得在本訴繫屬之行政法院提

起反訴。但反訴為撤銷訴訟者，不得提起。

七、公法上實體請求權時效之中斷

公法上實體請求權有無消滅時效制度之適用，學者多採肯定說❹。若干法律如稅捐稽徵法第二十一條、第二十三條、社會秩序維護法第三十一條、第三十二條亦有消滅時效之規定，但未如民法對於請求權消滅時效之中斷事由有明白規範。學者認：「公法上之財產請求權之時效，如法律無明文規定時，得類推適用民法之相關條文」❾。是以公法上實體請求權，自得因起訴而生中斷之效力。又學者謂行政程序法公布實行後，公法上請求權時效適用民法相關條文規定「情況自將改觀」❺，似有誤解。蓋因行政程序法第一三一條第三項雖規定公法上請求權之時效，因行政機關為實現該權利所作成之行政處分而中斷，但並不排除行政機關依行政訴訟法第八條第一項規定，提起給付訴訟而中斷公法上請求權之時效。是以，就學理上而言，行政機關固得依行政程序法第一三一條第三項規定，以行政處分中斷公法上請求權之時效，但因行政程序法第一三一條第一項之「除法律有特別規定外」，行政機關亦得依行政訴訟法第八條第一項規定，提起給付訴訟而中斷公法上請求權之時效❺。

八、行政處分效力之阻止、停止與暫行權利保護

起訴後，行政訴訟合法繫屬後，發生阻止原處分與訴願決定得以對人民確定之效力❺。透過起訴，人民可以阻止行政處分或訴願決定產生行政程序法第一一〇條所規定的存續效力。

---

❹　同上註，頁 356；蔡志方，上揭書，頁 312–313。

❾　吳庚，《行政爭訟法論》，頁 153。

❺　蔡志方，上揭書，頁 312。

❺　學者李惠宗亦認民法上中斷時效之規定，亦可類推適用於公法上請求權，即使在行政程序法公布施行後。氏著，《行政法要義》，頁 413–414。

❺　同上註，頁 364；蔡志方，上揭書，頁 304。

又起訴後，亦可能發生停止原處分或訴願決定執行之效力。行政訴訟法第一一六條第一項雖規定：「原處分或決定之執行，除法律另有規定外，不因提起行政訴訟而停止」，但同條第二項則規定：「行政訴訟繫屬中，行政法院認為原處分或決定之執行，將發生難於回復之損害❸，且有急迫情事者，得依職權或依聲請裁定停止執行。」大法官釋字第三五三號解釋亦謂：「人民向行政法院請求停止原處分之執行，須已依法提起行政訴訟，在訴訟繫屬中始得為之。」是以，合法提起行政訴訟後並非完全不能停止行政處分之效力。但若未依法提起行政訴訟，則無法停止行政處分之效力。又即使提起行政訴訟，但若為實現已確定行政處分之接續行政行為，不得認為係獨立之行政處分；對此接續執行行為，自不得依行政訴訟法第一一六條第二項規定，聲請行政法院裁定停止執行。就此，最高行政法院九十四年度裁字第一○二二號裁定表示：「依土地徵收條例第二十八條規定執行地上物清除事宜，為土地徵收後之接續執行行為，並非對抗告人發生法律效果之另一行政處分，自非屬行政訴訟法第一一六條第二項所定得聲請停止執行之行政處分，故抗告人聲請停止該函之執行，揆諸首揭說明，難謂合法，應予駁回。」❺為免人民對於急迫情形，無法獲得救濟，行政訴訟法第一一六條第三項乃進一步規定：「於行政訴訟起訴前，如原處分或決定之執行將發生難於回復之損害，且有急迫情事者，行政法院亦得依受處分人或訴願人之聲請，裁定停止執行。但於公益有重大影響者，不在此限。」在司法實務上，對所謂「難以回復之損害」有一註解。臺北高等行政法院九十四年度停字第一二二號裁定表示損害限於私益損害。該裁定認為：「停止執行規範之目的，在於保護聲請人私益，若涉及公益之事項，並非停止執行積極

---

❸ 最高行政法院 97 年度裁字第 4594 號裁定指出：「『難以回復之損害』，固然要考慮將來可否以金錢賠償，但也不應只以『能否用金錢賠償損失』當成唯一之判準。如果損失之填補可以金錢為之，但其金額過鉅時，或者計算有困難時，為了避免將來國家負擔過重的金錢支出或延伸出耗費社會資源的不必要爭訟，仍應考慮此等後果是否有必要列為『難以回復損害』之範圍。」

❺ 參閱《台灣本土法學雜誌》，第 77 期，2005 年 12 月，頁 259。

要件之發生難以回復之損害範圍，而係屬衡量行政訴訟法第一一六條第二及第三項但書消極要件所應考量之事項，亦即公益之考量係評斷合於『難以回復之損害，且有急迫情事』後，依同條第二及第三項但書應再加以比較之階段。公共利益不列入聲請停止執行積極要件之所謂損害，係基於權力分立，行政法院著重在保障人民權益（主觀公權利）及國家行政權是否曾合法行使之個案審理功能，與行政權之施政重在未來、全面性之公益政策考量，二種憲法機關權力性質不同使然。」❺該號裁定又認為：「因行政訴訟並無假執行制度，則在本件判決後迄判決確定之期間，因原營運契約均未慮及資格不符情事，並未約定如何處理，此一情事，顯係情事重大變更，基於民間參與公共建設工程之特異性，相對人非不得斟酌聲請人所提公益事項，本件審標之結論係有違平等原則及公共利益，及考量將來繼續興建營運之風險，為防止或除去重大危害亦即減輕或避免一再遭申訴審議機關及行政法院認定違法遭致國家賠償損害之情事，依行政程序法第一四六或一四七條調整契約內容（本件情形似尚與促參法第五十二、五十三條規定不符），基於公益之考量，採取必要之方法，如延緩建置時程，迄本案判決確定等等」❺，是以，人民「不得以原處分之執行將發生公益上難於回復之損害為由，聲請停止執行。」❺另外，最高行政法院九十七年度裁字第三四七三號裁定亦指出：「人民因行政機關對其依法申請之案件予以駁回之處分，縱經停止執行，僅回復至原未否准前之狀態，即難認有聲請停止執行之利益。」

　　依此，由法律授權行政法院裁定停止執行原處分或訴願決定，影響甚大。又為避免裁定無對象或無實益，行政訴訟法第一一六條第四項乃規定：「行政法院為前二項裁定前，應先徵詢當事人之意見。如原處分或決定機關已依職權或依聲請停止執行者❺，應為駁回聲請之裁定。」

---

❺　參閱《台灣本土法學雜誌》，第 82 期，2006 年 5 月，頁 305。

❺　同上註。

❺　最高行政法院 95 年度裁字第 179 號裁定，刊於《台灣本土法學雜誌》，第 85 期，2006 年 9 月，頁 186。

第五項　起訴之變更與追加

　　起訴訴狀送達後，行政訴訟法第一一一條第一項規定，原告不得將原訴變更或追加他訴。此即為學理上所謂訴之變更或追加之禁止，目的是為了避免訴訟標的遭致恣意變更，被告疲於防禦或導致訴訟延滯❺❾。不過，為了促進訴訟經濟，以免當事人必須重行提起訴訟或法院必須重複調查相關證據，行政訴訟法乃設有折衷、緩和之機制，亦即在行政訴訟法第一一一條第一項但書中，明文規定，經被告同意，或行政法院認為適當者❻⓪，則可在起訴後，為訴之變更或訴之追加。

　　所謂訴之變更，係指行政訴訟事件中之當事人、訴訟標的、訴之聲明等三項訴之要素中之任何一項，在訴訟進行中，經原告向行政法院之聲明後而有變更者❻①。而所謂訴之追加則是指在原有訴的要素中，加入新的訴之要素之謂，亦即加入新的當事人、新的訴訟標的或新的訴之聲明之謂❻②。

---

❺❽　如稅捐稽徵法第 40 條之規定是。該條規定：「稅捐稽徵機關，認為移送法院強制執行不當者，得向法院撤回。已在執行中者，應即聲請停止執行。」

❺❾　黃錦堂／翁岳生，《行政訴訟法逐條釋義》，頁 387；劉建宏，〈行政訴訟法上之訴之變更追加之救濟〉，《法學講座》，第 22 期，2003 年 10 月，頁 55。比較法論文請參閱，朱健文，〈論行政訴訟中訴之變更追加──以日本行政事件訴訟法為中心──〉，司法院祕書處發行，《行政訴訟論文彙編》，民國 88 年 6 月，頁 233–275。

❻⓪　臺北高等行政法院於其 92 年度訴字第 3107 號判決中表示：「有關原告變更訴之聲明（先位及備位聲明），雖為被告所不同意，惟本院認原告訴之聲明之變更，可利用原起訴聲明之訴訟資料，且不甚妨礙被告之防禦或訴訟之終結，爰認應予准許。」參閱《台灣本土法學雜誌》，第 52 期，2003 年 11 月，頁 254–257。

❻①　學者即指出，若原告原先主張被告機關應發給出於就學原因之居留許可，但訴訟中改為基於婚姻生活與准許謀生行為之居留許可。同上註，頁 388。

❻②　相關司法實務評析論文請參閱，陳清秀，〈行政訴訟程序上行政處分之理由追加變更之探討──最高行政法院 100 年度判字第 2126 號判決評析〉，《法令月刊》，第 64 卷第 9 期，2013 年 9 月，頁 1–27。

　　就避免原告任意為訴之變更或追加，妨礙被告之防禦與避免訴訟事件終結之延宕而言，行政訴訟與民事訴訟並無重大不同。故學者謂行政訴訟法「幾乎完全抄襲民事訴訟法」關於訴之變更及追加規定❻。亦即在該法第一一一條訂定有關訴之變更或追加之限制及准許要件：

　　1.訴狀送達後，原告不得將原訴變更或追加他訴。

　　2.訴狀送達後，如經被告同意或法院認為適當者，原告得將原訴變更或追加他訴。而所謂被告之同意除被告之明示、默示意思表示外，尚包括被告於訴之變更或追加無異議而為本案之言詞辯論者❻。

　　3.變更或追加他訴專屬其他法院管轄或不得行同種之訴訟程序者，依行政訴訟法第一一五條準用民事訴訟法第二五七條規定，不得為之。

　　4.變更或追加之新訴為撤銷訴訟而未經訴願程序者，依行政訴訟法第一一一條第四項規定，不得為之。此項規定在於貫徹訴願前置主義，因如無此規定，當事人即有可能利用變更或追加新訴方式迴避訴願前置之程序。

　　5.訴之變更或追加應予准許者為行政訴訟法第一一一條第三項所規定之下列情形：

　　⑴訴訟標的對於數人必須合一確定者，追加其原非當事人之人為當事人。

　　⑵訴訟標的之請求雖有變更，但其請求之基礎不變者。實務上值得參考的為臺中高等行政法院九十二年度訴字第七四二號判決❻。

---

❻　吳庚，《行政爭訟法論》，頁 154。

❻　包括被告當庭同意者。詳請參閱臺北高等行政法院 92 年度訴字第 1001 號判決，《台灣本土法學雜誌》，第 55 期，2004 年 2 月，頁 207–208。

❻　該號判決謂：「按『有左列情形之一者，訴之變更或追加，應予准許：……二、訴訟標的之請求雖有變更，但其請求之基礎不變者。三、因情事變更而以他項聲明代最初之聲明。』為行政訴訟法第 111 條第 3 項第 2、3 款所明定。經核本件被告核發原告九二一震災建築廢棄土物緊急處理場之設置許可期限至 92 年 12 月 31 日止，此有被告核發予原告之廢棄土物處理場許可證一紙在本院卷足憑，原告於 92 年 8 月 19 日向本院提起行政訴訟，求為判決撤銷被告所為廢止

(3)因情事變更而以他項聲明代最初之聲明。

(4)應提起確認訴訟，誤為提起撤銷訴訟者。

(5)依第一九七條或其他法律之規定，應許為訴之變更或追加者。

當事人對於行政法院以訴為非變更追加，或允許訴之變更追加之裁判，依行政訴訟法第一一一條第五項規定，不得聲明不服，但撤銷訴訟主張其未經訴願程序者，得隨同終局判決聲明不服。

第六項　反　訴

起訴後，若有與本訴之請求或與其防禦方法相牽連或屬同一行政法院管轄之請求，若不允許當事人提起反訴，則將無法避免重複審判、防止裁判牴觸、達到訴訟經濟之目的[66]。因此，行政訴訟法乃參照德國聯邦行政

原告九二一震災建築廢棄土物緊急處理場之設置許可處分時，該設置許可期限尚未屆期，嗣於本院審理中，設置許可期限已屆至，縱使行政處分撤銷，亦無法回復原設置許可處分，是本件情事已有變更，原告乃將原撤銷訴願決定及原處分之聲明變更為請求損害賠償之聲明，且其請求之基礎事實即是以被告彰化縣政府 92 年 1 月 27 日府授環一字第 09102295780 號函撤銷原告「彰化縣政府九二一震災建築廢棄土物緊急處理場」許可之行政處分違法為前提並未改變，並追加提起確認行政處分違法之訴，依上揭規定，即無不合，應予准許。被告不同意原告為訴之變更及追加，並主張原告於追加訴訟標的後，已捨棄原撤銷之訴訟標的，本院即不得再審查原處分之合法性，即無足採。」參閱《台灣本土法學雜誌》，第 68 期，2005，3 月號，頁 168。

[66] 依司法院修正草案條文說明，反訴可避免重複審判、防止裁判牴觸、達到訴訟經濟之目的，故應准許被告於本訴之言詞辯論終結前，提起反訴。但撤銷訴訟因採訴願前置主義，故不許提起撤銷訴訟之反訴。其次，為避免訴訟關係複雜，爰規定原告對於反訴不得復行提起反訴。第三，反訴在性質上為獨立之訴，自應受專屬管轄之限制。又反訴制度之目的在求與本訴訟程序互相利用，以節勞費，爰明訂反訴之請求須與本訴之請求或其防禦方法相牽連始提起。第四，反訴是為訴訟經濟而設之制度，如被告意圖延滯訴訟而提起反訴，即與設立反訴制度之本旨有違，行政法院自應以裁定駁回之。司法院印行，〈行政訴訟法修

法院法第八十九條之規定❻，新增反訴制度。

　　所謂反訴 (Widerklage) 係指原訴之被告對於原訴之原告，在本訴繫屬之行政法院，就與本訴標的或其防禦方法相牽連之請求，合併於本訴程序之訴。反訴為有自己的訴之聲明的真正訴訟 (eine echte klage)，為一可獨立之訴訟，因訴訟程序經濟之理由 (aus Gründen der Verfahrensökonomie)，而合併於本訴 (Hauptklage) 之訴❻。

　　提起反訴，必須符合下列要件，亦即❻：

　　一、反訴為獨立的真正訴訟，故須符合行政訴訟法第一○七條所規定之行政法院管轄權、當事人能力、訴訟能力等一般實體判決要件。

　　二、反訴之請求須在本訴繫屬之行政法院可以提起者。反訴之請求如專屬他行政法院管轄者，依行政訴訟法第一一二條第三項之規定，不得提起。故如因不動產涉訟者，由於行政訴訟法第十五條規定，專屬不動產所在地之行政法院管轄。在此情形，如不動產所在地之行政法院與本訴繫屬之行政法院，非屬同一者，則被告不得提起反訴❼。

　　三、反訴之請求須與本訴之請求或其防禦方法有牽連者，才可提起反訴，此為行政訴訟法第一一二條第三項所明定。所謂與本訴之請求及其防禦方法有牽連關係，依學者之歸納❼，包括下列幾種情形：

正草案總說明暨條文對照表〉，民國 82 年 5 月，頁 202–203。

❻　陳淑芳／陳敏等譯，《德國行政法院法逐條釋義》，司法院印行，民國 91 年 10 月，頁 989–995。

❻　Kopp/Schenke, VwGO, 11. Aufl., §89, Rd. 1ff.

❻　黃錦堂／翁岳生，《行政訴訟法逐條釋義》，頁 392–393；Kopp/Schenke, a.a.O., Rd. 3–8；陳淑芳／陳敏等譯，《德國行政法院法逐條釋義》，頁 990–993；另劉建宏，〈行政訴訟法上之反訴〉，《法學講座》，第 24 期，2003 年 12 月，頁 45–50。

❼　陳淑芳／陳敏等譯，《德國行政法院法逐條釋義》，頁 993–994。

❼　劉建宏，〈行政訴訟法上之反訴〉，頁 47–48；陳計男，《行政訴訟法釋論》，頁 231–232；另陳淑芳／陳敏等譯，《德國行政法院法逐條釋義》，頁 991–992。我國司法實務，另請參閱臺北行政法院 90 年度訴字第 5818 號判決，《台灣本土法學雜誌》，第 39 期，2002 年 10 月，頁 188–189。

1. 本訴請求與反訴請求之訴訟標的相同者

如原告提起一般給付之訴,請求其服務機關本於公務員關係支付薪俸;被告反訴請求確認兩造間公務員關係並不存在。

2. 本訴請求與反訴請求係出於同一法律關係者

如原告本於公法上契約,提起請求被告為給付之本訴;被告亦本於同一公法上契約,提起請求原告為對待給付之反訴。本訴請求與反訴請求係出於同一公法契約之法律關係。

3. 本訴請求與反訴請求係出於同一原因事實者

如私有土地因長期供公眾通行,地方政府以土地所有人為被告,訴請確認公用地役權關係存在;土地所有人以地方政府為被告,反訴請求地方政府徵收其土地。本訴請求與反訴請求係出於「私有土地長期供公眾通行」之同一原因事實。

4. 反訴請求與本訴抗辯發生之主要原因相同者

如私立醫院與中央健保局締結全民健康保險契約,契約期間屆滿後,中央健保局表示不再與其續約。私立醫院向行政法院提起一般給付之訴,訴請法院判命中央健保局與其締結全民健康保險特約醫事服務機構合約。被告抗辯該醫院於契約存續期間屢次浮報醫療費用,故不與其續約,並反訴請求該醫院返還其所溢領之醫療費用。在本案例中,反訴請求(請求該醫院返還其所溢領之醫療費用)與本訴抗辯(拒絕與原告續約)發生之主要原因相同,均係該醫院浮報醫療費用。

四、原告對於反訴,不得復行提起反訴。行政訴訟法第一一二條第二項之所以如此規定,其目的在於避免訴訟關係複雜化❼❷。

此一規定原係仿自民事訴訟法第二五九條第二項規定,但民國八十九

---

❼❷　司法院印行,〈行政訴訟法修正草案總說明暨條文對照表〉,頁203。

年二月九日修正之民事訴訟法第二五九條已將第二項刪除,故有學者主張,對於反訴提起反訴,並無絕對禁止之必要❼❸。不過,另一學者認為,反訴被告對於反訴原告如有提起反訴之必要時,得以訴之追加方式為之,為免訴訟關係複雜化,行政訴訟法第一一二條第二項「原告對於反訴,不得復行提起反訴」之規定,仍有保留之必要❼❹。鑑於德國行政法院法第八十九條並無對於反訴不得復行提起反訴之規定,而我國行政訴訟法第一一二條第四項又有反訴之目的意圖在延滯訴訟,行政法院得駁回之規定,故如復行提起之反訴有利於兩造多起紛爭之同時解決,則無禁止之必要❼❺。故將來行政訴訟法修正時,可參酌民國八十九年修正之民事訴訟法第二五九條規定,將行政訴訟法第一一二條第二項之規定,加以刪除。

　　五、反訴為撤銷訴訟者,不得提起。此為行政訴訟法第一一二條第一項但書之規定。其修正理由為,撤銷訴訟因採訴願前置主義,故不許提起撤銷訴訟之反訴❼❻。學者認為,反訴為課予義務訴訟者,因其亦採訴願前置主義,故應類推行政訴訟法第一一二條第一項但書之規定,反訴為課予義務訴訟者,亦不得提起❼❼。

　　對行政訴訟法第一一二條第一項但書:「反訴為撤銷訴訟者,不得提起」,學者多以我國立法者誤譯了德國行政法院法第八十九條第二項:「對於撤銷或課予義務訴訟者,不得提起反訴」(Bei Aufechtungs-und Verpflichtungsklagen ist die Widerklage ausgeschlossen) 之規定,並不妥當而屬遺憾之事❼❽。

　　其實,反訴為撤銷訴訟或課予義務訴訟者,並非德國行政法院法第八十九條第二項所禁止提起者。德國行政法院法第八十九條第二項要禁止的

---

❼❸　陳計男,上揭書,頁 229。

❼❹　劉建宏,上揭文,頁 46–47。

❼❺　陳計男,上揭書,頁 229。

❼❻　司法院印行,〈行政訴訟法修正草案總說明暨條文對照表〉,頁 202。

❼❼　劉建宏,〈行政訴訟法上之反訴〉,頁 49;蔡志方,《行政救濟法新論》,頁 317。

❼❽　吳庚,《行政爭訟法論》,頁 157;陳計男,《行政訴訟法釋論》,頁 230 以下。

是行政機關對於人民所提起撤銷訴訟或課予義務訴訟之本訴，不得提起反訴。蓋因為被告之行政機關對要求撤銷行政處分或課予義務為某特定行政處分之行政訴訟，即為本訴之撤銷訴訟或課予義務訴訟，並無須提起反訴，而即使有必要，則自行作成行政處分即可 ❼。故有學者即建議刪除行政訴訟法第一一二條第一項但書之規定，即反訴為撤銷訴訟或課予義務訴訟不得提起之規定，應予刪除，而回歸德國行政法院法第八十九條第二項規定之立法意旨，即：「對於撤銷訴訟及課予義務訴訟，不得提起反訴」 ❽。民國九十九年一月十三日修正行政訴訟法時即以行政訴訟法第一一二條但書規定之文字易滋疑義，並遺漏課予義務訴訟，乃將此但書明確修正為：「但對於撤銷訴訟及課予義務訴訟，不得提起反訴。」

另學者也指出，行政機關對人民提起行政訴訟，人民反訴提起撤銷訴訟或課予義務訴訟之情形，固然並不多見，惟其亦非完全不可能。例如私有土地因長期供公眾通行，地方政府以土地所有人為被告，訴請確認公用地役權關係存在；土地所有人以地方政府為被告，反訴請求地方政府徵收其土地。此際，反訴即為課予義務訴訟 ❽。再如行政機關撤銷或廢止授益行政處分，隨即基於公法上不當得利之理由，訴請受益之人民返還已獲得之利益，但受益之人民如有爭執，認為行政機關所為之撤銷或廢止授益處分之行政處分違法或不當，應予撤銷。此時如不許人民提起撤銷訴訟之反訴，而要人民另提撤銷訴訟，實非妥適 ❽，這也就是德國行政法院法第八十九條第二項並不限制反訴為撤銷訴訟者之提起。

六、反訴之提起，須本訴尚在繫屬中，且在言詞辯論終結前為之。此為行政訴訟法第一一二條第一項首揭規定。因此反訴之提起，必須原告之訴尚在事實審 (noch in der Tatsacheninstanz) 之程序中，且必須在該事實審

---

❼ 黃錦堂／翁岳生，《行政訴訟法逐條釋義》，頁 391；Kopp/Schenke, VwGO, §89, Rd. 2；實例另參閱劉建宏，上揭文，頁 43、49–50。

❽ 彭鳳至，〈德國行政訴訟法制度及訴訟實務之研究〉，頁 450。

❽ 劉建宏，上揭文，頁 49。

❽ 蔡志方，上揭書，頁 318。

之言詞辯論尚未終結，或至少必須有重開辯論之機會時為之。若事實審之程序因確定判決 (rechtskräftiges Urteil)、訴之撤回 (Klagerücknahme)、法院上和解 (gerichtlichen Vergleich)、一致同意主爭議了結之聲明 (übereinstimmende Hauptsacheerledigungserklärung) 而終結者，則不得提起反訴[83]。

七、反訴不得於上訴審程序中提起。此為我國行政訴訟法第二三八條第二項之規定。但在德國法制則原則上容許在事實審的上訴審 (Berufungsinstanz) 提起反訴。不過，在法律審的上訴審 (Revisionsinstanz)，德國法制則原則上不得提起反訴[84]。我國行政訴訟因採二級二審制，並無事實審的上訴審，而僅有法律審的上訴審，故亦應比照德國法制，原則上不容許在上訴審程序中，提起反訴。不過，因為行政訴訟法第二五四條第一項規定：「除別有規定外，最高行政法院應以高等行政法院判決確定之事實為判決基礎。」及因同法第二五三條最高行政法院之判決可例外舉行言詞辯論之規定，將來亦有可能發生德國聯邦行政法院例外准許在法律審的上訴審程序中，提起反訴之情形[85]。

八、反訴之提起，不得意圖延滯訴訟。此為行政訴訟法第一一二條第四項所規定。如有此情形，行政法院得駁回之。

另有德國學者指出，反訴須在同類訴訟程序中 (in derselben Prozeßart; Verfahrensart) 提出。因此在與通常訴訟程序不同類之程序中，如假扣押、假處分之保全程序中，則不得提起反訴[86]。

---

[83]　Kopp/Schenke, a.a.O., Rn. 4；陳淑芳／陳敏等譯，《德國行政法院法逐條釋義》，頁 991；黃錦堂／翁岳生，上揭書，頁 392。

[84]　Kopp/Schenke, a.a.O., §89, Rn. 4, 7；陳淑芳／陳敏等譯，上揭書，頁 992。

[85]　BVerw GE 44, 351/360；陳淑芳，上揭書，頁 993。

[86]　Kopp/Schenke, a.a.O., §89, Rn. 6；陳淑芳，上揭書，頁 990、992；黃錦堂／翁岳生，上揭書，頁 392。

第七項　起訴之撤回

第一目　訴之撤回的意義

　　起訴後，如因本身意願❽，原告不欲求法院就已提起之訴為判決，是否可以將訴撤回？修正後之行政訴訟法就此於第一一三條、第一一四條、第一一四條之一新增訴之撤回之規定。又因行政訴訟上訴之撤回與民事訴訟上訴之撤回類似❽，故又於行政訴訟法第一一五條規定準用民事訴訟法第二六三條、第二六四條關於訴之撤回之效力及反訴之撤回不須得原告同意之規定。

　　所謂訴之撤回，依司法院行政訴訟法修正草案條文之說明，係指不求法院就已提起之訴為判決的意思表示，自得准原告於判決確定前撤回。學者謂此為當事人對訴訟程序與訴訟標的處分權之產物 (Ausfluß des Verfügungsrechts der Beteiligten über den Prozeß und den Streitgegenstand; Ausfluß der Dispositionsmaxime)❽。訴之撤回亦可節省法院對於原告本身不願再進行的訴訟為裁判而有訴訟經濟之目的❿。不過，被告如已為本案之言詞辯論者，如尚許原告撤回訴之全部或一部，則對被告利益之保護恐有不周，且有受訟累之虞❺，故行政訴訟法第一一三條第二項乃規定，被告已為本案之言詞辯論者，應得其同意，才可撤回。又民國一〇〇年十一

---

❽　如大學生甲受 A 大學退學處分後，提起撤銷訴訟。後因考取 B 大學，不欲再與 A 大學就退學處分爭訟之情形。劉建宏，〈行政訴訟程序中訴之撤回〉，《法學講座》，第 25 期，2004 年 1 月，頁 132 以下。

❽　陳計男，〈行政訴訟上「訴之撤回」之諸問題〉，《法令月刊》，第 51 卷，第 10 期，頁 216–224。

❽　Kopp/Schenke, a.a.O., §92, Rn. 1；翁曉玲／陳敏等譯，《德國行政法院法逐條釋義》，頁 1023。

❿　翁曉玲／陳敏等譯，上揭書，頁 1021、1028。

❺　司法院印行，〈行政訴訟法修正草案總說明暨條文對照表〉，頁 204。

月二十三日公布修正之行政訴訟法第一一三條第一項但書修正後，訴之撤回，於公益之維護有礙者，亦不允許之。

訴之撤回係原告單方、要式之行為，應向法院為之，並於原告向法院表示撤回其訴之意思時成立。訴之撤回，德國學者認與下列概念有別 ❷，即：

1.單方面宣示主爭議已了結之聲明 (von der einseitigen Erklärung der Erledigung der Hauptsache) 乃原告非將訴撤回，而只是宣示訴之標的已消失。

2.訴訟權之捨棄 (von einem Klageverzicht) 為一不可廢除、不可撤銷之意思表示，意在捨棄訴訟權 (Verzicht auf das Klagerecht)，如行政訴訟法第二四〇條所規定之上訴權之捨棄。其與訴之撤回之不同在於訴之撤回後，仍得復提起同一之訴 ❸，但訴訟權之捨棄則不只針對過去，也針對未來的捨棄訴訟權 ❹。

3.請求權之拋棄 (von einem Anspruchverzicht) 為實體法上權利之拋棄。如有此請求權之拋棄，如亦提起訴訟，則其訴將不被實質審查 (ohne Sachprüfung)，而以無理由被駁回。

4.訴之變更 (von einer Klageänderung) 與訴之撤回不同。它只是對訴訟標的或訴訟當事人之變更，並無終結訴訟爭議之意。訴之撤回則有終結的意思。

5.訴之和解 (von den gerichtlichen Vergleich) 亦為終結訴訟程序之方法 ❺。我國行政訴訟法第二一九條亦有規定。不過，訴之撤回與訴之和解在訴訟費用之負擔有很大不同。訴之撤回依行政訴訟法第一〇四條準用民事訴訟法第八十三條規定，由原告負擔，而訴之和解依行政訴訟法第一〇

---

❷ Kopp/Schenke, a.a.O., §92, Rn. 5；翁曉玲／陳敏等譯，上揭書，頁 1032。

❸ 翁曉玲／陳敏等譯，上揭書，頁 1021、1028；劉建宏，〈行政訴訟程序中訴之撤回〉，頁 140–141。

❹ 黃錦堂／翁岳生，上揭書，頁 394。

❺ Kopp/Schenke, a.a.O., §92, Rn. 1.

四條準用民事訴訟法第八十四條規定，原則上係由當事人各自負擔之。

6.要求核發所爭訟行政處分聲請之撤回 (von der Rücknahme des den Verfahren zugrundeliegenden Antrags auf Erlaß eines Verwaltungsakt)，將造成訴訟爭議標的之了結，但訴之撤回並未了結爭議，仍有可能再復提起同一之訴。

值得注意的是，在德國法制上有法定擬制的訴之撤回 (Rücknahmefiktion; Gesetzliche Ficktion der Klagerücknahme)，其行政法院法第九十二條第二項規定，原告經法院告知，仍逾三個月不進行訴訟，則其訴訟視為撤回[96]。我國尚無此項規定。

第二目　訴之撤回的要件

行政訴訟法雖設有訴之撤回機制，允許原告行使其訴訟程序處分權，但為避免濫用，兼顧公益與被告防禦利益，乃設有若干撤回之要件，即：

一、須於判決確定前為之

行政訴訟法第一一三條第一項規定，原告於判決確定前得撤回訴之全部或一部。德國學者以訴之撤回，可自訴訟繫屬後自判決確定前為之 (von der Rechtshängigkeit bis zur Rechtskraft des Urteils)，即使在事實審之上訴審或法律審之上訴審時，亦可為之[97]。

二、原告須有訴訟能力與訴訟實施權

訴之撤回有使訴訟繫屬溯及消滅之效力，為典型的訴訟行為 (Prozeßhandlung)。是以為訴之撤回的原告須有訴訟能力，如無訴訟能力，應由其法定代理人為之。如為訴訟代理人，須有訴訟實施權，依行政訴訟

---

[96]　翁曉玲／陳敏等譯，《德國行政法院法逐條釋義》，頁 1021，1028；黃錦堂／翁岳生，《行政訴訟法逐條釋義》，頁 394；Kopp/Schenke, a.a.O., §92, Rn 17.

[97]　Konrad Redeker/Hans-Joachim von Oertzen/Martin Redeker, *Verwaltungsgerichtsordnung*, W. Kohlhammer, Stuttgart, Berlin, Köln, 1997, §92, Rn. 3.

法第五十一條第一項但書規定，非受特別委任，不得為訴之撤回。如為選定當事人，則依行政訴訟法第三十三條之規定，非得全體當事人之同意，不得為訴之撤回。如為必要共同訴訟，則其中一人撤回其訴時，因訴之撤回係屬不利於共同訴訟人之行為，故依行政訴訟法第三十九條第一款後段規定，對於全體共同訴訟人不生效力。

三、被告已為本案之言詞辯論者，應得其同意

此為行政訴訟法第一一三條第二項所明定。所謂「為本案之言詞辯論」，係指被告對於訴訟標的為辯論，學者認為亦包括準備程序中被告已就訴訟標的為辯論之情形 [98]。在此情形應得被告之同意 (Einwilligung des Beklagten)。就法律政策來看，此種規定不符合訴訟程序經濟原則 (der Grundsatz der Verfahrensökonomie)。但無論如何卻可使被告在程序上不會被原告任意擺佈而獲得駁回原告訴訟之值得保護的利益 (ein schutzwürdiges Interesse an einer Klageabweisung) [99]。因法條明文規定應得被告之同意，故德國學者認為不須要參加人之同意 (Einwilligung des Beigeladenen) 或甚至必要參加人之同意 (Einwilligung des notwendig Beigeladenen) [100]。又撤回者若為反訴，由於反訴之性質為獨立之訴，故其撤回也應得反訴被告之同意。不過，如本訴業已經撤回，則其反訴之撤回，依行政訴訟法第一一五條準用民事訴訟法第二六四條之規定，不須得本訴原告之同意 [101]。

訴之撤回以被告同意為特別生效要件，通常以明示之方式為之。被告之同意亦為訴訟程序行為，不可附條件，不得廢棄也不得撤銷 (als Prozeßhandlung bedingungsfeindlich, unwiderruflich und unanfechtbar) [102]。被

---

[98]　陳計男，《行政訴訟法釋論》，頁 587；劉建宏，〈行政訴訟程序中訴之撤回〉，頁 136。

[99]　Kopp/Schenke, a.a.O., §92, Rn. 12.

[100]　A.a.O.; Redeker/von Oertzen, a.a.O., §92, Rn. 8.

[101]　陳計男，上揭書，頁 587；劉建宏，上揭文，頁 136。

告單純的沉默不得視為被告之同意。但原告為訴之撤回，若被告於期日到場，未為同意與否之表示者，自該期日起；其未於期日到場或係以書狀撤回者，自前項筆錄之送達後十日內未提出異議者，依行政訴訟法第一一三條第五項規定，視為同意撤回。因此即非屬於單純的沉默，而是學者所謂之訴之撤回的擬制同意[103]。

四、訴之撤回應以書狀為之或在期日以言詞為之

訴之撤回，應以書狀為之。若於期日所為之撤回，得以言詞為之，但應記載於筆錄，如他造不在場，則應將筆錄送達。此為行政訴訟法第一一三條第三項、第四項所明定。德國行政法院法雖未為如此明示規定，但在司法實務上，亦同樣的認為可以書狀、筆錄或於言詞辯論時以言詞 (Die Rücknahme kann schriftsätzlich, zu Protokoll des Urkundsbeamten der Geschäftsstelle oder in der mündlichen Verhaudlung gegenüber Gericht erklärt werden.)[104]，為訴之撤回。

五、訴之撤回不得有礙公益之維護

此為行政訴訟法第一一三條第一項所明定，而與民事訴訟法關於訴之撤回規定有重大不同。民事訴訟法上訴之撤回受處分權主義之支配，當事人對於訴訟標的或訴訟程序之處分自由較行政訴訟之當事人為大。民事訴訟之原告如不欲續行訴訟而將訴撤回者，法院應受其意思表示之拘束。行政訴訟法雖亦採處分權主義，但因行政訴訟往往與公益有關，不容行政訴訟之當事人毫無限制地處分行政訴訟之程序，故例外規定不得為有礙公益維護之訴之撤回[105]。

---

[102] Redeker/von Oertzen, a.a.O., §92, Rn. 8.

[103] 劉建宏，上揭文，頁136；翁曉玲／陳敏等譯，《德國行政法院法逐條釋義》，頁1027。

[104] Redeker/von Oertzen, a.a.O., §92, Rn. 3.

[105] 劉建宏，上揭文，頁137。另參閱，林清祥，〈「公益」在行政訴訟扮演角色之

　　何謂「違反公益」？為一高度不確定之法律概念，有待法院於個案中具體加以判斷、確定。在德國法制上因設有公益代表人 (Vertreter des öffentlichen Interesse)，故其行政法院法第九十二條第一項但書規定「……如公益代表人參與言詞辯論者，應徵得其同意」，將原告撤回訴訟處分權與公益是否有違之問題，透過公益代表人是否參與言詞辯論之行為表徵來加以解決 ❿。

　　又行政訴訟多涉及公益，特別是撤銷訴訟與課予義務訴訟，而此兩類訴訟又為行政訴訟事件之大宗，若認原告提起撤銷訴訟或課予義務訴訟後再行撤回，均係違反公益，則訴之撤回在行政訴訟制度中的功能將大打折扣。故有學者認為可將行政訴訟區分為一般行政訴訟（行政訴訟法第四條至第八條所規定之訴訟）、維護公益訴訟（行政訴訟法第九條所規定者）及選舉罷免訴訟（行政訴訟法第十條所規定者），而以維護公益訴訟及選舉罷免訴訟之公益色彩較高，原告起訴後，不容其任意撤回；至於行政訴訟法第四條至第八條之一般行政訴訟，原則上得由原告任意為訴之撤回 ❼。此一學者看法，已因民國一○○年十一月二十三日公布修正之行政訴訟法而有其意義，因依新修正之行政訴訟法第一一三條第一項規定，原告原則上於判決確定前均得撤回訴之全部或一部；例外，則於公益之維護有礙者，則仍不允許 ❽。

　　　實務分析〉，《司法周刊》，第 1302 期附送之「司法文選別冊」，民國 95 年 8 月
　　　31 日，頁 8。

❿　同上註。

❼　同上註，頁 138；黃錦堂／翁岳生，上揭書，頁 396。

❽　司法院所提行政訴訟法修正案之說明表示：「本法原第一百十四條第一項關於
　　『訴之撤回違反公益者，不得為之』之規定，為我國所特有。因該項規定，使
　　本條第一項前段依據處分權主義所設之規定，形同具文，蓋行政訴訟殆幾無與
　　公益無關者，若與公益有關之訴訟概不許撤回，則本條第一項前段允許人民以
　　自己責任，決定是否繼續請求行政法院權利保護之規定，幾無適用之餘地，有
　　予修正之必要。而審究我國行政訴訟法之宗旨，第一條即明示行政訴訟之目的
　　非僅以保障人民權益為限，國家行政權之合法行使亦在其中。易言之，於訴訟

原告撤回訴訟如經行政法院審查認為有礙公益之維護者，依民國一〇
〇年十一月二十三日公布修正之行政訴訟法第一一四條第一項規定，法院
應以裁定不予准許。訴之撤回因之不生效力，而訴訟繫屬並未消滅。又為
了避免遲滯訴訟，行政訴訟法第一一四條第二項乃規定，對法院所為不准
許訴之撤回之裁定，不得抗告。

第三目　訴之撤回的效果

原告為訴之撤回時，法律效果為何？行政訴訟法除於第一一四條之一
有移送規定外 ⑩，並於第一一五條中規定準用民事訴訟法第二六三條之兩
項效力規定，即：

一、視同未起訴，訴訟繫屬溯及消滅，但反訴不因本訴撤回而失效力

依行政訴訟法第一一五條準用民事訴訟法第二六三條第一項規定，訴
經撤回者，視同未起訴，但反訴不因本訴撤回而失效力。由於訴之撤回視
同未起訴 (Mit der Klagerücknahme gilt das Verfahren als nicht rechtshängig
geworden) ⑩，因此，兩造當事人所為攻擊或防禦等訴訟行為，均因訴之撤
回而失其效力。在訴之撤回之前所為之裁判均失其標的，如原告係在上訴
審中撤其訴（非撤回上訴）時，則下級審法院所為之裁判，包括已宣示

程序之設計上，人民主觀權利之保護與客觀法秩序之維持應併為考量。基於此
立法宗旨，當事人對訴訟進行之處分權如有礙於客觀法秩序之維持時，仍應受
到相當之限制，而原第一百十四條第一項以『違反公益』為否准訴訟撤回之基
準，失之空泛，修正以『於公益之維護有礙者』為限，例外不許原告撤回訴訟，
以符行政訴訟法之立法宗旨。爰將第一百十四條第一項關於訴訟撤回限制之規
定移列修正為本條第一項但書，並以『於公益之維護有礙』一語取代『違反公
益』，資為訴訟撤回之除外規定。」

⑩ 該條規定：「適用通常訴訟程序之事件，因訴之變更或一部撤回，致其訴之全
部屬於簡易訴訟程序或交通裁決事件訴訟程序之範圍者，高等行政法院應裁定
移送管轄之地方法院行政訴訟庭。」

⑩ Redeker/von Oertzen, a.a.O., §92, Rn. 10.

之終局判決 (erlassene Endurteile)，均因訴之撤回而失其效力⑪。法院應停止訴訟並為訴訟費用的裁判⑫。

反訴因是獨立之訴，故法條明定不因本訴撤回而失其效力。

二、不得復提起同一之訴

依行政訴訟法第一一五條準用民事訴訟法第二六三條第二項規定，於本案經終局判決後將訴撤回者，不得復提起同一之訴。但若本案未經終局判決前，將訴撤回者，是否可以提起同一之訴？我國學者認為依民事訴訟法第二六三條第二項規定之反面解釋，自應容許之⑬。德國學者就其法制，認為訴之撤回並非是原告放棄其請求，原告仍有權利對相同之請求重新提起訴訟，不過是要在起訴期間之內 (innerhalb der Klagefrist)⑭。因此，在行政訴訟中，就確認訴訟、給付訴訟有可能發生原告在本案未經終局判決前為訴之撤回，而於其後又提起同一之訴。但是在撤銷訴訟中，因行政訴訟法第一〇六條第一項設有撤銷訴訟應於訴願決定書送達後二個月之不變期間內為之的起訴期間之限制。因此，原告縱使在終局判決前將訴撤回，實際上亦多不能再行起訴，此與民事訴訟法中訴之撤回制度有所差異⑮。

第二節　行政訴訟之審理程序

第一項　概　說

行政訴訟之當事人依行政訴訟法第一〇五條提出起訴狀後，行政法院即應進行各項審理程序，如訴訟要件之審查及決定，訴狀送達與卷證之送交，言詞辯論期日與就審期間之規定，言詞辯論之進行，證據之調查，訴

---

⑪　A.a.O.；劉建宏，上揭文，頁 140；陳計男，上揭書，頁 590。

⑫　翁曉玲／陳敏等譯，上揭書，頁 1032。

⑬　劉建宏，上揭文，頁 140。

⑭　Redeker/von Oertzen, a.a.O., §92, Rn. 2.

⑮　劉建宏，上揭文，頁 140–142。

之追加、變更、撤回、捨棄、認諾、和解、停止等程序之處理。

關於訴之追加、變更、訴之撤回，在前章中已述及。茲依行政訴訟法之條文順序分別說明行政訴訟各個階段之審理程序。

第二項 行政訴訟要件之審查、補正及決定

行政訴訟要件可分為一般要件與特殊要件。一般要件係指各種行政訴訟類型均須符合之要件；特殊要件則係指當事人之起訴必須合於各別行政訴訟類型如撤銷訴訟、給付訴訟、確認訴訟等類型訴訟之特別要求條件**⑯**。行政訴訟之特殊要件由行政法院依各類型行政訴訟之特性加以審查，行政訴訟法未列舉規定。在司法實務上，原告所提起之行政訴訟種類錯誤的情況下，則會被裁定駁回。就此，最高行政法院九十三年度判字第一三五九號判決即明白表示：「原告提起之行政訴訟，其種類為何，應依原告訴之聲明內容以認定之，而非依法律規定原告應提起之訴訟種類為何而定。至依原告之主張能否認定其訴訟種類，與能否獲致其訴之聲明之結論，分屬二事。苟因原告所提起之行政訴訟種類錯誤，致無法獲致其聲明之結論，行政法院仍應按其訴訟種類、訴之聲明為其敗訴之裁判，而不得依原告應提起之行政訴訟之種類，進行訴訟要件之審查。再按原告之訴有行政訴訟法第一百零七條第一項各款所定情形，而不能補正者，行政法院應以裁定駁回其訴，此觀之行政訴訟法第一百零七條第一項之規定自明。」**⑰**因此，行政訴訟類型之選擇**⑱**甚為重要。如有誤用，將會被行政法院以訴訟不合法

---

⑯ 黃錦堂／翁岳生，《行政訴訟法逐條釋義》，頁 376–377；吳庚，《行政爭訟法論》，頁 85–96；Vgl. Schmitt Glaeser, *Verwaltungsprozessrecht*, 14. Aufl., 1997, S. 34ff.; Friedhelm Hufen, *Verwaltungsprozeßrecht*, 3. Aufl., 1998, S. 427ff.

⑰ 參閱《台灣本土法學雜誌》，第 71 期，2005，5 月，頁 208–209，相關論文另參閱，王歧正，〈行政訴訟法上訴訟類型之選擇——以稅法上不當得利返還請求權為中心〉，東吳大學法學院法律學研究所碩士論文，民國 92 年 7 月。

⑱ 參閱，陳淑芳，〈行政訴訟類型之選擇〉，《月旦法學教室》，第 46 期，2006 年 8 月，頁 24–25。

而被裁定駁回。

　　至於一般要件，則行政訴訟法第一○七條第一項規定，原告之訴，有下列各款情形之一者，行政法院應以裁定駁回之⑲。但其情形可以補正者，審判長應定期間先命補正⑳：

　　1.訴訟事件不屬行政法院之權限者㉑。但本法別有規定者，從其規定。如私權事件之爭訟，為普通法院之權限，應循民事訴訟程序請求救濟㉒。

---

⑲　值得注意的是，最高行政法院 91 年度裁字第 587 號裁定，認為第 107 條第 1 項規定各款係屬廣義之訴訟利益要件，由於各款具有公益性，應由法院依職權調查，如有欠缺或命補正而不能補正者，法院應以裁定駁回之。此一認定，行政訴訟實務工作者並不贊同，認為：「由於涉及訴訟進行程序與裁判基礎訴訟資料提供方式，於涉及公益案件時，採取職權進行主義與職權調查主義。因此，除非行政訴訟法明定涉及公益，否則不宜擅自擴大公益條款之範圍；認涉及公益之訴訟程序範圍，以訴訟法明訂為限，不宜擴張解釋。」詳參閱，林清祥，〈「公益」在行政訴訟扮演角色之實務分析〉，《司法周刊》，第 1302 期附送之〈司法文選別冊〉，民國 95 年 8 月 31 日，頁 10。

⑳　司法實務，請參閱最高行政法院 90 年度裁字第 1090 號裁定，《台灣本土法學雜誌》，第 33 期，2002 年 4 月，頁 176。

㉑　司法實務，請參閱臺北高等行政法院 91 年度訴字第 900 號判決，《台灣本土法學雜誌》，第 36 期，2002 年 7 月，頁 234–235；高雄高等行政法院 91 年度訴字第 591 號裁定，《台灣本土法學雜誌》，第 44 期，2003 年 3 月，頁 176–177；高雄高等行政法院 91 年度訴字第 783 號裁定，《台灣本土法學雜誌》，第 44 期，2003 年 3 月，頁 178–179；高雄高等行政法院 92 年度訴字第 1071 號裁定，《台灣本土法學雜誌》，第 57 期，2004 年 4 月，頁 166–167。此最後一號之裁定特別表示，監獄所為之處分係屬國家基於刑事刑罰權之刑事執行處分，非屬行政法院職掌範圍之行政處分。受刑人如有不服，自不得循一般行政訴訟程序提起行政救濟，而高雄高等行政法院也以非屬其權限，而以裁定駁回之。

㉒　最高行政法院 94 年度判字第 764 號判決即指出：「上訴人為配合政府因應國內砂石價格上漲之物價，依交通部指示之調整方案而對所屬機關工程之履行契約之承商，所為砂石料價格之補償，仍屬履行本契約所衍生部分行為，被上訴人縱有爭議，應循民事訴訟程序請求救濟，非訴願程序所得審究之範疇。」參閱，

2.訴訟事件不屬受訴行政法院管轄而不能請求指定管轄，亦不能為移送訴訟之裁定者。

3.原告或被告無當事人能力者 ⓫ 。

4.原告或被告未由合法之法定代理人 ⓬ 、代表人或管理人為訴訟行為者。

5.由訴訟代理人起訴，而其代理權有欠缺者。

6.起訴逾越法定期限者。

7.當事人就已起訴之事件，於訴訟繫屬中更行起訴者。

8.本案經終局判決後撤回其訴，復提起同一之訴者。

9.訴訟標的為確定判決或和解之效力所及者。

10.起訴不合程式或不備其他要件者 ⓭ 。

司法院印行，《最高行政法院裁判要旨彙編》，第 25 輯，民國 95 年 6 月，頁 891。

⓫ 最高行政法院 98 年度裁字第 2315 號裁定就此指出：「原告或被告於起訴時有當事人能力，於起訴後死亡，喪失當事人能力，如有得承受訴訟者，依行政訴訟法第 186 條準用民事訴訟法第 168 條、第 173 條規定，其訴訟當然停止，但有訴訟代理人時，不當然停止，而由法院酌量裁定停止。如訴訟標的之法律關係係專屬當事人一身者，不得作為繼承之對象，其繼承人即無從承受其訴訟，行政法院依前開規定及說明，屬無從補正之事項，應以裁定駁回原告之訴。」相關論文另參閱，徐瑞晃，〈行政訴訟當事人不適格裁判〉，《萬國法律》，第 193 期，2014 年 2 月，頁 90–94。

⓬ 司法實務，請參閱高雄高等行政法院 90 年度訴字第 1635 號判決，《台灣本土法學雜誌》，第 30 期，2002 年 1 月，頁 154–155；高等行政法院 90 年度裁字第 1111 號裁定，《台灣本土法學雜誌》，第 33 期，2002 年 4 月，頁 176–177。

⓭ 最高行政法院 93 年度判字第 427 號判決指出：「上訴人即非訴願決定之當事人，依行政訴訟法第四條第一項或第五條第一項規定，自不得提起撤銷或課予義務之行政訴訟，上訴人逕向原審提起本件訴訟，其訴為不合法，應依同法第一百零七條第一項第十款規定裁定駁回。」詳閱，司法院印行，《最高行政法院裁判要旨彙編》，第 24 輯，民國 94 年 6 月，頁 732–738。另最高行政法院 98 年度裁字第 63 號裁定指出：「按提起撤銷訴訟，以經合法訴願為要件，此觀行政訴訟法第 4 條之規定即明。當事人未經合法訴願而提起行政訴訟，其起訴即

同條第二項又規定，撤銷訴訟及課予義務訴訟❿，原告於訴狀誤列被告機關者❿，準用第一項之規定。另原告之訴，依其所訴之事實，在法律

屬不備其他要件，行政法院應依行政訴訟法第 107 條第 1 項第 10 款後段規定，以裁定駁回其訴。」

❿ 此段文字為民國 100 年 11 月 23 日公布修正之行政訴訟法第 107 條第 2 項所增修。

❿ 實務上有一極具參考之判決，可為本項規定適用之具體說明。即最高行政法院 93 年度判字第 1501 號判決指出：「『本法所稱行政機關，係指代表國家、地方自治團體或其他行政主體表示意思，從事公共事務，具有單獨法定地位之組織』，為行政程序法第二條第二項所明定。次按犯罪被害人保護法第十四條第一項規定：『地方法院及其分院檢察署設犯罪被害人補償審議委員會，掌理補償之決定及其他有關事務。』同條第三項規定：『……審議委員會均置主任委員一人，分別由……地方法院或其分院檢察署檢察長兼任；委員六人至十人，由檢察長遴選檢察官及其他具有法律、醫學或相關專門學識之人士，報請法務部核定後聘兼之；職員由檢察署就其員額內調兼之。』依上開規定，地方法院及其分院檢察署所設犯罪被害人補償審議委員會自屬依法得代表國家表示意思，掌理補償之決定及其他有關事務之行政機關至明。本件原處分係由『臺灣臺北地方法院檢察署犯罪被害人補償審議委員會』之名義作成，參照法務部函頒『犯罪被害人補償審議委員會及犯罪被害人補償覆審委員會設置要點』第十五條：『各委員會行文時，分別以○○檢察署犯罪被害人補償覆審委員會及○○檢察署犯罪被害人補償審議委員會名義行之。』訴願法第十三條：『行政處分機關之認定，以實施行政處分時之名義為準。……』及行政訴訟法第二十四條第一款：『經訴願程序之行政訴訟，其被告為左列機關：一、駁回訴願時之原處分機關。……』之規定，自應以實施行政處分時之名義即臺灣臺北地方法院檢察署犯罪被害人補償審議委員會為『原行政處分之機關』及『被告』，始符合行政訴訟法第二十四條第一款規定。本件上訴人向原審起訴，雖併請求被上訴人應補償一百零一萬零二百元；惟基本上係在請求撤銷原處分及覆審決定，屬撤銷訴訟，依同法第一百零七條第二項規定，上訴人於訴狀誤列被上訴人機關為被告，審判長應定期間先命補正。經查，上訴人於原審準備程序更改被上訴人為被告（參照原審卷第三十八頁），原審法院不察，未命上訴人補正，逕為實體判決，於

上顯無理由者❷，行政法院得不經言詞辯論，逕以判決駁回之❷。不過，高等行政法院如果認定有誤，則不為最高行政法院所認可。例如最高行政法院九十二年度判字第六五號判決即指出：「人民對於核定確定之徵收補償費額起訴請求給付者，係給付訴訟，其公法上之原因即為核定徵收補償費額之行政處分，除該行政處分已失其確定力者外，尚不得以人民無請求補償之權利，逕行駁回其給付之請求。查上訴人主張被上訴人對於其種植之農作物（芒果樹三十七株）已辦理徵收補償作業，應發給補償費額而遲未發給，請求發給被拒絕，始起訴請求給付（九十年九月十四日準備書狀）。被上訴人則抗辯其對於上訴人種植之農作物（芒果樹三十七株），經依『高雄市舉辦公共工程地上物拆遷補償辦法』辦理補償（九十年八月三十日補充答辯狀），已由上訴人具領在案。足見上訴人係對於核定確定之地上改良物徵收補償費額起訴請求給付。原判決逕認上訴人無權源而在國有土地上種植上開芒果樹，無請求補償之權利，而駁回其起訴，參考上述說明，尚有未洽。況上開農作物尚未與土地分離前，固為土地之部分，上訴人非土地之所有人，對之無所有權。然而並非無所有權即無收取其孳息或取得分離之物之權限，其權限之有無，全以上訴人與土地所有人間之關係定之，

法有違。又當事人適格與否，為法院應依職權調查事項，雖上訴意旨未及於此，仍應認上訴有理由，應由本院將原審判決廢棄，發回原審法院審理。」詳閱，司法院印行，《最高行政法院裁判要旨彙編》，第 24 輯，民國 94 年 6 月，頁731-732。

❷ 至於何者為法律上顯無理由者，最高行政法院 94 年度判字第 1581 號判決即指出：「系爭印鑑證明被撤銷究與被上訴人之土地所有權登記遭塗銷並無直接因果關係，被上訴人對於本件撤銷印鑑證明之處分，僅具有經濟上或事實上之利害關係，足見其於原審提起撤銷訴訟，依其所訴之事實，顯無權利或法律上之利益直接受有損害之情形，在法律上即屬顯無理由，依行政訴訟法第一百零七條第三項，原審本應以判決駁回之。」參閱，《最高行政法院裁判要旨彙編》，第 25 輯，民國 95 年 6 月，頁 886。

❷ 相關司法實務請參閱最高行政法院 90 年度判字第 1020 號判決，刊於司法院印行，《最高行政法院裁判要旨彙編》，第 21 輯，民國 92 年 6 月，頁 939-941。

其關係又非固定不變，上訴人於訴訟中亦得補足。本案並非上訴人與土地所有權人間之爭訟，未經土地所有權人確定其間關係，實難逕以上訴人種植之上開農作物無因被上訴人需用土地致受損害之情形而認其訴顯無理由。原法院已裁定由受命法官行準備程序，實際上又經受命法官行二次準備程序，卻以行準備程序中調查所得之證據逕自認定上訴人無請求補償之權利，未經言詞辯論程序而駁回其起訴，踐行之訴訟程序亦有欠缺。上訴意旨指摘原判決違誤，非全無理由。應廢棄原判決，由原法院更為審理。」❿同樣的，最高行政法院九十二年度判字第一六二四號判決，亦以高等行政法院誤認當事人欠缺權利保護必要，逕依行政訴訟法第一○七條第三項規定駁回當事人之訴為非法，而將之廢棄，並發回原審高等行政法院另為適法之裁判❶。

　　原告所提行政訴訟是否符合上述行政訴訟要件，須由法院依職權時時加以審查，不待當事人之主張，以求訴訟經濟、國家主權或國家訴訟體系分工安排等價值之貫徹❷。因此，為保障當事人免於承受訴訟審判權歸屬認定及移轉的不利益，民國九十六年六月五日立法院三讀通過修正之行政訴訟法，增訂第十二條之二的職權移送制度。該條第二項至第六項分別規定：「行政法院認其無受理訴訟權限者，應依職權以裁定將訴訟移送至有受理訴訟權限之管轄法院。數法院有管轄權而原告有指定者，移送至指定之法院。移送之裁定確定時，受移送之法院認其亦無受理訴訟權限者，應以裁定停止訴訟程序，並聲請司法院大法官解釋。受移送之法院經司法院大法官解釋無受理訴訟權限者，應再行移送至有受理訴訟權限之法院。當事人就行政法院有無受理訴訟權限有爭執者，行政法院應先為裁定，對此裁定，得為抗告❸。行政法院為第二項及第五項之裁定前，應先徵詢當事人

❿　參閱，司法院印行，《最高行政法院裁判要旨彙編》，第 23 輯，民國 93 年 12 月，頁 952–953。

❶　同上註，頁 953–962。

❷　黃錦堂，上揭書，頁 377。

❸　此為民國 99 年 1 月 13 日修正時增列之規定。其增訂理由為：「本條第三項僅

之意見。」

又為了配合此一職權移送制度，民國九十五年六月五日修正通過之行政訴訟法，另增訂了第十二條之三，規定：「移送訴訟前如有急迫情形，行政法院應依當事人聲請或依職權為必要之處分。移送訴訟之裁定確定時，視為該訴訟自始即繫屬於受移送之法院。前項情形，行政法院書記官應速將裁定正本附入卷宗，送交受移送之法院。」以及增訂了第十二條之四，規定：「行政法院將訴訟移送至其他法院者，依受移送法院應適用之訴訟法定其訴訟費用之徵收。移送前所生之訴訟費用視為受移送法院訴訟費用之一部分。應行徵收之訴訟費用，行政法院未加徵收、徵收不足額或徵收超額者，受移送法院應補行徵收或退還超額部分。」民國九十九年一月十三日公布修正之第十二條之四之條文用語加以釐清，即將原規定之「徵收超額」或「超額」，修正為「溢收」。

又學者認為，隨著國際或區域組織之深化，或經由雙邊條約、協定之簽署，我國未來在各個行政領域上，必須承認國際組織或雙邊協定所設爭端解決機構所定決定之拘束力，因此主張行政訴訟法第一〇七條第一項第九款中修改為原告訴訟標的為確定判決、和解之效力或國際組織爭端解決機構所為決定效力所及者，均為不符合行政訴訟之一般要件，行政法院應以裁定駁回之❸。此項見解與主張，應可贊同。

第三項　訴狀送達被告與卷證之送交

行政法院依行政訴訟法第一〇七條規定為訴訟要件之審查、補正❸後，

規定當事人就行政法院有無受理訴訟權限有爭執時，行政法院應先為裁定，惟對此裁定得否抗告，本法並未明定，爰參考民事訴訟法第三十一條之二第四項之規定，增訂第六項。」

❸　同❸。

❸　最高行政法院 96 年 12 月份庭長法官聯席會議於民國 96 年 8 月 15 日作出修正施行之行政訴訟法相關問題之決議第 13 則為：「修正行政訴訟法施行後，提起行政訴訟、上訴、抗告、再審或其他聲請，未依同法第 98 條至第 98 條之 5

除可駁回原告之訴或移送其他法院者外，應依行政訴訟法第一〇八條第一項規定，將訴狀送達於被告。

為免訴訟程序延滯，又於同條項後段規定，行政法院得命被告以答辯狀陳述意見。對其他訴訟關係人，尤其是訴訟參加人，行政法院亦宜在有裁定允許或命令第三人參加之情形時，類推適用本條項規定，將訴狀送達參加人，並命參加人以答辯狀陳述意見**⓲**。

被告或參加人若不依行政法院所命以答辯狀陳述意見，並不必然遭到敗訴。因行政法院仍須依職權調查事實，如事實對被告或參加人有利，則其不無勝訴之機會。不過，行政法院之訴訟指揮權威將受傷害，而訴訟也因而延滯。對此，德國行政法院法第一五五條第五項規定：「因可歸責於當事人之事由所生之費用，得由該當事人負擔之」**⓳**。我國對可歸責於當事人之事由所生之費用，並無明文規定由當事人負擔。不過在行政訴訟法第九十九條第一項規定，「因可歸責於參加人之事由致生無益之費用者，行政法院得命該參加人負擔其全部或一部」。因此，在適用時，應可比照於可歸責於當事人之事由，致使訴訟延滯所生費用之負擔。

又為使行政法院迅速掌握與訴訟有關之資料，行政訴訟法第一〇八條第二項乃規定：「撤銷訴訟，原處分及訴願機關經行政法院通知後，應於十日內將卷證送交行政法院。」此一規定，學者認為十分簡單，不如德國聯邦行政法院法第九十九條之規定精密**⓴**。我國行政訴訟法未來修正時，宜比

等規定繳納裁判費，仍應依各程序對於不合法情形之相關規定（如行政訴訟法第 107 條第 1 項第 10 款、第 246 條第 2 項、第 249 條、第 278 條第 1 項）命補正及裁判。」

⓲　同**⓭**，頁 381；Kopp/Schenke, a.a.O., §85, Rn. 1.

⓳　詹鎮榮／陳敏等譯，《德國行政法院法逐條釋義》，頁 1728，1732–1735。

⓴　黃錦堂，上揭書，頁 381；德國聯邦行政法院法第 99 條規定有 2 項，即：「(1) 行政機關有提供文書、檔卷及資料之義務。但文書、檔卷及資料之公開，對於聯邦或德國各邦之福祉有不利之虞，或該事件依法律或依其本質應予保密者，直屬之最高行政監督機關得拒絕提供文書、檔卷或資料。(2)本案受訴法院就拒

照之而為較精細之規定。民國九十九年一月十三日修正行政訴訟法時，並未採取德國法制精髓而只作小幅度之修改，即將行政訴訟法第一〇八條第二項修正為：「原處分機關、被告機關或受理訴願機關經行政法院通知後，應於十日內將卷證送交行政法院。」其修正理由為：「本法訴訟種類已增加，應依行政法院之通知送交卷證者，已不限於撤銷訴訟，其他種類訴訟，亦應有本項之適用，『撤銷訴訟』等字，應予刪除。」

另對於確認或給付訴訟，行政法院如認原處分等卷證與待證事實有關，學者認自得依行政訴訟法第一六四條規定調取之[139]。

第四項　言詞辯論期日及就審期間之規定

行政訴訟經合法提起後，自應使行政法院就整個訴訟流程的秩序、合目的性與迅速完成，有認定與裁量之權限。因此，行政訴訟法第一〇九條第一項乃規定，審判長認已適於為言詞辯論時[140]，應速定言詞辯論期日。同條第二項又規定，前項言詞辯論期日，距訴狀之送達，至少應有十日為就審期間。但有急迫情形者，不在此限。行政訴訟法第一〇九條之所以會有如此規定，依司法院所提出之理由乃是：「行政法院審理給付及確認訴訟，通常於將訴狀送達於被告之時，可指定言詞辯論期日。惟審理撤銷訴訟，則宜俟原處分及訴願機關送交有關卷證後，始能定期進行辯論。為因應各種不同情況，爰規定審判長認已適於為言詞辯論時，應速定言詞辯論期日，以資兼顧。至於第二項有關十日就審期間之規定，係為了讓被告有充分時

絕提供文書或檔卷及資料所應具備之法律要件是否已為足夠之釋明，以裁定裁判之。並通知依第一項規定應為說明之最高行政監督機關到庭說明。對此裁定，得單獨以抗告聲明不服。如該事項係由高等行政法院受理初審時，則由聯邦行政法院裁判之。」詳細說明可參閱梁松雄／陳敏等譯，《德國行政法院法逐條釋義》，頁1101-1117。

[139] 黃錦堂，上揭書，頁381。

[140] 關於言詞辯論，請參閱張文郁，〈行政訴訟之言詞辯論〉，《月旦法學雜誌》，第77期，2001年10月，頁36-53。

間得準備辯論與到場應訴；惟若遇有急迫情形，例如訴訟若不速行終結則原告將受甚大損害者，則審判長得縮短就審期間，以保護原告之利益。」⓮

第五項　言詞辯論前之準備與處置

　　民國八十七年行政訴訟法修正的重點之一，即為在第一審程序中，原則上採言詞辯論主義。除有行政訴訟法第一○七條第三項法律上顯無理由、第一九四條得逕為判決者、第二二五條第二項因和解有瑕疵、請求繼續審判顯無理由者、第二三三條關於簡易訴訟程序之裁判等，得不經言詞辯論者外，依行政訴訟法第一八八條第一項之規定⓯，必須踐行言詞辯論程序。

　　所謂言詞辯論 (mündliche Verhandlung)，學者之定義並不一致。有分為廣義、狹義、最狹義者。廣義之言詞辯論指法院、當事人及其他訴訟關係人於期日所為之一切訴訟行為，包括當事人、證人、鑑定人及其他訴訟關係人於準備程序、調查證據期日和其他期日所為之一切聲請、聲明、陳述，以及法院、審判長之訴訟指揮、調查、審理及判決之宣示等行為。狹義之言詞辯論則指當事人及法院於言詞辯論期日所為之一切訴訟行為，包括當事人所為之一切聲請、聲明、陳述，以及法院、審判長之訴訟指揮、審理及判決之宣示等行為。最狹義之言詞辯論則僅指當事人於言詞辯論期日因實施攻擊、防禦而提出訴訟資料及對他方攻擊、防禦方法為陳述之行為⓰。

　　由於行政訴訟除採言詞辯論主義之外，亦適用所謂自由順序主義，當事人得在言詞辯論終結前隨時提出證據或主張事實。如此，言詞辯論可能會一再延宕，妨礙訴訟案件之審理⓱。為避免訴訟程序之拖延與不經濟，行政訴訟法乃另採集中審理制度⓲與言詞辯論準備制度。所謂言詞辯論制

⓮　司法院印行，〈行政訴訟法修正草案總說明暨條文對照表〉，頁 193–194。

⓯　該項規定：「行政訴訟除別有規定外，應本於言詞辯論而為裁判。」

⓰　張文郁／翁岳生主編，《行政訴訟法逐條釋義》，頁 416–417。

⓱　吳庚，《行政爭訟法論》，頁 163。

⓲　集中審理制度之說明，請參閱張文郁／翁岳生主編，上揭書，頁 418–419；蔡志方，《行政救濟法新論》，頁 272。

度包括準備書狀、準備程序及言詞辯論前之其他行為等部分❶，茲分述之。

一、為使訴訟審理程序便於順利進行，行政訴訟法第一二○條第一項規定，原告因準備言詞辯論之必要，應提出準備書狀❷。而被告為了準備言詞辯論，依同條第二項之規定，宜於未逾審判長依行政訴訟法第一○九條第二項所定就審期間二分之一以前，提出答辯狀。此為學理上所謂當事人之協力義務 (Mitwirkungslast; Mitwirkungspflicht)❸，當事人如不提出準備書狀，或未於相當期間提出準備書狀致行政法院不能適時送達他造者，依行政訴訟法第二一八條準用民事訴訟法第三八六條第四項之規定，該當事人於他造不到場時，不得請求法院由其一造辯論而為判決。行政法院依行政訴訟法第一○四條準用民事訴訟法第八十二條之規定，命該當事人負擔因此所生之費用❹。

二、為促使言詞辯論之便利進行，行政訴訟法第一三二條乃準用民事訴訟法第二七○條規定，即在行合議審判之訴訟事件，行政法院於必要時以庭員一人為受命法官，使行準備程序。由此受命法官先行蒐集訴訟資料，對兩造之爭點、攻擊防禦方法加以整理簡化、闡明訴訟關係，以便言詞辯論時行政法院能集中審理、迅速終結訴訟。惟有無行此準備程序之必要，行政法院依上述法條有斟酌裁量之權。另依行政訴訟法第一三一條之規定，

---

❶ 吳庚，上揭書，頁 163–164。

❷ 此為民國 100 年 11 月 23 日公布修正之行政訴訟法第 120 條第 1 項規定，其修正理由說明為：「為充實準備程序，民事訴訟法有關書狀先行整理並協議簡化爭點程序，以促進審理集中化之相關規定，業為本法第一百三十二條予以準用。其中民事訴訟法第二百六十六條關於準備書狀應記載事項之規定，亦在準用之列。從而，原告因準備言詞辯論之必要而提出之書狀，應記載之事項當從其規定記載，已毋庸依本法第一百零五條規定，爰於第一項為文字之適度修正。」

❸ 蔡志方，上揭書，頁 272。另就一般行政訴訟而言，當事人之協力義務包括：1.訴狀表明一定事項之義務，2.審前程序之協力，3.及時提出攻擊防禦方法之義務，4.到場之義務，5.遂行程序之義務，6.完全、真實及相對陳述之義務。吳東都，〈行政訴訟之當事人協力義務〉，《月旦法學雜誌》，第 77 期，頁 56–58。

❹ 吳庚，上揭書，頁 164；陳計男，上揭書，頁 366。

受命法官行準備程序時，得行使行政訴訟法相關法條對於法院或審判長可以行使之權利❶如：

1. 訴訟指揮權。

2. 發問權及許可當事人發問。

3. 因闡明或確定訴訟關係之處置權。

4. 應用通譯之權。

5. 禁止當事人陳述。

6. 命將事項記載於筆錄。

7. 命書記官以書狀附於筆錄。

8. 於筆錄上簽名。

9. 延展期日並命當事人提出必要之書狀。

準備程序終結時，受命法官依行政訴訟法第一三二條準用民事訴訟法第二七三條第一項、第二七四條第一項規定，應告知當事人，並記載於筆錄、送達於未到場之當事人❶。不過，受命法官或行政法院，依行政訴訟法第一三二條準用民事訴訟法第二七四條第二項規定，得命再開已終結之準備程序，以求符合實際需要。

　　三、行政法院如不行準備程序或雖行準備程序，為使言詞辯論易於終結，依行政訴訟法第一二一條第一項規定，如認為有必要，得於言詞辯論前，為下列處置：

1. 命當事人、法定代理人、代表人或管理人本人到場。

2. 命當事人提出圖案、表冊、外國文文書之譯本或其他文書、物件。

---

❶　陳計男，上揭書，頁 371–372。

❶　最高行政法院 94 年度判字第 219 號判決表示：「未依行政訴訟法第 132 條準用民事訴訟法第 273 條第 1 項規定，將準備程序筆錄送達於未到場當事人，即逕行終結準備程序，固有未妥，惟須此一程序之違背，有足以妨礙未到場人嗣後攻擊防禦之實施，且為維持審級制度之必要時，始足認有重大瑕疵，否則即不能執為上訴求為廢棄之理由。」參閱，司法院印行，《最高行政法院裁判要旨彙編》，第 25 輯，民國 95 年 6 月，頁 903–904。

3.行勘驗、鑑定或囑託機關、團體為調查。

4.通知證人或鑑定人，及調取或命第三人提出文書、物件。

5.使受命法官或受託法官調查證據。

另依同條第二項規定，行政法院因闡明或確定訴訟關係，於言詞辯論時，得為前項第一款至第三款之處置，並得將當事人或第三人提出之文書、物件暫留置之。

上述種種行政法院所得為之處置行為，於行政訴訟採行職權調查主義之情形下，學者認為，應非列舉而是例示規定，行政法院得依其裁量，採取所有能使言詞辯論易於終結之必要措施，不受本條所列事項之限制❶❺❷。

第六項　言詞辯論之開始及當事人之陳述

行政訴訟法第一二二條第一項規定，言詞辯論，以當事人聲明起訴之事項為始。同法第一二四條則規定行政訴訟審判庭審判長之職權為開始、指揮及終結言詞辯論並宣示行政法院之裁判，而對於不服從言詞辯論之指揮者，審判長依同條第二項規定，得禁止其發言。

言詞辯論開始後，依行政訴訟法第一二二條第二項，規定當事人應就訴訟關係為事實上及法律上之陳述。同條第三項又規定當事人不得引用文件以代言詞陳述。但以舉文件之辭句為必要時，得朗讀其必要之部分。此即體現言詞審理主義之精神❶❺❸。亦即當事人之辯論及訴訟資料之提供，須於行政法官面前以言詞提出。當事人在準備書狀所為之陳述，仍應於言詞辯論時提出，行政法院始得加以斟酌，如未於言詞辯論時，以言詞提出，即不得採為判決之基礎。其言詞之陳述與準備書狀之記載不符者，應以言詞之陳述為準❶❺❹。

又言詞辯論進行中，審判長可依行政訴訟法第一二五條第二項行使其闡明權，即應注意使當事人為事實上及法律上之適當完全之辯論以及應向

---

❶❺❷　Kopp/Schenke, a.a.O., §87, Rn. 2; Redeker/v. Oertzen, a.a.O., §87, Rn. 4.

❶❺❸　陳計男，上揭書，頁366。

❶❺❹　同上註。

當事人發問或告知，令其陳述事實、聲明證據或為其他必要之聲明及陳述；其所聲明或陳述有不明瞭或不完足者，應令其敘明或補充之❶。由這些種種規定之意旨來看，似應解為審判長之闡明義務 (Aufklärungspflicht des Vorsitzenden)❶。我國學者因襲民事訴訟法，多稱為闡明權❶，實與法條規定之精神略有出入❶。不過，晚近司法實務已有偏向認為此為審判長之闡明義務，如有違反，則屬違背法令之判決❶。另陪席法官在言詞辯論進行

---

❶ 最高行政法院 93 年度判字第 1333 號判決明白指出：「苟原告訴之聲明有不明瞭或不完足，依行政訴訟法第一百二十五條第二項規定，審判長應令其敘明時或補充之。審判長若未盡此項闡明之義務者，法院所為之判決，即屬違背法令。又若審判長已為闡明，當事人亦已就原不明瞭或不完足者敘述補充至已明瞭或完全，除非該項敘述補充為不應准許，否則即應依已敘述補充至明瞭或完全者為裁判」。參閱《台灣本土法學雜誌》，第 71 期，2005 年 6 月，頁 204。

❶ Redeker/v. Oertzen, a.a.O., §86, Rn. 17；另陳計男，上揭書，頁 388–389。

❶ 吳庚，上揭書，頁 165–166。

❶ 司法實務上亦有類此毛病。判決原意要求者為法官之闡明義務，但用語仍使用「闡明權」。例如，最高行政法院 91 年度判字第 1456 號判決指出：「上訴人雖於復查階段附帶主張系爭土地設定之抵押權係為保障中興教練場之信託財產云云，但其於訴願、再訴願階段仍主張該八千萬元未償債務應予扣除，再訴願決定亦針對有無八千萬元未償債務加以指駁，故上訴人不服之標的主要爭點應係關於八千萬元未償債務扣除之問題。茲上訴人於原審起訴意旨其訴訟標的究為八千萬元未償債務應予扣除或基於信託契約主張應將系爭土地剔除於遺產總額？或係兩者皆主張？真意並不明晰，原審未能對此依法行使闡明權加以究明，並漏未就上訴人主張之八千萬元未償債務部分於判決理由中敘明其駁回之理由，均有違誤。」參閱，司法院印行，《最高行政法院裁判要旨彙編》，第 22 輯，民國 92 年 12 月，頁 795。

❶ 如最高行政法院 95 年度判字第 2027 號判決即稱：「審判長應向當事人發問或告知，令其陳述事實、聲明證據，或為其他必要之聲明及陳述，其所聲明及陳述有不明瞭或不完足者，應令其敘明或補充之，此為審判長因確定訴訟關係之闡明權，同時並為其義務，故審判長對於訴訟關係未盡此項必要之處置，違背闡明之義務者，其訴訟程序即有重大瑕疵，而基此所為之判決，亦屬違背法令。」

中，依行政訴訟法第一二五條第四項規定，告明審判長後，亦得向當事人發問或告知。

另言詞辯論如須續行者，行政訴訟法第一二四條第三項又規定，審判長應速定其期日。

又分別提起之數宗訴訟如係基於同一或同種類之事實上或法律上原因者，如基於同一徵收土地事件或同一課稅事件者，行政訴訟法第一二七條第一項又規定，行政法院得命合併辯論，而同條第二項又規定，命合併辯論之數宗訴訟，得合併裁判之。

第七項　言詞辯論筆錄之記載、朗讀及閱覽

為符合直接審理、公開審理之言詞審理主義要求、訴訟資料應於言詞辯論時提出，當事人依行政訴訟法第一二二條第三項規定，且不得引用文件以代言詞陳述。不過，以言詞提出之訴訟資料，口說無憑，而言詞辯論是否依法進行，必須有佐證、有記錄，以便事後查考。因此，行政訴訟法第一二八至一三〇條乃規定了言詞辯論筆錄之記載、朗讀及閱覽事項，即：

1.行政法院書記官應作言詞辯論筆錄，記載下列各款事項：

(1)辯論之處所及年、月、日。

(2)法官、書記官及通譯姓名。

(3)訴訟事件。

(4)到場當事人、法定代理人、代表人、管理人、訴訟代理人、輔佐人及其他經通知到場之人姓名。

(5)辯論之公開或不公開；如不公開者，其理由。

2.言詞辯論筆錄內，應記載辯論進行之要領，並將下列各款事項記載明確：

(1)訴訟標的之捨棄、認諾、自認及訴之撤回。

(2)證據之聲明或撤回，及對於違背訴訟程序規定之異議。

(3)當事人所為其他重要聲明或陳述，及經告知而不為聲明或陳述之情形。

參閱《台灣本土法學雜誌》，第95期，2007年6月，頁175。

(4)依本法規定應記載筆錄之其他聲明或陳述。

(5)證人或鑑定人之陳述，及勘驗所得之結果。

(6)審判長命令記載之事項。

(7)不作裁判書附卷之裁判。

(8)裁判之宣示。

　3.筆錄或筆錄內所引用附卷或作為附件之文書內所記前條第一款至第六款事項，應依聲請於法庭向關係人朗讀或令其閱覽，並於筆錄內附記其事由。

　　關係人對於筆錄所記有異議者，行政法院書記官得更正或補充之。如以異議為不當，應於筆錄內附記其異議。

　　以機器記錄言詞辯論之進行者，其實施辦法由司法院定之。司法院乃訂定全文十點之「實施法庭筆錄電腦化應辦理事項」，以資適用。

　　又視訊設備已日益普遍，成為商務與人際資訊溝通之重要配備。因此，民國一〇二年一月九日公布修正之行政訴訟法乃增訂並修正第一三〇條之一、第一三一條條文。其中，第一三〇條之一規定了視訊審理及進行視訊審理程序之筆錄及其他文書所應遵循事項，該條第一項規定：「當事人、代理人之所在處所或所在地法院與行政法院間，有聲音及影像相互傳送之科技設備而得直接審理者，行政法院認為適當時，得依聲請或依職權以該設備審理之。」同條第二項又規定：「前項情形，其期日通知書記載之應到處所為該設備所在處所。」又為確保迅速有效，同條第三項更規定：「依第一項進行程序之筆錄及其他文書，須陳述人簽名者，由行政法院傳送至陳述人所在處所，經陳述人確認內容並簽名後，將筆錄及其他文書以電信傳真或其他科技設備傳回行政法院。」第一三一條則將第一三〇條之一增列為關於法院或審判長權限之規定，於受命法官行準備程序時準用之規定。換言之，受命法官亦可採取視訊審理及進行視訊審理程序之筆錄及其他文書處理事項。

第八項　調查事實與證據

第一目　概　說

　　行政訴訟審理過程中，必須要釐清的是行政訴訟事件之事實存在與否，有無佐證。因此，關於事實與證據之調查乃是行政法院審理行政訴訟事件所必須遂行者，而經由事實之釐清、認定與證據之評斷、取捨，始可據之為正確的裁判。

　　為免恣意，行政訴訟法第一二五條第一項明定，行政法院應依職權調查事實關係，不受當事人主張之拘束，表現了行政訴訟職權調查主義[160]及職權探知之精神[161]。又為了避免盲斷與尊重專業，民國一〇〇年十一月二十三日公布修正之行政訴訟法，新增了第一二五條之一，規定：「行政法院

---

[160]　相關論文請參閱，張文郁，〈行政訴訟之職權調查主義〉，《台灣法學雜誌》，第160期，民國99年9月，頁27–33。另最高行政法院97年裁字第3662號裁定指出：「行政訴訟法第125條規定：『行政法院應依職權調查事實關係，不受當事人主張之拘束。審判長應注意使當事人得為事實上及法律上適當完全之辯論。審判長應向當事人發問或告知，令其陳述事實、聲明證據，或為其他必要之聲明及陳述；其所聲明或陳述有不明瞭或不完足者，應令其敘明或補充之。陪席法官告明審判長後，得向當事人發問或告知。』是行政法院在審理案件時應盡闡明義務，使當事人盡主張事實及聲明之能事，並盡職權調查義務，以查明事實真相及法律關係。」

[161]　實務上就此設有限制與保留。例如，最高行政法院94年度判字第58號判決即表示：「行政法院應依職權調查事實關係，不受當事人主張之拘束；行政法院於撤銷訴訟，應依職權調查證據，行政訴訟法第125條第1項、第133條前段分別定有明文，是行政法院在審理案件時應盡闡明義務，使當事人盡主張事實及聲明證據之能事，並盡職權調查義務，以查明事實真相，避免真偽不明之情事發生，惟如已盡闡明義務及職權調查義務後，事實仍真偽不明時，則作舉證責任之分配，使應負舉證責任之人負擔該不利之結果。」參閱，司法院印行，《最高行政法院裁判要旨彙編》，第25輯，民國95年6月，頁899。

為使訴訟關係明確，必要時得命司法事務官就事實上及法律上之事項，基於專業知識對當事人為說明。行政法院因司法事務官提供而獲知之特殊專業知識，應予當事人辯論之機會，始得採為裁判之基礎。」另在調查證據方面，行政訴訟法第一二三條第一項也規定，行政法院調查證據，除別有規定外，於言詞辯論期日行之，顯現了行政訴訟直接審理主義之精神，亦即受理行政訴訟之行政法院應直接審認證據資料，以為裁判之基礎❷。至所謂證據資料，依行政訴訟法第一二三條第二項規定，當事人應依行政訴訟法第二編第一章第四節之規定，亦即行政訴訟法第一三三至一七六條關於證據之相關規定，聲明所用之證據❸。

　　行政訴訟法第二編第一章第四節關於證據之規定，主要內容有調查證據之主體與方式，調查證據筆錄之製作，調查證據結果之辯論，故意使調查證據滅失、隱匿或妨礙之效果，證據之種類，證據之保全以及舉證責任之分配等，茲分項說明之。

第二目　調查證據之主體與方式

　　證據由當事人依行政訴訟法第一二三條第二項聲明提出者，仍應由行政法院依職權調查、評價與取捨❹。因此，行政訴訟法第一三三條第一項、

---

❷ 張文郁，〈行政救濟法上職權調查原則與舉證責任之研究〉，台灣行政法學會主編，《行政救濟、行政處罰、地方立法》，頁 227–270。

❸ 相關論文請參閱，張文郁，〈當事人之真實、完整陳述義務〉，《月旦法學教室》，第 83 期，民國 98 年 9 月，頁 18–19。

❹ 高等行政法院如未遵守，則其判決遭受到最高行政法院之廢棄與發回。例如，最高行政法院 93 年度判字第 919 號判決指出：「查本件訴願卷宗中，並無該審查意見書在內，事實尚有未明，原審於審理中未命訴願機關提出該審查意見書，於調查證據及言詞辯論程序中提示兩造當事人，亦未通知審查機關指派專家到庭就上訴人所指訴各疑點予以說明，即採認工研院化工所之審查意見，而維持原處分及訴願決定，其證據調查之過程，尚難謂合法完備，則其因而所得心證而為之判斷，殊有違證據法則。上訴意旨指摘原判決違背法令，非無理由。按本件涉及專門知識技術，就工研院化工所之審查意見，自有通知審查機關到庭

第一三八條、第一三九條分別規定了，行政訴訟審理程序中，調查證據之主體與方式為：

1.行政法院自行調查。即行政訴訟法第一三三條第一項規定之行政法院於撤銷訴訟，應依職權調查證據❶；於其他訴訟，為維護公益者❶，亦同。

2.行政法院認為必要時，得使庭員一人為受命法官或囑託他行政法院指定法官調查證據。此為行政訴訟法第一三九條規定調查證據之主體與方式。

3.行政法院得囑託普通法院或其他機關、學校、團體調查證據。此為行政訴訟法第一三八條規定之調查證據主體與方式。

第三目　調查證據筆錄之製作

證據是否依法調查，必須有佐證。對此，行政訴訟法第一四〇條第一項乃規定，受訴行政法院於言詞辯論前調查證據，或由受命法官、受託法官調查證據者，行政法院書記官應作調查證據筆錄。

就有關疑點詳予說明之必要，並就被上訴人原所採舉發不成立有利於上訴人之意見，以及上訴人主張各項疑點，一併對照辯論，以求真實。若仍不足以判斷其真實，是否另委由其他專家或專業機關表示意見，亦宜於審理時予以審酌。綜上，原判決認事用法尚有未洽，上訴意旨據以指摘求為廢棄，非全無理由，合將原判決廢棄，發回原法院依本判決意旨查明」。參閱《台灣本土法學雜誌》，第 69 期，2005 年 4 月，頁 190。

❶ 就此，最高行政法院 92 年度判字第 643 號判決指出：「按當事人聲明之證據，法院應為調查，民事訴訟法第二百八十六條定有明文，並為行政訴訟所準用，此觀行政訴訟法第一百七十六條之規定即明；又行政法院於撤銷訴訟，應依職權調查證據，行政訴訟法第一百三十三條亦定有明文。經查研磨與拋光，其加工層次顯有不同，貨價亦有差異，此既攸關本件罰鍰之計算是否正確，自有詳予審認之必要，乃原審法院對上訴人證據調查之聲請未予斟酌，復未敘明不予調查之理由，即遽行駁回上訴人之訴，似嫌速斷。」參閱，司法院印行，《最高行政法院裁判要旨彙編》，第 23 輯，民國 93 年 12 月，頁 989。

❶ 參閱，林清祥，〈「公益」在行政訴訟扮演角色之實務分析〉，《司法周刊》，第 1302 期附送之〈司法文選別冊〉，民國 95 年 8 月 31 日，頁 7。

同條第二項又規定，行政訴訟法第一二八條至第一三〇條關於言詞辯論筆錄製作之規定，於調查證據筆錄之製作準用之。

另同條第三項規定受託法官調查證據筆錄，應送交受訴行政法院。

第四目　調查證據結果之辯論

調查證據之結果，影響行政訴訟之裁判，當事人應有知悉與辦論之機會，故行政訴訟法第一四一條第一項規定，行政法院對調查證據之結果，應告知當事人為辯論。同條第二項又規定，於受訴行政法院外調查證據者，當事人應於言詞辯論時陳述其調查之結果。但審判長得令庭員或行政法院書記官朗讀調查證據筆錄代之。

第五目　調查證據妨礙之效果

行政訴訟法第一三五條第一項規定，當事人因妨礙他造使用，故意將證據滅失、隱匿或致礙難使用者，行政法院得審酌情形認他造關於該證據之主張或依該證據應證之事實為真實。此即為學理上所謂證據妨礙 (Beweisvereitelung)[167]之制裁規定。依司法院所提行政訴訟法修正草案關於該條之修正理由說明謂：「當事人以不正當手段妨礙他造舉證者，例如故意將證據滅失、隱匿或其他致礙難使用之情事，顯然違反誠信原則。為防杜當事人利用此不正當手段取得有利之訴訟結果，並顧及當事人間公平，爰於第一項規定，行政法院得審酌情形認他造關於該證據之主張或依該證據應證之事實為真實。即行政法院得審酌當事人妨礙他造舉證之態樣、所妨礙證據之重要性等情形，依自由心證認他造關於該證據之主張或依該證據應證之事實為真實，以示制裁。」

就此，學者舉出一例，堪可參考，亦即警察擬對酒後駕車者進行酒測，但該駕駛人故意規避，直至五個小時後始接受酒測，其結果雖已屬不處罰的數值，但警察仍予處罰，則行政法院就此爭訟，可依此規定，依自由心證認警察之處罰，具合法性[168]。

---

[167]　陳計男，上揭書，頁 435–438; Kopp/Schenke, a.a.O., §98, Rn. 7, 9, 19, §108, Rn. 17.

又行政法院對於妨礙他造舉證之當事人課以不利益，而為行政訴訟法第一三五條第一項證據之審酌採認時，依同條第二項之規定，於裁判前應令當事人有辯論之機會。學者以此規定係就當事人因過失而致證據滅失、隱匿或致礙難使用者之法律效果規定。渠認為如係故意為證據妨礙，基於誠信原則，應不必再令當事人有辯論機會❶❻❾。此一見解，容有過當。因為，不管是當事人之故意或過失，為保障該當事人在程序上之權利，行政法院於裁判前應令當事人有辯論之機會。

第六目　證據之種類

行政訴訟上之證據乃是使行政法院得以認定事實之真偽、獲得特別法規知識或經驗法則內容之一切資料之總稱❶❼❶。亦即行政法院審理訴訟事件認定事實所依據之資料（Beweis 或 Beweisstoff），故如證人之證言、鑑定人之鑑定意見、文書之內容、物件之屬性等均屬證據❶❼❶。

行政訴訟上可為證據之種類與民事訴訟法所規定之證據種類略同，即有人證、鑑定、書證、勘驗等。茲依行政訴訟法相關規定概述之：

一、人　證

1. 證人之作證義務及違反之處罰

行政訴訟法第一四二條規定，除法律別有規定外，不問何人，於他人之行政訴訟有為證人之義務。而依同法第一四八條規定證人不陳明拒絕之原因事實而拒絕證言，或以拒絕為不當之裁定已確定而仍拒絕證言者，行政法院得以裁定處新臺幣三萬元以下罰鍰。而對此一裁定得為抗告，抗告中應停止執行。

---

❶❻❽　李惠宗／翁岳生主編，《行政訴訟法逐條釋義》，頁 472。

❶❻❾　同上註，頁 471。

❶❼❶　陳計男，上揭書，頁 411。

❶❼❶　吳庚，《行政爭訟法論》，頁 171。

2.證人之到場義務

行政訴訟法第一四三條第一項規定，證人受合法之通知，無正當理由而不到場者，行政法院得以裁定處新臺幣三萬元以下罰鍰。同條第二項又規定證人已受前項裁定，經再次通知仍不到場者，得再處新臺幣六萬元以下罰鍰，並得拘提之。另同條第三項規定拘提證人，準用刑事訴訟法關於拘提被告之規定；證人為現役軍人者，應以拘票囑託該長官執行。處證人罰鍰之裁定，依同條第四項規定得為抗告，抗告中應停止執行。

3.得拒絕證言之事由

依行政訴訟法第一四四條至第一四六條規定有下列二者：

(1)不利自己或親屬證言之拒絕：行政訴訟法第一四五條規定，證人恐因陳述致自己或下列之人受刑事訴追或蒙恥辱者，得拒絕證言：

(a)證人之配偶、前配偶或四親等內之血親、三親等內之姻親或曾有此親屬關係或與證人訂有婚約者。

(b)證人之監護人或受監護人。

(2)職務上應守秘密人之拒絕證言：行政訴訟法第一四六條第一項規定，證人有下列各款情形之一者，得拒絕證言：

(a)證人有第一四四條之情形者，即公務員應守職務上知悉之秘密情形者。

(b)證人為醫師、藥師、藥商、助產士、宗教師、律師、會計師或其他從事相類業務之人或其業務上佐理人或曾任此等職務之人，就其因業務所知悉有關他人秘密之事項受訊問者。

(c)關於技術上或職業上之秘密受訊問者。

同條第二項又規定，前項規定，於證人秘密之責任已經免除者，不適用之。

4.得拒絕證言權利之告知

行政訴訟法第一四七條規定，依第一四五條、第一四六條規定，得拒

絕證言者，審判長應於訊問前或知有該項情形時告知之。

5.證人的具結義務

　　行政訴訟法第一四九條第一項規定，審判長於訊問前，應命證人各別具結。但具應否具結有疑義者，於訊問後行之。同條第二項又規定審判長於證人具結前，應告以具結之義務及偽證之處罰。民國九十九年一月十三日修正行政訴訟法時，增訂行政訴訟法第一四九條第三項，規定：「證人以書狀為陳述者，不適用前二項之規定。」❷但以未滿十六歲或因精神障礙不解具結意義及其效果之人為證人者，依行政訴訟法第一五〇條規定，不得令其具結。又同法第一五一條規定，以下列各款之人為證人者，得不令其具結：

　　(1)證人為當事人之配偶、前配偶或四親等內之血親、三親等內之姻親或曾有此親屬關係或與當事人訂有婚約者。

　　(2)有第一四五條情形而不拒絕證言者。

　　(3)當事人之受僱人或同居人。

　　又依行政訴訟法第一五二條規定，證人就與自己或第一四五條所列之人有直接利害關係之事項受訊問者，得拒絕具結。證人如有具結義務而拒絕具結者，依行政訴訟法第一五三條規定準用同法第一四八條之處罰規定。

6.對證人之發問

　　民國九十九年一月十三日公布修正❸之行政訴訟法第一五四條第一項

---

❷　其增訂理由為：「（行政訴訟法）第一百七十六條明文準用民事訴訟法第三百零五條證人書狀陳述之制度，且民事訴訟法第三百零五條第六項就證人具結之方式，已有特別規定，而本條關於證人之具結，係適用於直接審理及言詞審理證人之訊問之情形，對於證人以書狀陳述之情形，則不能適用，爰參照民事訴訟法第三百十二條第三項之規定，增訂第三項。」

❸　修正之理由為：「一、當事人對於證人之發問係其權利，依本條之原規定，當事人須得審判長之許可，始得對證人為發問，對當事人發問權之保障尚嫌不足。又當事人請求審判長或自行所為之發問，除就應證事實外，尚應及於證言信用

規定，當事人得就應證事實及證言信用之事項，聲請審判長對於證人為必要之發問，或向審判長陳明後自行發問。同條第二項規定，前項之發問，與應證事實無關、重複發問、誘導發問、侮辱證人或有其他不當情形，審判長得依聲請或依職權限制或禁止。另同條第三項規定關於發問之限制或禁止有異議者，行政法院應就其異議為裁定。

7.證人之法定日費及旅費

行政訴訟法第一五五條第一項規定，行政法院應發給證人法定之日費及旅費；證人亦得於訊問完畢後請求之。但被拘提或無正當理由拒絕具結或證言者，不在此限。同條第二項規定前項關於日費及旅費之裁定，得為抗告。另證人所需之旅費，得依其請求預行酌給之。

二、鑑　定

1.為鑑定人之義務——行政訴訟法第一五七條規定，從事於鑑定所需之學術、技藝或職業，或經機關委任有鑑定職務者，於他人之行政訴訟有為鑑定人之義務。

2.拒絕鑑定——行政訴訟法第一五九條規定，鑑定人拒絕鑑定，雖其理由不合於本法關於拒絕證言之規定，如行政法院認為正當者，亦得免除其鑑定義務。此因鑑定人與證人不同，並不限於特定人為之，故同法第一五八條又規定，鑑定人不得拘提，此皆與證人之作證義務不同。

3.鑑定人之法定費用之報酬請求權——行政訴訟法第一六〇條規定，

之事項，為免滋疑義，亦應明確規定之。爰參酌民事訴訟法第三百二十條第一項、第二項及德國行政法院法第九十七條之規定，修正第一項。二、本條第二項係就不當發問之處理為規定。原規定就何種情形之發問屬於『不當』發問，並未規定，易滋疑義，爰參酌民事訴訟法第三百二十條第三項之規定，明定第一項之發問，與應證事實無關、重複發問、誘導發問、侮辱證人或有其他不當情形者，審判長得依聲請或依職權限制或禁止之。三、配合第二項之修正，將第三項之『應否許可』，修正為『限制』。」

鑑定人於法定之日費、旅費外，得請求相當之報酬。鑑定所需費用，得依鑑定人之請求預行酌給之。關於前二項請求之裁定，得為抗告。

4.囑託鑑定——行政訴訟法第一六一條規定，行政法院依第一三八條之規定，囑託機關、學校或團體陳述鑑定意見或審查之者，準用第一六〇條及民事訴訟法第三三五條至第三三七條之規定。其鑑定書之說明，由該機關、學校或團體所指定之人為之。

5.準鑑定人——行政訴訟法第一六二條第一項規定，行政法院認有必要時，得就訴訟事件之專業法律問題徵詢從事該學術研究之人，以書面或於審判期日到場陳述其法律上意見。同條第二項又規定前項意見，於裁判前應告知當事人使為辯論。高等行政法院如未遵行此一規定，則會遭到最高行政法院之廢棄與發回 **⓱**。另第一項陳述意見之人，準用鑑定人之規定。但不得令其具結。

6.鑑定依行政訴訟法第一五六條規定，除別有規定外準用同法關於人證之規定。

三、書 證

1.當事人有提出義務之文書

行政訴訟法第一六三條規定，下列各款文書，當事人有提出之義務 **⓲**：

⓱ 最高行政法院 91 年度判字第 1735 號判決謂：「原審未徵詢從事該學術研究之人，以書面或於審判期日到場陳述其法律上之意見，並告知當事人使為辯論，在未經專業技術鑑定或徵詢從事專業法律研究人員之意見前,遽認系爭案與引證案之結構均相同，系爭案多加一習用之電晶體，應為熟習該項技能者所能輕易完成；且兩專利案之專利範圍完全相同，系爭案並無增進所申請專利標的之功效，認定事實及適用法律均嫌率斷，已有判決不適用法規及判決不備理由之違法。」參閱，司法院印行，《最高行政法院裁判要旨彙編》，第 22 輯，民國 92 年 12 月，頁 801。

⓲ 吳東都，〈行政訴訟之當事人協力義務〉，《月旦法學雜誌》，第 77 期，2001 年

⑴該當事人於訴訟程序中曾經引用者。

⑵他造依法律規定，得請求交付或閱覽者。

⑶為他造之利益而作者。

⑷就與本件訴訟關係有關之事項所作者。

⑸商業帳簿。

同法第一六五條第一項又規定，當事人無正當理由不從提出文書之命者，行政法院得審酌情形認他造關於該文書之主張或依該文書應證之事實為真實❶⑦。同條第二項規定前項情形，於裁判前應令當事人有辯論之機會。

2.第三人提出文書之義務與權利

行政訴訟法第一六六條至第一七○條規定了第三人提出文書之義務與權利，即：

⑴聲請命第三人提出文書：聲明書證係使用第三人所執之文書者，當事人應聲請行政法院命第三人提出或定由舉證人提出之期間。
民事訴訟法第三四二條第二項之規定，於前項聲請準用之。文書為第三人所執之事由及第三人有提出義務之原因，應釋明之。

⑵命第三人提出文書之裁定：行政法院認應證之事實重要且舉證人之聲請正當者，應以裁定命第三人提出文書或定由舉證人提出文書之期間。行政法院為前項裁定前，應使該第三人有陳述意見之機會。

⑶第三人提出文書義務之範圍：關於第三人提出文書之義務，準用行政訴訟法第一四四條至第一四七條及第一六三條第二款至第五款之規定。

⑷第三人不服從提出文書命令之制裁：第三人無正當理由不從提出文

---

10 月，頁 54–66。

❶⑦ 最高行政法院 96 年度判字第 543 號判決就此指出：「按文書之證據力，有形式上證據力與實質上證據力之分。作成文書之人確曾為文書內所記載之表示或報告，是為有形式上之證據力。必有形式上證據力之文書，始有證據價值之可言。又文書之內容與待證事實有關，足資證明某項事實者，始為有實質上之證據力。至於文書之實質上證據力，應由事實審法院根據經驗法則，依自由心證判斷之。」

書之命者，依行政訴訟法第一六九條第一項規定，行政法院得以裁定處新臺幣三萬元以下罰鍰；於必要時，並得為強制處分。

前項強制處分之執行，適用第三○六條之規定。

第一項裁定得為抗告，抗告中應停止執行。

(5)第三人之權利：第三人得請求提出文書之費用。另行政訴訟法第一五五條關於證人日費及旅費之規定，於前項情形準用之。

3. 公務或機關文書之調取、提出

行政訴訟法第一六四條第一項規定，公務員或機關掌管之文書，行政法院得調取之。如該機關為當事人時，並有提出之義務。同條第二項又規定，前項情形，除有妨害國家高度機密者外，不得拒絕。

4. 文書真偽之辨別 ⑰

當事人或第三人所提出文書，有真有假，故行政訴訟法第一七一條及第一七二條又規定文書真偽之辨別事項，即：

(1)文書得校對筆跡、印跡以分別其真偽。

(2)行政法院得命當事人或第三人提出文書，以供核對，核對筆跡或印跡適用關於勘驗之規定。

(3)無適當之筆跡可供核對者，行政法院得指定文字，命該文書之作成名義人書寫，以供核對。

(4)文書之作成名義人無正當理由不從前項之命者，準用第一六五條或第一六九條之規定。

(5)因供核對所書寫之文字應附於筆錄；其他供核對之文件不須發還者，亦同。

---

⑰ 最高行政法院 91 年度判字第 2292 號判決謂：「公文書之真偽有可疑者，行政法院得請作成名義之機關或公務員陳述其真偽。此觀之行政訴訟法第 176 條之準用民事訴訟法第 355 條第 1 項、第 2 項之規定自明」。詳閱《台灣本土法學雜誌》，第 46 期，2003 年 5 月，頁 221。

另公文書之真偽有可疑者，因行政訴訟法第一七六條準用民事訴訟法第三五五條規定，行政法院得請作成名義之機關或公務員陳述其真偽。高等行政法院如疏未遵行此一規定，則受到最高行政法院之拒斥與發回。例如，最高行政法院九十一年度判字第二二九二號判決即指出：「原審對系爭證明書之真偽認有疑義，依行政訴訟法第一百七十六條準用民事訴訟法第三百五十五條規定，原可請作成名義之中正理工學院或公務員陳述其真偽，或依鑑定該證明書上中正理工學院印信真偽之方式加以調查，原審疏未為此項查證，遽憑中正理工學院函，即認系爭證明書非合法之公文書，非無速斷之嫌。」❽

5.準文書之提出義務

行政訴訟法第一七三條第一項規定，行政訴訟法上關於文書之規定，準用於文書外之物件，有與文書相同之效用者如圖像、記號、光碟片、電腦磁片、錄音帶、錄影帶等。

四、勘　驗

行政法院調查證據除了上述行政訴訟法所規定之人證、鑑定、書證以外，亦可依該法第一七六條準用民事訴訟法第三六四條至第三六六條關於勘驗之規定，亦即於必要時進行勘驗，並以圖畫或照片附於筆錄。

第七目　證據之保全

依行政訴訟法第一七六條準用民事訴訟法第三六八條規定，證據有滅失或礙難使用之虞，或經他造同意者，得向行政法院聲請保全❾。行政法院就保全證據之聲請案為審查，如認其聲請為不合法或無理由者，最高行

---

❽　參閱，司法院印行，《最高行政法院裁判要旨彙編》，第 22 輯，民國 92 年 12 月，頁 806–807。

❾　司法實務，請參閱臺中高等行政法院 92 年度聲字第 10 號判決，《台灣本土法學雜誌》，第 56 期，2004 年 3 月，頁 185–186。

政法院九十七年度裁字第四五五三號裁定，即以保全之證據之聲請與起訴應具備之要件不同為由，認行政法院即應逕以裁定駁回之，並無適用行政訴訟法第一○七條第一項但書應由審判長定期間先命補正之餘地。

保全證據之聲請，依行政訴訟法第一七五條第一項規定，在起訴後，向受訴行政法院為之；在起訴前，向受訊問人住居地或證物所在地之地方法院行政訴訟庭為之。如有急迫情形，則依同條第二項規定，於起訴後，亦得向前項地方法院行政訴訟庭聲請保全證據。另民國一○○年十一月二十三日公布修正之行政訴訟法，新增第一七五條之一，規定：「行政法院於保全證據時，得命司法事務官協助調查證據。」

證據保全之其他事項，則依行政訴訟法第一七六條規定準用民事訴訟法第三七一條至第三七六條有關證據保全之規定。相關證據保全制度可參閱民事訴訟法學者之論著⑱，在此擬不贅述。

第八目　舉證責任之分配

關於舉證責任之分配 (Verteilung der Beweislast)⑱，行政訴訟法第一三六條規定，除本法有規定者外，準用民事訴訟法第二七七條：「當事人主張有利於己之事實者，就其事實有舉證之責任」之規定。由此可知，行政訴訟上舉證責任之分配，原則上與民事訴訟相同⑱，但行政訴訟法另有規定者除外。而所謂行政訴訟法另有規定者，係指行政訴訟法第一三三條、第一三四條、第一三五條適用職權調查主義原則之規定⑱。

---

⑱　陳榮宗、林慶苗，《民事訴訟法 (下)》，頁 669–677。陳計男，《民事訴訟法論》，三民書局，民國 90 年 9 月，修訂二版二刷，頁 506–511。

⑱　相關論文請參閱，朱敏賢，〈行政爭訟舉證責任分配之研究〉，輔仁大學法律學研究所碩士論文，2000 年 7 月。

⑱　相關論文請參閱，姜世明，〈舉證責任分配法則之體系建構〉，《法官協會雜誌》，第 6 卷，第 1 期，民國 93 年 6 月，頁 83–106。

⑱　司法實務，請參閱，吳東都，〈行政法院關於舉證責任判決之回顧與展望〉，臺灣行政法學會主編，《行政契約與新行政法》，元照出版公司，2002 年 6 月，

行政訴訟上舉證責任❶，依行政訴訟法第一三六條之立法理由，「可分主觀舉證責任與客觀舉證責任。前者指當一方為免於敗訴，就有爭執之事實，有向法院提出證據之行為責任。後者指法院於審理最後階段，要件事實存否仍屬不明時，法院假定事實存在或不存在，所生對當事人不利益之結果責任。本法於撤銷訴訟或其他維護公益之訴訟，明定法院應依職權調查證據，故當事人並無主觀責任。然職權調查證據有其限度，仍不免有要件事實不明之情形，故仍有客觀之舉證責任。至其餘訴訟，當事人仍有提出證據之主觀責任」。

上述立法者之立法理由說明仍嫌抽象而不易為初學者所認知，茲依舉證責任之標的及各種行政訴訟舉證責任之分配，具體說明於次：

一、舉證責任之標的

舉證責任所要舉述而證明者為何❶？約可分為下列三者，即：

1.事實之舉述與證明責任，此可依行政訴訟法第一三六條準用民事訴訟法第二七七條規定辦理，即：「當事人主張有利於己之事實者，就其事實有舉證之責任，但法律別有規定，或依其情形顯失公平者，不在此限。」至於何者為「依其情形顯失公平」？最高行政法院九十三年度判字第七一四號判決則加以辨別說明，謂：「行政訴訟法第一百三十六條準用民事訴訟法第二百七十七條但書所指之『依其情形顯失公平』，係指事件依其性質，證據往往為一造所掌控，他造難於舉證，則依其情形顯失公平。如係個案單純因年代久遠，以致於發生舉證困難之情形，則不屬之。本件並無證據為被

頁 275–317；另蔡志方，《行政救濟法新論》，頁 360–365；陳清秀，《行政訴訟法》，民國 90 年 2 月，第二版，頁 395–407；陳計男，上揭書，頁 424–432。

❶ 相關論文請參閱，蔡震榮，〈論行政訴訟法上之舉證責任〉，《法令月刊》，第 61 卷第 6 期，民國 99 年 6 月，頁 79–89；黃茂榮，〈稅務訴訟上的舉證責任〉，《植根雜誌》，第 23 卷，第 12 期，民國 96 年 12 月，頁 441–480。

❶ 相關論述請參閱，劉建宏，〈行政訴訟之證明度〉，《月旦法學教室》，第 124 期，2013 年 2 月，頁 9–11。

上訴人所掌控，上訴人難於舉證之情形，僅單純因年代久遠，以致於發生舉證困難，自非有顯失公平情形，是以上訴人仍應舉證證明其主張『林國華』即為『林國』之事實為真實。原判決以上訴人未盡舉證責任及法院依職權調查結果，無從證明該事實為真實而駁回上訴人之訴，核與證據法則尚無違。」⑱

2.本國法規之舉述與證明責任，當事人無庸證明，釋明舉證即可⑱，因本國法規當為行政法院所知悉。

3.習慣及外國之現行法之舉述證明責任──此可依行政訴訟法第一三七條規定處理，即「習慣及外國之現行法為行政法院所不知者，當事人有舉證之責任。但行政法院得依職權調查之」。

二、各種行政訴訟舉證責任之分配

行政訴訟舉證責任之分配，眾說紛紜⑱，但自德國學者 Reo Rosenberg 提倡實體法說後，已成為學界通說，其所倡言之舉證責任分配乃：「任何當事人之訴訟上請求，若無特定法條之適用，則不能獲致效果者，此際則應對該法條之要件已因事實之發生而實現，免主張及舉證責任」⑱。依此，民事事件中舉證責任之法則，應取決於民事規定，行政事件中舉證責任之法則，則應取決於各種行政法規⑲之規定。而因各行政法規各種要件而爭

---

⑱　參閱，司法院印行，《最高行政法院裁判要旨彙編》，第 24 輯，民國 94 年 6 月，頁 744–745。

⑱　當事人所提出之證據，就其主張之事實使法院產生強固之確信者，稱為證明；反之，僅產生較弱之心證，信其大致如此者，稱為釋明。吳庚，上揭書，頁 173；另陳計男，上揭書，頁 415–416。

⑱　相關學說，請參閱，陳清秀，上揭書，頁 380–387；另吳庚，〈評吳東都著「行政訴訟之舉證責任──以德國法為中心」〉，《台灣本土法學雜誌》，民國 91 年 2 月，頁 201–202。

⑱　吳庚，上揭書，頁 175。

⑲　同上註。

訟之行政訴訟，依其性質之不同，在舉證責任上也有不同之分配，即：

(一)撤銷訴訟及確認行政處分無效訴訟舉證責任之分配

行政訴訟除保障人民基本權益免受公權力侵害外，更有貫徹依法行政、保護公益之目的，故行政訴訟之進行，特別是撤銷訴訟及確認行政處分無效訴訟等之進行，原則上仍受職權調查主義與職權探知主義之支配。例如，行政訴訟法第一三三條規定：「行政法院於撤銷訴訟，應依職權調查證據；於其他訴訟，為維護公益者，亦同。」又如同法第一三四條規定，「前條訴訟，當事人主張之事實，雖經他造自認，行政法院仍應調查其他必要之證據。」依此二條關於職權調查主義、職權探知主義之規定，行政訴訟並不存在主觀的舉證責任，因依此二條規定之職權調查證據制度，縱令當事人未盡其證據提出義務或對他造主張事實為自認時 [191]，法院仍須為必要之調查 [192]。不過，行政訴訟仍與刑事訴訟不同，兩者雖同適用職權調查主義，但其程度仍有差別 [193]，因刑事訴訟法第一六一條規定，「檢察官就被告犯罪

---

[191] 最高行政法院 94 年度判字第 1254 號判決明示：「當事人主張之事實，經他造自認，而行政法院依職權調查其他證據相符合者，自得認定他造之自認為真實，據以判決。參諸行政訴訟法第 134 條之規定意旨甚明。」參閱，司法院印行，《最高行政法院裁判要旨彙編》，第 25 輯，民國 95 年 6 月，頁 931。

[192] 司法實務，請參閱最高行政法院 92 年度判字第 904 號判決，《台灣本土法學雜誌》，第 53 期，2003 年 12 月，頁 235。另參閱，吳東都，〈行政訴訟舉證責任理論與判決之研究〉，《司法院九十年度研究發展項目研究報告》，司法院印行，民國 90 年 12 月，頁 97–172；司法院印行，《行政訴訟舉證責任判決要旨彙編》，民國 90 年 12 月出版。

[193] 此一差別，最高行政法院 94 年度判字第 979 號判決即表示：「現行行政訴訟法對證據之調查並非如上訴人所稱絕對採職權調查主義。換言之，行政法院依職權調查事實，雖不受當事人之拘束；惟當事人對其主張之客觀事實，為證明其真正，當事人對之仍有舉證之義務，必於當事人舉證能力已窮，行政法院輔以職權調查證據，以達到發現真實之目的。」參閱，司法院印行，《最高行政法院裁判要旨彙編》，第 25 輯，民國 95 年 6 月，頁 911。

事實，有舉證責任」，而此一規定，在行政訴訟法上並不存在，故行政訴訟因職權調查主義之緣故雖不存在主觀的舉證責任，但與刑事訴訟不同的是，當事人仍有客觀的舉證責任 ⓹，亦即對與行政裁判有重要關係事實之存在，如因證明而獲有利之當事人，仍有客觀之舉證責任 ⓺。有鑑於此，在撤銷訴訟及確認行政處分無效訴訟之舉證責任分配上，因行政處分之不同，而有不同的區分 ⓻，即：

1. 負擔處分之撤銷或無效

行政機關作成負擔處分不僅須有法律依據並應符合法定程序要件，若

⓹ 最高行政法院 94 年度判字第 1796 號判決表示：「行政訴訟法第 133 條規定法院應依職權調查證據，僅使行政法院於裁判時，作為裁判基礎之資料不受當事人主張之拘束，並得就依職權調查所得之資料，經辯論後，採為判決基礎，惟其客觀舉證責任並不能因法院採職權調查證據而免除。」參閱，司法院印行，《最高行政法院裁判要旨彙編》，第 25 輯，民國 95 年 6 月，頁 923。

⓺ 實務上即採此看法。例如最高行政法院 93 年度判字第 1607 號判決即認當事人之舉證責任並不能因法院採職權調查證據而免除。該號判決特別指出：「稅務訴訟之舉證責任分配理論與一般行政訴訟相同，即主張權利或權限之人，於有疑義時除法律另有規定外，應就權利發生事實負舉證責任，而否認權利或權限之人或主張相反權利之人，對權利之障礙或是消滅、抑制之事實，負舉證責任，此觀行政訴訟法第一百三十六條準用民事訴訟法第二百七十七條之規定自明。至行政訴訟法第一百三十三條規定法院於撤銷訴訟應依職權調查證據，僅使法院於裁判時，作為裁判基礎之資料不受當事人主張之拘束，並得就依職權調查所得之資料，經辯論後，採為判決基礎，惟當事人之舉證責任並不能因法院採職權調查證據而免除。又稅捐法律關係，乃是依稅捐法之規定，大量且反覆成立之關係，具有其特殊性，稅捐稽徵機關並未直接參與當事人間私經濟活動，其能掌握之資料自不若當事人，是稅捐稽徵機關如已提出相當事證，客觀上已足能證明當事人之經濟活動，即難謂未盡舉證責任。」詳閱，司法院印行，《最高行政法院裁判要旨彙編》，第 24 輯，民國 94 年 6 月，頁 738–742。

⓻ 同 ⓵，吳東都，上揭研究報告，頁 170 以下。

受此處分之相對人或利害關係人對此處分為有無效或得撤銷事由而提出爭訟，則被告機關應對作成此負擔處分係有法律依據及符合法定要件之事實，負舉證責任❼。若被告機關之舉證事實成立，則為原告之人民就應就法定例外要件事實之存在加以證明，以否定此負擔處分之合法性。舉例而言，行政機關就課徵遺產稅處分應舉證證明處分之法律依據與符合法定要件，而受課遺產稅處分之人民如有爭執，則應舉證行政機關對遺產價值之估價未依法定標準程序或舉出有扣除額，或有為軍公教人員因執行職務死亡而得加倍計算基本免稅額之事實。否則，無法否定此課稅處分之合法性。同樣的，行政機關對違法張貼房屋出租廣告者，科以罰鍰，司法實務亦採同樣的見解❽。

---

❼　關於課稅要件事實之舉證責任，最高行政法院 94 年度判字第 799 號判決認為：「稅捐稽徵機關所須處理之案件多而繁雜，有關課稅要件事實，類皆發生於納稅義務人所得支配之範圍，稅捐稽徵機關並未直接參與當事人間之私經濟活動，其能掌握之契約訂立等資料自不若契約當事人，契約當事人之主觀意思亦非不可由客觀上所存之各種資料加以推知，故稅捐機關就當事人履約之情事為舉證，如已從客觀上為各種調查，如銀行存款憑條、匯款單、存摺、往來明細、當事人稅捐申報資料等，足推知契約之訂立，即難指為未盡舉證責任。」參閱，司法院印行，《最高行政法院裁判要旨彙編》，第 25 輯，民國 95 年 6 月，頁 940。

❽　例如臺北高等行政法院 93 年度簡字第 197 號判決指出：「原告雖辯稱其並無於上述地點違法張貼房屋出租廣告，上開違法張貼之廣告，恐係他人惡作劇，惟查原告並未向被告舉出具體事證以供追查實際之違規行為人，被告業已查證上開廣告上之電話門號係屬原告申請，並以電話詢問原告是否有租房屋之情事，已履行調查事實之義務，由此認定原告為張貼廣告污染定著物之行為人，查本件被告認定事實符合經驗法則，按行政訴訟法第一百三十三條固規定，行政法院於撤銷訴訟應依職權調查證據，然行政訴訟之撤銷訴訟雖不存在主觀的舉證責任，惟仍有客觀的舉證責任，即『與裁判有重要關係之事實不獲證明時，因該事實之存在原本可能受有利結果之當事人，將負擔無法證明之危險』，本件原告主張違規張貼房屋出租廣告係為他人，屬例外事實，原告並未舉出具體事證以供調查，本院亦無其他線索可資調查，此有利原告之事實不獲證實，即應

2. 授益處分之撤銷或廢止

對人民而言，撤銷違法授益處分或廢止合法授益處分，其不利效果類同於對其作成負擔處分，故行政機關對合乎行政程序法第一一七條及第一二三條之撤銷或廢止之法定要件事實，負舉證責任，人民則對此合法要件事實不存在之事實負舉證責任。

3. 雙重效力處分之撤銷或無效

同一行政處分對受處分之相對人係授益性質，但對第三人為負擔不利之結果，則該第三人提起撤銷行政處分或確認該處分無效訴訟時，舉證責任如何分配？德國聯邦行政法院認為兼顧相對人利益之均衡，不宜由行政機關或相對人負舉證責任，而改由該第三人負責舉證。但學者認為，撤銷訴訟涉及行政行為之合法性監督，難謂與公益無關，在此情況，有利害關係之第三人與負擔處分之相對人幾無差異，由其負責舉證，不僅與依法行政精神有違，且不符公平原則。因此，依行政訴訟法第一三三條規定精神，行政機關之舉證責任仍不應免除⑲。

4. 裁量處分之撤銷或確認無效訴訟

對裁量處分不服而提起訴訟之人民，應就構成裁量逾越或裁量濫用之要件事實，舉證證明，而被告行政機關則就其所作處分符合法規授權裁量之要件負舉證責任。

㈡給付訴訟與確認公法上法律關係成立或不成立訴訟舉證責任之分配

行政訴訟法第一三三條後段：「行政法院……於其他訴訟，為維護公益者，亦同」，亦即如同其該條前段所規定的，行政法院為維護公益者，亦應

由原告負擔無法證明之危險。」參閱《台灣本土法學雜誌》，第 67 期，2005 年 2 月，頁 203。

⑲ 吳庚，上揭書，頁 181–182。

依職權調查證據。由此規定反面以觀，則如非維護公益之行政訴訟，行政法院可不必依職權調查證據。此特別適用於維護私益而提出之給付訴訟或確認公法上法律關係成立或不成立之訴訟，故學者認為，行政訴訟中之給付訴訟與確認公法關係存在與否之訴訟，其舉證責任分配之法則基本上與民事訴訟無異，即當事人負有證據提出之主觀舉證責任，凡請求行政法院為權利保護如要求給付、確認公法關係者，必須證明其請求所依據之法定要件已經存在，始能獲得行政法院勝訴之判決⑳。此對屬於特殊給付訴訟類型之課予義務之訴亦同，故人民若主張被告有作成行政處分義務，則應舉證證明其曾依法提出申請，而被告之行政機關應在一定期間作成行政處分義務確有違反之事實。而被告之機關則有對人民不符合應為處分法定要件或人民並未依法提出申請之事實，舉證證明。

三、行政訴訟舉證責任分配之例外

行政訴訟法第一三六準用了民事訴訟法第二七七條舉證責任之分配原則，即：「當事人主張有利於己之事實者，就其事實有舉證之責任。」不過，民事訴訟法第二七七條卻有但書規定，在法律別有規定，或依其情形顯失公平者，不適用上述舉證責任分配之規定，是即為學者所謂舉證責任分配

---

⑳　就此，最高行政法院 92 年度判字第 298 號判決甚值參考。該號判決指出：「因時隔五十餘年，相關辦法及令函或已不復存在。原審法院即使欲依職權調查證據，亦無從調查。依行政處分有效推定原則，上訴人既起訴主張確認該行政處分無效，自應就該行政處分違反當時何項法令及是否具重大及明顯瑕疵，此一有利事實負舉證責任。原審以就臺糖公司取得系爭土地之權源，究竟係基於法律行為或者是事實行為，又係公法行為或私法行為，以及係屬原始取得抑或繼受取得，由於時間相隔久遠，加上光復初期行政機關就財產變動之程序規範，以及公文檔案收藏、管理的相關規範皆付之闕如，在今日已無法蒐集充足之資料供司法機關判斷，臺糖公司取得系爭土地行為的法律性質為何。職此，在調查證據發生事實上的困難時，法院僅得按照兩造所提示、有限的證據判斷該取得土地行為的法律性質，亦尚難認有可議之處。」參閱，司法院印行，《最高行政法院裁判要旨彙編》，第 23 輯，民國 93 年 12 月，頁 969。

原則之例外，其情形除法律別有明文規定舉證責任之誰屬情形外，學者認為應依系爭法規範之目的及事件之特殊性而另為不同處理者，有下列三種⑳：

㈠協力義務之違反

行政訴訟當事人對於事實真相之探求違反協力義務時，原則上可適用行政訴訟法第一三五條規定，行政法院得依自由心證，推論依該證據方法所欲證明之事實已經舉證，亦即行政法院可認為他造當事人關於該舉證之主張為正當，或減輕證明程序。此在德、日稅捐訴訟或涉及國外事件事實關係之舉證責任上，常加使用⑳。

㈡證據距離之遠近

行政訴訟當事人對於系爭事實之相關證據有較密切關係距離者，負有客觀的舉證責任。例如在稅務訴訟中關於貨物來源之舉證責任，德國聯邦財務法院認係屬於主張貨物之特定來源的人之責任範圍。因在通常情形，其對於系爭貨物有比行政機關更廣泛密切的關係。由於此種與證據距離較近之關係，認為主張進口貨物之特定來源之人，關於來源之根據的各項事實，負有客觀的舉證責任⑳。

㈢長期間不行使權利

行政訴訟當事人長期間未行使權利，迨至相關行政處分基礎事證資料滅失後，始出面主張權利者，即有顯失公平情事。學者舉出，如土地徵收處分確定數十年之後，原所有人或其繼承人始主張徵收處分有瑕疵，請求撤銷。此時因相關資料多已滅失，不應責由原處分機關就原處分之合法成立要件事實負舉證責任，否則即有顯失公平之情事⑳。

---

⑳ 陳清秀，《行政訴訟法》，民國 90 年 2 月，第二版，頁 403–404。

⑳ 同上註，頁 401、403；Kopp, a.a.O., §108, Rn. 17.

⑳ 陳清秀，上揭書，頁 404。

第九項　行政訴訟上之認諾、捨棄

在行政訴訟審理過程中，當事人可否於言詞辯論時為訴訟標的之認諾 (Anerkenntnis) 或捨棄 (Verzicht)？此在民事訴訟上，當事人對於訴訟標的享有處分自由，自可為之，但在行政訴訟上，由於行政實體法關係上受依法行政原則之支配，而在程序法上採取職權審理及職權探知主義，故當事人得否為認諾或捨棄，不無疑義。學說中有採否定說、肯定說及折衷說者[205]。為避免爭議，行政訴訟法第二○二條乃規定：「當事人於言詞辯論時為訴訟標的之捨棄或認諾者，以該當事人具有處分權及不涉及公益者為限，行政法院得本於其捨棄或認諾為該當事人敗訴之判決。」是即採有條件許可當事人為訴訟標的之捨棄或認諾。

所謂認諾 (Anerkenntnis) 乃是被告向行政法院表示，原告所主張之訴之要求 (Klagebegehren)，全部或部分有理由。換言之，乃是被告對於行政法院為單方表示，謂原告對其所主張之請求權或所提起之訴訟上請求全部或部分存在，原告之權利主張為正確[206]。認諾與行政訴訟法第一三四條規定之自認不同，自認是一造當事人對他造當事人應負「舉證責任之事實」所為「不利於己」之承認表示[207]，而認諾則是被告對原告之訴之要求為有理由之承認表示。另外，認諾之效力較自認之效力強大。最高行政法院九十二年度判字第一五七七號判決特別指出：「依行政訴訟法第一百三十四條規定，撤銷訴訟之當事人主張之事實，雖經他造自認，行政法院仍應調查其他必要之證據。如自認之內容與事實不符，自不得逕依該自認而為裁判。於訴訟上之自認，尚需調查其他必要證據，當事人於訴訟外自承之事項，更應調查其他必要之證據，以判斷其真實性。」[208]

---

[204]　同上註。

[205]　同上註，頁 441–444。

[206]　陳清秀，上揭書，頁 440；蔡茂寅／翁岳生，《行政訴訟法逐條釋義》，頁 578。

[207]　李惠宗／翁岳生，《行政訴訟法逐條釋義》，頁 468。

[208]　參閱，司法院印行，《最高行政法院裁判要旨彙編》，第 23 輯，民國 93 年 12 月，

至於捨棄 (Verzicht) 則是原告向法院為表示，謂自己之訴訟上請求無理由之訴訟上陳述。亦即表示其訴訟請求權 (Klageanspruch) 全部或部分不存在❷。

捨棄與認諾之法律性質相同，學者認為須具備下列要件，始生訴訟上之效果❷：

一、由有訴訟能力之當事人為之，如由代理人為之，該代理人應經特別授與代理權。

二、須當事人對於訴訟標的有自由處分權，且不涉及公益。

三、捨棄或認諾之內容，須非法律所禁止或違反公序良俗。

四、為捨棄或認諾之訴訟須具備訴訟要件。

五、捨棄或認諾行為須於言詞辯論時，以言詞陳述之。

六、捨棄或認諾不得附條件，以免有礙訴訟之安定性。

第十項　行政訴訟上之和解

第一目　行政訴訟上和解之意義

行政訴訟審理程序進行中，雙方當事人就為訴訟標的權利義務關係，互相讓步達成協議，以終結行政訴訟程序為目的之行為，即為行政訴訟上之訴之和解 (Der verwaltungsgerichtliche Vergleich)❷。行政訴訟可否為和解，因其與民事訴訟不同，尚涉及公共利益，故學者間頗有爭議，有持肯定說者，有持否定說者❷。我國行政訴訟法修正時仿德國行政法院法第一〇六條立法例，有條件地肯認行政訴訟上之和解❷，其立法理由謂：「行政

頁 997。

❷ 陳清秀，上揭書，頁 440-441。

❷ 陳計男，《行政訴訟法釋論》，頁 512-514。

❷ 徐瑞晃，〈行政訴訟上之和解〉，《司法研究年報》，第 23 輯，第 17 篇，司法院印行，民國 92 年 11 月，頁 24；Eyermann/Geiger, VwGO, §106, Rn. 1, 2.

❷ 陳清秀，《行政訴訟法》，頁 429-432。

訴訟多與公益有關，原則上不許當事人以合意解決訴訟上之爭點，惟如當事人就訴訟標的具有處分權並不違反公益者，尚非不得許其為訴訟上之和解，以終止爭執。爰規定於此條件下，行政法院得隨時試行和解。」❹ 是以，我國行政訴訟新制已排除學理上爭執而於行政訴訟法第二一九至二二八條，設有為數較德、日立法例為多之條文，以規範行政訴訟法上之和解，堪稱我國修正行政訴訟法特色之一❺。而在行政訴訟新制施行後，司法實務上不論是撤銷訴訟、給付訴訟、確認訴訟均有行政訴訟上和解之案例❻。

第二目　行政訴訟上和解之種類

行政訴訟法第二一九條第一項仿照民事訴訟法和解制度，規定：「當事人就訴訟標的具有處分權且其和解無礙公益之維護者，行政法院不問訴訟程度如何，得隨時試行和解。受命法官或受託法官，亦同。」同條第二項又規定，第三人經行政法院之許可，得參加和解。行政法院認為必要時，得通知第三人參加。由此可知，行政訴訟上之和解❼可分為當事人和解與第三人參與和解。學者將此兩種和解，依其規範結構及在行政訴訟法上條文分布圖示為❽：

---

❹ 蔡志方，《行政救濟法新論》，頁 367。

❹ 司法院印行，〈行政訴訟法修正草案總說明暨條文對照表〉，頁 323–324。

❺ 法治斌、蔡進良／翁岳生，《行政訴訟法逐條釋義》，頁 599。

❻ 關於我國行政訴訟上和解之現狀，請參閱，徐瑞晃，上揭書，頁 8–10；另徐瑞晃，〈行政訴訟撤銷之訴在訴訟上之和解〉，台灣行政法學會，《行政契約與新行政法》，頁 319–343。

❼ 相關論文請參閱，張文郁，〈行政訴訟之訴訟和解〉，《台灣法學雜誌》，第 108 期，民國 97 年 7 月，頁 116–134；章劍生，〈尋求行政訴訟和解在法律規範上的可能性──法律解釋方法之視角〉，《當代法學》，第 2009 卷 2 期，民國 98 年 3 月，頁 16–22；彭鳳至等，〈「行政訴訟之訴訟和解」議題討論〉，《台灣法學雜誌》，第 108 期，民國 97 年 7 月，頁 135–170。

❽ 法治斌、蔡進良／翁岳生，上揭書，頁 599。

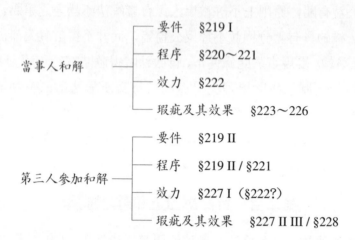

```
                    ┌─── 要件    §219 I
                    │
                    ├─── 程序    §220～221
         當事人和解 ──┤
                    ├─── 效力    §222
                    │
                    └─── 瑕疵及其效果   §223～226

                    ┌─── 要件    §219 II
                    │
                    ├─── 程序    §219 II／§221
      第三人參加和解 ──┤
                    ├─── 效力    §227 I（§222?）
                    │
                    └─── 瑕疵及其效果   §227 II III／§228
```

　　當事人和解，依行政訴訟法第二十三條對於訴訟當事人之定義，係指原告、被告及依行政訴訟法第四十一條與第四十二條參加訴訟之人間的和解。和解對象相當明確，並無疑義。至於第三人參加和解，究所何指，不無疑問。特別是何為第三人，第三人之範圍如何認定，均有疑義[219]。學者認為行政訴訟法第二一九條第二項所指之第三人，不以得參加訴訟之人為限，第三人之範圍宜採較寬廣之認定[220]，以符合該項促進和解、消弭訟爭之立法說明[221]。

第三目　行政訴訟上和解之要件

　　行政訴訟上和解之法律性質[222]，依通說係採兩性說，亦即當事人於行政法院面前所為之和解行為，一方面係屬實體法上公法契約，發生實體法

---

[219]　黃綠星，〈修正後行政訴訟法與既有行政訴訟實務之關係〉，《臺灣行政法學會學術研討會論文集——行政救濟、行政處罰、地方立法》，元照出版公司，2000年12月，初版，頁196。

[220]　法治斌、蔡進良／翁岳生，上揭書，頁608-609。

[221]　司法院印行，〈行政訴訟法修正草案總說明暨條文對照表〉，頁324。

[222]　徐瑞晃，〈行政訴訟上之和解〉，頁30-36；吳庚，上揭書，頁227-228；陳計男，上揭書，頁592-595。

上之權利義務關係變動之法律效果；另一方面亦屬程序法上之訴訟行為，發生程序法上終結訴訟程序之法律效果。因此，行政訴訟上之和解，須同時具備實體法上之要件及程序法上之要件。學者就行政訴訟法第二一九條第一項、第二項規定，歸納行政訴訟法上和解之要件為 ❷❷❸：

　　一、和解須於行政訴訟繫屬中，於期日時在行政法院面前作成。

　　二、成立和解者須為當事人或行政訴訟法第二一九條第二項所規定之第三人。

　　三、當事人或第三人就訴訟標的具有處分權，而和解之內容或條件並不違反公益 ❷❷❹。

　　四、和解與上述之認諾、捨棄不同，而須雙方互相讓步，以終止爭執為目的。

第四目　行政訴訟上和解之程序

　　行政訴訟上之和解，程度如何進行？行政訴訟法並未規定在何特定時點進行。因此，行政法院依行政訴訟法第二一九條第一項規定，不問訴訟程度如何，如認有成立和解之希望者，依行政訴訟法第二二〇條之規定，得隨時試行和解，命當事人、法定代理人、代表人或管理人本人到場為行政訴訟上之和解。受命法官、受託法官依同條項後段規定，亦可為試行和解 ❷❷❺。

---

❷❷❸　法治斌、蔡進良／翁岳生，上揭書，頁 603–609；陳計男，上揭書，頁 595–601；陳清秀，上揭書，頁 432–434。

❷❷❹　值得參考的論文及討論為：盛子龍，〈當事人對訴訟標的之處分權作為行政訴訟上和解之容許性要件——以稅務訴訟上之事實和解為中心——〉，《台灣本土法學雜誌》，第 71 期，2005 年 6 月，頁 52–81；彭鳳至等，〈「行政訴訟上和解」研討會議題討論〉，同上期刊，頁 82–123。另參閱，林清祥，〈「公益」在行政訴訟扮演角色之實務分析〉，《司法周刊》，第 1302 期附送之〈司法文選別冊〉，民國 95 年 8 月 31 日，頁 6。

❷❷❺　陳計男，上揭書，頁 601。

在第三人參加和解之情形，由於行政訴訟法第二一九條第二項明文規定，第三人要經行政法院之許可，才得參加和解。其時點，同條項後段規定，授權行政法院於必要時，得通知第三人參加和解。

行政法院、受命法官或受託法官試行和解而成立者，依行政訴訟法第二二一條第一項規定，應作成和解筆錄。關於和解筆錄之製作，應記載事項、朗讀或閱讀，依同條第二項之規定，準用行政訴訟法第一二八條至第一三○條之規定。而製作和解筆錄之輔助設備、附於和解筆錄之書狀、和解筆錄之簽名、增刪及和解程式之遵守以和解筆錄證之的效力，則準用民事訴訟法第二一四條、第二一五條、第二一七條至第二一九條之規定。

最後，依行政訴訟法第二二一條第三項規定，和解筆錄應於和解成立之日起十日內，以正本送達於當事人及參加和解之第三人。此十日之期間，學者認係訓示期間，故超過時日所製作送達之和解並無任何影響㉖。此一看法似有縱容司法審判實務者輕忽人民期間利益之嫌。筆者認為允宜在司法行政監督上加強督促，並有相當行政罰則，以防制司法審判實務者之怠惰，否則無以發揮行政訴訟上和解制度之機能。因為依行政訴訟法修正理由說明，和解筆錄有強固之證據力，且與判決具有同樣之確定力及拘束力。其以給付為內容者，尚得據以聲請強制執行㉗，對人民之權益影響重大。因此，對此法律明文規定應於十日期間送達之規定，行政法院應確實遵守，以符合和解程序正義之原則。

第五目　行政訴訟上和解之效力

行政訴訟上和解成立者，其效力為何？依行政訴訟法第二二二條規定，準用同法第二一三條、第二一四條及第二一六條之規定。亦即：

一、和解就訴訟標的有確定力

準用行政訴訟法第二一三條規定之結果，乃是訴訟標的經和解者，有

㉖　陳計男，上揭書，頁602。

㉗　司法院印行，〈行政訴訟法修正草案總說明暨條文對照表〉，頁326。

確定力。除非和解有無效或得撤銷之原因，當事人依行政訴訟法第二二三條規定，得請求繼續審判，或第三人得向原行政法院提起宣告和解無效或撤銷和解之訴以外，當事人或第三人不得對經和解之訴訟標的表示不服提起上訴，也不得就同一訴訟標的，再行起訴❷❷❽。

二、和解成立效力之範圍

準用行政訴訟法第二一四條規定之結果，乃是和解除當事人外，對於訴訟繫屬後為當事人之繼受人者及為當事人或其繼受人占有請求之標的物者，亦有效力❷❷❾。對於為他人而為原告或被告者，對於該他人亦有效力。

三、和解之拘束力

準用行政訴訟法第二一六條規定之結果，乃是和解內容就其事件有拘束各關係機關之效力。各機關應依和解內容之意旨處理，而不得再為反於和解內容之處分或行為❷❸❾。

四、和解之執行力

依行政訴訟法第三〇五條第四項規定，依本法成立之和解，得為執行名義。又依同法第二二七條第一項規定，第三人參加和解成立者，得為執行名義。由此可知，和解之效力尚包括有執行力。當事人或第三人如不依和解內容為給付者，高等行政法院得依聲請依行政訴訟法第三〇六條第一項之規定為強制執行。

---

❷❷❽　陳計男，上揭書，頁 602；徐瑞晃，〈行政訴訟上之和解〉，頁 126–132；法治斌、蔡進良／翁岳生，上揭書，頁 613–616。

❷❷❾　相關例子，請參閱，法治斌、蔡進良／翁岳生，上揭書，頁 615–616。

❷❸❾　陳計男，上揭書，頁 603；陳清秀，上揭書，頁 436。

第六目 行政訴訟上瑕疵和解之補救

第一次目 請求繼續審判

和解如有實體法上或訴訟法上無效或得撤銷之原因者，是為有瑕疵之和解**❷**，恐生不公平之效果。為有補救，行政訴訟法第二二三條乃規定，和解有無效或得撤銷之原因者，當事人得請求繼續審判。

所謂和解有無效或得撤銷之原因者，學者將之歸納為**❷**：

一、無效之原因

1. 實體法上無效之原因，約有下列幾點

①和解內容違背強制或禁止之規定（類推適用民法第七十一條）。

②和解內容違背公序良俗（類推適用民法第七十二條）。

③和解之一方當事人係出於心中保留 (Geheimer Vorbehalt)，而為對方當事人所明知者（類推適用民法第八十六條但書）。

④和解係出於當事人雙方之通謀虛偽意思表示者（類推適用民法第八十七條）。

⑤和解時，和解當事人或其代理人在無意識狀態中（類推適用民法第七十五條）。

⑥和解之權利或法律關係，當事人未具處分權並違反公益者。

2. 訴訟法上無效之原因，約有下列幾點

①和解之當事人無當事人能力或訴訟能力。

②由法定代理人或訴訟代理人代為和解時，其代理權有欠缺或雖有代理權但無和解之權限者。

---

❷ 陳計男，上揭書，頁 603。

❷ 陳計男，上揭書，頁 605–606。

③由被選定當事人和解，未得多數共同利益人全體之同意。

④和解當事人適格有欠缺者。

⑤就訴訟法上不得由當事人處分之事項為和解者。

⑥和解之內容，非屬行政法院之權限者。

二、得撤銷之原因

訴訟上和解得撤銷者例如：

1.因被詐欺或被脅迫而為意思表示，成立和解者（類推適用民法第九十二條）。

2.因錯誤而為意思表示成立之訴訟上和解，原則上不得作為請求繼續審判之理由（類推適用民法第七三八條）。但有下列情形之一時，仍得撤銷之：

①和解所依據之文件，事後發見為偽造或變造，而和解當事人若知其為偽造或變造即不為和解者。

②當事人發見就同一訴訟標的，在前已有確定判決或和解或調解者，但當事人在和解時已知其事由而仍和解者，不在此限。

③當事人之一方對他方當事人之資格，或對於重要爭點有錯誤，而為和解者。

請求繼續審判係對訴訟上和解聲明不服之方法，須由原為和解之當事人及其一般之繼受人為之。為免已確定之權利義務關係，有隨時被推翻之可能，行政訴訟法第二二四條規定，應自和解成立時起三十日之不變期間內為之，但當事人對於無效或得撤銷之原因知悉在後者，三十日之不變期間應自知悉時起算，而期間之計算，依行政訴訟法第八十八條第三項規定，要依民法之規定，故上述三十日不變期間之計算，依民法第一二〇條第二項規定，和解成立時或知悉時之始日，不予算入❷❸❸。

又為防止權利義務關係永不確定，行政訴訟法第二二四條第三項規定，和解成立後經過三年者，不得請求繼續審判。但當事人主張代理權有欠缺

❷❸❸　陳清秀，上揭書，頁438。

者，不在此限。

　　對於因和解瑕疵而請求繼續審判者，如行政法院認為請求繼續審判為不合法者，依行政訴訟法第二二五條第一項規定，應以裁定駁回之。請求繼續審判是否有理由，原則上應經言詞辯論而為判決。不過，如請求繼續審判顯無理由者，行政訴訟法第二二五條第二項規定，行政法院得不經言詞辯論而以判決駁回之。

　　另請求繼續審判而變更和解內容者，不免影響第三人依變更前之和解內容而取得之權利，為兼顧交易安全及公益之維護，行政訴訟法第二二六條乃規定準用同法第二八二條之規定，亦即第三人因信賴和解以善意取得之權利，不受影響。但顯於公益有重大妨害者，不在此限❷。

第二次目　提起宣告和解無效或撤銷和解之訴

　　當事人與第三人間之和解有無效或得撤銷之瑕疵原因時，如何處理？由於第三人之參加和解，並非當事人原起訴範圍，無請求繼續審判之可言，故行政訴訟法第二二七條第二項乃規定，得向原行政法院提起宣告和解無效或撤銷和解之訴，以維當事人或第三人之權益❸。

　　當事人與第三人間之和解，有無效或得撤銷之原因，經提起宣告和解無效或撤銷和解之訴時，倘該無效或得撤銷之原因涉及當事人間之和解亦有無效或得撤銷之原因時，後者依第二二三條規定，當事人原得請求繼續審判，為避免程序重複，因此，行政訴訟法第二二七條第三項規定當事人得請求就原訴訟事件合併裁判❸。

　　就當事人與第三人間之和解提起宣告和解無效或撤銷和解之訴，與當事人間依第二二三條規定請求繼續審判之制度，均在否認原於訴訟中成立和解之效力，因此，關於期間限制、法院之駁回方式及變更和解內容之效力等，自宜為相同之規定，故行政訴訟法第二二八條明定準用同法第二二

❷　司法院印行，〈行政訴訟法修正草案總說明暨條文對照表〉，頁331。

❸　同上註，頁331–332。

❸　同上註，頁332。

四條至第二二六條之規定❷。

第十一項 行政訴訟程序之停止

行政訴訟上訴訟程序之停止係指行政訴訟審理程序中，因法定事由之發生致該行政訴訟事件，停止進行審理之意思。依行政訴訟法第一七七條至第一八六條規定，訴之停止可分為裁定停止、當然停止及合意停止等三種情形❷，茲分述於次：

一、裁定停止之事由有如下列各項

1.行政訴訟法第一七七條第一項規定，行政訴訟之裁判須以民事法律關係是否成立為準據，而該法律關係已經訴訟繫屬尚未終結者，行政法院應以裁定停止訴訟程序。高等行政法院如未遵行，則遭受最高行政法院之廢棄與發回❷。

2.行政訴訟法第一七七條第二項規定，除前項情形外，有民事、刑事或其他行政爭訟牽涉行政訴訟之裁判者，行政法院在該民事、刑事或其他行政爭訟終結前，得以裁定停止訴訟程序❷。

---

❷ 同上註，頁 333。

❷ 吳庚教授依民國 57 年民事訴訟法修正前所使用來自德國之名詞將之稱為中止、中斷及休止。此在學理上固易被瞭解，但對一般人仍屬不易認知，故本書認以採法條上之用詞較佳，因較易被人民理解之故也。相關說明，另請參閱，劉宗德、陳清秀／翁岳生，《行政訴訟法逐條釋義》，頁 517–520。

❷ 例如，最高行政法院 93 年度判字第 1216 號判決謂：「有行政訴訟法第一百七十七條停止之事由存在者，行政法院對於應否停止訴訟程序無裁量權，應即為停止訴訟程序之裁定。次按農會之理事相當於民法及公司法之董事，農會與理事間之關係，應屬民法之委任關係。因此，農會之理事是否有連續缺席兩個會次者，而視為辭職之情形，亦即農會與理事間之委任關係是否存在，應由普通法院之民事訴訟程序確定之。至於主管機關對於農會與理事間之委任關係是否存在所表示之見解，尚無確認民事法律關係之效力。」參閱，司法院印行，《最高行政法院裁判要旨彙編》，第 24 輯，民國 94 年 6 月，頁 759。

3.行政訴訟法第一七八條規定，行政法院就其受理訴訟之權限，如與普通法院確定裁判之見解有異時，應以裁定停止訴訟程序，並聲請司法院大法官解釋。

4.依大法官釋字第三七一號解釋，行政法院法官於審理案件時，對於應適用之法律，依其合理之確信，認有牴觸憲法之疑義者，應裁定停止訴訟，向司法院大法官聲請解釋❷。此一學者見解，已於民國一〇〇年十一月二十三日公布修正之行政訴訟法第一七八條之一所明定。該條規定：「行政法院就其受理事件，對所適用之法律，確信有牴觸憲法之疑義時，得聲請司法院大法官解釋。前項情形，行政法院應裁定停止訴訟程序。」

二、當然停止之事由有如下列各項❷

1.行政訴訟法第一七九條第一項規定，本於一定資格以自己名義為他人任訴訟當事人之人，喪失其資格或死亡者，訴訟程序在有同一資格之人承受其訴訟以前當然停止❷。此項情形，依行政訴訟法第一八〇條規定，

---

❷ 關於此項規定之司法實務案件為最高行政法院 98 年度判字第 197 號判決，指出：「系爭土地已登記為『臺北市』所有，上訴人請求塗銷所有權登記為臺北市部分，尚在臺北市政府訴願審議中，於系爭土地所有權登記塗銷前，無從辦理繼承登記，則繼承登記應俟系爭土地所有權登記塗銷後始得為之，因上訴人起訴時併為請求塗銷系爭土地所有權移轉登記及辦理繼承登記，此 2 項聲明原有先後次序，為客觀訴之合併，因原審法院 92 年度訴更一字第 140 號判決，將訴願決定第 2 項關於不受理部分（即請求塗銷所有權登記為臺北市部分）撤銷，由訴願決定機關從實體上另為適法之處理，致次序在前之聲明尚在訴願階段，次序在後之聲明，則已繫屬原審法院，為免行政爭訟程序不一，致影響上訴人及臺北市之權益，及塗銷所有權登記為臺北市部分之爭訟牽涉本件訴訟之裁判，此種情況雖非屬於訴訟程序當然停止事由，原審法院仍應依行政訴訟法第 177 條第 2 項規定，裁定停止本件訴訟程序之進行為宜，詎原審未停止本件訴訟程序之進行，逕先為判決，訴訟程序顯有瑕疵。」
❷ 吳庚，上揭書，頁 168。
❷ 吳庚，上揭書，頁 168。

於有訴訟代理人時不適用之。但行政法院得酌量情形裁定停止其訴訟程序。

2.行政訴訟法第一七九條第二項規定，依第二十九條規定，選定或指定為訴訟當事人之人全體喪失其資格者，訴訟程序在該有共同利益人全體或新選定或指定為訴訟當事人之人承受其訴訟以前當然停止。此項情形，依同法第一八〇條規定，於有訴訟代理人時不適用之。但行政法院得酌量情形裁定停止其訴訟程序。

3.法人因合併而消滅者。

4.當事人喪失訴訟能力或法定代理人死亡或其代理權消滅者。

5.受託人之信託任務終了者。

6.當事人受破產宣告者。

7.法院因天災或其他事故不能執行職務者。

8.當事人因戰爭與法院隔絕者。

以上 3.至 8.項係行政訴訟法第一八六條準用民事訴訟法第一六八至一八一條之相關規定。

三、合意停止

合意停止之事由，行政訴訟法之規定與民事訴訟法不同。民事訴訟法對訴訟程序之合意停止不加任何條件，當事人只須向法院陳明即生效力，但行政訴訟法第一八三條則對行政訴訟之合意停止設有限制，依該條第一項至第四項規定之內容可以看出：

1.當事人得以合意停止訴訟程序。但於公益之維護有礙者，不在此限。

2.第一項之合意，應由兩造向受訴行政法院陳明。

3.行政法院認第一項之合意有礙公益之維護者，應於兩造陳明後，一個月內裁定續行訴訟。

4.前項裁定，不得聲明不服。

不過，訴訟程序上不變期間之進行，依同條第四項規定，不因當事人

㉔ 最高行政法院 92 年 4 月份庭長法官聯席會議㈠，《台灣本土法學雜誌》，第 49 期，2003 年 8 月，頁 195–196。

合意停止訴訟程序之影響。

另行政訴訟法第一八四條又規定，除前條第三項之裁定外，合意停止訴訟程序之當事人，自陳明合意停止時起，如於四個月內不續行訴訟者，視為撤回其訴；續行訴訟而再以合意停止訴訟程序者，以一次為限。如再次陳明合意停止訴訟程序，視為撤回其訴。

合意停止訴訟程序除依上述規定之外，行政訴訟法第一八五條第一項又規定了擬制性之合意停止，即：當事人兩造無正當理由遲誤言詞辯論期日者，除有礙公益之維護者外，視為合意停止訴訟程序。如於四個月內不續行訴訟者，視為撤回其訴。但行政法院認有必要時，得依職權續行訴訟。

又依行政訴訟法第一八五條第二項規定，行政法院依同條第一項但書規定續行訴訟，兩造如無正當理由仍不到者，視為撤回其訴。

另行政訴訟法第一八五條第三項規定，行政法院認行政訴訟法第一八五條第一項停止訴訟程序有礙公益之維護者，除別有規定外，應自該期日起，一個月內裁定續行訴訟。而對此一裁定，依行政訴訟法第一八五條第四項規定，不得聲明不服。

訴訟程序依上述當然停止或裁定停止之法律效力為何？行政訴訟法於第一八二條第一項明定，訴訟程序當然或裁定停止間，行政法院及當事人不得為關於本案之訴訟行為。但於言詞辯論終結後當然停止者，本於其辯論之裁判得宣示之。同條第二項又規定訴訟程序當然或裁定停止者，期間停止進行；自停止終竣時起，其期間更始進行。

第三節　行政訴訟之裁判程序

第一項　行政訴訟裁判之意義與種類

行政訴訟事件經過起訴程序、送達程序及審理程序後，如有法定條件，亦即有行政訴訟法第一八九條之實體判決要件❷❹或行政訴訟法第一八八條

---

❷❹　即原告提起的行政訴訟必須合法，換言之，即合乎行政訴訟法所規定的實體裁判要件時，行政法院才可以就原告的權利保護主張及要求，進行實體上裁判。

有關行政訴訟的實體判決要件，學者將之分為下述三大類型：

一、第一類型：

㈠我國法院審判權。

㈡行政訴訟裁判權。

訴訟事件不屬行政法院之權限者，例如涉及私法上爭議，應由普通法院裁判，行政法院並無裁判權，故其訴訟即非合法。

㈢事物的及土地的管轄權。

訴訟事件不屬受訴行政法院管轄而不能請求指定管轄，亦不能為移送訴訟之裁定者，其訴訟即不合法。

二、第二類型：

㈠當事人能力。

原告或被告無當事人能力者，其訴訟不合法。

㈡訴訟能力。

㈢法定代理權及訴訟代理權。

倘原告或被告未由合法之法定代理人、代表人或管理人為訴訟行為者，其訴訟即不合法。

又由訴訟代理人起訴，而其訴訟代理權有欠缺者，其訴訟亦不合法。

㈣訴訟實施權（訴訟信託）。

㈤撤銷訴訟與課予義務訴訟之訴權。

三、第三類型：

㈠訴訟種類的容許。

例如原告得提起撤銷訴訟者，不得提起確認公法上法律關係成立或不成立之訴訟。

㈡起訴合乎規定程式。

起訴不合程序或不備其他要件者，其訴訟不合法。又如撤銷訴訟，原告於訴狀誤列被告機關者，其訴訟亦不合法。

㈢踐行訴訟前置程序（訴願）。

㈣遵守起訴期間。

㈤並無其他訴訟繫屬（重複起訴之禁止）。

㈥並無一事不再理（就同一訴訟標的，並無就本案之確定判決或訴訟上和解之效力所及；並無本案經終局判決後撤回其訴，復提起同一訴的情形）。

㈦權利保護必要。

之形式程序裁決要件之發生時，行政法院加以判斷或為意思表示者，即為行政法院之裁判。行政法院為裁判時，依行政訴訟法第一八九條第一項規定，應斟酌全辯論意旨及調查證據之結果，依論理及經驗法則判斷事實之真偽❷45。但別有規定者，不在此限。同條第二項又規定，當事人已證明受有損害而不能證明其數額或證明顯有重大困難者，法院應審酌一切情況，依所得心證定其數額❷46。同條第三項規定，得心證之理由，應記明於判決。

陳清秀，《行政訴訟法》，頁 455–456；另蔡志方，《行政救濟法新論》，頁 369。

❷45 最高行政法院 97 年度判字第 682 號判決指出：「㈠按行政訴訟法第 189 條規定，行政法院為裁判時，除別有規定外，應斟酌全辯論意旨及調查證據之結果，依論理法則及經驗法則判斷事實之真偽；依此判斷而得心證之理由，應記明於判決。據此，構成行政法院判斷事實真偽之證據評價基礎，乃全辯論意旨及調查證據之結果。基於行政訴訟之職權調查原則（行政訴訟法第 125 條第 1 項及第 133 條），法院必須充分調查為裁判基礎之事證以形成心證，法院在對全辯論意旨及調查證據之結果為評價時，應遵守兩項要求，一是『訴訟資料之完整性』，二是『訴訟資料之正確掌握』。前者乃所有與待證事實有關之訴訟資料，無論有利或不利於訴訟當事人之任何一造，都必須用於心證之形成而不能有所選擇，亦即法院負有審酌與待證事實有關之訴訟資料之義務，如未審酌亦未說明理由，即有不適用行政訴訟法第 125 條第 1 項、第 133 條之應依職權調查規定，及判決不備理由之違背法令。㈡行政爭訟事件並不受刑事判決認定事實之拘束。在訴訟法學理上所稱之『傳聞法則』，並非一般法律原則或法理，各種訴訟法是否採取『傳聞法則』，毋寧是立法政策考量之問題，為立法者之形成自由，例如我國刑事訴訟法有傳聞法則之規定，行政訴訟法則無規定傳聞法則。行政訴訟法既無傳聞法則之明文規定，足見立法者已決定行政訴訟無如刑事訴訟法傳聞法則規定之適用。因而，上開刑事第二審判決雖以刑事訴訟法第 159 條第 1 項規定，否定簡政嘉於警詢中之偵訊筆錄之證據能力，行政訴訟並不受其拘束。原審法院更為審理本案時，仍應就簡政嘉於警詢中之供述及於偵查中、審判中之不一之證詞，及其他相關之證據，判斷本案待證事實之真偽。」

❷46 此一規定為民國 99 年 1 月 13 日修正行政訴訟法時所增訂，其理由為：「損害賠償訴訟，原告已證明受有損害，而有客觀上不能證明其數額或證明顯有重大困難之情事時，如仍強令原告舉證證明損害數額，非惟過苛，亦不符訴訟經濟

　　行政法院之裁判又分為判決與裁定者。判決依行政訴訟法第一八八條第一項是指原則上經過言詞辯論，由行政法院就實體上爭點依法定方式作成判決書對外宣示者而言。至於裁定依行政訴訟法第一八八條第三項、第一九三條，則是指原則上不必經言詞辯論，由行政法院、審判長、受命法官或受託法官，就非實體上爭點，亦即就程序事項所為之裁斷，此種裁斷不必宣示無一定格式，故批示、通知、命令等均屬裁定之一種，不限定必須以書面作成❷⁴⁷。

　　行政法院之裁判依行政訴訟法第一八七條規定，除本法應用判決者，以裁定行之。而所謂判決依行政訴訟法規定又可分為❷⁴⁸：

1. 終局判決

　　即行政訴訟法第一九〇條所規定的行政訴訟達於可為裁判之程度者，行政法院應為終局判決。

2. 一部終局判決

　　即行政訴訟法第一九一條第一項所規定的訴訟標的之一部，或以一訴主張之數項標的，其一達於可為裁判之程度者，行政法院得為一部之終局判決。同條第二項又規定，前項規定，於命合併辯論之數宗訴訟，其一達於可為裁判之程度者，準用之。

3. 中間判決

　　即行政訴訟法第一九二條所規定的，各種獨立之攻擊或防禦方法，達於可為裁判之程度者，行政法院得為中間判決；請求之原因及數額俱有爭執時，行政法院以其原因為正當者，亦同。

　　之原則，爰參照民事訴訟法第二百二十二條第二項之規定，增訂第三項。」

❷⁴⁷　吳庚，《行政爭訟法論》，頁 193。

❷⁴⁸　蔡志方，《行政救濟法新論》，頁 369–371。

4.不經言詞辯論判決

即行政訴訟法第一九四條所規定之有關維護公益之行政訴訟，當事人兩造於言詞辯論期日無正當理由均不到場時，行政法院得依職權調查事實，不經言詞辯論，逕為判決。此項判決依同法第二〇四條第一項之規定，應公告之。

5.捨棄及認諾判決

即行政訴訟法第二〇二條所規定之當事人於言詞辯論時為訴訟標的之捨棄或認諾者，以該當事人具有處分權及不涉及公益者為限❷，行政法院得本於其捨棄或認諾為該當事人敗訴之判決。

6.一造辯論判決

即行政訴訟法第二一八條準用民事訴訟法第三八五條所規定的，「言詞辯論期日，當事人之一造不到場者，得依到場當事人之聲請，由其一造辯論而為判決；不到場之當事人，經再傳而仍不到場者，並得依職權由一造辯論而為判決」，此即為一造辯論判決。

至於裁定，行政訴訟法第一九三條明定，行政訴訟進行中所生程序之爭執，達於可為裁判之程度者，行政法院得先為裁定。例如對於逾時之攻擊防禦方法或關於指揮訴訟之事項，因行政訴訟法第一三二條準用民事訴訟法第二〇一條規定，行政法院所為之裁定是。裁定與判決之不同，學者將之歸納為八點❷，即：

---

❷ 最高行政法院 94 年度判字第 1988 號判決表示：「當事人為訴訟標的之捨棄或認諾者，以該當事人具有處分權及不涉及公益者為限，且應於言詞辯論時為之，行政訴訟法第 202 條有明文規定，當事人並非得任意為訴訟標的之捨棄或認諾。」參閱，司法院印行，《最高行政法院裁判要旨彙編》，第 25 輯，民國 95 年 6 月，頁 959。

❷ 陳計男，《行政訴訟法釋論》，頁 506–507。

㈠就主體言

判決由行政法院（合議制之合議行政法院，獨任制之獨任法官）為之。裁定則除由行政法院為之者外，尚有由審判長、受命法官或受託法官為之者。

㈡就審理言

判決原則上須經必要的言詞辯論，而裁定則採任意的言詞辯論。

㈢就程式言

判決須依一定之程式作成判決書，裁定不以作成書面為必要，且亦無一定之程式。

㈣就對象言

判決為對於當事人所為之意思表示，而裁定則為對於當事人或訴訟關係人（如證人、鑑定人、持有文書之第三人等），甚至行政法院職員（例如書記官、執達員）所為之意思表示。

㈤就內容言

判決原則上為對於當事人就實體法律關係之爭執所為之意思表示，裁定原則上則為關於訴訟程序上之事項所為之意思表示。

㈥就救濟言

對於判決不服，得於二十日不變期間提起上訴，請求救濟；對於裁定不服，得於十日不變期間提起抗告，請求救濟。

㈦就發動言

判決原則上須本於當事人之聲明為之，而裁定則依情形，有本於當事

人之聲明或聲請者，亦有由行政法院、審判長、受命法官或受託法官依職權為之者。

(八)就羈束力言

判決經宣示後，為該判決之行政法院受其羈束；不宣示者，經公告主文後受其羈束。裁定經宣示後，為該裁定之行政法院、審判長、受命法官或受託法官受其羈束；不經宣示者，經公告或送達後受其羈束。但關於指揮訴訟或別有規定者，不在此限。

第二項　行政訴訟事實及法律狀態之裁判基準時

第一目　概　說

行政法院於裁判時，審查行政訴訟事件中，行政處分之合法性或有效性、公法上請求權或公法上法律關係是否成立，究應以那一時點的事實狀態及法律狀態來作為裁判之基準？此即為學理上「事實與法律狀態之判斷基準時」 (Der für die Beurteilung der Sach-und Rechtslage maßgebliche Zeitpunkt) 之問題。各國學說與實務對此爭論不一❷，蓋因行政訴訟裁判所須認定事實及法律，隨著時間之經過，可能發生變動，則行政法院之裁判即可能因事實及法律之變動，而有不同裁判之結果。為維持法律秩序之安定及保障當事人之權益，行政法院之裁判自須以適當的時點作為裁判之基準。茲就此依撤銷訴訟、課予義務訴訟、給付訴訟、確認訴訟等之裁判基準時，分項依學理說明於次❷。

---

❷ 陳計男，上揭書，頁 567–570；蔡志方，上揭書，頁 376–379；陳清秀，上揭書，頁 476–495；吳庚，上揭書，頁 198–203。

❷ 行政訴訟法對於事實及法律之裁判基準時，僅於第 254 條規定上訴審之事實準據點，即：「除別有規定外，最高行政法院應以高等行政法院判決確定之事實為判決基礎。以違背訴訟程序之規定為上訴理由時，所舉違背之事實，及以違背法令確定事實或遺漏事實為上訴理由時，所舉之該事實，最高行政法院得斟

第二目　撤銷訴訟事實及法律狀態之裁判基準時

撤銷訴訟係以被告機關之違法行政處分損害原告之權利或法律上利益為其訴訟標的，訴請行政法院撤銷該行政處分。行政法院為裁判時，是否撤銷該行政處分，自應審查該系爭行政處分之合法性，而該行政處分之合法性，究應以那一時點為基準，學說上有處分時說、最後的行政決定時說、判決時說、訴之聲明說、實體法說等多種[253]，情形「頗為複雜」[254]。鑑於我國行政訴訟新制，甚為類同於德國行政訴訟新制。因此，可斟酌採行德國行政訴訟制度關於行政訴訟之審查基準點 (Prüfungszeitpunkt)，於所有各種訴訟，原則上以訴之聲明決定之。而就撤銷之訴而言，以作成終結行政程序之措施時，亦即行政處分對外發布時之事實及法規狀態為準。事實或法規若其後有變更，自難苛求原處分機關有先見之明，也不符合法安定性原則。因此，處分發布時合法者，不因嗣後事實與法規狀態之變更，而轉為違法。相反的，原屬違法者，亦不因嗣後事實與法規狀態之變更，而獲得修補、治療而轉為合法。此種行政訴訟事實與法規狀態之裁判基準時，採原處分說，在我國行政訴訟實務上亦同。例如在進口貨物完稅價格事件，行政法院七十五年判字第二二五號判決指出：「審查行政處分是否違法，原則上應以原處分作成時有無違法情形為準，至發生在後之情事，除原適用法規之變更或前後見解之互異，依法應溯及適用者外，要與原行政處分不生影響。」依此見解，處分後所發生之新事實，原則上並不得在行政訴訟中，據以指摘原處分之違法[255]。又在拆除違章建築事件，行政法院七十二年判

酌之。依前條第一項但書行言詞辯論所得闡明或補充訴訟關係之資料，最高行政法院亦得斟酌之。」其餘基準則無規定，須由學理加以探討。蔡志方，上揭書，頁 377。另參閱，陳清秀，〈行政訴訟上事實及法律狀態之裁判基準時〉，《台灣法學雜誌》，第 125 期，民國 98 年 4 月 1 日，頁 38–63。

[253] 陳清秀，《行政訴訟法》，頁 476–492；許登科，〈論撤銷訴訟中行政處分之違法判斷基準時〉，《法學叢刊》，第 190 期，民國 92 年 4 月，頁 62–66。

[254] 吳庚，上揭書，頁 208。

字第一六五一號判決謂：「中央法規標準法第十八條所稱『處理程序』，係指主管機關處理人民聲請許可案件之程序而言，並不包括行政救濟之程序在內。故主管機關受理人民聲請許可案件，其處理程序終結後，在行政救濟程序進行中法規有變更者，仍應適用實體從舊程序從新之原則處理。」據此認為拆除違建處分，不因於處分後行政救濟進行中所根據之法規，即違章建築處理辦法有所修正而有不同❷⁵⁶。

　　行政訴訟事實與法規狀態之裁判基準時，採原處分說❷⁵⁷，固為原則，但基於衡平與合理性之要求，於(1)具有溯及既往效力之法規變更；(2)具繼續效力之行政處分，其因情事變遷，原處分無繼續維持之必要者；(3)原處分之執行，因嗣後之公權力措施，情事變遷或基於經濟之考量，無堅持之必要者；或(4)具有第三人效力之行政處分，為平衡處分效力所及之第三人與相對人之權益，則有例外採取以言詞辯論終結時之事實與法律狀態為準之判決時說❷⁵⁸。我國行政訴訟實務在商標註冊事件、申請營業登記事件、停止出口申請事件亦有採判決時說者❷⁵⁹。另外，在以技術換得股份之所得稅案件，最高行政法院甚至採第二審判決時說❷⁶⁰。

---

❷⁵⁵　陳清秀，上揭書，頁 478；《行政法院裁判要旨彙編》，第 6 輯，頁 1311。

❷⁵⁶　同上註；《司法院公報》，第 26 卷，第 4 期，民國 73 年 4 月，頁 64。同說，行政法院 62 年判字第 507 號判例。

❷⁵⁷　在德國聯邦行政法院判決上將原處分與訴願決定作為一個統一的行政決定，加以處理，亦即原則上以最後的行政機關之決定，即訴願決定之時點的事實狀態及法律狀態為準。Redeker/von Oertzen, VwGO, §108, Rn. 17; 陳清秀，上揭書，頁 478–479；蔡志方，上揭書，頁 378。

❷⁵⁸　蔡志方，上揭書，頁 377–378。

❷⁵⁹　相關判例，請參閱，陳清秀，上揭書，頁 480–481。

❷⁶⁰　最高行政法院 95 年度判字第 2092 號判決表示：「應容許上訴人引用財政部上開 94 年 10 月 6 日作成臺財稅字第 09404571980 號函釋，就其 87 年間取自杜邦太巨公司之財產交易收入，扣除 30% 之成本費用。原判決因作成時上開函釋尚未作成，致未能引用，而否准上訴人扣除成本費用，現在上開函釋既已作成，原判決之判斷結果，按目前有效運作之法制體系判斷，即有未洽。上訴人

第三目　課予義務訴訟事實及法律狀態之裁判基準時

行政法院在判斷課予義務訴訟有無理由時，亦即在判斷行政機關所為駁回處分或怠為處分之合法性及是否因此損害原告之權利時，究以何一時點為基準，學者見解不一，有主張裁判時說、從新從優原則說、訴之聲明說等[261]。

原則上，有關課予義務訴訟之事實及法律狀態，應以行政法院裁判時的時點為準，亦即依據行政法院最後言詞辯論終結時的事實及法律狀態[262]，判斷原告所主張的申請行政機關作成行政處分之請求權是否存在。此一原則，在上訴審就有關法律問題以及部分的事實上認定，亦有其適用[263]。

不過，此一原則，學者認有下述例外[264]，即：

一、依中央法規標準法第十八條規定，對於人民申請許可案件（例如申請建築執照），係以行政程序終結時之事實及法律狀態為準，而非以行政救濟時或判決時為準。

二、根據法律之規定，行政法院只審查行政處分的理由根據時，則應以行政機關或受理訴願機關的行政決定時點為準，例如請求判決命行政機關重新為有利於原告之考試評分或勤務考績評定，請求作成免除公課處分或請求為公務員之任命等。又在外國人請求發給居留許可的情形，如其決

在此範圍內對原判決之指摘，即屬有據。」參閱《台灣本土法學雜誌》，第95期，2007年6月，頁178。

[261] 陳清秀，上揭書，頁493；吳庚，上揭書，頁210；陳計男，上揭書，頁568、570；蔡志方，上揭書，頁295；張文郁，〈淺論課以義務訴訟之判決基準時──評最高行政法院98年度判字第822號判決〉，《台灣法學雜誌》，第146期，民國99年2月15日，頁255–258。

[262] 彭鳳至等，〈「行政訴訟上事實及法律狀態之裁判基準時」議題討論〉，《台灣法學雜誌》，第125期，民國98年4月1日，頁64–91。

[263] 陳清秀，上揭書，頁493–494。

[264] 同上註，頁494–495；Kopp, VwGO, §113, Rn. 95–97, 99.

定屬於行政機關的裁量範圍時，也應以最後的行政決定時點為準。

三、新的法律規定，如果依其明示或立法意旨或合憲性的解釋，應不影響已發生的舊的請求權的情形；在所謂限時法或類似限時法規定的情形（例如請求許可入學）；以及在有關社會救助給付、年金給付及教育補助等課予義務之訴（以要求給付時之事實及法律狀態為準），也例外不適用「判決時」之原則，而適用申請時之法律。

四、新的法律，根據真正的或不真正的溯及生效之原則，就該事件侵犯到申請者重要的法律地位，尤其是憲法上基本權利所保護的法律地位時，則在有疑義的情形，應推定新的法律依合憲性之解釋，並不適用於系爭申請事件，而仍維持適用舊的法律，處理申請事件。

司法實務之態度可從臺北高等行政法院九十五年度訴字第一五〇六號判決得知。該判決指出：「原告申請喪失國籍遭拒，提起本件訴訟請求被告應作成許可原告申請喪失中華民國國籍之處分，核屬課予義務訴訟。而課予義務訴訟，為給付訴訟之一種，係行政法院於判決時審查原告之請求權是否存在，行政機關有無行為義務，因而原則上係以事實審言詞辯論終結時，為原告訴訟有無理由之事實判斷基準時。又訴願法第二條第二項規定，係行政機關處理人民申請案件之一般期間規定，非關事實判斷基準時之規定；中央法規標準法第十八條，係關於適用法規之規定，與事實無涉。原告主張應以其申請時或至遲應於處理期限二個月時為準云云，並不可採。」❷⁶⁵

第四目　給付訴訟事實及法律狀態之裁判基準時

關於給付訴訟之裁判基準時，我國學者通說認為，應以裁判時，亦即以事實審行政法院言詞辯論終結時之事實關係及法律狀態為裁判基準時。蓋因原告提起給付之訴，要求被告為給付，並非就過去所存在之事實及法律狀態要求此項給付判決，而係就行政法院為裁判時的事實關係及法律狀態要求為此項給付判決。因此，應以此言詞辯論終結時之事實關係及法律

❷⁶⁵　參閱《台灣本土法學雜誌》，第 95 期，2007 年 6 月，頁 184。

狀態為準❷❻❻。

第五目　確認訴訟事實及法律狀態之裁判基準時

關於確認訴訟事實及法律狀態之裁判基準時，則視其訴之聲明係請求無時間限制的或是請求就特定期間之某一法律關係存在或不存在之確認而定。

如請求確認法律關係存在或不存在而無時間限制者，則以言詞辯論終結時之時點為準；如請求確認在過去某一時點法律關係存在者，則以該過去存在之時點為準❷❻❼。

訴之聲明若在請求確認一個行政處分無效時，究以何時為準，學者認為「基準時之問題並無意義，蓋就其欠缺行政處分之必要的存在要件而言，不論其於作成處分之時點以及最後言詞辯論時，均必須為無效。由於行政處分之無效，一般係自始無效，故有謂僅能以其處分發布之時點的事實及法律狀態為準，僅於其行政處分直到經由其發布之後始生效力之法律而變成無效時，始必須以該法律生效之時點為準❷❻❽。」

第三項　行政訴訟裁判之宣示及公告

行政訴訟之裁判須經公示始能對人民及相關機關產生效力。對此，行政訴訟法乃於第二〇四條至第二〇八條規定了行政訴訟裁判之宣示、公告及其效力事項，即：

一、判決之宣示、公告

行政訴訟法第二〇四條規定，判決之宣示與公告制度，其內容如下列：

　1.經言詞辯論之判決，應宣示之；不經言詞辯論之判決，應公告之。

　2.宣示判決應於辯論終結之期日或辯論終結時指定之期日為之。

---

❷❻❻　陳清秀，上揭書，頁 492–493；吳庚，上揭書，頁 213；陳計男，上揭書，頁 570；蔡志方，上揭書，頁 378。

❷❻❼　吳庚，上揭書，頁 213；陳清秀，上揭書，頁 495；陳計男，上揭書，頁 570。

❷❻❽　陳清秀，上揭書，頁 495。

3.前項指定之宣示期日，自辯論終結時起，不得逾二星期❷。

4.判決經公告者，行政法院書記官應作記載該事由及年、月、日、時之證書附卷。

5.判決經宣示後，其主文仍應於當日在行政法院牌示處公告之。

二、判決宣示、公告之效力

行政訴訟法第二〇五條、第二〇六條規定判決宣示、公告效力有如下列：

1.宣示判決，不問當事人是否在場，均有效力。

2.判決經宣示或公告後，當事人得不待送達，本於該判決為訴訟行為。

3.判決經宣示後，為該判決之行政法院受其羈束；其不宣示者，經公告主文後，亦同。此即為判決之羈束力，羈束對象為該判決之行政法院，至於同級法院或上級行政法院，則不受羈束❷。

三、裁定之宣示、公告

行政訴訟法第二〇七條規定，經言詞辯論之裁定，應宣示之。依此規定反面以觀，則未經言詞辯論之裁定，則不須宣示也不必公告，此即裁定之所以與判決不同處，因裁定多屬行政訴訟程序爭議之裁斷，而非當事人

---

❷ 原規定之 7 日，學者認係職務期間，縱有違背，對判決之效力不生影響。不過，既為法律明定，學者認為應切實遵守並列為法官評鑑之要點。陳計男，上揭書，頁 531。民國 99 年 1 月 13 日修正行政訴訟法時原想參照民事訴訟法第 223 條第 3 項之規定，將 7 日修正為 2 星期，但在立法院審查時以 2 星期屬於過長，最後修正為 10 日。不過在民國 103 年 5 月 30 日立法院三讀通過之行政訴訟法第 204 條第 3 項，卻又改回為 2 星期。其理由為：「現行民事、刑事及家事事件判決之指定宣示期日，均自辯論終結時起二星期（或十四日）內為之。又因應行政訴訟三級二審新制施行，各地方法院均設有行政訴訟庭，為使法官審結訴訟事件之指定宣示期日，能有一致性，俾免法官庭期週期之困擾，爰將第三項所定判決指定宣示期日，修正為自辯論終結時起，不得逾二星期。」

❷ 蔡茂寅／翁岳生，《行政訴訟法逐條釋義》，頁 582–583。

實體權利義務事項之判決，為訴訟經濟、便捷起見，其所要求之形式較判決為寬。

至於終結行政訴訟之裁定，依行政訴訟法第二○七條第二項規定，則應公告之，蓋因行政訴訟之終結涉及人民訴訟權益之保障，自應與其他程序裁定不同，而有公告之必要。

四、裁定宣示、公告之效力

行政訴訟法第二○八條規定了學理上所謂裁定之羈束力，即裁定經宣示後，為該裁定之行政法院、審判長、受命法官或受託法官受其羈束；不宣示者，經公告或送達後受其羈束。但關於指揮訴訟或別有規定者，不在此限。

第四項　行政訴訟裁判應記載事項

行政訴訟裁判中之裁定多為行政訴訟程序爭議之裁決，並無一定之形式，亦非一定要遵守特定之格式[271]，但行政訴訟之判決則不同，其格式及內容，行政訴訟法第二○九條第一項有明白之規定，即：

判決應作判決書記載下列各款事項：

1.當事人姓名、性別、年齡、身分證明文件字號、住所或居所；當事人為法人、機關或其他團體者，其名稱及所在地、事務所或營業所。

2.有法定代理人、代表人、管理人者，其姓名、住所或居所及其與法人、機關或團體之關係。

3.有訴訟代理人者，其姓名、住所或居所。

4.判決經言詞辯論者，其言詞辯論終結日期。

5.主文。

6.事實[272]。

---

[271]　不過，因行政訴訟法第 218 條準用民事訴訟法第 237 條規定，故行政訴訟中之裁定仍應附理由。就此，最高行政法院 91 年裁字第 1302 號裁定有詳細之解說。請參閱《台灣本土法學雜誌》，第 45 期，2003 年 4 月，頁 153–156。

7. 理由❷。

8. 年、月、日。

9. 行政法院。

同條第二項補充規定，事實項下，應記載言詞辯論時當事人之聲明及所提攻擊或防禦方法之要領。必要時，得以書狀、筆錄或其他文書作為附件。而同條第三項又規定理由項下，應記載關於攻擊或防禦方法之意見及法律上之意見❷。就此，司法實務上認不必全部記載，如部分未記載亦非

---

❷　學者謂在實務上，事實項下之記載有三部分，一是原告之聲明、陳述及證據；二是被告之聲明、陳述及證據；三是法院依職權調查之部分。蔡茂寅／翁岳生，上揭書，頁 586。

❷　最高行政法院 95 年度判字第 410 號判決對此有一良好註解，即：「行政訴訟法第 209 條第 1 項第 7 款及第 3 項分別規定：『判決應作判決書記載左列各款事項：……7. 理由……』『理由項下，應記載關於攻擊或防禦方法之意見及法律上之意見。』關於原判決認定上訴人請假頻繁，且學生反應，請假常係被學校發現後再補課，遲到、早退情形嚴重，對學生之受教權益顯有影響，及多年來未按時繳交學生成績，影響成績寄發與統計作業部分，……原審就此未詳加調查審認，既未載明上訴人有何教學不力或不能勝任工作之具體事實及兩造關於攻擊或防禦方法之意見，亦未於判決理由載明何以請假、補課頻繁即屬教學不力之法律上意見，自嫌疏略。上訴論旨，指摘原判決違背法令，求予廢棄，非無理由，爰將原判決廢棄，發回原審法院審理。」參閱《台灣本土法學雜誌》，第 87 期，2006 年 10 月，頁 189–190。

❷　例如最高行政法院 91 年度判字第 2255 號判決指出：「上訴人於言詞辯論時，皆予引用其訴訟追加聲明及理由狀暨九十年三月七日之辯論意旨狀，則前開主張乃屬言詞辯論時當事人所提攻擊或防禦方法，依行政訴訟法第二百零九條規定，原審法院應予記載於原判決事實項下。觀之原判決並未於事實項下記載前開事項，已難謂於法無違。另查本件上訴人業已主張被上訴人撤銷臺南縣仁德鄉公所核發完工證明書係屬濫用權利，不論其主張是否可採，依前開規定，原審法院均應於判決理由項下記載關於此項攻擊或防禦方法及法律上之意見，然原判決理由欄，並未就此部分詳予記載，亦屬於法有違。」參閱，司法院印行，《最高行政法院裁判要旨彙編》，第 22 輯，民國 92 年 12 月，頁 826–827。

違法❷⑦⑤。

　　除此之外，行政訴訟法第一八九條第二項規定，行政法院判斷當事人言詞辯論所提事實及調查證據結果事實之真偽而得心證之理由，亦應記明於判決中，以防止法官不依論理及經驗法則之自由心證。

第五項　行政訴訟裁判之送達、交付、更正、救濟教示及確定

　　行政訴訟之裁判，特別是行政訴訟判決經宣示、公告作成判決書後，依行政訴訟法第二一〇條第一項規定，應以正本送達於當事人，而此項送達依同條第二項規定，自行政法院書記官收領判決原本時起，至遲不得逾十日。此項期間，學者認為與同法第二〇四條第二項及第三項宣示判決之期間，均屬訓示規定，如有違背亦不影響送達之效力或當事人之訴訟行為❷⑦⑥，但應可構成相應人員之行政過失，否則此一規定，即無意義。

　　另外，行政訴訟法對裁定原本之交付期間疏未規定。因此，民國一〇〇年十一月二十三日公布修正之行政訴訟法，乃於第二一七條中，參酌民事訴訟法第二三九條體例，增訂民事訴訟法第二二八條關於判決原本交付期間之規定，準用於行政訴訟裁定原本之交付事項。

　　又行政訴訟之判決如有誤寫、誤算或其他類此之顯然錯誤者，行政法院依行政訴訟法第二一八條準用民事訴訟法第二三二條第一項規定，得隨時或依聲請以裁定更正之。如非誤寫、誤算或類此之顯然錯誤，最高行政法院則認無上開更正錯誤規定之適用❷⑦⑦。

---

❷⑦⑤　例如最高行政法院 92 年度判字第 1015 號判決即指出：「證據之證明力，事實審法院有衡情斟酌之權，苟已斟酌全辯論意旨及調查證據之結果，而未違背論理法則或經驗法則，自不得遽指為違法。另行政訴訟法第二百零九條第三項固規定：『理由項下，應記載關於攻擊或防禦方法之意見及法律上之意見。』惟苟判決中就當事人部分攻擊或防禦方法之意見及法律上之意見未予記載，而未影響於判決之結果，即難謂其判決有不備理由之違法。」參閱，司法院印行，《最高行政法院裁判要旨彙編》，第 23 輯，民國 93 年 12 月，頁 1020。

❷⑦⑥　吳庚，《行政爭訟法論》，頁 215。

　　對於行政訴訟之判決得為上訴者，行政訴訟法第二一〇條第三項規定，書記官應於送達當事人之正本內告知其期間及提出上訴狀之行政法院，此即為判決救濟方法之告知教示 (Rechtsmittelbelehrung)。此一告知期間如有錯誤則依行政訴訟法第二一〇條第四項規定，告知期間較法定期間為短者，以法定期間為準；告知期間較法定期間為長者，應由行政法院書記官於判決正本送達後二十日內，以通知更正之，並自更正通知送達之日起計算法定期間。同條第五項又規定，行政法院未依第三項規定為告知，或告知錯誤未依前項規定更正，致當事人遲誤上訴期間者，視為不應歸責於己之事由，得自判決送達之日起一年內，適用第九十一條之規定，聲請回復原狀。另不得上訴之判決，依同法第二一一條規定，不因告知錯誤而受影響。

　　行政訴訟之判決依行政訴訟法第二一二條規定，於上訴期間屆滿時確定，但於上訴期間內有合法之上訴者，阻其確定。此所謂之上訴期間是指同法第二四一條所規定：「提起上訴，應於高等行政法院判決送達後二十日之不變期間內為之」之規定。

　　至於不得上訴之判決，依行政訴訟法第二一二條第二項規定，於宣示時確定，不宣示者，於公告主文時確定。

第六項　行政訴訟裁判之內容

　　行政訴訟法修正後，行政訴訟之裁判亦如民事訴訟一般，在其內容上可分為形成判決、給付判決、確認判決及情況判決**❽**。茲各分述之。

第一目　形成判決

　　形成判決在行政訴訟中最具重要性，特別是在撤銷訴訟，因其判決產

---

❼　最高行政法院 91 年度裁聲字第 4 號裁定，《台灣本土法學雜誌》，第 38 期，2002 年 9 月，頁 133–134。

❽　另有學者將判決之內容細分為給付判決、形成判決、確認判決、捨棄、認諾判決、情事變更判決等。陳清秀，上揭書，頁 461–469；陳計男，上揭書，頁 570–581。

生創設、變更或撤銷等型塑特定行政法法律關係之結果，並依行政訴訟法第二一四條、第二一五條、第二一六條規定對於當事第三人及各關係機關均有拘束效力。由於撤銷訴訟之目的在於撤銷違法之行政處分❷❼❾或訴願決定，故行政法院認原告之訴為無理由者，依行政訴訟法第一九五條規定後段應以判決駁回之外，如認原告之訴為有理由者，則依同條第一項規定前段，應為原告勝訴之判決。而此原告勝訴之判決樣態有如下列：

1.單純之撤銷判決

即將被告機關違法之行政處分，如違法之行政處罰之處分加以撤銷及將違法之訴願決定加以撤銷之判決。又依行政訴訟法第二〇一條規定：「行政機關依裁量權所為之行政處分，以其作為或不作為逾越權限或濫用權力者為限，行政法院得予撤銷。」由此可知，行政法院對逾權或濫行裁量處分，亦可為撤銷之判決❷❽❶。不過司法實務表示，「當事人主張行政機關有裁量濫

❷❼❾ 參閱，傅玲靜，〈行政處分於撤銷訴訟中的體系思考〉，《月旦法學教室》，第 39 期，2006 年 1 月，頁 101–111。

❷❽❶ 司法實務上，有幾個判決顯示出行政法院為撤銷判決之權限與界限，即：

　1.最高行政法院 92 年度判字第 904 號判決謂：「學說上固然承認行政機關就不確定法律概念及某些性質之事件，享有『斷論餘地』，但並非表示完全排除司法審查。行政機關行使判斷餘地權限之際，倘未充分斟酌相關之事項甚或以無關聯之因素作為考量，或者判斷係基於不正確之事實關係等情形，即屬違法，行政法院自得予以撤銷。」

　2.最高行政法院 92 年度判字第 1725 號判決謂：「行政法院審查行政機關依裁量權所為之行政處分，以其作為或不作為逾越權限或濫用權力為限，行政法院得予撤銷；又逾越權限或濫用權力之行政處分，以違法論，行政訴訟法第二百零一條及第四條第二項分別定有明文。亦即行政法院對行政機關依裁量權所為行政處分之司法審查範圍限於裁量之合法性，而不及於裁量行使之妥當性。」

　3.最高行政法院 93 年度判字第 968 號判決謂：「行政法院對於行政機關行使裁量權所作成裁量處分之司法審查，關於裁量權之行使部分，除非行政機關行

用，應負舉證之責，倘僅空言指摘，而無確切之證據，尚不得遽爾認定裁量濫用。」❷⃝

2.撤銷原處分及原決定後，發回被告機關重為適法處分之判決

此為學者所謂我國行政法院成立以最典型的判決方式，使我國行政訴訟法制在事實上成為典型的撤銷發回之行政審判制度，而非實質內容自為判決之行政審判制度。學者認此係過去法制不備之不得已措施。新法實施後，只有在例外情形為減輕法院負擔，可認為有重大必要由行政機關進一步調查事證，且考量當事人間之利害關係亦為適當時，始得撤銷原處分，發回交由原處分機關重為調查處分❷⃝。

3.撤銷原處分及原決定後，自為決定之判決❷⃝

此為新行政訴訟法改正上述行政法院判決偏向撤銷發回判決缺失所強

使裁量權之過程或結果，有逾越權限或濫用權力之情形，而以違法論者外，原則上尊重之而作有限司法審查，審查其是否逾越權限或濫用權力；至其餘部分仍應作全面司法審查。濫用權力者，乃當法律構成要件該當時，行政機關行使其裁量權之目的，與法律授予裁量權之目的不符，雖其採取或選擇的方式，並未超出法律規定的法律效果的處理方式外，因與法律授予裁量權之目的不符，即構成違法。諸如：法律授予行政機關於法律構成要件該當時，應審酌具體個案之違規情節、所生影響、所得利益及受處罰者的資力等因素，在上下限的金額內，決定一適當之金額裁罰之。」
以上三則判決請分別參閱，司法院印行，《最高行政法院裁判要旨彙編》，第 23 輯，民國 93 年 12 月，頁 1010、1013；第 24 輯，頁 769。

❷⃝ 參閱，最高行政法院 94 年度判字第 1800 號判決，刊於司法院印行，《最高行政法院裁判要旨彙編》，第 25 輯，民國 95 年 6 月，頁 953。

❷⃝ 陳清秀，上揭書，頁 463；吳庚，上揭書，頁 187。

❷⃝ 但為保障人民之審級利益，亦有發回管轄高等行政法院依法審理者。最高行政法院 91 年度判字第 2112 號判決，《台灣本土法學雜誌》，第 45 期，2003 年 4 月，頁 168。

調之重點，亦即在行政訴訟法第一九七條規定：「撤銷訴訟，其訴訟標的之行政處分涉及金錢或其他代替物之給付或確認者，行政法院得以確定不同金額之給付或以不同之確認代替之。」學者認此規定非僅基於訴訟經濟之理由，而係屬對行政審判制度結構性之一項改革。而行政法院此種自行確認給付金額，被稱為代替判決者，學者認其因涉及行政處分之變更，亦即部分撤銷之情形，其前提要件應為行政機關就其給付之核定或確認，並無行政裁量權或判斷餘地之情形，或其裁量因特殊情事而收縮到零的情形，始得為之❷⁸⁴。最高行政法院九十四年度判字第十八號判決採納學者此一見解，謂：「行政訴訟法第一九七條規定旨在『原告提起撤銷訴訟為有理由者，如原行政處分違法情形只涉及金額或數量時，應許行政法院在原告聲明之範圍內自行判決加以糾正，不必撤銷原處分而發回原處分機關重為處分，以免原處分機關或有拖延不結，甚至置諸不理之情形。』準此法院以確定不同之替代判決，取代原行政處分，應限於當事人對金錢或替代物之行政處分並無爭執，僅係聲明爭執其額度；且須其本質上行政機關已無裁量權限或判斷餘地或其裁量權已限縮到零者，行政法院方得自行判決，否則即有不當取代行政裁量權之違法。」❷⁸⁵

又行政訴訟法第一九五條第二項規定，撤銷訴訟之判決，如係變更原處分或決定者，不得為較原處分或決定不利於原告之判決。此即為學理上所謂不利益變更之禁止 (Verbot der reformatio in Peius)。蓋因原告提起撤銷訴訟，目的在請求除去對其不利之行政處分或訴願決定。若行政法院所為變更原處分或決定之判決，較原處分或決定更為不利時，則有違撤銷訴訟

---

❷⁸⁴　Kopp/Schenke, VwGO, §113, Rn. 152；陳清秀，上揭書，頁 463–464；吳庚，上揭書，頁 187；陳計男，上揭書，頁 573–574；陳愛娥／陳敏等譯，《德國行政法院法逐條釋義》，頁 1229–1230。司法實務，請參閱最高行政法院 92 年度判字第 902 號判決，《台灣本土法學雜誌》，第 53 期，2003 年 12 月，頁 234–235。

❷⁸⁵　參閱，司法院印行，《最高行政法院裁判要旨彙編》，第 25 輯，民國 95 年 6 月，頁 949–950。

之本旨。因此，修正之行政訴訟法乃沿用舊行政訴訟法第二十七條之規定，明定於撤銷判決時適用此一不利益變更禁止原則❷❽❻。

4.撤銷原處分及原決定後，並依原告聲請為回復原狀之必要處置

行政訴訟法第一九六條第一項規定：「行政處分已執行者，行政法院為撤銷行政處分判決時，經原告聲請，並認為適當者，得於判決中命行政機關為回復原狀之必要處置。」

5.撤銷原處分及原決定後，並依聲請確認該行政處分為違法

行政訴訟法第一九六條第二項規定：「撤銷訴訟進行中，原處分已執行而無回復原狀可能或已消滅者，於原告有即受確認判決之法律上利益時，行政法院得依聲請，確認該行政處分為違法。」❷❽❼

第二目 給付判決

行政訴訟之給付判決係命被告對原告為一定給付行為之判決，此一定給付行為包括作為、不作為或忍受等。在行政訴訟法上所規定之給付判決如下列五類訴訟之勝訴判決屬之，即：

1.在怠為處分之訴中課予處分義務之給付判決，如依行政訴訟法第五條第一項規定所為之判決。

2.在拒絕申請之訴中課予受理申請事務之給付判決，如依行政訴訟法

---

❷❽❻ 蔡茂寅／翁岳生主編，《行政訴訟法逐條釋義》，頁552-553；陳計男，上揭書，頁571。

❷❽❼ 此項規定為民國99年1月13日修正行政訴訟法時所增訂，其理由為：「行政處分已執行與行政處分消滅不同，如有回復原狀之可能，依第一項意旨，應可提起撤銷訴訟。而如於合法提起之撤銷訴訟進行中，原處分經撤銷或因其他事由消滅，或已執行且無法回復原狀者，即無從撤銷。惟如原告對於原行政處分為違法復有即受確認判決之法律上利益時，自應許其得有救濟之機會，爰增訂第二項。」

第五條第二項規定所為之判決。

　　3.因公法上原因發生財產上給付或請求作成行政處分以外之其他非財產上之給付所提給付訴訟之判決，如行政訴訟法第八條第一項之規定是。

　　4.合併請求給付訴訟之判決，如本於行政訴訟法第七條及第八條第二項所為之判決。

　　5.撤銷訴訟中命為回復原狀處置之判決，如行政訴訟法第一九六條所規定的，行政處分已執行完畢，行政法院為撤銷行政處分判決，經原告聲請，並認為適當者，得於判決中命行政機關為回復原狀之必要處置。就此，有最高行政法院兩個判決，可資參考❷❽❽。

　　至於上述訴訟中，原告敗訴者，則具有消極確認訴訟之功能，亦即確認其在給付訴訟中主張之給付請求權不存在。

　　又行政訴訟法第五條之課予義務之訴為特殊的給付訴訟，行政訴訟法第二〇〇條更明文規定其裁判方式，即：行政法院對於人民依第五條規定請求

---

❷❽❽　最高行政法院 91 年度判字第 1878 號判決謂：「按『行政處分已執行完畢，行政法院為撤銷行政處分判決時，經原告聲請，並認為適當者，得於判決中命行政機關為回復原狀之必要處置。』行政訴訟法第一百九十六條定有明文。本件原告於繳清系爭代管費而辦理土地或建築改良物繼承登記完畢後，於法定期間內，對於被告命繳納代管費之處分不服，循序提起行政訴訟，經本院審理結果，撤銷本件已執行完畢之原處分，則原告聲請返還已繳交之代管費，為有理由，應予准許，爰為判決被告應返還原告已繳納之代管費。惟本件原告聲請返還已繳交之代管費，其性質上屬公法上不當得利之返還。本件被告於收取系爭代管費時，乃有法律上之原因，而其後因本院拒絕適用相關法令函示而其原因嗣後不存在，此一事實，在本院裁判前，並非被告於受領代管費時所明知或其後所得知之，參酌民法第一百八十二條第二項規定意旨，被告並不負加計利息返還其利益之義務，原告請求返還已繳交之代管費，並按週年利息百分之五計算利息，其請求加計利息部分為無理由，應予駁回。」參閱，司法院印行，《最高行政法院裁判要旨彙編》，第 22 輯，民國 92 年 12 月，頁 810–811；又最高行政法院 94 年度判字第 197 號判決亦有同樣意旨。參閱，司法院印行，《最高行政法院裁判要旨彙編》，第 25 輯，民國 95 年 6 月，頁 944–945。

應為行政處分或應為特定內容之行政處分之訴訟,應為下列方式之裁判 ❷:

　　1.原告之訴不合法者,應以裁定駁回之。

　　2.原告之訴無理由者,應以判決駁回之 ❷。

　　3.原告之訴有理由,且案件事證明確者,應判命行政機關作成原告所申請內容之行政處分。

　　4.原告之訴雖有理由,惟案件事證尚未臻明確或涉及行政機關之行政裁量決定者,應判命行政機關遵照其判決之法律見解對於原告作成決定。行政法院尚不得越俎代庖 ❷。

第三目　確認判決

　　行政訴訟中之確認判決內容乃是就同法第六條所提之確認訴訟為判決。亦即確認行政處分無效或確認公法上法律關係存在或不存在。行政法院之判決確認行政處分有效或確認公法上法律關係存在者,稱為積極的確認判決;行政法院之判決確認行政處分無效或確認公法上法律關係不存在者,稱為消極的確認判決 ❷。

❷　相關裁判主文實例,參閱陳清秀,上揭書,頁462。

❷　司法實務如臺中高等行政法院90年度訴字第1508號判決謂:「原告於本件起訴前,既已向被告為限期繳回系爭溢繳殘廢給付之行政處分行為,……原告自得逕依該行政處分書,以被告逾期不履行公法上金錢給付義務為理由,依新修正之行政執行法第四條第一項但書規定,移送管轄之行政執行處執行,而無提起本件一般給付訴訟之必要。從而,原告提起本件返還公法上不當得利事件,依其所訴之事實,在法律上顯無理由,爰不經言詞辯論程序,逕予判決駁回。」參閱《台灣本土法學雜誌》,第33期,2002年4月,頁196。

❷　最高行政法院91年度判字第1112號判決謂:「按行政法院就課予義務訴訟命為特定內容之處分,須依事件之內容,達到行政法院可為特定行政處分內容之裁判之程度始可,若特定內容行政處分之作成尚涉及行政判斷或尚須踐行其他行政程序等情形,基於權力分立之原則,行政法院自不得逕予為之。」參閱,司法院印行,《最高行政法院裁判要旨彙編》,第22輯,民國92年12月,頁822。

❷　陳清秀,上揭書,頁467;吳庚,上揭書,頁206。

確認判決之主文，依其種類之不同，學者舉例分別為❷❾❸：

一、「原處分確認無效」或「被告機關某年、月、日某文號之處分確認無效」。

二、「原告於其在職期間有居住被告所有坐落某地址房舍之權利」。

三、「確認原告為某農田水利會會員」。

四、「被告所有坐落某地號土地確有供公眾通行之公用地役關係存在。」

確認判決內容只限於確認，故其就本案事件，無法據以強制執行。確認判決也不具有變更法的效力，而僅有確認法的效力，而為宣示的性質❷❾❹。我國司法實務對於確認訴訟在行政訴訟新制實施後，已日益增多❷❾❺。

第四目　情況判決

情況判決為日本行政訴訟法制獨有之制度，我國修正行政訴訟法在第一九八條第一項仿照日本行政事件訴訟法第三十一條，規定了情況判決❷❾❻之要件，即：行政法院受理撤銷訴訟，發現原處分或決定雖屬違法，但其撤銷或變更於公益有重大損害，經斟酌原告所受損害、賠償程度、防止方法及其他一切情事，認原處分或決定之撤銷或變更顯與公益相違背時，得駁回原告之訴。不過，應依同條第二項規定，於判決主文中諭知原處分或決定違法❷❾❼。由此可知，行政法院為情況判決時，須因避免公益重大損害❷❾❽，

---

❷❾❸　吳庚，上揭書，頁 206–207；另陳計男，上揭書，頁 527–528。

❷❾❹　陳清秀，上揭書，頁 467。

❷❾❺　臺北高等行政法院 90 年度訴字第 5164 號判決對確認訴訟之類型有明白分析，見《台灣本土法學雜誌》，第 47 期，2003 年 6 月，頁 209–211。

❷❾❻　相關論文請參閱，陳淑芳，〈行政訴訟上之情況判決〉，《月旦法學教室》，第 71 期，民國 97 年 9 月，頁 18–19；吳泰雯，〈從法國法之角度試論我國情況決定規定與其損害賠償請求權之適用爭議〉，中央研究院法律學研究所籌備處，民國 98 年 11 月，頁 269–333。

❷❾❼　蔡茂寅，〈情況判決與情況決定〉，《台灣本土法學雜誌》，第 7 期，2000 年 2 月，頁 100–105；吳庚，上揭書，頁 189；陳清秀，上揭書，頁 465–467；陳計男，上揭書，頁 574–575；黃綠星、蔡進田，《行政訴訟情況判決之研究》，司法院

而不撤銷違法之原處分或訴願決定。至所謂撤銷變更原處分將導致公益受到重大損害，如在徵收高速公路道路土地事件，政府已開始道路施工即將完成，但其中一筆道路土地之徵收有違法情事而提起行政訴訟，如行政法院將此筆道路土地之徵收撤銷，將使高速公路之建設因而停止，則於公益顯有妨礙之情形❷❾❾。又如在徵收土地興建大學事件，已經執行徵收處分拆除地上物，並改建大學設施完畢。如行政法院於訴訟審理中發現徵收處分違法，若加以撤銷，則回復原狀將使大學難以繼續運作，也將使公益受到重大損害之情形是❸❿❿。我國最高行政法院就土地重劃事件亦認有採情況判決之必要❸❿❶。另在藥事法適用之相關事項上，司法實務亦作出一個值得注目之情況判決，即由臺北高等行政法院所作九十二年度訴字第四六○號判決，謂：「查原告進口既經標準局檢驗合格，且標準局施以檢試項目亦係同為行政院衛生署公告之事項，原告何以能得知標準局並非全面施以檢試始核發檢驗合格證書，從而原告基於政府行政機關應有相互尊重原則之信賴，因而信其所進口衛生套已經標準局檢驗合格，從而始辦理領貨上市，衡情原告並不知其所上市之衛生套為不合上開行政院衛生署八十二年九月二十日公告檢驗十項項目其中爆破體積之檢驗。因而原告此部分自無故意或過失可言，參諸司法院釋字第二七五號解釋，原告既可證明其為無過失，自不應受罰。綜上所述，原告進口之衛生套既與藥事法所稱之不良醫療器

印行，民國 86 年 6 月，頁 65 以下；鄭崇煌，〈情況決定及情況判決制度之研究〉，《月旦法學雜誌》，第 121 期，2005 年 6 月，頁 88–112。

❷❾❽ 參閱，林清祥，〈「公益」在行政訴訟扮演角色之實務分析〉，《司法周刊》，第 1302 期附送之〈司法文選別冊〉，民國 95 年 8 月 31 日，頁 10。

❷❾❾ 陳計男，上揭書，頁 574。

❸❿❿ 陳清秀，上揭書，頁 465；另蔡茂寅／翁岳生，《行政訴訟法逐條釋義》，頁 560–565。

❸❿❶ 最高行政法院 92 年度判字第 1348 號判決，《台灣本土法學雜誌》，第 56 期，2004 年 3 月，頁 178–179。另司法院印行，《最高行政法院裁判要旨彙編》，第 23 輯，民國 93 年 12 月，頁 999–1005。

材有間，且原告復基於信賴原則及並無故意或過失之情況，被告遽為罰鍰之處分即有不當，訴願決定，未予糾正，亦有疏略，原告主張為有理由，自應由本院予以撤銷。至被告進口之衛生套既非為不良醫療器材，被告依藥事法第八十條第一項規定命原告限期回收，固有不當，惟原告進口之衛生套其中爆破體積部分既經檢驗為不合格，僅因其並非藥事法第二十三條第四款規定所稱之『性能或有效成分之質、量或強度，與核准不符者』而難謂為不良醫療器材，從而該產品倘全面在市面上販售必對消費者權益有所影響而對公益有重大損害，因而倘對原處分及訴願決定關於限期命原告收回市售產品為撤銷顯與公益相違背，依行政訴訟法第一百九十八條之規定，本院對原告此部分之請求予以駁回，惟並於判決主文中諭知此部分被告命原告限期回收為違法，至原告對回收之損害並未為聲明，原告自得於本件判決確定後，再另行向被告請求。」❸

又在垃圾焚化廠之興建上對情況判決之適用，司法實務也提出審酌之標準，即最高行政法院九十六年度判字第一六〇一號判決指出：「行政法院受理撤銷訴訟，發現原處分或決定雖屬違法，但其撤銷或變更於公益有重大損害，經斟酌原告所受損害、賠償程度、防止方法及其他一切情事，認原處分或決定之撤銷或變更顯與公益相違背時，始得依行政訴訟法第一九八條規定為情況判決……原審顯僅考量撤銷原違法處分將使已實施之工程拆除所耗費之成本因素，而得標廠商為取得土地及興建工程已支出之金額，似僅係該廠商之私人成本，與社會成本有何關連，未據敘明得心證之理由，已嫌疏漏。至於其是否得依國家賠償法請求賠償，並非行政法院為情況判決時所應考慮之項目，否則豈非違法行政處分皆可『就地合法』？況依行政訴訟法第一九八條規定，行政法院於撤銷訴訟為情況判決之要件為：(1)原處分或決定違法，(2)原處分或決定之撤銷或變更於公益有重大損害，(3)經斟酌『原告』所受損害、賠償程度、防止方法及其他一切情事，得駁回原告之訴，以免撤銷或變更原處分，致顯與公益相違背。是以本件垃圾焚化廠有無興建必要？效益如何？如僅為撤銷判決，是否於公益有重大損害？

❸　詳閱《台灣本土法學雜誌》，第 69 期，2005 年 4 月，頁 204-205。

本件公益為何？又公益如有損害，上訴人等所受損害、賠償程度、防止方法及其他一切情事，公私利益予以綜合衡量比較為撤銷判決是否與公益相違背？攸關本件應否為情況判決，原審未予研求，亦欠允當。」

另行政訴訟法第一九九條第一項又規定，行政法院為情況判決時，應依原告之聲明，將其因違法處分或決定所受之損害，於判決內命被告機關賠償。就此，最高行政法院九十六年度判字第一六〇四號判決指出：「行政法院於依本條規定作成判決前，自須就原告所受損害、賠償程度、防止方法及其他一切情事，與原處分或決定之撤銷或變更是否顯與公益相違背等事實，詳予調查認定，否則即有調查事項未為調查之違法。」又同條第二項規定原告未為前項聲明者，得於前條判決確定後一年內，向行政法院訴請賠償。因此，學者認為完整之情況判決可能包括三部分❸，即：

　　1. 原告之訴駁回。

　　2. 原處分或決定係屬違法。

　　3. 被告機關應給予原告如何之賠償❸。

其判決主文，學者舉例為：「原告之訴駁回。〇〇號訴願決定及〇〇號行政處分為違法。被告機關應賠償原告新臺幣〇〇元。訴訟費用由被告機關負擔。」❸

第五目　情事變更判決

情事變更判決乃是依行政訴訟法第二〇三條第一項規定所為之判決。情事變更原係調整私法契約雙方當事人因情事變更所生利益失衡，顯失公平之私法原則，在以往，原則上並不適用於行政訴訟上。但因行政程序法第一四六條、第一四七條已就情事變更與公益調整作了實體規定，故行政訴訟法第二〇三條乃作了使行政法院得依情事變更而得為判決之程序規

---

❸　吳庚，上揭書，頁199。

❸　關於如何賠償，即賠償之程度、方法等除須斟酌原告之損害外，學者認亦應考慮行政機關及第三人方面之情事。陳計男，上揭書，頁574。

❸　陳計男，上揭書，頁575。

定❸。該條之立法理由為：「情事變更雖係私法上之原則，但公法上契約成立後，如發生情事變更，非訂約當時所得預料，而依其原有效果顯失公平者，為維持兩造當事人實質之公平，亦應有情事變更原則之適用，故於本條第一項規定，行政法院於訴訟程序中，得依當事人聲請，為增減給付或變更、消滅其他原有效果之判決，以資因應。

公法契約與私法契約主要的不同，在於行政機關負有維護公益之使命，因之，公法上契約成立後，為防止或免除公益上顯然重大之損害，行政機關自得聲請行政法院為本條第一項之判決，以重公益。又依本法第八條規定，給付訴訟尚包括因公法上其他原因發生之財產上給付，故本條第三項亦就此設有準用之明文，俾資準據。」❸

情事變更原則依行政訴訟法第二〇三條之相關規定雖可適用於公法上契約所發生之給付，亦可適用於公法上其他原因發生之財產上給付情事，但學者認為，行政訴訟法作為司法程序法，得否設如本條般之請求權基礎規定，不無再加斟酌之餘地❸。

第七項　行政訴訟裁判之效力

第一目　概　說

行政訴訟裁判之效力可分兩部分說明，一為行政訴訟裁定之效力，一為行政訴訟判決之效力。其中，裁定之效力❸與判決之效力，行政訴訟法之規定，繁簡不同，茲分項說明於次。

第二目　行政訴訟裁定之效力

行政訴訟中之裁定，其效力為何？學者認為裁定一經確定，即不得抗

---

❸　蔡茂寅／翁岳生，上揭書，頁 580；陳計男，上揭書，頁 578-581。

❸　司法院印行，〈行政訴訟法修正草案總說明暨條文對照表〉，頁 305-306。

❸　蔡茂寅／翁岳生，上揭書，頁 580。

❸　陳計男，上揭書，頁 563-564；林騰鷂，《行政法總論》，頁 738-739。

告，故裁定亦具有形式上既判力❸⓪或形式上確定力❸⓫。

又行政訴訟法第二○八條規定，裁定經宣示後，為該裁定之行政法院、審判長、受命法官或受託法官受其羈束，不宣示者，經公告或送達後受其羈束，此即為行政訴訟裁定之羈束力。但為使訴訟程序得以順利進行，同條但書規定，裁定如是關於指揮訴訟或別有規定者，不在此限，亦即不得羈束行政法院、審判長、受命法官或受託法官。此即為通說所稱之裁定不具實質上既判力（或實質上確定力）❸⓬，容許行政法院自行撤銷或變更其裁定。又法律特別規定准許行政法院自行撤銷或變更裁定者，如行政訴訟法第八十七條第三項變更或延展期日之裁定，第九十條第二項伸長或縮短期間之裁定等❸⓭，亦容許行政法院自行撤銷或變更。不過，學者指出，行政法院自行撤銷或變更裁定仍應受下述之限制❸⓮：

1.該裁定所屬之事件業已終結，例如訴訟已因判決而終結後，於其事件程序所為之裁定，即無再有撤銷或變更之餘地。

2.該裁定如已經最高行政法院裁判其當否或其內容業已實現後，亦不得變更或撤銷之。

第三目　行政訴訟判決之效力

行政訴訟判決之效力，依行政訴訟法相關規定及學理，可分為下列各種效力❸⓯：

---

❸⓪　吳庚，《行政爭訟法論》，頁 216。

❸⓫　陳敏，《行政法總論》，頁 1160。

❸⓬　吳庚，上揭書，頁 216；陳敏，上揭書，頁 1160。但學說上有爭議，詳見陳清秀，上揭書，頁 505–506。

❸⓭　相關條文，請參閱，陳計男，上揭書，頁 564。

❸⓮　同上註。

❸⓯　Eyermann/Rennert, VwGO, §121, Rn. 1–54；彭鳳至／陳敏等譯，《德國行政法院法逐條釋義》，頁 1358–1386；陳計男，上揭書，頁 540–561。

一、羈束力

行政訴訟法第二○六條規定,「判決經宣示後,為該判決之行政法院受其羈束;其不宣示者,經公告主文後,亦同」。此所謂之受其羈束是指行政法院之判決經宣示、公告後,縱有違法或不當,該行政法院亦不得自行廢棄或變更之。而該行政法院之後就同一法律爭議之(部分)裁判,應以該裁判為基礎,此即為德國學者所稱之內部效力 (die innere Wirksamkeit),亦即對行政法院的羈束力 (Bindung des Gerichts)[316]。

行政訴訟之判決有羈束力[317],行政法院不得自行廢棄或變更之效力為原則,學者認為在當事人提起再審之訴時,或第三人聲請重新審理,經裁定命為重新審理時,或原判決經最高行政法院判決廢棄確定,發回由原行政法院更為審理時,均為例外情形,原行政法院得依再審原告之聲明,或依其重新審理之結果或更為審理時之結果,廢棄或變更原判決,亦即不受其前所為已確定判決之羈束[318]。

另外,民國九十六年六月五日立法院三讀通過之行政訴訟法,增訂第十二條之二,該條第一項規定:「行政法院認其有受理訴訟權限而為裁判經確定者,其他法院受該裁判之羈束。」是以,一行政法院之判決,對其他法院也有羈束力。

---

[316] Eyermann/Rennert, a.a.O., §121, Rn. 15.

[317] 相關論文及議題討論請參閱,賴恆盈,〈行政訴訟裁判拘束力之研究〉,《台灣本土法學雜誌》,第 103 期,民國 97 年 2 月,頁 130–164;彭鳳至等,〈「行政訴訟裁判拘束力之研究」議題討論〉,《台灣本土法學雜誌》,第 106 期,民國 97 年 5 月,頁 139–166。

[318] 陳計男,上揭書,頁 541–542。

二、形式確定力 (Formelle Rechtskraft) ⑲

形式確定力是指當事人於法定期間屆滿後，不得以上訴之方法，請求廢棄或變更行政訴訟判決之效力，又稱為不可爭力。行政訴訟法第二一二條第一項規定，判決於上訴期間屆滿時確定，亦即有當事人不可再事爭執之力。同條第二項也規定，不得上訴之判決，於判決宣示時確定，判決不宣示者，於判決主文公告時確定。

學者謂，「判決之形式上確定力，僅於終局判決（不論一部終局判決或全部終局判決）有之。中間判決不能獨立上訴，不生獨立確定問題，自無形式上之確定力」⑳。但此一看法與德國學者之看法不同。德國學者認為所有判決，包括德國行政法院法第一○九條之中間判決及第一一一條之原因判決 (Grundurteile)，但不包括德國民事訴訟法第三○三條之中間判決，均可發生形式確定力㉑。

三、實質確定力 (Materielle Rechtskraft)

實質確定力，學理上又稱為實質既判力㉒，係就判決內容之拘束力而言，亦即行政訴訟標的之法律關係，經行政法院判決確定者，當事人對該法律關係，不得另行提起訴訟㉓。行政訴訟法第二一三條規定：「訴訟標的

---

⑲ Eyermann/Rennert, a.a.O., §121, Rn. 1–3; 彭鳳至／陳敏等譯，上揭書，頁 1359–1360；陳計男，上揭書，頁 543。

⑳ 陳計男，上揭書，頁 543。

㉑ Eyermann/Rennert, a.a.O., §121, Rn. 3; 彭鳳至／陳敏等譯，上揭書，頁 1360。

㉒ 陳敏，上揭書，頁 1161；吳庚，上揭書，頁 216–225；陳清秀，上揭書，頁 496–528。

㉓ 相關討論請參閱，行政訴訟法第 18 次研究會，既判力與行政程序重開及違法行政處分之撤銷，*Taiwan Law Journal* 187，2011 年 11 月 1 日，頁 47–64；另參閱，劉建宏，〈行政法院裁判既判力與行政程序重新進行及違法行政處分之撤銷──財政部台財訴字第一○一一三○○○八四○號訴願裁定〉，《月旦裁判時報》，第 20 期，2013 年 4 月，頁 100–104。

於確定之終局判決中經裁判者，有確定力」，此所謂之確定力，即實質之確
定力或實質上既判力。又，有確定力之終局判決，倘經再審程序廢棄者，
即回復至各該審級程序，基於一事不再理原則，於該訴訟繫屬中，當事人
亦不得就已起訴之事件，再就同一行政處分更行起訴，請求將該行政處分
予以撤銷。最高行政法院九十五年度判字第一八〇九號判決即認為：「上訴
人就被上訴人八十五年九月三日（八十五）北市警人字第六九一六號考
績通知書之免職處分循序提起復審、再復審及行政訴訟，經臺北市政府復
審核定、保訓會再復審決定駁回及本院八十六年度判字第一八〇七號判決
駁回確定後，上訴人提起再審之訴，經本院九十二年度判字第一三七三號
判決將本院八十六年度判字第一八〇七號確定判決廢棄，發交原審法院。
嗣經原審九十三年九月二十三日九十二年度交訴字第三號判決駁回，上訴
人又提起上訴，經本院於九十五年四月二十日以九十五年度判字第五四三
號判決將原審九十二年度交訴字第三號判決廢棄，再發回原審法院審理，
足徵上訴人不服被上訴人八十五年九月三日（八十五）北市警人字第六九
一六號考績通知書之免職處分，經依法循復審程序提起行政訴訟，並經
確定之終局判決後，復經再審程序經本院將原確定判決廢棄，發交及發回
原審法院審理。依首揭之說明，本件專案考績免職之處分尚未確定，上訴
人自應於再審之第一審程序請求救濟，不得再依行政程序法第一二八條第
一項規定申請被上訴人重開程序撤銷、廢止或變更原處分。」❸❷❹

　　實質確定力之拘束範圍❸❷❺，依行政訴訟法上規定，有主觀範圍、客觀
範圍及時間範圍，茲分述之：

㈠實質確定力之主觀範圍 (Persönlicher Umfang der Rechtskraft)

　　實質確定力之主觀範圍是指行政法院判決之實質確定力對那些人發生
效力，依行政訴訟法之規定有如下列❸❷❻：

---

❸❷❹　參閱《台灣本土法學雜誌》，第 92 期，2007 年 3 月，頁 179–180。

❸❷❺　相關論文請參閱，陳淑芳，〈行政訴訟判決之確定力與裁判〉，《月旦法學教室》，
　　　第 69 期，民國 97 年 7 月，頁 8–9。

1. 當事人

此為行政訴訟法第二一四條所明定。又行政訴訟法第二一六條第一項規定,「撤銷或變更原處分或決定之判決,就其事件有拘束各關係機關之效力。」依此規定,則為原處分之機關及其監督機關,均為此所謂之當事人,應受判決實質確定力之拘束。

2. 參加訴訟人

此因行政訴訟法第二十三條規定參加訴訟人亦為當事人,故行政訴訟判決之實質確定力,亦及於參加訴訟人。

3. 當事人之繼受人

行政訴訟法第二一四條第一項規定,確定判決,對於訴訟繫屬後為當事人之繼受人者,亦有效力。

4. 與當事人同等地位之人

行政訴訟法第二一四條第二項規定,「對於他人而為原告或被告者之確定判決,對於該他人亦有效力。」此即為與當事人同等地位之人,例如破產管理人,為訴訟程序之原告,則「他人」即破產人是也。又如為當事人或其繼受人占有請求之標的物者,依行政訴訟法第二一四條第一項規定,亦為確定判決效力所及。

5. 其他第三人

行政訴訟法第二一五條規定,「撤銷或變更原處分或決定之判決,對第三人亦有效力。」此一效力,學者有稱之為構成要件效力 (Tatbestandswirkung) 者,有稱之為對世效力者❷❷

---

❸❷❻ 陳清秀,上揭書,頁 516–522;陳計男,上揭書,頁 553–558;吳庚,上揭書,頁 218–221;Kopp/Schenke, VwGO, §121, Rn. 5.

㈡實質確定力之客觀範圍 (Sachlicher Umfang der Rechtskraft)

行政訴訟實質確定力之客觀範圍僅及於訴訟標的於確定之終局判決中經裁判者，此為行政訴訟法第二一三條所明定。至於訴訟標的，依行政訴訟種類之不同，分別為撤銷訴訟、課予義務訴訟、確認訴訟、給付訴訟等之訴訟標的等。此些訴訟標的經裁判者，學理上稱為裁判標的 (Entscheidungsgegenstand)，始生實質確定力。其後，當事人不得再就同一法律關係更行起訴或於他訴訟上為與此相反之主張，或法院於後訴訟之裁判亦不得與此確定判決內容相牴觸❸❷❽。最高行政法院九十三年度判字第七八二號判決即明確指出：「為訴訟標的之法律關係於確定終局判決中經裁判，該確定終局判決中有關訴訟標的之判斷，即成為規範當事人間法律關係之基準，嗣後同一事項於訴訟中再起爭執時，當事人即不得為與該確定判決意旨相反之主張，法院亦不得為與該確定判決意旨相反之判斷，其積極作用在避免先後矛盾之判斷，消極作用則在禁止重複起訴。」❸❷❾

而所謂於訴訟標的確定終局判決中經裁判者，學者謂：係指判決書主文所表示之判斷者，亦即判決之實質確定力僅及於判決主文就當事人請求判決事項加以判斷之範圍為準，而當事人請求則包括原告訴之聲明及被告提起反訴時其反訴所聲明之訴訟標的在內❸❸❿。

判決主文通常言簡意賅、文字簡潔，行政法院究竟針對何種事項為判斷，有時難以理解而有賴於參照事實、判決理由以及當事人在訴訟上陳述以及原告之聲明等判決元素 (Urteilselemente)❸❸❶，以判斷實質確定力之客觀

---

❸❷❼　請參閱，黃源浩，〈論行政訴訟撤銷判決之既判力與對世效力〉，《台灣法學雜誌》，第 223 期，2013 年 10 月，頁 116–127。

❸❷❽　陳清秀，上揭書，頁 506、508–510；陳計男，上揭書，頁 543。

❸❷❾　參閱，司法院印行，《最高行政法院裁判要旨彙編》，第 24 輯，民國 94 年 6 月，頁 778。

❸❸❿　吳庚，上揭書，頁 217；另參閱德國學者關於訴訟標的之概念之解說，Eyermann/Rennert, a.a.O., §121, Rn. 23–24；彭鳳至／陳敏等譯，上揭書，頁 1371–1372。

範圍。

由於各種行政訴訟之訴訟標的有別，故實質確定力之客觀範圍亦有不同。首先，就撤銷訴訟而言，其訴訟標的是雙層的 (Zweischichtig)。其中，第一層是原告訴訟上的請求，即請求撤銷系爭的行政處分；第二層是確認原告的法律上主張，亦即行政處分違法而侵害其權利。德國學界雖有嘗試認定撤銷訴訟的訴訟標的為一層，即原告請求撤銷行政處分的這一層，但司法實務及多數見解，則認同有兩層，認為撤銷訴訟標的，必須擴張到由其目的來決定，就是從考慮重複處分 (Wiederholungsakte)，損失補償 (Entschädigung) 及損害賠償 (Schadensersatz) 的角度，來拘束行政機關❸。我國行政訴訟法第二一六條之規定，顯已採此雙層理論，蓋因其立法理由指出：「為使行政法院所為撤銷或變更原處分或決定之判決，對於原告之權利救濟具有實效，應課原機關以尊重判決內容之義務，以防杜原機關依同一違法之理由，對同一人為同一之處分或決定。又原處分或決定經判決撤銷後，原機關有須重為處分或決定者，亦應依判決之意旨為之，藉以督促原機關有依判決意旨作為之義務。」❸我國司法實務亦就此作出相關判決，謂：「行政法院之判決，就其事件有拘束各關係機關之效力，為八十七年十月二十八日修正前之行政訴訟法第四條（現行法第二百十六條）所明定，官署之行政處分，經人民依行政爭訟手段，而經行政法院就實體判決確定者，即兼有形式上及實質上之確定力，當事人對於同一事項，不得再行爭執，為該處分之官署及其監督官署，亦不能復予變更，是原行政處分如經本院實體判決撤銷，原處分機關即應受拘束，自不得再為與原處分內容相同之處分，否則難謂未違反上開規定。」❸

---

❸ 陳清秀，上揭書，頁 510；吳庚，上揭書，頁 217；彭鳳至／陳敏等譯，《德國行政法院法逐條釋義》，頁 1370。

❸ Eyermann/Rennert, a.a.O., §121, Rn. 25；彭鳳至／陳敏等譯，上揭書，頁 1372–1373。

❸ 司法院印行，〈行政訴訟法修正草案總說明暨條文對照表〉，頁 320–321。

❸ 最高行政法院 91 年度判字第 2059 號判決，《台灣本土法學雜誌》，第 45 期

　　另司法院大法官釋字第三六八號解釋亦表示：「行政法院所為撤銷原決定及原處分之判決，如係指摘事件之事實尚欠明瞭，應由被告機關調查事證另為處分時，該機關即應依判決意旨或本於職權調查事證。倘依重為調查結果認定之事實，認前處分適用法規並無錯誤，雖得維持已撤銷之前處分見解；若行政法院所為撤銷原決定及原處分之判決，係指摘其適用法律之見解有違誤時，該管機關即應受行政法院判決之拘束。」依此，行政法院所為撤銷原決定及原處分之判決，如係指摘事件之事實尚欠明瞭，應由被告機關調查事證後另為處分者，該機關依判決意旨或本於職權再調查事證，倘依調查結果重為認定之事實，認前處分適用法規並無錯誤，而維持已撤銷之前決定之見解者，於法固非有違；惟如係指摘原決定及處分之法律見解有違誤者，該管機關即應受行政法院判決所示法律見解之拘束，不得違背。有鑑於此，民國一○○年十一月二十三日公布修正之行政訴訟法乃於第二一六條中，增訂第三項，明定行政法院依行政訴訟法第二一六條第一項、第二項所為之判決，「如係指摘機關適用法律之見解有違誤時，該機關即應受判決之拘束，不得為相左或歧異之決定或處分。」

　　又值得注意的是，關於行政訴訟法第二一六條第一項至第三項之規定，依民國一○○年十一月二十三日公布修正之行政訴訟法第二一六條第四項規定，準用於其他行政訴訟。

　　關於撤銷訴訟實質確定力之客觀範圍，學者就駁回原告請求之判決與認同原告請求而撤銷或變更行政機關原處分或決定之判決分別舉例說明如次：

1.駁回原告之訴之判決

　　例如原告以特定之營業支出作為請求減少稅額之理由，提起撤銷訴訟，如被行政法院判決駁回，則判決就原告所主張之營業支出並不足以減低稅額以及行政機關之課稅處分於此限度內並無違法之判斷，發生實質之確定力❸❸❺。又如原告請求撤銷違建拆除處分如被行政法院駁回，則判決就拆除

　　　2003 年 4 月，頁 164–166。

❸❸❺　陳清秀，上揭書，頁 510。

處分及拆除處分符合實體建築法的確認判斷，有實質之確定力。同樣的，對原告請求准予考試，如為駁回之判決，則判決就不准考試之處分及欠缺考試資格之確認判斷，有實質之確定力❸。

2.撤銷原處分或決定之判決

撤銷原處分或決定之判決又可分為兩類，即基於程序上理由之撤銷判決及基於實體上理由之撤銷判決❸，亦即：

(1)基於程序上理由之撤銷判決

在原告勝訴之撤銷判決，如係基於處分之手續上瑕疵之理由，則其既判力僅及於判決之具體的違法性之判斷，亦即僅及於法院所審查以及於裁判中所揭示之撤銷理由 (Aufhebungsgrunde)，例如以行政機關欠缺管轄權或因其他程序瑕疵而撤銷原處分，僅就管轄權之欠缺或該程序瑕疵本身發生既判力，於此類情形，仍不妨由有管轄權機關重新為內容相同之處分，或於無瑕疵之程序中為處分。我國實務上如行政法院六十年裁字第二〇四號判決，六十年判字第四二八號判決及五十六年判字第四五號判例亦採相同見解。

(2)基於實體上理由之撤銷判決

在原告勝訴之撤銷判決，如行政法院係基於實體上之理由，如認定系爭行政處分授權法規的構成要件不存在或者認定行政機關之裁量有瑕疵❸，則行政機關在事實或法律狀態未變更的情形下，不得作成內容相同

---

❸ Eyermann/Rennert, a.a.O., §121, Rn. 26；彭鳳至／陳敏等譯，上揭書，頁 1373。

❸ 陳清秀，上揭書，頁 512；另 Eyermann/Rennert, a.a.O., §121, Rn. 22；彭鳳至／陳敏，上揭書，頁 1370。

❸ 所謂裁量有瑕疵，依行政訴訟法第 201 條規定，係指行政機關之作為或不作為逾越權限或濫用權力者為限，行政法院始得加以撤銷。相關司法實務，請參閱高雄高等行政法院 90 年度訴字第 1829 號判決，《台灣本土法學雜誌》，第 40 期，2002 年 11 月，頁 182–184；臺北高等行政法院 90 年度訴字第 4789 號判決，《台灣本土法學雜誌》，第 41 期，頁 140–141；臺北高等行政法院 91 年度

的新行政處分❸❸❾。例如，原告爭執課稅處分，主張對其配偶支付之薪資乃屬營業支出，經法院判決准許減除而減少稅捐時，則課稅處分，在不承認其配偶之薪資列為營業支出之範圍內，乃屬違法，有實質之確定力。因此，祇要事實狀況未發生變更之情況下，稽徵機關在嗣後的處分中，對其配偶之薪資列為營業支出，不得加以否認。但如稽徵機關將從來未曾發現之資本收入，列入所得課稅，則非實質確定力之客觀範圍所及❸❹❾。

　　對撤銷訴訟實質確定力之客觀範圍，司法院大法官亦曾作出解釋，即釋字第三六八號之解釋謂：「行政法院所為撤銷原決定及原處分之判決，如係指摘事件之事實尚欠明瞭，應由被告機關調查事證另為處分時，該機關即應依判決意旨或本於職權調查事證。倘依重為調查結果認定之事實，認前處分適用法規並無錯誤，雖得維持已撤銷之前處分見解；若行政法院所為撤銷原決定及原處分之判決，係指摘其適用法律之見解有違誤時，該管機關即應受行政法院判決之拘束。」又行政法院七十八年判字第一四○八號判決亦稱：「撤銷原處分重為復查之結果，縱與已撤銷之前決定持相同之見解，於法亦非有違，係指復查發見新事實或新證據，足以支持相同內容之處分而言，若事實及法律狀態均未變更，且未發見新證據，而為內容相同之反覆處分者，即為法所不許。」❸❹❶

　　至於課予義務訴訟之訴訟標的❸❹❷，則不只是請求核發所申請行政處分

訴字第 978 號判決，《台灣本土法學雜誌》，第 48 期，頁 173–174；最高行政法院 92 年度判字第 1426 號判決，《台灣本土法學雜誌》，第 56 期，2004 年 3 月，頁 179–183。

❸❸❾ Eyermann/Rennert, a.a.O., §121, Rn. 27；另彭鳳至／陳敏等譯，上揭書，頁 1373–1374。彭鳳至大法官就此段之翻譯與原文並不十分貼切。

❸❹❾ 陳清秀，上揭書，頁 513。

❸❹❶ 陳清秀，上揭書，頁 514。

❸❹❷ 參閱，劉建宏，〈課予義務訴訟之訴訟標的與裁判之既判力——最高行政法院 97 年 12 月份第 3 次庭長法官聯席會議決議簡評〉，《台灣法學雜誌》，第 125 期，民國 98 年 4 月 1 日，頁 213–215。

的程序請求權而已，尚且包括原告法律上的主張，即行政機關就所涉申請權基礎或法規授權基礎之拒絕或怠於核發所申請行政處分，於行政法院裁判時，應被認定為違法之主張。因此，課予義務訴訟的判決，不只針對原告所請求的法律效果，也時常是針對申請權的法律基礎之存在或不存在●。舉例而言，基於政府承諾 (Zusicherung) 申請獎助金受拒而提課予義務訴訟，如因所主張的政府承諾並不存在而被駁回時，則可發生嗣後以可歸責於行政機關未遵守承諾而提起的損害賠償訴訟為有理由的障礙。換言之，不只申請發給獎助金之程序請求權被駁回有實質確定力，而獎助金申請權所根基的政府承諾之否定，亦為實質確定力之範圍所及●。

另確認訴訟之訴訟標的為訴訟上的請求權。所請求的是確認訴之聲明中之法律關係存在或不存在，或是確認訴之聲明中之行政處分之無效，或是確認訴之聲明中之已經執行完畢或因其他事由而消滅的行政處分之違法●。確認訴訟之訴訟標的如經法院判決確定，其實質確定力之客觀範圍即為該法律關係之是否存在，行政處分之是否無效及已執行完畢或因其他事由而消滅的行政處分之違法。舉例而言，甲主張對乙所有之×地有公法上地役權存在，經甲提起確認公法上地役權法律關係存在之訴，如判決甲勝訴確定，則乙不得再主張甲之公法上地役權法律關係不存在，行政法院亦不得再作甲無公法上地役權法律關係之認定。換言之，應受確認判決之拘束●。又如當事人集會遊行之申請遭到駁回或受到不合理之附款處分後，因申請集會遊行之日期已過而提起確認駁回集會遊行申請之處分為違法，則經行政法院判決勝訴確定後，行政機關或行政法院嗣後即不得再主張駁回集會遊行申請之處分為合法●。

● Eyermann/Rennert, a.a.O., §121, Rn. 28.

● Eyermann/Rennert, a.a.O., §121, Rn. 31.

● 此即為學理上所謂「追加確認訴訟」(nachtraegliche Festellungsklage) 或「續行確認之訴」(Fortsetzungs-feststellungsklage)。黃錦堂／翁岳生，《行政訴訟法逐條釋義》，頁 110–113；彭鳳至／陳敏，《德國行政法院法逐條釋義》，頁 1379。

● 陳計男，上揭書，頁 547。

(三)實質確定力之時間範圍 (Zeitliche Grenzen der Rechtskraft)

實質確定力之時間範圍乃既判力所及之時點,亦即既判力之標準時[348],為高等行政法院言詞辯論終結時。行政法院之確定判決在該時所對實體法上之權利義務關係之判斷認定有實質確定力。由於最高行政法院依行政訴訟法第二五四條第一項規定,應以高等行政法院判決確定之事實為判決基礎,故事件雖經高等行政法院判決確定,但實質確定力,亦即既判力之基準時,仍以高等行政法院言詞辯論終結時為準。不過,最高行政法院如依行政訴訟法第二五三條第一項規定,行言詞辯論時,就言詞辯論所得闡明或補充訴訟關係之資料,最高行政法院依行政訴訟法第二五四條第二項規定既得斟酌之,則此類訴訟之既判力時點,學者認為應及於最高行政法院言詞辯論終結之時[349]。

總而言之,既判力發生之時點,即高等行政法院最後言詞辯論終結時已存在之事實或攻擊防禦方法在後訴中不得再提出或主張。但如在既判力發生時點後之新事實,則非既判力之所及。例如甲申請自某國輸入牛肉而遭拒絕處分,經提起行政訴訟判決而獲勝訴。嗣後該某國被公告為口蹄疫區,禁止該國牛肉進口時,則行政機關自得因既判力發生時點後之此一新事實,作成拒絕甲輸入該某國牛肉之行政處分[350]。同樣的,在既判力發生時點之後,作為裁判基礎的法律有變更或被宣告無效時,則實質確定力於此範圍內,因法律情況之變更 (Änderungen der Rechtslage) 而消失[351]。

又既判力發生時點前已存在之事實或攻擊防禦方法,當事人原本皆得提出或主張,但如當事人於訴訟中未主張或未提出,則不得於他訴訟案,

---

[347] 黃錦堂／翁岳生,上揭書,頁 111。

[348] 蔡茂寅／翁岳生,《行政訴訟法逐條釋義》,頁 592。

[349] 陳計男,上揭書,頁 548。

[350] 同上註,頁 549。

[351] Eyermann/Rennert, a.a.O., §121, Rn. 48；彭鳳至／陳敏等譯,上揭書,頁 1384；陳清秀,《行政訴訟法》,頁 522–526。

執為與該確定判決意旨相反之主張。此種既判力之效果，即為學者所稱之遮斷效或失權效[352]。

四、形成力

判決之形成力是指原告與被告間之法律關係，因行政法院判決之確定，使其法律關係發生、變更或消滅效果之效力。例如撤銷訴願決定及原處分之判決，有使訴願決定及行政處分消滅之效力。此種判決之形成力只有形成判決有之，給付判決及確認判決則無[353]。

判決之形成力，原則上因形成判決之確定而發生。不過，形成判決之內容，使其所形成之法律關係溯及的發生效果，例如撤銷訴願決定及原處分之判決，若將撤銷行政處分之時點提前至判決確定前的某一時點時，則判決之形成力即溯及的發生[354]。

五、執行力

判決的執行力是指確定之判決得作為執行名義請求強制執行之效力。此種效力，限於給付判決有之，確認判決因僅在確定兩造間法律關係之成立與不成立而已，故無執行力。另形成判決於判決確定時，即形成一定之法律關係，無待於以強制執行實現之，故亦無執行力[355]。

給付判決原則上有執行力。不過，給付判決之給付內容不適於強制執行者，或不待強制執行即可實現者，在法律上仍無執行力。又給付判決附有條件或期限者，依行政訴訟法第三〇六條第二項準用強制執行法第四條第二項規定，須於條件成就或期限屆至者，始得開始強制執行程序[356]。

---

[352] 陳計男，上揭書，頁 249。

[353] 陳計男，上揭書，頁 559。

[354] 同上註。

[355] 同上註，頁 560–561。

[356] 同上註，頁 561。

第四章　地方法院行政訴訟庭簡易程序

第一節　簡易訴訟程序之必要性

行政訴訟法仿照民事訴訟法體例，設簡易訴訟程序，使若干行政訴訟事件，不必適用上述完整、詳細的訴訟審理程序而依簡易的訴訟程序，即可迅速審結。此為我國行政訴訟法制之特色，而為其他國家立法例所無者❶。此一制度之優點，學者將之歸納為：

1. 訴訟處理流程較為簡易裁判並得不經言詞辯論。
2. 審理時間大幅縮短。
3. 由獨任法官擔任可節省法官人力資源。
4. 各類程式要求亦較簡易。
5. 原則上不得上訴或抗告❷。

不過，行政訴訟法所規定之適用簡易訴訟程序事件多以稅額、罰鍰或給付標的之金額為準，則為學者所垢病，認為行政處分違法侵害人民權益，其法律上之評價不因金額多寡而有異，而屬於私權爭執之民事訴訟事件以金額定其可否上訴已受學界垢病，另為我國行政訴訟制度仿效之德國行政法院法第一三一條原本以金額作為限制第二審上訴之標準，已於 1996 年 11 月修法後廢止，故行政訴訟簡易訴訟程序之採行並非是有全面、肯定的價值❸。

由於行政訴訟事件增加速度之幅度日益擴大❹，為免訴訟程序之延宕損

---

❶　吳庚，《行政爭訟法論》，頁 233。

❷　黃啟禎／翁岳生，《行政訴訟法逐條釋義》，頁 627；另有關簡易訴訟程序設計之法理說明，請參閱邱聯恭，〈簡易訴訟之程序法理〉，收於氏著，《司法之現代化與程序法》，頁 311 以下。

❸　吳庚，上揭書，頁 233–234。另參閱，許育典，〈「簡易程序等於通常程序?」〉，《月旦法學雜誌》，第 93 期，民國 99 年 7 月，頁 6–7。

及人民權益，建構一個合理、公正之行政訴訟簡易程序之規範，仍有必要。民國一〇〇年十一月二十三日公布修正之行政訴訟法，乃依行政訴訟三級二審新制❺，將行政訴訟法第二編之第二章章名由「簡易訴訟程序」改為「地方法院行政訴訟庭簡易訴訟程序」並修正行政訴訟法第二二九條規定，明定適用簡易訴訟程序之管轄法院，以與高等行政法院通常訴訟程序有所區別。

第二節　簡易訴訟程序之管轄法院

民國一〇〇年十一月二十三日公布修正之行政訴訟法第二二九條第一項規定：「適用簡易訴訟程序之事件，以地方法院行政訴訟庭為第一審管轄法院。」是以，簡易訴訟程序之審理法院，第一審為地方法院行政訴訟庭。對於簡易訴訟程序之裁判不服者，依行政訴訟法第二三五條第一項除法律別有規定外，得上訴或抗告於管轄之高等行政法院。又簡易訴訟事件係二審終結，故對於簡易訴訟程序之第二審裁判，依行政訴訟法第二三五條第三項規定，不得上訴或抗告。

另為避免以臺北、臺中、高雄等三所高等行政法院為簡易訴訟事件之終審，衍生裁判見解歧異之問題，行政訴訟法第二三五條之一第一項乃例外規定，最高行政法院為簡易訴訟事件之第二審，亦即，「高等行政法院受理簡易訴訟程序上之上訴或抗告事件，認為確保裁判見解統一之必要者，應以裁定將案件移送最高行政法院裁判。」對於此項裁定，新增修之行政訴訟法第二三五條之一第二項乃規定，不得聲明不服，因其對當事人並無不利。

---

❹　如民國 88 年 1 月至 6 月，行政訴訟事件新收 3,841 件，較上年同期增加 39.7%，《司法周刊》，第 941 期，民國 88 年 8 月 1 日，第一版。其後之統計數字分析，請參閱，陳計男，〈我國行政訴訟制度改革之動向與運用狀況（四）〉，《司法周刊》，第 1114 期，民國 91 年 12 月 25 日，第二版。

❺　新制對人民行政救濟之影響，請參閱，蔡朝安、鍾典晏、陳伯翰合著，〈行政訴訟法三級二審之修正對人民行政救濟之影響〉，《全國律師月刊》，2012 年 9 月，頁 44–49。

不過，如最高行政法院認高等行政法院裁定移送之訴訟事件，並未涉及裁判見解統一之必要者，依新增修之行政訴訟法第二三五條之一第三項規定，應以裁定發回。受發回之高等行政法院，不得再將訴訟事件裁定移送最高行政法院，以避免訴訟案件來回移送，影響當事人訴訟權益。

值得注意的是，民國一〇三年五月三十日，立法院於三讀通過之行政訴訟法第二二九條第四項，增訂關於行政收容事件涉訟者，屬於簡易訴訟程序之適用範圍，而其管轄法院為：「受收容人受收容或曾受收容所在地之地方法院行政訴訟庭管轄，不適用第十三條之規定。但未曾受收容者，由被告機關所在地之地方法院行政訴訟庭管轄。」

第三節　簡易訴訟程序之適用範圍

行政訴訟法第二二九條第二項規定，下列各款行政訴訟事件，除本法別有規定外，適用本章所定之簡易訴訟程序[6]：

1.關於稅捐課徵事件涉訟，所核課之稅額在新臺幣四十萬元以下者。

2.因不服行政機關所為新臺幣四十萬元以下罰鍰處分而涉訟者。

3.其他關於公法上財產關係之訴訟，其標的之金額或價額在新臺幣四十萬元以下者。

4.因不服行政機關所為告誡、警告、記點、記次或其他相類之輕微處分而涉訟者[7]。

5.關於內政部入出國及移民署之行政收容事件涉訟或合併請求損害賠償或其他財產上給付者[8]。

---

[6]　相關論文請參閱，陳淑芳，〈簡易訴訟程序之適用〉，《月旦法學教室》，第 91 期，民國 99 年 5 月，頁 12–13。

[7]　參閱社會秩序維護法第 89、90 條之規定。

[8]　此為民國 103 年 5 月 30 日立法院三讀通過所增訂之行政訴訟法第 229 條第 2 項第 5 款。其增訂理由依司法院所提「行政訴訟法部份條文修正對照表」之說明，指出行政收容涉訟事件因與行政訴訟法第 237 條之 10 以下所定收容聲請事件相關，且收容聲請事件已明定由地方法院行政訴訟庭審理，為調查證據之

6.依法律之規定應適用簡易訴訟程序者。

行政訴訟法第二二九條第三項又規定，前項所定數額，司法院得因情勢需要，以命令減為新臺幣二十萬元或增至新臺幣六十萬元。

另行政訴訟法第二三〇條規定，前條第二項第一款至第三款之訴，因訴之變更，致訴訟標的之金額或價額逾新臺幣四十萬元者，其辯論及裁判改依通常訴訟程序之規定，地方法院行政訴訟庭並應裁定移送管轄之高等行政法院。追加之新訴或反訴，其訴訟標的之金額或價額逾新臺幣四十萬元，而以原訴與之合併辯論及裁判者，亦同。此即為簡易訴訟程序適用範圍之限縮排除規定。

第四節　簡易訴訟程序之特別規定

行政訴訟法第二三六條規定，簡易訴訟程序，除本章別有規定外，仍適用行政訴訟法通常訴訟程序及準用民事訴訟法第四三〇條、第四三一條及第四三三條之規定，而所謂別有規定則是指行政訴訟法第二三一至二三五條以及第二三五條之一、第二三六條之一、第二三六條之二之規定❾，即：

1.簡易訴訟事件之起訴及其他期日外之聲明或陳述,概得以言詞為之。以言詞起訴者，應將筆錄送達於他造。

2.簡易訴訟程序在獨任法官前行之。

3.民國一〇〇年十一月二十三日公布修正前之行政訴訟法第二三三條第一項，原規定簡易訴訟程序之裁判得不經言詞辯論為之，但民國一〇〇年十一月二十三日公布修正之行政訴訟法第二三三條則刪除此一「得不經言詞辯論」之規定，使簡易訴訟程序事件之判決，原則上亦應經言詞辯論

便利，踐行較為簡便之訴訟程序以利終結，俾符訴訟經濟，明定上述事件應由地方法院行政訴訟庭依簡易訴訟程序審理，爰增列第 2 項第 5 款。又行政收容事件涉訟與收容聲請事件之事物管轄法院，宜為同一，其訴訟標的如涉及金額或價額，不論是否逾新臺幣 40 萬元，均屬該款之事件，依簡易訴訟程序審理。

❾　陳計男，《行政訴訟法釋論》，頁 617–625；黃啟禎／陳敏，上揭書，頁 629–634。

為之,以呼應行政訴訟法第一八八條第一項之規定,並保障人民之訴訟權。又言詞辯論期日之通知書,依行政訴訟法第二三三條之規定,應與訴狀或第二三一條第二項之筆錄一併送達於他造。

4.簡易訴訟事件之判決書內之事實、理由,得不分項記載,並得僅記載其要領。

5.對於簡易訴訟程序之裁判不服者,如提起上訴或抗告,在民國一〇〇年十一月二十三日行政訴訟法公布修正前,須經最高行政法院之許可,而此項之許可,以訴訟事件所涉及之法律見解具有原則性者為限。民國一〇〇年十一月二十三日公布修正之行政訴訟法,為使當事人獲得較完整之法律審救濟,並以達成金字塔型訴訟架構之理想目標,乃將上述限制,於第二三五條第一項、第二項放寬為以原裁判違背法令為理由,即得上訴或抗告於高等行政法院,由高等行政法院為法律審。又因行政訴訟事件均係二審終結,故在民國一〇〇年十一月二十三日公布修正之行政訴訟法第二三五條第三項明定:「對於簡易訴訟程序之第二審裁判,不得上訴或抗告。」

6.簡易訴訟事件之審理法院,如上所述,第一審為地方法院行政訴訟庭。第二審原則上為高等行政法院,例外為最高行政法院。

7.民國一〇〇年十一月二十三日公布修正之行政訴訟法第二三五條第二項規定,對於簡易訴訟程序之裁判提起上訴或抗告,須以原裁判違背法令為理由。為了便利第二審法院之審理,以貫徹簡易訴訟程序之簡易迅速目的,新增修之行政訴訟法第二三六條之一乃規定:「對於簡易訴訟程序之裁判提起上訴或抗告,應於上訴或抗告理由中表明下列事由之一,提出於原地方法院行政訴訟庭為之:一、原裁判所違背之法令及其具體內容。二、依訴訟資料可認為原裁判有違背法令之具體事實。」

8.簡易訴訟程序在民國一〇〇年十一月二十三日公布修正之行政訴訟法上,有很多的修正與增修。因此,如不應適用簡易訴訟程序而誤用簡易訴訟程序或應適用簡易訴訟程序而誤用其他程序,則應如何處理?行政訴訟法乃分別規定之,即❿:

❿　參閱,司法院編印,《行政訴訟三級二審新制問答集》,民國 101 年 7 月,頁

(1)不應適用簡易訴訟程序而誤用簡易訴訟程序

①應適用通常訴訟程序事件，誤用簡易訴訟程序：

應適用通常訴訟程序之事件，第一審誤用簡易訴訟程序審理並為判
決者，受理其上訴之高等行政法院依行政訴訟法第二三六條之二第
一項規定，應廢棄原判決，逕依通常訴訟程序為第一審判決。但當
事人於第一審對於該程序誤用已表示無異議或無異議而就該訴訟有
所聲明或陳述者，不在此限。有此但書情形時，高等行政法院依行
政訴訟法第二三六條之二第二項規定，應適用簡易訴訟上訴審程序
之規定而為裁判。

②應適用交通裁決訴訟程序事件，誤用簡易訴訟程序：

應適用交通裁決訴訟程序之事件，第一審誤用簡易訴訟程序審理並
為判決者，受理其上訴之高等行政法院依行政訴訟法第二三七條之
九第二項準用第二三六條之二第三項，再準用第二五六條之一第一
項規定,不得以地方法院行政訴訟庭行簡易訴訟程序而廢棄原判決。

(2)應適用簡易訴訟程序而誤用其他程序

①應適用簡易訴訟程序事件，誤用通常訴訟程序：

此情形對當事人之程序保障並無欠缺，故行政訴訟法第二五六條之
一第一項規定，最高行政法院不得以高等行政法院行通常訴訟程序
而廢棄原判決。惟此程序誤用，並不改變其為簡易訴訟程序事件之
本質，故同條第二項規定此情形，應適用簡易訴訟上訴審程序之規
定。

②應適用簡易訴訟程序事件，誤用交通裁決訴訟程序：

應適用簡易訴訟程序之事件，第一審誤用交通裁決事件訴訟程序審
理並為判決者，受理其上訴之高等行政法院應廢棄原判決，將之發
回地方法院行政訴訟庭。但當事人於第一審對於該程序誤用已表示
無異議或無異議而就該訴訟有所聲明或陳述者，不在此限，此時，
高等行政法院依行政訴訟法第二三七條之九第二項，準用第二三六

15-16。

條之二第一項、第二項規定，應適用交通裁決事件上訴審程序之規定而為裁判。

9.簡易訴訟程序之上訴，行政訴訟法第二三六條之二第三項規定，除行政訴訟法第二四一條之一的規定外，準用行政訴訟法第三編上訴審程序之規定。此乃考量簡易訴訟程序事件，相較於通常訴訟程序事件而言，較為簡單輕微，如其上訴審亦採行強制代理，將過度限制上訴權之行使，故明定簡易訴訟程序之上訴，排除準用第二四一條之一強制代理之規定。至於第三編上訴審程序之其餘規定，性質與簡易訴訟程序不牴觸者，則可準用於簡易訴訟程序之上訴。

10.簡易訴訟程序之抗告、再審及重新審理，依行政訴訟法第二三六條之二第四項規定，分別準用行政訴訟法第四編抗告程序、第五編再審程序、第六編重新審理之程序。

第五章　交通裁決事件訴訟程序

第一節　交通裁決事件訴訟程序之變革

依道路交通管理處罰條例所為之裁決，本質上為行政處分，因其質輕量多，在過去的四十多年中，由於行政法院未能普設，為顧及民眾訴訟便利，並兼顧當時單一行政法院之負荷，乃在立法上採取使用普通法院交通法庭，依聲明異議方式，準用刑事訴訟法之救濟規定。民國一○○年十一月二十三日公布修正之行政訴訟法，確立了行政訴訟三級二審制，在各地方法院普設行政訴訟庭之後，上述顧慮原因，已然消除。因此，民國一○○年十一月二十三日公布修正之行政訴訟法，增訂了第二編第三章之交通裁決事件訴訟程序，將過去由普通法院審理之違反道路交通管理處罰條例受到裁罰之救濟案件，改由地方法院行政訴訟庭依行政訴訟程序審理。此項交通裁決事件訴訟之程序，規定在行政訴訟法第二三七條之一至第二三七條之九，其要點可再分節論述於次。

第二節　交通裁決事件訴訟程序之適用範圍

行政訴訟法第二三七條之一第一項規定了交通裁決事件訴訟程序之範圍為：

一、不服道路交通管理處罰條例第八條及第三十七條第五項之裁決，而提起之撤銷訴訟、確認訴訟。

二、合併請求返還與前款裁決相關之已繳納罰鍰或已繳送之駕駛執照、計程車駕駛人執業登記證、汽車牌照。

至於合併提起行政訴訟法第二三七條之一第一項規定以外之訴訟者，如合併請求損害賠償❶；或合併請求行政機關為某種事實行為；或合併請

---

❶　相關論文請參閱，王百金，〈交通裁決行政訴訟案件之請求附帶損害賠償新法施行適用疑義〉，《台灣法學雜誌》，第 224 期，2013 年 5 月，頁 26–43。

求撤銷與裁決無關之其他行政處分等較複雜之訴訟，則依行政訴訟法第二三七條之一第二項乃限制規定為，應適用簡易訴訟程序或通常訴訟程序之規定，而不適用交通裁決事件訴訟程序。不過，此等訴訟，其中涉及交通裁決部分，基於與交通裁決事件同樣性質之特殊考量，行政訴訟法第二三七條之一第三項乃又規定，應準用行政訴訟法第二三七條之二、第二三七條之三、第二三七條之四第一項及第二項等有關交通裁決事件訴訟程序之管轄法院、起訴期間、起訴狀送達與繕本之處置規定。

第三節　交通裁決事件訴訟程序之管轄法院

行政訴訟法第二三七條之二規定，「交通裁決事件，得由原告住所地、居所地、所在地或違規行為地之地方法院行政訴訟庭管轄。」此與一般「以原就被」之訴訟原則不同，司法院之修法說明表示：「實務上，部分辦理交通裁決業務者（例如監理站），並不具機關資格，而無行政訴訟之當事人能力，但因原告（受處分人）提起訴訟，須以具有機關資格者為被告（例如監理所），若貫徹以原就被之訴訟原則，將使民眾訴訟不便，爰於本條增訂特別審判籍，即於交通裁決事件，亦得由原告住所地、居所地、所在地或違規行為地之地方法院行政訴訟庭管轄。」

第四節　交通裁決事件訴訟之起訴程序

行政訴訟法第二三七條之三第一項規定：「交通裁決事件中訴訟之提起，應以原處分機關為被告，逕向管轄之地方法院行政訴訟庭為之。」此一「逕」為提起交通裁決事件訴訟之規定，與行政訴訟之通常程序不同的是，免除了訴願或其他先行程序。

行政訴訟法第二三七條之三第二項規定：「交通裁決事件撤銷訴訟之提起，應於裁決書送達後三十日之不變期間內為之。」此與行政訴訟法第一○六條第一項所規定撤銷訴訟之起訴不變期間為二個月者，並不相同，主要是考量交通裁決事件質輕量多，其訴訟又免除訴願前置程序，為使法律關係及早確定，司法院於修正行政訴訟法時，乃參酌一般須經訴願程序提起

之撤銷訴訟，受處分人須於行政處分達到或公告期滿之次日起三十日內提起訴願，方能獲得法律救濟之情形，將交通裁決事件中撤銷訴訟之起訴期間，定為自裁決書送達後三十日內之不變期間。

又交通裁決事件撤銷訴訟之提起，在考量修正前之交通聲明異議，係由受處分人將聲明異議書狀提出於原處分機關，為免修法後因原處分機關未為告知或告知錯誤，致原告誤向原處分機關提出起訴狀，原處分機關復未能即時轉遞法院，而發生起訴逾期之不利益。司法院於增訂行政訴訟法第二三七條之三第三項規定時，乃參酌德國財務法院法第四十七條第二項規定，明定因原處分機關未為告知或告知錯誤，致原告於裁決書送達三十日內誤向原處分機關遞送起訴狀者，視為已遵守起訴期間，並明定原處分機關應即將起訴狀移送管轄法院，以免影響原告之訴訟權益。

第五節　交通裁決事件訴訟之送達與審理程序

因交通裁決事件質輕量多，司法院於修正行政訴訟法時，為使法律關係及早確定而有免除交通裁決事件訴訟程序應經訴願等前置程序。但另為促使交通裁決事件原處分機關能自我省察原裁決是否合法妥當，符合「依法行政」要求，並使民眾就行政處分是否合目的性，獲得審查之機會，及兼顧救濟程序之簡便性，司法院乃又創設「重新審查」之特別救濟機制，以取代訴願程序。此一「重新審查」之特別機制，係被告機關於原告起訴後依法應之行為，仍屬訴訟程序之一部分，可以督促交通裁決行政機關事前謹慎裁決，事後自我省察，達到疏減訟源，減輕民怨之功效。就此，行政訴訟法第二三七條之四乃分項規定交通裁決事件訴訟之送達與審理處置程序如次：

一、地方法院行政訴訟庭收受前條起訴狀後，應將起訴狀繕本送達被告。

二、被告收受起訴狀繕本後，應於二十日內重新審查原裁決是否合法妥當，並分別為如下之處置：

1.原告提起撤銷之訴，被告認原裁決違法或不當者，應自行撤銷或變

更原裁決。但不得為更不利益之處分。

　　2.原告提起確認之訴，被告認原裁決無效或違法者，應為確認。

　　3.原告合併提起給付之訴，被告認原告請求有理由者，應即返還。

　　4.被告重新審查後，不依原告之請求處置者，應附具答辯狀，並將重新審查之紀錄及其他必要之關係文件，一併提出於管轄之地方法院行政訴訟庭。

　　三、被告依前項第一款至第三款規定為處置者，應即陳報管轄之地方法院行政訴訟庭；被告於第一審終局裁判生效前已完全依原告之請求處置者，以其陳報管轄之地方法院行政訴訟庭時，視為原告撤回起訴。

第六節　交通裁決事件訴訟之裁判費

　　交通裁決事件相較於其他行政訴訟事件而言，裁罰金額較低，如與其他行政訴訟簡易訴訟程序事件一樣起訴徵收裁判費新臺幣二千元、上訴徵收裁判費三千元、抗告徵收裁判費一千元，聲請假扣押案每件一千元，恐會影響民眾訴訟救濟之意願。因此，司法院於修正行政訴訟法時，增訂第二三七條之五第一項，規定交通裁決事件，按下列規定徵收裁判費，即：

　　一、起訴，按件徵收新臺幣三百元。

　　二、上訴，按件徵收新臺幣七百五十元。

　　三、抗告，徵收新臺幣三百元。

　　四、再審之訴，按起訴法院之審級，依第一款、第二款徵收裁判費；對於確定之裁定聲請再審者，徵收新臺幣三百元。

　　五、本法第九十八條之五各款聲請，徵收新臺幣三百元。

　　又如有依行政訴訟法第二三七條之四第三項規定，視為原告撤回起訴之情形者，法院應依職權退還原告已繳之裁判費，此因原交通裁決確有無效；或違法不當；或已為之執行欠缺法律上之原因，若僅因被告之交通裁決機關為重新審查，重新為對人民有利之處置，而使人民所提交通裁決事件訴訟無繼續之實益，並依法視為撤回起訴，則為了公平起見，原告人民所繳之裁判費，自應由法院依職權退還人民。

第七節　交通裁決事件訴訟程序之其他規定

交通裁決事件內容較為單純，為期訴訟程序進行簡速，並使人民免於訟累及勞費，民國一〇〇年十一月二十三日公布修正之行政訴訟法，乃增訂了第二三七條之六、第二三七條之七、第二三七條之八，及第二三七條之九等之規定，其內容可列述於次：

一、因訴之變更、追加，致其訴之全部或一部，不屬於交通裁決事件之範圍者，地方法院行政訴訟庭應改依簡易訴訟程序審理；其應改依通常訴訟程序者，並應裁定移送管轄之高等行政法院。

二、交通裁決事件之裁判，得不經言詞辯論為之。

三、行政法院為訴訟費用之裁判時，應確定其費用額。前項情形，行政法院得命當事人提出費用計算書及釋明費用額之文書。

四、交通裁決事件，除行政訴訟法第二編第三章別有規定外，準用簡易訴訟程序之規定。

五、交通裁決事件之上訴，準用行政訴訟法第二三五條、第二三五條之一、第二三六條之一、第二三六條之二第一項至第三項及第二三七條之八規定。

六、交通裁決事件之抗告、再審及重新審理，分別準用行政訴訟法第四編至第六編規定。

第六章 收容聲請事件程序

第一節 收容聲請事件程序增訂原由

鑑於憲法第八條及公民與政治權利國際公約第九條有關人身自由保障之規定以及為因應司法院大法官釋字第七〇八號及第七一〇號解釋，要求應賦予受收容之外國人及大陸地區人民，對於入出國及移民署作成之暫予收容處分，有立即聲請法院迅速審查決定之救濟機會，以及逾越暫予收容期間之收容，應由法院審查決定之意旨❶，司法院乃提出行政訴訟法修正案，增訂「收容聲請事件程序」專章，明定對於外國人及陸港澳人民收容之相關司法救濟程序❷，經立法院於民國一〇三年五月三十日三讀通過修正案，並由總統於民國一〇三年六月十八日明令公布。

第二節 收容聲請事件程序之適用範圍

行政訴訟法第二三七條之十規定了收容聲請事件程序之範圍為：

一、依入出國及移民法、臺灣地區與大陸地區人民關係條例及香港澳門關係條例提起收容異議、聲請續予收容及延長收容事件之涉訟程序。

二、依本法（行政訴訟法）聲請停止收容事件之涉訟程序。

關於內政部入出國及移民署依入出國及移民法、臺灣地區與大陸地區人民關係條例及香港澳門關係條例所作行政收容事件之涉訟者，主要有三大款，即：

1.不服內政部入出國及移民署（以下簡稱入出國及移民署）關於具保、

---

❶ 相關論文請參閱，廖元豪，〈「外人」的人身自由與正當程序——析論大法官釋字第七〇八與七一〇號解釋〉，《月旦法學雜誌》，第 228 期，2014 年 5 月，頁 244–262。

❷ 修正評論請參閱，李建良，〈外國人收容之法官保留與司法救濟——2014 年行政訴訟法修正評介〉，《台灣法學雜誌》，第 252 期，2014 年 7 月，頁 1–10。

定期報告生活動態、限制住居、定期接受訪視及提供聯絡方式等收容替代處分涉訟；

2.除收容替代處分外，其他關於因入出國及移民法、臺灣地區與大陸地區人民關係條例及香港澳門關係條例之收容所生而涉訟（例如：受收容人向入出國及移民署提出作成收容替代處分之申請，因入出國及移民署應作為而不作為或駁回其申請，而提起之行政訴訟；或不服入出國及移民署以違反收容替代處分所為沒入保證金之處分等）；

3.提起前開行政訴訟，合併請求損害賠償或其他財產上給付者。

又依入出國及移民法、臺灣地區與大陸地區人民關係條例、香港澳門關係條例等之規定，收容期間可區分為三階段，即：1.移民署作成「暫予收容處分」（最長不得逾十五日）；2.法院裁定「續予收容」（最長不得逾四十五日）；3.法院裁定「延長收容」（最長不得逾六十日）等三段期間。因此，依據這三階段收容期間，收容聲請事件在類型上，又可區分為「收容異議」、「續予收容」、「延長收容」及「停止收容」等四種聲請條件，即：

一、收容異議聲請事件，係指受收容人或其一定關係親屬，對於暫予收容處分不服而於暫予收容期間提出。

二、續予收容聲請事件，係指移民署認有繼續收容必要，逾收容期間屆滿前向法院聲請者。

三、延長收容聲請事件，係指移民署認有延長收容必要，逾收容期間屆滿前向法院聲請者。

四、停止收容聲請事件，係指受收容人或其一定關係親屬，於法院裁定續予或延長收容後，認有收容原因消滅，無收容必要或有得不予收容之情形，向法院聲請者。

第三節　收容聲請事件程序之管轄法院

行政訴訟法第二三七條之十一規定：「收容聲請事件，以地方法院行政訴訟庭為第一審管轄法院。」是以本章第二節所述有關之收容聲請事件，均以地方法院行政訴訟庭為第一審管轄法院。

　　不過，值得注意的是，收容聲請事件，雖以地方法院行政訴訟庭為第一審管轄法院，但究竟是哪一個地方的地方行政法院為管轄法院，不能沒有規範。是以行政訴訟法第二二九條第四項乃規定，關於行政收容事件涉訟，由受收容人受收容或曾受收容所在地之地方法院行政訴訟庭管轄，不適用行政訴訟法第十三條之規定。亦即行政收容事件之管轄法院，不適用行政訴訟法第十三條所規定之以原就被之訴訟原則，原告僅得向收容人受收容或曾受收容所在地之地方法院行政訴訟庭起訴，其他法院對之無管轄權。

　　又考量有關行政收容事件之原告，未必為受收容人，亦可能未曾受收容，故行政訴訟法第二二九條第四項但書乃規定：「未曾受收容者，由被告機關所在地之地方法院行政訴訟庭管轄。」

第四節　收容聲請事件之審理程序

　　行政訴訟法第二三七條之十二及行政訴訟法第二三七條之十三分別規定了關於收容聲請事件審理程序之特別規定，而行政訴訟法第二三七條之十七第二項則規定，對收容聲請事件之審理，準用簡易訴訟程序之第二三六條，再適用行政訴訟法第一○七條有關訴訟要件之審查及補正。在有關收容異議、續予收容及延長收容聲請等三類事件之審理上，行政訴訟法第二三七條之十二第一項規定，行政法院應訊問受收容人，俾利受收容人能提出有利於自己的主張，並供法院審查是否具備收容事由，有無得不予收容之情形以及收容之必要性等各項具體狀況。又第一項後段又規定，行政法院在審理上述三類收容聲請事件時，入出國及移民署並應到場陳述，俾利收容聲請事件之審理。

　　又由於「收容決定係嚴重剝奪人身自由之強制措施，應審慎為之。如因具有收容事由，以致不能儘速使其出國，應考量有無比收容緩和之方法，可確保在預定期間內強制其出國（境）；亦即如有對於受收容人權益損害較少之替代方法，即不得選擇對其權益損害較大之收容，以符憲法第二十三條及行政程序法第七條所定比例原則之要求❸」，行政訴訟法第二三七條之

十二第二項，乃規定：「行政法院審理前項聲請事件時，得徵詢入出國及移民署為其他收容替代處分之可能，以供審酌收容之必要性。」換言之，「行政法院審理第一項之聲請事件，於裁定前，認有以其他處分替代收容之可能，得徵詢入出國及移民署，由該署視具體情形，並考量依入出國及移民法、臺灣地區與大陸地區人民關係條例及香港澳門關係條例等規定，辦理具保、定期報告生活動態、限制住居、定期接受訪視及提供聯絡方式等收容替代處分之可能，以供法院審酌收容之必要，保障受收容人之人身自由權益❹。」

在有關停止收容聲請事件之審理上，行政訴訟法第二三七條之十三有特別的規定。依司法院所提行政訴訟法部分條文修正對照表在該條的說明二中，表示：「行政法院依入出國及移民署聲請而裁定續予收容或延長收容後，如嗣後因收容原因消滅、無收容必要或有得不予收容情形者，依入出國及移民法、臺灣地區與大陸地區人民關係條例及香港澳門關係條例等規定，入出國及移民署本得依職權，視其情形，分別為一定之處置（釋放或具保等）。惟若入出國及移民署未為上開處置，未保障受收容人之權益，亦應允許受收容人及得提起收容異議之人，得向行政法院聲請停止收容。」因此，行政訴訟法第二三七條之十三第一項乃明文規定：「行政法院裁定續予收容或延長收容後，受收容人及得提起收容異議之人，認為收容原因消滅、無收容必要或有得不予收容情形者，得聲請法院停止收容。」

為審理停止收容聲請事件，行政訴訟法第二三七條之十三第二項則明定，行政法院審理行政訴訟法第二三七條之十三第一項所規定之事件，認為必要時，得訊問受收容人或徵詢入出國及移民署之意見，並採用行政訴訟法第二三七條之十二第二項之規定，亦即得徵詢入出國及移民署為其他收容替代處分之可能，以供審酌是否可以停止收容。

值得特別注意的是，收容聲請事件之審理程序為特殊之審理程序，與傳統循訴願及行政訴訟救濟之審理程序不同，其重在即時司法救濟，符合

---

❸　參見司法院所提行政訴訟法部分條文修正對照表，第 237 條之 12 的說明 3。

❹　同上註

提審法第一條但書得即時由法院審查之意旨，而增訂之行政訴訟法第二三七條之十以下有關收容異議相關程序，使受收容人或與其具一定親屬關係之人有立即聲請地方法院行政訴訟庭審查決定之救濟機會，亦有取代訴願及一般行政訴訟救濟之程序之作用。因此，依民國一〇三年五月三十日增訂之行政訴訟法第二三七條之十以下規定，為收容異議相關程序者，不得再依行政訴訟法提起撤銷訴訟，確認暫予收容處分違法或無效訴訟❺。

又收容異議之司法救濟程序，已屬暫予收容處分之即時有效本案終局救濟，故已無再適用行政訴訟法官停止執行規定之必要❻。這些都是審理收容聲請事件程序，應行注意之事項。

第五節　收容聲請事件之裁定

依照行政訴訟法第二三七條之十四第一項、第二項的規定，對於收容聲請事件之裁判有下列四種，即：

一、行政法院認收容異議、停止收容之聲請為無理由者，應以裁定駁回之。

二、行政法院認收容異議、停止收容之聲請為有理由者，應為釋放受收容人之裁定。

三、行政法院認續予收容、延長收容之聲請為無理由者，應以裁定駁回之。

四、行政法院認續予收容、延長收容之聲請為有理由者，應為續予收容或延長收容之裁定。

又依照行政訴訟法第二三七條之十五的規定，行政法院所為續予收容或延長收容之裁定,應於收容期間屆滿前當庭宣示或以正本送達受收容人。此因行政法院所為續予收容或延長收容之裁定，均係屬剝奪人身自由之裁定，不宜僅經公告即使其生效，而必須更慎重的以當庭宣示或以正本送達

---

❺　參閱司法院所提行政訴訟法部份條文修正對照表行政訴訟法第 237 條之 10，
　　說明 5。

❻　同上註

受收容人之方式為之。

行政訴訟法第二三七條之十五後段又規定,行政法院未於收容期間屆滿前為宣示或送達者,續予收容或延長收容之裁定,視為撤銷。透過此一明示規定,以確保受收容人之人身自由。

第六節　收容聲請事件裁定之救濟程序

行政訴訟法第二三七條之十六規定,對於收容聲請事件之裁定,有兩類救濟程序,其一為抗告程序,其二為再審程序。

行政訴訟法第二三七條之十六第一項規定,聲請人、受裁定人或入出國及移民署對地方法院行政訴訟庭所為收容聲請事件之裁定不服者,應以裁定送達後五日內抗告於管轄之高等行政法院。對於抗告法院之裁定,不得再為抗告,是以採二審終結方式,迅速確定有關人身自由之事件。

又因行政訴訟法第二三七條之十六第二項規定,抗告除依同條第一項規定外,準用行政訴訟法第四編有關抗告程序之規定。是以,對收容聲請事件裁定之抗告,非限於以原裁定違背法令為理由,始得為之。

另收容聲請事件之裁定雖已確定,但有行政訴訟法第二七三條所規定之再審事由之情形者,行政訴訟法第二三七條之十六第三項,乃明文規定,得準用行政訴訟法第五編再審程序之規定,聲請再審。

第七節　收容聲請事件之訴訟費用

收容聲請事件涉及人身自由與國家公權力之行使,不宜徵收裁判費及其他必要費用。是以,行政訴訟法第二三七條之十七第一項乃規定,行政法院受理收容聲請事件,不適用行政訴訟法第一編第四章第五節有關訴訟費用之規定。

不過,該條第一項之但書仍規定,依行政訴訟法第九十八條之六第一項第一款之規定徵收者,不在此限。換言之,該款所規定之影印費、攝影費、抄錄費、翻譯費、運送費及登載公報新聞紙費,仍徵收之。筆者認為此一規定,不無斟酌餘地,特別是翻譯費,及登載公報新聞紙費,以不徵

收為宜，因外勞多屬經濟弱勢族群，而語言翻譯費用本應由審判法庭支付，以符合在我國有法律效力之公民與政治權利國際公約第十四條第三項(甲)款所規定之法庭有「迅速以一種被告懂得的語言詳細地告知對他所提出的指控的性質和原因。」

而登載公報新聞紙費，更不應由受收容人負擔。行政法院依政府資訊公開法有關政府資訊公開之規定，自應編列預算，自行負擔此一費用。

第八節　收容聲請事件準用簡易訴訟程序規定

行政訴訟法第二三七條之十七第二項規定，收容聲請事件，除本章別有規定外，準用簡易訴訟程序之規定，亦即因準用行政訴訟法第二三六條規定，而適用行政訴訟法第二編第一章通常訴訟程序之規定。

上述所謂「本章別有規定外」，是指行政訴訟法第二編第四章收容聲請事件程序中別有之特別規定者，如對於暫予收容處分不服者，行政訴訟法第二三七條之十以下規定，已賦予受收容人得依收容異議程序，立即聲請法院審查決定救濟之機會，自無適用行政訴訟法關於停止執行規定之必要。又如收容聲請事件並無成立訴訟上和解之可能。因此，行政訴訟法第二編第一章第二節有關停止執行，以及第一章第七節有關和解之規定，並不在準用之列。

第七篇
行政訴訟救濟程序論

第一章　概　說

行政訴訟救濟程序❶在德國包括對行政訴訟裁判聲明不服之救濟方法 (Rechtsmittel) 及對行政訴訟程序之救濟途徑 (Rechtsbehelf)❷。前者是指以上訴或抗告請求上級法院，對尚未發生確定力之裁判，加以重新審查之訴訟救濟程序。(Die Rechtsmittel stellen Rechtsbehelfe dar, durch die eine Entscheidung, bevor sie rechtskräftig wird, einer höheren Instanzen zür Überprüfung vorgelegt wird.)❸此為審級救濟程序，一方面具有糾正法官可能發生認事用法之錯誤，以保障當事人權益。另一方面乃為避免眾多下級審法院裁判分歧，以收統一法律見解之效果❹。

後者則是各種實現權利的程序方法。在行政訴訟程序上包括除了各種訴訟以外之其他程序，如聲請言詞辯論、聲請回復原狀、再審及上訴、抗

---

❶ 最高行政法院 94 年度裁字第 1228 號裁定表示：「我國關於行政執行程序爭執係採聲明異議之特別救濟程序，而非採訴願、行政訴訟之一般救濟程序，故認對聲明異議之決定不得聲明不服，應符合立法之本旨，尚非限制或剝奪人民訴訟權利。本件抗告人不服相對人所屬新竹行政執行處以 92 年 7 月 7 日竹執孝 90 年稅執特字第 132 號函請新竹市地政事務所辦理該函附表所示不動產之查封登記及指派人員準時備妥有關地籍資料到場，聲明異議，而該聲明異議經法務部行政執行署為異議駁回之決定。揆諸前開說明，抗告人對該決定，不得再依一般行政救濟程序聲明不服；抗告人對該決定提起訴願，經法務部為不受理之決定後，又對之提起行政訴訟，於法未合，乃裁定駁回抗告人在原審之訴，經核並無不合。抗告意旨復執前詞，指摘原裁定違法，尚難認為有理由，應予駁回。」參閱，司法院印行，《最高行政法院裁判要旨彙編》，第 25 輯，民國 95 年 6 月，頁 979。

❷ 吳庚教授將德國 Rechtsmittel 與 Rechtsbehelf 加以區分，也區分上訴、抗告、再審與聲請釋憲等訴訟救濟途徑之不同。吳庚，《行政爭訟法論》，頁 239。

❸ Redeker/von Oertzen, VwGO, §124, Rn. 1.

❹ 吳庚，上揭書，頁 239。

告等訴訟救濟方法與程序❺。此概念可以含括前者在內，可說是廣義的行政訴訟救濟程序。

我國行政訴訟法規定之訴訟救濟程序大致上與德國相似，除了上訴、抗告、再審等程序外，尚有採行日本法制之重新審理程序。其中，上訴與抗告為一般的訴訟救濟程序，發生兩種效果：

一、阻礙效果❻(die Hemmungswirkung oder Suspensiveffekt)

乃使被上訴或抗告之裁判的確定力，發生阻礙的效果。

二、移審效果 (Devolutiveffekt oder die Anfallwirkung)❼

乃使對被上訴或抗告之裁判加以審理的權利與義務，移轉至上訴或抗告之法院。

至於再審或重新審理則均係針對確定終局判決聲明不服之特殊的訴訟救濟程序，並無阻礙與移審的效果❽，與上訴或抗告程序並不相同。另不服行政訴訟之確定終局裁判，依法向司法院聲請釋憲，並非聲明不服方法之運用，而是另外開啟新的法律救濟途徑，為憲法學所探討的領域，不在本篇闡述的範圍。

因此，本篇將分章論述說明行政訴訟法所規定之上訴、抗告等訴訟之一般救濟程序及再審與重新審理等訴訟之特殊救濟程序。

---

❺ Redeker/von Oertzen, a.a.O., §124, Rn. 1.

❻ 國內學者有稱之為推延效果 (Suspensiveffekt) 或遮斷或阻斷效果。Redeker/von Oertzen, a.a.O., §124, Rn. 1；陳啟垂／陳敏，上揭書，頁 1444。

❼ 同上註，頁 1443；Redeker/von Oertzen, a.a.O., §124, Rn. 1.

❽ 林錫堯／翁岳生，《行政訴訟法逐條釋義》，頁 731；Redeker/von Oertzen, a.a.O., §153, Rn. 1.

第二章　上訴程序

第一節　上訴之意義

　　行政訴訟法在第二三八至二六三條新增上訴審程序，這是數十年來僅有的，開啟了我國行政訴訟二級二審制度之契機。民國一〇〇年十一月二十三日公布修正之行政訴訟法將行政訴訟二級二審制，改制為三級二審制，並於民國一〇一年九月六日起施行。其中，因在第一審程序增訂簡易訴訟程序與交通裁決事件訴訟程序由地方法院行政訴訟庭審理，故對於此第一審之裁判，依行政訴訟法第二三五條第三項及第二三七條之九第二項規定，僅能上訴於作為審理此類事件第二審之高等行政法院，而不可再上訴於最高行政法院。此為行政訴訟三級二審制與行政訴訟二級二審制之重大差異所在。

　　上訴是指行政訴訟當事人不服地方法院行政訴訟庭或高等行政法院尚未確定之終局判決，向高等行政法院或最高行政法院聲明不服之救濟方法，其目的在請求高等行政法院或最高行政法院廢棄或變更高等行政法院之判決❶。上訴與抗告雖同為對地方法院行政訴訟庭或高等行政法院之裁判聲明不服之方法，但兩者仍有不同，即抗告是指行政訴訟當事人或訴訟關係人如參加人、證人、鑑定人等，對行政法院或審判長所為之裁定不服，聲請上級審行政法院廢棄或變更之行為❷。又上訴與再審或重新審理程序亦不同，已如前述，在此不再贅言。

第二節　上訴之要件

　　行政訴訟事件上訴提起之重要要件，依行政訴訟法之規定有下列各項❸：

---

❶　吳庚，上揭書，頁239；陳石獅／翁岳生，上揭書，頁635-637。

❷　吳庚，上揭書，頁265。

一、須以得上訴之裁判為對象

行政訴訟法第二三八條第一項規定，對於高等行政法院之終局判決，除本法或其他法律別有規定外，得上訴於最高法院。於此所謂本法或其他法律別有規定者，例如同法第二三五條第一項所規定的「對於簡易訴訟程序之裁判不服者，除本法別有規定外，得上訴或抗告於管轄之高等行政法院」；同法第二三五條第三項所規定的對於簡易訴訟程序之第二審裁判，不得上訴或抗告」；同法第二三七條之九第一項所規定的，「交通裁決事件，除本章別有規定外，準用簡易訴訟程序之規定」換言之，交通裁決事件，亦不得上訴於最高行政法院。

對終局判決不服，固可提起上訴，至若終局判決前之裁判，如就程序問題所生爭執之裁判或對當事人就各種獨立之攻擊方法或中間爭點發生爭執所為之中間判決，因通常均不得獨立上訴，但卻與終局判決相牽涉，故行政訴訟法第二三九條第一項規定，終局判決前之裁判，牽涉該判決者，並受最高行政法院之審判。但依行政訴訟法規定不得聲明不服或得以抗告聲明不服者，不在此限。例如依行政訴訟法第一一一條第五項所規定之「對於行政法院以訴為非變更追加，或許訴之變更追加之裁判，不得聲明不服」；或如行政訴訟法第一一〇條第二項、第三項所規定的對行政法院允許第三人承當訴訟之裁定，得為抗告。

二、須有上訴權之人未喪失其上訴權

行政訴訟上有上訴權之人即為行政訴訟法第二十三條所規定之訴訟當事人，亦即原告、被告及依同法第四十一條、第四十二條所規定之參加訴訟之人。

---

❸ 吳庚與陳計男先生均將之歸納為六項，學者認係僅就上訴合法要件中特別重要的加以說明，尚無法完全涵蓋全部上訴合法要件。德國學者即細分為十一項要件。吳庚，上揭書，頁 239–256；陳計男，《行政訴訟法釋論》，頁 633–648；陳清秀，《行政訴訟法》，頁 537–538。

行政訴訟事件經判決後是否上訴，任由有上訴權之人自行決定，但如其依行政訴訟法第二四〇條第一項規定，於高等行政法院判決宣示、公告或送達後捨棄上訴權者，則喪失上訴權。行政訴訟法第二四〇條第二項又規定，當事人於宣示判決時，以言詞捨棄上訴權者，應記載於言詞辯論筆錄，如他造不在場，應將筆錄送達，此因上訴權之捨棄為當事人單方向行政法院表示就能發生喪失上訴權之法律行為，但為使他造知悉，應將筆錄送達。

又當事人提起上訴後，在最高法院為終局判決宣示或公告前撤回上訴者，依行政訴訟法第二六二條第二項規定，亦喪失其上訴權。

三、須對高等行政法院之終局判決不服

依行政訴訟法第二四四條第一項第三款規定，行政訴訟當事人提出之上訴狀應表明對於高等行政法院判決不服之程度，及應如何廢棄或變更之聲明。所謂不服之程度，如係對判決全部不服或對判決一部不服❹或對訴之聲明漏未裁判之不服等是。

四、須於法定期間提起上訴

行政訴訟法第二四一條規定，提起上訴，應於高等行政法院判決送達後二十日之不變期間內為之。但宣示或公告後送達前之上訴，亦有效。而此所謂不變期間之計算，依同法第八十條至第九十四條關於期日及期間之規定。若是對於簡易訴訟程序或交通裁決訴訟程序之裁判不服，則依行政訴訟法第二三六條及第二三七條之九第一項規定，適用通常訴訟程序之規定，亦即於地方法院行政訴訟庭判決送達後二十日之不變期間內為之。

---

❹　上訴人雖僅對不利於他之部分不服，提起上訴，但在罰鍰部分，最高行政法院
　　95 年度判字第 2193 號判決則表示：「上訴人對於原判決不利於其部分不服，
　　提起上訴，惟罰鍰部分被上訴人行使其裁罰權係單一而完整之職權，上訴人之
　　上訴效力應及於原判決關於罰鍰之全部，以免裁罰權割裂，故本件上訴之效力
　　及於原判決全部。」參閱《台灣本土法學雜誌》，第 95 期，2007 年 6 月，頁 179。

五、須委任律師或法定人員為訴訟代理人

民國一百年五月二十五日公布修正之行政訴訟法，增訂第二四一條之一，規定：「對於高等行政法院判決上訴，上訴人應委任律師為訴訟代理人。但有下列情形之一者，不在此限：一、上訴人或其法定代理人具備律師資格或為教育部審定合格之大學或獨立學院公法學教授、副教授者。二、稅務行政事件，上訴人或其法定代理人具備會計師資格者。三、專利行政事件，上訴人或其法定代理人具備專利師資格或依法得為專利代理人者（第一項）。非律師具有下列情形之一，經最高行政法院認為適當者，亦得為上訴審訴訟代理人：一、上訴人之配偶、三親等內之血親、二親等內之姻親具備律師資格者。二、稅務行政事件，具備會計師資格者。三、專利行政事件，具備專利師資格或依法得為專利代理人者。四、上訴人為公法人、中央或地方機關、公法上之非法人團體時，其所屬專任人員辦理法制、法務、訴願業務或與訴訟事件相關業務者（第二項）。民事訴訟法第四百六十六條之一第三項、第四項、第四百六十六條之二及第四百六十六條之三之規定，於前二項準用之（第三項）。」

六、須合乎上訴程式

行政訴訟法第二四四條第一項規定，提起上訴，應以上訴狀表明下列各款事項，提出於原高等行政法院為之：

1. 當事人。
2. 高等行政法院判決，及對於該判決上訴之陳述。
3. 對於高等行政法院判決不服之程度，及應如何廢棄或變更之聲明。
4. 上訴理由。

同條第二項規定，前項上訴狀內並應添具關於上訴理由之必要證據。

上訴狀未表明上訴理由者，依行政訴訟法第二四五條第一項規定，上訴人應於提起上訴後二十日內提出理由書於原高等行政法院，未提出者，毋庸命其補正，由原高等行政法院以裁定駁回之。又同條第二項規定，判

決宣示或公告後送達前提起上訴者，前項期間應自判決送達時起算。

七、須以原判決違背法令為理由

　　從行政訴訟法第二五四條第一項之規定：「除別有規定外，最高行政法院應以高等行政法院判決確定之事實為判決基礎。」可以得知，最高行政法院，原則上屬於法律審而非事實審。因此，對於地方法院行政訴訟庭或高等行政法院判決之上訴，依同法第二三五條第二項、第二三七條之九第一項及第二四二條之規定，非以其違背法令為理由，不得為之❺。否則，最高行政法院也難以著手審理。而所謂判決違背法令，依行政訴訟法第二四三條第一項、第二項規定❻係指：

1.判決不適用法規

　　即判決不適用法律、緊急命令、法規命令、行政規則或大法官解釋判例、或公認有規範效力之一般法律原則，如行政程序法第四條至第十條所規定之明確原則、平等原則、比例原則、信賴保護原則、誠實信用原則、公益原則等是❼。另因行政訴訟法第一三七條之規定，行政訴訟事件亦有

---

❺　最高行政法院97年裁字第1738號判例指出：「對於高等行政法院判決之上訴，非以其違背法令為理由，不得為之，行政訴訟法第242條定有明文。是對於高等行政法院判決上訴，非主張該判決違背法令以為上訴理由，即屬不應准許，自應認為不合法而駁回之。」

❻　最高行政法院97年裁字第934號判例指出：「當事人對於高等行政法院判決上訴，如依行政訴訟法第243條第1項規定，以高等行政法院判決有不適用法規或適用不當為理由時，其上訴狀或理由書應有具體之指摘，並揭示該法規之條項或其內容；若係成文法以外之法則，應揭示該法則之旨趣；倘為司法院解釋或本院之判例，則應揭示該判解之字號或其內容。如以行政訴訟法第243條第2項所列各款情形為理由時，其上訴狀或理由書，應揭示合於該條項各款之事實。上訴狀或理由書如未依此項方法表明者，即難認為已對高等行政法院判決之違背法令有具體之指摘，其上訴自難認為合法。」

❼　吳庚，上揭書，頁247；另行政法院62年判字第610號判例，刊於最高行政

可能適用外國法律，如不適用或適用不當，亦可構成上訴理由❽。

2.判決適用法規不當

依德國學者 Redeker/von Oertzen 之分析❾，有如對法規之解釋錯誤 (Interpretationsfehler)，對法規之涵攝錯誤 (Subsumtionsfehler)，違反經驗法則或論理法則 (Erfahrungssätze oder Denkgesetze)，或有認定事實與卷宗所載內容相反之法律錯誤以及行政法院怠於行使規範審查權限❿等。

3.判決當然違背法令

即行政訴訟法第二四三條第二項所規定有下列各款情形之一者：

(1)判決法院之組織不合法者。

(2)依法律或裁判應迴避之法官參與裁判者。

(3)行政法院於權限之有無辨別不當或違背專屬管轄之規定者。

(4)當事人於訴訟未經合法代理或代表者⓫。

法院判例編輯委員會編輯，《最高行政法院判例要旨彙編——中華民國二十二年至八十八年十一月》，最高行政法院，民國 92 年，頁 982。

❽ 陳計男，上揭書，頁 642。

❾ Redeker/von Oertzen, a.a.O., §137, Rn. 12. 中文大意，請參閱，吳庚，上揭書，頁 238–240。

❿ 陳計男，上揭書，頁 644–645。

⓫ 最高行政法院 93 年度判字第 1243 號判決即以起訴狀繕本未依法送達，當事人無從答辯為由，認當事人於訴訟未經合法代理或代表。該號判決指出：「上訴人已於八十六年十一月七日變更住所為現址，原審疏未查明依法送達起訴狀繕本，致上訴人無從答辯，揆諸行政訴訟法第二百四十三條第二項第四款規定，尚有未合。上訴意旨執此指摘原判決違法，為有理由。」參閱，司法院印行，《最高行政法院裁判要旨彙編》，第 24 輯，民國 94 年 6 月，頁 786。另外，就此款規定，司法實務有一值得注意之判決，即最高行政法院 98 年度判字第 1185 號判決指出：「行政訴訟法第 243 條第 2 項第 4 款所稱：『當事人於訴訟未經合法代理者』，係指當事人無訴訟能力，未由法定代理人代理或其法定代

(5)違背言詞辯論公開之規定者。

(6)判決不備理由或理由矛盾者。而所謂判決理由與主文矛盾者，依行政法院六〇年裁字第八七號判例，係指判決理由與主文之內容適得其反而言⓬。又所謂判決不備理由，最高行政法院九十二年度判字第九三九號判決也明確表示：「行政訴訟雖非不得依自由心證以檢察官起訴書或刑事判決之事實，為判斷之基礎，惟應就其斟酌該起訴書或刑事判決認定事實之結果，所得心證之理由，記明於判決理由，否則即有判決不備理由之違法。」⓭

第三節　上訴之審理

第一項　原高等行政法院之處置

提起上訴，依行政訴訟法第二四四條規定，應以上訴狀提出於原高等行政法院。而依同法第二四六條第一項規定，原高等行政法院認為上訴不合法而其情形不能補正者，應以裁定駁回之。

上訴不合法而其情形可以補正者，依同條第二項，原高等行政法院應定期間命其補正；如不於期間內補正，原高等行政法院應以裁定駁回之。

另行政訴訟法第二四七條規定，上訴未經依前條規定駁回者，高等行政法院應速將上訴狀送達被上訴人。而被上訴人得於上訴狀或第二四五條第一項理由書送達後十五日內，提出答辯狀於原高等行政法院。另高等行政法院送交訴訟卷宗於最高行政法院，應於收到答辯狀或前項期間已滿，

理人無代理權或未受必要之允許，或訴訟代理人之代理權有欠缺。而律師受委任有違反律師法第 26 條第 1 項第 1 款或律師倫理規範第 30 條第 4 款規定情事，核屬應否依律師法第 39 條規定付懲戒之問題，尚非訴訟代理人之代理權有欠缺。即縱有上述違反律師法情事，亦不構成行政訴訟法第 243 條第 2 項第 4 款規定之當然違背法令。」

⓬　上揭《最高行政法院判例要旨彙編》，頁 984。

⓭　參閱，司法院印行，《最高行政法院裁判要旨彙編》，第 23 輯，民國 93 年 12 月，頁 1024。

及各當事人之上訴期間已滿後為之。而前項應送交之卷宗，如為高等行政法院所需者，應自備繕本、影本或節本。

第二項　最高行政法院之審理

第一目　上訴合法性之審查

最高行政法院收到原高等行政法院送交之訴訟卷宗後，應先就上訴合法與否加以審查，如認上訴不合法者，依行政訴訟法第二四九條第一項規定，應以裁定駁回之。但其情形可以補正者，審判長應定期間先命補正。不過，上訴不合法之情形，已經原高等行政法院命其補正而未補正者，得不行行政訴訟法第二四九條第一項規定但書之程序。

最高行政法院進行上訴之審理後但尚未判決前，則被上訴人依行政訴訟法第二四八條第一項規定，得提出答辯狀及其追加書狀於最高行政法院。上訴人亦得提出上訴理由追加事件。同條第二項又規定，最高行政法院認有必要時，得將前項書狀送達於他造。

又最高行政法院就其受理事件，對所適用之法律，確信有牴觸憲法之疑義時，依原行政訴訟法第二五二條規定得以裁定停止訴訟程序，聲請大法官解釋❹。但民國一○○年十一月二十三日公布修正之行政訴訟法已將此第二五二條刪除。因為此次修正所增訂之第一七八條之一已明定：「行政法院就其受理事件，對所適用之法律，確信有牴觸憲法之疑義時，得聲請司法院大法官解釋。前項情形，行政法院應裁定停止訴訟程序。」而此規定依行政訴訟法第二六三條規定，準用於上訴審程序。

第二目　上訴審理之方式與範圍

最高行政法院對上訴案件之審理方式採書面審理主義，例外採言詞辯論主義。行政訴訟法第二五三條第一項對此明文規定，最高行政法院之判

---

❹ 劉鑫楨，〈新修正行政訴訟法第二五二條規定之虛擬式探討〉，《法律評論》，第66卷，第1～3期合刊，頁32–36。

決不經言詞辯論為之。但有下列情形之一者，得依職權或依聲請行言詞辯論：

　　1.法律關係複雜或法律見解紛歧，有以言詞辯明之必要者。

　　2.涉及專門知識或特殊經驗法則，有以言詞說明之必要者。

　　3.涉及公益或影響當事人權利義務重大，有行言詞辯論之必要者❺。

　　又最高行政法院審理上訴案件，調查事實時，依行政訴訟法第二五一條第一項規定，應於上訴聲明之範圍內調查之，而此上訴聲明依同法第二五〇條規定，不得變更或擴張之。又同條第二項規定，最高行政法院調查高等行政法院判決有無違背法令，不受上訴理由之拘束。

　　最高行政法院審理上訴案件，如行言詞辯論，則依行政訴訟法第二五三條第二項規定，言詞辯論應於上訴聲明之範圍內為之。此即學理上所謂禁止提出新訴訟資料原則，為各類訴訟程序法律審❻之共同特徵❼。

　　不過，行政訴訟法第二五四條第二項另規定例外情形，即最高行政法院仍應斟酌審理下列事實資料：

　　1.以違背訴訟程序之規定為上訴理由時，所舉違背之事實，即如上訴人指摘依法應迴避之法官參與審判之事實。

　　2.以違背法令確定事實或遺漏事實為上訴理由時，所舉之該事實。

　　此外，最高行政法院行言詞辯論所得闡明或補充訴訟關係之資料，依

---

❺　請參閱，林清祥，〈「公益」在行政訴訟扮演角色之實務分析〉，《司法周刊》，第 1302 期附送之「司法文選別冊」，民國 95 年 8 月 31 日，頁 10。

❻　最高行政法院 94 年度判字第 772 號判決明確表示：「本院為法律審，原則上應以高等行政法院判決所確定之事實為判決基礎，行政訴訟法第 254 條第 1 項定有明文，故於高等行政法院判決後不得主張新事實或提出新證據方法而資為上訴之理由。本件上訴人於原審宣判後始委託財團法人臺灣經濟發展研究院就系爭案與引證案構成是否實質相同進行鑑定分析，再於上訴時提出鑑定報告書作為證據方法，此部分自非適法之上訴理由，本院尚難加以審酌。」詳參閱，司法院印行，《最高行政法院裁判要旨彙編》，第 25 輯，民國 95 年 6 月，頁 968-975。

❼　吳庚，上揭書，頁 258；另陳清秀，《行政訴訟法》，頁 546。

行政訴訟法第二五四條第三項規定，最高行政法院亦得斟酌之。雖然如此，行政訴訟法第二五四條第一項仍設有限制規定，即：「除別有規定外，最高行政法院應以高等行政法院判決確定之事實為判決基礎。」不過，起訴是否合法，最高行政法院仍得依職權調查，不受此項規定之限制[18]。

第四節　上訴之裁判

上訴案件經依法審理後，最高行政法院應作成各種裁判，其種類為[19]：

一、裁定駁回上訴

如依行政訴訟法第二四九條之規定，上訴不合法者，最高行政法院應以裁定駁回之。但其情形可以補正者，審判長應定期間先命補正。

二、判決駁回上訴

如依行政訴訟法第二五五條第一項規定，最高行政法院認上訴為無理由者，應為駁回之判決。同條第二項另規定原判決依其理由雖屬不當，而依其他理由認為正當者，應以上訴為無理由[20]。

---

[18] 最高行政法院 91 年度判字第 2195 號判決指出：「起訴是否合法，上訴審應依職權調查，不受行政訴訟法第二百五十四條第一項規定之限制。本件原第一審法院未認上訴人之起訴不合法，而從實體上為駁回上訴人第一審起訴之判決，經上訴審法院依職權調查之結果，認定原審起訴為不合法，原審未依法以裁定駁回，而從實體上為駁回之判決，於法未合者，自應廢棄原判決，並依法自為裁判，由於依程序駁回之裁判就訴訟標的無既判力，而以實體駁回之判決有既判力，其結果顯有不同，是以此際自為裁判應無行政訴訟法第二百五十八條規定之適用。」參閱，司法院印行，《最高行政法院裁判要旨彙編》，第 22 輯，民國 92 年 12 月，頁 834。

[19] 吳庚，上揭書，頁 260–263；陳計男，上揭書，頁 655–660。

[20] 例如，最高行政法院 93 年度判字第 1063 號判決即指明：「上訴人請求確認之對象，並非特定之行政處分或特定之公法上法律關係，而為抽象之法律問題，揆之前開規定及說明，上訴人此部分之訴並非合法，原審以上訴人此部分之訴

三、廢棄原判決

如依行政訴訟法第二五六條第一項規定，最高行政法院認上訴為有理由者，就該部分應廢棄原判決。同條第二項另規定，因違背訴訟程序之規定廢棄原判決者，其違背之訴訟程序部分，視為亦經廢棄。不過，廢棄原判決並非毫無限制，行政訴訟法第二五七條、第二五八條又規定下列限制及應處理情形，即：

1.最高行政法院不得以高等行政法院無管轄權而廢棄原判決。但違背專屬管轄之規定者，不在此限。

2.因高等行政法院無管轄權而廢棄原判決者，應以判決將該事件移送於管轄行政法院。

3.除第二四三條第二項第一款至第五款之情形外，高等行政法院判決違背法令而不影響裁判之結果者，不得廢棄原判決。

此外，最高行政法院廢棄原判決時，應自為判決或判決發回或發交高等行政法院審理。對此，行政訴訟法第二五九至二六一條分別有規定，即：

1.最高行政法院自為判決——經廢棄原判決而有下列各款情形之一者，最高行政法院應就該事件自為判決：

⑴因其於確定之事實或依法得斟酌之事實，不適用法規或適用不當廢棄原判決，而事件已可依該事實為裁判者。

⑵因事件不屬行政法院之權限，而廢棄原判決者。

⑶依第二五三條第一項行言詞辯論者。

2.最高行政法院判決發回或發交高等行政法院審理,其情形有如下述：

為無理由予以駁回，核雖有違誤，惟其結論則無不合，仍應予維持，上訴意旨求為廢棄，為無理由，應予駁回。」參閱，司法院印行，《最高行政法院裁判要旨彙編》，第 24 輯，民國 94 年 6 月，頁 689；相關論文另參閱，盛子龍，〈行政訴訟程序中行政處分理由追補之研究〉，《中原財經法學》，第 9 期，2002 年 12 月，頁 1–61，特別參閱該文第 54 頁；張世昌，〈行政訴訟程序上行政處分理由之追補〉，中原大學財經法律學士碩士論文，民國 92 年 6 月，頁 114–143。

(1)除別有規定外，經廢棄原判決者，最高行政法院應將該事件發回原高等行政法院或發交其他高等行政法院。

(2)前項發回或發交判決，就高等行政法院應調查之事項，應詳予指示。

(3)受發回或發交之高等行政法院，應以最高行政法院所為廢棄理由之法律上判斷為其判決基礎。

(4)為發回或發交之判決者，最高行政法院應速將判決正本附入卷宗，送交受發回或發交之高等行政法院。

四、不得廢棄原判決並適用簡易訴訟或交通裁決訴訟上訴審程序

民國一〇〇年十一月二十三日公布修正之行政訴訟法所增訂的第二五六條之一，乃在解決訴訟程序誤用所生之上訴審理裁判事宜。該條第一項規定：「應適用簡易訴訟程序或交通裁決訴訟程序之事件，最高行政法院不得以高等行政法院行通常訴訟程序而廢棄原判決。」換言之，對於簡易訴訟程序或交通裁決事件訴訟程序之第一審判決提起上訴，管轄並審理此上訴事件之法院，依新制應為高等行政法院，但因此第一審高等行政法院誤行通常訴訟程序而為判決，當事人對之提起上訴，致由最高行政法院受理其上訴。此時受理上訴之最高行政法院殊無將第一審判決廢棄，並發交地方法院行政訴訟庭之必要，以免增加當事人及法院不必要之勞費，此因高等行政法院誤行第一審通常訴訟程序，較諸應行之簡易訴訟程序或交通裁決事件訴訟程序嚴謹周密，對於當事人之程序保障並無欠缺。故司法院在民國一〇〇年十一月二十三日公布修正之行政訴訟法中，參考民事訴訟法第四五一條之一第一項規定，增訂了第二五六條之一第一項，規定最高行政法院不得以高等行政法院行通常訴訟程序而廢棄原判決。

又如發生此種情形，增訂的行政訴訟法第二五六條之一第二項乃規定，應適用簡易訴訟或交通裁決訴訟上訴審程序之規定。對此增修，司法院之修法說明表示：「高等行政法院雖將簡易訴訟程序事件或交通裁決事件誤為通常訴訟程序事件，而依通常訴訟程序審理，並不因此改變其為簡易訴訟程序事件或交通裁決事件之性質，故受理其上訴之最高行政法院仍應適用

簡易訴訟程序事件或交通裁決事件上訴審程序之規定而審理，爰參考民事
訴訟法第四百五十一條之一第二項規定，增訂本條第二項。至最高行政法
院審理後，如發現原判決有應廢棄發交之必要，廢棄後應發交管轄之地方
法院行政訴訟庭依簡易訴訟程序或交通裁決事件訴訟程序審理，以符簡易
訴訟制度或交通裁決訴訟制度之立法旨趣。」

第五節　上訴之終結

上訴案件除因最高行政法院之審理、裁判而終結者外，上訴之當事人
依行政訴訟法第二六二條第一項規定，亦得於最高行政法院終局判決宣示
或公告前將上訴撤回而終結上訴案件。

上訴之撤回依同條第三項規定，應以書狀為之。但在言詞辯論時，得
以言詞為之。同條第四項又規定，於言詞辯論時所為上訴之撤回，應記載
於言詞辯論筆錄，如他造不在場，應將筆錄送達。

上訴撤回之效果依行政訴訟法第二六二條第二項規定，為當事人喪失
其上訴權。

另學者指出上訴案件因和解、撤回起訴或因上訴之提起不合法而由最
高行政法院裁定駁回其上訴時，而歸於終結❷。

---

❷　陳計男，上揭書，頁 660–661。

第三章　抗告程序

第一節　抗告之意義

抗告 (Beschwerde)❶乃當事人或訴訟關係人，如參加人、證人、鑑定人等，對高等行政法院或審判長所為之裁定不服，聲請上級審行政法院廢棄或變更之訴訟行為。抗告與上訴均為對高等行政法院裁判聲明不服之方法，但兩者仍有差異，已如前述❷。又抗告與所謂準抗告之異議不同。異議係對於受命法官或受託法官所為裁定聲明不服，依行政訴訟法第二六六條第一項規定，向受訴行政法院提出者❸。異議與抗告在訴訟法上之意義雖有不同，但因當事人未必能明白區分，故行政訴訟法第二七一條規定：「依本編規定應為抗告而誤為異議者，視為已提起抗告；應提出異議而誤為抗告者，視為已提出異議。」換言之，當事人或其他訴訟關係人祇須為不服之表示，行政法院即可依其所表示不服之裁定性質，認定其係抗告或異議，不受其所使用名稱之拘束。又繫屬於最高行政法院之事件，受命法官、受託法官所為之裁定，依行政訴訟法第二六六條第四項規定，得向受訴行政法院提出異議。其不得上訴行政法院之事件，高等行政法院受命法官、受託法官所為之裁定亦同。蓋其因審級關係無從提出異議，為貫徹合議制審判精神，明定此等裁定，仍得向受訴行政法院提出異議❹。

---

❶ Redeker/von Oertzen, VwGO, §146, Rn. 1; Kopp/Schenke, VwGO, §146, Rn. 1; Edgar Bosch/Jörg Schmidt, *Praktische Einführung in das verwaltungsgerichtliche Verfahren*, S. 354–355.

❷ 吳庚，上揭書，頁 239、265；陳計男，上揭書，頁 664。

❸ 吳庚，上揭書，頁 265；陳計男，上揭書，頁 664。另有學者將異議稱為擬制抗告者，黃啟禎／翁岳生，上揭書，頁 713。

❹ 陳計男，上揭書，頁 664–665；司法院印行，〈行政訴訟法修正草案總說明暨條文對照表〉，頁 375–376。

第二節　抗告之主體

抗告之主體為抗告人，乃不服行政法院或審判長所為之裁定，向上級審行政法院提起抗告之人，他造則稱為相對人。不過，在抗告程序中，未必有相對人，例如證人對行政法院依行政訴訟法第一四三條第四項、第一四八條第二項、第一五三條等規定所為之處罰裁定或鑑定人對行政法院依行政訴訟法第一五六條之處罰裁定之抗告，即為無相對人之抗告。而證人、鑑定人對行政法院依行政訴訟法第一五五條第三項或第一六〇條第三項所為日費、旅費或鑑定費用裁定之抗告，亦為無相對人之抗告❺。

抗告係對於自己不利之裁定不服之救濟方法，並不以當事人為限始得提起抗告。故除上述證人、鑑定人亦得提起抗告外，法定代理人、訴訟代理人、法院書記官、執達員❻或第三人❼等訴訟關係人，亦得提起抗告。

第三節　抗告之事項

行政訴訟法第二六四條規定，對於裁定得為抗告❽，但別有不許抗告之規定者❾，不在此限。所謂別有不許抗告之規定者，如行政訴訟法第二六五條、第二六六條之規定是。不過，依此二條規定，原則上不許抗告，但仍有例外情形，即：

1.訴訟程序進行中所為之裁定，除別有規定外，不得抗告。

2.受命法官或受託法官之裁定，不得抗告。但其裁定如係受訴行政法院所為而依法得為抗告者，得向受訴行政法院提出異議。

---

❺　陳清秀，上揭書，頁 551；陳計男，上揭書，頁 664。

❻　陳計男，上揭書，頁 664。

❼　陳清秀，上揭書，頁 551。

❽　例如駁回迴避聲請之裁定、關於聲請駁回參加之裁定、駁回保全證據聲請之裁定、關於假扣押或假處分聲請之裁定等。詳請參閱陳計男，上揭書，頁 668–670。

❾　如駁回更正裁判之聲請之裁定，在抗告法院裁定前，停止原裁定之執行或為其他必要處分之裁定。同上註，頁 671。

3.前項異議，準用對於行政法院同種裁定抗告之規定。

4.受訴行政法院就異議所為之裁定，得依本編之規定抗告。

5.繫屬於最高行政法院之事件，受命法官、受託法官所為之裁定，得向受訴行政法院提出異議。其不得上訴最高行政法院之事件，高等行政法院受命法官、受託法官所為之裁定，亦同。

又抗告，並不以主張裁定違背法令為限。最高行政法院九十三年度判字第一三五九號判決明白表示：「依行政訴訟法第二百六十四條規定，對於裁定，除別有不得抗告之規定外，得為抗告，並不以主張裁定違背法令為要件，此與依同法第二百四十二條規定，對於高等行政法院判決之上訴，非以其違背法令為理由，不得為之者，不同❿。」

第四節　抗告之期間與程序

提起抗告，依行政訴訟法第二六八條、第二六九條之規定應符合下列程序：

1.應於法定期間內提起——即提起抗告，應於裁定送達後十日之不變期間內為之。但送達前之抗告亦有效力。

2.應以抗告狀向為裁定之原行政法院或原審判長所屬行政法院提出。關於訴訟救助提起抗告，及由證人、鑑定人或執有證物之第三人提起抗告者，得以言詞為之。

3.應為抗告而誤為異議者，依行政訴訟法第二七一條規定，視為已提起抗告；應提出異議而誤為抗告者，視為已提出異議。此即為學理上之擬制抗告或異議，用以保護未諳法律之當事人。

第五節　抗告之效力

提起之抗告如合乎抗告期間、程式及其他合法要件時，原則上發生移審及阻斷裁定確定之效力，但有下述例外情形⓫，即：

---

❿　參閱《台灣本土法學雜誌》，第 71 期，2005 年 6 月，頁 209。

⓫　陳計男，上揭書，頁 665–666；陳清秀，上揭書，頁 554。

一、關於移審效力方面

依行政訴訟法第二七二條準用民事訴訟法第四九〇條第一項規定：「原行政法院或審判長認抗告有理由者，應更正原裁定。」此時即不必移審，自行更正原裁定，而無移審效力。

二、關於阻斷裁定之確定方面

提起抗告固足以阻卻原裁定之確定，但原則上並無停止原裁定之執行力。依行政訴訟法第二七二條準用民事訴訟法第四九一條第一項規定：「抗告，除別有規定外，無停止執行之效力。」所謂別有規定，如行政訴訟法第一四三條第四項、第一四八條第二項、第一五三條、第一五六條、第一六九條第三項等規定，提起抗告應停止執行者是。此外，就具體個案，亦許原行政法院或審判長、或最高行政法院以裁定停止執行者，例如：

1.原行政法院或審判長得在最高行政法院裁定前以裁定停止原裁定之執行 ❷

但於認為抗告有理由而應更正原裁定者，已可依更正裁定而停止裁定之執行，自無另為停止執行裁定之必要。至提起之抗告，原行政法院或審判長認有不合法之情形，在駁回抗告之裁定確定前，如認有停止原裁定執行之必要時，仍非不得裁定停止。

2.最高行政法院得在裁定前以裁定停止原裁定之執行或為其他必要處分 ❸ （第二七二條、民訴法第四九一條第三項）

所謂其他必要處分，如命供擔保後始准停止執行或准繼續執行是。對於停止原裁定執行或其他必要處分之裁定，依行政訴訟法第二七二條準用民事訴訟法第四九一條第四項規定均不得抗告。蓋因原抗告事件經裁判時，

---

❷　如行政訴訟法第 272 條準用民事訴訟法第 491 條第 2 項規定。

❸　如行政訴訟法第 272 條準用民事訴訟法第 491 條第 3 項規定。

此等裁定當然失其效力。

<h1 style="text-align:center">第六節　抗告之裁判</h1>

抗告，行政訴訟法第二六七條第一項規定由直接上級行政法院裁定。此乃為了行政訴訟改採三級二審制所修正之條文。又增訂之行政訴訟法第二六七條第二項，也規定：「對於抗告法院之裁定，不得再為抗告。」以配合行政訴訟三級二審制之施行。

至於對抗告應如何裁判，則未自為規定。依行政訴訟法第二七二條準用民事訴訟法第四八九條、第四九〇條及第四九二條之規定，應為下列之處置與裁判❶：

一、原行政法院或審判長之處置

1.抗告不合法

⑴抗告已逾抗告期間或係對於依法不得抗告之裁定提出抗告者，應以裁定駁回之。

⑵抗告不合法之情形可以補正者，得定期間命其補正，惟如逾期仍不補正者，仍應速將抗告事件送交抗告法院，不得逕以裁定駁回。

⑶抗告不合法之情形不能補正者，譬如抗告權人已喪失抗告權，或抗告不具有一般權利保護必要性者，仍應速將抗告事件送交抗告法院，不得逕以裁定駁回之。

2.抗告有理由

原行政法院或審判長若認抗告有理由者，應更正原裁定。

---

❶　黃啟禎／翁岳生，上揭書，頁 708-710；陳計男，上揭書，頁 673-676；劉宗德／彭鳳至，〈行政訴訟制度〉，翁岳生主編，《行政法》，2000 年 3 月，第二版，頁 1279-1281。

3.抗告無理由，但不為駁回或更正之裁定

原行政法院或審判長認抗告無理由，但不為駁回或更正之裁定者，依行政訴訟法第二七二條準用民事訴訟法第四九〇條第三項、第四項規定，應速將抗告事件送交抗告法院，於認為必要時，應送交訴訟卷宗，並得添具意見書。如因續行訴訟程序而需用卷宗者，應自備繕本或節本，就此而言，與原審法院對於上訴事件之審查與處置，有所不同，蓋上訴乃就實體判決所進行之審級救濟，而抗告則僅就程序上之裁定進行救濟，原則上與本案實體無涉。

二、抗告法院之審查

最高行政法院對於原法院初步審查合法，送交最高行政法院之案件中，就簡易程序之裁定提起抗告者，應依行政訴訟法第二三五條及類推適用行政訴訟法第二四四條第三項，針對許可抗告之聲請，先行審查。聲請欠缺一般合法要件者，則聲請為不合法；又聲請雖具備一般合法要件，但抗告事件所涉及之法律見解不具有原則性者，則聲請為無理由，縱使高等行政法院初步審查抗告合法，最高行政法院仍可不進入抗告之本案訴訟程序，而以抗告事件所涉及之法律見解不具有原則性，依據行政訴訟法第二三五條之規定，裁定不許可抗告。聲請如係有理由者，最高行政法院許可抗告後，抗告事件即進入抗告審本案訴訟程序❺。

抗告法院就抗告事件，應為事實上及法律上之審查，如果系爭裁定確實違法，而侵害抗告人權益者，抗告為有理由。且抗告之審理範圍，與上訴不同，縱使向性質上為法律審之最高行政法院提起抗告，凡足以影響原裁定成立之事證者，依行政訴訟法第二七二條準用民事訴訟法第四八九條規定，均可提出新事實及新證據，不受限制。

---

❺　劉宗德／彭鳳至，〈行政訴訟制度〉，翁岳生主編，《行政法（下冊）》，2000年3月，第二版，頁1280。

三、抗告法院之裁定

抗告法院依具體抗告案件之差異，所為之裁定可分類如下：

1. 聲請核可抗告不合法或無理由者，以裁定不許可抗告。

2. 抗告不合法或無理由者，以裁定駁回抗告。

3. 抗告有理由者，得為以下裁定。

(1)廢棄原裁定。

(2)廢棄原裁定，命原高等行政法院或原審判長更為裁定。

(3)廢棄原裁定，自為裁定。

第七節　抗告之終結

抗告之程序因裁定或非因裁定而終結者，抗告法院為裁定後，依行政訴訟法第二七二條準用民事訴訟法第四九四條第一項、第二項規定，應速將裁定正本附入卷宗，送交原高等行政法院或原審判長所屬高等行政法院[16]。

所謂抗告程序非因裁定而終結者，係指抗告之捨棄與撤回，使抗告程序終結者。依行政訴訟法第二七○條規定，抗告之捨棄與撤回準用關於捨棄上訴權及撤回上訴之規定，此因兩者所應適用之法則相同，故抗告經捨棄或撤回者，抗告程序因而終結。

---

[16]　劉宗德／彭鳳至，上揭書，頁 1281。

第四章　再審程序

第一節　再審之意義與目的

行政訴訟法規定之再審程序 (Wiederaufnahme des Verfahrens)，除一、二條文外，幾乎與民事訴訟法規定之再審制度相同，引起學者對立法策略、立法技巧之質疑❶。所謂行政訴訟之再審是指對確定之行政訟訴終局判決或裁定聲明不服之非常救濟方法與上述之上訴、抗告等一般救濟方法略有不同，再審之訴 (Die Wiederaufnahmeklage) 並無上訴或抗告之阻礙效果與移審效果❷。

再審程序的目的有二。其一在於糾正確定判決程序上之重大瑕疵；其二在於恢復因判決所依基本事實發生變化，致判決正確性難以維持而影響之當事人應有權益❸。為達成上述目的，德國立法例乃將再審之訴分為兩類❹，即：

1. 廢棄判決程序有重大瑕疵之終局確定判決，代以新判決。學理上稱此為確定判決無效之訴 (Nichtigkeitsklage)。

2. 當判決所依基本事實發生變化致判決正確性難以維持時，廢棄該判決代以新判決，以回復訴訟當事人之應有訴訟權益，學理上稱此為復原之訴 (Restitutionsklage)。

---

❶　吳庚教授指出，德國行政法院法只設第 153 條一個條文，使行政訴訟之再審適用民事訴訟法之有關規定，簡單明瞭。吳庚，上揭書，頁 267。

❷　Eyermann/Rennert, VwGO, §153, Rn. 1；黃啟禎／陳敏等譯，《德國行政法院法逐條釋義》，頁 1709。

❸　陳清秀，上揭書，頁 555。

❹　Redeker/von Oertzen, a.a.O., §153, Rn. 2; Kopp/Schenke, a.a.O., §153, Rn. 1; Eyermann/Rennert, a.a.O., §153, Rn. 1；黃啟禎／陳敏等譯，上揭書，頁 1711–1714。

　　再審程序係在補救上訴程序之不足，對於上訴程序之審級救濟方法具有補充性 (Subisidarität) ❺。故行政訴訟法第二七三條第一項之但書規定，當事人已依上訴主張其事由或知其事由而不為主張者，不得以再審之訴對於確定終局判決聲明不服。

第二節　再審之事由

　　因行政訴訟確定判決或因此確定判決有瑕疵而受不利益之訴訟當事人 ❻，依行政訴訟法第二七三條第一項規定，有下列各款情形之一者，得以再審之訴對於確定終局判決聲明不服。但當事人已依上訴主張其事由 ❼ 或知其事由而不為主張者，不在此限：

　　1. 適用法規顯有錯誤者 ❽。

---

❺　Eyermann/Rennert, a.a.O., §153, Rn 13；陳計男，上揭書，頁 683。

❻　包括原確定判決之當事人及其繼受人、前程序有特別代理權之訴訟代理人、參加人。陳計男，上揭書，頁 685–687。

❼　對此，最高行政法院 97 年判字第 650 號判決表示：「行政訴訟法第 273 條第 1 項但書所謂『當事人已依上訴主張其事由』，係指對於下級審法院之判決，已依上訴程序主張其事由者而言。並此規定係基於原確定判決雖有本條項各款情形之一，惟如當事人已依上訴主張其事由者，因其事由已受上訴法院之審酌，自不許復以再審之方式更為主張。故如其上訴係因不合法被駁回，因未受上級審法院實體審判，自無不許其以相同事由提起再審之訴之理。」

❽　司法實務，請參閱最高行政法院 92 年度判字第 51 號判決，《台灣本土法學雜誌》，第 47 期，2003 年 6 月，頁 200–202；最高行政法院 92 年度裁字第 795 號，《台灣本土法學雜誌》，第 52 期，2003 年 11 月，頁 247–248。另外，司法實務對所謂「適用法規顯有錯誤者」之看法為「係指原判決所適用之法規與該案應適用之現行法規相違背，或與解釋判例有所牴觸者而言」。至於事實之認定或法律上見解之歧異，則不算是「適用法規顯有錯誤」。詳請參閱，最高行政法院 91 年度判字第 282 號判決，司法院印行，《最高行政法院裁判要旨彙編》，第 22 輯，民國 92 年 12 月，頁 843；又最高行政法院 92 年度判字第 177 號判決亦同此意旨。參閱，司法院印行，《最高行政法院裁判要旨彙編》，第 23 輯，

2.判決理由與主文顯有矛盾者❾。

3.判決法院之組織不合法者。

4.依法律或裁判應迴避之法官參與裁判者❿。

5.當事人於訴訟未經合法代理或代表者。

6.當事人知他造之住居所，指為所在不明而與涉訟者。但他造已承認其訴訟程序者，不在此限。

7.參與裁判之法官關於該訴訟違背職務，犯刑事上之罪者。

8.當事人之代理人、代表人、管理人或他造或其代理人、代表人、管理人關於該訴訟有刑事上應罰之行為，影響於判決者。

9.為判決基礎之證物係偽造或變造者。

10.證人、鑑定人或通譯就為判決基礎之證言、鑑定或通譯為虛偽陳述者。

11.為判決基礎之民事或刑事判決⓫及其他裁判或行政處分，依其後之

民國 93 年 12 月，頁 1048；另外，最高行政法院 97 年判字第 395 號判例指出：「按行政訴訟法第 273 條第 1 項第 1 款所謂適用法規顯有錯誤，應以確定判決違背法規或現存判例解釋者為限，若在學說上諸說併存尚無法規判解可據者，不得指為適用法規顯有錯誤。」而最高行政法院 97 年判字第 360 號判例也表示：「按行政訴訟法第 273 條第 1 項第 1 款所稱適用法規顯有錯誤者，係指確定判決所適用之法規顯然不合於法律規定，或與司法院現尚有效之解釋，或本院尚有效之判例顯然違反者而言。」

❾　最高行政法院 97 年度裁字第 1748 號裁定指出：「行政訴訟法第 273 條第 1 項第 2 款所謂：判決理由與主文顯有矛盾者，係指判決依據當事人主張之事實，認定其請求或對造抗辯為有理由或無理由，而於主文為相反之諭示，且其矛盾為顯然者而言。」

❿　最高行政法院 92 年度判字第 1189 號判決指出：「本院九十一年度判字第七四三號原判決既有曾參與本訴訟事件再審前確定判決之法官裁判，依行政訴訟法第十九條第六款之規定，即有依法律應迴避之法官參與裁判之當然違背法令情事，應將本院前訴訟程序之原判決廢棄，就再審原告前所提起之再審之訴，另為判決。」參閱，司法院印行，《最高行政法院裁判要旨彙編》，第 23 輯，民國 93 年 12 月，頁 1060。

確定裁判或行政處分已變更者❷。

12.當事人發見就同一訴訟標的在前已有確定判決或和解或得使用該判決或和解者。

13.當事人發見未經斟酌之證物或得使用該證物者。但以如經斟酌可受較有利益之裁判者為限。最高行政法院九十一年度判字第一七二二號判決即曾對未符合此項情形之再審之訴加以駁回。又何者為「當事人發見未經斟酌之證物」，最高行政法院九十一年度判字第二三七九號判決則加以界定，認「係指該證物在前訴訟程序時業已存在，而為當事人所不知或不能

---

❶ 相關司法實務為最高行政法院 97 年度判字第 431 號判決，指出：「原確定判決就再審原告為警員收受電玩業者之公關費（賄款）之事實，並未載明其認定此項事實之依據，顯係單純以起訴及有罪判決內容為依據。該起訴及有罪判決為原確定判決之基礎，嗣該有罪判決既經再審原告上訴遭撤銷，再審原告並獲無罪判決確定，有最高法院 94 年度台上字第 537 號判決書及臺灣高等法院刑事庭 94 年 3 月 1 日院信刑寧字第 0940001245 號函為證，自屬行政訴訟法第 273 條第 1 項第 11 款所稱之『為判決基礎之刑事判決，依其後之確定裁判已變更者』，有再審事由。」

❷ 最高行政法院 92 年度判字第 1538 號判決指出：「原判決係以臺灣高等法院臺南分院八十八年度上字第二四號民事判決為其判斷之依據。但查該民事判決駁回該案上訴人楊富美（即本件再審原告）、楊趙楊卻之上訴後，經楊富美、楊趙楊卻提起上訴，已由最高法院八十九年度臺上字第一五四四號判決廢棄發回臺灣高等法院臺南分院確定。準此可知，為原判決基礎之民事裁判，依其後之確定民事裁判已經變更，原判決有再審原告主張之行政訴訟法第二百七十三條第一項第十一款之再審事由。」參閱，司法院印行，《最高行政法院裁判要旨彙編》，第 23 輯，民國 93 年 12 月，頁 1075。另外，最高行政法院 91 年度判字第 2379 號判決則指出：「查行政訴訟法第二百七十三條第一項第十一款所謂為判決基礎之行政處分，依其後行政處分已變更者，係指該行政處分於判決後為另一行政處分所變更者而言。若該行政處分為另一行政處分所變更之事實於判決時即已存在，並經當事人提出主張，經原審斟酌而不採者，即非屬該款規定之再審事由。」參閱，司法院印行，《最高行政法院裁判要旨彙編》，第 22 輯，民國 92 年 12 月，頁 859。

使用，今始知悉或得予利用者而言，如已於前訴訟程序提出主張，而為原判決所不採者，即非此之所謂未經斟酌之證物。」

14.原判決就足以影響於判決之重要證物漏未斟酌者❸。

除上述十四項列舉事由外，行政訴訟法第二七三條第二項又將大法官釋字第一七七號及第一八五號解釋意旨明文化規定，確定終局判決所適用之法律或命令，經司法院大法官依當事人之聲請解釋為牴觸憲法者，其聲請人亦得提起再審之訴❹。就此，司法實務有一值得注意之判例，即最高行政法院九十七年判字第六一五號判例指出：「司法院釋字第一八五號解釋：『……確定終局裁判所適用之法律或命令，……，經本院依人民聲請解釋認為與憲法意旨不符，其受不利確定終局裁判者，得以該解釋為再審或非常上訴之理由，已非法律見解歧異問題。……』僅係重申司法院釋字第一七七號解釋『本院依人民聲請所為之解釋，對聲請人據以聲請之案件，亦有效力』之意旨，須解釋文未另定違憲法令失效日者，對於聲請人據以聲請之案件方有溯及之效力。如經解釋確定終局裁判所適用之法規違憲，且該法規於一定期限內尚屬有效者，自無從對於聲請人據以聲請之案件發生溯及之效力。」

又同條第三項另規定，第一項第七款至第十款情形，以宣告有罪之判決已確定，或其刑事訴訟不能開始或續行非因證據不足者為限，得提起再審之訴❺。

---

❸　最高行政法院 92 年度判字第 1373 號判決指出：「按原判決就足以影響於判決之重要證據漏未斟酌者，得提起再審之訴，行政訴訟法第二百七十三條第一項第十四款定有明文。查我國公務員懲戒制度固採刑懲並行主義，惟受懲戒人是否構成應受懲戒之事實，仍應依證據認定之，即應由原處分機關或原判決敘明所憑之證據及形成心證之經過，尚難僅以檢察官起訴書或未確定之院判決，作為認定受懲戒之事實之唯一依據。」參閱，司法院印行，《最高行政法院裁判要旨彙編》，第 23 輯，民國 93 年 12 月，頁 1068。

❹　同上註，頁 694–695。

❺　同上註，頁 695。

　　再審之訴原須確定之終局判決❶本身有再審之事由時始得依行政訴訟法第二七三條之規定提起，若確定終局判決本身雖無再審事由，但據為判決基礎之其他裁判有再審事由時，則該判決亦有瑕疵，故行政訴訟法第二七四條乃規定，為判決基礎之裁判，如有前條所定之情形者❷，得據以對於該判決提起再審之訴❸。

　　民國九十九年一月十三日修正行政訴訟法時，又增訂行政訴訟法第二七四條之一，規定：「再審之訴，行政法院認無再審理由，判決駁回後，不得以同一事由對於原確定判決或駁回再審之訴之確定判決，更行提起再審之訴。」其理由為：「按行政訴訟之當事人，對於行政法院所為裁定，聲請再審，經駁回後，不得復以同一原因，又對該駁回再審聲請之裁定更行聲請再審，固經最高行政法院四十六年裁字第四十一號著有判例，惟當事人對於原確定判決提起再審之訴，經行政法院認無再審理由，判決駁回確定後，依現行規定，並未限制當事人對此駁回再審之訴之確定判決不得提起再審之訴，為避免當事人一再以同一事由提起再審之訴，致浪費行政法院資源，爰參照民事訴訟法第四百九十八條之一之規定，增訂本條規定。」

---

❶ 何謂確定判決? 最高行政法院 97 年度裁字第 3739 號裁定有一註解，即：「再審之訴，必對於確定判決始得提起。所謂確定判決，係指已具有形式上確定力及實質上確定力之終結訴訟之確定判決而言。發回更審之判決，既尚須由受發回之法院更為判決，即非具有實質上確定力之終結訴訟之確定判決，自不得對之提起再審之訴。」

❷ 最高行政法院 94 年度判字第 1334 號判決就此情形表示：「行政訴訟法第 273 條第 1 項第 11 款所稱為判決基礎之民事，或刑事判決及其他裁判或行政處分，依其後之確定裁判或行政處分已變更者，得為再審之事由，係指為判決基礎之其他裁判或行政處分事後已自行變更者，與同法第 274 條所定為判決基礎之其他裁判並未變更，但該為判決基礎之其他裁判本身有再審之事由，亦得對該判決提起再審之訴，二者所規範之事由不同，不生互相矛盾之問題。」參閱，司法院印行，《最高行政法院裁判要旨彙編》，第 25 輯，民國 95 年 6 月，頁 980–988。

❸ 相關例子，請參閱，吳庚，《行政爭訟法論》，頁 269–270。

第三節　再審之管轄

行政訴訟法第二七五條第一項至第三項對再審之管轄❶，設有下列之規定：

　1.再審之訴專屬為判決之原行政法院管轄。

　2.對於審級不同之行政法院就同一事件所為之判決提起再審之訴者，專屬上級行政法院合併管轄之❷。

　3.對於最高行政法院之判決，本於第二七三條第一項第九款至第十四款事由聲明不服者，雖有前二項之情形，仍專屬原高等行政法院管轄。

有關上述再審之管轄，最高行政法院九十五年八月份庭長法官聯席會議針對「當事人不服高等行政法院判決，向最高行政法院提起上訴後，最高行政法院認上訴不合法以裁定駁回，嗣當事人對該裁定，以發見未經斟酌之證物足以證明上訴為合法為由，聲請再審時，究應由何行政法院管轄?」之法律問題，即作出下述決議加以釐清：「對於同一事件之高等行政法院及最高行政法院所為『判決』同時本於行政訴訟法第二百七十三條第一項第九款至第十四款以外之法定事由提起再審之訴者，由最高行政法院合併管轄；但對於高等行政法院判決提起上訴，而經最高行政法院認上訴為不合法以裁定駁回，對於該高等行政法院判決提起再審之訴者，無論本於何種法定再審事由，仍應專屬原高等行政法院管轄。又當事人向最高行政法院提起上訴，是否合法，係屬最高行政法院應依職權調查裁判之事項，聲請人對最高行政法院以其上訴為不合法而駁回之裁定，以發見未經斟酌之證

---

❶　陳計男，上揭書，頁 701–702；黃啟禎／陳敏等譯，上揭書，頁 723–724；吳庚，上揭書，頁 271。

❷　我國行政訴訟原採二級二審制，僅有高等行政法院、最高行政法院二級。民國 100 年 11 月 23 日公布修正前之行政訴訟法第 275 條第 2 項直接表明規定「由最高行政法院合併管轄」，但因行政訴訟法修正後，改採三級二審制，為免適用上發生疑義，司法院修法時乃參考民事訴訟法第 499 條規定，修正為「專屬上級法院合併管轄之」。

物為由聲請再審，依行政訴訟法第二八三條準用同法第二七五條第一項之規定，專屬最高行政法院管轄，不在同條第三項規定之列。」**㉑** 就此，最高行政法院九十五年裁字第一一六七號判例乃明確表示：「對於高等行政法院判決提起上訴，而經本院認上訴為不合法以裁定駁回，對於該高等行政法院判決提起再審之訴者，無論本於何種法定再審事由，仍應專屬原高等行政法院管轄。又當事人向本院提起上訴，是否合法，係屬本院應依職權調查裁判之事項，聲請人對本院以其上訴為不合法而駁回之裁定，以發見未經斟酌之證物為由聲請再審，依行政訴訟法第二八三條準用第二七五條第一項之規定，應專屬本院管轄，同法第二七五條第三項規定不在準用之列。」不過，最高行政法院九十八年度裁字第二七八號裁定就未對原審判決作實體審查者，則另作補充裁示，即：「按『對於高等行政法院判決提起上訴，而經最高行政法院認上訴為不合法以裁定駁回，對於該高等行政法院判決提起再審之訴者，無論本於何種法定再審事由，仍應專屬原高等行政法院管轄。』為本院九十五年裁字第一一六七號判例所明示，蓋本院以上訴為不合法而裁定駁回者，並未對原審判決作實體審查，即非以原審判決認事用法無誤而加以維持，則原審判決是否具備適用法規顯有錯誤的再審事由，即與本院無涉，自無法將當事人對於原審判決所提起的再審之訴，連同其對於本院裁定聲請再審之事件，合併由本院管轄。否則，如果當事人提起上訴，因不合法而遭本院裁定駁回後，其再主張原審判決適用法規顯有錯誤，即可直接歸由本院審理，無異於本院裁定駁回及原審判決確定後，另闢上訴蹊徑，自非妥適。」

第四節　再審之提起期間

行政訴訟法第二七六條對提起再審之期間**㉒**，設有下列規定：

1. 再審之訴應於三十日之不變期間內提起。

2. 前項期間自判決確定時起算，判決於送達前確定者，自送達時起算；

㉑　參閱《台灣本土法學雜誌》，第 89 期，2006 年 12 月，頁 206。

㉒　陳計男，上揭書，頁 702–703；黃啟禎／陳敏等譯，上揭書，頁 724–725。

但再審之理由發生或知悉在後者，均自知悉時起算。

　　3.依第二七三條第二項提起再審之訴者，第一項期間自解釋公布當日起算。

　　4.再審之訴自判決確定時起，如已逾五年者，不得提起❷。但以第二七三條第一項第五款、第六款或第十二款情形為再審之理由者，不在此限。

　　5.對於再審確定判決不服，復提起再審之訴者，前項所定期間，自原判決確定時起算。但再審之訴有理由者，自該再審判決確定時起算。

第五節　再審之程式

　　行政訴訟法第二七七條第一項規定了提起再審之訴所應遵循的程式，即再審之訴，應以訴狀表明下列各款事項，並添具確定終局判決繕本，提出於管轄行政法院為之❷：

　　1.當事人。

　　2.聲明不服之判決及提起再審之訴之陳述。

　　3.應於如何程度廢棄原判決及就本案如何判決之聲明。

　　4.再審理由及關於再審理由並遵守不變期間之證據。

　　同條第二項另規定，再審訴狀內，宜記載準備本案言詞辯論之事項。

第六節　再審之審理

　　再審之訴依行政訴訟法第二八一條規定，即除再審程序編別有規定外，其訴訟程序準用關於各該審級訴訟程序之規定。申言之，再審程序應依下列步驟為審理❷：

---

❷　相關司法實務如最高行政法院 92 年度判字第 1656 號判決，詳請參閱，司法院印行，《最高行政法院裁判要旨彙編》，第 23 輯，民國 93 年 12 月，頁 1081。

❷　陳計男，上揭書，頁 699–701；吳庚，上揭書，頁 270–271；黃啟禎／陳敏等譯，上揭書，頁 725–726。

❷　吳庚，上揭書，頁 271–272；陳計男，上揭書，頁 705–707；陳清秀，上揭書，頁 559–560。

1.再審訴訟合法性 (Zulässigkeit) 的審查，例如當事人已依上訴主張其再審事由或知其事由不主張者，依行政訴訟法第二七三條第一項規定，其所提再審訴訟即無合法性，或再審之訴是否在法定期間提起等亦涉及再審訴訟之合法性。對此類事由之審查即為再審訴訟合法性之審查。

2.再審訴訟有無理由 (Begründeheit) 的審查，例如對再審訴訟所提再審事由是否確實等之審查。

3.就本案案件重新審理及裁判，即在確認再審之訴合法且有理由時，就本案之訴訟程序續行、再開。因其類似上訴，故行政訴訟法第二七九條規定，本案之辯論及裁判，以聲明不服之部分為限。

第七節　再審之裁判

再審之裁判依行政訴訟法第二七八條、第二八〇條之規定有如下列 ❷：

一、再審之訴不合法，以裁定駁回

即行政訴訟法第二七八條第一項所規定的，再審之訴不合法者，行政法院應以裁定駁回之。所謂再審之訴不合法者，如提起再審之訴未依同法第二七六條之法定期間或未依同法第二七七條之法定程式等。

二、再審之訴無理由之判決

1.再審之訴顯無理由之判決

此即行政訴訟法第二七八條第二項所規定的，再審之訴顯無再審理由者，得不經言詞辯論，以判決駁回之。

2.雖有再審理由但不影響裁判結果之判決

此即行政訴訟法第二八〇條所規定之再審之訴雖有再審理由，行政法

---

❷ 黃啟禎／陳敏等譯，上揭書，頁 726–727；陳計男，上揭書，頁 707；吳庚，上揭書，頁 272–273；陳清秀，上揭書，頁 560–562。

院如認原判決為正當者，應以判決駁回之。

三、再審之訴有理由之判決

再審之訴合法且有理由，則依學者之看法❷，行政法院得以中間判決廢棄原確定判決，除去其確定力並追溯成立訴訟繫屬，前訴訟程序回復到未判決前之狀態，而先前的程序上行為，在未涉及有再審瑕疵情形下，均仍屬有效，行政法院並應就該事件重新審理及裁判，而當事人也得依法提出新的陳述主張及新的聲請或請求。行政法院重新裁判後之結果如仍與原裁判相同，則可維持原裁判結果，如重新裁判結果與原確定判決不同，則如先前未作成廢棄原確定判決之中間判決時，應於再審終局判決中在判決主文中明示廢棄原確定判決❷。

第八節　再審判決之效力

原確定判決經再審法院廢棄，另為變更判決時，除影響當事人間之法律關係外，亦可能影響第三人之權利。為此，行政訴訟法第二八二條乃規定，再審之訴之判決，對第三人因信賴確定終局判決以善意取得之權利無影響。但顯於公益有重大妨害者，不在此限❷。

第九節　準再審

再審之訴原係為救濟確定判決而設，並不包括確定裁定之救濟。但已確定之裁定，如有行政訴訟法第二七三條之情形者，制度上如不許當事人有救濟途徑，則在權利保護上尚難謂周延，故行政訴訟法第二八三條規定，裁定已經確定，而有第二七三條之再審事由情形者，得準用再審程序編之

---

❷　陳清秀，上揭書，頁561；Eyermann, *Verwaltungsgerichtsordnung*, 10. Auflage, 1998, §153, Rn. 17f.

❷　陳清秀，上揭書，頁561–562。

❷　陳計男，上揭書，頁709；陳清秀，上揭書，頁562；黃啟禎／陳敏，上揭書，頁728；吳庚，上揭書，頁272–273。

規定，聲請再審，學者稱之為準再審❸。

　　有關準再審之管轄法院依行政訴訟法第二八三條準用同法第二七五條第一項之規定，專屬最高行政法院管轄，不在同條第三項規定之列，此為最高行政法院九十五年八月份庭長法官聯席會議之決議。司法實務亦另可注意的是上述最高行政法院九十五年裁字第一一六七號判例以及最高行政法院九十八年度裁字第四一二號之裁定，該裁定指出：「按『又當事人向最高行政法院提起上訴，是否合法，係屬最高行政法院應依職權調查裁判之事項，聲請人對最高行政法院以其上訴為不合法而駁回之裁定，以發見未經斟酌之證物為由聲請再審，依行政訴訟法第二八三條準用同法第二七五條第一項之規定，專屬最高行政法院管轄，不在同條第三項規定之列。』復經本院九十五年八月份庭長法官聯席會議決議在案。是當事人就本院以上訴為不合法而駁回之裁定，本於行政訴訟法第二七三條第一項第九款至第十四款事由聲請再審者，仍應專屬本院管轄。」

---

❸　陳計男，上揭書，頁 711；黃啟禎／陳敏，上揭書，頁 728–729；吳庚，上揭書，頁 273。

第五章　重新審理程序

第一節　重新審理之意義

重新審理為我國行政訴訟新增設之制度，源自於日本的第三人再審之訴制度❶，類似於法國之第三人抗告制度❷。依行政訴訟法第二八四條第一項之規定，是指因撤銷或變更原處分或決定之判決，而權利受損害之第三人，如因非可歸責於己之事由，未參加訴訟，致不能提出足以影響判決結果之攻擊或防禦方法者，得對於確定終局判決聲請重新審理。

建構行政訴訟重新審理程序制度❸，主要在於尋求公允救濟。因行政法院撤銷或變更原處分或決定之判決，不僅對於當事人生效，並且依行政訴訟法第二一五條規定，對第三人亦有效力。當事人對行政法院撤銷或變更原處分或決定之確定終局判決可以提起再審之訴，以求救濟，但有利害關係之第三人，如因非可歸責於己之事由，未參加訴訟，致不能提出足以影響判決結果之攻擊或防禦方法者，如未給予對於確定判決聲明不服之救濟方法，則有失公允。因此，司法院在草擬行政訴訟法修正草案時，即仿照日本行政事件法第三十四條規定，將利害關係第三人提起之重新審理程序列為再審之訴的一種。不過，因為學者認為再審之訴係原判決之當事人始得提起，現權利受損害之第三人既未參加「前審」，如何有「再審」之可言，因此將之改為重新審理❹。此即為我國行政訴訟法建構重新審理程序

---

❶ 陳清秀，上揭書，頁 563；吳庚，上揭書，頁 273；林錫堯／翁岳生，《行政訴訟法逐條釋義》，頁 731；陳計男，上揭書，頁 714。

❷ 蔡志方，〈行政訴訟制度〉，翁岳生編，《行政法》，頁 1077；湯金全，〈我國行政訴訟制度之商榷〉，臺大法研所碩士論文，民國 68 年 6 月，頁 128。

❸ 相關論文請參閱，陳淑芳，〈行政訴訟之重新審理〉，《月旦法學教室》，第 64 期，民國 97 年 2 月，頁 18-19；張文郁，〈重新審理〉，《月旦法學教室》，第 136 期，2014 年 2 月，頁 9-11。

制度之緣由。

為求區分，學者更將重新審與再審之不同條列如下❺：

1.重新審理係由因撤銷或變更原處分或決定之判決，權利受損害之第三人聲請；而再審則係由受不利確定判決之當事人，以再審之訴提起之。

2.重新審理，依行政訴訟法第二八四條第一項規定，以撤銷訴訟之撤銷判決為限；而再審之訴之提起，則不以撤銷判決為限。

3.聲請重新審理，係以第三人因非可歸責於己之事由，未參加訴訟，致不能提出足以影響判決結果之攻擊或防禦方法為其事由；而提起再審之訴，則須具有行政訴訟法第二七三條及第二七四條之事由始得提起之。

4.聲請重新審理經認為合法而有理由時，行政法院依行政訴訟法第二八八條規定，應以裁定命為重新審理，該裁定確定後，依行政訴訟法第二九○條規定，應即回復原訴訟程序，聲請人於回復原訴訟程序後，當然參加訴訟；而於提起再審之訴，除再審之訴為不合法，依行政訴訟法第二七八條第一項規定，應以裁定駁回其訴外，即依再審之訴訟程序裁判，並依行政訴訟法第二八一條規定，準用各該審級訴訟程序之規定。

5.重新審理之聲請人，於行政法院裁定命為重新審理後，在回復原訴訟程序時，變更其訴訟上之地位為參加人，而非當事人；但在提起再審之訴，則不生提起再審之訴之原告（即聲請再審之人）地位變更問題。

6.聲請重新審理依行政訴訟法第二八四條第一項規定，係以不能提出足以影響判決結果之攻擊或防禦方法為前提，而最高行政法院依行政訴訟法第二五四條第一項規定，除別有規定外，應以高等行政法院判決確定之事實為判決基礎，故對於最高行政法院之判決，除有行政訴訟法第二五四條第二項、第三項情形，不生聲請重新審理問題；而再審之訴，則得對高等行政法院及最高行政法院之確定判決為之。

---

❹ 《司法院研修資料彙編㈤》，頁 301，草案初稿第 266 條，頁 360，主席翁岳生及委員楊建華之發言；另賴恆盈，〈「行政訴訟重新審理制度」之檢討〉，《萬國法律》，民國 89 年 8 月。

❺ 陳計男，上揭書，頁 714–715。

第二節　重新審理之聲請

行政訴訟法第二八四至二八六條、第二八九條規定了重新審理之聲請人、聲請事由、聲請期間、聲請之管轄、聲請程序及聲請撤回事項❻，即：

1.聲請人及聲請事由為行政訴訟法第二八四條第一項規定，限於非可歸於已之事由，未參加訴訟而權利受損害之第三人。若聲請人為該案確定裁定之當事人，則不得依聲請重新審理，請求救濟❼。

2.聲請期間——依行政訴訟法第二八四條第二項規定，聲請重新審理應於知悉確定判決之日起三十日之不變期間內為之。但自判決確定之日起已逾一年者，不得聲請。

3.聲請之管轄——依行政訴訟法第二八五條規定，重新審理之聲請準用第二七五條第一項、第二項管轄之規定。此因聲請重新審理係第三人對於確定判決聲明不服之方法，與再審之訴之目的相同，故有關再審之訴管轄法院之規定，自可準用以節繁文。

4.聲請之程序——行政訴訟法第二八六條第一項規定，聲請重新審理，應以聲請狀表明下列各款事項，提出於管轄行政法院為之：

(1)聲請人及原訴訟之兩造當事人。

(2)聲請重新審理之事件，及聲請重新審理之陳述。

(3)就本案應為如何判決之聲明。

(4)聲請理由及關於聲請理由並遵守不變期間之證據。

同條第二項另規定，聲請狀內，宜記載準備本案言詞辯論之事項。

5.聲請之撤回——行政訴訟法第二八九條第一項、第三項規定，聲請人於行政法院對其聲請是否合法為裁定確定前，得以書狀或言詞撤回其聲請，而若撤回聲請者，依同條第二項規定，聲請人喪失其重新審理聲請權。

---

❻　林錫堯／翁岳生，上揭書，頁 732-736；陳清秀，上揭書，頁 564-565；陳計男，上揭書，頁 716-720；吳庚，上揭書，頁 275。

❼　最高行政法院 90 年度裁字第 703 號裁定,《台灣本土法學雜誌》，第 30 期,2002 年 1 月，頁 135。

第三節　重新審理之裁判

行政訴訟法第二八七條、第二八八條及第二九〇條分別規定了重新審理聲請之裁判事項❽，即：

1.聲請不合法之駁回

即行政訴訟法第二八七條所規定的聲請重新審理不合法者，行政法院應以裁定駁回之。

2.聲請合法之處置

即行政訴訟法第二八八條所規定的行政法院認為第二八四條第一項之聲請有理由者，應以裁定命為重新審理❾；認為無理由者，應以裁定駁回之。

3.回復原訴訟程序，更為審判

即行政訴訟法第二九〇條第一項所規定的，開始重新審理之裁定確定後，應即回復原訴訟程序，依其審級更為審判。同條第二項又規定，聲請人於回復原訴訟程序後，當然參加訴訟。

第四節　重新審理聲請及判決之效力

行政訴訟法第二九一條規定，聲請重新審理無停止原確定判決執行之

---

❽ 吳庚，上揭書，頁 275-276；陳清秀，上揭書，頁 566-567；陳計男，上揭書，頁 720-723。

❾ 最高行政法院 90 年度裁字第 884 號裁定即以：「聲請人固為原訴訟繫屬前之再訴願程序之再訴願人，惟因再訴願決定作成後，是否有他人提起行政訴訟，抑或行政訴訟程序進行中有如何之主張或舉證，聲請人均無從知悉，自無從參加訴訟或提出任何證據資料」之理由，裁定專利異議事件之重新審理。詳閱《台灣本土法學雜誌》，第 32 期，2002 年 3 月，頁 181-182。

效力。但行政法院認有必要時，得命停止執行。又重新審理判決之效力，對第三人因信賴確定終局判決以善意取得之權利無影響，但顯於公益有重大妨害者，不在此限，此因行政訴訟法第二九二條準用同法第二八二條規定之故也❿。

---

❿　林錫堯／翁岳生，上揭書，頁 739；陳清秀，上揭書，頁 567；陳計男，上揭書，頁 723。

第八篇
行政訴訟上權利
暫時保護程序論

第一章 概 說

行政訴訟上權利暫時保護程序 ❶ (Vorläufiger Rechtsschutz im Verwaltungsstreitverfahren) 乃是為了提供各種行政訴訟程序確定終結前時段之權利暫時保護之程序 (Vorläufiger Rechtsschutz für die Zeitspanne bis zum rechtskräftigen Abschluß des Klageverfahrens.)。由於行政訴訟程序之冗長，至確定終結前，經常有一大段時日，行政訴訟當事人之實質權利可能無法受到有效保護 ❷。因此，為有效保護當事人之權利 (effektive individualrechtsschutz)，新修正之行政訴訟法乃仿照德國法制 ❸，建立了兩

---

❶ 我國學者有譯為暫時權利保護者，如陳清秀是；有稱為暫時性權利保護者，如陳計男先生是；又有稱為權利暫時保護，如林明鏘是。筆者採最後者，蓋因停止執行、假扣押、假處分均為人民權利之暫時保護制度也。相關文獻，請參閱，林明鏘，〈人民權利之暫時保護——以行政訴訟程序為中心〉，臺灣大學法律研究所碩士論文，民國 76 年；陳英鈴，〈撤銷訴訟與行政處分之停止執行——人民權利保護的櫥窗〉，台灣行政法學會主編，《行政法爭議問題研究（下）》，頁 1009–1031；蔡進良，〈論行政救濟上人民權利之暫時保護——新修正訴願法與行政訴訟法之檢討〉，《月旦法學雜誌》，第 47 期，1999 年 4 月，頁 65–82；朱健文，〈論行政訴訟中之預防性權利保護〉，輔仁大學法研所碩士論文，民國 83 年 6 月；陳清秀，〈行政訴訟上之暫時權利保護〉，司法院秘書處發行，《行政訴訟論文彙編》，第 2 輯，民國 88 年 6 月，頁 277–309；黃培鈞，〈行政訴訟暫時權利保護制度之研究——有效權利保護理論之觀察〉，國立高雄大學政治法律學系碩士論文，2012 年。

❷ Edgar Bosch/Jörg Schmidt, *Praktische Einführung in das verwaltungsgerichtliche Verfahren*, S. 301. 德國司法實務另請參閱，劉建宏，〈公務員法上之競爭訴訟與訴訟參加——草論暫時權利保護程序中之權利保護〉，司法院，《行政訴訟論文第三輯——人事行政爭訟》，民國 91 年 11 月出版，頁 409–432。

❸ A.a.O., S. 301–327; Redeker/von Oertzen, VwGO, §80, §123; Kopp/Schenke, VwGO, §80, §123, Rn. 1; Eyermann, VwGO, §80, §123.

大類之權利暫時保護程序❹。其一為行政訴訟法第一一六至一一九條所規定之行政處分的停止執行程序，其二則為行政訴訟法第七編稱為保全程序之假扣押、假處分程序。

行政處分之停止執行程序係針對行政訴訟上之撤銷訴訟，由行政法院依職權或依聲請而為裁定，命行政機關停止原處分或決定之效力、原處分或決定之執行。而保全程序則原則上係為給付訴訟或確認訴訟上權利暫時保護❺。為求區隔假處分與停止執行兩者之範圍，行政訴訟法第二九九條乃規定：「關於行政機關之行政處分，不得為前條之假處分。」不過，此條文字容易被誤解為凡有關行政處分，均不得聲請為前條之假處分。因此，民國一○○年十一月二十三日公布修正之行政訴訟法第二九九條乃限縮修正為：「得依第一百十六條請求停止原處分或決定之執行者，不得聲請為前條之假處分。」

權利暫時保護程序在性質上與撤銷訴訟、給付訴訟、確認訴訟等所謂之主程序 (Hauptsachenverfahren) 不同，而係從程序 (Nebenverfahren) 與簡略快速之程序 (summarische Verfahren)，但仍為獨立之程序 (selbständige Verfahren)❻，目的分別在凍結原處分效力，以定暫時狀態或為應付急迫情況而為權利之保全，以免發生不可回復之損害。

又學者指出❼，「權利暫時保護制度乃是介於個別主觀公法權利有實質保護與公共利益之迅速執行兩難之境界。如果過度偏重個別權利之保護，採取原則執行當然停止或放寬假處分及假扣押之聲請要件，則公共利益及執行效力恐怕會遭受重大影響；但如果過度偏重公共利益及執行成效之確

---

❹ 司法實務評論請參閱，郭俊佑，〈行政爭訟之暫時權利保護制度——兼評最高行政法院 100 年度裁字第 2407 號裁定 (The Temporary Remedy in the system of Administration litigation)〉，《軍法專刊》，第 58 卷第 6 期，2012 年 12 月，頁 96–114。

❺ 林明鏘 / 翁岳生，《行政訴訟法逐條釋義》，頁 401。

❻ Bosch/Schmidt, a.a.O., S. 301；陳清秀，《行政訴訟法》，頁 569–570。

❼ 林明鏘 / 翁岳生，上揭書，頁 402。

保，採取原則上不停止執行制度，並提高假處分、假扣押之門檻要件，則個別權利保護即嫌不足。因此如何能夠兼顧個別權利保護與公共利益之確保，實在需要在法制面上立法者保留相當彈性給司法機關及行政機關，依據個案得為不同之裁量，始能公平處理。而外國立法例與我國之立法亦同樣面臨此種困境，在最適宜本國之政經社文條件下，採取一種最恰當的立法方式，來兼顧個別權利與公共利益之雙贏，但是，權利暫時保護制度如一刀二刃，易為有心人士所濫用，如何雙贏而非雙輸，即成為法學研究上之重要課題。」可見，行政訴訟法修正後，行政訴訟上權利暫時保護制度，已日益成為學界所關注之問題，而權利暫時保護類型之選擇，也成為學者研究之重點❽。

　　本篇自下章起，將就行政處分之停止程序、假扣押程序、假處分程序分章析述，以說明我國行政訴訟中之權利暫時保護制度。

---

❽　參閱，馬鴻驊，〈行政爭訟法上暫時權利保護類型之選擇〉，《月旦法學雜誌》，第 121 期，2005 年 6 月，頁 113–137。

第二章 行政處分之停止執行

第一節 行政處分停止執行之意義

我國法制一向採取提起行政爭訟不生停止執行行政處分之規定，新修正之行政訴訟法第一一六條第一項亦規定:「原處分或決定之執行，除法律另有規定外，不因提起行政訴訟而停止。」是即採行日本、奧國立法例之行政處分不因提起行政爭訟而停止執行之原則❶而與德國法制有異❷。其主要目的在防止行政活動之停廢、維護行政效率、圓滿實現行政目的及避免公共福祉。因人民之濫訴而遭受重大影響❸。

不過，為了避免此一原則之執行，對當事人可能發生難以回復之損害，行政訴訟法第一一六條第二項乃規定:「行政訴訟繫屬中，行政法院認為原處分或決定之執行，將發生難於回復之損害，且有急迫情事者，得依職權或依聲請裁定停止執行。」此即為行政處分停止執行之意涵所在與來由。

然而，如對公益有重大影響或原告之訴在法律上顯無理由者，依行政訴訟法第一一六條第二項之但書規定，行政法院仍不得因當事人之聲請或依職權而裁定停止原處分或決定之執行。所謂對公益有重大影響，如徵收土地建設高速公路，若其中一筆土地之徵收因土地所有人提起行政訴訟，主張徵收之執行將使其種植之經濟作物剷除有難於回復之損害，且情事急迫，聲請停止執行，如因而執行停止，將使高速公路之建築停頓，則對公益有重大影響❹。

---

❶ 吳庚，《行政爭訟法論》，頁 159; 林明鏘／翁岳生，上揭書，頁 403。

❷ 德國法制則採停止執行原則，參閱，林明鏘／翁岳生，上揭書，頁 403-404。

❸ 陳計男，《行政訴訟法釋論》，頁 727; 司法院印行，〈行政訴訟法修正草案總說明暨條文對照表〉，頁 208。

❹ 陳計男，上揭書，頁 728。

第二節　行政處分停止執行之聲請要件

第一項　行政訴訟繫屬中之聲請要件

依行政訴訟法第一一六條第二項規定，聲請行政法院為停止執行行政處分之裁定須具備二個積極要件及二個消極要件❺，即：

一、原處分❻或決定之執行將發生難以回復之損害

何謂將發生難以回復之損害，有認為係指：回復原狀不能或金錢賠償

---

❺　林明鏘／翁岳生，上揭書，頁406。又如非行政處分，自不得為行政處分停止執行之聲請。詳請參閱最高行政法院90年度裁字第762號裁定，《台灣本土法學雜誌》，第31期，2002年2月，頁126；另行政訴訟法第5條第2項拒絕申請之訴，亦無法依行政訴訟法第116條聲請停止執行。詳請參閱最高行政法院91年度裁字第1328號裁定，《台灣本土法學雜誌》，第45期，2003年4月，頁156–158。

❻　當事人如對非行政處分，聲請裁定停止執行則不可。最高行政法院91年度裁字第107號裁定指出：「查抗告人所有坐落於臺北縣板橋市一號公園之土地及其地上物，業經臺北縣政府以78年5月9日(78)北府地四字第277266號公告徵收。經核抗告人聲請停止之90年10月23日(90)北縣板公字第66204號公告略以：『主旨：公告本市一號公園預定地內部份地上物限期拆除。……公告事項：公一公園預定地依縣府78年5月9日(78)北府地四字第277266號函公告徵收，……經徵收取得之地上物即將於11月30日起進行拆除，請貴住戶儘速配合遷移，以利拆除，屆時未自動拆遷者將視同廢棄物處理。』顯係相對人為實現土地及地上物公告徵收處分之接續執行行為，亦即相對人本於被徵收之地上物所有權人之地位將於一定期間內進行拆除地上物之事實為公告，不得認係發生法律效果之另一行政處分，該公告自非行政訴訟法第116條第2項所定得聲請裁定停止執行之原處分或決定。抗告人對於上開不得作為行政爭訟標的之非行政處分，聲請裁定停止執行，即與法定聲請停止執行之要件不符，不應准許。因而駁回抗告人之聲請，並無違誤。」參閱，司法院印行，《最高行政法院裁判要旨彙編》，第22輯，民國92年12月，頁762；另如最高行政法院91年度裁字第238號裁定，最高行政法院91年度裁字第360號裁定，最高

不能之損害，或金錢賠償可能之損害，惟依其損害性質、態樣等情事，依社會通念凡認以金錢賠償卻無法填補其損害者亦屬之。例如：將法人名稱刊登於「政府採購公報」 ❼ 、否准遊行之處分、違章建築拆除處分、公立學校對學生之退學處分或對外國人強制驅逐出國之處分。這些處分一旦執行，則法人不得參加投標或作為決標對象或分包廠商、遊行不能適時舉辦、建築物被拆除、學生被退學、外國人遭驅逐出境，當事人縱使提起行政訴訟且獲得勝訴確定判決，亦於事無補，損害難以回復 ❽ 。我國司法實務上

　　行政法院 91 年度裁字第 418 號裁定，最高行政法院 91 年度裁字第 312 號裁定亦均採取同樣之見解。請分別參閱，司法院印行，《最高行政法院裁判要旨彙編》，第 22 輯，民國 92 年 12 月，頁 763–766; 767–769; 769–771; 771–777。

❼　最高行政法院 91 年度判字第 1350 號裁定謂：「政府機關之招標工程為抗告人營業生存之命脈，相對人將抗告人刊登政府採購公報，將發生抗告人營業難以為繼之情形；另相對人將抗告人刊登公報後，抗告人已不得參與政府機關相關標案，而此項標案均有投標期限，現階段抗告人不參標，即無法累積工程實績，工程實績又為參標承攬日後工程之必要條件，是已生抗告人永久喪失參標機會之結果等情，應非無稽。苟本件執行行為係屬錯誤，已為之執行行為對抗告人所造成無法累積工程實績及永久喪失參標機會之損害，相對人原應回復其原狀以為賠償，惟抗告人之工程實績因無法參標之一年期間之經過，必無法累積成與未經執行時相同；另已喪失之參標機會或因已由他人得標而無法取得，則回復原狀勢所不能。況本件執行行為如致身為法人之抗告人無法存續，自無從使其復存。再者，回復原狀係屬不能時，法律固定有得以金錢賠償損害之規定，惟此項代替賠償之金錢與前述損害之財產性質究非相同，能否謂此項損害非屬難於回復之損害，自有商榷餘地。從而原法院認得以金錢賠償之損害即不發生難於回復損害之情況，進而謂本件抗告人聲請停止執行，與行政訴訟法第 116 條第 2 項所定要件不合，駁回其停止執行之聲請，非無可議。本件抗告人抗告意旨以前開各詞指摘原裁定不當，求予廢棄，非無理由，應由本院將原裁定予以廢棄，並發回原法院，由原法院就本件執行已否造成難於回復之損害詳為調查認定後，重為適法之裁定。」參閱，司法院印行，《最高行政法院裁判要旨彙編》，第 22 輯，民國 92 年 12 月，頁 840–841。

❽　同❺；另蔡進良，〈論行政救濟上人民權利之暫時保護〉，《月旦法學雜誌》，第

對所謂難以回復之損害，每採保守態度，以仍屬得以金錢賠償者，即難謂有難以回復之損害❾。例如，最高行政法院九十一年度裁字第九〇三號裁定指出：「本件原處分對抗告人裁處罰鍰，其執行係屬金錢債權之執行，嗣後原處分若經行政法院判決撤銷，抗告人並非不得聲請發還，自不發生難

---

47 期，頁 73；陳計男，上揭書，頁 729-730。司法實務，另參閱最高行政法院 91 年度裁字第 987 號裁定，《台灣本土法學雜誌》，第 43 期，2003 年 2 月，頁 192。

❾ 陳清秀，《行政訴訟法》，頁 578 所引之實例裁定：

A.徵收處分之停止執行：

如行政機關擬拆除已徵收補償完竣之地上物，其為財產上之損害，得以金錢補償，自不致發生難以回復之損害，即不得聲請停止執行徵收處分（臺北高等行政法院 89 年停字第 15 號裁定）。

B.撤銷公司登記之停止執行：

又如公司主管機關經濟部以股東未實際繳納股款為由，依公司法第 9 條規定撤銷其公司登記，則「縱使撤銷登記為違法，聲請人（即受處分公司）如因買賣契約或與員工之雇傭契約所生之損害，亦屬得以金錢賠償者，均非行政訴訟法第 116 條第 3 項規定所謂難以回復之損害」（臺北高等行政法院 89 年度停字第 12 號裁定）。

C.拆除違章建築之停止執行：

在拆除違章建築之聲請停止執行事件，實務上有認為「其因原處分之執行所受損害，在一般社會通念上，並非不能以金錢賠償或回復，難謂將發生難於回復之損害」，而不准停止執行（臺北高等行政法院 89 年停字第 28 號裁定）。

上述實務見解學者認有待商榷。蓋既只能以金錢賠（補）償，其損害足見已無法回復原狀或難以回復損害前之原狀，民法第 215 條可資參照。再者，金錢賠償一般必須有其他法律根據，例如國家賠償法等，而國家賠償係以公務員有故意或過失為要件，倘無故意或過失，縱然原處分違法，恐亦無法給予金錢賠償。又准予原處分停止執行，不必將來以公款給予金錢賠償，可能是公益與私益兼顧之最佳方案，例如違章建築之拆除，倘暫時停止原處分之執行，並未妨害公共安全時，則暫時停止執行，比立即執行將來再給予金錢賠償更能節省公帑支出，符合公共利益。

以回復之損害 **❿**。」但近年來已有改變。如拆除工廠行為，將使訂單不能履行、滋生國際貿易糾紛；本國員工喪失工作；外籍勞工遣送回國等，也屬於難以回復之損害。又最高行政法院九十七年度裁字第四九五四號裁定更進一步表示：「『難以回復之損害』，固然要考慮將來可否以金錢賠償，但也不應只以『能否用金錢賠償損失』當成唯一之判準。如果損失之填補可以金錢為之，但其金額過鉅時，或者計算有困難時，為了避免將來國家負擔過重的金錢支出或延伸出耗費社會資源的不必要爭訟，仍應考慮此等後果是否有必要列為『難以回復損害』之範圍。」**⓫**

二、有急迫情事者

原處分或決定之執行雖將發生難於回復之損害，但若無「急迫之情事者」亦不符合聲請停止執行之要件。不過，在實務上是否可能存在「將發生難以回復之損害」，卻又「無急迫情事」之例子？以前揭所舉四個例子：否准遊行之處分、拆除處分、開除處分與驅逐處分皆有急迫之情形。所以在日本實務上及學說尚將此二要件視作一體判斷，並認為凡有發生難以回復之損害者，即有停止執行之緊急必要性**⓬**。又臺北高等行政法院九二年度停字第四五號裁定謂：「聲請人遭開除學籍，縱事後行政爭訟獲得救濟回

---

❿　參閱，司法院印行，《最高行政法院裁判要旨彙編》，第 22 輯，民國 92 年 12 月，頁 778。

⓫　同**❾**，頁 579 所示：臺北高等行政法院 89 年停字第 1 號裁定：「相對人之拆除行為（指拆除已徵收補償之廠房地上物）將使訂單不能履行，滋生國際貿易糾紛，本國員工發生即時喪失工作，如待終局之救濟，將使員工及其家屬陷於生活上之困境；外籍勞工則發生遣送回國，均屬難於回復之損害。」另參閱臺北高等行政法院 91 年度停更一字第 3 號裁定，《台灣本土法學雜誌》，第 49 期，2003 年 8 月，頁 221-224。又最高法院 92 年度裁字第 1249 號裁定認為拘提管收之執行行為對抗告人之自由及精神狀況造成難以回復、無法彌補之損害。詳閱《台灣本土法學雜誌》，第 55 期，2004 年 2 月，頁 200-203。

⓬　蔡進良，上揭文，頁 73；我國司法實務，請參閱最高法院 92 年度裁字第 415 號裁定，《台灣本土法學雜誌》，第 50 期，2003 年 9 月，頁 203-205。

復學籍，其因中斷、遞延學習與消耗之時光所致損害，確屬難於回復。是本件原處分之執行確有將發生難以回復損害之情形，且有急迫情事，而其停止執行於公益並無重大影響，聲請人之聲請為有理由，應予准許。」❸不過，司法實務上認為如不先依訴願法規定申請停止執行原處分，卻逕向行政法院聲請停止執行原處分，則為法所不許。例如最高行政法院九十一年度裁字第九〇六號裁定指出：「按『於行政訴訟起訴前，如原處分或決定之執行將發生難於回復之損害，且有急迫情事者，行政法院亦得依受處分人或訴願人之聲請，裁定停止執行。』固為行政訴訟法第一百十六條第三項前段所明定。惟訴願法第九十三條第二項既規定受處分人得申請受理訴願機關或原處分機關停止執行，理論上得由上開機關獲得救濟，殊無逕向行政法院聲請之必要。且行政訴訟係審查行政處分違法之最終機關，若一有行政處分，不待訴願程序即聲請行政法院停止原處分之執行，無異規避訴願程序，而請求行政法院為行政處分之審查，故必其情況緊急，非即時由行政法院予以處理，則難以救濟，否則尚難認有以行政法院之裁定予以救濟之必要，應認欠缺保護之必要，而駁回其聲請。經查抗告人既已自陳並未向該管前置程序（訴願）機關南投縣政府提出停止相對人（南投縣和雅國民小學）上開決議（行政處分）執行之申請，其逕向本院聲請本件之停止執行，即無保護之必要。原裁定並無不合，其抗告為無理由，應予駁回。」❹另外，如當事人對系爭行政處分，久未作為，則在司法實務上亦被認為並無急迫情事。例如，最高行政法院九十一年度裁字第一三四二號裁定指出：「系爭處分自相對人九十年十一月二十三日作成，迄至抗告人九十一年八月二十七日向原審聲請停止系爭處分之執行，期間超過九個多月，抗告人並未有停止招生收費或任何影響幼稚園園務運作之情形，足見系爭處分客觀上並無聲請意旨所稱必須立即停止執行之急迫情事。且對上開抗告人第八屆第五次董事會議暨會議紀錄不予核備之行政處分，縱停止執行，亦僅

---

❸　《台灣本土法學雜誌》，第 51 期，2003 年 10 月，頁 264–265。

❹　參閱，司法院印行，《最高行政法院裁判要旨彙編》，第 22 輯，民國 92 年 12 月，頁 781–782。

回復至原未核備前之狀態，不因此而轉換為核備之效果，難認有聲請停止執行之利益。」❸ 又如對依法申請案件之駁回處分，最高行政法院九十七年度裁字第三四七三號裁定認為「縱經停止執行，僅回復至原未否准前之狀態，即難認有聲請停止執行之利益。」

三、原處分或決定之停止執行對公益無重大影響

原處分或決定之停止執行須對公益無重大影響，為聲請之消極要件。至於對公益是否有「重大影響」，係屬對「當事人」利益與原處分或決定立即執行公益的利益衡量 (Interessenabwägung)，因為單純公益無從具體判斷，所以必須與聲請人之利益併同考量。為此考量時，在我國採行政爭訟不停止執行原處分或決定之原則情形下，如對公益有無重大影響有懷疑時，即應推定其對公益有重大影響，而不允許當事人之聲請。例如在聲請遊行事件上，如認遊行終將發生暴力或遊行路線有妨害交通之甚高可能性，即應認對公益有重大影響而不應准許原處分或原裁定之執行❻。又中央健保局為向臺北市催討積欠之健保費，發函法務部行政執行署的臺北行政執行處，請求強制執行。臺北市即以對公益有重大影響為由，聲請停止執行❼。不過，臺北高等行政法院，以中央健保局之催繳公函只是觀念通知，並非行政處分，而在程序駁回臺北市政府請求撤銷中央健保局催繳一〇八億餘元及暫時停止執行之聲請❽。臺北市政府不服提起抗告，最高行政法院九十三年度裁字第一六五八號裁定亦加以駁回，其理由為：「對於公法人執行時，僅得在原列預算項目範圍內，或對於其非推行公務所必須及不違反公共利益或非公用之財產，加以執行。故對於此些財產之執行，並無構成抗告人所稱各項公共建設支出嚴重影響或導致抗告人財務出現重大危機之虞，是以抗告人並無因受執行而構成『如待終局之救濟，將有生活上之困

---

❸ 同上註，頁 784–788。

❻ 陳計男，上揭書，頁 733；林明鏘／翁岳生，上揭書，頁 407。

❼ 參閱《聯合報》，民國 93 年 1 月 14 日，A6 版。

❽ 詳閱《聯合報》，民國 93 年 5 月 7 日，A6 版。

難」、『行政處分之執行將帶給抗告人不公平之困境』等情狀，從而抗告人所舉前大法官陳計男及大法官彭鳳至之論著，仍不足為有利之認定。另抗告人指稱一旦就系爭處分強制執行，極易造成民眾以為帶頭違法之錯誤印象，傷害抗告人其代表人之名譽、信用甚鉅，屬於無法以金錢填補之損害云云，然所稱情形純屬抗告人臆測，並無客觀具體事實，足以證明必然發生，殊難憑信。」[19]

歷年來重要的司法實務如最高行政法院九十年度裁字第九四號裁定認為高速公路建造徵收土地之處分，如予以停止執行，雖足以保障私人權益，惟因此涉及公共福祉，有重大影響，自應以保護公益為優先，否准停止執行之聲請。九十二年度裁字第一四二六號裁定，指明農會經營盈虧，關係農民大眾存款人權益甚鉅，有關農會經營負責人總幹事聘免處分，則與公益有重大影響，不得准予停止執行。九十三年度裁字第一九九號裁定，陳明拆除非法於濁水溪行水區內設置選洗場，可免除洪水期釀成水災，即於公益有重大影響。而九十三年度裁字第七八九號裁定亦同，認為拆除建物涉及治洪工程之需要，自屬於公益有重大影響。九十四年度裁字第一六三號裁定，則認為國道高速公路旁設置廣告物，影響國道高速公路行車安全，對公益有重大影響。另九十四年度裁字第一六八一號裁定，認為限期感染後天免疫缺乏症候群之外國出境之處分，與防止此類疾病病毒蔓延相關，於維護國民健康有重大利益[20]。

四、原告之訴在法律上非顯無理由

原告之訴在法律上非顯無理由，亦為聲請停止執行原處分或決定之消極要件。是否為顯無理由，學者主張得仿日本對行政事件訴訟法第二十五條要件之解釋認為：依其聲明之主張係明顯之不正當，或主張之事實欠缺釋明理由，或處分之合法性業經被告機關充分之釋明者，皆屬「顯無理由」。

---

[19]　參閱《台灣本土法學雜誌》，第 73 期，2005 年 8 月，頁 159-160。

[20]　引自林清祥，〈「公益」在行政訴訟扮演角色之實務分析〉，《司法周刊》，第 1302 期附送之〈司法文選別冊〉，民國 95 年 8 月 31 日，頁 9。

又在德國審判實務上則稱為「本案無勝訴希望」(Erfolgsaussichten in der Hauptsache)。不論是「顯無理由」或「無勝訴希望」，都可以抑制或消弭濫行聲請停止執行之案件❷。我國司法實務則以「本案請求勝訴機率甚大」為審酌重點。例如，最高行政法院九十七年度裁字第四五九四號裁定表示：「本院認為，比較穩當的觀點或許是：把『保全之急迫性』與『本案權利存在之蓋然率』當成是否允許停止執行之二個衡量因素，而且彼此間有互補功能，當本案請求勝訴機率甚大時，保全急迫性之標準即可降低一些；當保全急迫性之情況很明顯，本案請求勝訴機率值或許可以降低一些。」

第二項　行政訴訟起訴前之聲請要件

依行政訴訟法第一一六條第三項規定：「於行政訴訟起訴前，如原處分或決定之執行將發生難以回復之損害，且有急迫情事者，行政法院亦得依受處分人或訴願人之聲請，裁定停止執行。但於公益有重大影響者，不在此限。」是以行政訴訟起訴前聲請停止執行原處分或決定，須有上述之兩個積極要件及對公益無重大影響之消極要件，但並無「原告之訴在法律上非顯無理由」之消極要件。學者認為係立法上之疏漏，認為原告之訴在法律上非顯無理由之消極要件，亦應適用於未起訴前之聲請❷。

第三節　行政處分停止執行之裁定

行政處分停止執行之裁定，可由行政法院依行政訴訟法第一一六條第二項以職權為之。亦可由行政法院依聲請而為之❷。

---

❷　林明鏘／翁岳生，上揭書，頁408。

❷　同上註。司法實務，另請參閱最高行政法院 90 年度裁字第 803 號裁定，《台灣本土法學雜誌》，第 31 期，2002 年 2 月，頁 127–128；最高行政法院 91 年度裁字第 877 號裁定，《台灣本土法學雜誌》，第 43 期，2003 年 2 月，頁 191。

❷　對在行政繫屬中聲請停止執行原處分或決定，應由本案之受訴行政法院管轄。至行政訴訟起訴前，本案訴訟尚未繫屬，自無受訴行政法院，學者認為此時應由本案訴訟將來應繫屬之行政法院管轄。陳計男，上揭書，頁 734。

　　行政法院為行政處分停止執行聲請之審理❷，應先從程序上審理其聲請是否合法，如有不合法之情形而可以補正者，審判長應限期命為補正，如逾期不補正或不能補正者，則應以其聲請為不合法，以裁定駁回其聲請。若其聲請為合法，自應進而審查其聲請是否有理由。行政法院為審理時，得行任意的言詞辯論。就聲請事件之事實及法律狀況，為總括的審查(Summarische Prüfung)❷。依行政訴訟法第一一六條第四項規定，行政法院為前二項裁定前，應先徵詢當事人之意見，此一規定通常在使行政機關對於應否准許停止執行為陳述及提出釋明資料之機會。又在第三人不利益或二重效果行政處分之停止執行，亦應賦予以陳述之機會，以「衡量當事人彼此間之利益」(Abwägung der beteiligen Interessen)，然後依其確信作出適當之裁定❷。如認為聲請合法但無理由者，行政法院應以其聲請為無理由，以裁定駁回其聲請。如認為聲請合法且有理由者，行政法院可以依行政訴訟法第一一六條第五項之規定，停止行政處分或決定之執行，停止原處分或決定之效力或程序續行之全部或一部❷。

　　行政法院所為行政處分停止執行裁定之主文，可分三類效果，學者以多年實務經驗分析如次❷，可供參考：

(1)停止原處分或決定之效力

　　行政處分如不待執行即可發生效力，例如形成處分或確認處分，一經停止執行之裁定，該形成或確認之效力，則暫時阻卻其效力之發生。其主

---

❷　相關論文，請參閱，康春田，〈論行政訴訟法上停止執行之審查標準〉，國立中正大學法律學研究所碩士論文，民國 93 年 7 月。

❷　吳庚，《行政爭訟法論》，頁 161。

❷　林明鏘／翁岳生，上揭書，頁 408–409；陳計男，上揭書，頁 734–735；陳清秀，上揭書，頁 581–582。

❷　如在公務員停職處分，可能分為停付薪金與公務員其他地位之剝奪兩部分，為免公務員及其家屬之生活陷於困境，則可裁定停止薪金部分處分之停止執行，但駁回停止剝奪其他地位執行之聲請。陳計男，上揭書，頁 736。

❷　陳計男，上揭書，頁 737–738。

文應為「○○機關○年○月○日○字第○○號撤銷營業許可處分，在本訴訟判決確定前，停止執行」。

(2)處分或決定執行之停止

於此情形，原處分或決定之效力中，僅其執行力受阻，其他部分仍不停止，例如公務員停職處分事件，暫時阻卻關於停俸部分之執行，其主文應為「○○機關○年○月○日○字第○○號停職處分，關於停職期間停發俸給部分，在本訴訟判決確定前，停止執行」。

(3)原處分或決定程序續行之停止 [29]

行政處分後有依該處分之續行程序者，例如運達中華民國口岸之貨物，依規定不得進口者，海關應責令納稅義務人退運，如不於期限內退運，海關得將貨物變賣，將價款扣除應納關稅及必要費用後，餘額繳歸國庫，無法變賣者，則予銷毀（關稅法第五十五條之一）。此時若納稅義務人不服退運之行政處分，提起行政爭訟，只須停止後續之變賣或銷毀程序即可，故其主文可為「○○海關○年○月○日○字第○○號退運處分，關於逾期不退運時拍賣到岸貨物部分之程序，在本訴訟判決確定前應停止之」。

又學者指出行政法院裁定停止原處分或決定時，應否諭知停止執行之期間？行政訴訟法對此並無規定，學者認為將停止執行期間定為本訴訟判決確定前較為妥當 [30]。此為當然，蓋因停止執行行政處分聲請之目的，就是在確保在本訴訟判決確定前可能發生之權益損失。

又行政訴訟法第一一七條規定：「前條規定，於確認行政處分無效之訴準用之。」是以確認行政處分無效訴訟亦採不停止執行原則。此條之立法理由指出，若當事人提起確認行政處分無效之訴訟後，於行政法院判決確定前，該行政處分之效力乃處於不明確之狀態，故為兼顧行政處分之執行力及避免發生難以回復之損害，自應準用前條行政處分不停止執行之原則，

---

[29] 例如：人民對確定計劃裁決提起撤銷訴訟，若行政法院准許當事人停止執行者，其後續有關之開發程序及徵收程序即應停止。林明鏘／翁岳生，上揭書，頁410。

[30] 陳計男，上揭書，頁738。

及例外情形，行政法院得依職權或聲請裁定停止執行之規定，以資解決❸。學者有謂，行政訴訟法第一一六條所適用之範圍並未加以限制，第一項僅稱「提起行政訴訟」，第二、三項亦未專指撤銷訴訟，解釋上確認訴訟本可適用，何須增加第一一七條之準用規定，似顯屬畫蛇添足之規定❸。但亦有學者持不同看法，認為行政訴訟法第一一七條之規定並非蛇足，因為行政訴訟法第一一六條之訴訟種類，依日本及德國規定之體例，皆僅限制為撤銷訴訟，而不理所當然包含給付訴訟與確認訴訟在內。所以當人民提起確認行政處分無效之訴，或提起確認法律關係成立或不成立之訴時，明定其準用同法第一一六條停止執行之規定，有其必要，而非累贅規定❸。此一看法較為妥適。蓋因停止行政處分或決定執行之適用內涵，本不包含給付訴訟或確認訴訟，故在行政訴訟法第一一七條明文準用同法第一一六條之規定有其必要。學者並舉例如：「甲環保機關處分乙亂丟置垃圾，罰鍰新臺幣二千元，但丟置地點所載明之巷弄卻無此地址，乙得要求甲機關確認該罰鍰處分無效未受允許後，提起確認行政處分無效之訴，並聲請暫停執行罰鍰之強制執行程序。」❸加以說明，可供參考。

第四節　行政處分停止執行裁定之撤銷

行政訴訟法第一一八條規定：「停止執行之原因消滅，或有其他情事變更之情形，行政法院得依職權或依聲請撤銷停止執行之裁定。」此條屬新增條文，為舊行政訴訟法所無。其立法理由為：「行政法院裁定停止原處分或決定之執行後，如發覺停止執行原因已消滅或有其他情事變更之情形時，為確保行政處分或決定之執行力，以貫徹原則上不停止執行之意旨，故許行政法院得依職權或依聲請為撤銷停止執行之裁定。」❸

---

❸　司法院印行，〈行政訴訟法修正草案總說明暨條文對照表〉，頁 210。

❸　吳庚，上揭書，頁 162。

❸　蔡進良，上揭文，頁 75–76。

❸　林明鏘／翁岳生，上揭書，頁 412–413。

❸　司法院印行，〈行政訴訟法修正草案總說明暨條文對照表〉，頁 210–211。

撤銷行政處分停止執行裁定之要件，依行政訴訟法第一一八條之規定主要有二，即：

一、停止執行之原因消滅

依行政訴訟法第一一六條之規定，停止執行之原因有四：1.有難於回復之損害，2.有急迫情事，3.對公益無重大影響，4.原告之訴在法律上非顯無理由。凡此四者原因消滅時，行政法院應依職權或依聲請，撤銷原停止執行之裁定。

二、其他情事變更之情形

所謂其他情事變更，學者指出，不僅指事實或法律狀態變更，並且包括停止執行裁定之前提要件判斷上重要之點的任何變更。特別是訴訟狀態之變更[36]，如：

1.在此期間，已作成本案判決，其判決之判斷有別於停止執行裁定之判斷。

2.發見新證據，客觀上足以正當化顯無勝訴希望的判斷，或因此要求重新進行利益衡量。

3.依本案訴訟程序的發展結果，本案勝訴希望，必須另為不同之判斷。

4.行政法院發見其於停止裁定之時點所未發見的情況，因此於停止裁定時未能及時加以斟酌者。

5.系爭法律問題已經司法院大法官解釋加以澄清。

6.行政機關創造情事的變更，例如變更原處分，或當事人不履行停止執行處分所附加的負擔。

行政處分停止執行之裁定，如符合上述撤銷要件而被行政法院撤銷時，則回復到行政處分不停止執行之狀況。換言之，行政處分或決定之效力、執行與程序均回復進行之狀況[37]。

---

[36] 陳清秀，上揭書，頁583。

[37] 林明鏘／翁岳生，上揭書，頁415。

第五節　行政處分停止執行或撤銷停止執行裁定之救濟

　　行政訴訟法第一一九條規定：「關於停止執行或撤銷停止執行之裁定，得為抗告。」此為使當事人得以對行政處分停止執行或撤銷停止執行裁定表示不服之救濟途徑。此條之立法理由謂：「停止執行或撤銷停止執行之裁定，不論行政法院是否准許，攸關當事人或其他利害關係人權利之暫時保護，影響甚鉅，故應給予因該裁定而遭受不利益之人，得有救濟之機會，以有效保障原告之主觀權利，爰設抗告制度，以資適用。」❸❽

　　又停止執行裁定或撤銷停止執行裁定，在本質上為訴訟程序中所為之裁定，依行政訴訟法第二六五條規定，原則上不得抗告，但因其涉及當事人實體權利之有效確保，故例外允許得提抗告。行政訴訟法第一一九條規定即係行政訴訟法第二六五條中之「除別有規定外」之規定。

---

❸❽　司法院印行，〈行政訴訟法修正草案總說明暨條文對照表〉，頁 211–212。

第三章　行政訴訟上之假扣押

行政訴訟法第二九三至二九七條規定了行政訴訟上之假扣押制度，其內涵主要有如下述：

一、聲請假扣押之要件

依行政訴訟法第二九三條第一項、第二項以及同法第二九七條準用民事訴訟法第五二三條之規定❶，聲請假扣押之要件為：

1.為保全公法上金錢給付之強制執行，特別是基於行政契約所生給付義務之強制執行。而公法上金錢給付未到履行期者之強制執行，依行政訴訟法第二九三條第二項規定，亦得聲請。

2.公法上金錢給付之債務人須有日後不能強制執行或甚難執行之虞。例如人民與政府訂立高速鐵路建設、經營、移轉所有權之行政契約後，財務發生變動致有日後不能強制執行或甚難執行之虞者。

二、聲請假扣押之管轄法院

民國一○○年十一月二十三日公布修正之行政訴訟法第二九四條第一項至第三項規定假扣押聲請之管轄法院如下：

1.假扣押之聲請，由管轄本案之行政法院管轄，而所謂管轄本案之行政法院，依行政訴訟法第二九四條第二項之規定，為訴訟已繫屬或應繫屬之第一審法院。

2.假扣押之聲請，由假扣押標的所在地之地方法院行政訴訟庭管轄。行政訴訟法第二九四條第三項又補充規定，假扣押之標的如係債權，以債

---

❶ 由於行政訴訟法第七篇保全程序規定之假扣押、假處分程序，皆沿襲民事訴訟法之體例，故有學者質疑行政訴訟假扣押程序之特殊性。蔡進良，上揭文，頁78；蔡志方，〈論行政訴訟與民事訴訟之制度與法理〉，《月旦法學雜誌》，第47期，1999年4月，頁56；林明鏘／翁岳生，上揭書，頁741。

務人住所或擔保之標的所在地，為假扣押標的所在地。此時，假扣押之聲請，由債務人住所或擔保之標的所在地之高等行政法院管轄。

三、假扣押之裁定

高等行政法院受理假扣押之聲請後，應調查假扣押聲請是否符合上述法定聲請要件，以及是否符合民事訴訟法第五二五條、第五二六條等有關假扣押聲請書面程式、假扣押請求及假扣押釋明或以提供擔保代替釋明之規定（因行政訴訟法第二九七條準用民事訴訟法這些規定之關係）而為下列處置：

1.假扣押聲請不合程式又不能補正者，行政法院應以聲請不合法裁定駁回❷。

2.若假扣押之聲請係不得為假扣押者，或欠缺假扣押之特別要件，則雖經債權人提出擔保，行政法院均得以聲請為無理由，以裁定駁回。

3.若假扣押之聲請為有理由，行政法院應為准許假扣押之裁定並應分別情形，依法院之裁量，命債權人提供擔保後為假扣押之裁定，或單純准予假扣押而無須債權人提供擔保。此些假扣押裁定並應為債務人提供所定金額之擔保後，得免為或撤銷假扣押之記載。

四、假扣押裁定之撤銷及損害賠償

假扣押裁定如有下列原因則有可能被撤銷，即：

1.債權人逾期未起訴者——行政訴訟法第二九五條規定，假扣押裁定後，尚未提起給付之訴者，應於裁定送達後十日內提起；逾期未起訴者，行政法院應依聲請撤銷假扣押裁定。

2.假扣押裁定自始不當者——行政訴訟法第二九六條規定假扣押裁定自始不當者，可被撤銷。所謂自始不當是指假扣押裁定後經債務人抗告，而為抗告審理之最高行政法院認為不應為假扣押裁定而撤銷假扣押裁定之

❷　司法實務，請參閱最高行政法院 92 年度裁字第 760 號裁定，《台灣本土法學雜誌》，第 52 期，2003 年 11 月，頁 246-247。

情形是。

3.假扣押之原因消滅或其他命假扣押之情事變更者❸，債務人為撤銷假扣押裁定之聲請經行政法院許可者，此為行政訴訟法第二九七條準用民事訴訟法第五三〇條第一項規定可能之結果。

4.債務人陳明可供法院所定之擔保或將請求之標的物提存，聲請撤銷假扣押裁定而為法院許可者，此為行政訴訟法第三九七條準用民事訴訟法第五三〇條第二項規定可能之結果。

假扣押如有上述原因而被撤銷者，依行政訴訟法第二九六條第一項規定，債權人應賠償債務人因假扣押或供擔保所受之損害。

同條第二項另規定，假扣押所保全之本案請求已起訴者，前項賠償，行政法院於言詞辯論終結前，應依債務人之聲明，於本案判決內命債權人為賠償；債務人未聲明者，應告以得為聲明。

---

❸ 司法實務，請參閱最高行政法院 92 年度裁字第 1055 號裁定，《台灣本土法學雜誌》，第 53 期，2003 年 12 月，頁 245。

第四章　行政訴訟上之假處分

行政訴訟法第二九八條至第三○三條規定了行政訴訟上之假處分制度❶，其內涵主要有如下述：

一、聲請假處分之要件

行政訴訟法第二九八條第一項、第二項分別規定了兩類假處分之聲請要件，即：

1.公法上之權利因現狀變更，有不能實現或甚難實現之虞者，為保全強制執行，得聲請假處分。學者認為此處所指之公法上權利係指公法上金錢給付以外之公法上權利，至若公法上金錢給付則可依上述聲請假扣押方式為保全。依此規定聲請之處分，相當於德國法制上之保全處分

---

❶ 此一制度乃師法德國之暫時命令制度 (einstweilige Anordnung) 其中，行政訴訟法第 298 條關於假處分要件與程序之規範理由分別為：

第 1 項之立法理由為：行政訴訟程序之進行，常需廢時曠日，但如在訴訟進行中，公法上之權利狀態已變更或將變更，會使得權利人縱使嗣後取得確定之勝訴判決，亦無從實現其權利，從而乃增設行政訴訟上之假處分制度，以資保全權利人實質之權利。

第 2 項之立法理由則為：按暫定公法關係之狀態，係為防止現在發生重大之損害或避免現時急迫之危險，與前項純為保全將來執行之一般假處分，並不相同，故再為第 2 項之規定，以求明確。

第 3 項之立法理由為：定暫時狀態之假處分，如有暫時實現本案請求之必要時，亦得先命被告為一定之給付，俾有所遵循。

第 4 項之立法理由為：按權利人聲請假處分時，須就請求之原因加以釋明，作為法院裁定准駁之依據，其釋明之方式，除當事人得以書面提供資料外，法院自得依職權訊問當事人、關係人或其他必要之調查，爰授予行政法院此種得行任意言詞辯論之調查權限。司法院印行，〈行政訴訟法修正草案總說明暨條文對照表〉，頁 413–415。

(sicherungsanordnung)，是為保全強制執行之假處分❷。

2.於爭執之公法上法律關係，為防止發生重大之損害或避免急迫之危險而有必要時，得聲請為定暫時狀態之處分。此即為德國法制上之規制處分 (Regelungsanordnung)❸。

對於此兩類假處分，司法實務上有一裁定加以區別，甚具參考價值。此即最高行政法院九十一年度裁字第二四九號裁定，謂：「查得聲請為通常假處分者，須公法上之權利因現狀變更，有不能實現或甚難實現之虞者，始得為之，而假處分之原因，則應釋明之，此觀行政訴訟法第二百九十八條第一項及同法第三百零二條、第二百九十七條準用民事訴訟法第五百二十六條第一項之規定自明。本件抗告人聲請假處分所保全之土地買回權，並非繼續性之公法上法律關係，自非屬定暫時狀態假處分之標的，應屬通常假處分之範圍，而法律就通常假處分之規定，所稱公法上之權利現狀變更，有不能實現或甚難實現之虞，應係指為公法上權利標的之物，其現狀之變更情況，日後有不能以強制執行回復原狀或甚難回復者而言。本件徵收之土地，據抗告人所陳，係作為闢建公園，果所言非虛，其開闢後地上物應不複雜，倘抗告主張之買回權日後果能獲勝訴確定判決，非不能以相對人之費用，藉強制執行程序回復土地原狀。又假處分所保全者為個人之權利，與公益無涉。抗告人就本件土地闢為公園後，究有何不能以強制執行回復原狀之原因，未能為相當之釋明，徒以其倘獲准買回土地強制執行時，須花費大筆經費剷除地上物，造成人民及國庫財產之無益浪費云云。即不足取。其假處分之聲請，即難認有理，原裁定予以駁回，理由雖不盡同，其結果則無異，仍應予維持。

---

❷ 吳庚，上揭書，頁 282–283；林明鏘／翁岳生，上揭書，頁 751；陳清秀，上揭書，頁 584–585。我國司法實務，請參閱最高行政法院 91 年度裁字第 457 號裁定，《台灣本土法學雜誌》，第 39 期，2002 年 10 月，頁 176–177；最高行政法院 91 年度裁字第 1513 號裁定，《台灣本土法學雜誌》，第 46 期，2003 年 5 月，頁 215–217；最高行政法院 91 年度裁字第 1517 號裁定，《台灣本土法學雜誌》，第 46 期，2003 年 5 月，頁 217–218。

❸ 同上註。

抗告論旨求為廢棄，非有理由，應予駁回。」❹

二、假處分之管轄法院

民國一〇〇年十一月二十三日公布修正之行政訴訟法第三〇〇條規定，假處分之聲請，由管轄本案之行政法院管轄。但有急迫情形時，得由請求標的所在地之地方法院行政訴訟庭管轄。

三、假處分之程序及裁定

行政訴訟法第三〇二條規定，除別有規定外關於假扣押之規定，於假處分準用之，是以假處分聲請之書面程式及裁定等均不準用假扣押之相關規定。而此所謂別有規定者是指行政訴訟法第二九八條第三項、第四項以及第三〇一條之規定，即：

1.行政法院依行政訴訟法第二九八條第二項規定為定暫時狀態之處分❺，得命聲請人先為一定之給付。

2.行政訴訟法第二九八條第四項之規定，即行政法院為假處分裁定前，得訊問當事人、關係人或為其他必要之調查。

3.行政訴訟法第三〇一條規定，關於假處分之請求及原因，非有特別情事，不得命供擔保以代釋明。此一規定，學者認為是假處分與假扣押之

---

❹　參閱，司法院印行，《最高行政法院裁判要旨彙編》，第 22 輯，民國 92 年 12 月，頁 864–865。

❺　聲請假處分定暫時狀態的情形，例如：1.對於有入學名額限制的科系，核發聲請人之暫時入學許可。2.將公有場所暫時分配予某政黨等。3.鄰人聲請行政機關應干涉應經申請許可而尚未經許可之建築工程。4.暫時許可參加會議。5.暫時許可參加考試。6.暫時給付金錢。陳清秀，上揭書，頁 585。司法實務，請參閱最高行政法院 91 年度裁字第 119 號裁定，《台灣本土法學雜誌》，第 35 期，2002 年 6 月，頁 193–194；最高行政法院 91 年度裁字第 290 號裁定，《台灣本土法學雜誌》，第 38 期，2003 年 9 月，頁 138–140；最高行政法院 92 年度裁字第 571 號裁定，《台灣本土法學雜誌》，第 51 期，2003 年 10 月，頁 245–246。

最大區別所在 ❻。

四、假處分之限制

民國一○○年十一月二十三日公布前之行政訴訟法第二九九條，原規定，關於行政機關之行政處分，不得為同法第二九八條規定之假處分。亦即對於行政機關之行政處分不得聲請行政法院為假處分，因對於行政處分已另有類似假處分之救濟途徑規定，即得依行政訴訟法第一一六至一一九條之規定，為行政處分之停止執行而使當事人獲得暫時權利保護 ❼。

不過，學者又指出，對於撤銷訴訟或確認訴訟在例外情形下，亦即無法依行政訴訟法第一一六、一一七條聲請停止執行原處分或決定之情形下，則應許其利用假處分程序以保全權益，例如 ❽：

1.第三人效力處分，第三人所受者屬於負擔，該第三人固得提起撤銷訴訟，若系爭之處分並非給付性質，而為形成處分，則依通說無所謂停止執行問題，是該第三人無從依行政訴訟法第一一六條提起聲請，捨假處分外實已無其他救濟，可避免重大損害或緊急危難。

2.確認訴訟其確認標的為公法上法律關係之存否（如確認是否具有本國國籍），訴訟過程中因先前以外僑身分居留之期間屆滿，為避免即將面臨被解遞出境（事實行為之一種），尚非不得聲請假處分，俾延長居留至判決確定為止。

有鑑於學者上述所指情形，為免行政訴訟法原法條文字遭誤會為：「凡有關行政處分者，均不得為假處分」民國一○○年十一月二十三日公布修正之行政訴訟法乃加以限縮，將行政訴訟法第二九九條修正為「得依第一百十六條請求停止原處分或決定之執行者，不得聲請為前條之假處分。」使上述學者所指的第三人效力處分，得為假處分之聲請。

---

❻ 吳庚，上揭書，頁 285。

❼ 吳庚，上揭書，頁 286；司法實務，請參閱最高行政法院 91 年度裁字第 1328 號裁定，《台灣本土法學雜誌》，第 45 期，2003 年 4 月，頁 156–158。

❽ 吳庚，上揭書，頁 287。

又行政機關得依法採取行政措施達成目的者，無聲請假處分之餘地：
所謂行政措施包括行政處分或行政上之事實行為，亦不問其法律依據為行
政實體法或程序法。凡行政機關得以本身之行為保全強制執行或避免損害
或危難者，其提出聲請，應認為欠缺保護之必要，此亦為聲請假處分之當
然限制❾。

---

❾　同上註。

第九篇
行政訴訟上強
制執行程序論

第一章　概　說

　　行政訴訟法修正後除了撤銷判決之外，尚有給付判決、確認判決、課予義務判決，判決之強制執行不能再像修正以前沒有適當的規範❶，故行政訴訟法在第三○四條至第三○七條中規定了行政訴訟裁判之強制執行制度❷。學者認為僅僅以此四個條文是否足以建構完整之行政訴訟強制執行體系，從而發揮權利保障之功能，令人懷疑。因此，如何運用行政訴訟法第三○六條第二項規定，準用行政執行法或強制執行法之規定，以作為行政訴訟強制執行之補充規範，則為值得深入探討者❸。

　　值得注意的是，民國九十九年一月十三日修正行政訴訟法時，在行政訴訟法第八編強制執行之相關條文中，就行政訴訟法準用民事訴訟法之方式，增訂了行政訴訟法第三○七條之一，規定：「民事訴訟法之規定，除本法已規定準用者外，與行政訴訟性質不相牴觸者，亦準用之。」❹由於新增此一規定，行政訴訟上之強制執行制度也將日益民事訴訟化。

---

❶　舊行政訴訟法僅在第 32 條規定：「行政訴訟判決之執行，由行政法院報請司法院轉有關機關執行之。」這種報請層轉強制執行之制度已不符合現時社會講究效率之需要。而在過去實務上，亦幾未見適用之例。李建良／翁岳生，《行政訴訟法逐條釋義》，頁 763。

❷　李建良，〈論行政訴訟強制執行之基本體系〉，《臺北大學法學論叢》，第 49 期，民國 90 年 12 月，頁 61–122。

❸　李建良／翁岳生，上揭書，頁 764。

❹　其增訂理由為：「行政訴訟法準用民事訴訟法之方式，原係採取列舉準用，除在個別法條明定準用民事訴訟法之法條外，並在個別編章節末以一條文列舉準用民事訴訟法之法條。此方式固有助於法律明確性及可預見性，惟有掛一漏萬之虞，又無法及時因應民事訴訟法之修正。再者，因採取列舉準用而排除類推適用，則行政訴訟法將無法因應民事訴訟法立法變動及理論發展。爰參酌德、日立法例，增訂概括性準用規定。增訂本條後，本條之前之準用規定即為例示規定，自不待言。」

第二章　撤銷判決之執行程序

行政訴訟法第三〇四條規定，撤銷判決確定者，關係機關應即為實現判決內容之必要處置。此一規定已免除了舊法第三十二條所規定的由行政法院報請司法院轉有關機關執行之繁瑣層轉之手續，較能即時直接的實現判決內容。學者認為此一規定在性質上，應僅是一種宣示性之規範，而非嚴格意義之強制執行規定❶。司法實務亦認「撤銷原處分之判決係屬形成判決，行政處分經判決撤銷確定後，溯及失其效力，原不生強制執行問題。」又謂：「『撤銷判決確定者，關係機關應即為實現判決內容之必要處置。』為行政訴訟法第三〇四條所明定，並無如同法第三〇五條第一項所定得向高等行政法院聲請強制執行之規定……本件抗告人據以聲請強制執行之本院九十一年度判字第二三一八號判決，由其主文載明『原判決廢棄。訴願決定及原處分均撤銷』，可知僅係將相對人原處分撤銷，並未命相對人對抗告人為一定之給付，為一撤銷判決，已使原違法登記處分溯及失其效力，本無庸向高等行政法院聲請強制執行。」❷

又所謂實現判決內容之必要處置，包括重為處分或重為決定，或除去因違法行政處分所生之違法狀態。例如，行政法院以課稅處分過高，違反法定稅率而撤銷該課稅處分者，稅捐機關即應以合法之稅率，另為金額較低之課稅處分。又如行政法院撤銷斷水、斷電之行政處分，則原處分機關應為恢復未為斷水、斷電時之狀態，亦即除去行政機關斷水、斷電之違法情事❸。又如行政法院撤銷違法之土地徵收處分，徵收機關理應將違法徵收之土地返還於原土地所有權人❹。

❶ 劉宗德／彭鳳至，〈行政訴訟制度〉，翁岳生主編，《行政法（下冊）》，2000 年，頁 1318；李建良／翁岳生，上揭書，頁 765。

❷ 均參閱，最高行政法院 94 年度裁字第 317 號裁定，司法院印行，《最高行政法院裁判要旨彙編》，第 25 輯，民國 95 年 6 月，頁 989–992。

❸ 李建良／翁岳生，上揭書，頁 765。

❹ 同上註。

第三章　給付裁判之執行程序

行政訴訟法第三〇五條規定了行政訴訟裁判，特別是給付裁判之執行事項。其中得為給付裁判執行名義者如下列各項❶：

1.給付判決

民國一〇〇年十一月二十三日公布修正之行政訴訟法第三〇五條第一項規定，行政訴訟之裁判命債務人為一定之給付，經裁判確定後，債務人不為給付者，債權人得以之為執行名義，聲請地方法院行政訴訟庭強制執行。又若行政契約約定自願接受執行時，學者認係以該契約為強制執行之執行之名義……依行政程序法第一四八條第三項規定準用行政訴訟法有關強制執行之規定，應聲請高等行政法院強制執行❷。

2.依行政訴訟法成立之和解

行政訴訟法第三〇五條第四項規定，依本法第二一九條規定以次成立之和解，得為執行名義。

3.依行政訴訟法所為之裁定得為強制執行者

行政訴訟法第三〇五條第四項又規定，「其他依本法所為之裁定得為強制執行者。」例如依行政訴訟法第二九三條至第三〇三條規定所為之假扣押或假處分裁定。

---

❶ 陳計男，《行政訴訟法釋論》，頁 768-770；李建良／翁岳生，上揭書，頁 767-768；吳庚，《行政爭訟法論》，頁 292-293；陳清秀，《行政訴訟法》，頁 599-601。

❷ 參閱，江嘉琪，〈行政契約自願接受執行之約定〉，《月旦法學教室》，第 23 期，2004 年 9 月，頁 22-23。

4.行政法院依行政訴訟法科處罰鍰之裁定

行政訴訟法第三○五條第四項也規定:「科處罰鍰之裁定」,得為執行名義,例如依行政訴訟法第一四三條第一項、第二項對證人受合法通知,無正當理由而不到場者科處罰鍰之裁定,均得為執行名義。

給付判決之執行,依行政訴訟法第三○五條第一項規定,由債權人向地方法院行政訴訟庭提出聲請。地方法院行政訴訟庭收受此聲請後應先作形式審查,不合規定者應命補正或駁回。合乎法定要件者,則依同條第二項規定,地方法院行政訴訟庭應先定相當期間通知債務人履行;逾期不履行者,強制執行。同條第三項又規定,債務人為中央或地方機關或其他公法人者,並應通知其上級機關督促其如期履行。

又行政訴訟法第三○六條第二項規定,執行程序,除本法別有規定外,應視執行機關為法院或行政機關而分別準用強制執行法或行政執行法之規定。

第四章　行政訴訟裁判之強制執行機關與程序

第一節　行政訴訟裁判之強制執行機關

民國一〇〇年十一月二十三日公布修正之行政訴訟法第三〇六條第一項規定了行政訴訟裁判之強制執行機關❶如下：

1. 地方法院行政訴訟庭自為辦理行政訴訟強制執行事務。

2. 地方法院行政訴訟庭得囑託普通法院民事執行處代為辦理強制執行事務。

3. 地方法院行政訴訟庭得囑託行政機關代為辦理強制執行事務。

第二節　行政訴訟裁判之強制執行程序

依行政訴訟法第三〇六條第二項規定，執行程序，除行政訴訟法別有規定者外，應視執行機關為法院或行政機關而分別準用強制執行法或行政執行法之規定。換言之，如囑託普通法院民事執行處辦理強制執行事務者，準用強制執行法之規定，但如囑託行政機關代為執行者，則準用行政執行法之規定。

---

❶　修正說明謂：「徵諸實際，目前行政訴訟強制執行事務，部分由高等行政法院自行執行，部分囑託普通法院民事執行處或行政機關代為執行。行政訴訟改為三級二審制之後，行政訴訟強制執行事務，依前條規定雖係由地方法院行政訴訟庭辦理，惟考量部分執行事務仍有囑託民事執行處或行政機關代為執行之必要，爰於本條第一項明定地方法院行政訴訟庭得將行政訴訟強制執行事務，囑託民事執行處或行政機關代為執行。又本項係規定『得』囑託執行，如地方法院行政訴訟庭欲自行辦理強制執行事務，自亦無不可。」

第五章　行政訴訟裁判強制執行事件爭執之救濟途徑

對強制執行事件如有爭執，有何救濟途徑❶？依行政訴訟法規定，有如下列情形，即：

1.民國一○○年十一月二十三日公布修正之行政訴訟法第三○六條第三項規定，債務人對同條第一項囑託代為執行之執行名義得為異議並由地方法院行政訴訟庭裁定之❷。

2.依民國一○○年十一月二十三日公布修正之行政訴訟法第三○七條前段之規定：「債務人異議之訴，依其執行名義係適用簡易訴訟程序或通常訴訟程序，分別由地方法院行政訴訟庭或高等行政法院受理❸。」此一異議之訴❹與行政執行之聲明異議制度並不相同。最高行政法院九十四年度判

---

❶　李建良，〈行政訴訟強制執行之救濟體系——以司法執行程序為中心〉，《東吳法律學報》，第 13 卷，第 2 期，2002 年 2 月，頁 31–60；陳計男，上揭書，頁 772–773；吳庚，上揭書，頁 293–294；陳清秀，上揭書，頁 602–604；李建良／翁岳生，上揭書，頁 780–796。

❷　修正說明謂：「依第三百零五條第一項規定，行政訴訟強制執行事務既改由地方法院行政訴訟庭辦理，對囑託代為執行之執行名義有異議者，自宜由地方法院行政訴訟庭裁定，爰修正第三項規定。」

❸　修正說明謂：「執行名義所示之實體請求權有所爭執，此項公法上權利義務之爭執，自應由行政法院受理。惟地方法院設置行政訴訟庭後，債務人異議之訴，究竟應由地方法院行政訴訟庭受理，抑或由高等行政法院受理？恐生爭執。為求程序明確，爰於本條明定，債務人異議之訴，依其執行名義係適用簡易訴訟程序或通常訴訟程序，分別由地方法院行政訴訟庭或高等行政法院受理，亦即，原執行名義係適用簡易訴訟程序之判決者，債務人異議之訴即由地方法院行政訴訟庭依簡易訴訟程序審理；原執行名義係適用通常訴訟程序之判決者，債務人異議之訴即由高等行政法院依通常訴訟程序審理。」

❹　此一異議之訴的性質，最高行政法院 97 年 5 月份第一次庭長法官聯席會議於

字第一七五四號判決加以明白的區別，謂：「行政執行之聲明異議與涉及行政實體法上之判斷之爭議不同，異議人如就執行名義實體法事項有所爭執，亦得提債務人異議之訴，由高等行政法院受理以資救濟（行政訴訟法第三○七條參照），期臻妥慎，但就執行程序事項有所爭執，由執行機關之直接上級機關為救濟之最高機關設計，係基於行政執行程序爭訟非涉實體法判斷之特性，為達訴訟經濟之立法目的，適用『效率』法律原則而採簡明之聲明異議制度設計，此一制度方式係基於不同立法目的，就不同法律原則間，經立法斟酌取捨後所據以採行，故亦不能指行政執行程序爭議之救濟以執行機關之直接上級主管機關為救濟之最高機關，係有悖權力分立之法理。按行政執行法上之執行措施，性質上多屬事實行為，依行政執行法第九條第一項、第二項之規定，係採聲明異議之特別程序予以救濟。雖然執行措施仍有若干如『命提供相當擔保』、『限制住居』等具有行政處分之性質，但因行政執行法對此具有行政處分性質之執行措施，並無排除適用聲明異議程序之特別規定，依訴願法第一條第一項但書之規定，自仍應一體

民國97年5月1日時針對下列法律問題作出下列認係屬於行政訴訟法關於債務人異議訴訟：

「法律問題：行政處分之受處分人，可否於行政機關以該行政處分為執行名義之強制執行程序終結前，以有消滅或妨礙債權人請求之實體事由發生，向高等行政法院提起債務人異議之訴？

決議：按行政執行名義成立後，如有消滅或妨礙債權人請求之事由發生，不論其執行名義為何，於強制執行程序終結前應許債務人提起異議之訴，以排除強制執行。行政訴訟法第307條前段規定：『債務人異議之訴，由高等行政法院受理』，應認其係屬行政訴訟法關於債務人異議訴訟類型之規定。雖該條係列於同法第8編，但既未明定僅以同法第305條第1項或第4項規定之執行名義為強制執行者為限，始有其適用，則行政處分之受處分人，於行政機關以行政處分為執行名義行強制執行時，如於執行名義成立後有消滅或妨礙債權人請求之事由發生，亦得於強制執行程序終結前，向高等行政法院提起債務人異議之訴。」

適用聲明異議之程序救濟。」❺

　　3.依行政訴訟法第三〇七條後段規定及其立法說明，除債務人異議之訴外，其餘有關強制執行之訴訟，包括第三人異議之訴、參與分配之訴、分配表異議之訴、關於外國船舶優先權之訴及債權人對第三人之聲明認為不實之訴，均係就執行標的物或執行債權之歸屬等之爭執，性質上純屬私權之爭執，由普通法院受理❻。司法實務對此之區別有一值得參考之判決，即臺北高等行政法院九十一年度訴字第五〇三八號判決謂:「強制執行法第十四條第二項規定: 執行名義無確定判決同一之效力者，於執行名義成立前，如有債權不成立或消滅或妨礙債權人請求之事由發生，債務人亦得於強制執行程序終結前提起異議之訴。其立法意旨乃因無實體上確定力之執行名義（例准許拍賣抵押物裁定、本票強制執行裁定），未經實體上權利存否之審查，債務人亦無抗辯機會，故此項執行名義成立前，所存實體上權利義務存否之爭執，宜許債務人提起異議之訴，以謀求救濟。惟行政機關所為之行政處分，相對人或利害關係人得依法提起訴願或行政訴訟而撤銷之，並得於訴願或訴訟繫屬中，聲請停止原處分之執行，非無抗辯或救濟之機會；且行政處分如不能再以訴願、行政訴訟等一般法律救濟程序請求撤銷或變更者，該處分即具有形式存續力，相對人或利害關係人均不得對之再為爭訟，自不得以該行政處分原有之瑕疵，作為執行違法之理由，否則，行政訴訟法之訴訟期限，將形同虛設。債務人須係對於行政法院所為之給付判決、裁定或依行政訴訟法成立之和解，主張前開執行名義有強制執行法第十四條及第十四條之一所定之異議事由，始得於高等行政法院所為之強制執行程序終結前，依前開行政訴訟法第三百零七條規定提起債務人異議之訴。」❼

　　又行政法院如尚未對其判決開始強制執行之程序，當事人可否聲請停

---

❺　參閱《台灣本土法學雜誌》，第 84 期，2006 年 7 月，頁 161–162。

❻　李建良／翁岳生，上揭書，頁 792–796。

❼　參閱《台灣本土法學雜誌》，第 67 期，2005 年 2 月，頁 200。

止該判決之強制執行？對此，最高行政法院九十一年度裁字第一一九號裁定認為不可。該號裁定：「依行政訴訟法第三○六條準用強制執行法第十八條聲請停止強制執行者，須強制執行程序開始後，方得為之。無執行法院開始強制執行程序時，竟聲請停止強制執行者，顯非所許」❽。

---

❽　《台灣本土法學雜誌》，第 35 期，2002 年 6 月，頁 193。

附　錄

歐洲聯盟基本權利憲章

(Charter of Fundamental Rights of the European Union)
(2000/C 364/01)
第四十一條 (Article 41)
享受良好行政之權利
(Right to good administration)

1. Every person has the right to have his or her affairs handled impartially, fairly and within a reasonable time by the institutions and bodies of the Union.

   人人均享有其事務受到歐洲聯盟機構及部門之公正、公平與適時處理之權利。

2. This right includes:

   此一權利包括:

   —— the right of every person to be heard, before any individual measure which would affect him or her adversely is taken;

   人人均有在受到任何不利益之個別措施前接受通知之權利;

   —— the right of every person to have access to his or her file, while respecting the legitimate interests of confidentiality and of professional and business secrecy;

   人人均有於尊重機密與職業及商業祕密之合法利益下,取得自己所屬之個人檔案之權利;

   —— the obligation of the administration to give reasons for its decisions.

   行政機關就行政決定應附理由之義務。

3. Every person has the right to have the Community make good any damage caused by its institutions or by its servants in the performance of their duties, in accordance with the general principles common to the laws of the Member States.

   人人均有依會員國法律所共同之一般原則要求歐洲共同體就其機構或履行職務之公務員所導致之損害進行補償或賠償之權利。

4. Every person may write to the institutions of the Union in one of the languages of the Treaties and must have an answer in the same language.

   人人均得以歐洲聯盟條約各條約規定之任一種語言文字函詢歐洲聯盟之機構,並應獲得使用相同語言文字之回覆。

索　引

參考書目

中文

1. 大法官釋字第 462 號解釋研討會／許宗力、葉俊榮、林明鏘、蔡茂寅／《台灣本土法學雜誌》，第 3 期，民國 88 年 7 月

2. 王甲乙，〈行政訴訟保護之權利〉，《憲政時代》，第 11 卷，第 3 期

3. 王名揚，《法國行政法》，中國政法大學出版社，1997 年 5 月，第二次印刷

4. 王名揚，《美國行政法》，中國法制出版社，1997 年 8 月，第二次印刷

5. 王百金，〈交通裁決行政訴訟案件之請求附帶損害賠償新法施行適用疑義〉，《台灣法學雜誌》，第 224 期，2013 年 5 月

6. 王歧正，〈行政訴訟法上訴訟類型之選擇——以稅法上不當得利返還請求權為中心〉，東吳大學法學院法律學研究所碩士論文，民國 92 年 7 月

7. 王延懋，《我國公務員懲戒問題之研究》，公務員懲戒委員會，民國 86 年 6 月

8. 王昌華，《中國行政法新論》，中華大典編印會，民國 57 年

9. 王服清，〈論財產權特別犧牲損失補償原則在行政救濟之實踐問題——無法律，無補償?〉，《興大法學》，第 14 期，2013 年 11 月

10. 王俊雄，〈行政訴訟之新變革〉，《全國律師月刊》，2012 年 9 月

11. 王潔卿，《行政救濟實用》，正中書局，民國 64 年

12. 王毓正，〈論市立醫院委託經營契約於公、私法屬性判斷上之爭議〉，《月旦法學雜誌》，第 155 期，2008 年 4 月

13. 司法院印行，《中譯德奧法日行政法院法》，民國 85 年 6 月

14. 司法院印行，《最高行政法院裁判要旨彙編》，第 21 輯，民國 92 年 6 月

15. 司法院印行，《最高行政法院裁判要旨彙編》，第 22 輯，民國 92 年 12 月

16. 司法院印行，《最高行政法院裁判要旨彙編》，第 23 輯，民國 93 年 12 月

17. 司法院印行，《最高行政法院裁判要旨彙編》，第 24 輯，民國 94 年 6 月

18. 司法院印行，《最高行政法院裁判要旨彙編》，第 25 輯，民國 95 年 6 月

19. 司法院編印，《行政訴訟三級二審新制問答集》，民國 101 年 7 月

20. 《司法周刊》，第 1342 期，民國 96 年 6 月 14 日，第一版

21. 立法院第 7 屆第 7 會期第 8 次會議關係文書，院總第 829 號政府委員提案，民國 100 年 4 月 7 日

22. 江嘉琪，〈請求作成履約行政處分之爭訟途徑〉，《月旦法學教室》，第 42 期，2006 年 4 月

23. 江嘉琪，〈行政契約自願接受執行之約定〉，《月旦法學教室》，第 23 期，2004 年 9 月

24. 江嘉琪，〈行政契約請求權的貫徹與行政契約爭訟〉，《月旦法學教室》，第 67 期，2008 年 5 月

25. 朱健文，〈論行政訴訟中之預防性權利保護〉，輔仁大學法律學研究所碩士論文，民國 84 年 6 月

26. 朱健文，〈論行政訴訟中訴之變更暨追加——以日本行政事件訴訟法為中心——〉，司法院祕書處發行，《行政訴訟論文彙編》，民國 88 年 6 月

27. 朱敏賢，〈行政爭訟舉證責任分配之研究〉，輔仁大學法律學研究所碩士論文，2000 年 7 月

28. 朱彝訓，《訴願之理論與實務》，三民書局，民國 57 年版

29. 吳志光，〈不服警察臨檢之行政爭訟途徑〉，《法學講座》，第 32 期，2005 年 3 月

30. 吳志光，〈不服公民投票主管機關駁回公民投票提案之行政爭訟途徑〉，《法學講座》，第 27 期，2004 年 5 月

31. 吳志光，〈否准請求提供行政資訊之法律救濟途徑〉，《月旦法學教室》，第 26 期，2004 年 12 月

32. 吳志光，〈不服行政程序中申請迴避決定之法律救濟〉，《月旦法學教室》，第 30 期，2005 年 4 月

33. 吳庚，《行政法之理論與實用》，自刊本，民國 94 年 8 月，增訂九版

34. 吳庚，《行政法院裁判權之比較研究》，嘉新文化基金會，民國 56 年 5 月

35. 吳庚，《行政爭訟法論》，自刊本，民國 94 年 5 月，修訂第三版

36. 吳東都，〈行政訴訟之當事人協力義務〉，《月旦法學雜誌》，第 77 期，2001 年 10 月

37. 吳東都，〈微觀對行政執行措施之權利保護〉，《台灣本土法學雜誌》，第 95 期，2007 年 6 月

38. 吳明孝，〈地方自治權限侵害救濟途徑之研究——兼評司法院大法官會議相關不受理之決議(2000 年至 2012 年)〉，《月旦法學雜誌》，第 220 期，2013 年 9 月

39. 吳綺雲，《德國行政給付訴訟之研究》，司法院印行，民國 84 年 6 月

40. 吳泰雯，〈從法國法之角度試論我國情況判決規定與損害賠償請求權之適用爭議〉，中央研究院法律學研究所籌備處，2009 年 11 月

41. 李佳珍，〈行政訴訟職權調查原則之研究〉，國立台北大學碩士論文，2012 年

42. 李建良，〈行政組織行為與行政爭訟〉，《月旦法學雜誌》，第 76 期，2001 年 9 月

43. 李建良，〈行政訴訟強制執行之救濟體系以司法執行程序為中心〉，《東吳法律學報》，第 13 卷，第 2 期，2002 年 2 月

44. 李建良，〈戲謔與嚴肅之間：耶林的法學世界〉，《月旦法學雜誌》，第 75 期，2001 年 8 月

45. 李建良，〈論行政訴訟強制執行之基本體系〉，《臺北大學法學論叢》，第 49 期，民國 90 年 12 月

46. 李建良，〈監獄處分與行政救濟〉，《月旦法學教室》，第 27 期，2005 年 1 月

47. 李建良，〈環境公民訴訟新典範——簡析台北高等行政法院判決 98 年度訴字第 504 號判決——〉，《台灣法學雜誌》，第 152 期，2010 年 5 月

48. 李建良，〈行政訴訟審級與交通裁決事件審判權之改制——2011 年行政訴訟法新制評介〉，《台灣法學雜誌》，第 192 期，2012 年 1 月

49. 李建良，〈外國人收容之法官保留與司法救濟——2014 年行政訴訟法修正評介〉，《台灣法學雜誌》，第 252 期，2014 年 7 月

50. 李惠宗，《行政法要義》，五南圖書出版公司，2002 年 10 月，增訂二版

51. 李惠宗，〈行政院對 BOT 最優申請人決定程序的審查〉，《台灣本土法學雜誌》，第 82 期，2006 年 5 月

52. 李維心（司法院調辦事法官），〈談智慧財產訴訟新制度〉，《智慧財產季刊》，第 66 期

53. 汪宗仁，《行政訴訟法論》，康德文化出版社，2001 年 8 月

54. 阮毅成，《法語（下冊）》，商務印書館，民國 69 年 11 月，初版

55. 洪家殷，〈公法上結果除去請求權——簡評高等行政法院九五年訴字第一八五九號判決——〉，《台

灣本土法學雜誌》，第 94 期，2007 年 5 月

56. 簡玉聰、陳耀祥、陳愛娥、林明鏘、張桐銳等學者提出之健保費補助款判決評釋，參閱，《台灣本土法學雜誌》，第 76 期，2005 年 11 月

57. 林三欽，〈行政法律關係確認訴訟之研究〉，《台灣本土法學雜誌》，第 102 期，2008 年 1 月

58. 林三欽，《公法上「結果除去請求權」研究，「行政爭訟制度」與「信賴保護原則」之課題》，新學林出版，民國 97 年 2 月

59. 林月娥，《公務員懲戒制度之研究》，司法院，民國 85 年 6 月

60. 林明德，〈維護公益訴訟（日本民眾訴訟）之分析〉，《全國律師》，第 3 卷，第 2 期，1999 年 2 月

61. 林明鏘，《人民權利之暫時保護以行政訴訟程序為中心》，臺灣大學法律研究所碩士論文，民國 76 年

62. 林明鏘，〈委託開發工業區契約之定性與仲裁容許性——兼評最高行政法院九十四年度裁字第○○四七○號裁定〉，《月旦法學教室》，第 33 期，2005 年 7 月

63. 林明鏘，〈促進民間參與公共建設法事件法律性質分析〉，《台灣本土法學雜誌》，第 82 期，2006 年 5 月

64. 林明鏘，〈考生對大考中心違規扣分處分之行政救濟途徑——評臺北高等行政法院 100 年杜訴字第 7038 號判決〉，《月旦裁判時報》，2012 年 4 月

65. 林明鏘，〈BOT 案第三人行政爭訟之當事人適格〉，《月旦法學教室》，第 130 期，2013 年 8 月

66. 林明昕，〈論行政訴訟法第 41 條訴訟參加類型之適用範圍與功能〉，《臺灣大學法學論叢》，第 38 卷第 3 期，民國 98 年 9 月

67. 林昱梅，〈課予義務訴訟之「應作為而不作為」之要件〉，《法學講座》，第 28 期，2004 年 7 月

68. 林昱梅，〈利害關係人之訴訟權能〉，《月旦法學教室》，第 32 期，2005 年 6 月

69. 林昱梅，〈垃圾焚化廠附近居民之訴訟權能〉，《月旦法學教室》，第 37 期，2005 年 11 月

70. 林昱梅，〈既成巷道寬度之認定與行政處分〉，《月旦法學教室》，第 41 期，2006 年 3 月

71. 林昱梅，〈科技基本法之介入全及其行政訴訟相關問題之研究〉，《台灣法學雜誌》。第 147 期，2010 年 3 月

72. 林昱梅，〈食品安全、風險管理與確認訴訟之合法性——德國禁止狂牛症風險飼料進口案判決評析〉，《月旦法學雜誌》，第 224 期，2014 年 1 月

73. 林紀東，〈行政訴訟制度之研究〉，《行政法論文集》

74. 林紀東，《行政法》，臺北，三民書局，民國 77 年，修訂三版

75. 林清祥，〈行政訴訟課予義務訴訟審務上諸問力之探討（上）〉，《司法周刊》，第 1231 期，民國 94 年 4 月 14 日，第二版、第三版

76. 林清祥，〈行政訴訟課予義務訴訟審務上諸問題之探討（下）〉，《司法周刊》，第 1232 期，民國 94 年 4 月 21 日，第二版、第三版

77. 林清祥，〈「公益」在行政訴訟辦眼角色之實務分析〉，《司法周刊》，第 1302 期附送之〈司法文選別冊〉，民國 95 年 8 月

78. 林清祥，〈續談行政訴訟之課與義務訴訟（上）〉，《司法周刊》，第 1337 期，2008 年 2 月 21 日

79. 林清祥，〈續談行政訴訟之課與義務訴訟（下）〉，《司法周刊》，第 1338 期，2008 年 2 月 29 日

80. 林燦都，〈略論行政訴訟之課予義務訴訟〉，《育達科大學學報》，第 21 期，2009 年 12 月

81. 林騰鷂，〈國家補償責任之研究〉，《東海大學法學研究》，第 15 期，民國 89 年 12 月 30 日

82. 林騰鷂，《行政法總論》，三民書局，民國 91 年 10 月，修訂二版

83. 林騰鷂，《行政法總論》，三民書局，民國 88 年 11 月，初版

84. 邱惠美，〈我國行政訴訟法中有關團體訴訟制度之研究〉，《政大法學評論》，第 80 期，民國 93 年 8 月

85. 侯慶辰，〈論行政訴訟中訴之利益以撤銷訴訟為討論重點〉，《憲政時代》，第 26 卷，第 4 期，民國 90 年 4 月

86. 姜世明，〈舉證責任分配法則之體系建構〉，《法官協會雜誌》，第 6 卷，第 1 期，民國 93 年 6 月

87. 徐瑞晃，〈行政訴訟上之和解〉，司法研究年報，第 23 輯，第 17 篇，司法院印行，民國 92 年 11 月

88. 徐瑞晃，〈行政訴訟當事人不適格裁判〉，《萬國法律》，第 193 期，2014 年 2 月

89. 翁岳生，〈行政訴訟制度現代化之研究〉，《臺大法學論叢》，第 4 卷，第 1 期

90. 翁岳生，《行政法與現代法治國家》，1979 年 10 月，三版

91. 翁岳生主編，《行政訴訟法逐條釋義》，五南圖書出版公司，2002 年 11 月，初版一刷

92. 涂懷瑩，《行政法原理》，五南圖書出版公司，民國 75 年 3 月，修訂三版

93. 馬鴻驊，〈行政爭訟法上暫時權利保護類型之選擇〉，《月旦法學雜誌》，第 121 期，2005 年 6 月

94. 國民大會憲政研討委員會編印，《世界憲法大全》，第 7 冊，民國 72 年 12 月

95. 許育典，〈「簡易程序等於通常程序?」〉，《月旦法學雜誌》，第 93 期，2010 年 7 月

96. 張文郁，〈第 86 條職權調查原則〉，刊於陳敏博士等譯，《德國行政法院法逐條釋義》，司法院印行，民國 91 年 10 月

97. 張文郁，〈行政機關於訴願和行政訴訟之當事人能力〉，《月旦法學教室》，第 22 期，2004 年 8 月

98. 張文郁，〈行政訴訟之輔助參加〉，《月旦法學教室》，第 27 期，2005 年 1 月

99. 張文郁，〈國家賠償訴訟〉，《月旦法學教室》，第 38 期，2005 年 12 月

100. 張文郁，〈拒為處分之課以義務訴訟之起訴期間〉，《月旦法學教室》，第 53 期，2007 年 3 月

101. 張文郁，〈論行政訴訟之起訴期間—兼評最高行政法院 94 年裁上字第 462 號裁定〉，《台灣本土法學雜誌》，第 99 期，2007 年 10 月

102. 張文郁，〈行政訴訟上訴訟和解〉，《台灣法學雜誌》，第 108 期，2008 年 7 月

103. 張文郁，〈行政訴訟之形成訴訟〉，《月旦法學教室》，第 75 期，2009 年 1 月

104. 張文郁，〈行政法院受理國家賠償訴訟時，原告是否應於起訴前進行協議程序〉，《月旦法學教室》，第 79 期，2009 年 5 月

105. 張文郁，〈確認訴訟之補充性〉，《月旦法學教室》，第 80 期，2009 年 6 月

106. 張文郁，〈行政訴訟之必要參加〉，《月旦法學教室》，第 82 期，2009 年 8 月

107. 張文郁，〈行政訴訟採取律師強制代理制度之研究〉，《臺北大學法學論叢》，第 72 期，民國 98 年 12 月

108. 張文郁，〈淺論課以義務訴訟之判決基準時—最高法行政法院 98 年度判字第 822 號判決〉，《台灣法學雜誌》，第 146 期，2010 年 2 月

109. 張文郁，〈行政訴訟之職權調查主義〉，《台灣法學雜誌》，第 160 期，2010 年 9 月

110. 張文郁，〈行政機關之輔助參加〉，《月旦法學教室》，第 96 期，2010 年 10 月

111. 張文郁，〈淺論行政訴訟——兼評最高行政法院 101 年度判字第 980 號判決〉，《月旦裁判時報》，第 25 期，2014 年 2 月

112. 張文郁，〈重新審理〉，《月旦法學教室》，第 136 期，2014 年 2 月

113. 張世昌，〈行政訴訟程序上行政處分理由之追補〉，中原大學財經法律學士碩士論文，民國 92 年 6 月

114. 張哲瑋，〈行政訴訟三級二審新制實施對稅務訴訟影響〉，《當代財政》，第 52 期，2013 年 1 月

115. 張家洋，《行政法》，三民書局，民國 76 年 11 月

116. 盛子龍，〈行政訴訟程序中行政處分理由追補之研究〉，《中原財經法學》，第 9 期，2002 年 12 月

117. 盛子龍，〈當事人對訴訟標的之處分權作為行政訴訟上和解之容許性要件——以稅務訴訟上之事實和解為中心——〉，《台灣本土法學雜誌》，第 71 期，2005 年 6 月

118. 陳秀美，〈改進現行行政訴訟制度之研究〉，司法院印行，民國 71 年 4 月

119. 陳英鈐，〈撤銷訴訟與行政處分之停止執行人民權利保護的櫥窗〉，台灣行政法學會主編，《行政法爭議問題研究（下）》

120. 陳英鈐，〈確認撤銷標處分違法訴訟與損害賠償—評最高行政法院 98 年度判字第 519 號判決〉，《台灣法學雜誌》，第 139 期，2009 年 11 月

121. 陳計男，〈行政訴訟上「訴之撤回」之諸問題〉，《法令月刊》，第 51 卷，第 10 期

122. 陳計男，《行政訴訟法釋論》，自刊本，民國 89 年 1 月

123. 陳敏等譯，《德國行政法院法逐條釋義》，司法院印行，民國 91 年 10 月

124. 陳清秀，〈行政訴訟之訴訟標的〉，《全國律師月刊》，2001 年 9 月

125. 陳清秀，〈行政訴訟上之暫時權利保護〉，司法院秘書處發行，《行政訴訟論文彙編》，第 2 輯，民國 88 年 6 月

126. 陳清秀，〈論稅法上不當得利返還請求權〉，氏著，《稅法之基本原理》，植根法律事務所叢書，民國 86 年 9 月，增訂三版

127. 陳清秀，《行政訴訟法》，自刊本，民國 90 年 2 月，第二版

128. 陳清秀，〈行政訴訟上事實及法律狀態之裁判基準時〉，《台灣法學雜誌》，第 125 期，2009 年 4 月

129. 陳清秀，〈行政訴訟法修正簡介〉，《月旦法學雜誌》，第 201 期，2012 年 2 月

130. 陳清秀，〈行政訴訟上之訴訟參加〉，《法令月刊》，第 63 卷第 10 期，2012 年 10 月

131. 陳清秀，〈行政訴訟程序上行政處分之理由追加變更之探討——最高行政法院 100 年度判字第 2126 號判決評析〉，《法令月刊》，第 64 卷第 9 期，2013 年 9 月

132. 陳啟垂博士譯，第 138 條〔絕對之法律上訴理由〕，刊於陳敏博士等譯，《德國行政法院法法逐條釋義》

133. 陳啟垂，〈誤向民事法院提起行政訴訟〉，《月旦法學教室》，第 81 期，2009 年 7 月

134. 陳啟垂，〈訴訟繫屬於外國法院〉，《月旦民商法雜誌》，第 41 期，2013 年 9 月

135. 陳淑芳，〈對行政執行行為不服之第一次權利保護——評最高行政法院 94 年度裁字第 1228 裁定〉，臺大法律學公法研究中心「第五屆行政法實務與理論」，2006 年，1 月

136. 陳淑芳，〈撤銷無實益之行政處分的救濟〉，《月旦法學教室》，第 39 期，2006 年 1 月

137. 陳淑芳，〈行政訴訟類型之選擇〉，《月旦法學教室》，第 46 期，2006 年 8 月

138. 陳淑芳，〈行政訴訟之重新審理〉，《月旦法學教室》，第 64 期，2008 年 2 月

139. 陳淑芳，〈行政訴訟判決之確定力與裁判〉，《月旦法學教室》，第 69 期，2008 年 7 月

140. 陳淑芳，〈行政訴訟上之情況判決〉，《月旦法學教室》，第 71 期，2008 年 9 月

141. 陳淑芳，〈確認訴訟之補充性〉，《月旦法學教室》，第 74 期，2008 年 12 月

142. 陳淑芳，〈確認訴訟之提起與類型〉，《月旦法學教室》，第 78 期，2009 年 4 月

143. 陳淑芳，〈簡易訴訟程序之適用〉，《月旦法學教室》，第 91 期，2010 年 5 月

144. 陳淑芳，〈行政訴訟合併請求國家賠償之訴〉，《月旦法學教室》，第 117 期，2012 年 7 月

145. 陳淑芳，〈行政法院之管轄權〉，《月旦法學教室》，第 125 期，2013 年 3 月

146. 陳榮宗、林慶苗，《民事訴訟法》（上）、（下），三民書局，民國 90 年 9 月

147. 康春田，〈論行政訴訟法上停止執行之審查標準〉，國立中正大學法律學研究所碩士論文，民國 93 年 7 月

148. 傅玲靜，〈行政處分於撤銷訴訟中的體系思考〉，《月旦法學教室》，第 39 期，2006 年 1 月

149. 傅玲靜，〈怠惰的行政機關與訴願機關——怠為處分之課與義務訴訟之相關問題〉，《月旦法學教室》，第 26 期，2007 年 11 月

150. 傅玲靜，〈環境影響評估法中公民訴訟之當事人〉，《月旦法學教室》，第 70 期，2008 年 8 月

151. 傅玲靜，〈公民訴訟、公益訴訟、民眾訴訟？——環境法上公民訴訟之性質〉，《月旦法學教室》，第 77 期，2009 年 3 月

152. 傅玲靜，〈環境法中公民訴訟制度的再認識——由最高行政法院 101 年度裁字第 1888 號裁定及相關裁判談起〉，《月旦裁判時報》，第 19 期，2013 年 2 月

153. 最高行政法院 95 年判字第 141 號判決，刊於《月旦法學教室》，第 45 期，2006 年 1 月

154. 最高行政法院判決 90 年度判字第 2130 號，刊於最高行政法院編印，《最高行政法院裁判書彙編》，民國 91 年 3 月，第 2 冊

155. 彭鳳至，〈行政訴訟法修正草案綜合評論〉，載於《行政救濟制度改革研討會成果報告》，民國 87 年 8 月 6、7 日

156. 彭鳳至，〈德國行政訴訟制度及訴訟實務之研究〉，《行政法院八十七年度研究發展項目研究報告》，行政法院印行，民國 87 年 6 月

157. 彭鳳至等，〈行政訴訟上和解研討會議題討論〉，《台灣本土法學雜誌》，第 71 期，2005 年 6 月

158. 彭鳳至等，〈「行政訴訟裁判拘束力之研究」議題討論〉，《台灣本土法學雜誌》，第 106 期 2008 年 5 月

159. 彭鳳至等，〈「行政法律關係確認訴訟之研究」議題討論〉，《台灣本土法學雜誌》，第 107 期，2008 年 6 月

160. 彭鳳至等，〈「行政訴訟之訴訟和解」議題討論〉，《台灣法學雜誌》，第 108 期，2008 年 7 月

161. 彭鳳至等，〈「行政訴訟上事實及法律狀態之裁判基準時」議題討論〉，《台灣法學雜誌》，第 125 期，2009 年 4 月

162. 彭鳳至等，〈「科技基本法之介入全及其行政訴訟相關問題之研究」議題討論〉，《台灣法學雜誌》，

第 147 期，2010 年 3 月

163. 曾華松，〈行政訴訟法修正草案確認訴訟之研究（上）〉，《法令月刊》，第 48 卷，第 5 期

164. 曾華松，〈行政訴訟法修正草案確認訴訟之研究（下）〉，《法令月刊》，第 48 卷，第 6 期

165. 曾啟謀，〈論行政訴訟法第 42 條之訴訟參加與專利行政訴訟之新證據〉，《智慧財產權月刊》，第 178 期，2013 年 10 月

166. 湯金全，〈我國行政訴訟制度之商榷〉，臺灣大學法律研究所碩士論文，民國 68 年 6 月

167. 程明修，〈私人履行行政任務時的法律地位〉，《台灣本土法學雜誌》，第 39 期，2002 年 10 月

168. 程明修，〈撤銷訴訟與課予義務訴訟之選擇〉，《法學講座》，第 30 期，2004 年 11 月

169. 程明修，形式之行政處分，《月旦法學教室》，第 45 期，2006 年 7 月

170. 程明修，〈公法上之結果除去請求權〉，《月旦法學教室》，第 54 期，2007 年

171. 程明修，〈行政處分、行政處分不存在與確認訴訟—以台北高等行政法院 90 年訴字第 6442 號判決與最高行政法院 974 年判字第 1127 號判決為中心〉，《東吳公法論叢》，第 1 卷，2007 年 11 月

172. 程明修，〈國家責任體系之漏洞：結果除去請求權—最高法院 98 年度判字第 334 號判決〉，《台灣法學雜誌》，第 136 期，2009 年 9 月

173. 程明修，〈國家賠償訴訟回歸行政訴訟程序之分析〉，《台灣法學雜誌》，第 138 期，2009 年 10 月

174. 黃綠星，〈修正後行政訴訟法與既有行政訴訟實務之關係〉，《臺灣行政法學會學術研討會論文集——行政救濟、行政處罰、地方立法》，元照出版公司，2000 年 12 月，初版

175. 黃茂榮，〈稅務訴訟上的舉證責任〉，《植根雜誌》，第 23 卷第 12 期，2007 年 12 月

176. 黃源浩，〈論行政訴訟撤銷判決之既判力與對世效力〉，《台灣法學雜誌》，第 223 期，2013 年 10 月

177. 黃培鈞，〈行政訴訟暫時權利保護制度之研究——有效權利保護理論之觀察〉，國立高雄大學政治法律學系碩士論文，2012 年

178. 葉百修、吳綺雲，〈行政撤銷訴訟之研究〉，《司法院七十九年度研究發展項目研究報告》，司法院印，民國 79 年 7 月

179. 葉百修、吳綺雲，〈德日行政確認訴訟之研究〉，《司法院八十年度研究發展項目研究報告》，司法院印行，民國 80 年 10 月

180. 葉俊榮，《行政法案例分析與研究方法》，三民書局，民國 88 年

181. 章劍生，〈尋求行政訴訟和解在法律規範上之可能性—法學解釋方法之視角〉，《當代法學》，第 2009 卷第 2 期，2009 年 3 月

182. 管歐，《中國行政法總論》，自刊，民國 67 年版

183. 臺灣省政府訴願審議委員會編印，《行政訴訟法逐條釋義》，民國 88 年 6 月

184. 劉宗德，〈行政訴訟制度〉，《制度設計型行政法學》，元照出版公司，民國 98 年 5 月。

185. 劉宗德／彭鳳至，〈行政訴訟制度〉，翁岳生主編，《行政法》，2000 年 3 月，第二版

186. 劉宗德、黃錦堂、陳清秀、張道義等學者提出之地方自治團體補助健保費保費法理分析，

187. 湯東穎，〈行政強制執行救濟程序之研究〉，臺大碩士論文，2005 年 6 月

188. 劉建宏，〈公務員法上之競爭訴訟與訴訟參加——草論暫時權利保護程序中之權利保護〉，司法院，《行政訴訟論文第三輯——人事行政爭訟》，民國 91 年 11 月出版

189. 劉建宏，〈必要訴訟參加之要件〉，《法學講座》，第 7 期，2002 年 7 月

190. 劉建宏，〈民事訴訟法與行政訴訟法上訴訟參加制度之異同〉，司法院編印，《司法院行政訴訟制度修正資料彙編》

191. 劉建宏，〈共同訴訟與訴訟參加之關係〉，《法學講座》，第 19 期，2003 年 7 月

192. 劉建宏，〈行政訴訟法上之共同訴訟普通共同訴訟〉，《法學講座》，第 11 期，2002 年 11 月

193. 劉建宏，〈行政訴訟程序中訴之撤回〉，《法學講座》，第 25 期，2004 年 1 月

194. 劉建宏，〈我國行政訴訟法上訴訟參加制度類型之檢討——行政訴訟法第四十四條第二項「利害關係人輔助參加」制度之妥當性〉，《月旦法學雜誌》，第 84 期，2002 年 5 月

195. 劉建宏，〈已執行完畢行政處分之效力及其救濟途徑〉，《月旦法學教室》，第 32 期，2005 年 6 月

196. 劉建宏，〈行政訴訟審判權〉，《台灣法學雜誌》，第 95 期，2007 年 6 月

197. 劉建宏，〈行政主體向人民主張公法上返還請求權之法律途徑及其返還範圍—以受益處分經自行撤銷之情形為例〉，《東吳法律學報》，第 19 卷第 2 期，2007 年 10 月

198. 劉建宏，〈課予義務訴訟之訴訟標的與裁判之既判力—最高行政法院 97 年 12 月份第 3 次庭長法官聯席會議決議簡評〉，《台灣法學雜誌》，第 125 期，2009 年 4 月

199. 劉建宏，〈2011 年行政訴訟法修法評釋〉，《月旦法學教室》，第 145 期，2012 年 5 月

200. 劉建宏，〈行政訴訟法上撤銷訴訟之訴訟標的〉，《月旦法學教室》，第 118 期，2012 年 8 月

201. 劉建宏，〈行政訴訟之證明度〉，《月旦法學教室》，第 124 期，2013 年 2 月

202. 劉建宏，〈行政法院裁判既判力與行政程序重新進行及違法行政處分之撤銷——財政部台財訴字第一〇一三〇〇〇八四〇號訴願裁定〉，《月旦裁判時報》，第 20 期，2013 年 4 月

203. 劉鑫楨，〈新修正行政訴訟法第二五二條規定之虛擬式探討〉，《法律評論》，第 66 卷，第 1～3 期合刊

204. 鄭崇煌，〈情況決定及情況判決制度之研究〉，《月旦法學雜誌》，第 121 期，2005 年 6 月

205. 蔡志方，〈從權利保護功能之強化論我國行政訴訟制度應有之取向〉，臺大法研所博士論文，民國 77 年 6 月

206. 蔡志方，〈行政訴訟法制度〉，刊於翁岳生主編，《行政法》，翰蘆圖書出版有限公司，1998 年 3 月 29 日初版

207. 蔡志方，〈論行政訴訟上確認之訴〉，《全國律師》，第 3 卷，第 1 期，1999 年 1 月

208. 蔡志方，〈論行政訴訟與民事訴訟之制度與法理〉，《月旦法學雜誌》，第 47 期，1999 年 4 月

209. 蔡志方，〈論委任不在藉代理人之訴願與行政訴訟之在途期間〉，《萬國法律》，第 116 期，2001 年 4 月

210. 蔡志方，〈論課予義務之訴〉，司法院祕書處發行，《行政訴訟論文彙編》，第 2 輯，民國 88 年 6 月

211. 蔡志方，《行政救濟法新論》，元照出版公司，2001 年 8 月

212. 蔡志方，《行政救濟與行政法學》，三民書局，民國 82 年 3 月，初版

213. 蔡朝安、鍾典晏、陳伯翰合著，〈行政訴訟法三級二審之修正對人民行政救濟之影響〉，《全國律師月刊》，2012 年 9 月

214. 蔡進良，〈論行政救濟上人民權利之暫時保護〉，《月旦法學雜誌》，第 47 期，1999 年 4 月

215. 蔡震榮，〈論行政訴訟法上之舉證責任〉，《法令月刊》，第 61 卷第 6 期，2010 年 6 月

216. 蔡維音，〈全民健保醫療費用准否爭議之訴訟標的——最高行政法院 100 年度判字第 439 號判

決〉，《月旦裁判時報》，第 21 期，2013 年 6 月

217.蕭文生，《執行完畢與已消滅行政處分之救濟》，司法院秘書處發行，《行政訴訟論文彙編》，第 2 輯，民國 88 年 6 月

218.蕭文生博士譯，〈第 67 條（訴訟代理人及輔佐人）〉，刊於陳敏博士等譯，《德國行政法院法逐條釋義》，司法院印行，民國 91 年 10 月

219.賴恆盈，〈「行政訴訟重新審理制度」之檢討〉，《萬國法律》，民國 89 年 8 月

220.賴恆盈，〈行政訴訟裁判拘束力之研究〉，《台灣本土法學雜誌》，第 103 期，2008 年 2 月

221.賴淑櫻，〈論公法不當利返還請方式〉，《稅務旬刊》，第 2046 期，2008 年 7 月

222.謝杞森，〈智慧財產法院審理公平交易法社及智慧財產所生行政訴訟事件之界限〉，《公平交易季刊》，第 17 卷第 2 期，2009 年 4 月

223.謝碩駿，〈「訴訟當事人閱覽卷宗權」與「公文書內容保密」之間的保障衝突——行政訴訟法如何回應此一兩難問題〉，《中研院法學期刊》，第 13 期，2013 年 9 月

224.駱永家，〈共同訴訟〉，《法學叢刊》，第 132 期，1988 年 10 月

225.羅明通，《自公法與私法區別之起源論促參行為之定性及救濟，21 是自公法學的新課題——城仲模教授古稀祝壽論文集 II》，新學林出版公司，民國 97 年 10 月

226.廖義男，〈夏蟲語冰錄（五十八）——三級二審之新行政訴訟法〉，《法令月刊》，第 63 卷第 11 期，2012 年 11 月

227.蔣文正，〈民國 101 年交通裁決事件之救濟程序將回歸行政訴訟程序〉，《台一專利商標雜誌》，第 182 期，2012 年 3 月

228.高愈杰，〈智慧財產案件審理法之研究〉，司法研究年報，第 26 輯第 12 篇，司法院印行，民國 98 年 11 月

229.沈應南，〈我國選舉罷免事件改依行政訴訟制度審理可行性之研究〉，司法研究年報，第 30 輯（行政類）第 2 篇，民國 102 年 12 月

230.岳琨，〈論預防性行政訴訟——以被拆遷人救濟管道缺乏為視角〉，《台灣法學雜誌》，第 209 期，2012 年 1 月

231.郭俊佑，〈行政爭訟之暫時權利保護制度——兼評最高行政法院 100 年度裁字第 2407 號裁定 (The Temporary Remedy in the system of Administration litigation)〉，《軍法專刊》，第 58 卷第 6 期，2012 年 12 月

232.《台灣本土法學雜誌》，第 72 期，2005 年 7 月

233.《台灣本土法學雜誌》，第 73 期，2005 年 8 月

234.《台灣本土法學雜誌》，第 74 期，2005 年 9 月

235.《台灣本土法學雜誌》，第 75 期，2005 年 10 月

236.《台灣本土法學雜誌》，第 77 期，2005 年 12 月

237.《台灣本土法學雜誌》，第 78 期，2006 年 2 月

238.《台灣本土法學雜誌》，第 79 期，2006 年 2 月

239.《台灣本土法學雜誌》，第 80 期，2006 年 3 月

240.《台灣本土法學雜誌》，第 80 期，2006 年 3 月

241. 《台灣本土法學雜誌》，第 82 期，2006 年 5 月

242. 《台灣本土法學雜誌》，第 83 期，2006 年 6 月

243. 《台灣本土法學雜誌》，第 84 期，2007 年 7 月

244. 《台灣本土法學雜誌》，第 85 期，2006 年 9 月

245. 《台灣本土法學雜誌》，第 87 期，2006 年 10 月

246. 《台灣本土法學雜誌》，第 88 期，2006 年 11 月

247. 《台灣本土法學雜誌》，第 89 期，2006 年 12 月

248. 《台灣本土法學雜誌》，第 92 期，2007 年 3 月

249. 《台灣本土法學雜誌》，第 93 期，2007 年 4 月

250. 《台灣本土法學雜誌》，第 94 期，2007 年 5 月

251. 《台灣本土法學雜誌》，第 95 期，2007 年 6 月

252. 《司法周刊》，第 1472 期，民國 98 年 12 月 25 日

253. 《新制行政訴訟實施 10 週年國際學術研討會會議實錄》，最高行政法院編印，民國 99 年 10 月

外　文

1. Edgar Bosch/Jörg Schmidt, *Praktische Einführung in das verwaltungsgerichtliche Verfahren*, 6., gründlicheüberarbeitete Auflage, Verlag W. Kohlhammer, Stuttgart, Berlin, Köln, 1996

2. Erich Eyermann, *Verwaltungsgerichtsordnung*, C. H. Beck, München, 1998

3. Ferdinand O. Kopp/Wolf-Rüdiger Schenke, *Verwaltungsgerichtsordnung*, 11. Auflage, München, C. H. Beck, 1998

4. Friedhelm Hufen, *Verwaltungsprozeßrecht*, 3. Auflage, C. H. Beck, München, 2000

5. Friedrich Schoch/Eberhard Schmidt-Aßmann/Rainer Pietzner, *Verwaltungsgerichtsordnung*, 7. Ergänzungslieferung, C. H. Beck, München, Januar 2002

6. Gerhard Wahrig, *Deutsches Wörterbuch*, Bertelsmann Lexikon Verlag, Gütersloh, 1997

7. Hans Büchner/Karlheinz Schlotterbeck, *Verwaltungsprozeßrecht*, 5. Auflage, Verlag W. Kohlhammer, Stuttgart, Berlin, Köln, 1993

8. Hartmut Maurer, *Allgemeines Verwaltungsrecht*, 12. Auflage, C. H. Beck, München, 1999

9. Konrad Redeker/Hans-Joachim von Oertzen/Martin Redeker, *Verwaltungsgerichtsordnung*, Verlag W. Kohlhammer, Stuttgart, Berlin, Köln, 1997

10. Rolf Stober, *Beiladung in Verwaltungsprozeß*, in: Festschrift für Ch. F. Menger zum 70. Geburtstag, Carl Heymann, 1985

11. Thomas Würtenberger, *Verwaltungsprozeßrecht*, C. H. Beck, München, 1998

12. Wolfgang Kuhla/Jost Hüttenbrink/Jan Endler, Der *Verwaltungsprozeß*, 3., überarbeitete und erweiterte Auflage, C. H. Beck, München, 2002

13. Heinrich Amadeus Wolff/Andreas Decker, *Verwaltungsgerichtsordnung, Verwaltungsverfahrensgesetz*, C. H. Beck, München, 2005

民法 · 行政法 啟蒙系列優質好書！

書名	作者
民法系列	
承攬	葉錦鴻
動產所有權	吳光明
買賣	陳添輝
契約之成立與效力	杜怡靜
侵權行為	郭冠甫
繼承	戴東雄
遺囑	王國治
運送法	林一山
贈與	郭欽銘
抵押權	黃鈺慧
占有	劉昭辰
婚姻法與夫妻財產制	戴東雄 戴瑀如
不當得利	楊芳賢
民法上權利之行使	林克敬
法律行為	陳榮傳
保證	林廷機
論共有	溫豐文
物權基本原則	陳月端
無因管理	林易典
行政法系列	
行政命令	黃舒芃
地方自治法	蔡秀卿
行政罰法釋義與運用解說	蔡志方

新書陸續出版中

無因管理　　　　　　　　　　　　林易典／著

　　本書之主要內容為解析無因管理規範之內涵,並檢討學說與實務對於相關問題之爭議與解釋。本書共分十三章:第一章為無因管理於民法體系中之地位,第二章為無因管理之體系與類型,第三章為無因管理規範之排除適用與準用,第四章至第六章為無因管理債之關係的成立要件,第七章為無因管理規範下權利義務的特徵,第八章至第十章為管理人之義務,第十一章為管理人之權利,第十二章為管理事務之承認,第十三章為非真正無因管理。期能使讀者在學說討論及實務工作上,能更精確掌握相關條文之規範意旨及適用,以解決實際法律問題。

物權基本原則　　　　　　　　　　陳月端／著

　　本書主要係就民法物權編的共通性原理原則及其運用,加以完整介紹。民國九十六年、九十八年及九十九年三次的物權編修正及歷年來物權編考題,舉凡與通則章有關者,均是本書強調的重點。本書更將重點延伸至通則章的運用,以期讀者能將通則章的概括性規定,具體運用於其他各章的規定。本書包含基本概念的闡述、學說的介紹及實務見解的補充,讓讀者能見樹又見林;更透過實例,在基本觀念建立後,再悠遊於條文、學說及實務的法學世界中。

論共有　　　　　　　　　　　　　溫豐文／著

　　本書主要在敘述我國現行共有制度,分別就共有之各種型態——分別共有、公同共有、準共有以及區分所有建築物之共有等,參酌國內外論著及我國實務見解,作有系統的解說,期使讀者能掌握共有型態之全貌,瞭解共有制度之體系架構。

　　在論述上,係以新物權法上之條文為對象,闡明其立法意旨與法條涵義。其中,對共有制度之重要問題,如應有部分之性質、共有物之管理方法、共有物之分割方法與效力、公同共有人之權利義務以及區分所有建築物共有部分之專用使用權等,特別深入分析,並舉例說明,以增進讀者對抽象法律規範之理解,進而能夠掌握其重點,並知所應用。

刑法構成要件解析

柯耀程／著

　　構成要件是學習刑法入門的功夫，也是刑法作為規範犯罪的判斷基準。本書的內容，分為九章，先從構成要件的形象，以及構成要件的指導觀念，作入門式的介紹，在理解基礎的形象概念及指導原則之後，先對構成要件所對應的具體行為事實作剖析，以便理解構成要件規範對象的結構，進而介紹構成要件在刑法體系中的定位，再次進入構成要件核心內容的分析，從其形成的結構，以及犯罪類型的介紹。本書在各部詮釋的開頭，通常採取案例引導的詮釋方式，並在論述後，對於案例作一番檢討，以使得學習之人，能夠有一個較為完整概念。也期待本書能成為一個對於構成要件的理解較為順手的工具。